国际贸易理论、政策与实践

（第二版）

贾明德　主审
董秘刚　康　蓉　编著

科学出版社
北　京

内 容 简 介

本书系统介绍了国际贸易理论、国际贸易政策和国际贸易实践等三大板块的内容，其体系完整，内容充实，信息量丰富，数据求新，案例鲜活，紧扣外贸现实，可读性强。在理论的介绍方面强调基础性和系统性，在政策和实践的介绍方面注重实用性和前沿性。在体例和排版设计方面力求科学合理、突出重点。同时，习题类型多样，主观题和客观题兼顾，不仅可以满足线上和线下考核之需，而且有利于学生学习、思考、分析、总结以及解决实际问题能力的培养和提高。

本书可作为高等院校经济类、管理类专业的本科生和研究生（包括MBA学员）学习国际贸易学课程的教学用书，也可作为国际经济与贸易及金融领域的培训教材，还可供有兴趣的读者参考使用。

图书在版编目（CIP）数据

国际贸易理论、政策与实践 / 董秘刚，康蓉编著. —2版. —北京：科学出版社，2022.3

ISBN 978-7-03-070626-3

Ⅰ. ①国… Ⅱ. ①董… ②康… Ⅲ. ①国际贸易–教材 Ⅳ. ①F74

中国版本图书馆CIP数据核字（2021）第228809号

责任编辑：方小丽 张春贺 / 责任校对：贾娜娜

责任印制：张 伟 / 封面设计：蓝正设计

科学出版社 出版

北京东黄城根北街16号

邮政编码：100717

http://www.sciencep.com

北京九州迅驰传媒文化有限公司 印刷

科学出版社发行 各地新华书店经销

*

2011年11月第 一 版 开本：787×1092 1/16

2022年 3 月第 二 版 印张：24 1/2

2022年10月第四次印刷 字数：581 000

定价：58.00元

（如有印装质量问题，我社负责调换）

前　言

当前国际经济格局正在发生巨大的变化，经济全球化和区域经济一体化已成为世界经济发展的重要趋势，中国经济也在不断地融入世界经济的大环境之中，特别是中国加入世贸组织之后，这种趋势将更加明显。虽然在 2020 年初新冠肺炎疫情暴发之后，中国外贸形势变得日趋复杂化，但从长远来看，经济全球化和区域经济一体化是一种不可逆转的潮流，跨越国界的商品与劳务的交换活动将会更加频繁，国际贸易对中国经济的影响作用必将更为重要。因此，对于经贸与管理类本科生以及研究生而言，学习国际贸易学课程也就显得更为必要了。

教材是学生获得知识的主要渠道，也是教师传授知识的主要媒介，教材的质量关乎教学质量和人才培养质量。《国际贸易理论、政策与实践》编写团队成员均是长期从事国际贸易学一线教学的教师，具有较为丰富的教学经验和教材撰写经验。长期以来，编写团队致力于营造不骛博大、仅求精深，努力养习严谨之学风。团队成员通力合作，最大限度地博采众长，实现中方与西方相结合、理论与实践相结合，以确保本书质量。

本书主审贾明德教授是董秘刚、康蓉两位编著者的博士生导师，他与两位编著者既是师生关系，又是同事关系。在《国际贸易理论、政策与实践》教材的编写过程中，贾老师无私地将自己宝贵的教学资料和经验奉献出来，既在框架设计和撰写思路方面给予指导，又对内容进行全方位的审核和把关。而且，本书是对贾明德、董秘刚编著的《国际贸易学》（2004 年版）的传承和发展。值得一提的是，贾明德老师本应冠以第一作者之名，但他不图名利，力辞不就，甘做人梯。其高风亮节，堪称楷模，令人肃然起敬。

本书在编写中力求体系严谨完整，内容充实新颖，知识信息量丰富，紧扣外贸现实，案例生动鲜活、可读性强，以有效拓展学生国际化视野。除导论之外，本书还包括国际贸易理论、国际贸易政策和国际贸易实践等三大板块。在这三大板块内容的设计和撰写上，既保留了传统和经典内容，又根据各部分特点，融入国内外最新研究成果，紧扣国际贸易理论、政策和实践的发展轨迹，并注重研究方法和技巧的介绍，以凸显本书的实用性和新颖性。

在体例和排版设计上，力图富有新意、引人入胜。首先，在每章开头均有“学习目标与要求”“名人名言”“外贸资讯”，并以“资讯引导”切入，使学生先有一个明确的目标定位，以引导其积极思考、主动学习。其次，根据内容需要，书中还穿插了大量的专栏，如“名人简介”“核心概念”“知识拓展”等，并加入了较多中国外贸发展的新的统计数据与案例，以引起学生重视，有利于学生拓展知识面。再次，书中对重要概念均提供了英语翻译，以便于强化学生对国际贸易专业英文词汇的记忆。最后，在各章之后均设有“本章要点”“关键术语”以及题型多样的“思考习题”，可为学生复习提供便利，便于学生回顾总结、抓住重点，提高学习效率，在温故而知新的基础上，进一步提高其运用理论分析问题和解决问题的能力。

使本书成为一部高质量的教材，自始至终是作者、编辑及专业校对人员所追求的宗旨，大家也都极力为之，主观上不敢有丝毫懈怠。尽管如此，疏漏之处在所难免，恳请读者批评指正！本书是编写团队通力合作的成果，文责当然由编写团队共负。

在编写和出版过程中，本书得到了西北大学吴振磊副校长、西北大学经济管理学院李辉副院长、科学出版社方小丽和张春贺编辑的鼎力支持和细心把关，研究生马明哲同学也为本书的出版收集了相关参考资料和统计数据，在此一并表示最诚挚的谢意！同时，特别感谢西北大学高水平教材建设项目（项目编号：XM05190558）经费的资助！

编著者

2021 年 12 月

目　　录

第一章 导论

学习目标与要求

- 掌握国际贸易研究对象、方法和工具；
- 重点掌握国际贸易的重要概念及辨析；
- 了解国际贸易产生和发展趋势以及中国对外贸易进程；
- 重点掌握国际贸易常用分类及其基本分析指标。

名人名言

我们不刻意追求贸易顺差，愿意进口更多国外有竞争力的优质农产品、制成品和服务，促进贸易平衡发展。

中华人民共和国主席　习近平，2019 年

在当今仍极不平等的世界中，主要的失败者不是那些过度地暴露于全球化的国家，而是那些置身于全球化之外的国家。

联合国前秘书长　科菲・安南，2000 年

外贸资讯

外贸数据展现中国经济韧性

2019 年 10 月 14 日，新加坡《联合早报》网站引用中国海关总署的数据显示，2019 年前三季度，我国外贸进出口总值 22.91 万亿元，比 2018 年同期增长 2.8%。世贸组织的最新数据也显示，2019 年前 7 个月，中国外贸增速高于德国、日本、韩国等国家，外贸总值占全球的份额比 2018 年同期提高了 0.1 个百分点，仍保持全球货物贸易第一大国地位。在全球经济感受阵阵“寒意”、全球贸易显著放缓之时，中国的表现展现出中国经济的韧性与活力。

……联合国 9 月发布的《2019 年贸易和发展报告》认为，2019 年全球贸易增速将放缓0.8%～2%。世贸组织近期继续下调全球货物贸易增速，预测2019年仅增长1.2%。在极为复杂的内外部环境中，前三季度中国外贸增速仍保持在一个稳定增长的区间，这是一系列稳外贸措施实施后来之不易的成果。

……与中美贸易出现负增长形成鲜明对比的是，中国对欧盟①、东盟②等主要贸易伙伴的外贸均保持较快的增长，成为支撑中国外贸平稳发展的重要支柱。前三季度，中国对前两大贸易伙伴欧盟、东盟分别进出口 3.57 万亿元、3.14 万亿元，分别增长 8.6%和11.5%。同期，中国对“一带一路”沿线国家合计进出口 6.65 万亿元，增长 9.5%，高出全国外贸整体增速 6.7 个百分点。中国与非洲贸易额同比增长 7.5%，高出外贸整体增速4.7%。

……更重要的是，中国在发展自身的同时，为全球经济做出了重要贡献。中国出口为全球提供了性价比很高的产品和资源，中国进口则为全球提供了庞大市场，拉动了全球经济增长。

资料来源：佚名. 外贸数据展现中国经济韧性.https://baijiahao.baidu.com/s?id=1647960503516859498&wfr=spider&for=pc，2019-10-21，略有修改。

资讯引导：阅读该外贸资讯，我们可以了解中国对外贸易的运行情况及其贡献。而国际贸易是如何产生的？发展趋势和重要作用是什么？其重要概念、分析指标、研究对象、研究方法和工具又有哪些……要熟悉和掌握这些知识，请开始我们的学习之旅。

在文明高度发达的现实经济社会中，我们要跨越国境进行大量商品与劳务的交易活动，从而使人们的生活更加富裕和美好，使国家更加繁荣和富强。

18 世纪中叶至今，人类历史上先后发生了三次工业革命，科学技术的进步有力地推动了国际经济与贸易的增长，使得人类发展进入了空前繁荣的时代。

特别是进入 21 世纪以后，随着第四次工业革命的到来、经济全球化和区域经济一体化进程的加快，国家之间的经济联系比以往任何时候都更加紧密，使得国际商品与劳务交换迅猛发展，其规模与形式经历了巨大变化，国际竞争日趋激烈，国际贸易深刻地影响和改变着全球的经济结构以及人们的生产生活方式，也有力地促进了我国的经济增长。由此可见，国际贸易如此重要，对国际贸易研究的重视也就成为必然。

第一节 国际贸易重要概念辨析

一、国际贸易

国际贸易（international trade）是指世界上各国或各地区之间所进行的**商品和劳务**（goods and services）的交换活动。国际贸易既是国际分工的表现形式与国际经济关系的

① 欧盟全称为欧洲联盟（European Union，EU）。

② 东盟全称为东南亚国家联盟（Association of Southeast Asian Nations，ASEAN）。

基本形式，也是所有国家经济发展的重要内容。

国际贸易是一个历史范畴，是人类社会历史发展到一定阶段的产物。随着生产的发展、科学技术的进步和交换方式的改进，国际贸易的含义也在不断地扩大。传统的国际贸易仅指有形商品的交换活动，即仅为有形贸易。而现当代国际贸易则包括有形贸易与无形贸易两部分。一般把有形商品的国际交换称为“狭义的国际贸易”，而把包括全部有形商品和无形商品在内的国际交换称为“广义的国际贸易”。

有形贸易（visible trade）是指看得见的有形实物的进出口活动，即传统的进出口贸易，它构成国际贸易最重要的内容，有形贸易收支则构成国际收支最重要的项目；**无形贸易**（invisible trade）是指劳务和其他非实物形态的进出口，如运输、保险、银行、旅游、信息、咨询等服务的提供与接受，以及技术贸易等。因此，国际无形贸易可分为服务贸易与技术贸易两部分，而服务贸易则构成了无形贸易的主体。无形贸易收支越来越成为国际收支的一项重要内容。无形贸易的发展是随着有形商品贸易的发展而发展的，随着经济发展、科技进步以及信息化时代的到来，无形贸易在国际贸易中所占比重将越来越大。

二、国内贸易

国内贸易与国际贸易均属于商品和劳务的交换范畴。在现当代市场经济环境下，国内贸易与国际贸易基本上都是以货币为交换媒介，以市场供求情况决定价格，以追求利益最大化为目的而进行的商品和劳务的交换活动。但是，**国内贸易**（interior trade）仅仅是在本国境内所进行的商品和劳务的交换活动，在经济学中属于封闭经济的范畴，是国际贸易的基础和起点；国际贸易则是一种跨越国界的商品和劳务的交换活动，属于开放经济的范畴，是国内贸易的延伸和扩大。另外，在实际经营中，国内贸易与国际贸易具有一些不同的特点。

（1）自然与社会环境不同。国内贸易所涉及的自然环境与社会环境比较单一和熟悉，而国际贸易所涉及的自然环境以及语言、文化、习俗、宗教、法律和制度等社会环境，会因贸易伙伴国的不同而有所不同，如不同国家在法律规定方面可能存在差异与冲突，使得国际贸易会受到有关国家对外贸易政策、措施、法律和外汇管制等客观条件的制约。因此，从事和经营国际贸易比国内贸易所涉及的问题要复杂得多，而且企业要有更广泛的知识储备和更强的适应能力。

（2）稳定性不同。国际贸易还会受到交易各方当事人所在国家的政治、经济以及其他客观因素的影响，因而较国内贸易存在更多的不稳定性。尤其是在国际局势动荡不定、市场竞争和贸易摩擦愈演愈烈、各国货币汇率浮动频繁以及国际商品价格经常波动的情况下，从事国际贸易的难度也就越来越大，而且不稳定性也在增强。

（3）风险大小不同。国际贸易的交易数量和金额通常都比较大，从交易磋商、订立合同到履行合同，其时间间隔比较长，而且货物一般需要经过长途运输才能由出口国运到进口国，有的还需要使用多种运输方式，加之交易对手是设在国外的企业，对其资金、信用、经营能力和经营作风的调查也比较困难。因此，买卖双方在国际贸易中承担的风险要比国内贸易大得多。

（4）面临各种关系的复杂程度不同。在国际货物买卖过程中，通常需要得到国内外的运输、保险、海关、检验和银行等部门的协助、配合，并受到其监督和管理，所面临的各种关系错综复杂，稍有不慎就可能会造成损失并引起纠纷，而且很有可能会导致司法诉讼。因此，国际贸易所面临的各种关系要比国内贸易复杂得多。

（5）货币制度不同。国内贸易仅仅涉及本国货币，货款计价、结算和支付都比较简单；而国际贸易会涉及各国不同的货币，而且要受到各国不同的货币制度的管理和制约，货款计价、结算和支付都远比国内贸易复杂得多。

（6）贸易阻力与障碍差异。在国内贸易中，贸易阻力几乎为零；而在国际贸易中，各国为了本国某方面的利益，会设置各种贸易壁垒，故而贸易阻力较大，障碍也较多。

三、对外贸易

对外贸易（foreign trade）是指一个国家（或地区）与其他国家（或地区）之间的商品与劳务的交换活动。有些岛国，如英国、日本，以及某些海岛地区常用**海外贸易**（oversea trade）来代替对外贸易。

国际贸易与对外贸易的共同之处在于：二者所指的内容相同，都是指跨越国界的商品与劳务的交换活动。国际贸易与对外贸易的明显区别在于：二者的着眼点不同。国际贸易着眼于国际范围，关注世界上所有国家（或地区）之间的商品与劳务的交换活动；而对外贸易则着眼于某个特定国家（或地区）的局部范围，即关注某个特定国家（或地区）与其他国家（或地区）之间商品与劳务的交换活动。

第二节　国际贸易常用分类

为了更好地了解和研究国际贸易，在此，我们仅仅介绍国际贸易的七种主要类别。

一、按货物移动方向划分

（1）**出口贸易**（export trade）是指将本国生产或加工的商品（包括劳务与技术）运出国境销往他国市场，也称为输出贸易。但非外销商品则不属于出口贸易，如一国运出国境供驻外使领馆使用的货物，以及旅客个人使用而带出国境的货物，等等。

（2）**进口贸易**（import trade）是指将外国生产或加工的商品（包括劳务与技术）输入本国市场销售，也称为输入贸易。同样，非内销货物则不属于进口贸易，如某外国使领馆为了自用而运进的货物，以及旅客供自用而带入的货物，等等。

（3）**过境贸易**（transit trade）是指从甲国经过丙国国境向乙国运送商品，货物所有权不属于丙国，对于丙国来说，属于过境贸易或通过贸易。有些内陆国家与非邻国的贸易，其货物必须通过第三国过境。对于过境国来说，必须加大对过境贸易商品的海关监管力度。

（4）**复出口**（re-export trade）是出口贸易的变形，指输入本国的外国货物未经加工再输出。复出口在很大程度上同转口贸易有关。

（5）**复进口**（re-import trade）是进口贸易的变形，指输出国外的本国货物未经加工再输入。例如，出口后退货，未售掉的寄售贸易的货物退回国内，海关将此类情况列入复进口。

二、按交易标的划分

（一）有形贸易

有形贸易是指有形商品的进出口。当有形商品通过一国海关时，必须向海关申报，并列入海关的每日统计，而且海关要依据海关税则对其征税。

（二）无形贸易

无形贸易是指劳务和其他非实物形态的进出口，即无形贸易包括服务贸易与技术贸易两部分。当无形商品通过一国海关时，不必向海关申报，也不列入海关统计，但它也是国际收支的组成部分。无形贸易的统计由各国统计部门完成，其统计数字不如商品贸易统计数字精确。

1994年4月15日达成的《服务贸易总协定》（*General Agreement on Trade in Services*，GATS），对服务贸易下了一个描述式的定义。《服务贸易总协定》第一部分对**服务贸易**（trade in services）作了具体规定，我们可以将之概括为：通过跨境提供、境外消费、商业存在和自然人流动这四种形式，由一国的服务提供者向他国的服务消费者提供服务，并获得外汇收入的商业活动。具体包括以下内容。

（1）**跨境提供**（cross-border supply）是指从一国境内向他国境内提供服务。其中，服务的跨境交付并不需要人员、物资或资金的跨境流动，而是通过通信技术和信息技术来实现的，如国际电讯服务、信息咨询服务、卫星电视服务、远程教育服务等。

（2）**境外消费**（consumption abroad）是指一国的自然人或企业到他国境内消费该国的服务，如一国自然人到他国境内旅游、就医、留学等。

（3）**商业存在**（commercial presence）是指一国的企业通过在另一国境内投资设立分支机构、子公司或其他经营实体而在该国提供服务。这是服务贸易最主要的形式。

（4）**自然人流动**（movement of natural persons）是指一国的自然人到另一国境内提供服务，如一国的教授以访问学者的身份到另一国讲学等。

（三）国际技术贸易

国际技术贸易（international technical trade）是指世界上不同的国家或地区之间，技术供应方通过签订技术合同或协议，将技术有偿转让给技术接受方使用的交易行为。软件技术的商业转让被列入无形贸易，而硬件设备的交易则被列入有形贸易。

三、按支付结算方式划分

（1）**易货贸易**（barter）是指支付结算方式是以货换货，即货物经过计价后进行交换，以补充现汇不足的贸易。

（2）**自由结汇贸易**（free-liquidation trade）是指用可兑换货币来支付和结算的贸易，也称为现汇贸易。

四、按交易者多少划分

（1）**双边贸易**（bilateral trade）是指两国（或地区）交易者之间的贸易往来。生产国一方出口，进口国一方进口并消费。双边贸易也称**直接贸易**（direct trade）。

（2）**多边贸易**（multilateral trade）是指三个或三个以上国家（或地区）交易者之间的贸易往来。从多边贸易的角度看，商品生产国与消费国是通过第三国进行交易的，这种交易对于商品生产国与消费国而言称为**间接贸易**（indirect trade）；而对于第三国来讲，就称为**转口贸易**（entrepot trade）。因此，转口贸易是指商品生产国与商品消费国通过第三国进行的贸易。在国际贸易中，商品一般都是由生产国直接卖给消费国，所以进口国往往也是消费国。但是由于种种原因，商品有时先被卖给第三国，然后再被转卖给消费国，该第三国虽然也是进口国，但并不是消费国。即使商品直接从生产国运到消费国，只要两国之间并未直接发生交易关系，而是由第三国转口商分别同生产国与消费国发生交易关系，仍属于转口贸易。

但需注意，转口贸易不同于过境贸易：在过境贸易中，货物的所有权没有发生转移；而在转口贸易中，货物的所有权因转口商的买卖活动而发生转移。

五、按统计边界划分

（1）**总贸易**（general trade）是指对外贸易统计时，以国境为界，凡进入国境的商品一律列为进口，一定时期内的进口总额为总进口；凡输出国境的商品一律列为出口，一定时期内的出口总额为总出口；总进口与总出口之和为一国的总贸易。目前，中国、美国、日本、英国、加拿大、澳大利亚等 90 多个国家采用这种划分标准。

（2）**专门贸易**（special trade）是指对外贸易统计时，以关境为界，一定时期内，凡进入关境的商品列为进口，称专门进口；凡输出关境的商品列为出口，称专门出口；专门进口加上专门出口称为专门贸易。目前，德国、意大利、法国等 80 多个国家采用这种划分标准。

六、按贸易国经济发展水平差异划分

（1）**水平贸易**（horizontal trade）指经济发展水平差异较小的或发展水平比较接近的国家之间所开展的国际贸易活动。例如，发达国家之间的**北北贸易**（north-north trade）、发展中国家之间的**南南贸易**（south-south trade）以及区域性一体化组织内的国际贸易。

（2）**垂直贸易**（vertical trade）指经济发展水平差异较大的国家之间所进行的贸易活动。由于这两类国家经济发展水平差异较大，在国际分工中所处的地位不同，因而其贸易结构与贸易政策等也存在着较大的差别。**南北贸易**（north-south trade）就属于此类。

区分与研究这两种贸易，对于一国制定贸易政策和策略来说具有重要的作用。

七、按贸易方式划分

（一）经销

经销（distributorship）是指出口企业与国外经销商达成书面经销协议，主要规定经销商品的种类、经销期限和地区范围，利用国外经销商就地推销商品的一种方式。经销可分为一般经销与独家经销。一般经销虽然享有购货上的优惠与经销权，但无专营权；而独家经销却有专营权，并自负盈亏，独家经销商与出口商是买卖关系，因此，独家经销方式在我国也称为包销方式。

（二）代理

代理（agency）是指出口商作为**委托人**（principal）授权国外的**代理人**（agent），让其代表出口商与第三方订立贸易合同或者实施其他法律行为，并由委托人直接负责由此而产生的权利与义务。代理方式可分为独家代理和非独家代理。凡出口商授予对方独家代理约定商品专营权的，就是**独家代理**（exclusive agency）；不授予专营权的代理，就是**一般代理**（agency），也称为**佣金代理**（commission agency）。

（三）招标和投标

招标和投标（tender and bid）是一种特定贸易方式的两个方面。这种贸易方式既适用于采购物资设备，也适用于发包工程项目。**招标**（tender）是指不经过一般交易磋商程序，只由招标人（贸易中的买方）按照规定条件，事先发出通知，说明采购的商品或兴办工程及各种交易条件，公开征求应征者递盘竞争，最后由招标人选定交易对象订立合同的一种交易方式。**投标**（bid）是指投标人（卖方或工程承包商）应招标人的邀请，根据招标公告或投标邀请书所规定的条件，在规定的期限内，向招标人递盘的行为。目前，国际招投标是一种国际上普遍运用的、有组织的市场交易行为，是国际贸易中一种商品、技术和劳务的买卖方法。

（四）拍卖

拍卖（auction）是由专营拍卖业务的拍卖行接受货主（贸易中的卖方）的委托，在一定的地点和时间，按照一定的章程和规则，以买主公开叫价竞争的方式，最后由拍卖行把货物卖给出价最高的买主的一种现货交易方式。在国际贸易中，采取拍卖方式出售的商品主要有艺术品、烟叶、木材、毛皮、纸张、水果、蔬菜和鱼类等。

（五）寄售

寄售（consignment）是一种有别于通常的代理销售的贸易方式。它是指由寄售人（委托人或货主）先将准备销售的货物运往国外寄售地，委托当地的代销商（受托人）按照寄售协议规定的条件，由代销商代替寄售人在当地市场上进行销售。货物售出后，再由代销商按协议规定的方式与寄售人结算货款。因此，寄售是一种“先出运、再代销、后结算”的委托代售商品的贸易方式。

（六）对等贸易

对等贸易（counter trade）是一种既买又卖，买卖互为条件的国际贸易方式。对等贸易也称为返销贸易、互抵贸易或反向贸易。一般而言，这是一种以货物或劳务（包括工业产权和专有技术等无形财产）作为偿付货款手段的一种贸易方式。它将交易双方的进口与出口结合起来，组成相互联系的整体交易，并求得各自的收支基本平衡。对等贸易一般包括互购、易货贸易和回购等形式。

（1）**互购**（counter purchase），也称为**对购**（reciprocal trade）或**平行交易**（parallel trade），是指贸易一方对另一方出口商品或劳务的同时，承担以所得款项的一部分或全部向对方购买一定数量或金额的商品或劳务的义务。互购是最简单、最常用的对等贸易形式。

（2）**易货贸易**（barter）是买卖双方之间进行的货物和劳务等值或基本等值的直接交换，不涉及现金的收付。

（3）**回购**（buy-back），又称**补偿贸易**（compensation on trade），是指交易的一方在向另一方出口机器设备或技术的同时，承诺购买一定数量的由该项机器设备或技术生产出来的产品。它既是一种贸易方式，也是一种利用外资的形式。

（七）加工贸易

加工贸易（processing trade）是经营企业通过进口原材料或零部件，利用本国的生产能力和技术，加工或装配成制成品后再出口的经营活动。它是以加工为特征，以商品为载体的劳务出口。按照加工性质不同，加工贸易可分为进料加工与对外加工装配。

1. 进料加工

进料加工（processing with imported materials）是指用自有外汇资金从国际市场上进口原材料、元器件和零部件，按自己的设计方案加工成制成品以出口销往国际市场的贸易方式。

2. 对外加工装配

对外加工装配（processing and assembling for foreign customer）是来料加工、来样生产、来件装配的总称，是一种委托加工的贸易方式。来料加工、来样生产、来件装配通常也统称为“三来”，都属于外向型的加工贸易。

（1）**来料加工**（processing with customer’s materials）通常是由外商作为委托方，提供原材料、辅料或包装材料，委托国内厂商作为承接方，按对方要求加工成制成品，交给对方以收取加工费。

（2）**来样生产**（producing with customer’s sample）是指由外商作为委托方，提供样品，委托国内厂商作为承接方，按对方样品要求生产制成品，然后再出口给对方的贸易方式。

（3）**来件装配**（assembling with customer's parts）是由外商作为委托方，提供元器件、零部件或包装材料，委托国内厂商作为承接方，按对方要求装配成制成品，交给对方以收取加工费。

（八）期货贸易

期货贸易（futures trade）是一种在特定类型的固定市场，**即期货市场**（futures market）或**商品交易所**（commodity exchange），按照严格的程序和规则，通过公开喊价的方式，买进或卖出某种商品期货合同的交易活动。在国际贸易中，进行期货贸易的主要是同质的、易于标准化的大宗初级商品，如有色金属、粮食、棉花、羊毛、橡胶、咖啡、可可、食用糖等。

第三节　国际贸易的基本分析指标

国际贸易的状况通常要用许多统计数据来描述和分析，正确理解国际贸易的主要统计指标，对于研究一个国家对外贸易运行状况来说是十分重要的。

有关国际贸易的常用指标主要包括：贸易额、贸易量、贸易差额、国际收支与贸易收支、净出口与净进口、贸易条件、对外贸易依存度、国际贸易商品结构与对外贸易商品结构、国际贸易地理方向与对外贸易地理方向、关税区等。

一、贸易额

贸易额（trade value）又称贸易值，是以货币表现的进出口贸易价值，一般是指按现值统计的贸易总额。贸易额通常用货币单位（如美元）来表示。贸易额是总量指标，它包含贸易量与贸易商品价格两个因素。与贸易额相关的两个指标需要加以区分：对外贸易总额与世界贸易总额。

对外贸易总额（total value of foreign trade）是指一个国家在一定时期内，其进口贸易额与出口贸易额的总和；**世界贸易总额**（total value of world trade）是指全世界所有国家在一定时期内，其出口贸易额的总和。世界贸易总额也被称为国际贸易总额。

就理论上而言，各国对外贸易额的总和等于世界贸易总额的两倍。然而，世界各国大多都偏向于夸大本国的进口，而少算本国的出口，其出口贸易额通常是按照 FOB[①]价格计算的，而进口额却是按 CIF[②]价格计算的。由于进口贸易总额还包括一定数量的运输费和保险费，这就使得世界出口总额要小于世界进口总额。

为了确保有关数据的可比性，在进行横向比较分析时，应首先将有关国家的贸易额换算成相同的硬通货。在现实的贸易统计中，大多数国家的对外贸易指标是以美元表示的。

---

① FOB 是 Free On Board 的首字母缩写，也曾称为“离岸价格”，是国际贸易中常用的贸易术语之一。

② CIF 是指成本加保险费加运费（到岸价格），英文名为 Cost，Insurance and Freight。

二、贸易量

贸易量（trade quantum）原意是指以数量、重量、长度、面积、体积、容积等计量单位来表示的进出口商品的多少。就一种特定商品而言，用同一种计量单位表示十分方便；但从一国的角度来看，各种贸易商品的计量单位是不同的，难以直接相加，这就造成贸易量无法直接用计量单位表示。另外，由于国际市场上的物价经常发生变动，用价值来表示的国际贸易额也并不能真实地反映该国外贸的实际规模。因此，在实际工作中，是以某年的价格为基数，用进出口贸易额除以进出口价格指数，得到按不变价格计算的贸易额来近似代替贸易量。这样，以某年为基期的贸易量同各个时期的贸易量相比较，就可以比较准确地反映贸易实际规模的变动情况。由此可见，贸易量就是剔除了价格变动影响之后的贸易额。其计算公式为

$$贸易量=贸易额/价格指数 \tag{1-1}$$

$$价格指数=（报告期价格/基期价格）\times 100\% \tag{1-2}$$

就一国和全球的角度而言，贸易量可分为对外贸易量（quantum of foreign trade）和世界贸易总量（quantum of world trade）。对外贸易量相应的计算公式为

$$对外贸易总量=出口贸易量+进口贸易量 \tag{1-3}$$

$$出口贸易量=出口贸易额/出口价格指数 \tag{1-4}$$

$$进口贸易量=进口贸易额/进口价格指数 \tag{1-5}$$

但必须注意的是，在计算世界贸易总量时，必须正确理解“世界贸易总额”这一概念，否则就容易出现问题。世界贸易总量是指从全球范围看，在一定时期内，世界各国出口贸易量的总和。其计算公式为

$$世界贸易总量=世界贸易总额/出口价格指数 \tag{1-6}$$

另外，价格指数一定是以百分数的形式出现的。如果假定某期的价格指数是一个具体的数字 A（如 100 或 160），在计算贸易量时，该价格指数应该把 A%代入公式，否则会出现错误。现举例说明：

若某国 2010 年与 2020 年的出口额分别为 1520 亿美元和 19 000 亿美元，同期的出口价格指数分别为 100 和 150。则该国 2010 年与 2020 年的出口贸易量分别为：1520 亿美元（1520/100%）和 12 666.7 亿美元（19 000/150%）。另外，从该例子中也可看出，若按出口额直接计算，2020 年与 2010 年相比，该国的出口贸易规模增加了 11.5 倍；若按照贸易量计算，2020 年与 2010 年相比，该国的出口贸易规模仅增加了 7.3 倍。

三、贸易差额

贸易差额（balance of trade）是指一国在一定时期内出口贸易额与进口贸易额之间的差额。一国出口所收入的全部金额称为**出口总额或出口总值**（gross export value）；一国进口所支出的全部金额称为**进口总额或进口总值**（gross import value）。与贸易差额有关的概念有贸易顺差、贸易逆差和贸易平衡等。

贸易顺差（favorable balance of trade）是指在特定的时期内，一国出口贸易总额大

于其进口贸易总额。贸易顺差也称为贸易出超（trade surplus）。

贸易逆差（unfavorable balance of trade）是指在特定的时期内，一国出口贸易总额小于其进口贸易总额。贸易逆差也称为贸易入超（trade deficit）。

贸易平衡（balance of trade）是指一国在特定年度内外贸进、出口总额基本上趋于平衡。

贸易差额是衡量一国对外贸易乃至国民经济状况的重要指标。综观世界各国（地区）政府的外贸政策实践，要保持贸易平衡是有一定难度的，也就是说，各国在不同的发展阶段以及不同的经济状态下，一般会出现一定的贸易顺差或逆差。一般来讲，一国政府在对外贸易中应设法保持进出口基本平衡，略有结余，这样才有利于国民经济的健康发展。贸易顺差的情况在很大程度上反映了一国在特定年份对外贸易的运行状况，贸易顺差表示该国当年在对外贸易处于有利地位。

但在通常情况下，一国不宜一味地追求长期大量的贸易顺差，其原因有三个方面：其一，长期贸易顺差易导致与贸易伙伴国的摩擦；其二，长期贸易顺差会产生大量外汇盈余，从而引起国内市场上本币投放量随之增长，容易造成通货膨胀，不利于国民经济的持续健康发展；其三，如果在本国生产能力有限的条件下而盲目增加出口，必然会抑制国内需求，降低国民的消费水平。

贸易逆差却反映了一国当年在对外贸易中处于不利地位。其原因在于，大量贸易逆差将引起国内资源外流、外债增加，从而也会影响国民经济持续健康发展。

四、国际收支与贸易收支

国际收支（balance of payments）是指在一定时期内（通常为 1 年）一国与外国之间全部国际经济交易的收入和支出的系统记录。

国际收支是一个流量的概念。这里的全部国际经济交易，是指商品、劳务和资产的所有权，从一国居民手中转移到另一国居民手中的行为。一个国家的“居民”不仅包括个人居民和非个人居民（包括政府、企业和非营利团体），还包括在该国居住满一年及一年以上的外国公民（不包括外国的驻外使节和驻外军事人员）。因此，国际收支不仅包括商品、劳务和金融资产等引起的外汇收支的交易，而且包括不涉及外汇收支的捐赠、无偿援助、易货贸易和补偿贸易等经济活动。如果收入大于支出，就叫**国际收支顺差或盈余**（surplus）；如果支出大于收入，则叫**逆差或赤字**（deficit）；收支相等叫国际收支平衡，但一般很少出现绝对平衡的情况。

贸易收支是国际收支中重要的一部分，是指商品贸易出口收入和进口支出的记录。将一定时期内，出口值与进口值的差额称为贸易差额。若贸易差额为正值，其结果被称为贸易顺差或出超；反之，若贸易差额为负值，其结果被称为贸易逆差或入超；若出口值与进口值大致相等则被称为贸易平衡。

五、净出口与净进口

净出口（net export）是指一国在一定时期内，某类产品的出口数量（或金额）大于进口数量（或金额）；**净进口**（net import）是指一国在一定时期内，某类产品的进口数量（或金额）大于出口数量（或金额）。“净出口”与“净进口”这一对概念如果采用进出口数量进行比较，只能在计量单位相同的同类产品之间进行比较才有意义。

净出口反映某国在该类商品交换中处于实际的出口国地位，而净进口则表示某国在该类商品交换中处于实际的进口国地位。净出口国或净进口国地位的变动，也反映了某国对该商品的生产与消费的变化情况。

六、贸易条件

贸易条件（terms of trade）是指进出口双方具体的交换比例，是用来衡量在一定时期内一国出口相对于进口的营利能力和贸易利益的指标。

贸易条件包括两种含义：在物物交换的情况下，贸易条件是指一定时期内一国每出口一单位商品可以交换多少单位的外国进口商品的比例；在以货币为媒介的情况下，贸易条件是指一定时期内一国出口商品价格与进口商品价格的比值，即交换比价。交换比价通常用该时期内出口价格指数与进口价格指数之比来表示。这种贸易条件也称作净实物贸易条件，或价格贸易条件。一国贸易条件的改善，通常是指该国出口商品价格相对于进口商品价格有所提高。

除了价格贸易条件外，贸易条件还有两种形式：收入贸易条件和要素贸易条件。它们从不同的角度衡量一国的贸易所得。在这三种形式的贸易条件中，价格贸易条件最有意义，也最容易根据现有数据进行计算。因此，下面仅对价格贸易条件加以介绍。

如果贸易条件用 T 表示，其公式为

$$T = \text{出口价格指数}/\text{进口价格指数} \times 100 = P_{EX}/P_{IM} \times 100 \qquad (1\text{-}7)$$

当贸易条件用于两种以上的商品时，其定义即指所有商品价格的加权平均指数。即

$$P_{EX} = \sum X_i P_{X_i};\ P_{IM} = \sum M_i P_{M_i} \quad (i = 1, 2, 3, \cdots, n) \qquad (1\text{-}8)$$

式中，X_i 和 M_i 为权数，分别表示基期第 i 种商品的出口额或进口额占基期总出口额或总进口额的比重。P_{Xi} 与 P_{Mi} 是第 i 种出口与进口商品的价格指数，即第 i 种出口或进口商品报告期价格与基期价格之比。

若 $T > 100$，则表明该国贸易条件改善，即该国出口商品的相对价格上涨了，出口越多对该国越有利；若 $T < 100$，表明该国贸易条件恶化，即该国出口商品的相对价格下降了，出口越多对该国越不利，有时甚至会恶化到出口越多其收入反而减少的地步。针对这种现象，政府应积极采取措施，调整进出口商品结构，以改变对外贸易不利的状况。

七、对外贸易依存度

对外贸易依存度（degree of dependence on foreign trade），是指一国在一定时期内（如 1 年）对外贸易总额与其国内生产总值[①]的比值。该指标在一定程度上反映了一国国民经济对外贸的依赖程度，同时也反映该国对外开放的程度。

如果一国对外贸易依存度用 D 表示，在一定时期内其出口额、进口额与国内生产总

① 国内生产总值英文名为 Gross Domestic Product，简称 GDP。

值分别用 EX、IM 与 GDP 表示，其计算公式为

$$D=[(EX+IM)/\text{GDP}]\times 100\% \tag{1-9}$$

与对外贸易依存度相联系的两个概念为：出口依存度与进口依存度。其计算公式分别为

$$D_{EX}=(EX/\text{GDP})\times 100\% \tag{1-10}$$

$$D_{IM}=(IM/\text{GDP})\times 100\% \tag{1-11}$$

进口值不是该国在一定时期内新创造的商品和劳务值，为了凸显外贸依存度的数值，一般用出口依存度来替代外贸依存度。

出口依存度 D_{EX} 反映一国在一定时期内其国内新创造的商品和劳务总值中有多少比重是输出到国外的。一般常用出口依存度来替代外贸依存度。出口依存度越高，说明该国国民经济活动对世界经济的依赖程度越高。另外，进口依存度 D_{IM} 反映一国在一定时期内其国内新创造的商品和劳务总值中有多少比重是用于购买国外商品和劳务的，进口依存度也称市场开放度。

由于世界各国的国情各异，其对外贸易依存度也就各不相同。影响一国对外贸易依存度的主要因素包括：GDP、经济发展阶段及产业结构、经济发展战略及对外开放程度、汇率水平等。

事实上，一国国民经济对外贸的依存度并非越高越好。一个国家外贸依存度过高，其国内经济发展则容易受国外经济影响或冲击，若世界经济不景气则会对本国经济冲击较大；外贸依存度过低也不好，就说明没有很好地利用国际分工的长处。因此，一国应根据自己的国情，选择在某一特定时期适合本国的外贸依存度。

八、国际贸易商品结构与对外贸易商品结构

国际贸易商品结构（commodity composition of international trade）也称为国际贸易商品构成，是指一定时期内各类商品的贸易额分别在整个世界贸易总额中所占的比重。**对外贸易商品结构**（commodity composition of foreign trade）是指一定时期内一国进出口贸易中各种商品的构成，即一国某大类或某种商品进出口贸易额在其对外贸易总额中所占比重，如表 1-1 与表 1-2 所示。

表 1-1 2017 年进口货物构成

单位：%

项目	农业原材料	食品	燃料	矿物和金属	制成品	其他
世界	1.2	8.3	11.6	3.4	73.0	2.5
高收入国家	1.1	8.1	10.9	3.3	74.1	2.5
中等收入国家	2.3	8.7	11.8	5.5	70.0	1.7
低收入国家①		15.2	20.4	1.9	57.0	5.5
中国②	3.5	6.5	11.1	9.8	68.2	0.9

注：①表示 2015 年数据；②表示 2016 年数据。

资料来源：国家统计局. 2019. 国际统计年鉴 2018. 北京：中国统计出版社.

表 1-2　中国出口货物分类金额（按 SITC 分类）　　单位：百万美元

项目	2019 年	2018 年	2017 年	2016 年	2015 年
初级产品出口额	133 969.57	134 992.83	117 733.19	105 186.79	103 927.11
（1）食品及主要供食用的活动物出口额	65 000.16	65 471.19	62 626.14	61 097.65	58 154.36
（2）饮料及烟类出口额	3 467.86	3 713.24	3 468.29	3 539.15	3 309.29
（3）非食用原料出口额	17 224.10	18 021.01	15 439.77	13 101.67	13 917.14
（4）矿物燃料、润滑油及有关原料出口额	47 123.14	46 722.22	35 389.10	26 873.19	27 901.51
（5）动、植物油脂及蜡出口额	1 154.31	1 065.18	809.89	575.14	644.82
工业制成品出口额	2 365 512.52	2 351 688.68	2 145 638.15	1 992 444.40	2 169 541.11
（1）化学品及有关产品出口额	161 765.39	167 465.65	141 293.46	121 928.76	129 579.57
（2）轻纺产品、橡胶制品矿冶产品及其制品出口额	406 732.63	404 659.17	368 564.14	351 244.68	391 017.71
（3）机械及运输设备出口额	1 195 443.57	1 207 787.54	1 082 329.15	984 212.26	1 059 118.22
（4）杂项制品出口额	583 502.15	565 605.76	547 691.71	529 488.41	587 444.66
（5）未分类的其他商品出口额	18 068.77	6 170.56	5 759.69	5 570.28	2 380.94
出口商品总额	2 499 482.09	2 486 681.51	2 263 371.34	2 097 631.19	2 273 468.22

资料来源：根据国家统计局的相关数据整理而成。

编制贸易统计的商品分类方法通常包括以下三种。

一是初级产品与工业制成品分类法。**初级产品**是指未加工或很少加工的农、林、牧、渔、矿产品；**工业制成品**是指经过充分加工的工业品。初级产品与工业制成品的比例关系也称为**商品结构**（commodity composition）。

二是国际贸易标准分类法。为了统一国际贸易商品的分类标准，联合国统计委员会制定了《国际贸易标准分类》（*Standard International Trade Classification*，SITC），简称“标准分类”。“标准分类”兼顾了商品的加工阶段和工业来源，更适合经济分析的需要。它将全部贸易商品共分为（0～9）10 大类，每一类又分为若干章，以下还有组、分组、项目和子目等。在标准分类中，目录编号采用五位数，第一位数表示类，第二位数表示章，第三位数表示组，第四位数表示分组，第五位数表示项目。这个标准分类目前已为世界绝大多数国家所采用，并按五位数向联合国报送资料。我国于 1981 年起实行新的商品分类标准就是以该标准分类为基础，结合我国进出口商品的实际情况编制而成的，采用六位数，第六位数表示子目。

三是协调制度分类法。这是国际公约性质的商品分类标准，是目前国际上应用最为广泛的国际贸易商品分类目录。《商品名称及编码协调制度》（The Harmonized Commodity Description and Coding System，HS），简称《协调制度》（Harmonized

System，HS）。在此不再赘述，请参见本书第七章的“知识拓展 7-2”。

考察国际贸易商品结构不但是研究国际贸易的一项重要内容，而且从世界贸易的商品结构可以看出世界经济的发展水平，更为重要的是，从一国贸易商品结构可以看出该国的经济发展水平及其在国际分工中的地位。

九、国际贸易地理方向与对外贸易地理方向

国际贸易地理方向（international trade by regions）或**国际贸易地区分布**，是指各洲、各国或区域集团的贸易在世界贸易中的比重。它反映了各洲、各国或区域集团参加国际商品流通的水平，如表 1-3 与表 1-4 所示。

表 1-3 2017 年中国出口贸易地理方向 单位：%

发达国家				经济转型国家	发展中国家			
欧洲	美国	日本	其他		非洲	美洲	亚洲	大洋洲
16.7	19.0	6.1	3.8	3.3	4.2	5.7	41.0	0.2

资料来源：国家统计局.2019. 国际统计年鉴 2018. 北京：中国统计出版社.

表 1-4 2020 年对主要国家和地区货物进出口金额、增长速度及其比重

国家和地区	出口额/亿元	比去年同期涨幅/%	占全部出口比重/%	进口额/亿元	比去年同期涨幅/%	占全部进口比重/%
东盟	26 550	7.0	14.8	20 807	6.9	14.6
欧盟①	27 084	7.2	15.1	17 874	2.6	12.6
美国	31 279	8.4	17.4	9 319	10.1	6.6
日本	9 883	0.1	5.5	12 090	2.1	8.5
韩国	7 787	1.8	4.3	11 957	0	8.4
中国香港	18 830	−2.2	10.5	482	−22.9	0.3
中国台湾	4 163	9.5	2.3	13 873	16.2	9.8
巴西	2 417	−1.5	1.3	5 834	5.8	4.1
俄罗斯	3 506	2.1	2.0	3 960	−6.1	2.8
印度	4 613	−10.5	2.6	1 445	16.7	1.0
南非	1 055	−7.5	0.6	1 422	−20.4	1.0

注：表中①为欧盟的货物进出口金额，但是不包括英国数据，增速按可比口径计算。

资料来源：国家统计局．中华人民共和国 2020 年国民经济和社会发展统计公报．https://baijiahao.baidu.com/s?id＝1692991725491505773&wfr＝spider&for＝pc，2021-03-01.

对外贸易地理方向（direction of foreign trade）是指各国或各类国家的贸易在该国贸易中的比重，即该国对外贸易总额、出口额、进口额的国别地区分布状态，也就是该国

的出口商品流向哪些国家或地区，进口商品是从哪些国家或地区流入的，故对外贸易地理方向也称为对外贸易地区分布、对外贸易流向或对外贸易国别结构。对外贸易地理方向表明了该国与世界各国、各地区的经济贸易联系程度。

十、关税区

关税区（customs territory）也称**关税领土**，是指海关征收关税的领域，是执行统一海关法令的领土。也就是说，它是一个与其他领土之间在贸易中保持单独关税税率或单独贸易法规的领土。关税区是一个地理概念，不一定指主权国家。国家和关税区是有区别的。关税区的边境称为**关境**（customs frontier）。

内地和香港地区的贸易也应该理解为两个实施不同关税税率和贸易法规的关税区之间的贸易。

第四节　国际贸易的历史和现实

一、国际贸易的产生与发展

国际贸易属于历史范畴，它是在一定的历史条件下产生和发展起来的。国际贸易的产生必须同时具备两个条件：一是生产力发展到一定水平，有可供国家之间交换的剩余产品；二是社会分工的扩大和国家的产生。从根本上说，社会生产力的发展和社会分工的扩大，是国际贸易产生和发展的基础。从最早的超越地域的贸易产生至今已有三四千年的历史。

在原始社会末期与奴隶社会初期，随着私有财产和阶级的产生，商品流通范围扩大了，出现了商业和商人（即第三次社会大分工），并产生了国家。这时，商品开始跨越国界进行流通，国际贸易开始萌芽。当时的贸易品主要是自然土特产品和手工产品，如水果、干果、谷物、食盐甚至金银等。

在奴隶制度下，社会生产力水平得到大幅度提高，交通运输慢慢发展起来，国际贸易也得到了一定程度的发展。但由于自然经济占据统治地位、商品生产技术落后、交通运输工具简陋，国际贸易的规模和范围受到很大制约。在奴隶社会，主要贸易国家有中国、印度、埃及、希腊、罗马以及地中海东岸的国家腓尼基（现在黎巴嫩境内）。当时的贸易产品主要有宝石、香料、织物和装饰品等供王室和奴隶主阶级消费的奢侈品，以及奴隶。

封建社会时期的国际贸易得到了较快发展。封建社会中期货币地租（由劳役和实物形式转变而来）的出现，及其后期城市手工业的迅速发展，使得其商品经济和国际贸易均快速发展。但由于封建社会生产力水平毕竟还很低，商品经济仍处于从属地位，交通运输也还不发达，国际贸易仅局限于部分区域内进行。

11 世纪以后，随着欧洲城市的兴起，西方贸易的中心主要位于地中海、北海、波罗的海和黑海沿岸。东方贸易中心主要位于中国的长安、扬州、泉州和沿海城市，以及外国的大马士革与达姆吉等。当时的主要贸易产品仍然多是奢侈品，如宝石、香料、丝绸、瓷器、象牙、金银和少量的毛麻纺织品。

在16—18世纪，欧洲封建生产方式开始向资本主义生产方式过渡，城市手工业的发展以及四次地理大发现，扩大了世界市场，给欧洲各国的商业和工业带来了空前的刺激。当时英国就成立了许多对外贸易的特许公司，西欧其他国家也凭借暴力手段发展了对亚洲、非洲和拉丁美洲等国家和地区的贸易。贸易产品除奢侈品外，工业原料和食品的比重开始增加，奴隶贸易也是当时贸易的重要内容。16—18世纪，国际贸易得到快速发展，反过来也促进了资本主义生产方式的产生。国际贸易不仅加快了资本原始积累的过程，为资本主义生产提供了货币资本，开辟了市场，而且也加速了劳动力与生产工具的分离过程。比如，通过贩卖奴隶、剥夺农民的土地等，资产阶级获得了大量劳动力。英国历史上著名的“圈地运动”就是最好的例证。英国为了扩大毛织品的出口，展开了大规模的“圈地运动”，把耕地改建为牧场以生产羊毛，出现了“羊吃人”的现象。大量失去土地的农民沦为廉价的劳动力。当时，国际贸易的一个最残酷、最大规模的活动就是由欧洲将工业品运往非洲，以交换廉价的奴隶，之后奴隶再被运往美洲农场，同时大量的农产品及原料也被运回欧洲。在非洲至美洲的航行途中，奴隶被如同动物般对待，其死亡率甚至高达80%～90%，这一连接欧、非、美三洲的贸易航线即被命名为“三角贸易”。因此，马克思认为，“资本来到世间，从头到脚，每个毛孔都滴着血和肮脏的东西。”①

18世纪60年代到1873年属于资本主义自由竞争时期。以蒸汽机为代表的科学技术获得了迅猛发展。英国以及欧洲一些其他国家和美国相继完成了产业革命，资本主义生产从工场手工业过渡到机器大工业，使社会生产力得到空前的大发展。机器大工业的建立促进了国际贸易的快速发展。一方面，大工业生产出来的大量“剩余”商品，需要出口到其他国家；同时，机器大工业在生产中也需要大量原料，而且城市人口所需食品也需要从国外进口。当时，英国的纺织工业、法国的丝织工业、美国的汽车工业、德国的化学工业、瑞士的钟表工业，以及瑞典、丹麦、比利时、荷兰和卢森堡等国的制造业都在很大程度上依赖于世界市场。另一方面，随着机器大工业的迅速发展，交通运输工具与通信技术也都发生了巨大变化。火车、轮船等运载量大、速度快、运费低的运输工具的出现，以及电报机的发明、电缆网的应运而生等，这些都为国际贸易的快速发展与海外市场的开辟创造了有利条件，这一时期国际贸易得到了空前发展。据统计，1800—1870年，国际贸易量增长了10倍以上②，其增长速度超过了世界工业生产的增长速度。

在资本主义自由竞争时期，伴随着国际贸易的发展，以英国为首的殖民主义国家加快了殖民地掠夺和扩张的步伐。英国不但是工业革命的先驱国，而且也成了横跨五大洲的“日不落”帝国。它凭借其工业革命所造就的雄厚技术基础，取得了世界工业的霸主地位，被称为“世界工厂”，在国际贸易中，英国也占据着垄断地位。1870年，英国在

① 马克思. 资本论（第一卷）[M]. 中共中央马克思恩格斯列宁斯大林著作编译局译. 北京：人民出版社，1975：829.

② 王珽玖，李小北. 国际贸易学[M]. 北京：经济管理出版社，2002：10.

世界贸易中的比重达 25%[①]，几乎相当于法国、德国和美国的总和。

19 世纪，法国、德国、美国等国也相继完成了工业革命，在国际贸易中也居于重要地位。随着贸易规模的扩大，国际贸易的组织形式也发生了很大变化，对外贸易特权公司被商品交易所和大型贸易公司所取代，运输业、保险业、银行业等在国际贸易中迅速兴起和快速发展。该时期贸易产品结构的特点是：纺织品贸易比重超过了丝绸、香料、茶叶和咖啡等大宗商品；粮食、煤炭、钢铁、机器等商品的贸易量也有了较大幅度的增长。

19 世纪末到 20 世纪初，垄断资本在政治经济生活中占据了垄断地位，超贸易保护主义盛行。1870—1914 年，在欧洲和美国发生了以“钢和电的革命”为标志的第二次工业革命。内燃机的发明、铁路的大量铺设、新材料和新能源的应用，推动了全球工业的飞速发展。在 1870—1900 年的 30 年间，世界工业产量增长了 2.2 倍，在 20 世纪初的 13 年中又增长了 66%。[②]

两次世界大战期间（1914—1945 年），由于战争与经济危机的影响，世界工业增长极为缓慢，国际贸易几乎处于停滞状态，国际贸易的增长速度明显地落后于世界工业生产的增长速度。

二、当代国际贸易的趋势和特点

第二次世界大战以后，发生了以电子学、原子能、半导体、高分子化学、高能物理学、生物工程学为代表的第三次科技革命。受第三次科技革命以及其他因素的影响，世界经济与国际贸易增长迅速。国际贸易不仅规模迅速扩大，而且其增长速度超过了世界工业生产的增长速度。由此可见，国际贸易在经济增长中的重要性大大增加。

当代国际贸易通常是指第二次世界大战结束以后，特别是 20 世纪后半期的国际贸易。当代国际贸易的特点主要表现在以下几个方面。

（一）商品结构不断优化，制成品增长快于初级产品，高新技术产品比重不断增加

随着第二次世界大战结束后全球工业经济的不断发展，国际贸易已经不再是简单的初级原料与低层次产品的进出口，而是向制成品比例不断上升、贸易附加值层次不断提高的方向转变。

1950 年，工业制成品出口占世界全部商品出口价值的 34.9%。20 世纪 60 年代，这一比例增加到 50%以上；20 世纪 70 年代，世界能源价格上涨，使得工业制成品的比重在 50%～60%徘徊；20 世纪 80 年代中期以后，工业制成品在贸易中的比重开始攀升；到 2000 年，国际贸易中将近 3/4（74.9%）的商品是工业制成品。[③]另外，劳动密集型轻纺产品的比重下降，而资本货物所占比重上升，高技术产品增长较快，化工产品、机械和运输设备等产品的贸易量快速增长。

---

① 王斑玖，李小北. 国际贸易学[M]. 北京：经济管理出版社，2002：10.

② 王斑玖，李小北. 国际贸易学[M]. 北京：经济管理出版社，2002：11.

③ 海闻，P. 林德特，王新奎. 国际贸易[M]. 上海：上海人民出版社，2003：10.

如表 1-5 所示，1995—2018 年，在全球货物贸易规模最大的五个产品类别中，除了初级产品依然占据前五名之外，其余四类分别为高等技能与技术制成品、机械与运输设备、中等技术制成品以及中等技能与技术制成品。

表 1-5 1995—2018 年全球货物贸易前五大产品类别（按 SITC 分类） 单位：万亿美元

年份	高等技能与技术制成品	机械与运输设备	中等技术制成品	中等技能与技术制成品	初级产品
1995	1.40	1.94	1.60	1.31	1.21
1996	1.48	2.05	1.67	1.39	1.31
1997	1.59	2.18	1.72	1.45	1.31
1998	1.62	2.24	1.75	1.48	1.15
1999	1.73	2.35	1.77	1.52	1.21
2000	1.95	2.61	1.88	1.62	1.47
2001	1.86	2.47	1.86	1.58	1.40
2002	1.96	2.58	1.98	1.68	1.45
2003	2.26	2.94	2.31	1.93	1.73
2004	2.70	3.50	2.79	2.31	2.21
2005	2.97	3.82	3.09	2.54	2.78
2006	3.43	4.44	3.51	2.90	3.40
2007	3.86	5.06	4.13	3.40	3.96
2008	4.17	5.44	4.60	3.72	5.11
2009	3.56	4.22	3.45	2.78	3.67
2010	4.25	5.15	4.21	3.38	4.70
2011	4.76	5.83	4.98	3.98	6.23
2012	4.83	5.87	4.95	4.01	6.40
2013	5.00	6.08	5.06	4.14	6.52
2014	5.14	6.26	5.19	4.27	6.13
2015	4.81	5.92	4.79	3.99	4.60
2016	4.71	5.86	4.73	3.98	4.22
2017	5.17	6.43	5.17	4.32	4.95
2018	5.64	6.88	5.57	4.64	5.49

资料来源：根据联合国贸易和发展会议（United Nations Conference on Trade and Development，UNCTAD）数据库中的数据整理而成。

不难看出，机械与工业制成品已在目前国际贸易中占据主要份额。另外，从产品的贸易份额占比来看，前五大类贸易产品中份额最大的是机械与运输设备，在前五大贸易产品中的份额保持在25%左右；其次是高等技能与技术制成品和中等技术制成品，在前五大贸易产品中的份额保持在20%左右；而占比最小的是中等技能与技术制成品，份额均不足20%。因此，近年来制成品在国际贸易中占据主要地位的同时，中、高等技能与技术层次的产品份额也在不断增加，国际贸易整体的产品结构也在不断优化。

（二）国际贸易的地理分布发生了变化，发展中国家的贸易增长速度整体上快于发达国家

一是越来越多的国家参与国际贸易，不同发展层次国家的对外贸易都有了不同程度的增长。但在国际贸易中，发达国家仍然居于支配地位。二是发展中国家的贸易增长速度整体上快于发达国家。近年来，不同发展层次国家可被划分为发展中国家、发达国家以及转型期国家。①不同发展层次国家货物贸易增长情况，如表1-6所示。

表1-6　全球货物贸易年均增速　　单位：%

类别		1992—1995年	1996—2000年	2001—2005年	2006—2010年	2011—2015年	2016—2018年
出口增速	出口世界整体水平	11	4	11	6	1	6
	（1）发展中国家	14	6	14	9	3	6
	（2）转型期国家	22	2	20	9	-3	11
	（3）发达国家	10	3	10	4	1	6
进口增速	进口世界整体水平	11	4	11	6	1	6
	（1）发展中国家	14	3	14	10	3	6
	（2）转型期国家	16	–5	22	12	–3	9
	（3）发达国家	9	5	10	3	1	6
GDP增速	GDP世界整体水平	1	2	2	1	2	2
	（1）发展中国家	3	2	4	4	3	3
	（2）转型期国家	–10	2	7	3	2	1
	（3）发达国家	2	3	2	0	1	2

资料来源：根据联合国贸易和发展会议数据库中的数据整理而成。

一方面，近年来发展中国家的货物贸易出口增长速度快于发达国家。1992—2018年，发展中国家货物出口平均增速均大于发达国家同期货物出口增速；另一方面，发展中国家货物进口平均增速也大于发达国家同期水平以及世界平均水平，特别是1992—1995年、2001—2005年以及2006—2010年三个时间区间内，发展中国家进口规模增速分别高出发达国家进口增速5个百分点、4个百分点以及7个百分点。因此，

① 转型期国家包括阿尔巴尼亚、亚美尼亚、阿塞拜疆、白俄罗斯、波斯尼亚和黑塞哥维那、格鲁吉亚、哈萨克斯坦、吉尔吉斯斯坦、黑山共和国、北马其顿、摩尔多瓦共和国、俄罗斯、塞尔维亚、塞尔维亚和黑山、塔吉克斯坦、土库曼斯坦、乌克兰、乌兹别克斯坦等。

发展中国家进、出口增速同时领先的结论表明：发展中国家的贸易增长速度快于发达国家。

当然，对于发展中国家贸易增长速度快于发达国家这一现象，应该从贸易统计以及商品结构等方面辩证地加以分析。

（三）国际贸易的增长速度超过经济的增长速度

根据相关统计，第二次世界大战结束后至今，国际贸易的增速超过了经济的增速。1992—2018 年，世界 GDP 平均增速为 1%～2%，但对同期世界货物贸易规模而言，除了 2010—2015 年增长速度下降至 1%外，其余年份货物贸易年均增速不低于 4%，1992—1995 年以及 2000—2005 年两个时间段内增速更是高达 11%，远超同期全球 GDP 平均增速。另外，发达国家和发展中国家货物贸易的进口规模和出口规模的增长速度同样远高于各自 GDP 的增长速度。因此，国际贸易的增长速度已经远超同期全球经济增长速度，国际贸易对全球经济正在发挥越来越重要的推动作用。

（四）发达国家之间的贸易成为主要的贸易流向

第二次世界大战结束后，随着制成品贸易数量和种类的增加，工业发达国家之间的贸易量在不断增加，其占世界贸易的比重也在不断提高。20 世纪 60 年代初，北美、西欧和日本之间的相互贸易量占当时世界总贸易量的 40%弱；20 世纪 80 年代初（1983 年）这一比例增加到 41%；20 世纪 90 年代初（1993 年）为 47%左右；到了 2000 年，世界贸易总额中将近 50%发生在欧美发达国家和日本之间。①

为了分析不同发展层次国家商品贸易的流向，我们分别从不同发展层次国家的组内贸易与不同发展层次国家的组间贸易加以考察，如图 1-1 和图 1-2 所示。

从组内贸易规模来看，1995—2018 年，发达国家之间的商品贸易规模最大，组内商品贸易平均规模为 4.78 万亿美元，发展中国家之间的商品贸易平均规模为 2.53 万亿美元。

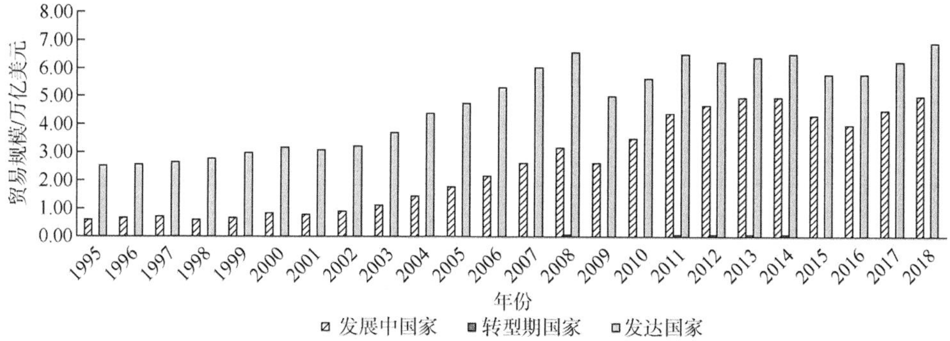

图 1-1 不同发展层次国家的组内贸易规模

资料来源：根据联合国贸易和发展会议数据库中的数据整理而成

① 海闻，P. 林德特，王新奎. 国际贸易[M]. 上海：上海人民出版社，2003：12.

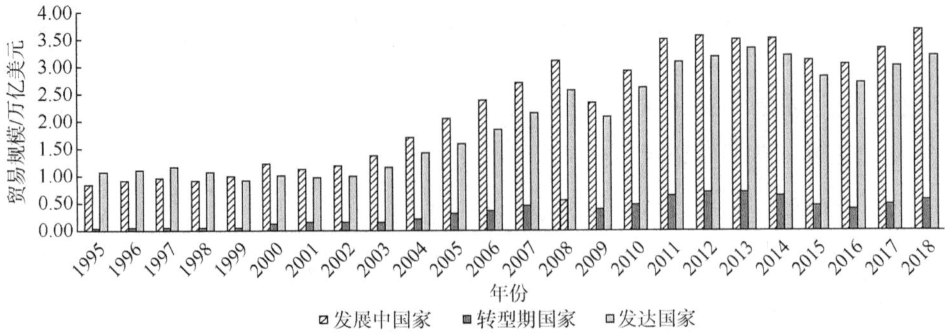

图 1-2 不同发展层次国家的组间贸易规模

资料来源：根据联合国贸易和发展会议数据库中的数据整理而成

从组间贸易规模来看，1998 年之前，发展中国家与其他发展层次国家之间的商品贸易规模小于发达国家与其他国家之间的贸易规模；从 1999 年开始，发展中国家与其他国家之间的商品贸易规模赶超了发达国家的组间贸易水平。

进一步比较组间贸易和组内贸易的规模可以发现，在全球商品贸易中，发达国家之间的组内贸易成为最主要的贸易形式，其次是发展中国家之间的组内贸易，而发达国家与发展中国家之间的贸易规模则最小。

（五）国际服务贸易迅速发展，服务贸易增长速度超过了货物贸易的增长速度

货物贸易的增加必然会伴随着运输、仓储、金融、保险、通信等各类相关的服务业的发展。从 20 世纪 60 年代开始，世界上就基本形成了部门齐全的大规模的国际服务市场。1979 年，国际服务贸易摆脱了附属于货物贸易的地位，服务贸易的增长速度超过了货物贸易的增长速度，而且在国际服务贸易中，发达国家占绝对优势。

由表 1-7 可知，近年来全球服务贸易发展呈现出快速增长趋势，且全球服务贸易出口规模与进口规模增速均远超同期世界整体 GDP 增速，该部分数据参见表 1-6。

表 1-7 全球服务贸易年均增速 单位：%

类别		1997—2000 年	2001—2005 年	2006—2010 年	2011—2015 年	2016—2018 年
出口增速	出口世界整体水平	4	11	9	5	6
	（1）发展中国家	5	13	13	6	6
	（2）转型期国家	–2	19	15	3	9
	（3）发达国家	4	11	8	5	5
进口增速	进口世界整体水平	4	10	9	5	5
	（1）发展中国家	4	11	14	7	5
	（2）转型期国家	2	20	14	5	4
	（3）发达国家	4	10	7	4	5

资料来源：根据联合国贸易和发展会议数据库中的数据整理而成。

从 1997 年开始，全球服务贸易发展迅猛，甚至开始出现赶超全球货物贸易增速的

势头；2001—2005 年全球服务贸易年均增速 11%，直追世界货物贸易增速；从 2006 年开始，全球服务贸易增速赶超全球货物贸易；2011—2015 年，全球服务贸易年均增速为 5%，高出同期世界货物贸易增速 4 个百分点；2016—2018 年，全球服务贸易与货物贸易增速再次趋近。因此，近年来国际服务贸易以迅猛的增速在全球贸易中扮演着越来越重要的角色。

（六）区域性自由贸易迅速发展

第二次世界大战结束后特别是 20 世纪 90 年代以来，伴随经济全球化的快速推进，区域间的经贸合作发展迅速，成为国际经济领域里非常突出的现象。

世贸组织秘书处的资料显示，截至 2021 年 5 月 3 日，世贸组织收到有效的**区域贸易协定**（Regional Trade Agreements，RTA）的通知累计 560 个，累计有效的区域贸易协定为 346 个；而在世贸组织正式诞生和运作的 1995 年初，世贸组织收到有效的区域贸易协定的通知只有 45 个，有效的区域贸易协定也仅有 39 个。因此，2021 年 5 月 3 日，世贸组织收到的有效的区域贸易协定的通知累计数和累计有效的区域贸易协定，分别是 1995 年初的 12.4 倍和 8.9 倍。由此可见，全球范围内的区域性自由贸易如雨后春笋般迅速发展，区域贸易协定已经成为一种极为普遍的国际贸易合作形式。

三、中国的对外贸易

中国不但历史悠久，其对外贸易史也源远流长。翻开历史，我们就可以清楚地了解到：中国其实是世界上最早实行对外开放的国家之一。在夏商时代，中国已经进入奴隶社会，当时的贸易主要是在夏朝国君与诸侯之间及诸侯与诸侯之间进行的。贸易方式就是将“商品”作为贡品和赐物而进行交换，贸易集中在黄河流域。春秋战国时期，我国社会向封建社会过渡，生产力有了较快发展，列国间以及邻近各民族间的贸易也渐趋频繁。秦代以后，我国形成中央集权的封建统一国家，对外贸易向境外伸展。特别是在此后的 2000 多年中，汉、唐、明被称为我国封建社会对外开放史上“早、中、晚”三个具有代表性的朝代。

在汉朝，汉武帝刘彻派遣张骞开辟了举世闻名的陆上“丝绸之路”，这要比葡萄牙人、西班牙人和英国人早 1000 多年；唐代是中国封建王朝的鼎盛时期，也是封建社会开放力度较大的朝代，其经济繁荣、国力强盛，水陆交通网四通八达，其对外贸易活动已经涉及当时世界上的几十个国家和地区；宋朝海上贸易比较活跃；到了明代其远洋贸易更是规模空前，明代郑和率领由 60 艘大木船与 27 800 人组成的远航船队，七下西洋，历时 28 年（1405—1433 年），进行了规模空前和旷日持久的对外贸易活动。

通过上述朝代的对外贸易活动，我国的丝绸、瓷器、茶叶、生姜和铜镜等商品大量输往邻国和西方诸国，四大发明也由此传播出去，同时也把欧亚各国的物品，如宝石、香料、芝麻、胡萝卜、大葱（蒜）、葡萄、石榴、核桃和无花果等输入我国。即使现在，我们仍然享受着古代对外贸易所带来的好处。

以上都是中国对外贸易史上曾经令人羡慕的闪光篇章。然而非常遗憾的是，由于历代王朝重农抑商的政策以及封建社会生产关系的稳定性，我国的对外贸易最终未能发展起来。从明成祖朱棣永乐二十二年（1424 年）之后，中国的对外贸易基本上处于徘徊状态。到了清代更是实施了闭关锁国政策。

封闭必然导致落后，落后就要挨打。在 19 世纪中叶，中国的国门最终被欧美各国的枪炮强行轰开。从此以后，中国的对外贸易逐步为帝国主义所控制，贸易主权进一步丧失，沦为了英、美、日、德、法等列强的商品销售市场、原料产地和投资场所。它们向中国出口的产品除了鸦片外，还有棉织品、棉纱、纸张、液体燃料、钢铁及金属制品、化工产品以及机械设备等；从中国廉价掠夺的则主要是矿砂、金属、皮革及皮货、生丝及丝织品、蛋及蛋制品、茶叶、大豆和菜籽等原材料与初级产品。但当时中国对外贸易在国际贸易中所占比重非常低，以 1913 年为例，该年中国进口额仅占世界进口额的 2%，出口额只占世界出口额的 1.5%。

到了 1949 年，中国好不容易才摆脱列强的蹂躏，但由于当时国际环境与其他客观条件的限制，对外贸易基本上处于停滞状态。直到 1978 年，中国确立了改革开放的基本国策之后，中国才把久已尘封的国门真正地打开了。从此之后，中国的对外贸易才取得了长足发展，对外贸易规模迅速扩大，我国的经济发展也逐渐走上健康、稳定与高速增长的轨道。

值得一提的是，2001 年 11 月 10 日世贸组织第四届部长级会议在卡塔尔首都多哈举行，会议通过中国加入世贸组织的决定。2001 年 11 月 11 日，中国政府代表石广生签署中国加入世贸组织议定书，并向世贸组织秘书处递交中国加入世贸组织批准书，30 天后即 2001 年 12 月 11 日，中国正式成为该组织第 143 个成员，从而为中国漫漫 15 年之久的“复关”与“入世”历程画上了一个圆满的句号。更为重要的是，成为世界多边贸易体制中的一员，可为中国全方位地参与国际分工与贸易，以及实现经济腾飞和富民强国奠定坚实基础；同时，中国加入世贸组织后，开放了巨大的国内市场，可惠及全球各国，尤其是发展中国家。

加入世贸组织之后，中国对外贸易规模开始快速扩大，货物贸易与服务贸易进出口规模的增长情况，如图 1-3 和图 1-4 所示。

在货物贸易方面，2002 年，中国货物贸易进、出口额分别为 2951.7 亿美元和 3256.0 亿美元，货物贸易总额为 6207.7 亿美元；到了 2018 年，中国货物贸易进口额为 21 357.5 亿美元，出口额为 24 867.2 亿美元，货物贸易总规模达到了 46 224.7 亿美元，为 2002 年

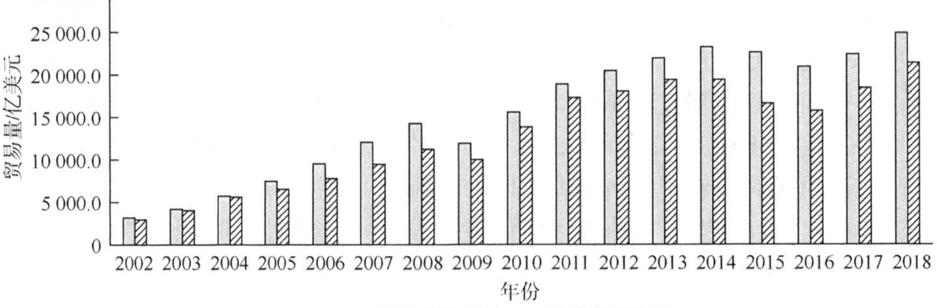

图 1-3　2002—2018 年我国货物贸易进出口规模

资料来源：根据国家统计局网址的相关数据整理而成

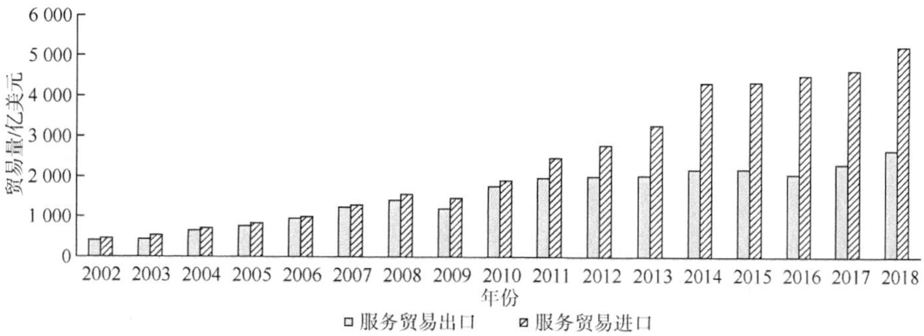

图 1-4 2002—2018 年我国服务贸易进出口规模

资料来源：根据国家统计局网址的相关数据整理而成

的 7.45 倍。同时，货物贸易保持连年顺差，顺差规模由 2002 年的 304.3 亿美元扩大到 2018 年的 3509.8 亿美元，扩大了 11.5 倍。2002—2018 年，中国货物贸易总额年均增长率为 38%，而同期世界货物贸易总额年均增长率为 12%；中国货物贸易总体规模由 2002 年的世界第 5 位上升到 2018 年的世界第 1 位，货物贸易总体规模占世界货物贸易总体规模的比重也由 2002 年的 9.6%上升到 2018 年的 23.8%。

在服务贸易方面，2002—2018 年，我国服务贸易出口规模由 397.45 亿美元增加到 2018 年的 2668.41 亿美元，进口规模由 465.28 亿美元增加到 5250.40 亿美元，服务贸易持续逆差，逆差规模由 67.84 亿美元扩大到 2581.99 亿美元，扩大了 38 倍。就服务贸易总体规模而言，由 2002 年的 862.73 亿美元增长到 2018 年的 7918.81 亿美元，增长 8 倍，年均增速 48%，远超同期世界服务贸易总体规模 15%的年均增速，并一举由世界第 9 位上升到世界第 2 位，仅次于美国。同时，我国服务贸易总体规模的世界总量占比也由 2002 年的 5.3%上升到 2018 年的 13.5%，我国对世界服务贸易的影响力进一步扩大。

改革开放特别是入世之后，中国对外贸易的飞速增长也拉动了经济的稳步增长。1978 年中国 GDP 为 2152.6 亿美元，GDP 总量居世界第 11 位；2018 年，在世界银行发布的 GDP 排名中，美国的 GDP 总量以 20.49 万亿美元居首位，中国则以 13.60 万亿美元位居第二位。1978 年，中国外汇储备只有 1.67 亿美元；2008 年底已达到 19 460.30 万亿美元，大约是 1978 年的 11 652.87 倍，由改革开放初的外汇短缺国一跃成为全球外汇储备第一大国。2020 年，我国外汇储备规模已达 32 165.22 亿美元。

以上表明，中国加入世贸组织之后，中国参与世界经济的进程正在加快，对外贸易将会稳步而飞速发展，而且中国必将更加开放和繁荣昌盛！

第五节 国际贸易研究对象、方法和工具

一、研究对象

一般而言，国际贸易理论与国际金融理论一起，就构成**国际经济学**（international economics）的主要内容。国际贸易学属于国际经济学的**微观经济学**（microeconomics）部分，它把单个国家看作基本单位，并研究单个商品的（相对）价格。国际贸易课程主要研究与分析国际商品和劳务在国家之间的交换问题，包括国际贸易理论、国际贸易政

策以及国际贸易的实践活动。具体来讲，主要包括以下四个部分。

（一）研究国际分工与贸易产生的原因、贸易格局及其结果

该部分主要研究商品、服务以及生产要素在国家之间流动的原因、贸易格局及其结果。分工与贸易的原因，即**贸易基础**（basis for trade），主要从供给角度出发，分析国家与国家之间为什么会发生贸易；贸易格局又称为**贸易模式**（pattern of trade），是指一个国家在搞清楚本国国情的基础之上，分析确定应该生产什么、出口什么并进口什么；贸易结果即**贸易所得**（gains from trade），是从国家整体的角度来分析国际贸易会给双方国家的贸易利益带来什么样的影响，以及贸易利益如何在双方合作中进行分配。这里的研究在供给因素分析的基础上又引入了需求因素的分析。

（二）研究国际贸易政策

该部分研究的是与商品、服务以及生产要素国际流动有关的商业、产业和消费政策。主要探讨各种贸易政策的目标、手段和演化过程，以及各种贸易政策会对其国内经济各方面带来哪些影响。国际贸易政策是各国在一定时期内对进口和出口贸易所实行的政策，是各国政府为了某种目的而制定的对对外贸易活动进行管理的方针和原则。从一国或地区的角度看，国际贸易政策就是对外贸易政策。从整体上而言，国际贸易政策可分为自由贸易政策和贸易保护政策。

（三）研究国际贸易与经济增长的相互影响

该部分主要从动态上分析经济增长所引起国际贸易格局变动的原因及其结果，以及国际贸易又怎样反过来促进经济增长。国际贸易与经济增长之间存在着双向的因果关系。

（四）研究国际贸易的重大现实问题

该部分主要研究区域经济一体化和世贸组织等国际贸易的重大现实问题，这些问题会对国际贸易的发展和变化，以及各国的对外贸易产生重大影响。

区域经济一体化可视为世界经济一体化局部的或者过渡的形式，它不但对国际贸易产生双重影响，而且影响显著。比如，欧盟是当今世界上最大的贸易集团，其每年进出口贸易都占到世界进出口贸易的 1/5 左右。

世贸组织的产生，不仅继承了关税及贸易总协定①的全部功能，而且完善了其规则的内容，扩大了适用范围，强化了争端解决机制，规定了对成员贸易政策的监督和评审职能。世贸组织能够把世界各国的双边贸易关系纳入到统一的国际多边体制中来，对国际贸易的发展能够起到积极的推动作用。但是，目前世贸组织也遇到了前所未有的挑战，需要根据其外部环境和国际贸易的发展变化不断进行改革。

---

① 关税及贸易总协定（General Agreement on Tariffs and Trade，GATT），简称“关贸总协定”，是一个政府间缔结的有关关税和贸易规则的多边国际协定。

二、研究方法

（一）实证分析与规范分析相结合

从研究的性质来看，像其他的经济学理论一样，国际贸易理论的研究方法也可以分为**实证分析**（positive analysis）和**规范分析**（normative analysis）两种。

1. 实证分析

实证分析主要是为了揭示各种经济变量之间的关系，属于一种技术分析，如同各种化验和测量一样，它旨在回答“是什么”“能否做到”之类的问题，不涉及价值判断。

2. 规范分析

规范分析是在实证分析的基础之上，对实证分析的结果进行诊断与评判，而这种诊断和评判在很大程度上取决于研究者的好恶和价值观，它旨在回答“善与恶”“该不该”“应该如何”之类的问题。例如，在分析一国贸易政策的经济效应时，实证研究方法仅仅是揭示某种政策会对该国内部各大利益集团带来什么样的利益得失，至于怎样看待这些利益得失则属于规范研究的范畴。

在一项实际研究过程中，应将实证的研究方法与规范的研究方法加以紧密结合。如果仅有实证研究而无规范研究，就会失去经济学的社会意义；反之，如果仅有规范研究而无实证分析，则其研究结果就会显得苍白无力，不能令人信服。因此，国际贸易理论研究是实证研究和规范研究的统一。

（二）静态分析与动态分析相结合

（1）**静态分析**（static analysis）。静态分析一般是指“时间的推移对之不起重要作用的一种分析方法”[①]，即它完全抽象掉了时间因素和具体变动的过程，是一种静止、孤立地考察某些经济现象的方法。比如，大部分贸易理论对贸易基础、格局与结果的研究就是静态分析。

（2）**动态分析**（dynamic analysis）。动态分析主要研究各种经济变量随时间推移而发生变化以及变化中各变量对整个经济体系的影响。比如，国际贸易产品生命周期的分析就是动态分析。

（三）定性分析与定量分析相结合

（1）**定性分析**（qualitative analysis）。定性分析是对经济事物本质及其属性的分析。具体来讲，就是通过运用归纳与演绎、分析与综合、抽象与概括等方法进行思维深加工，进而去伪存真、由表及里，以认识事物的本质并揭示其内在规律。

（2）**定量分析**（quantitative analysis）。定量分析是对经济事务进行量的考察。它是依据统计数据，建立和运用数学模型，计算出研究对象各项指标与数值的一种方法。通俗地讲，定量分析主要是运用数学语言，研究和描述事物量的规律，使定性结论更加精确可靠。

---

① 杨春学. 当代西方经济学新词典[Z]. 长春：吉林人民出版社，2001：178.

定性分析与定量分析相互补充、相辅相成。定性分析是定量分析的基础和前提，定量分析是定性分析的量化和升华。只有将这两种方法合理、科学地加以结合、灵活运用，才能取得好的效果。

（四）局部均衡分析与一般均衡分析相结合

（1）**局部均衡分析**（partial equilibrium analysis）。局部均衡分析是指在假定其他市场条件不变的情况下，孤立地考察单个市场或部分市场的供求与价格之间的关系或均衡状态，而不考虑它们之间的相互联系和影响。比如，在分析一种商品的供求情况和价格时，抽象掉了其他商品的价格及供求情况对该商品的价格和供求情况的影响，即假定凡影响该商品价格和供求情况的其他所有因素是既定不变的。在这种情况下，该商品的供求变化唯一由该商品价格的变化决定。

（2）**一般均衡分析**（general equilibrium analysis）。一般均衡分析是指将所有相互联系的市场看成一个整体来加以研究和分析的方法，即在整个经济体系的两大市场（商品市场和生产要素市场）中，一切商品及生产要素的价格与供求都是互相联系、互相影响和互相制约的。一种商品或生产要素价格的变动，不仅受它自身供求的影响，还要受到其他商品和生产要素的供求与价格的影响。在国际贸易当中，一般均衡分析强调的是考察全部市场、全部商品的价格与供求关系的变化情况，如进口关税的一般均衡分析。

三、分析工具

国际贸易理论研究的是商品、服务和生产要素的国际交换，其分析工具主要是市场经济学中的微观经济分析方法。为了准确说明贸易活动中的各种经济关系，在国际贸易理论研究当中，学界往往借助了许多微观经济学中的数学工具。例如，生产可能性曲线、社会无差异曲线、机会成本、市场与市场均衡、供给与需求曲线、提供曲线等。只不过在研究过程中，其研究对象不是个体而是整体，如整个国家、政府、生产者利益集团与消费者利益集团等。

本章要点

- 国际贸易是指世界上各国或地区之间所进行的商品和劳务的交换活动。一般把有形商品的国际交换称为“狭义的国际贸易”，而把包括全部有形商品和无形商品在内的国际交换称为“广义的国际贸易”。
- 国际贸易与国内贸易、对外贸易均属于商品和劳务的交换范畴，但也有一些不同的特点。而且，国际贸易可从不同角度加以分类。
- 正确理解国际贸易的主要统计指标，对于研究一个国家对外贸易运行状况是十分重要的。有关国际贸易的常用指标主要包括：贸易额、贸易量、贸易差额、国际收支与贸易收支、净出口与净进口、贸易条件、对外贸易依存度、国际贸易商品结构与对外贸易商品结构、国际贸易地理方向与对外贸易地理方向、关税区等。
- 国际贸易属于历史范畴，它是在一定的历史条件下产生和发展起来的。国际贸易的产生必须同时具备两个条件：一是生产力发展到一定水平，有可供国家之间交换的剩余产品；二是社会分工的扩大和国家的产生。从世界与中国的角度来看，国际贸易的产生与发展经历了一个漫长的历史过程。

➢ 当代国际贸易通常是指第二次世界大战结束以后，特别是 20 世纪后半期的国际贸易。当代国际贸易主要有以下特点：商品结构不断优化，制成品增长快于初级产品，高新技术产品比重不断增加；国际贸易的地理分布发生了变化，发展中国家的贸易增长速度整体上快于发达国家；国际贸易的增长速度超过经济的增长速度；发达国家之间的贸易成为主要的贸易流向；国际服务贸易迅速发展，服务贸易增长速度超过了货物贸易的增长速度；区域性自由贸易迅速发展。

➢ 国际贸易学属于国际经济学的微观经济学部分，它把单个国家看作基本单位，并研究单个商品的（相对）价格。国际贸易课程主要研究与分析国际商品和劳务在国家之间的交换问题，包括国际贸易理论、国际贸易政策以及国际贸易的实践活动。具体来讲，主要包括以下四个部分：研究国际分工与贸易产生的原因、贸易格局及其结果；研究国际贸易政策；研究国际贸易与经济增长的相互影响；研究国际贸易的重大现实问题。

➢ 国际贸易的研究方法体现在：实证分析与规范分析相结合，静态分析与动态分析相结合，定性分析与定量分析相结合，局部均衡与一般均衡相结合；另外，为了准确说明贸易活动中的各种经济关系，在国际贸易理论研究当中，学界往往借助了许多微观经济学中的数学工具。例如，生产可能性曲线、社会无差异曲线、机会成本、市场与市场均衡、供给与需求曲线、提供曲线等。

关键术语

国际贸易　有形贸易　无形贸易　对外贸易　易货贸易　转口贸易　加工贸易　贸易额　贸易量　贸易差额　贸易平衡　贸易顺差　贸易逆差　国际收支　贸易收支　净出口　净进口　贸易条件　对外贸易依存度　贸易商品结构　贸易地理方向　关税区　贸易基础　贸易模式　贸易所得

思考习题

一、单选题

1. 一个国家（或地区）与其他国家（或地区）之间的商品与劳务的交换活动，称为该国的（　　）。

A. 国际贸易　　B. 有形贸易　　C. 无形贸易　　D. 对外贸易

2. 贸易顺差是（　　）。

A. 商品进口额大于出口额　　B. 商品出口额大于商品进口额

C. 国际收入大于国际支出　　D. 某种商品的进口大于出口

3. 从甲国经过丙国国境向乙国运送商品，货物所有权不属于丙国，对丙国来说就属于（　　）。

A. 专门贸易　　B. 转口贸易　　C. 过境贸易　　D. 间接贸易

4. 输出国外的本国货物未经加工再输入，这种情况被称作（　　）。

A. 复出口　　B. 复进口　　C. 专门贸易　　D. 进口贸易

5. 以关境为标准划分的进出口贸易被称为（　　）。

A. 对外贸易额　　B. 专门贸易　　C. 对外贸易量　　D. 总贸易

6. 假设以 2019 年为基期，某国进口价格指数和出口价格指数均为 100，2020 年其出口价格指数上涨 7%，进口价格指数下降 3%，则该国贸易条件（　　）。

A. 恶化　　B. 改善　　C. 平衡　　D. 无法确定

7. 贸易条件的计算公式为（　　）。

A. 出口价格/进口价格 × 100　　B. 进口价格/出口价格 × 100

C. 进口价格指数/出口价格指数 × 100　　D. 出口价格指数/进口价格指数 × 100

8. 以一定时期为基期，贸易条件为 100，若报告期的进口价格指数与出口价格指数比率大于 100，则报告期的贸易条件比基期的贸易条件（　　）。

A. 不利（恶化）　　B. 有利（改善）　　C. 不变　　D. 无关系

9. 从一国（　　）可以看出该国的经济发展水平及其在国际分工中的地位。

A. 国际贸易地理方向　　B. 对外贸易商品结构

C. 对外贸易依存度　　D. 对外贸易条件

10.（　　）反映了各洲、各国或各区域集团参加国际商品流通的水平。

A. 国际贸易地理方向　　B. 对外贸易商品结构

C. 对外贸易依存度　　D. 对外贸易条件

11.（　　）是指一国在一定时期内，某类产品的出口数量（或金额）大于进口数量（或金额）。

A. 净进口　　B. 净出口　　C. 贸易顺差　　D. 贸易逆差

12. 出口贸易量的计算公式是（　　）。

A. 进口贸易额/进口价格指数　　B. 出口贸易额/进口价格指数

C. 出口贸易额/出口价格指数　　D. 进口贸易额/出口价格指数

二、多选题

1. 国际贸易理论一般研究的内容包括（　　）。

A. 贸易基础　　B. 贸易格局　　C. 贸易结果　　D. 贸易实践

2. 对外加工装配是（　　）的总称，是一种委托加工的贸易方式。

A. 来料加工　　B. 来样生产　　C. 来件装配　　D. 进料加工

3. 如果按照贸易国经济发展水平差异的不同，可将国际贸易划分为（　　）。

A. 水平贸易　　B. 专门贸易　　C. 垂直贸易　　D. 一般贸易

4. 影响一国对外贸易依存度高低的主要因素包括（　　）。

A. 经济规模　　B. 经济发展阶段及产业结构

C. 经济发展战略及对外开放程度　　D. 汇率水平

5. 如果按照交易者多少的不同，可将国际贸易划分为（ ）。

A. 双边贸易 B. 过境贸易 C. 易货贸易 D. 多边贸易

6. 在一定时期内，一国的贸易差额可能为（ ）。

A. 正值 B. 负值 C. 无法确定 D. 大致相等

7. 国际服务贸易的形式包括（ ）。

A. 跨境提供 B. 境外消费 C. 商业存在 D. 自然人流动

8. 如果按照货物移动方向的不同，可将国际贸易划分为（ ）。

A. 出口贸易 B. 进口贸易 C. 过境贸易 D. 复进口

9. 在实际经营中，国内贸易与国际贸易具有一些不同的特点，主要包括（ ）。

A. 自然与社会环境不同 B. 稳定性和风险大小不同

C. 面临各种关系的复杂程度不同 D. 货币制度、贸易阻力与障碍差异

三、判断题

1. 三个或三个以上国家（或地区）交易者之间的贸易往来称为三角贸易。（ ）

2. 经济发展水平差异较大的国家之间所进行的贸易活动就是水平贸易。（ ）

3. 世界贸易总额是指全世界所有国家（包括地区）在一定时期内，其进口贸易额与出口贸易额的总和。（ ）

4. 世界贸易总量是指从全球范围看，在一定时期内，世界各国出口贸易量的总和。（ ）

5. 贸易顺差是指在特定的时期内，一国出口贸易总额小于其进口贸易总额。（ ）

6. 贸易平衡是指一国在特定年度内外贸进口总额与出口总额严格相等。（ ）

7. 通常情况下，一国应该追求长期大量的对外贸易顺差。（ ）

8. 一国出口依存度越高，说明该国国民经济活动对世界经济的依赖程度越高。（ ）

9. 事实上，一国国民经济对外贸易的依存度越高越好。（ ）

10. 一国贸易商品结构可反映出该国经济发展水平及其在国际分工中的地位。（ ）

11. 对外贸易地理方向表明了该国与世界各国、各地区的经济贸易联系程度。（ ）

12. 关税领土是指海关征收关税的领域，是执行统一海关法令的领土。（ ）

13. 一般来讲，一国政府在对外贸易中应设法保持进出口基本平衡，略有结余，这样才有利于国民经济的健康发展。（ ）

14. 按照加工性质不同，加工贸易可分为进料加工与对外加工装配。（ ）

15. 贸易顺差情况在很大程度上反映了一国在特定年份对外贸易的运行状况，它表示该国当年对外贸易处于有利地位。（ ）

16. 复出口是出口贸易的变形，指输入本国的外国货物未经加工再输出。（ ）

四、简答题

1. 简述国际贸易与对外贸易的异同。

2. 何谓服务贸易？请简述服务贸易的四种形式。

3. 何谓加工贸易？按照加工性质的不同，加工贸易如何划分？“三来”的内容是什么？

4. 简述在通常情况下，一国不宜一味地追求长期大量的对外贸易顺差的原因。

5. 影响一国对外贸易依存度的主要因素有哪些？

6. 简述国际贸易的研究方法和分析工具。

7. 台湾是我国的一部分，为什么我国对台湾的贸易是对外贸易？

8. 日本一家公司到我国投资，生产出电子元件又向日本返销，是否算我国的出口贸易？

五、论述题

1. 试述在实际经营中，国内贸易与国际贸易具有哪些不同的特点？

2. 试述国际贸易学研究对象和内容。

3. 国际贸易的主要分类有哪些？试举例说明。

4. 工业革命对世界贸易的主要影响是什么？

5. 请阐述当代国际贸易的趋势和特点。

六、计算题

1. 以 2020 年为基期，某国该年的进出口价格指数均定为 100。2021 年该国进口贸易额为 1170 亿美元，出口贸易额为 1200 亿美元。2021 年该国出口产品价格平均下跌 5%，出口价格指数为 95；2021 年该国进口产品价格平均上涨 3%，进口价格指数为 103。请计算 2021 年该国进口贸易量和出口贸易量各是多少？

2. 假定 A 国基期出口贸易量和出口商品价格分别为 1000 吨和 136 美元/吨，报告期的出口贸易量和出口商品价格分别为 1200 吨和 140 美元/吨。

（1）请计算 A 国基期与报告期的出口贸易额。

（2）若将 A 国基期出口价格指数设为 100，请计算其报告期的出口价格指数与出口贸易量。

3. 假定 1991 年世界出口值为 14 000 亿美元，2001 年世界出口值为 30 000 亿美元，设 1991 年出口价格指数为 100，2001 年为 160，试比较 2001 年世界出口值和世界出口贸易量与 1991 年世界出口值的增长变化情况。

4. 中国 2019 年 GDP 为 143 004.3 亿美元，进出口总额、出口总额和进口总额分别是 45 778.9 亿美元、24 994.8 亿美元和 20 784.1 亿美元，请计算 2019 年中国对外贸易依存度、出口依存度和进口依存度各是多少。

七、案例分析题

2020 年以来中国对外贸易发展情况

前 10 个月，中国货物进出口总额 25.95 万亿元，同比（下同）增长 1.1%。其中，出口 14.33 万亿元，增长 2.4%；进口 11.62 万亿元，下降 0.5%；顺差 2.71 万亿元，扩大 16.9%。分季度看，第一、二、三季度进出口规模分别为 6.6 万亿元、7.7 万亿元和 8.9 万亿元，增速分别为–6.5%、–0.2%和 7.5%，规模和增速逐季走高。中国外贸进出口在第一季度大幅下跌、第二季度止跌回稳后继续反弹，第三季度进出口额、出口额、进口额均创季度历史新高。10 月当月，进出口 2.84 万亿元，增长 4.6%。其中，出口 1.62 万亿元，增长 7.6%；进口 1.22 万亿元，增长 0.9%；贸易顺差 4017.5 亿元，增加 32.7%。国际市场份额稳步提升。世贸组织统计，前 7 个月，以美元计价中国进出口额、出口额、进口额占国际市场份额分别同比提升 1.0 个百分点、1.1 个百分点和 0.8 个百分点，均创历史新高。

前 10 个月，中国外贸运行呈现如下特点：

（一）新兴市场占比进一步提高，国际市场布局更趋优化

国际市场布局持续优化，东盟成为我国第一大贸易伙伴，我国对主要贸易伙伴进出口均保持增长。前 10 个月，中国对前四大贸易伙伴东盟、欧盟、美国和日本进出口额分别为 3.79 万亿元、3.62 万亿元、3.20 万亿元和 1.80 万亿元，占同期进出口总额的 14.6%、13.9%、12.3%和 6.9%，合计占中国进出口总额的 47.7%。对东盟进出口、出口和进口增速分别为 7.0%、7.3%和 6.6%，高出同期整体进出口、出口和进口增速 5.9 个百分点、4.9 个百分点和 7.1 个百分点；对欧盟、美国、日本进出口分别增长 3.5%、3.9%和 1.5%，高出同期整体进出口增速 2.4 个百分点、2.8 个百分点和 0.4 个百分点。对部分"一带一路"沿线国家进出口增长较快，其中，对挪威、乌克兰、哈萨克斯坦、埃及、荷兰、葡萄牙和西班牙进出口分别增长 65.6%、23.2%、4.1%、10%、7.1%、4.4%和 5.8%。

（二）中西部地区外贸占比提升，国内区域布局更趋均衡

中西部地区对外开放水平不断提升，承接东部产业转移取得新进展，外贸发展的国内区域布局更趋均衡。前 10 个月，中西部地区外贸进出口 4.45 万亿元，增长 8.7%，高出整体增速 7.6 个百分点，占进出口总额比重达 17.2%，较 2019 年同期提升 1.2 个百分点。其中，西部 12 省（区、市）进出口 2.38 万亿元，增长 8.7%，高于全国进出口增速 7.6 个百分点，占进出口总额比重 9.2%，比 2019 年同期提升 0.6 个百分点；中部 6 省进出口 2.07 万亿元，增长 8.7%，高于全国进出口增速 7.6 个百分点，占进出口总额比重 8.0%，比 2019 年同期提升 0.6 个百分点。

（三）机电产品拉动作用凸显，商品结构持续升级

产业转型升级进程加快，出口商品结构持续优化。前 10 个月，中国机电产品出口 8.45 万亿元，增长 3.8%，高出整体出口增速 1.4 个百分点，占出口总额的 59%，较 2019 年同期提升 0.7 个百分点。高质量、高技术、高附加值"三高"产品出口增长较快，计算机、集成电路、电子元件、家用电器和电动载人汽车出口分别增长 10.5%、14.3%、11.1%、19.1%和 162.3%。服装等七大类劳动密集型产品合计出口 2.96 万亿元，增长 9%，占出口总额的 20.6%，较 2019 年同期提升 1.3 个百分点。在全球防疫物资需求拉动下，包括口罩在内的纺织品、医疗器械、药品合计出口 1.14 万亿元，增长 33.7%。其中，纺织制品出口 9084.1 亿元，增长 121.9%；医药材及药品出口 1251.2 亿元，增长 20.9%；医疗仪器及器械出口 1043.2 亿元，增长 46%。

（四）重点商品进口增势明显，进口商品结构更加优化

国内经济持续稳定恢复，带动进口持续回暖。前 10 个月，先进技术设备和关键零

部件进口增长较快：集成电路进口增长 16.0%，计算机进口增长 10.4%；消费类产品增势明显，化妆品和医药品进口分别增长 28.4%和 6.5%；农产品进口增长 16.4%，重点农产品进口量增加，其中粮食、肉类（包含杂碎）、食用植物油、大豆进口量分别增长 28.5%、68.8%、2.7%和 17.7%；铁矿砂、原油等大宗商品进口量增加，进口铁矿砂 9.75 亿吨，增加 11.2%；进口原油 4.59 亿吨，增加 10.6%；进口天然气 8126 万吨，增加 4.7%；进口铝矿砂 9601 万吨，增加 13.5%。

（五）民营企业带动作用突出，外贸内生动力增强

民营企业对外贸带动作用更加突出，第一大外贸经营主体地位不断巩固。前 10 个月，中国民营企业进出口 12.1 万亿元，增长 10.3%，大幅高出整体进出口增速 9.2 个百分点，占进出口总额的 46.6%，较 2019 年同期提升 3.8 个百分点。其中，出口 7.98 万亿元，增长 10.9%，占出口总额的 55.7%，较 2019 年同期提升 4.3 个百分点；进口 4.12 万亿元，增长 9.2%，占进口总额的 35.5%。外商投资企业进出口 10.02 万亿元，下降 2.9%，占进出口总额的 38.6%。国有企业进出口 3.83 万亿元，下降 11.7%，占进出口总额的 14.8%。

（六）一般贸易占比提升，贸易方式持续优化

前 10 个月，中国一般贸易进出口 15.6 万亿元，增长 2.8%，比整体进出口增速高 1.7 个百分点，占进出口总额的 60.1%，比 2019 年同期提升 0.8 个百分点。其中，一般贸易出口 8.51 万亿元，增长 4.8%，占出口总额的 59.4%，比 2019 年同期提升 1.2 个百分点；一般贸易进口 7.08 万亿元，增长 0.5%，占进口总额的 60.9%，比 2019 年同期提升 0.4 个百分点。同期，加工贸易进出口 6.09 万亿元，下降 6.2%，占比减少 1.8 个百分点。其中，出口下降 6.6%，出口占比较 2019 年同期减少 2.6 个百分点；进口下降 5.6%，进口占比较 2019 年同期减少 1.1 个百分点。与加工贸易相比，一般贸易在国内产业链条长、增值部分多，其占比提升彰显中国外贸结构更趋优化，内生发展动力日益增强。

（七）新业态、新模式加速发展，新旧动能转换加快

新冠肺炎疫情暴发以来，商务部会同各相关部门，积极落实党中央、国务院关于稳外贸要求，制定发展贸易新业态新模式的相关举措，加快培育外贸新业态新模式，推动外贸创新发展。新设 46 个跨境电商综合试验区和 17 家市场采购贸易方式试点，扩大跨境电商零售进口试点至 86 个城市和海南全岛；支持跨境电商平台"走出去"，高质量推进重点市场海外仓建设，鼓励引导多元化投入建设海外仓；优化外贸综合服务企业退税服务，加快退税进度，推动更多符合标准的外贸综合服务企业成为海关"经认证的经营者"。前三季度，通过海关跨境电商管理平台进出口 1873.9 亿元，增长 52.8%；市场采购出口 5098.6 亿元，增长 35.5%。跨境电商等贸易新业态新模式充满活力、增势强劲，是当下稳住外贸基本盘的重要动能，为外贸企业有效应对疫情冲击发挥了积极作用。

资料来源：中华人民共和国商务部. 中国对外贸易形势报告（2020 年秋季），http://images.mofcom.gov.cn/zhs/202012/20201209112029503.pdf.

问题：

1. 仔细阅读材料，在了解中国2020年前10个月对外贸易发展情况的基础上，请问你发现了哪些已学过的国际贸易重要概念和分析指标？请一一列举出来。

2. 运用自己所学过的国际贸易的重要概念和分析指标，查找收集相关统计资料，用数据说话，分析某国、某省/市在某一时期内的对外贸易发展情况。

第二章 早期与古典国际贸易理论

学习目标与要求

➢ 了解重商主义、绝对优势理论、比较优势理论与贸易保护理论产生的背景；
➢ 掌握早期和晚期重商主义的贸易观点；
➢ 了解价格-货币流转机制的基本内容；
➢ 重点掌握绝对优势理论、比较优势理论、相互需求理论、贸易保护理论的主要内容。

名人名言

两个人都会制造鞋子和帽子，其中一个比另一个在每一行业都处于优势，但是，在生产帽子方面，他仅能以 1/5 或者说 20%的优势超过他的竞争者，而在生产鞋子方面，他胜出对手 1/3 即 33%；为了双方的利益，何不让这个具有优势的人专门生产鞋子而另一个处于劣势的人专门生产帽子呢？

大卫 · 李嘉图，1817 年

比较优势是这样一个最佳的例子，即一个经济学原理无疑是准确的，但对聪明人而言却并非显而易见。

保罗 · 萨缪尔森，1969 年

外贸资讯

亚当 · 斯密在悄悄流泪（钟声）

“劳动生产力上最大的增进，以及运用劳动时所表现更大的熟练、技巧和判断力，似乎都是分工的结果。”“现代经济学之父”亚当 · 斯密在《国富论》开篇对“分工”的定义，奠定了自工业革命以来世界经济学的基石。如同一些美国知名学者所言，如果说美国的发展是一个奇迹，那么奇迹的源泉之一就是这部著作。

对自由市场的追求，让美国在形成全球大市场、国际大分工的历史进程中脱颖而出；对公平竞争的坚持，向来是美国引以为傲的价值坐标。但时至今日，美国的一些政客似乎早已忘记了自己的来路，或者明明知道何为世界经济发展的正途，却为一己之私利不顾一切要挡住别人的路。市场这只“看不见的手”，正在被华盛顿那双“霸道的手”束缚。

亚当·斯密用制钉工人论证分工的意义，但在美国的一些政客那里，手握着锤子就看着什么都是钉子。美方情报官员频频炒作一些莫须有的在华经营风险，美国政府部门以“国家安全”名义对中国企业围追堵截，甚至四处对盟友施压企图限制中国企业……开放自由理念不再，公平竞争价值不存，美方一些政客的种种异动，彻头彻尾毁掉了自诩的“公平竞争捍卫者”形象，甚至连一些美国媒体都看不下去了。针对美国国务卿蓬佩奥“只要把信息交给中国共产党就构成了风险”的荒谬言论，美国媒体犀利指出：美国政府拿不出任何证据证明其针对中国企业所谓“窃取美国公司技术、涉嫌间谍活动”的指控。相反，“棱镜门”丑闻却早已坐实了美国政府对公民的大规模窃听行为。

如果美国先辈有知，看到今天的局势定会失望：当一个国家的政策被零和对抗思维驱动，参与全球产业分工的基础就荡然无存了，它不再是全球秩序的维护者，而是麻烦制造者、风险酝酿者。指责“中国长期从事不公平贸易”、要求所谓“公平、对等”贸易，是对基本经贸常识的假装无知；摆出一副“美国吃亏”状，高呼“买美国货、雇美国人”，只会对全球产业链作出一厢情愿的扭曲。在一个嵌入式发展的世界，企图搞“脱钩”，是违背经济规律的政治任性，美国农民不会因此受益只会陷入困境，美国经济不会“再次伟大”只会掉头向下，美国资本市场不会蓬勃向上只会成为风险样本……

贸易本该是互惠互利下的双赢。我们不指望一些美国政客可以达到亚当·斯密《道德情操论》所言的“正义、仁慈、良心”，但成为《国富论》所讲的“理性经济人”，应是不难的选择。人类社会发展到今天，公平竞争、互利共赢的市场秩序愈发突显其价值，最大的理性就是认识到公平竞争、合作共赢的意义与价值。美国经济学家杰弗里·萨克斯最近发表文章，呼吁美国人清醒起来，承认“中国并不是（美国）经济问题的源头”。不知这样的声音，能不能让那些执迷不悟的政客们有所醒悟？

资料来源：佚名. 亚当·斯密在悄悄流泪（钟声）. https://baijiahao.baidu.com/s?id=1635354662264550991&wfr=spider&for=pc，2019-06-04.

资讯引导：阅读该资讯，我们知道了一个重要结论：贸易是互惠互利下的双赢。那么，世界各国是如何进行国际分工和贸易的？除了自由贸易，为何还会产生贸易保护现象？要了解和明白其中的奥秘和原因，掌握相关的贸易理论和知识，请开始本章内容的学习。

早期国际贸易理论是相对古典国际贸易理论而言的。它是指 15—17 世纪欧洲资本原始积累时期重商主义的经济思想和政策体系，是西方国际贸易理论史上最早的、具有贸易保护主义色彩的经济学说。

古典国际贸易理论产生于 18 世纪后半期，是在批判重商主义的基础上发展起来的。古典学派在经济学说史上第一次把理论考察的重点从流通领域转移到生产领域，从而对经济现象的内在联系进行了一定程度的揭示，比重商主义前进了一大步。其主要代表人物亚当・斯密和大卫・李嘉图对重商主义贸易理论进行了比较彻底的改造，先后提出了国际分工理论和比较优势理论，从而使国际贸易理论发展成为一个较为完整的理论体系，并成为古典国际贸易理论的核心内容。在李嘉图之后，约翰・穆勒用相互需求方程式确定了国际贸易的交换价格和贸易利益水平，这是对比较优势理论的重要修正和补充。

由于早期与古典国际贸易理论是现代国际贸易理论形成的基础，一些探索性的思想在今天看来或许不是完全正确的，然而却一次又一次地影响和推动了国际贸易理论的发展。因此，本章将对上述学派及其观点进行比较系统的介绍，以期读者对早期与古典国际贸易理论的要点和主线能有较为准确的把握和理解。

第一节　贸易差额理论

重商主义（mercantilism）是资产阶级最初的经济学说，它以商业资本的运动作为考察对象，用商人的观点来研究一切事物和社会活动的一切现象，反对古代思想家和中世纪经院哲学家维护自然经济和反对货币财富的观点，而把自己注意的中心放在论证商品货币关系的发展和社会物质财富的积累上，开始对社会经济现象进行实际研究，因而是“对现代生产方式的最早的理论探讨”[①]，是国际贸易理论的先驱。

重商主义是指在 1500—1750 年存在于欧洲的经济思想的集合。我们不能把它划归于一个正式的思想流派，它只是把有关国内经济活动和国际贸易作用的一些相同观点总结起来，这些观点支配着这段时期的经济思想与政策制定。事实上，重商主义常常被看成国家建设的政治经济学。[①]本节将对上述理论观点加以介绍和评述，以期读者能够掌握早期国际贸易理论的内容，认识重商主义观点的局限性。

一、重商主义贸易观点概述

重商主义在其发展过程中经历了两个历史阶段：大约从 15 世纪后半期到 16 世纪中叶为早期重商主义；16 世纪后半期到 17 世纪为晚期重商主义。

重商主义者的核心思想是一个国家的财富反映在其所拥有的贵金属上。重商主义者从商业资本的运动出发，认为金银即货币是财富的唯一形态，一切经济活动的目的就是为了攫取金银。这一观念反映了当时西欧对黄金的狂热追求，反映了新兴的商业资本家对货币资本的渴望。在重商主义者的思想体系下，经济活动被看成一种**零和博弈**（zero-sum game），即一国经济的所得是以另一国经济的所失为代价的。因此，攫取贵金属就成为增加财富和福利的一种手段，也是新兴的欧洲国家经济活动的中心内容。

重商主义者从货币即财富的观念出发，认为除了开采金银矿藏之外，只有对外贸易

① 丹尼斯・R. 阿普尔亚德，小艾尔佛雷德・J. 菲尔德. 国际经济学[M]. 龚敏，陈琛，高倩倩译. 北京：机械工业出版社，2001：16.

才是货币财富增加的源泉。在他们看来，国内商业虽然有一定的益处，但是不能增加国内的货币量。因为，国内商业在使一部分人获利的同时必使一部分人受损，甲之所得，不过是乙之所失，所以，一国的货币财富并不会因此而增加。由此看来，只有对外贸易才能使一国的货币财富增多，从而使国家富裕起来。

重商主义者根据对外贸易是货币财富的真正源泉的见解，认为国家为了致富，必须保持出口额大于其进口额，即维持一个**贸易顺差**或者**正的贸易差额**（positive trade balance），其实现方式就是必须遵守多卖少买、多收入少支出的原则，只有这样才能使金银源源不断地流入国内；反之，进口额大于出口额，即**贸易逆差**或者**负的贸易差额**（negative trade balance）将会产生相反的结果。

重商主义者在上述认识的基础上提出了贸易保护的政策主张：为了保持贸易顺差，国家必须积极地干预经济生活，以保证货币尽量多地流入国内和尽量少地流出国外。

总之，无论是早期重商主义者还是晚期重商主义者，他们都把货币看作财富的唯一形态，都把货币多寡当作衡量国家富裕程度的标准，都认为对外贸易是积累货币财富的真正源泉，都坚持保持贸易顺差，从而都主张国家应该积极干预经济生活。但是，在如何保持贸易顺差上，早期重商主义者和晚期重商主义者却提出了不同的理论见解和政策主张：**货币差额论**（quantity theory of money）与**贸易差额论**（balance theory of trade）。

二、早期重商主义：货币差额论

早期重商主义存在于15世纪后半期到16世纪中叶。15世纪末，英国农村发生了以暴力剥夺农民土地的“圈地运动”；16 世纪后半期，英国工场手工业蓬勃发展起来，国内外贸易迅速兴起；到了 17 世纪初期，英国已经成立了不少专营对外贸易的特许公司，如东印度公司。就这样，英国出现了比较典型的重商主义。

约翰·海尔斯（John · Hales，？—1571）和威廉·斯塔福德（William · Stafford，1554—1612）是早期重商主义的主要代表人物。于1581年匿名发表的《对我国同胞某些控诉的评述》，有人认为是约翰·海尔斯所作，由威廉·斯塔福德出版。该书所关心的中心问题是如何将货币保持在英国国内，而对货币的外流深感不安。海尔斯和斯塔福德认为，从外国输入商品是有害的，从外国输入本国能制造的商品害处更大。例如，他们反对那种输出英国羊毛和输入羊毛制品的做法。因为外国商人把羊毛廉价运出去，再把羊毛制品运回来高价出售，从英国带走的货币将多于他们购买廉价羊毛时带到英国的货币。所以，这是一种愚蠢的行为。

早期重商主义者力图在国内把货币以储存的形式积累起来，以达到积累货币财富的目的。这种思想被称为货币差额论或者货币平衡论。马克思也曾称其为**货币主义**或**重金主义**（bullionism）。

早期重商主义者极力主张实行贸易保护政策，主张国家采取行政手段，一方面禁止货币输出，另一方面禁止外国工业品特别是奢侈品的输入。海尔斯和斯塔福德认为，即使某些国内商品价格高于进口商品价格，也不应允许外国商品输入。

早期重商主义的政策主张产生了广泛的影响。许多国家如英国、西班牙、葡萄牙等就根据这些主张，采取各种措施，颁布各种法令，甚至采取了严厉的惩罚措施，以禁止货币输出，吸引货币输入。譬如，英国爱德华四世统治期间就曾把输出金银定为大罪。政府通过法令规定，外国商人必须将出售货物所得的全部货币用于购买当地的商品。

三、晚期重商主义：贸易差额论

晚期重商主义大约存在于 16 世纪后半期至 17 世纪。当时英国工场手工业已发展起来，国内外贸易也已经很发达。因此，与早期重商主义者不同，晚期重商主义者认为，国家应该允许将货币输往国外，以便扩大对国外商品的购买。但应谨守的原则是：购买外国商品的货币总额必须少于出售本国商品所得到的货币总额，以保证有更多的货币流回本国，即保持出超。这就是贸易差额论的具体内容。

名人简介 2-1

托马斯·孟（Thomas Mun，1571—1641）

1571 年，出生在英国伦敦一个商人家庭；早年从商，成为英国的大商人。

孟是英国晚期重商主义的集大成者和重要代表人物，是贸易差额论的主要倡导者。1615 年，担任东印度公司的董事，后又任政府贸易委员会的常务委员。

1641 年，与世长辞，享年 70 岁。

1664 年，托马斯·孟撰写的《英国得自对外贸易的财富》由其子出版，被誉为重商主义的重要代表作。

亚当·斯密在他的《国民财富的性质和原因的研究》一书中，曾称《英国得自对外贸易的财富》这部著作“不仅成为英格兰而且成为其他一切商业国家的政治经济学的基本准则”。

托马斯·孟是晚期重商主义最突出的代表人物。在其死后的 1664 年出版的《英国得自对外贸易的财富》是重商主义的重要代表作。马克思曾说：“这部书在 100 年之内，一直是重商主义的福音书。因此，如果说重商主义具有一部划时代的著作……那么这就是托马斯·孟的著作。”[①]

① 马克思，恩格斯. 马克思恩格斯全集（第 20 卷）[M]. 中共中央马克思恩格斯列宁斯大林著作编译局译. 北京：人民出版社，197：253.

托马斯·孟认为，对外贸易才是国家致富的手段，而国内商业只是对外贸易的一种辅助和补充，并不能使国家致富。在他看来，虽然除了对外贸易外其他一切手段都不能使国家致富，但并不等于说任何情况下的对外贸易都会使国家获得好处，而只有在对外贸易保持出超时，才能达到致富的目的。因此，托马斯·孟认为，“对外贸易是增加我们的财富和现金的通常手段，在这一点上我们必须谨守这一原则：在价值上，每年卖给外国人的货物，必须比我们消费他们的为多”[①]。

托马斯·孟举了一个这样的例子：一个国家有布匹、铅、锡、铁、鱼类和其他产品的充分供应，除此之外，每年还有价值 220 万英镑的剩余产品输往国外；靠着这笔出口，可以从海外买到并输入 200 万英镑的外国商品供使用和消费。如果这个国家遵守着这一惯例去从事对外贸易，就可以稳定地保证这个国家每年增加 20 万英镑的财富，而且会大部分以现金的形式带回国内。在这里，托马斯·孟并不要求对每一个国家的贸易都保持顺差，每一笔交易都带来金银，而只是要求每年的出口总额超过进口总额，即从每年的进出口贸易总额中取得贸易顺差。

因为晚期重商主义者为了达到贸易顺差的目的，支持西欧一些主要国家采取扶持和鼓励制造出口商品的工场手工业的政策，所以马克思又把晚期重商主义称为重工主义。

为了保证贸易顺差，晚期重商主义者提出了比较系统的贸易保护的政策主张。

（1）反对重金主义的货币政策。比如，托马斯·孟反对重金主义，反对禁止金银输出。他认为，“货币产生贸易，贸易增多货币”[②]，只有输出货币，才能输入更多的货币，因而投入流通中的货币越多越好。由此可见，输出货币借以换得商品是增加财富的一种手段。

（2）主张“奖出限入”政策。托马斯·孟主张扩大农产品和工业品的出口，同时缩减外国产品的进口。为了达到增加出口的目的，他还进一步主张必须减少可供出口的本国产品的国内消费，反对英国居民消费那些能在国外销售的本国产品以及国内能够生产的外国产品。

（3）鼓励发展本国工业的政策。托马斯·孟极力主张发展本国加工工业，发展转口贸易。其原因在于：加工工业把原料加工成制成品后，价值就可以大大增加，它比原料出口可以为本国带来更多的货币；转口贸易则可以促进本国航运业和商业的发展，增加本国的货币数额和关税收入。

（4）保护关税政策。托马斯·孟在提出发展本国制造业的同时，还提出了保护关税的政策主张。他认为，如果对输往外国的商品可以免税出口的话，那么这种制造工业就会得到快速发展；另外，他还提出对输入的外国货物不要课税过重，而对外国货物要在本国消费的则应施以重税。

（5）重工主义的人口政策。托马斯·孟从发展对外贸易的角度，提出他对人口问题的见解。他认为生产者人数越多，生产出来的产品就越多，因而可供输出的商品就越多。由于当时资本主义生产方式刚刚产生，影响工业发展的主要因素是增加劳动投入，

---

① 托马斯·孟. 英国得自对外贸易的财富[M]. 袁南宇译. 北京：商务印书馆，1959：4.

② 托马斯·孟. 英国得自对外贸易的财富[M]. 袁南宇译. 北京：商务印书馆，1959：13.

因而托马斯·孟在主张发展对外贸易的同时，还强调鼓励人口的增加。

四、货币差额论与贸易差额论的异同

（1）共同之处。无论是货币差额论者还是贸易差额论者，都把货币看作财富的唯一形态，都把货币数额视为衡量国家富裕程度的标志。这是二者的共同之处，因此均被称为重商主义。

（2）明显区别。货币差额论与贸易差额论也有明显的差别，即就如何增加货币提出不同的政策主张：货币差额论者主张“只卖不买”，采取行政手段禁止货币输出，力图在国内把货币以储存的形式积累起来，达到积累货币财富的目的；贸易差额论者主张“多卖少买”，国家可以允许将货币输往国外，以便增加对外国商品的购买量，扶植和发展本国工场手工业，扩大出口商品的生产，并换回更多的货币。

（3）产生差异的历史根源。货币差额论和贸易差额论的差别，反映了资本主义发展初期不同阶段的时代特点和经济要求。

在货币差额论时代，商品流通刚刚起步，信用制度尚不发达，流通需要大量的贵金属。因而货币差额论者认为，国家在任何时候都必须保持货币收入大于支出，力求用储存的形式积累货币，主张国家应该采用各种行政手段保证货币不断增加。

在贸易差额论时代，工场手工业已有了充分发展，世界贸易已较为发达，因而他们认为，在一定时期国家从对外贸易中获得的货币“入不敷出”是可以允许的，只要贸易平衡的结果能保证货币最终流回国内，使国家货币财富有所增加即可。同时，贸易差额论者还认为，不一定要求对所有国家的贸易都要保持出超，而只要在对外贸易总额中，出口大于进口，就能保证有更多的货币财富流回国内。这种观点已经充分地显示出要把货币作为资本的职能，贸易是增加货币的手段。由此可见，贸易差额论是与当时商业资本的要求相适应的，因而马克思称贸易差额论是真正的重商主义。

重商主义货币即财富的观念是当时历史条件的产物。重商主义时代，商品货币关系已经得到相当的发展，商业资本的活动范围已十分广泛。商业发展推动人们去积累货币，因为货币作为一般等价物能够购买到任何商品，货币成为社会财富的一般代表。作为商业资本代言人的重商主义者，不可能超出这种对货币和财富的粗浅认识，因而宣布金银即货币是唯一的财富。

他们虽然混淆了货币与财富两个概念，但把货币看作商品流通的最终目的却也暴露资本主义生产的目的就是赚钱这一本质。重商主义从货币是财富的唯一形态出发，认为对外贸易是增加财富的源泉，这也是由当时的历史条件决定的。因为在当时社会经济生活中，商业资本占有重要地位，在资本主义生产过程中还不是生产支配流通，而是流通支配生产，因而社会财富被认为是通过流通带来的，一个国家社会财富的增加是由对外贸易带来的。

货币差额论和贸易差额论都不能说是科学的，但它却是对国际贸易问题最早的理论探讨，因而是国际贸易理论的先驱。

人们对经济活动本质的认识在 18 世纪早期就开始发生了变化，重商主义被认为是一种幼稚与天真的观点。随着封建制度让位于中央集权的君主制度，以及伴随着技术进步而来的利润动机的不断增强推动了市场机制的发育，国家垄断的局面开始瓦解。到了18世纪后期，大卫·休谟、亚当·斯密及大卫·李嘉图等早期古典学者对重商主义基本原理提出了质疑和挑战。

第二节 价格-货币流转机制

1752年，大卫·休谟在其《政治论丛》(*Political Discourses*)一书中提出要建立价格-货币流转机制，并运用该机制首次对重商主义者的观点提出了批评。

大卫·休谟认为，在假定货币供给的变化会影响价格而不影响产出和就业水平的前提下，通过贸易顺差来积累黄金的做法将导致一国货币供给增长，从而会提高价格和工资水平，进而会降低贸易顺差国的竞争力；反之，贸易逆差国却会提高其竞争力。所以，一个国家不可能无限期地连续保持贸易顺差，贸易顺差或者贸易逆差都会影响一个国家内部经济的运行，从而改变其顺差或逆差状态。因此，货币在国家之间的流动就起到了经济自动调节机制的作用①，该机制总能使一国达到贸易平衡的状态：出口额 = 进口额。

名人简介 2-2

大卫·休谟(David Hume，1711—1776)

1711年4月26日，大卫·休谟生于苏格兰爱丁堡的一座公寓里，其父是一位律师。

苏格兰经济学家、哲学家、历史学家，是早期货币数量论的代表人物之一；被视为苏格兰启蒙运动以及西方哲学历史中最重要的人物之一。

1723年，入爱丁堡大学学习希腊语，后又学习法律，但他更热爱学习和研

① 丹尼斯·R. 阿普尔亚德，小艾尔佛雷德·J. 菲尔德. 国际经济学[M]. 龚敏，陈琛，高倩倩译. 北京：机械工业出版社，2001：20.

究哲学。

1767 年，任英国负责外交事务的副国务大臣。

1769 年，隐居于爱丁堡。

1776 年，与世长辞，享年 65 岁。

主要著作有：《人性论》（1739—1740 年）、《道德与政治论文集》（1741—1742 年）、《政治论丛》（1752 年）、《英格兰史》（1754—1762 年）、《经济学文集》（E. 罗德温编，1755 年）等。

在有足够的时间进行调整的前提下，价格-货币流转机制发生作用的简要过程，也就是顺差国与逆差国之间的贸易收支自动调整过程，即贸易顺差国（出口额 > 进口额）→货币净流入→货币供给增加→价格和工资上涨→进口增加 + 出口减少→（出口额 = 进口额）；贸易逆差国（出口额 < 进口额）→货币净流出→货币供给减少→价格和工资下跌→进口减少 + 出口增加→（出口额 = 进口额）。

不过，价格-货币流转机制要正常运行，必须建立在以下四个理论假设①基础之上：

（一）充分就业

在假定经济达到充分就业时，根据**货币数量理论**（quantity theory of money），货币与价格水平之间满足关系式：$M_SV = PY$。式中，M_S表示货币供给水平；V表示货币流通速度；P 表示价格水平；Y 表示实际产出水平。假定货币流通速度 V 因传统原因或制度安排而固定不变，实际产出水平 Y 也被固定在充分就业水平上，那么货币供给水平 M_S 会与价格水平 P 同比例变化。

（二）贸易商品需求价格弹性比较大

在需求富有价格弹性的情况下，价格水平下跌会导致贸易品总支出增加，价格水平上涨会导致贸易品总支出减少。这样，价格-货币流转机制就会使一国的贸易收支维持在平衡状态；反之，如果需求缺乏价格弹性，价格-货币流转机制往往会使一国贸易收支的不平衡状态进一步恶化。

（三）产品市场和要素市场都是完全竞争的

在这种情况下，就能在价格变化和工资变化之间建立起必要的联系，并保证价格和工资水平能够上下自由浮动。

（四）金本位制（gold standard）

在**金本位制**下，黄金可以自由买卖，所有的货币与黄金挂钩并能自由兑换，从而使各国的货币供应与黄金流动建立起直接的联系。

---

① 丹尼斯·R. 阿普尔亚德，小艾尔佛雷德·J. 菲尔德. 国际经济学[M]. 龚敏，陈琛，高倩倩译. 北京：机械工业出版社，2001：20.

总之，大卫·休谟所揭示的黄金货币和商品贸易之间的关系——价格-货币流转机制表明：在一定条件下，货币在国家之间的流动就起到了经济自动调节机制的作用，该机制总能使一国达到贸易平衡的状态，也即出口额 = 进口额。这就使得一个国家长期处于贸易顺差状态，国外黄金货币无限制地流入的重商主义的政策目标难以实现。

第三节　绝对优势理论

18 世纪后半期，重商主义的贸易观点受到古典经济学派的挑战，亚当·斯密在生产分工理论的基础上提出了绝对优势理论。

1776年，亚当·斯密出版了他历经多年辛苦才得以完成的巨著——《国民财富的性质和原因的研究》(*An Inquiry into the Nature and Causes of the Wealth of Nations*)，简称《国富论》(*The Wealth of Nations*)。这一年也正是美国以发表《独立宣言》而著称的一年。一般人认为这二者并无多大联系，但在经济学家萨缪尔森看来，《国富论》与《独立宣言》都出现于同一年，这并非偶然的巧合。一个是从国家法令的干预之下获得经济自由，一个是从君主专制之下得到政治自由，这二者是密切相关的。[①]

绝对优势理论（theory of absolute advantage）也称为**绝对成本理论**（theory of absolute cost）、绝对利益说、国际分工论与地域分工论等。该理论是由亚当·斯密提出来的，他把国际贸易理论纳入市场经济的理论体系，开创了对国际贸易进行经济分析的先河。

《国富论》的出版，受到了英国资产阶级的热烈欢迎和高度赞扬。因为在该书中，斯密第一次把经济科学所有领域的一切知识归结成一个完整和统一的体系，而贯穿这一体系的基本思想就是**自由放任**（laissez-faire）的市场经济的思想，从而给实行自由放任的经济政策提供了理论基础。也正是在这本巨著中，亚当·斯密提出了他的市场经济思想和著名的绝对优势理论。

一、市场经济思想

（一）国民财富的实质

亚当·斯密认为，国民财富的实质就是该国拥有或生产出的实体商品的数量，具体的生产资料和消费资料都是社会财富，金银只是财富的代表物，充其量是财富中的一种。

（二）交换与劳动分工原理

亚当·斯密揭示了**劳动分工与专业化**（division of labor and specialization）在经济发展中的基础地位和作用。他认为，人类天生具有“互通有无，物物交换，互相交易”的倾向。[②]“这种倾向，为人类所共有，亦为人类所特有，在其他各种动物中是找不到

---

① 保罗·A. 萨缪尔森，威廉·D. 诺德豪斯. 经济学（上）[M]. 高鸿业，等译. 北京：中国发展出版社，1992：3.

② 亚当·斯密. 国民财富的性质和原因的研究（上卷）[M]. 郭大力，王亚南译. 北京：商务印书馆，1972：12-13.

的。”①斯密指出，人们可以从交换中得到绝对利益，人类的交换倾向产生了社会分工，分工——把工作分为简单工作并在这些工作上变得熟练——是“最伟大的劳动生产率提高”的源泉。当分工被运用于创造新技术时，其生产率甚至会变得更高。

名人简介 2-3

亚当·斯密（Adam Smith，1723—1790）

亚当·斯密是18世纪英国古典经济学的主要代表人物之一；英国经济学家、哲学家、作家，经济学的主要创立者；他是第一个首次建立起市场经济学分析框架的人，被世人尊称为“现代经济学之父”和“自由企业的守护神”。其巨著——《国富论》是现代政治经济学研究的起点。

1723年，他出生于苏格兰法夫郡寇克卡迪（Kirkcaldy）的一个海关官员的家庭。

14岁考入格拉斯哥大学，学习拉丁语、希腊语、数学和哲学（伦理学）；17—23岁（1740—1746年）时转入牛津大学；27岁时，开始对政治经济学产生了兴趣。

28—41岁（1751—1764年）时，在格拉斯哥大学担任逻辑学和道德哲学教授；36岁（1759年）时，其处女作《道德情操论》出版。

45岁（1768年）时，开始着手撰写《国民财富的性质和原因的研究》；53岁（1776年3月）时，其代表作《国富论》出版，该书引起大众广泛的讨论，影响所及除了英国本地，连欧洲大陆和美洲也为之疯狂。

64—66岁（1787—1789年）时，担任格拉斯哥大学校长职位，也被任命为苏格兰的海关和盐税专员。

1790年7月17日，在寇克卡迪与世长辞，享年67岁。

他举的一个著名例子是：在没有分工的情况下，一个制针工人一天绝对制造不了20枚针，甚至有的制针工人一天连1枚针都制不出来。而有了分工以后，10个工人每

① 亚当·斯密. 国民财富的性质和原因的研究（上卷）[M]. 郭大力，王亚南译. 北京：商务印书馆，1972：12-13.

天可以制造 4.8 万枚针，其劳动生产率约是原先的 240 倍。[①]基于社会分工的优势，如果每个人专门从事于某一种产品的生产，然后彼此进行交换，那么对于每个人来说都是有利的。然而，分工的原则应该是各自集中生产具有绝对优势的产品，然后进行交换。

亚当·斯密以家庭为例进行了说明，“如果一件东西在购买时所费的代价比在家内生产时所费的小，就永远不会想要在家内生产，这是每一个精明的家长都知道的格言”[②]。由此可见，亚当·斯密交换与劳动分工理论的逻辑是：人类的交换倾向→社会分工→劳动生产率的巨大增进→国民财富增长和市场经济的发展→国内外贸易。

（三）劳动价值论

亚当·斯密认为，产品的成本和价值取决于劳动生产率，劳动生产率越高，商品的成本越低、价值越大。商品生产的成本和价值取决于生产中消耗的劳动时间。或者严格地讲，在劳动是唯一的要素投入的前提下，商品的价值主要是由投入这种商品生产的社会劳动来决定的，即古典经济学的**劳动价值论**（the labor theory of value）。

（四）自由放任原则

虽然分工是劳动生产率提高进而国民财富获得增加的源泉，但是斯密认为，分工的成果要受到市场规模的限制。要使得市场尽可能广阔，在国内和国际之间必须没有对自由贸易的限制。为此，斯密提出了著名的**“看不见的手”原理**（the invisible hand principle）。在他看来，经济社会中的每一个人都是“经济人”，在“利己心”的驱动下，每个人都在追求自己利益的最大化，都能作出可能是最好的经济选择，这种选择仿佛是“一只看不见的手”引导整个社会得到最好的结果，即资源的优化配置和社会福利最大化。

在斯密的心目中，国家实际上只起一个“守夜人”的作用，只要能防止外来的暴力和侵略，并维持公共治安就可以了。国家最好的经济政策就是自由放任。另外，在亚当·斯密看来，贸易并不像重商主义者所认为的那样是一种零和博弈，而是一种**正和博弈**（positive-sum game），即参与贸易的双方均可获利。这种观点就为取消各种重商主义时代的贸易管制从而发展自由贸易打下了坚实的理论基础。因此，亚当·斯密被誉为**自由贸易理论**（free trade theory）的创始者。

二、绝对优势理论的基本内容

亚当·斯密的绝对优势理论是以其分工理论为基础建立起来的。在《国富论》开首，他就开宗明义，极力颂扬分工，十分强调分工的利益：可以提高劳动生产率，进而能增加国民财富。

既然分工可以极大地提高劳动生产率，那么每个人专门从事于一种物品的生产，然后彼此进行交换，这对于每个人来说都是有利的。斯密论述道，如果人们能以较少的金

① 亚当·斯密. 国民财富的性质和原因的研究（上卷）[M]. 郭大力，王亚南译. 北京：商务印书馆，1972：6.
② 亚当·斯密. 国民财富的性质和原因的研究（上卷）[M]. 郭大力，王亚南译. 北京：商务印书馆，1972：28.

钱就可买到某些物品的话，谁也不再会亲自制造它们。裁缝不会为自己制作靴子，鞋匠也不会为自己缝制衣服。他们都会认识到，如果把自己的全部劳动用于生产某一种产品，然后用这种产品去交换自己所需要的其他产品，那将是有利的。

亚当·斯密又从个人推及整个国家。他认为，对于个体来说是有利的事情，对于整个国家来说不可能是不利的。适用于一国内部不同个人和家庭之间的分工原则也完全适用于各国之间，因此，他在极力主张国内分工的基础上也十分强调国际分工。在他看来，国际分工是各种形式分工的最高阶段，也是其国际贸易理论所追求的目标。他主张，如果外国的产品比本国的价格便宜，那么就应输出本国在有利生产条件下所生产的产品去交换外国的产品，而不要自己去生产。他举例说，在苏格兰，人们可以利用温室生产出很好的葡萄，并酿造出与国外进口的一样好的葡萄酒，但要付出更大代价。如果真是这样做，那就是明显的愚蠢行为。

由此可见，亚当·斯密用一国中不同的职业分工和商品交换来解释国际贸易。他认为，国际贸易的产生就像裁缝不会自己去制作靴子，鞋匠也不会自己去缝制衣服一样，而都是用自己擅长生产的产品去交换自己不擅长生产的东西。一个国家之所以要进口别国的产品，是因为该国生产同类产品处于劣势，或者说具有绝对成本劣势，即其劳动生产率太低、生产成本太高，不如购买别国的产品来得便宜；而一国之所以能够向别国出口产品，是因为该国在这一产品的生产技术上比别国先进，或者说具有绝对成本优势。绝对成本劣势简称**绝对劣势**（absolute disadvantage），绝对成本优势简称**绝对优势**（absolute advantage）。绝对优势也被称为绝对利益。

既然商品劳动生产率进而生产成本决定了国际贸易的基础和格局，那么除分工之外，这二者又到底是由哪些因素决定呢？亚当·斯密认为，商品劳动生产率进而生产成本的不同是由于各国所拥有的自然优势和获得性优势的不同造成的。

自然优势（natural advantage）或先天优势指的是，自然界赋予一个国家在土壤、气候、矿产、森林、水资源等自然资源方面的优势。例如，由于气候和土壤等条件优越，加拿大和美国在种植小麦方面的生产效率就高，生产单位小麦所消耗的劳动时间就少，其小麦生产就具有绝对优势。与此相反，地处气候恶劣、土壤贫瘠的国家（如非洲国家），它们虽然也可以生产粮食，但生产粮食的效率就很低，生产单位粮食所消耗的劳动时间就多，其粮食生产就具有绝对劣势。斯密强调可根据各国自然资源最有利的条件，形成各自对本国最有利的“自然分工”，因而斯密的国际分工思想又被称为“地域分工论”。

获得性优势（acquired advantage）或后天优势主要是指一个国家在生产某些产品上的特殊能力或技术诀窍。由于在现实的国际贸易当中，占贸易比重很大的工业制成品并不受自然地理条件的限制，所以，获得性优势是引起劳动生产率或生产成本发生变化进而决定国际贸易基础和格局的主要原因。鉴于此，绝对优势理论也被称为绝对技术差异论。例如，在产业革命时期，英国掌握了先进的纺织技术（如珍妮纺织机）和冶炼技术，所以英国在纺织品和铁制品生产方面的劳动生产率就高，单位产品的劳动时间消耗就少，因而就具有绝对优势。又如，由于技术和工艺方面的原因，目前美国在计算机芯片的生产上处于绝对优势。

综上所述，绝对优势理论的核心内容可以表述为：各国之间存在的生产技术上的绝对差别，以及由此造成的劳动生产率和生产成本的绝对差别，是国际分工和国际贸易的基础；各国应该集中生产并出口其具有绝对优势的产品，进口其具有绝对劣势的产品；这样做，其结果比自己什么都生产更为有利。一言以蔽之，绝对优势学说的国际分工原则就是“趋利避害”！

亚当·斯密的国际分工与贸易是建立在一个国家胜过另一个国家的绝对成本优势基础之上的，这就是绝对优势理论的来源。实际上，绝对优势理论暗示着一个前提，即贸易双方至少各自拥有一种低成本的产品以用来出口，这与现实世界中生产条件极不相同的国家或者地区之间的分工与贸易状况是吻合的。

三、绝对优势的确定和衡量

亚当·斯密绝对优势理论实际上涉及国际分工与贸易的基础、国际分工与贸易的模式以及国际贸易的结果等内容。绝对优势理论基本内容的逻辑是：自然优势和获得性优势的不同→同种产品劳动生产率差异→单位产品劳动成本的差别→单位产品价格国际差别→绝对优势的大小（是否具有绝对优势）→国际分工与贸易的基础（即能否发生国际分工与贸易）→国际分工与贸易的模式（即如何生产、如何贸易）→国际贸易的结果（即能否获利）。

既然绝对优势决定着国际分工与贸易的基础，那么如何来确定和衡量一个国家（或者地区）在某一种产品的生产上是否具有绝对优势呢？其判定的方法有两种：一种是直接方法，另一种是间接方法。

（一）直接方法

直接方法就是衡量产品的产出-投入比率。在劳动是唯一投入（假定劳动是同质的，且劳动时间相同）的情况下，绝对优势可以用劳动生产率（即单位劳动产出量）来衡量。

如果用 R 来表示劳动生产率，L 表示劳动投入，Q 表示劳动投入 L 所带来的产出，那么劳动生产率就可以表示为

$$R = Q/L \tag{2-1}$$

当一个国家在某种产品的生产上比别国的劳动生产率高时，则说明该国在这种产品上具有绝对优势；反之，就具有绝对劣势，或者不具有绝对优势。

例如，A、B 两国都可以生产小麦（用 W 来表示），若 $R_{AW} > R_{BW}$，则说明 A 国在小麦生产上具有绝对优势，B 国在小麦生产上不具有绝对优势或者具有绝对劣势。

（二）间接方法

间接方法就是用生产成本（即单位产品的劳动投入量）来间接地衡量绝对优势。

如果用 C 来表示生产成本，L 表示劳动投入，Q 表示劳动投入 L 所带来的产出，那么，生产成本就可以表示为

$$C = L/Q \tag{2-2}$$

当一个国家在某种产品的生产上比别国的生产成本低时，则说明该国在这种产品上具有绝对优势；反之，就具有绝对劣势，或者不具有绝对优势。

例如，A、B 两国都可以生产小麦（用 W 来表示），若 $C_{AW} > C_{BW}$，则说明 B 国在小麦生产上具有绝对优势，A 国在小麦生产上不具有绝对优势或者具有绝对劣势。

应该注意，$C = L/Q$ 表示的是在劳动时间相同的情况下，生产成本的计算方法。如果劳动投入的人数相同，生产成本也可以用生产单位产品所需要的劳动时间来表示。

核心概念 2-1

绝对优势概念的两种表述

绝对优势——当一国拥有生产某种产品的最佳技术时，即具有生产该产品的绝对优势。

绝对优势——当一国生产一种产品的边际产出高于另一国家生产同一种产品的边际产出时，则该国在这种产品的生产上具有绝对优势。

四、绝对优势理论诠释

在掌握了上述有关绝对优势的确定与衡量的知识之后，我们再通过具体例子对绝对优势理论进行数学解释。

假定英国和美国都可以生产两种产品，即小麦和棉布；在生产过程中仅有一种生产要素，即劳动，而且劳动可以在各自国内自由流动，但不能在国家与国家之间自由流动。

（一）假设条件

在两国间没有发生国际贸易（即封闭状态）的情况下，其劳动投入与产出情况，如表 2-1 所示。

表 2-1　无贸易时两国的劳动投入与产出

国别	小麦			棉布		
	劳动投入	产出量	劳动生产率	劳动投入	产出量	劳动生产率
英国	150	120	0.8	50	100	2.0
美国	100	120	1.2	100	100	1.0

根据计算结果可知英、美两国发生贸易的基础和原因：英国在棉布的生产上具有绝对优势，在小麦的生产上具有绝对劣势；美国在小麦的生产上具有绝对优势，在棉布的生产上具有绝对劣势。

（二）生产与贸易模式

根据以上对两国绝对优势的计算分析，按照绝对优势理论，我们即可得出两国的生产与贸易模式（即如何进行国际分工与贸易）：英国应该将全部生产要素投入到棉布的生产上，并出口一部分棉布，进口美国的小麦；而美国则应将全部的生产要素投入到小麦的生产上，并出口一部分小麦，进口英国的棉布。

（三）贸易的结果

按照这样的生产与贸易模式，英、美两国是否都会从这种国际分工中获益呢？下面我们再分别讨论按照绝对优势理论进行国际分工后两国投入与产出的情况及其结果。

表 2-2 按照绝对优势理论进行国际分工后两国的投入与产出

国别	小麦		棉布	
	投入	产出	投入	产出
英国	0	0	200	400
美国	200	240	0	0

由表 2-2 可见，在规模、报酬不变的条件下，国际分工后世界（两国）的总产出比分工前的世界总产出增加了 200 单位的棉布。假定英国用 200 单位棉布去交换美国 120 单位小麦，则交换后的结果，如表 2-3 所示。

表 2-3 国际贸易的结果

国别	小麦拥有量（消费量）	棉布拥有量（消费量）	贸易利益
英国	120	200	100
美国	120	200	100

将该结果与无贸易的封闭状态相比可知：国际贸易使得英、美两国各自增加了 100 单位的棉布。上述计算与分析说明了绝对优势理论是正确的，即各国应集中生产并出口其具有绝对优势的产品，进口其具有绝对劣势的产品，其结果比自己什么都生产更为有利。也就是说，按照绝对优势理论进行专业化分工和贸易，两国均可获利，是一种“双赢”的局面（在不增加全社会劳动投入的条件下，各国产品拥有量增加，国民福利水平得到提高）。

五、绝对优势理论评析

绝对优势理论有力地抨击了重商主义的基本理论和观点，科学地揭示了国际分工与贸易的基础、模式和结果，指明了进行国际分工与贸易的原则和方向，具有伟大的历史意义。

1. 绝对优势理论的意义

（1）亚当·斯密的绝对优势理论是当时反对重商主义的锐利思想武器。他提倡的自由贸易政策和反对国家干预的主张符合产业革命时期历史发展的需要，对于强化资本主义生产方式和意识形态，加快近代工业的发展起到了推动作用。

（2）首次提出了贸易双方均可从国际分工与贸易中获利的观点。绝对优势理论认为，国际贸易并不一定是一种零和博弈，而是一种“双赢”的局面。该学说的最大贡献也在于此。这就弥补了重商主义者“一国仅在他国受损的情况下才能获益”的理论缺陷，从而使英国资产阶级能够从政府法令的干预之下获得经济自由，也为自由放任的经济政策的实行以及国际分工与贸易的扩大奠定了理论基础。

（3）首次从生产领域阐述了国际贸易的基础（原因）、模式（格局）和结果。绝对优势理论解释了产生贸易的部分原因，并将劳动分工可以提高劳动生产率的命题推广到国际领域，对科学的国际贸易理论的建立和发展产生了巨大影响。

（4）绝对优势理论简单明了，易被理解和接受。由于在现实经济世界中，每个国家都有一些产品的劳动生产率（或生产成本）绝对高于或绝对低于其他国家，这就使绝对优势理论的证明变得简单、直观，也使得该理论容易被人们承认和接受。

2. 绝对优势理论的不足与缺陷

尽管绝对优势理论为国际贸易发展提供了正确的理论基础和理论指导，但该理论仍然存在一些不足和缺陷。

（1）绝对优势理论仅仅考虑了供给因素，但是并未考虑需求因素。因而就无法说明国际贸易均衡价格如何决定的问题，也不能解释国际贸易利益分配问题，即谁获利多、谁获利少的问题。

（2）绝对优势理论是以机会成本固定为前提的。但随着社会和经济的发展，机会成本不再保持不变，因此该理论有待于进一步完善。

（3）绝对优势理论是从生产技术绝对差异的角度来解释贸易的基础和格局的。但在现实的国际分工与贸易中，生产技术的绝对差异进而引起劳动生产率以及生产成本的不同只是影响贸易基础和格局的众多因素之一，因此，绝对优势理论就无法解释经济现实中的许多贸易现象。

（4）绝对优势理论存在一个无法弥补的缺陷。该缺陷是：如果一个国家连一种具有绝对优势的产品都没有，该国还能参与国际贸易并从贸易中获益吗？也就是说，斯密的绝对优势理论无法解释绝对先进与绝对落后国家之间的贸易现象。要圆满解决这个问题，我们应该从大卫·李嘉图的比较优势理论中去寻找答案。

第四节　比较优势理论

比较优势理论（the theory of comparative advantage）又称为**比较成本理论**（the theory of comparative cost）、相对成本理论或比较利益理论。该理论是由英国古典经济学家大卫·李嘉图提出来的一种国际贸易理论，它主要是为了弥补亚当·斯密绝对优势理论中存在的缺陷而被提出来的，从而为自由贸易活动能在更大范围内的开展打下了坚实的理论基础。有人认为，绝对优势理论可以被看成一般化的比较优势理论的特殊情况。

名人简介 2-4

大卫·李嘉图（David Ricardo，1772—1823）

大卫·李嘉图是古典政治经济学理论的集大成者，古典学派的最后一名代表；在斯密的基础上正式建立起了古典经济学的大厦。

1772 年 4 月 18 日，大卫·李嘉图出生于伦敦一个犹太人家庭，其父是个富裕的证券经纪人。

12 岁时，曾被父亲派到当时全球商业最发达的荷兰留学；14 岁时，开始跟着父亲经商；21 岁时，被父亲赶出家门。

27 岁时，开始对政治经济学产生兴趣；38—48 岁（1810—1820 年），学习和研究政治经济学，也是其最富成就的黄金时间段。在此期间，他得到了英国当时著名学者、功利主义的创始人詹姆斯·穆勒的无私帮助，并出版了《黄金的高价》等许多重要著作，成为一名权威的货币理论家。其后，他又集中精力撰写了《政治经济学及赋税原理》。

45 岁（1817 年）时，其代表作《政治经济学及赋税原理》出版。

47 岁（1819 年）时，成为国会议员，积极参加政治活动，要求实行选举改革，主张言论、结社和集会自由，反对宗教专制。

51 岁（1823 年）时：因患耳疾突然病逝，享年 51 岁。

一、比较优势理论产生的背景

大卫·李嘉图是英国产业革命深入发展时期的经济学家，是英国古典政治经济学的集大成者。在李嘉图生活的时代，对近代世界史产生决定性影响的工业革命在英国首先爆发，使英国的工业生产急剧增加，许多城市和工业中心纷纷涌现。大机器生产极大地提高了劳动生产率，为英国资产阶级提供了数量巨大而成本低廉的商品，为其扩大出口提供了物质基础。到了 19 世纪初，英国的出口额空前增长，并成为“世界工厂”，即成为世界各国工业品的主要提供者。

由于当时英国土地贵族阶级在政治生活中占据重要地位，英国政府在 1815 年修订和实施了维护土地贵族阶级利益的《谷物法》，以限制粮食进口，阻止谷物自由贸易。《谷物法》颁布后，引起了英国国内粮价上涨、地租猛增，削弱了本国工业制成品的竞争力，同时也相应地降低了国民对本国工业品的购买力；另外，在国际上也招致了其他国家对英国工业制成品的贸易限制。所有这一切，都极大地伤害了英国工业资产阶级的利益。于是，围绕着《谷物法》的存废问题，英国工业资产阶级与土地贵族阶级展开了激烈的斗争。在这种情况下，英国工业资产阶级迫切需要从理论上论证谷物自由贸易的优越性。

李嘉图代表了当时工业资本家的利益。作为古典经济学的重要代表人物，李嘉图与斯密一样，都主张自由贸易，认为自由的国际贸易对国家极为有利。他继承和发展了亚当·斯密的绝对优势学说，在1817年出版的《政治经济学及赋税原理》中，提出了著名的比较优势理论。李嘉图的比较优势理论日后被经济学家竭力推崇，人们普遍认为它是一条最重要、至今仍未受到挑战的经济学原理，是国际贸易不可动摇的基础，具有很强的实用价值。

二、假设条件

李嘉图的比较优势理论的理论假设如下：

（1）理论使用了“2×2”模型。世界由两个国家构成，每个国家均能生产两种（同样的）产品。

（2）劳动是唯一的要素投入，而且劳动是同质的。这意味着商品的相对价值取决于其相对劳动投入量，如包含2小时劳动商品的价格是包含1小时劳动商品价格的2倍。

（3）两国均实行自由贸易政策。无任何贸易壁垒和贸易限制。

（4）要素可以在一国内部不同行业间自由流动，但在国家与国家之间不能自由流动。这意味着在一国内部不同行业生产要素的价格均相等，而各国之间要素价格在贸易发生之前可能存在着差异。

（5）各国间存在着技术水平的差异，但各国的技术水平都是既定的。

（6）交易双方生产成本不变。无论产量如何变化，生产单位商品所需要的劳动时间保持不变。

（7）无规模经济收益。也就是说，具有固定的规模报酬。这意味着当要素投入增加一定百分比时，其产出也增加同样的百分比。

（8）不考虑需求。这表明产品相对价格仅由本国供给决定。因为在机会成本固定的假设之下，任何商品的供给曲线都是水平的。

（9）经济是完全竞争的。这意味着消费者和生产者的市场势力均较小，只不过是价格的接受者；信息是充分的，且无市场壁垒，所有参与者都可自由进入和退出一个行业，使得产品价格等于产品边际成本。

（10）不考虑运输、保险等成本。商品的成本只计生产成本。

三、比较优势理论的基本内容

如前所述，斯密认为国际贸易之所以发生，就是因为通过国际分工，参加交换的双方都可以节省劳动力。譬如，甲国生产某种产品需要 10 小时劳动，乙国生产同种产品却需要 15 小时劳动，这时乙国从甲国购买这种产品而不是自己生产，对双方均是有利的。在斯密看来，一国所输出的产品一定是其生产上具有绝对优势的产品。

李嘉图发展了斯密的这一观点，断言每个国家都应当生产用比较低的成本就能生产出来的产品，即使这种产品成本的绝对数可能比别的国家高。换言之，在绝对优势学说中，一个国家在一种产品的生产上处于绝对有利的地位，而另一个国家在另外一种产品的生产上处于绝对有利的地位。但在比较优势学说中，一个国家在两种产品的生产上都处于绝对有利的地位，但有利的程度不同，其中一个更为有利；另一个国家在两种产品的生产上都处于绝对不利的地位，但不利的程度不同，其中一种更为不利。为了证明这一点，李嘉图也与斯密一样，从个人推及国家。他举例说："如果两个人都能制造鞋和帽，其中一个人在两种职业上都比另一个人更强一些。不过制帽时只强五分之一或百分之二十，而制鞋时则强三分之一或百分之三十三，那么这个较强的人专门制作鞋，而那个较差的专门制帽，岂不是对于双方都有利么？"①李嘉图认为，对于个人是合算的事情，对于国家就不可能是不合算的，他举出了著名的"两个国家两种产品"模型（见比较优势理论的例子说明）来证明他的观点。

总之，比较优势理论的基本内容是：即使一国在两种产品生产上相对于另外一国均处于绝对劣势（即无绝对优势），仍有进行互惠互利贸易的可能性。也就是说，国际贸易的基础并不限于生产技术上的绝对差别，只要各国之间存在着生产技术上的相对差别，就会出现劳动生产率、生产成本以及产品价格的相对差别，从而使各国在不同的产品的生产上具有比较优势，使国际分工和国际贸易成为可能。每个国家都应集中生产并出口其具有比较优势的产品，进口其具有比较劣势的产品。这样一来，双方均可获利。简而言之，即两优（利）相权取其重，两劣（害）相权取其轻。

四、比较优势的衡量和判定

如何才能知道一个国家是否具有生产某种产品的比较优势呢？产品的比较优势可以用相对劳动生产率、相对生产成本或者机会成本来加以确定。假定甲、乙两国均可生产 A、B 两种产品，Q 表示产品数量，R 表示劳动生产率，C 表示生产成本。下面我们分别介绍几种比较优势的衡量和判定方法。

（一）用产品的相对劳动生产率来衡量

1. 一国内部两种产品的相互比较

$$R_{A相对} = R_A/R_B \qquad R_{B相对} = R_B/R_A \tag{2-3}$$

通过计算，两国中哪一种产品的相对劳动生产率大，哪一种产品就具有比较优势。

2. 两国之间同种产品的比较（以 A 产品为例）

$$R_{A甲相对} = R_{A甲}/R_{A乙} \qquad R_{A乙相对} = R_{A乙}/R_{A甲} \tag{2-4}$$

① 大卫·李嘉图. 政治经济学及赋税原理[M]. 郭大力，王亚南译. 北京：商务印书馆，1976：114.

通过计算，哪一国在该产品生产上的相对劳动生产率大，哪一国就在该产品的生产上具有比较优势。

（二）用产品的相对生产成本来衡量

1. 一国内部两种产品的相互比较

$$C_{A\,相对}=C_A/C_B \qquad C_{B\,相对}=C_B/C_A \tag{2-5}$$

通过计算，两国中哪一种产品的相对生产成本低，哪一种产品就具有比较优势。

2. 两国之间同种产品的比较（以 A 产品为例）

$$C_{A\,甲相对}=C_{A\,甲}/C_{A\,乙} \qquad C_{A\,乙相对}=C_{A\,乙}/C_{A\,甲} \tag{2-6}$$

通过计算，哪一国在该产品生产上的相对生产成本低，哪一国就在该产品的生产上具有比较优势。

（三）用产品的机会成本来衡量

机会成本也称为替代成本，它是一个相对的概念。产品 A 的机会成本，就是为了得到 1 单位 A 产品而减少或放弃另外一种 B 产品的量。我们可以把它用数学公式表示为

$$C_{A\,机会}=-\Delta Q_B\,/+\Delta Q_A \qquad 同理，C_{B\,机会}=-\Delta Q_A\,/+\Delta Q_B \tag{2-7}$$

通过计算，哪一种产品的机会成本低，哪一种产品就具有比较优势。

核心概念 2-2

比较优势概念的两种表述

比较优势——当一国拥有生产某种产品相对先进的技术时，即具有生产该产品的比较优势。

比较优势——当一国拥有生产某种产品的机会成本低于其他国家时，该国即具有生产该产品的比较优势。

五、比较优势理论的举例说明

下面我们通过例子对比较优势理论加以说明。假定英国和葡萄牙分别都能生产棉布和葡萄酒这两种产品，假设 L 表示劳动投入量，Q 表示劳动投入 L 所带来的产出量，则生产布和酒的生产成本见表 2-4。

表 2-4 生产成本与相对成本

国别	生产成本（L/Q）		相对成本（一国两种产品的比较）	
	棉布	酒	棉布	酒
英国	100	120	0.83	1.20
葡萄牙	90	80	1.13	0.89

英国和葡萄牙两个国家的“国情”可由其生产成本特别是相对成本的相互比较加以判定，进而弄清楚其贸易基础以及分工与贸易格局。

由生产成本比较可知：葡萄牙在棉布和酒的生产上与英国相比均处于绝对优势，而英国却恰恰相反。按照亚当·斯密的绝对优势理论，英国和葡萄牙不可能进行国际分工与贸易。但依据比较优势理论，英国和葡萄牙完全可以进行互惠互利的分工与贸易。

由相对成本比较可知：英国在棉布的生产上具有比较优势，葡萄牙在酒的生产上具有比较优势。也就是说，英国和葡萄牙具有分工与贸易的基础和可能性。根据比较优势理论，如果英国专门生产棉布并出口一部分棉布，葡萄牙专门生产酒并出口一部分酒，二者进行交换，两国均可获得好处。

在表 2-4 所表示的例子中，假定英国和葡萄牙双方通过贸易磋商确定了 1∶1 的交换比例。从两国的国情来看，该比例双方都乐于接受。在葡萄牙国内，1 单位酒的投入不及 1 单位棉布的投入，即“酒贱布贵”，则在国内市场上 1 单位酒换不到 1 单位棉布，而在国际市场上 1 单位酒却能够换到 1 单位的棉布；在英国国内，1 单位棉布的投入不及 1 单位酒的投入，即“酒贵布贱”，则在国内市场上 1 单位棉布换不到 1 单位酒，而在国际市场上 1 单位棉布却能够换到 1 单位的酒。由此可见，双方按照这一交换比例就可以进行国际贸易。

由表 2-5 中计算结果可知，英国和葡萄牙两国在不增加资源（劳动）投入总量的前提下，只是按照比较优势理论的原则进行分工与贸易，双方都获得了封闭状态下不可能达到的消费量（在表2-5中仍用 Q 表示）。由此可见，其贸易的结果是一种双赢的局面，双方均获得了贸易利益。

表 2-5 贸易结果

类别	葡萄牙				英国			
	棉布		酒		棉布		酒	
	L	Q	L	Q	L	Q	L	Q
贸易之前	90	1	80	1	100	1	120	1
分工之后	0	0	170	2.125	220	2.2	0	0
贸易之后		1		1.125		1.2		1
贸易利益		0		0.125		0.2		0

六、比较优势理论评析

1. 比较优势理论的积极作用

李嘉图的比较优势理论及其主张曾起过积极作用，且产生了重大影响。

（1）比较优势理论不但继承了绝对优势理论的科学成分，更重要的是发展了绝对优势理论。它用比较成本的概念替代了绝对成本这一概念，增强了其理论的解释能力。

（2）比较优势理论的核心在于，即使一个国家相对于另外一个国家在两种产品生产上均处于绝对劣势，仍有互惠互利的贸易基础。也就是说，国际贸易并未要求各国均具有不同的绝对优势，各国之间只要存在着比较优势就有进行国际贸易的可能性。这就说明了无论是富国还是穷国都可以根据国情找到自己的比较优势，并通过国际分工与贸易获得相应的利益，从而极大地扩大了国际贸易理论的使用范围，这也为在世界上更大范围内开展国际分工与贸易打下了坚实的理论基础。

（3）比较优势理论在历史上曾经起过积极作用。它促进了资本主义资本积累和生产力的发展，为资本主义生产方式在世界范围内的扩张奠定了基础。在该理论的影响下，英国限制粮食进口的《谷物法》被废除了，这是 19 世纪英国自由贸易政策所取得的最伟大的胜利，大大地促进了社会经济的发展。

2. 比较优势理论的不足之处

李嘉图的比较优势理论也存在不足之处，主要表现在以下三个方面。

（1）比较优势理论的某些理论假设过于苛刻，并不符合经济现实。比如，劳动是唯一的要素投入、要素在国家与国家之间不能自由流动、机会成本固定不变以及不考虑需求等。另外，该理论仅仅从相对劳动生产率或相对劳动成本的角度来解释国际贸易的基础和原因。这就使得比较成本理论不能解释现实中的许多贸易现象，只能解释部分的贸易现象，也无法说明国际均衡价格的决定和贸易利益的分配问题。

（2）比较优势理论所揭示的贸易结果是一种双赢的局面，它是从一个国家整体的角度来研究问题的，但是忽略了国际贸易对国内收入分配的影响。也就是说，没有探究国际贸易对一个国家内部各大利益集团的利益会造成哪些影响，并据此认为国家作为一个整体是始终能够从贸易中获利的，好像各国都不应当实行贸易保护和限制。实际上，国际贸易对国内收入分配会产生较大影响，因而该理论不能很好地解释当今世界各国的国际贸易政策倾向。

（3）比较优势理论所揭示的贸易中，各国所取得的利益是静态的短期利益，它往往与一个国家经济发展的长远利益发生矛盾。因为发展中国家按照比较优势理论的原则进行分工与贸易，往往会造成产业结构与产品结构的单一化，使其工业化进程停滞不前。它没有考虑动态发展的问题，因此后来的一些经济学家批评比较优势理论是为发达国家设计的。

（4）比较优势理论还忽略了资源禀赋与规模经济等因素对国际贸易的影响。比较优势理论仅仅考虑技术相对差异对国际贸易产生的影响，而忽略了资源禀赋与规模经济等其他因素的影响，这使比较优势理论无法解释其他的一些贸易现象。

知识拓展 2-1

比较优势常用的分析指标

1. 国际市场占有率

* **国际市场占有率**（international market share，IMS）又称**出口市场占有率**（export market share）。

* 计算公式：IMS＝某国某行业出口/世界该行业总出口

* 国际市场占有率可反映一国某产业或产品的国际竞争力或竞争地位的变化。该指标值越大，表明该国该行业所具有的国际竞争力越强；反之，则国际竞争力越弱。

* 一种产品在国际市场占有率的高低，可反映该产品所处产业的国际竞争力大小。

* 采用此种指标最大的优点：概念清楚，计算简单。

2. 贸易竞争力指数

* **贸易竞争力指数**（trade competition index，TCI）又称**贸易竞争优势指数**（trade competitive advantage，TCA），或**贸易专业化指数**（trade specialization coefficient，TSC），是指一国某类产品的净出口额与该类产品贸易总额的比值。

* 计算公式：$TCI = (X_i - M_i) / (X_i + M_i)$

* 若 $TCI > 0$，则该国是 i 产品的净出口国，表明该国 i 产品的生产效率高于世界总体水平，具有贸易条件优势，且数值越大，优势越明显；$TCI = 0$，说明该国该产品的生产效率与国际相当；若 $TCI < 0$，则该国是 i 产品的净进口国，表明该国 i 产品的生产效率低于世界总体水平，贸易条件较差，且数值越大，劣势越明显。

* 贸易竞争力指数剔除了通货膨胀、汇率等变动对宏观经济总量波动的影响，因此，不同时间、不同国家之间具有可比性。

3. 显示性比较优势指数

* **显示性比较优势指数**（revealed comparative advantage index，RCA）是由美国经济学家巴拉萨（Balassa）于 1965 年提出来的，指一个国家某种商品出口额占其出口总值的份额与世界出口总额中该类商品出口额所占份额的比率。

* 计算公式：$RCA = (X_{ij}/X_j) \div (X_{iW}/X_W)$

其中，X_{ij} 表示国家 j 出口产品 i 的出口值，X_j 表示国家 j 的总出口值；X_{iW} 表示世界出口产品 i 的出口值，X_W 表示世界总出口值。

* 一般而言，RCA 接近于 1，表示该国的此产品无比较优势或劣势可言；$RCA > 1$，表示此产品具有比较优势；$RCA < 1$，则表示此产品不具有比较优势。

* RCA 剔除了国家总量和世界总量波动的影响，能够较好地反映所研究产品的相对比较优势。

第五节 相互需求理论

相互需求理论（reciprocal demand theory）也称为**相互需求法则**（law of reciprocal demand），是由 19 世纪中期英国最具影响的经济学家约翰·斯图亚特·穆勒所首创的一种国际贸易理论。约翰·穆勒是大卫·李嘉图的学生，他从少年时代起，就在父亲詹姆斯·穆勒的指导下研读《国富论》和《政治经济学及赋税原理》等政治经济学名著，并出版了一批颇具影响力的政治经济学著述。其中，他在《政治经济学原理》中提出了著名的相互需求理论。

名人简介 2-5

约翰·穆勒（John Stuart Mill，1806—1873）

约翰·穆勒，或译约翰·斯图尔特·密尔，也译作约翰·斯图亚特·穆勒，英国著名经济学家、哲学家、心理学家，19世纪影响力很大的古典自由主义思想家，支持边沁的功利主义。作为古典学派的最后一位代表人物，他被称为继1823年李嘉图去世后极负盛名的"大师级的人物"。

约翰·穆勒是詹姆斯·穆勒的儿子，受到其父的严格教育。3岁开始学习希腊语，7岁已通读柏拉图的著作；8岁学习拉丁语、代数、几何、物理等；到12岁时，已可通读用拉丁语撰写的各种哲学著作，代数、几何也达到精通的地步。

1819年（13岁），他开始系统学习政治经济学，并熟读当时所有的重要著作；14岁旅法，研究化学与植物学；15岁开始研究心理学与罗马法。

1823年（17岁时），任职于英国东印度公司，直到1856年辞职移居法国。

1845年开始撰写《政治经济学原理》，1845年该书出版。

1873年5月8日，逝世，享年67岁。

他一生以新闻记者和作家的身份写了不少著作。如《政治经济学原理》是第一本影响西方经济学教育达半个世纪的教科书；《论自由》（1859年）更被誉为自由主义的集大成之作。

相互需求理论基本上从属于比较优势理论。但由于绝对优势理论与比较优势理论仅仅从供给的角度来探讨分工与贸易，因而不能对贸易双方的具体交换比例（即贸易条件）以及供给与需求的均衡点作出确切的回答。相互需求理论就是为了弥补这一局限性而被提出来的。比较优势理论阐述了分工的基础、模式和结果，认为国际分工与贸易能为各国带来利益。而相互需求理论则用两国商品交换比例的上下限来解释双方获利的范围；用贸易条件说明在贸易利益的分配中，双方各占多少；用相互需求强度来解释贸易条件的变动。总之，穆勒认为，国际商品交换比例是由两国的需求决定的，所以他的理论就被称为相互需求理论。

相互需求的概念只不过是相互供求的另一种说法，即本国的出口供给是外国的进口需求，本国的进口需求是外国的出口供给。国际贸易均衡价格条件的形成受到本国和外国相互需求强度的影响，所以相互需求理论的实质仍然是供求均衡论。

相互需求理论的基本内容是：两国国内两种商品的交换比例是国际交换比例的上下限；贸易利益是两国国内交换比例之差；贸易利益的分配情况取决于实际的贸易条件；贸易双方需求强度的相对变化影响着贸易条件的形成和贸易利益的分配。

下面我们通过具体的例子对相互需求理论的基本内容分别加以说明。

一、国际交换比例的上下限

假设英国和美国都能生产两种产品：棉布和小麦。在不存在国际贸易的条件下，假定在英国国内的市场上，棉布与小麦的国内交换价格为：1 单位布 = 0.6 单位小麦；在美国国内的市场上，棉布与小麦的国内交换价格为：1 单位布 = 1.2 单位小麦。

由封闭状态下的已知条件可知，如果要开展国际贸易，则在国际市场上两种产品的相互交换比例必须满足一定的条件。对于英国来讲，若布的价格低于 0.6 时，就不愿意出口布；对美国来讲，若布的价格高于 1.2 时，就不愿意进口布。因此，棉布的国际交换比例（即国际交换价格或国际贸易条件）必定是为 0.6～1.2。我们可以把这一国际交换比例用图 2-1 表示。

图 2-1 中，$T_{英}$表示英国国内市场上两种产品的交换比例，即其国内贸易条件；$T_{美}$表示美国国内市场上两种产品的交换比例，即其国内贸易条件；而国际交换比例或国际贸易条件 T_w 则处于 $T_{英}$ 与 $T_{美}$ 二者之间，即 $T_{英} < T_w < T_{美}$。在此区间之内，表示英美两国在国际市场上可以进行贸易，故称为交易区；此区间外，则称为非交易区。

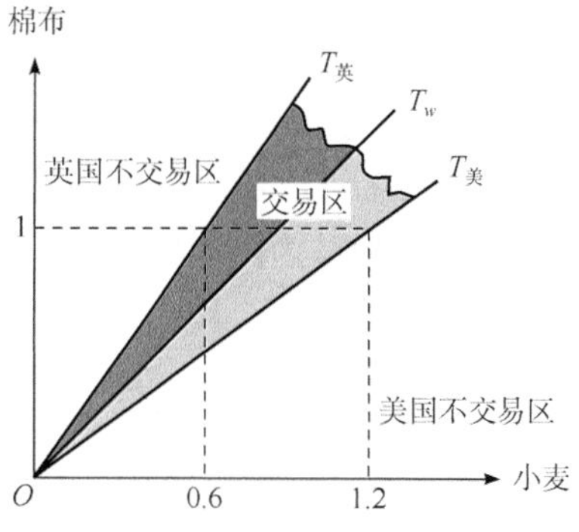

图 2-1 国际交换比例的上下限

二、国际交换价格的决定

对国际商品交换价格的确定应首先归功于约翰·穆勒。穆勒在其代表作《政治经济学原理及其在社会哲学上的应用》中，在比较优势理论的基础上系统阐述了国际交换比例或国际交换价格的决定问题。同时，穆勒认为，在比较成本所决定的界限之内，两国商品的交换价格，即国际交换价格是由彼此的需求强度决定的。

从上面的讨论中可知，棉布的世界市场价格应为 0.6～1.2，至于在这个区间的哪一点上，穆勒认为这取决于美国对布的需求强度与英国对小麦的需求强度。美国对布的需求强度越大，则棉布的世界市场价格越高；需求强度越小，则世界市场价格越低。这一点也适用于小麦世界市场价格，即英国对小麦的需求强度越大，小麦的世界市场价格越高，反之就越低。

如图 2-2 所示：图（a）和图（c）分别表示在没有国际贸易的情况下，英国与美国国内棉布市场上的供求状况，图（b）是世界棉布市场的供求状况。由于“2 × 2”模型只考虑两个国家，则美国棉布的需求缺口（HT）为世界对棉布的进口需求 D_M；英国棉布的过剩供给（AB）为世界对棉布的出口供给 S_M。世界市场上棉布的价格越高，英国棉布的出口供给就越多，美国棉布的进口需求越少；当英国棉布的出口供给等于美国棉布的进口需求（$AB = HT = DE$）时，世界市场达到均衡，这时棉布的世界市场价格为 P_w，即国际均衡交换价格，贸易量就是均衡时的贸易规模。

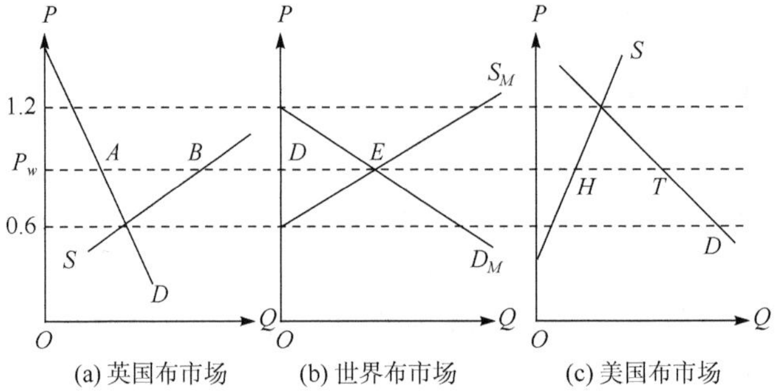

图 2-2　国际交换价格的决定

三、贸易利益的大小及分配

穆勒认为，国家之间的商品交换能够给参与国带来利益；利益的大小取决于两国国内交换比例之间范围的大小，即贸易利益是两国国内交换比例之差。但必须注意，此处贸易利益是指两国发生 1 单位产品贸易所能得到的好处。

从图 2-1 可以看出，英国出口 1 单位棉布的同时，美国进口 1 单位棉布，两国所能得到的贸易利益为两国国内交换比例之差：$T_{美}-T_{英} = 1.2 - 0.6 = 0.6$，其贸易利益的单位用小麦的量来衡量。

另外，贸易利益的分配即两国获取的贸易利益取决于实际的贸易条件。实际的贸易条件是指国际均衡交换价格。实际的贸易条件越是接近本国国内交换比例，本国获得的贸易利益就越少，说明贸易对本国越是不利；贸易条件越是接近对方国家国内的交换比例，本国获得的贸易利益就越多，说明贸易对本国越是有利。

从图 2-2（b）可以看出，英国出口 1 单位棉布能够获得（$P_w - 0.6$）单位小麦的收益；美国进口 1 单位棉布能够获得（$1.2 - P_w$）单位小麦的收益。棉布的世界市场价格越高，英国从布的出口中得到的利益就越大，而美国从贸易中获得的利益就越小，这时美国有可能因为棉布的价格上涨而减少进口需求，从而迫使英国棉布的出口价格下降，最后重新回到 P_w 的均衡价格水平。如果世界市场棉布价格 P_w 超出 0.6～1.2，便会出现贸易的一方无利可图的情形，这时国际贸易就会停止。

第六节 贸易保护理论

贸易保护理论（trade protection theory）是19世纪上半叶在德国形成的一种与自由贸易理论相对立的国际贸易理论，其主要代表人物当首推弗里德里希·李斯特。李斯特是历史学派的直接先驱者，是19世纪上半期德国工业资产阶级最著名的经济学家和积极的社会活动家，其主要著作是《政治经济学的国民体系》(1841年)。

当时德国还是一个经济落后的农业国，英国却已经成为"世界工厂"。因此，德国（包括美国）的经济发展水平远远落后于英国和法国，其工业处于刚刚起步阶段，产品缺乏竞争力，没有力量与英国的工业品竞争。在此背景之下，英法的资产阶级经济学家基本上都是站在自由放任的立场上，宣扬比较优势理论和自由贸易的政策主张。而李斯特则从德国民族利益出发，反对英国古典学派的国际贸易理论，认为它忽视了国家的作用和不同国家经济发展的民族特点。

李斯特深受美国的第一任财政部部长亚历山大·汉密尔顿（Alexander Hamilton）幼稚产业保护理论的影响与美国产业保护实践的启迪，认为英国资产阶级所追求并经英国古典学派经济学家所论证的自由贸易理论，只符合英国的利益，而不利于其他国家特别是经济技术落后的国家。像德国这样的落后国家，为了发展本国的工业，就必须实行贸易保护政策。所以，李斯特建立了一套以生产力理论为基础、以保护关税制度为核心的贸易保护理论，也被称为德国贸易保护理论。

名人简介 2-6

弗里德里希·李斯特（Friedrich List，1789—1846）

德国经济学家，国民经济学的创始人，德国历史学派的先驱，是古典经济学的怀疑者和批判者。

1789年，出生于德国南部符腾堡的罗伊特林根市一个制革匠家庭。

1806年，通过自学进入符腾堡王国政府任职；1815年，开始参加反对封建专制政权的政治活动；1817 年，被图宾根大学聘为教授。

1819 年，因组织旨在统一德国经济的“全德工商联盟”而受到迫害；1821 年，因起草反封建政权文件被监禁；1822—1824 年，逃亡法国、瑞士、英国。1824 年，返回符腾堡时被捕；1825 年，为了彻底摆脱这个“危险分子”，政府同意他移居美国。

1832 年，以美国公使的身份回到德国，被各公国拒绝，1834 年才任美国驻莱比锡公使。

他首先倡导在德国实行保护关税政策，并参与成立德意志关税同盟活动，1843 年创办《关税同盟报》。曾到比利时、法国进行推动铁路的建设工作，此外还到英国联系英德合作事宜。

1846 年 11 月 30 日，由于政治计划受阻，健康状况恶化，李斯特看不到个人和国家的前途，加上疾病缠身和生活困顿，陷入了绝望，在奥地利的库夫施泰因小镇开枪自杀，结束了他 57 岁的生命。

李斯特的一生伴随着一系列的失败和困苦，但这丝毫不会影响到他的伟大！著名经济学家约瑟夫·熊彼特评价道：“李斯特像所有那些从事漫长艰苦斗争终于名垂青史的人一样，是一个民族英雄。”

一、经济发展阶段论

在德国历史学派经济学家中，李斯特率先提出了经济发展阶段论。他在《政治经济学的国民体系》中写道，“从经济方面看来，国家都必须经过如下各发展阶段：原始未开化时期、畜牧业时期、农业时期、农工业时期、农工商业时期”[①]。在他看来，上述五个发展阶段是依次递进的，一国经济发展程度同该国的经济实力以及文明程度成正比，在其经济发展的不同时期应该采取不同的对外贸易政策。因此，李斯特根据不同的经济发展阶段，提出了对外贸易的“三阶段政策”。

第一阶段政策适用于经济发展水平处在第一至第三时期（原始未开化时期、畜牧业时期和农业时期）的国家。这些国家对技术先进的国家应实行自由贸易政策，出口农副产品，进口工业品，以此为手段使自己脱离未开化状态，在农业上求得发展，加速工业化。

第二阶段政策适用于经济发展水平处于第四时期（农工业时期）的国家。这些国家应采取贸易保护政策，保护本国幼小工业，促进本国工业、运输业和对外贸易的全面发展。

第三阶段政策适用于经济发展水平处于第五时期（农工商业时期）的国家。这些国家是在本国工业具有相当的竞争能力、财富积累达到相当高的程度时，再逐步恢复自由贸易，通过国内外市场的充分竞争促进资源的合理使用和生产力的进一步提高，使国内产业不断保持优势地位。

① 弗里德里希·李斯特. 政治经济学的国民体系[M]. 陈万煦译. 北京：商务印书馆，1961：155.

李斯特认为，当时的西班牙、葡萄牙处于第一阶段，德国、美国处于第二阶段，英国、法国处于第三阶段，所以德国应实行保护关税政策。他认为，一个无保护的生产力落后的国家要想成为一个新兴的工业国家是不可能的。德国和美国等落后国家的工业是幼稚工业，还没有成熟，经不起英国廉价商品的冲击，如果不实行保护政策，这些幼稚工业就会被英国的先进工业摧垮。因此，李斯特不主张保护所有的工业或一直保护下去，而是分阶段保护，到了成熟阶段就不应该再保护了。如果幼稚工业经过一个保护期仍然发展不起来，就不必再保护了。

二、生产力理论

为了论证在德国实行贸易保护的必要性，李斯特提出了与古典学派的价值学说相对立的生产力理论。他指责古典学派只研究交换价值而忽视了生产力，认为这是把财富本身（交换价值）和财富的原因（生产力）混淆了。他断言，为了培育德国的生产力，应当忍受暂时的牺牲，因为“财富的生产力比之财富本身，不晓得要重要多少倍；它不但可以使已有的和已经增加的财富获得保障，而且可以使已经消失的财富获得补偿”。[①]

在李斯特看来，一国的富强主要取决于生产力；而在生产力发展过程中，更重要的是工业实力的增长，工业是生产力的化身；影响工业化的因素较多，除经济因素外，还有政治、法制、社会、文化、精神等众多非经济因素，这些因素都是生产力增长的源泉。反之，若仅仅重视向外国购买廉价商品，初看起来似乎会合算些，但是这样做的结果是，德国的工业就不可能得到发展，德国将长期处于落后和从属于外国的地位。由此可见，李斯特学说始终强调应抓主要矛盾，重视国家生产力的培育，为了一国生产力的壮大，应当有发展的眼光，牺牲部分眼前的短期利益，最终获得国家生产力提升的长远利益。即使今天，李斯特的生产力理论依然具有强大的理论和现实指导意义。

三、国家干预论

李斯特像重商主义者一样，也强调国家在贸易保护中的重要作用。他认为，一国生产力的发展和经济的增长，不能仅仅依靠市场机制的自发调节，而必须借助国家力量对经济加以干预。他从落后国家的特殊国情、所处的较低的发展阶段及其特殊利益的角度出发，提出了政府必须对私人经济实行干预的主张。他尤其强调，当一国经济实力处于增长并且正在由农业向制造业转变或正处于农业、制造业和商业并存的关键时期，更需要借助于国家力量的干预。国家力量的干预可促进落后国家工业、海运业、国外贸易获得真正大规模发展。[②]他甚至认为这一时期的国家干预应当是有意识、有目的的，使本国的经济发展趋于人为的方向。

在李斯特看来，时机恰当、力度恰当的国家干预才是成功发展不可缺少的先决条件。他设想的国家干预包含两个方面：一是针对领先国的竞争打压，构筑贸易和产业保

---

① 弗里德里希·李斯特. 政治经济学的国民体系[M]. 陈万煦译. 北京：商务印书馆，1961：118.

② 弗里德里希·李斯特. 政治经济学的国民体系[M]. 陈万煦译. 北京：商务印书馆，1961：155.

护的壁垒；二是有力地采取培植生产力的内政措施，如完善交通等基础设施并改良相关政法制度。而且，李斯特反复强调，国家之所为，只能是单靠个人无力兴办之事，而关于国民知道得更清楚、更加擅长的那些事，国家不应越俎代庖。[①]也就是说，在培植国家生产力方面，政府应该有所为有所不为，做一个理性的“植树人”。

四、关税保护制度

在如何实施国家干预以有效保护国内工业方面，李斯特认为，应建立理性而可行的关税保护制度。在他看来，发展程度悬殊的国家开展自由贸易，只会使产业强国“控制弱小国家的贸易和工业，将其置于受奴役的地位”；而关税保护则是“国家把贸易和产业机会留给自己”与“保护国内工业的方法”。[②]

就德国当时的国情而言，如果德国实施保护关税政策，那么开始的时候其工业品的价格虽然较高，但经过一定时间，在国家建成了生产力水平较高的工业以后，由于这些商品在国内生产成本降低，价格是会降到国外进口商品价格之下的。因此，他得出结论说：“保护关税如果使价值有所牺牲的话，它却使生产力有了增长，足以抵偿损失而有余，由此使国家不但在物质财富的量上获得无限增进，而且一旦发生战争，可以保有工业的独立地位。工业独立以及由此而来的国内发展，使国家获得了力量，可以顺利经营国外贸易，可以扩张航运事业，由此文化可以提高，国内制度可以改进，对外力量可以加强。”[③]

李斯特并不主张保护所有的产业，如农业就不在关税保护之列。他主张保护那些新兴的、面临国外强有力竞争且有发展前途的幼稚工业，也就是说，他认为的关税保护对象是工业中的重要部门，经发展能与外国产品竞争的部门，其中应重点保护技术部门。对于不太重要的经济部门应实施低层次保护，对虽新生但并无强有力竞争的部门则不需保护。而且，应根据国家特有环境和工业情况来决定对工业品采取禁止输入的政策，还是采取规定适当税率的办法。

李斯特实行保护关税的政策主张反映了面对英国、法国巨大竞争压力的德国工业资产阶级要求实行保护政策的强烈愿望，这对维护和推动当时德国资本主义大工业的发展具有积极意义。

需要指出的是，李斯特所倡导的贸易保护是有目的的保护、有针对性的保护、有时间段的保护，而非盲目的保护、一味的保护、永久的保护。因此，如果将李斯特视为一个单纯的保护主义者，那便是莫大的误解。李斯特强调，“惟有以国家的工业发展为目的时，才有理由实行保护制度”[④]；一国达到充分富强后，应“逐步恢复自由贸易原则”[⑤]，借助竞争以确保各产业长盛不衰。

事实上，贸易保护理论与自由贸易理论既有矛盾的一面，也有一致的一面。矛盾的

---

① 弗里德里希·李斯特. 政治经济学的国民体系[M]. 陈万煦译. 北京：商务印书馆，1961：147.

② 梅俊杰. 赶超发展战略家弗里德里希·李斯特的回归. https://www.sohu.com/a/351027035_260616，2019-11-01.

③ 弗里德里希·李斯特. 政治经济学的国民体系[M]. 陈万煦译. 北京：商务印书馆，1961：118-129.

④ 弗里德里希·李斯特. 政治经济学的国民体系[M]. 陈万煦译. 北京：商务印书馆，1961：164.

⑤ 弗里德里希·李斯特. 政治经济学的国民体系[M]. 陈万煦译. 北京：商务印书馆，1961：105.

一面，是指实行贸易保护政策必然会失去自由贸易所带来的比较利益。在实行保护关税政策之后，国内的工业品价格会上涨。但李斯特认为，这种价格的上涨是暂时的，是发展本国工业所必须付出的代价，所以失去的只是暂时利益，赢得的却是长远利益——生产力水平的提高。一致的一面是指，不论贸易保护政策还是自由贸易政策，其目的都是促进财富的增长。所不同的只是前者强调长远利益，后者注重眼前利益。正是在这个意义上，我们可以将贸易保护理论视为比较优势理论的补充。

本章要点

- 重商主义者的核心思想是一个国家的财富反映在其所拥有的贵金属上。重商主义者从货币即财富的观念出发，认为除了开采金银矿藏外，只有对外贸易才是货币财富增加的源泉。重商主义者根据对外贸易是货币财富的真正源泉的见解，认为国家为了致富，必须保持出口额大于其进口额，即维持一个贸易顺差，故而提出了贸易保护的政策主张：为了保持贸易顺差，国家必须积极地干预经济生活，以保证货币尽量多地流入国内和尽量少地流出国外。早期重商主义者与晚期重商主义者分别提出了货币差额论和贸易差额论。
- 价格-货币流转机制：在一定条件下，货币在国家之间的流动就起到了经济自动调节机制的作用，该机制总能使一国达到贸易平衡的状态：出口额 = 进口额。
- 绝对优势理论：各国之间存在的生产技术上的绝对差别，以及由此造成的劳动生产率和生产成本的绝对差别，是国际分工和国际贸易的基础。各国应该集中生产并出口其具有绝对优势的产品，进口其具有绝对劣势的产品。这样做，其结果比自己什么都生产更为有利。
- 比较优势理论：即使一国在两种产品生产上相对于另外一国均属于绝对劣势（即无绝对优势），仍有进行互惠互利贸易的可能性。也就是说，国际贸易的基础并不限于生产技术上的绝对差别，只要各国之间存在着生产技术上的相对差别，就会出现劳动生产率、生产成本以及产品价格的相对差别，从而使各国在不同的产品的生产上具有比较优势，使国际分工和国际贸易成为可能。每个国家都应集中生产并出口其具有比较优势的产品，进口其具有比较劣势的产品。这样一来，贸易双方均可从中获利。
- 相互需求理论的基本内容：两国国内两种商品的交换比例是国际交换比例的上下限；贸易利益是两国国内交换比例之差；贸易利益的分配情况取决于实际的贸易条件；贸易双方需求强度的相对变化影响着贸易条件的形成和贸易利益的分配。
- 贸易保护理论是19世纪上半叶在德国形成的一种与自由贸易理论相对立的国际贸易理论，其主要代表人物当首推李斯特。事实上，贸易保护理论与自由贸易理论既有矛盾的一面，也有一致的一面。正是在这个意义上，我们可以将贸易保护理论视为比较优势理论的补充。

关键术语

重商主义　贸易顺差　贸易逆差　货币差额论　贸易差额论　价格-货币流转机制　劳动分工　绝对优势　自然优势　获得性优势　自由放任　零和博弈　正和博弈　绝对优势理论　比较优势理论　相互需求理论　贸易保护理论

思考习题

一、单选题

1.（　　）国际贸易理论产生于18世纪后半期，是在批判重商主义的基础上发展起来的。

A. 新古典　　B. 现代　　C. 古典　　D. 当代

2. 重商主义是指在1500—1750年这一时期内存在于（　　）的经济思想的一个集合。

A. 亚洲　　B. 欧洲　　C. 美洲　　D. 非洲

3. 亚当·斯密在生产分工理论的基础上提出了（　　）理论。

A. 比较优势　　B. 产品生命周期　　C. 相互需求　　D. 绝对优势

4. 贸易保护理论是19世纪上半叶在德国形成的一种与自由贸易理论相对立的国际贸易理论，其主要代表人物当首推（　　）。

A. 亚历山大·汉密尔顿　　B. 托马斯·孟

C. 弗里德里希·李斯特　　D. 约翰·海尔斯

5. 亚当·斯密认为，国际分工和贸易的基础是（　　）。

A. 各国经济发展水平　　B. 各国所拥有的资源禀赋状况差异

C. 劳动生产率或生产成本的相对差异　　D. 劳动生产率的绝对差异

6. 大卫·李嘉图认为，国际分工和贸易的基础是（　　）。

A. 劳动生产率的绝对差异　　B. 各国所拥有的资源禀赋状况差异

C. 劳动生产率或生产成本的相对差异　　D. 各国经济发展水平

7. 甲、乙两国生产1单位A产品需要投入的劳动量分别为90天和100天，生产1单位B产品需要投入的劳动量分别为80天和120天。按照大卫·李嘉图的比较优势理论，甲国应该（　　）。

A. 生产B产品　　B. 生产A产品

C. A、B都生产　　D. A、B都不生产

8. 下列主张贸易保护的学者有（　　）。

A. 亚当·斯密　　B. 大卫·李嘉图

C. 赫克歇尔和俄林　　D. 李斯特

9. 假设甲国生产每单位酒需要40人劳动1周，生产每单位毛呢需要30人劳动1周；乙国生产每单位酒需要100人劳动1周，生产每单位毛呢需要50人劳动1周。那

么，下列表述正确的是（ ）。

A. 乙国在两种产品的生产上都具有比较优势

B. 甲国在毛呢的生产上具有比较优势

C. 甲国在酒的生产上具有比较优势

D. 乙国在两种产品的生产上都具有绝对优势

二、多选题

1. 早期重商主义的政策主张主要包括（ ）。

A. 实行贸易保护政策　　B. 禁止货币输出

C. 禁止外国工业品特别是奢侈品的输入　　D. “多卖少买”

2. 晚期重商主义的政策主张主要包括（ ）。

A. “只卖不买”　　B. 保护关税政策

C. 鼓励发展本国工业的政策　　D. 鼓励人口增加的政策

3. 李斯特贸易保护理论的内容包括（ ）。

A. 经济发展阶段论　　B. 国家干预论

C. 关税保护制度　　D. 生产力理论

三、判断题

1. 重商主义的经济思想和政策体系，是西方国际贸易理论史上最早的、具有贸易保护主义色彩的经济学说。（ ）

2. 在重商主义者的思想体系下，经济活动被看成一种正和博弈。（ ）

3. 大卫·休谟在其《政治论丛》一书中建立了价格-货币流转机制，并运用该机制首次对重商主义者的观点提出了批评。（ ）

4. 绝对优势理论是由英国古典经济学家大卫·李嘉图提出来的一种国际贸易理论。（ ）

5. 相互需求理论是由 19 世纪中期英国最具影响力的经济学家约翰·穆勒所首创的一种国际贸易理论。（ ）

6. 某个产业部门的劳动生产率比外国高并不足以确定该国是否应当出口这个部门的产品，只有当该部门的相对劳动生产率比其他部门都高时我们才能下此定论。（ ）

四、简答题

1. 简述货币差额论与贸易差额论的异同。

2. 如何确定和衡量一国（或地区）在某种产品的生产上是否具有绝对优势？请举例说明。

3. 请对绝对优势理论加以评析。

4. 简述比较优势理论与绝对优势理论的异同。

5. 如何确定和衡量一国（或地区）在某种产品的生产上是否具有比较优势？请举例说明。

6. 请对比较优势理论加以评析。

7. 简述相互需求理论的基本内容。

8. 为何说贸易保护理论与自由贸易理论既有矛盾的一面，也有一致的一面？

五、论述题

1. 为了保证贸易顺差，晚期重商主义者提出了哪些比较系统的贸易保护政策主张？

2. 请阐述比较优势理论的理论假设和基本内容。

3. 为何说相互需求理论基本上从属于比较优势理论，但又弥补了绝对优势理论与比较优势理论的不足？

4. 论述德国贸易保护理论的产生背景、基本内容及现实适用性。

六、计算题

1. 假设中国生产手表和自行车分别需要8个劳动日和9个劳动日，越南生产手表和自行车分别需要12个劳动日和10个劳动日。请根据比较优势理论计算和说明：中国和越南各自应该生产并出口哪种产品？

2. 如果美国和加拿大在同一劳动时间内分别生产10码毛呢、15码棉布和10码毛呢、20码棉布，请依据比较优势理论计算和说明两国各自的分工与贸易的格局。

3. 已知英国和葡萄牙都生产布和酒，英国国内市场布和酒的交换比例为 10∶15，葡萄牙国内市场布和酒的交换比例为 10∶30。按比较优势理论，葡萄牙生产酒，英国生产布，然后两国进行交换。

（1）当国际市场布和酒的交换比例为 10∶20 时，请依据相互需求理论计算英国和葡萄牙所获得的贸易利益各为多少？

（2）若国际市场布和酒的交换比例发生变化并越接近 10∶15 时，两国所获得的贸易利益谁多谁少？

4. 有甲乙两国生产大米和棉布。在国际分工之前，甲国生产大米的劳动投入和产出分别为15和120，生产棉布的劳动投入和产出分别为5和100；乙国生产大米的劳动投入和产出分别为10和120，生产棉布的劳动投入和产出分别为10和100。请问：甲、乙两国分别在哪种产品生产上具有绝对优势？

5. 假设生产1单位粮食所需要的劳动投入：本国是6，外国是12；生产1单位棉布的劳动投入：本国是10，外国是5。请问：

（1）本国和外国分别在哪种产品的生产上具有绝对优势？

（2）假设在国际市场上，用1单位的粮食可交换1单位的棉布，那么本国和外国的贸易利益各是多少（用劳动节约量来衡量）。

七、案例分析题

中韩大蒜贸易战“因小失大”不值得

中韩两国签署的有关韩国从中国进口大蒜的协议从2000年8月2日起生效。根据协议，韩国从当天起以50%以下的关税率进口中国大蒜，2000年的进口量是3.2万吨。中国则从当日起恢复韩国移动电话和聚乙烯进口。至此，两个月的中韩大蒜贸易战落幕。

韩国部分舆论对此次贸易争端评价说，韩国人彻头彻尾地领会了一次“因小失大”的滋味。

1999年，中韩两国的贸易额已上升到250亿美元，其中，中方进口额为172亿美元，出口额为 78 亿美元。中国市场对韩国来说至关重要，中国已成为韩国的第三大贸易伙伴国，韩国对外贸易顺差的一半来自中韩贸易。因此，当听到 2000 年 6 月初中国方面就韩国提高中国大蒜的进口税采取反措施，暂停进口韩国手机和聚乙烯的消息后，韩国外交通商部一位官员便忧虑地说："担心的事情终于发生了。我们该好好地反思一下小视中国的代价。"

韩国舆论更是大呼，政府竟为小小大蒜而招致 5 亿美元的损失。据韩国有关部门统计，韩国 1999 年从中国进口大蒜 2.26 万吨，价值为 898 万美元。与此同时，韩国 1999 年向中国出口 4140 万美元的移动电话和 4.71 亿美元的聚乙烯，这两个产品对华出口额共计 5.12 亿美元。

大蒜贸易争端发生后，200 多名韩国农民曾到中国驻韩国使馆附近举行过抗议活动。但这一举动却没能得到韩国舆论的多大同情。韩国舆论反而报道说，韩国政府对中国这个重要的贸易伙伴采取的措施是十分鲁莽的举动。庆幸的是，这次大蒜贸易争端持续时间不长，总算得以结束。如果大蒜之战继续下去，双方都将遭受极大损失，特别是给韩国带来巨额经济损失，同时也会对顺利发展的中韩关系带来负面影响。

韩国媒体说，通过这次大蒜之战韩国政府有关部门应该好好反思，对顺差达数十亿美元的贸易伙伴国，不假思索、不考虑大局地为大蒜这样的小问题而引起贸易战实在是不值得。

汉城一位名叫金尊一的市民对笔者说，国际贸易历来是互惠的。韩国对中国大蒜征收高额关税的措施非但没有解决韩国蒜农的收入问题，反而导致贪小失大的尴尬局面。韩国政府有关部门应该从这次贸易争端中认真吸取教训。

韩国一位经济专家说，通过这次大蒜之战，体现出韩国外交通商部门的不成熟和目光短浅。韩国对中国贸易顺差逐年增加，况且中国市场具有巨大的潜力。无论是从现实还是从未来的角度出发，都不能采取"只见树木不见森林"的做法，今后应该理性地对待对华贸易。

资料来源：佚名. 中韩大蒜贸易战"因小失大"不值得. http://www.vegnet.com.cn/News/37535.html?security_verify_data=313238302c373230，2000-08-11.

问题：

1. 2000 年 5 月 30 日，韩国政府宣布从 2000 年 6 月 1 日起正式对大蒜进口采取保护性措施，关税大幅提高至 315%。这就是这场贸易战的导火索。古典贸易理论告诉我们，自由贸易是一种双赢的结果，但韩国政府却为何要这样做？

2. 大蒜贸易争端发生后，200 多名韩国农民曾到中国驻韩国使馆附近举行过抗议活动。请问，这些韩国农民为何要抗议？

3. 从中韩大蒜贸易战爆发的前前后后，给我们的政府和企业的有益启示有哪些？

第三章 现代与新古典国际贸易理论

学习目标与要求

- 掌握新古典贸易理论一般均衡分析的特点、工具和方法；
- 了解比较优势理论的扩展与验证；
- 重点掌握要素禀赋理论的具体内涵；
- 掌握里昂惕夫之谜的含义，并熟悉有关里昂惕夫之谜的多种解释。

名人名言

造物主赋予不同国家以不同的才能、气候和土壤，从而为各国的交流通商提供了稳定的基础……这样固然刺激了出口国的产业，而进口国本身的产业也由于出售商品进行交换而得到发展。

大卫·休谟，1752 年

澳大利亚有富余的农业土地供给，但人烟稀少。与其他大部分国家相比，其地价低廉，但工资昂贵；因此那些需要大量土地投入而较少劳动力投入即能生产出来的产品，其价格就低廉。

戈特哈德·贝蒂·俄林，1933 年

外贸资讯

美国 80%稀土依赖中国！美企欲斥 1293 万，联手加企打造北美供应链

作为高科技产品不可或缺的原料之一，稀土的重要性正在日益增强。而美国作为经济和科技都处于全球领先地位的国家，其稀土供应却完全依赖进口。

数据显示，2019 年美国对稀土的净进口依赖度为 100%，该国主要从中国、日本和马来西亚等国进口稀土产品。其中，美国超过 80%的稀土供应来自中国。

另据美国地质调查局2019年1月公布的统计数据，全球稀土资源总储量约为1.2亿吨。其中，中国储量以36.7%的占比排名第一，储量达到4400万吨。除了储量丰富，中国还掌握着全球80%稀土供应。这也吸引了美国方面的注意……

资料来源：佚名. 美国80%稀土依赖中国！美企欲斥1293万，联手加企打造北美供应链. https://www.163.com/dy/article/G45NPIU00519EO06.html，2021-03-03.

资讯引导：何谓要素禀赋？要素禀赋对国家或地区参与国际分工和贸易会产生什么样的重要影响？

广义地讲，西方经济学中把20世纪前半期形成的新古典国际贸易理论和由赫克歇尔-俄林建立的要素禀赋理论，以及由此引申、衍化而成的整个理论体系，称之为现代国际贸易理论。

李嘉图的比较优势理论是以劳动价值论为基础，即劳动投入的差异决定了比较利益或比较优势的存在。但在实践中，决定比较利益或比较优势的生产要素不仅包括劳动力，而且还包括资本、技术等。因此，在李嘉图之后，许多经济学家都逐渐意识到，单纯以劳动生产率或劳动成本的差异为基础来分析比较利益或比较优势是不符合实际的，需要寻求新的方法来对这一问题做进一步的探讨。19世纪末20世纪初，以瓦尔拉斯、马歇尔为代表的新古典国际贸易理论逐渐形成。贸易理论由古典逐渐过渡到新古典，不仅仅只是研究对象上要素投入种类的增加，而且其基本分析框架也发展为包括多种产品多种要素的总体均衡体系。这便形成新古典贸易理论一般均衡分析的特点。在新古典学派的国际贸易理论不断发展和日趋完善的同时，对它的重大修改和变革也逐渐开始了。1919年，瑞典经济学家埃利·赫克歇尔发表了题为《对外贸易对收入分配的影响》的论文，使用有别于一般均衡分析的方法，第一次用生产要素密集程度来解释国际贸易，提出了有关国际贸易与要素禀赋及收入分配的问题；进入20世纪30年代，赫克歇尔的学生、瑞典另一位经济学家贝蒂尔·俄林出版了《区间贸易与国际贸易》一书，对其老师的理论做了重大补充和发展，进一步明确提出了国际贸易的发生一般取决于各国拥有生产要素相对丰富程度的观点，即著名的要素禀赋理论，在西方经济学界产生了巨大影响。由于该理论的核心思想是由赫克歇尔提出的，为了纪念其贡献，这一理论被称为赫克歇尔-俄林模型或H-O定理。

到了20世纪40年代，美国经济学家保罗·萨缪尔森等又用现代经济分析方法对这一理论进行了更为周密的论证，提出了要素价格均等化理论，遂使这一理论声名大振，并逐步取代了古典学派的比较优势理论和新古典学派的一般均衡论，成为西方国际经济学的正统理论。因此，赫克歇尔-俄林模型也被发展为赫克歇尔-俄林-萨缪尔森模型或H-O-S理论。

第一节 新古典贸易理论：比较优势理论的现代解释

比较优势理论的现代分析，主要是用机会成本和生产可能性曲线以及社会无差异曲线等属于现代经济学范畴的概念及分析工具对国际贸易进行一般均衡分析。

一、固定机会成本下的生产可能性曲线

“机会成本”这一概念是由奥地利学派于19世纪提出来的，1936年由经济学家哈伯勒（Haberler，1900—1995）将机会成本的概念引入国际贸易领域，成为对国际贸易进行一般均衡分析的重要工具，也是后来国际贸易一般均衡理论建立的基础。

机会成本（opportunity costs）又称为**替代成本**（substitution costs），系指为了多生产1单位某种商品而必须放弃或减少的另一种商品的数量。例如，如果没有国际贸易，美国为多生产1单位的小麦，就必须将一部分资源从布的生产领域转移到小麦的生产领域，从而放弃了一定量的布的生产。如图3-1所示，美国每增加1单位小麦的生产必须放弃0.5单位布，因此美国生产小麦的机会成本为0.5单位布；英国每增加1单位小麦的生产，必须放弃1.5单位的布，则英国生产小麦的替代成本为1.5单位布。由此可见，英国生产小麦的机会成本高于美国生产小麦的机会成本。

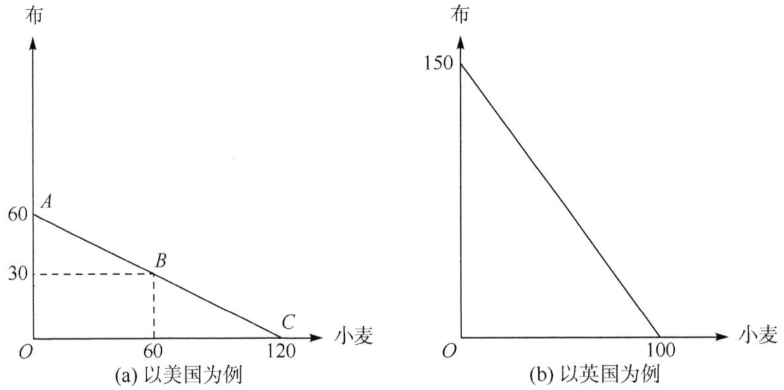

图3-1　生产可能性曲线与机会成本

机会成本所表现的是一种商品与另一种商品的相互替代关系，实际反映了在一定技术条件下生产要素在不同产品生产中的分配关系。西方经济学将这种反映生产要素投入与产出替代关系的曲线称为**生产可能性曲线**或**生产可能性边界**（production possibility frontier，PPF），哈伯勒将其称为替代曲线。

生产可能性曲线反映的是，一国在特定的时间点，在给定其资源约束、技术水平及经济有效生产等条件下，生产两种产品最优产出组合所构成的轨迹。如图3-1所示，假定美国只生产布和小麦两种产品，在一定的生产要素投入和资源得到充分利用的条件下，可以选择在*A*点进行生产，生产布的最大数量为60单位；也可以选择在*C*点进行生产，生产小麦的最大数量为120单位；还可以选择在*B*点进行生产，生产30单位布和60单位小麦。然而不论哪种产出组合，只要在这条生产可能性曲线上，都表明资源得到了最有效的利用，这是生产可能性曲线最重要的经济含义。因此，生产可能性曲线也叫作最大产出曲线。

在这条线的内部，任何产出组合都表示资源没有得到有效利用，即投入产出是低效率的；在这条线的外部，任何产出组合都表示在现有资源和技术条件下是无法达到的。

只有当生产要素投入增加或技术进步发生时，生产可能性曲线才有可能向外推移。哈伯勒认为，比较优势理论过于简单化，生产要素不是只有劳动力一种，如果要把其他要素折合成劳动要素，那么因计量标准不同会存在着不可克服的换算困难。鉴于此，1936年哈伯勒用**机会成本理论**（opportunity costs theory）解释了比较优势理论。

哈伯勒认为，国际贸易产生的原因是两国机会成本存在差异，也就是说，生产机会成本低的商品具有比较优势。根据机会成本决定比较优势的原则进行国际分工和国际贸易，就能为各国带来贸易利益。另外，两国在同种产品生产上机会成本的差异越大，比较优势就越明显。

在图 3-1 中，美国生产小麦的机会成本为 0.5 单位布，英国生产小麦的机会成本为1.5 单位布，可见美国生产小麦具有比较优势；美国生产布的机会成本为 2 单位小麦，英国生产布的机会成本为 2/3 单位小麦，可见英国生产布具有比较优势。这种分析就其结果来说是与比较优势理论一致的，但它相对于比较优势理论的分析要更加具体和全面，所以是对比较优势理论的重要发展。

生产可能性曲线是向右下方倾斜的，或者说其斜率是负的，它表示某个国家要想更多地生产一种产品，就必须放弃一些另一种产品的生产。生产可能性曲线斜率的绝对值为水平坐标所表示产品的机会成本。图 3-1 中假定生产可能性曲线是一条直线，斜率不变，即表示两种产品生产的机会成本固定不变。生产可能性曲线斜率的绝对值也称为**边际转换率**（marginal rate of transformation），某种商品（X）对另一种商品（Y）的边际转换率就是每多生产 1 单位某种商品（X）而少生产另一种商品（Y）的数量。因此，边际转换率可以用来表示商品的机会成本。**固定机会成本**（constant opportunity costs）又称机会成本不变，是指增加任一单位某种产品的生产所必须放弃的另一种产品的数量均相同。

应该注意，基于价格等于成本以及每个国家都生产两种商品的假设，一种产品的机会成本等于该商品的相对价格，**商品的相对价格，即相对商品的价格**（relative commodity prices）。在固定机会成本下，加之我们不考虑需求，相对商品的价格仅仅由本国的生产或供给决定。

固定机会成本产生的条件有两点：①生产资源或生产要素是完全替代品，而且在两种商品中各要素比例固定；②同一种要素的所有组成是相同的，即同质要素。根据比较优势理论中机会成本固定不变的假设，如果每个国家集中全部资源专门生产其具有比较优势的产品，即实行**完全专业化**或**完全分工**（complete specialization），就能够获得最大利益。完全分工意味着一个国家将所有的资源都用于生产某一种商品，而不再生产另一种商品。

固定的机会成本并不现实，但它有助于我们讨论和理解与现实更加吻合的机会成本递增的情况。

二、递增机会成本下的生产可能性曲线

机会成本递增（increasing opportunity costs）意味着一国为了获得每多生产 1 单位某种商品的资源而必须减少相应的另一种商品的数量。在机会成本递增条件下，生产可能

性曲线是凹向原点的，而非一条直线。

产生机会成本递增的条件是：①在所有商品的生产中，生产要素的比率不是固定不变的；②要素不是同质的，即同种要素的所有单位其质量并不是完全相同的。

由于生产要素或资源并不是均质的，不同产品生产所需要的资源搭配也不是相同的，因此，越是要增加某种产品的生产，就越是要增加那些不太适合于该产品生产的、质量较低的资源使用量，因而就要放弃越来越多的另一种产品的生产量。

如图 3-2 所示，在 *A* 点，曲线的斜率 $K_a = 0.5$，表示增加 1 单位小麦的生产必须放弃 0.5 单位布的生产；在 *B* 点，曲线的斜率 $K_b = 1.0$，表示增加 1 单位小麦的生产必须放弃 1.0 单位布的生产；在 *C* 点，曲线的斜率 $K_c = 1.5$，表示增加生产 1 单位小麦，要放弃生产 1.5 单位布。由此可见，产出的选择从 *A* 点→*C* 点，生产小麦的机会成本是不断递增的。

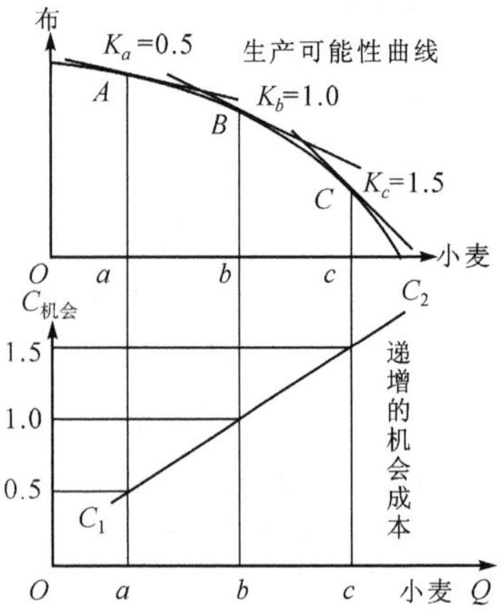

图 3-2 递增机会成本下的生产可能性曲线

机会成本递增是对机会成本固定不变假设的重要发展。因为根据比较优势理论中机会成本固定不变的假设，如果每个国家实行完全分工去生产其具有比较利益的产品，就能够获得最大利益。然而现实中并没有出现这种完全分工，每个国家都在继续生产它们大部分用来供给国内消费的产品。在机会成本递增的情况下，转移到一种产品生产上的资源越多，该产品生产的成本就越高，当追加生产使得其机会成本上升到与世界市场上这种产品的相对价格持平时，该产品的生产就不会再继续扩大。因此，在其机会成本低于世界价格的情况下进行生产和贸易，就能够使各国获得利益；在机会成本高于世界价格的情况下进行生产和贸易，则不可能从贸易中获得利益。这就解释了在机会成本递增条件下，为什么国际贸易不可能在两国之间无限展开，两国都不可能实现完全分工，而只能实行**不完全专业化**或**不完全分工**（incomplete specialization）这一事实。

在现实经济生活中，由于每个国家具有各自的要素禀赋与生产技术水平，因此必然导致两个国家具有不同的生产可能性曲线。随着一国生产要素与生产技术的变化，其生产可能性曲线也在不断地发生移动。关于这一点，我们将在第 5 章进行讨论。

三、递增的机会成本与社会无差异曲线

与递增的机会成本相联系的一个范畴是**社会无差异曲线**或**同一的无差异曲线**（community indifference curve），这也是我们对国际分工与贸易进行均衡分析的一个重要工具。社会无差异曲线也被称为**国家无差异曲线**（country indifference curve）。社会无差异曲线反映了能使社会或国家获得同等满足程度的两种商品的不同数量组合。社会无差异曲线是由用来分析单个消费者消费决策行为的**消费者无差异曲线**（consumer indifference curve）演化而来。消费者无差异曲线也称为消费无差异曲线。

消费无差异曲线最早是由埃奇沃思（F.Y.Edgeworth）提出来的，其后由保罗·萨缪尔森用数学方法将个人消费无差异曲线推演到社会无差异曲线，遂使该曲线成为西方经济学中分析社会福利水平的重要工具。

消费无差异曲线的理论基础是边际效用学派的主观价值。**效用**（utility）系指物品满足人们消费欲望的能力，而欲望则是指在一定购买力条件下，人们为了满足某种需求的心理愿望。随着人们消费物品数量的增加，物品对人们的满足效用逐渐减小，这被称为**边际效用递减规律**（diminishing marginal utility law）。在物品的效用可以相互替代的情况下，进行消费无差异分析就可以判定人们的福利水平，如图 3-3 所示。

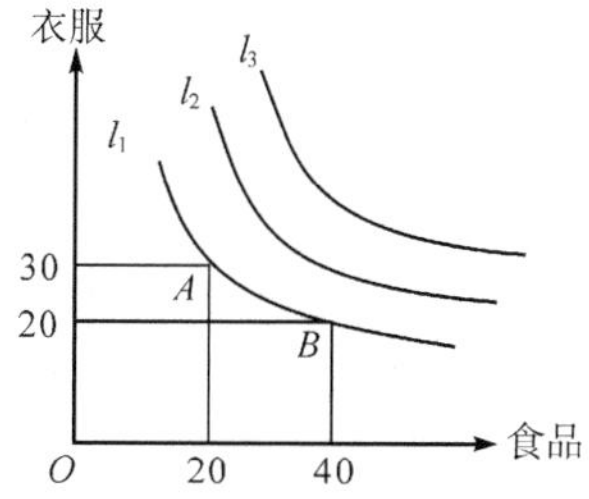

图 3-3　消费无差异曲线

假定有衣服和食物两种物品，而且效用具有替代性。对于具有一定收入的消费者来说，他可以选择在 *A* 点消费，即消费 30 单位衣服和 20 单位食品，也可以选择在 *B* 点消费，即消费 20 单位衣服和 40 单位食品。对于某一消费者来讲，选择在 *A* 点消费和 *B* 点消费能够得到同等的满足程度，即总效用不变。连接能够使消费者得到同样满足程度的两种商品不同组合的轨迹，就是消费无差异曲线。在该曲线上的任何一点，均表示在一定收入条件下所能达到最大程度的消费满足。在曲线下方的点，表示消费水平下降或存在消费浪费现象。如果消费者收入增加，则消费无差异曲线向外扩张，离原点越远，代表的总效用越大。因为消费品的机会成本是递减的，所以消费无差异曲线是凸向原点的。

无差异曲线上某一点斜率的绝对值称为**边际替代率**（marginal rate of substitution，MRS）。消费中某种商品（X）对另一种商品（Y）的边际替代率是指在维持消费者满足程度及效用不变的前提下，消费者为多消费 1 单位这种商品（X）而必须减少或放弃的另一种商品（Y）的数量。

社会无差异曲线的特征和性质与个人需求无差异曲线的特征和性质十分相似：较高的社会无差异曲线反映了较高的消费满足程度，较低的社会无差异曲线反映了较低的消费满足程度；各曲线互不相交；曲线凸向原点，斜率为负，表明边际替代率递减。

边际替代率递减反映了这样一个事实：一国消费某种商品（X）的数量越多，则其消费另一种商品（Y）的数量就越少。就该国而言，后一种商品（Y）的效用会逐渐增大。显然，该国每多消费 1 单位某种商品（X），必须放弃的另一种商品（Y）的数量会越来越少。

另外，一国内部的一种特定的收入分配对应着一组特定的无差异曲线，一种不同的收入分配会导致一组全新的无差异曲线。

四、国际均衡价格的形成

这里我们运用前面的知识首先分析没有国际贸易条件下的国内均衡，然后分析开放经济条件下的贸易均衡，从而搞清楚贸易基础与贸易所得，以及均衡价格是怎样形成的。

（一）封闭状态下的国内均衡

为了研究一个国家在封闭状态下，即不发生对外贸易的条件下，其供给与需求力量相互作用如何确定均衡点，也就是社会福利最大化的问题，如图 3-4 所示，我们将一国的生产可能性曲线与反映其需求偏好的社会无差异曲线放在一个坐标系中。封闭状态下的均衡简称为孤立均衡。

在不发生对外贸易的条件下，如果一个国家达到了其生产可能性曲线所允许的最高的社会无差异曲线时，该国就达到了均衡状态，均衡点就是这两条曲线相切的切点。通过该切点的公切线斜率绝对值就表明了其国内均衡相对价格，同时也是该国比较优势的反映。

如图 3-4 所示，在封闭状态下，甲国达到其生产可能性曲线所允许的最高的社会无差异曲线为 I_a，其切点 A 既是生产组合点也是消费组合点，二者合二为一，反映了一种**自给自足**（autarky）的状态。而且甲国在切点 A 上达到了均衡状态，实现了社会福利最大化，表明资源得到最有效利用与社会消费得到最大限度的满足。通过切点 A 的公切线 T_a 斜率绝对值就表明了其国内 X 产品的均衡相对价格，同时也是甲国比较优势的反映。同样，乙国在 B 点达到均衡状态。

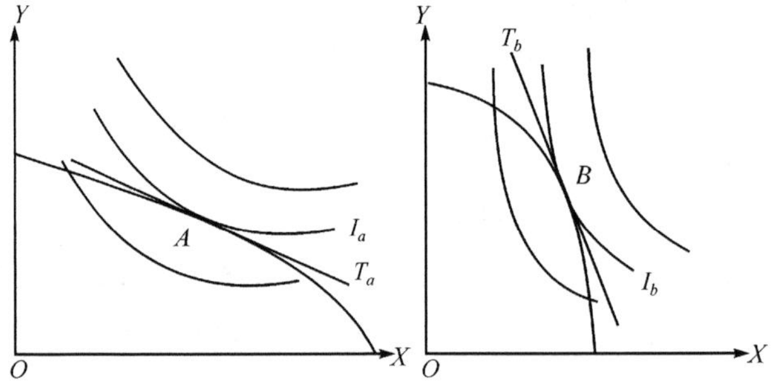

图 3-4 封闭状态下的国内均衡

通过对比，由于 $|T_a| = (P_X/P_Y)_{甲} < |T_b| = (P_X/P_Y)_{乙}$，所以，在 X 产品的生产上，甲国具有比较优势，乙国具有比较劣势；而在 Y 产品的生产上，恰恰相反。

（二）固定机会成本条件下的贸易基础与贸易所得

在没有国际贸易的情况下，一个国家生产什么就消费什么，生产多少也就消费多少，是一种自给自足的状态。因此，其生产可能性曲线也就是其消费可能性曲线。

如图 3-5 所示，假定有两个国家（甲国、乙国）各自生产两种产品（X、Y）。在封闭状态下，甲国生产与消费组合用 A_1 点坐标表示，乙国生产与消费组合用 A_2 点坐标表示。根据两个国家生产可能性曲线的形状，甲国具有生产 X 产品的比较优势，乙国具有生产 Y 产品的比较优势，也就是说两个国家存在着分工与贸易的基础。

如果有开展国际贸易的可能，那么甲国会集中其所有的资源专门生产自己具有比较优势的 X 产品，生产组合用 C_1 点坐标表示；同样的道理，乙国也会集中其所有的资源专门生产自己具有比较优势的 Y 产品，生产组合用 B_2 点坐标表示。

图 3-5 中，灰色区域的直角三角形 $E_1D_1C_1$ 和 $B_2D_2E_2$ 分别称为甲国和乙国的贸易三角形。贸易三角形的经济学含义是：其斜边表示贸易条件或均衡相对价格，两个直角边分别表示出口量和进口量。以甲国的贸易三角形为例，其斜边 E_1C_1（其斜率的绝对值）表示贸易条件（即国际市场均衡相对价格 T_w），直角边 D_1C_1 和 E_1D_1 分别表示以 T_w 进行贸易时的出口量和进口量，E_1 是其贸易均衡点。在“2×2”模型中，当贸易达到均衡时，两国的贸易三角形全等，一国的出口量等于另一国的进口量，且有相同的贸易条件。因此，两个国家按照国际市场价格（由 T_w 表示）进行交换，甲、乙两国最终的消费组合分别为 E_1 和 E_2。只要我们把各国贸易前后的消费组合相互比较就可以发现：两国均获得了贸易利益，即都可以消费到更多的两种产品。

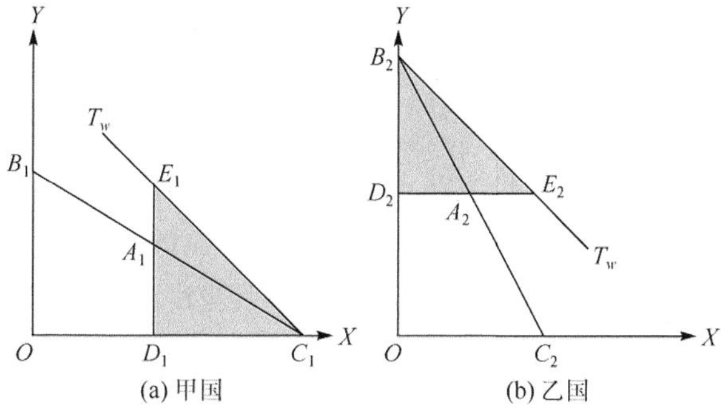

图 3-5　固定机会成本条件下的贸易基础与贸易所得

在资源与技术均未发生变化的情况下，两国能够消费更多的产品，其原因在于两个国家按照比较优势理论专门生产各自具有比较优势的产品，从而在世界范围内实现了资源的最优配置，提高了整个社会的福利水平。

（三）机会成本递增条件下的贸易基础与贸易所得

由前面固定机会成本条件下的贸易基础与贸易所得的分析，即通过封闭状态下两个国家“国情”的分析可知，若两国同一种产品相对价格存在差异时，二者就具有了进行互惠互利的贸易基础。在固定机会成本的假设下，当一个国家专门生产本国具有比较优势的产品时，随着产品数量的增加其机会成本保持不变。下面我们必须讨论与现实相吻合的机会成本递增条件下的贸易基础与贸易所得。这实际上是对李嘉图比较优势理论假定的放宽。

如图 3-6 所示，在封闭状态下，A_1、A_2 分别为甲、乙两国的均衡点，甲国 X 产品的均衡相对价格为 P_{A_1}，乙国 X 产品的相对价格为 P_{A_2}，假定 $P_{A_1} < P_{A_2}$，则两国存在着贸易基础。甲国在 X 产品的生产上具有比较优势，乙国在 Y 产品的生产上具有比较优势。如果两个国家开展国际贸易，甲国就应该多多地生产 X 产品，并出口一部分 X 产品以换回自己所需要的 Y 产品，乙国恰恰相反。

在开放状态下，两个国家要加大具有比较优势产品的生产力度，必须把自己有限的资源加以重新配置。这一过程表现在图形上就是引起了生产组合点的移动。甲国从孤立

均衡点 A_1 开始，随着分工生产 X 产品的深入，X 产品的数量在增加，表现为生产组合点沿着生产可能性曲线向右下方移动。在 X 产品产量增加的同时，生产 X 产品的机会成本也在递增，表现为生产可能性曲线点斜率的绝对值在递增。而乙国在分工生产 Y 产品的同时，也经历了生产 Y 产品机会成本递增的过程。这体现为其生产组合点由 A_2 开始沿着生产可能性曲线向左上方移动，同时其生产可能性曲线点斜率的绝对值在递减。

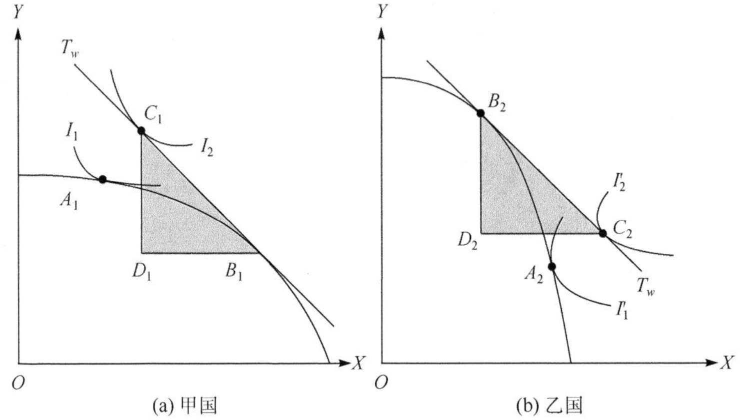

图 3-6　机会成本递增条件下的贸易基础与贸易所得

由此可见，生产分工的过程是一个资源重新配置的动态过程，该过程一直会持续到 X 产品相对价格在两国持平时才能停下来。这种共同的相对价格实际上就是国际市场上 X 产品的均衡相对价格。假定甲国最终的生产点为 B_1，乙国最终的生产点为 B_2，则 B_1、B_2 这两点的生产可能性曲线的斜率是相等的。两个国家相互贸易都得到了各自的贸易所得，表现为各国最终的消费组合点都超越了其生产可能性曲线的限制。

五、提供曲线与国际均衡贸易条件

前面我们分析了国际均衡价格的形成，这里笔者将接着运用提供曲线这一概念阐述国际均衡价格或贸易条件的变化规律。

提供曲线（offer curves）又称为**相互需求曲线**（reciprocal demand curves），它首先由约翰·穆勒用文字表达出来，其后由 20 世纪初英国经济学家阿尔弗雷德·马歇尔（Alfred Marshll，1842—1924）和埃奇沃思（1845—1926）共同将它转化为图形形式。

提供曲线表示在所有可能的相对价格水平下，一国愿意从国际市场上买卖进口商品与出口产品数量组合所构成的轨迹。它表明了一国在各种可能的贸易条件下从事贸易的愿望。提供曲线实际上是需求曲线（对进口的需求）与供给曲线（对出口的供给）的结合体，它是从世界市场的供给和需求两个方面来考察国际均衡价格的决定和变动，有助于描述消费者和生产者的各种反应及其行为活动所产生的最终结果。

（一）提供曲线的推导

提供曲线包含了进口需求与出口供给两个方面的因素。一个国家的提供曲线可以比较容易地从其生产可能性曲线、无差异曲线和可能发生贸易的假设的相对商品价格中推导出来。虽然这种推导不是严格的，但它对我们理解提供曲线的经济含义却是很有帮助的。

在“2×2”模型中，假定甲国与乙国均能生产X、Y产品，且甲国在X产品的生产上具有比较优势，而乙国在Y产品的生产上具有比较优势。下面我们仅仅以甲国为例来简单推导其提供曲线。

图 3-7（a）表示甲国的生产可能性曲线。甲国最初处于自给自足的封闭状态下，其孤立均衡点为 A，国内相对价格水平为 P_a（为了使图 3-7 更简洁，未在图中标出）。如果贸易在价格水平 P_f 上发生，甲国的生产点将会移到 F，用 GF 数量的 X 产品与乙国交换 HG 数量的 Y 产品，最终消费组合达到无差异曲线 I_h 上的 H 点。这样就得到了图 3-7（b）中的 H 点；如果贸易在价格水平 P_b 上发生，甲国的生产点将会移到 B，用 CB 数量的 X 产品与乙国交换 EC 数量的 Y 产品，最终消费组合达到无差异曲线 I_e 上的 E 点。这样就得到了图 3-7（b）中的 E 点，同样还可以得到其他可能的价格水平上的若干点。这样一来，也可以得到乙国的提供曲线 OA。

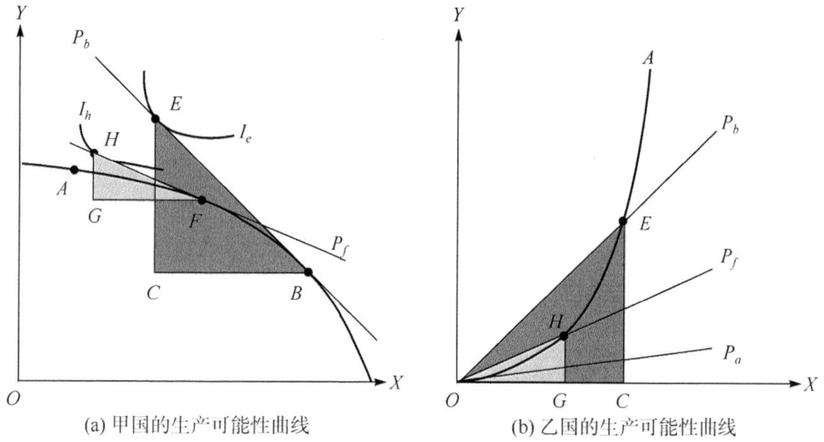

图 3-7　提供曲线的推导

甲国的提供曲线 OA 位于自给自足的价格线 P_a 之上，并凸向横轴，这表明横轴所代表的产品是其具有比较优势的产品，应该出口。

（二）国际均衡贸易条件

当我们把两个国家的提供曲线放在同一坐标系中，就可以说明国际贸易均衡的形成条件以及**均衡贸易条件**（equilibrium terms of trade）的决定要素。如图 3-8 所示，OA 代表甲国的提供曲线，OB 代表乙国的提供曲线。

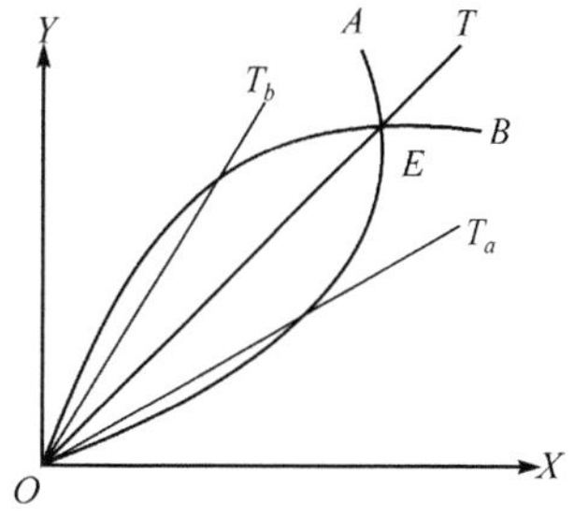

图 3-8　提供曲线与国际均衡贸易条件

连接原点与提供曲线上每一点的射线的斜率的绝对值表示一个贸易条件，它等于曲线上任意一点到 X 轴的距离与到 Y 轴的距离之比，也就是 Y 产品与 X 产品的交换比例。从原点向 A 点延伸，表示随着专业化的发展，甲国生产 X 产品的机会成本不断增加或相对价格 T_a 不断上升；同样，从原点向 B 点延伸，表示随着 Y 产品专业化的进行，乙国生产 X 产品的机会成本或相对价格 T_b 不断下降（Y 产品的机会成本不断上升）。当甲乙两国X产品的相对价格相等时，专业化就会停止，这时 $T_a = T_b = T$，T 就是国际均衡相对价格条件，也称为国际均衡贸易条件。从图 3-8 来看，两国提供曲线的交点 E 就确定了两国开展贸易时的国际均衡贸易条件。只有在国际均衡贸易条件下，国际贸易才能达到平衡，这时，甲国对 X 产品的出口数量恰恰等于乙国对 X 产品的进口数量，甲国对 Y 产品的进口数量也恰恰等于乙国对 Y 产品的出口数量，即双方的贸易意愿相同。

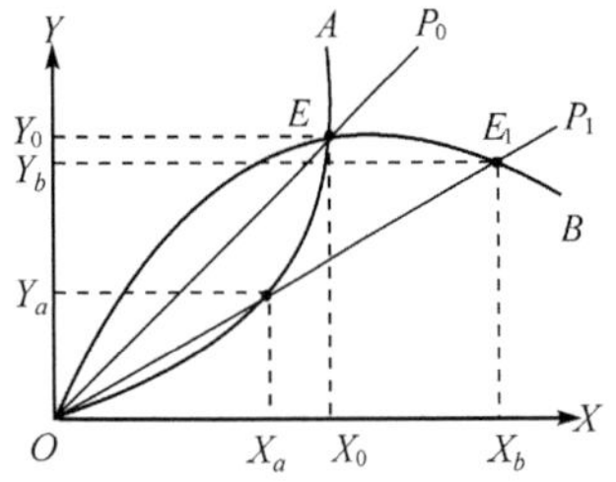

图 3-9 贸易条件的变化

在均衡价格以外的任一价格水平上，两国对两种商品的进口与出口意愿均不会相等，这就会给相对价格一个向均衡相对价格水平移动的压力。在图 3-9 中，甲乙两国提供曲线分别为 OA 与 OB，P_0 为 X 商品的国际均衡相对价格。在此均衡相对价格水平 P_0 上，两国贸易意愿相同。如果世界市场上 X 商品的相对价格为 P_1 取代了 P_0，比 X 商品的国际均衡相对价格低，则甲国对 X 产品的出口数量 X_a 就会小于乙国对 X 产品的进口数量 X_b，乙国对 Y 产品的出口数量 Y_b 大于甲国对 Y 产品的进口数量 Y_a，故存在着对 X 产品的过剩需求与对 Y 产品的过剩供给。因此，这就会使得相对价格向均衡相对价格水平移动。可见，只有在能够使双方贸易意愿相同的价格水平上，才是一种稳定均衡或市场出清状态。

（三）提供曲线的移动

在前面讨论相对价格的决定时，我们假定各国的提供曲线都是给定的，即所看到的提供曲线仅仅反映一国在某个特定的时间点上的贸易状况。其实，一个国家的提供曲线并不是固定的，它会随着时间的变动而变动。

如果其中一国（假定甲国）由于某种原因，如对进口商品消费偏好的改变，导致进口需求增加的收入水平的提高，引起本国出口行业劳动生产效率提高或国家对进口商品税率的变动等，那么都会引起需求或供给发生变化，使其提供曲线发生移动。当提供曲线移动时，均衡的贸易条件和贸易水平也会发生变化，这些变化反映了市场基本的变化。其结果必然是，一国的贸易条件得到改善，即出口同样数量的产品能换回较多的进口品；而另一国的贸易条件恶化，即出口同样数量的产品只能换回较少的进口品，如图 3-10 所示。

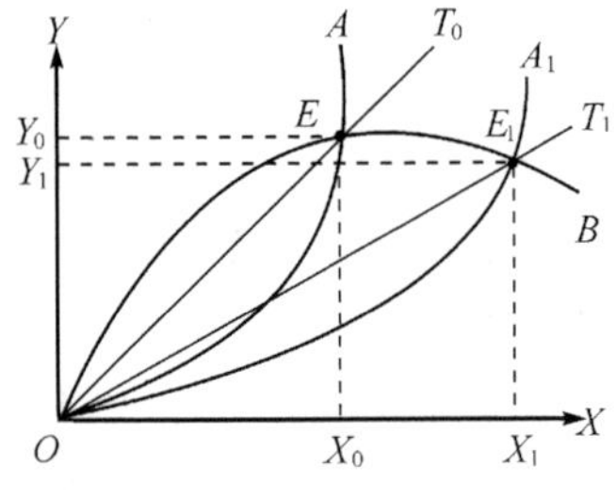

图 3-10 提供曲线的移动

在均衡贸易条件 T_0 下，均衡点为 E，甲国出口 X_0 数量的 X 产品换回 Y_0 数量的 Y 产品。现在由于某种原因导致甲国贸易条件恶化，提供曲线 OA 偏移到

OA_1，新的均衡贸易条件为 T_1，均衡点为 E_1，即甲国出口 X_1 数量的 X 产品只能换回 Y_1 数量的进口品 Y，出口数量增加了（$X_1 > X_0$）而换回的进口品却减少了（$Y_1 < Y_0$），表明其贸易条件恶化了；对乙国来说，情况正好相反。由于某种原因导致甲国贸易条件得到改善，其分析方法相同。另外，从甲国的角度来看，相对于提供曲线 OA 而言，新的提供曲线 OA_1 也表明了这样一个事实：在所有可能的贸易条件下，甲国对从事贸易有更强烈的愿望。因此，这种移动类似于普通的需求-供给图形中“需求增加”的变动。在提供曲线的分析中，从事贸易愿望的增加就意味着，在每一种可能的贸易条件下，该国都愿意提供更多的出口和需求更多的进口。如果提供曲线向相反方向发生移动，则反映出了该国从事贸易的愿望降低。

第二节　比较优势理论的扩展与验证

一、货币化的比较优势

李嘉图比较优势理论的用途不仅仅局限于用来分析两种商品易货贸易的经济。如果我们把工资水平和汇率加入这一模型，就可以把该理论予以简单扩展。实际上，我们对李嘉图比较优势理论的扩展可以分为两步。

（一）完成模型的货币化

具体来说，只需赋予每一国家一个工资水平，则用每单位商品的劳动投入量乘以相应的工资水平，即可得到每一商品的国内价格，从而将古典模型中单位商品的劳动投入量改为单位商品货币投入量。

可以看出，衡量相对价格的基础仍然是商品中所包含的相对劳动投入量，故分工与贸易的基础可以用单位商品货币投入量来衡量。但是，现在每个国家的商品价格还是用其本币来表示的，使得两国之间在判定比较优势的时候因无可比性而没法进行。因此，在尚未建立两种货币之间的联系之前，还不能使用这些货币价格。

（二）实现价格同一货币化

在这一过程中，汇率起着非常重要的作用。一旦汇率被固定下来，那么一国所有商品的价格都可以用同一种货币来表示。通过这些价格的比较，各国可以决定到底是从国外购买商品还是把商品卖到外国。

在货币化的李嘉图模型中，比较优势的概念就变得简单起来。在工资水平与汇率给定的情况下，一国可生产并出口其相对便宜的产品。下面我们把这种思想用简单的数学语言加以说明。

在“2 × 2”模型中，假定甲国和乙国均可生产 X 与 Y 两种产品。设甲乙两国生产单位 X 产品的劳动投入量分别为 α_{AX} 与 α_{BX}，且 $\alpha_{AX} < \alpha_{BX}$；而生产单位 Y 产品的劳动投入量分别为 α_{AY} 与 α_{BY}，且 $\alpha_{AY} > \alpha_{BY}$；甲乙两国用各自本币表示的工资水平分别为 W_A 与 W_B；E 表示（乙国货币/甲国货币）的汇率。那么，甲乙两国用同一种货币（乙国货币）所表示的 X 产品的成本分别为（$\alpha_{AX}W_A$）E 与 $\alpha_{BX}W_B$。

当（$\alpha_{AX}W_A$）$E < \alpha_{BX}W_B$ 时，就表明甲国在 X 产品的生产上具有比较优势。因此，甲国出口 X 产品所需要的成本条件即**出口条件**（export condition）可用公式表示为

$$(\alpha_{AX}W_A)E < \alpha_{BX}W_B \quad 或 \quad \alpha_{AX}/\alpha_{BX} < W_B/(W_AE) \tag{3-1}$$

同理，当（$\alpha_{AY}W_A$）$E > \alpha_{BY}W_B$ 时，就表明乙国在 Y 产品的生产上具有比较优势。因此，乙国出口 Y 产品所需要的出口条件也可用公式表示为

$$(\alpha_{AY}W_A)E > \alpha_{BY}W_B \quad 或 \quad \alpha_{AY}/\alpha_{BY} > W_B/(W_AE) \tag{3-2}$$

在以货币为交换媒介的世界里，出口条件说明了一个国家的出口能力不但取决于其相对生产成本（或相对劳动生产率），而且取决于其相对工资水平与汇率水平。

从甲国的角度来看，在其他因素不变的前提下，当汇率值 E 提高时，表明甲国货币升值，这会使得甲国 X 产品在乙国变得昂贵起来，就会降低其成本竞争力；反之，当汇率值 E 下降时，却会提升其成本竞争力。同样，在其他因素不变的前提下，当本国工资水平 W_A 提高或外国工资水平降低时，会降低其成本竞争力；反之，当本国工资水平 W_A 降低或外国工资水平提高时，却会提升其成本竞争力。同理，也可从乙国的角度加以讨论。

其实，两国要进行相互的贸易，其汇率与工资只能在一定的范围内变动，即存在着**汇率的上下限**（exchange rate limits）与**工资的上下限**（wage rate limits）；否则，两国就会停止相互贸易。由式（3-1）可知，当汇率值 E 提高到使得（$\alpha_{AX}W_A$）$E = \alpha_{BX}W_B$ 时，甲国就不能再出口 X 产品了；再由式（3-2）来看，当汇率值 E 降低到使得（$\alpha_{AY}W_A$）× $E = \alpha_{BY}W_B$ 时，甲国也就不能再进口 Y 产品了。因此，汇率的上下限为

$$(W_B/W_A)\times(\alpha_{BY}/\alpha_{AY}) \leqslant E \leqslant (W_B/W_A)\times(\alpha_{BX}/\alpha_{AX}) \tag{3-3}$$

同理，可得出相对工资的上下限

$$E\times(\alpha_{AX}/\alpha_{BX}) \leqslant (W_B/W_A) \leqslant E\times(\alpha_{AY}/\alpha_{BY}) \tag{3-4}$$

二、考虑运输成本的比较优势

不考虑运输成本是比较优势理论的假设之一。在现实的国际贸易当中，运输成本一般都非常高，这会影响到一国的贸易基础和贸易格局。为了分析运输成本的影响，我们假定运输成本由进口商支付，而且运输成本以其劳动投入量来计算。当运输的劳动成本被加到一国生产劳动投入之中时，就会增加该国单位产出所需要的相对劳动投入量。

在“2 × 2”模型中，假定甲国和乙国均可生产 X 与 Y 两种产品。设甲乙两国生产单位 X 产品的劳动投入量分别为 α_{AX} 与 α_{BX}，且 $\alpha_{AX} < \alpha_{BX}$；而生产单位 Y 产品的劳动投入量分别为 α_{AY} 与 α_{BY}，且 $\alpha_{AY} > \alpha_{BY}$；甲乙两国用各自本币表示的工资水平分别为 W_A 与 W_B；E 表示乙国货币/甲国货币的汇率；t_X 表示用劳动投入量计算的每一单位 X 商品的运输成本。

我们仅以甲国所生产的 X 产品为研究对象，探讨运输成本会对其贸易基础和贸易格局带

来什么样的影响。在不考虑运输成本的情况下，甲国所生产的X产品的出口条件为$\alpha_{AX}/\alpha_{BX}<W_B/(W_AE)$，那么在考虑运输成本的前提下，甲国X产品的出口条件就变成

$$(\alpha_{AX}+t_X)/\alpha_{BX}<W_B/(W_AE) \tag{3-5}$$

如果$(\alpha_{AX}+t_X)/\alpha_{BX}>W_B/(W_AE)$，这说明由于运输成本的影响，X产品在乙国生产比它从甲国进口更便宜，即甲国X产品的比较优势被其运输成本所抵消，这时甲国就不能再出口X产品了。对于甲国而言，运输成本使得X产品由原先的**贸易品**（tradeable goods）就变成了**非贸易品**（nontraded goods）。

由此可见，运输成本能够影响贸易产品的价格，因此可以影响一国的贸易基础与贸易格局。如果一个国家想把那些具有高运输成本的商品销售到其他国家去，那么这些商品必须具有比较大的生产成本优势才能行得通。

三、多国两种产品（$N\times 2$）模型

在大卫·李嘉图的比较优势理论中，研究国际贸易问题时采用的是“2 × 2”模型，而且仅仅讨论的是两个国家两种产品的情况。在现实的国际经济生活中，世界上几乎所有的国家都在参与国际分工与贸易，而且各国之间在许多的产品上进行着贸易。下面我们首先介绍多国两种产品贸易模型，随后再介绍两国多种产品贸易模型。

假定世界由N个国家构成，这些国家都在生产两种产品（X和Y），那么X产品应该由哪些国家生产并出口，Y产品又应该由哪些国家生产并出口呢？为了回答这个问题，我们必须确定谁具有比较优势。

设$(\alpha_X/\alpha_Y)_i$表示各国生产X产品的相对成本，其中i代表国别（$i=1, 2, \cdots, N$），我们可以把各国生产X产品的相对成本由小到大进行排序

$$(\alpha_X/\alpha_Y)_1<(\alpha_X/\alpha_Y)_2<\cdots<(\alpha_X/\alpha_Y)_N \tag{3-6}$$

由公式3-6可知，1国生产X产品的相对成本最低，N国生产X产品的相对成本最高，说明1国具有生产X产品的比较优势；相反，1国生产Y产品的相对成本最高，而N国生产Y产品的相对成本最低，说明N国具有生产Y产品的比较优势。从前面的分析中，我们仅仅确定了两个国家的分工与贸易模式，即1国应生产并出口X产品、进口Y产品，N国应生产并出口Y产品、进口X产品。

现在的问题是其他（$N-2$）个国家应该怎样做？要确定其他国家的分工与贸易模式，必须引进一个新的变量，这就是国际市场上X产品的相对价格（P_X/P_Y）。也就是说，在$N\times 2$模型中，各国分工与贸易模式不但取决于X的相对成本，而且取决于国际市场上X产品的相对价格。在特定的时间点t，国际市场上X产品的相对价格是一定的，只要一个国家生产X产品的相对生产成本低于国际市场上X产品的相对价格，那么该国就可以生产和出口X产品并进口Y产品；反之，则生产和出口Y产品。也就是说，若$(\alpha_X/\alpha_Y)_i<(P_X/P_Y)$，则$i$国就具有生产X产品的比较优势。

国际市场上X产品的相对价格（P_X/P_Y）取决于整个世界对这两种产品的供给与需求。如果1国生产X产品的能力很强，而N国生产Y产品的能力很弱，则世界市场上X产品的相对供给就越大。在X产品相对需求给定时，其相对供给越大，X产品就越

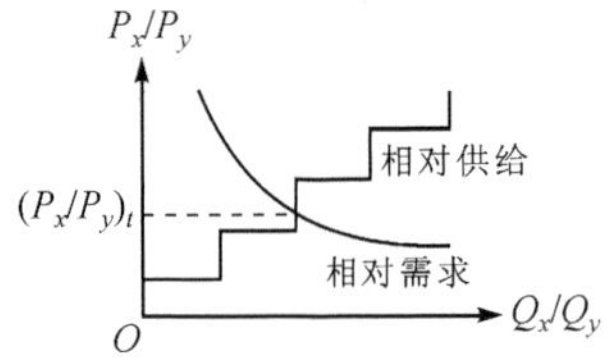

图 3-11 国际市场上 X 产品的相对价格（P_X/P_Y）的决定要素

有可能在比较低的相对价格水平上达到均衡状态，这时，希望而且能够生产 X 产品的国家就越少；若 1 国生产 X 产品的能力很弱，而 N 国生产 Y 产品的能力很强，则国际市场上 X 产品的相对供给就越小。在 X 产品相对需求给定时，其相对供给越小，X 产品就越有可能在比较高的相对价格水平上达到均衡状态，这时希望而且能够生产 X 产品的国家就越多，如图 3-11 所示。

下面我们用一个简单的例子对多国两种产品模型加以说明。假定世界由五个国家（A、B、C、D、E）构成，这五个国家都能生产两种产品（X、Y）。各国生产单位产品的劳动投入与相对生产成本，如表 3-1 所示。

表 3-1 各国生产产品的劳动生产成本与相对生产成本

国别	α_X	α_Y	α_X/α_Y
A	10	10	1.0
B	9	6	1.5
C	8	4	2.0
D	5	2	2.5
E	3	1	3.0

根据生产 X 产品相对成本由小到大的排序，我们只能确定 A、E 两个国家的分工与贸易模式：A 国应该生产并出口 X 产品，进口 Y 产品；E 国恰恰相反。而其他三个国家的分工与贸易模式则要取决于国际市场上 X 产品的相对价格。根据前面的分析，X 产品的相对价格最终取决于世界市场上 X 产品的相对供给与相对需求。在此处，如果 X 产品的相对价格（P_X/P_Y）= 2.3，则 A、B 与 C 三个国家可以生产并出口 X 产品，其他国家则生产并出口 Y 产品；当 X 产品相对价格（P_X/P_Y）= 2.8 时，除了 E 国外其他四个国家都可以生产并出口 X 产品了。

四、两国多种产品（$2 \times M$）模型

假定有甲和乙两个国家，均能生产并需要消费多种（M 种）产品，那么怎样才能确定两个国家的分工与贸易模式呢？

我们仍然假定劳动是唯一的要素投入，用（α_A/α_B）$_i$ 来表示甲国生产第 i 种单位产品的相对成本（i = 1，2，…，M）。为了确定两个国家到底在哪一些产品的生产上具有比较优势，将其生产 M 种单位产品的相对成本从小到大进行排序

$$(\alpha_{A1}/\alpha_{B1}) < (\alpha_{A2}/\alpha_{B2}) < \cdots < (\alpha_{AM}/\alpha_{BM}) \qquad (3\text{-}7)$$

从公式 3-7 可以看出，甲国在产品 1 的生产上相对成本最低，在产品 M 的生产上相对成本最高。因此，甲国在产品 1 的生产上具有比较优势，在产品 M 的生产上具有比较劣势；那么，甲国应该分工生产并出口产品 1，进口产品 M，而乙国恰恰相反。但

是，其余的（$M-2$）种产品到底应该由谁生产并出口呢？要解决这个问题，需要引进一个新的变量，这就是两个国家的相对工资水平。

设甲乙两个国家的工资水平（工资率）分别为 W_A 和 W_B，为了探讨问题方便，假定我们通过汇率已经将两国工资率换算成同种货币所表示的工资率，则甲乙两国生产第 i 种产品的单位成本分别为 $\alpha_{Ai}W_A$ 和 $\alpha_{Bi}W_B$。

若 $\alpha_{Ai}W_A < \alpha_{Bi}W_B$ 或 $\alpha_{Ai}/\alpha_{Bi} < W_B/W_A$，则说明甲国具有生产第 i 种产品的比较优势。当各种产品的单位成本保持不变时，随着甲国相对工资率（W_A/W_B）的提高，会使得甲国在越来越多的产品上失去比较优势。

下面我们用简单的例子加以说明：假设两国都能生产五种产品（1、2、3、4、5），两国生产五种产品的单位成本与相对单位成本，如表 3-2 所示。

表 3-2　甲乙两国生产五种产品的单位成本与相对单位成本

产品	α_{Ai}	α_{Bi}	α_{Ai}/α_{Bi}
1	10	4	2.5
2	18	6	3
3	20	2	10
4	30	2	15
5	60	3	20

如果乙国的相对工资率 $W_B/W_A=6$，由于甲国在产品 1 与产品 2 上的相对成本均小于 6，则甲国具有生产产品 1 与产品 2 的比较优势，乙国具有生产其余产品的比较优势。这时，甲国就可以出口产品 1 与产品 2，乙国可以出口其他产品。同理，若乙国的相对工资率 $W_B/W_A=11$，则甲国具有生产产品 1、产品 2 与产品 3 的比较优势，乙国具有生产其余产品的比较优势。这时，甲国就可以出口产品 1、产品 2 与产品 3，乙国可以出口其余产品。若乙国的相对工资率 $W_B/W_A=16$，则甲国可以出口除产品 5 以外的所有产品，乙国可以出口的产品仅剩下产品 5 了。

由于在现实的经济生活中，一个国家生产某种产品的相对成本和其相对工资率都在不断变化，如果该国这种产品相对成本的降低速度或劳动生产率的提高速度低于其相对工资率的提高速度，那么该国在这种产品的生产上就会逐渐失去比较优势。

五、比较优势理论的验证

李嘉图比较优势理论主要研究了贸易的基础、模式和结果，然而，该理论是否正确反映了现实世界中国际贸易的模式？这也是经济学家们所关心的问题，特别是他们已经对相对劳动生产率、相对工资与出口结构之间的关系进行了实证分析。

1951—1952年，麦克杜格尔（G.D.A.MacDougall）对李嘉图的贸易模型进行了第一次经验检验，使用了 1937 年英国、美国 25 个产业的生产率和出口数据。

由于美国工资率是英国的两倍，麦克杜格尔认为，劳动生产效率在美国一些产业中如果能达到英国的两倍以上，即美国这些产业的生产成本将低于英国，相对于英国将具有比较优势，在世界市场上，美国将以比英国更低廉的价格出售这些产业的商品；反之，英国将具有比较优势，这些产业商品的销售价格也将低于美国的价格。

图 3-12 体现了检验结果。纵坐标表示美国与英国在 20 多个产业上的相对劳动生产率（$\alpha_{美}/\alpha_{英}$），横轴表示美国与英国在各产业上的相对出口量（$EX_{美}/EX_{英}$）。需要注意的是，规模是对数的（所以，同等距离代表同样的百分比变化）而不是算术的（测度的是绝对值的变化）。

图 3-12 中的点清楚地表明了劳动生产率和出口间的正相关关系。也就是说，美国劳动生产率比英国高的产业伴随着更高的出口比率。在麦克杜格尔研究的 25 个产业中有 20 个产业与此相吻合。以后，巴拉萨（B.Balassa）在 1963 年用 1950 年的数据，斯特恩（Stern）在 1962 年用 1950 年和 1959 年的数据进一步证实了这种劳动生产率和出口间的正相关关系。

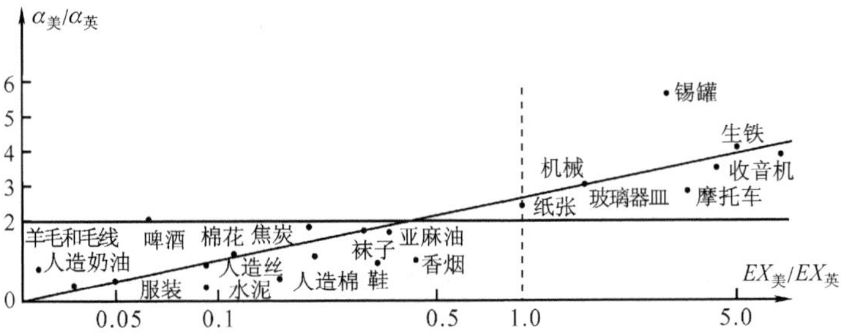

图 3-12 比较优势理论的验证①

这些经验研究结果完全支持李嘉图的比较优势理论，即实际的贸易模式大致基于两国间不同产业的相对劳动生产率的不同。劳动力成本外的其他因素，如生产成本、需求因素、政治关系和国际贸易的种种障碍并不能破坏相对劳动生产率与出口比例的这种联系。

总而言之，尽管比较优势理论并没有对世界贸易的起因和结果做完全适当的描述，但是，该理论所阐述的生产率差异，更重要的是比较优势而非绝对优势在国际贸易中扮演着重要角色，这似乎确实得到了事实根据的支持。

第三节 要素禀赋理论：H-O 定理

一、H-O 定理的提出及其理论假设

在比较优势理论中，李嘉图认为两国生产两种产品的生产技术不同，从而引起相对劳动生产率与相对劳动成本的差异，便产生了各国的比较优势；以哈伯勒为代表的一般均衡论者认为，用相对劳动成本的差异解释国际贸易形成的原因过于简单化，因为在现实世界中，各国间相对劳动生产率的不同或相对劳动成本的差异只能部分地解释贸易产

① 萨尔瓦托. 国际经济学[M]. 朱宝宪，吴洪，等译. 北京：清华大学出版社，1998：34-35.

生的基础和原因。在此情况下，必须同时考虑其他要素的作用，进而提出了各国机会成本的差异是决定比较优势的基础的观点。这个观点对于李嘉图理论来说无疑是一个发展，有助于全面分析国际贸易，但仍未揭示问题的本质，即导致各国存在机会成本差异的原因是什么？

鉴于此，瑞典经济学家赫克歇尔和俄林在假定各国生产技术相同的前提下，对要素禀赋差异在国际贸易中所起的重要作用进行了分析和研究，用资源禀赋的差异来解释机会成本的差异，认为各国要素禀赋的差异是决定比较优势的最基本因素，从而提出了著名的 H-O 定理（或 H-O 理论）。

H-O 定理又称为**要素禀赋理论**（factor endowment theory）或**要素比例理论**（factor proportions theory），它是用生产要素的丰裕程度来解释国际贸易产生的原因与贸易格局的理论，其代表人物是瑞典经济学家赫克歇尔和俄林。赫克歇尔在其于 1919 年发表的《对外贸易对国民收入的影响》一文中，提出了要素禀赋理论的基本论点，但当时没有引起太大反响。他的学生俄林继承师志，于 1933 年出版了《区间贸易与国际贸易》一书，创立了要素禀赋理论。

名人简介 3-1

伊·菲·赫克歇尔（Eli F. Heckscher，1879—1959）

1879 年，生于瑞典斯德哥尔摩的一个犹太家庭。

1897 年，入乌普萨拉大学学习历史，后又转学经济；1907 年，获得博士学位，毕业后，在其母校商学院任临时讲师；1909—1929 年，任经济学和统计学教授。

对经济学的贡献：主要是在经济理论上的创新和在经济史研究中引入了定量研究方法。

最著名的两篇文章：《外贸对收入分配的影响》（1919 年），是 H-O 理论的起源；《间歇性免费商品》（1924 年），提出不完全竞争理论，比琼·罗宾逊和张伯伦等的理论早了 9 年。

主要著作：《大陆系统：一个经济学的解释》《重商主义》《古斯塔夫王朝以来的瑞典经济史》《历史的唯物主义解释及其他解释》《经济史研究》等。

要素禀赋理论有广义和狭义之分。狭义要素禀赋理论认为，各国要素禀赋的差异会导致产品要素比例和产品价格上的差异，并以此解释国际贸易产生的原因与贸易格局；广义要素禀赋理论，除了包括上述内容外，还包括**要素价格均等化定理**（factor price equalization theorem），即认为国家之间产品的流动相当于生产要素的流动，故在自由贸易的条件下，不论是产品价格还是生产要素价格在国家之间都有趋于相等的倾向。

狭义的要素禀赋理论主要是由俄林建立的，由于他在国际贸易方面的贡献，他与詹姆斯·米德（James · Meade，1907—1995）分享了 1977 年度诺贝尔经济学奖；广义的要素禀赋理论是由萨缪尔森发展完成的，他对现代国际贸易理论做出了重要贡献。

名人简介 3-2

戈特哈德·贝蒂·俄林（Bertil Gotthard Ohlin，1899—1979）

瑞典著名经济学家，现代国际贸易理论的创始人；在经济学研究方面的特点是：不做已有理论的奴隶，勇于探索和创新。

1899 年 4 月，出生于瑞典南部的一个小村子。

早年就读于隆德大学和斯德哥尔摩大学，后来又赴英国剑桥大学和美国哈佛大学学习和深造。

1924 年，任丹麦哥本哈根大学经济学教授；5 年后回瑞典任斯德哥尔摩大学商学院教授。

1933 年，《区间贸易与国际贸易》出版。

1977 年，获得诺贝尔经济学奖。

1979 年 8 月，于书桌前逝世，享年 80 岁。

主要著作：《国际贸易理论》（1924 年）、《对外贸易与贸易政策》（1925 年）、《区间贸易与国际贸易》（1933 年）、《国际经济的复兴》（1936 年）、《资本市场和利率政策》（1941 年）、《稳定就业问题》（1949 年）、《对外贸易政策》（1955 年）等。

在分析生产要素禀赋对国际贸易的影响时，赫克歇尔和俄林也像现代经济学家所做的一样，提出了很多简化的理论假设。现将其主要假设加以介绍，并将其含义加以说明。

（1）贸易中只有两个国家、两种同质产品（X、Y）和两种同质生产要素（资本 K、劳动 L），而且各国拥有生产要素的初始水平是既定的、各不相同的。

（2）两国在生产（同一种产品）中的技术水平相同。这说明，两国的生产函数都是一样的；在技术相同的情况下，若要素价格不同，则各国的生产者都将在生产中使用更多的价格便宜的要素以降低生产成本。

（3）在两国中，两种商品的生产具有不同的要素密集度，且其要素密集度不会随要素相对价格的变化而变化。这说明，各国在生产同一种产品时，生产要素投入的相对比率（K/L）是一定的，但生产一种产品（X）的要素投入比率（K/L）与另一种产品（Y）的要素投入比率（K/L）不同。为了探讨问题方便，一般假定 X 是劳动密集型产品，Y 是资本密集型产品。

（4）两国对两种商品的生产，具有规模报酬不变的特征。这说明在生产过程中，生产要素增加一定的百分比，会带来商品产量增加同样的百分比。

（5）两国需求偏好相同。其含义为：在任一既定的产品价格下，两国所消费的两种商品的相对数量不会随收入水平的变化而变化，即存在着完全相同的需求偏好。在这种情况下，一国收入分配的变化不会引起社会无差异曲线图形发生变动，这就排除了由于贸易而产生的收入分配的变化所引起的贸易前后社会无差异曲线相交的可能性。

（6）两国在生产中均为不完全分工。这说明即使在自由贸易状态下，两国也要继续生产两种产品。

（7）两国都是完全竞争的经济。这意味着，在经济中不存在垄断现象与超额利润，而且信息是充分的。

（8）要素在一国内部可以自由流动，但不能在国家与国家之间流动。其含义为：在一国内部，要素可以快速、自由地由低收入地区（或产业）流向高收入地区（或产业），直到该国各地区与产业同种同质要素收益相等为止；国家与国家间要素流动为零，是为了确保在无国际贸易的情况下，国家与国家间要素收入的差异永久存在。

（9）没有运输成本、关税和影响自由进行国际贸易的其他壁垒。这说明在有贸易的条件下，当两国的相对（或绝对）商品价格完全相等时，两国间的生产分工才会停止；如果考虑运输成本和关税，则当两国的相对（或绝对）价格差小于等于单位商品关税和运输成本时，两国的生产分工就会停止。可见，该假设是为了处理问题简单化。

（10）两国资源都得到了充分利用。这说明在两国内部不存在资源闲置和浪费现象。

（11）两国的贸易是平衡的。这意味着每个国家的总进口额等于其总出口额。

二、一对核心概念：要素充裕度与要素密集度

我们要理解这个模型，必须首先了解**要素充裕度**（factor abundance）与**要素密集度**（factor intensity）这一对概念。要素充裕度也称为要素丰裕度。

对于这一对概念，林德特所下的定义是："一个国家与其他国家相比，如果其劳动

与其他要素的比率较高，则称该国为劳动充裕。如果一种产品的劳动成本占其价值的份额较大，则称该产品为劳动密集型的。”① 据此定义，我们可以类推资本充裕度和资本密集度的定义：一个国家与世界其他国家相比，如果其资本与其他要素的比率较高，则可称该国是资本充裕的或其资本充裕度大；如果一种产品的资本成本占其价值的份额比其他产品资本成本占其价值的份额大，则称该产品是资本密集型的或其资本密集度大。

由此可见，要素充裕度是指一个国家（或地区）内部可利用的不同生产要素的相对拥有量。它是一个相对的概念，而非绝对的概念。另外，由于一国要素相对拥有量会反映在要素相对价格上，故可用要素相对价格来判断其充裕度。如果一国某种要素的相对价格比较低，则说明该国这种要素的充裕度高或该国是这种要素的充裕国。因此，要素充裕度有两种定义的形式，而且是从一个国家（或地区）整体的角度来研究生产要素的相对稀缺的。

应该注意的是，这里所说的要素充裕度是相对而言的衡量要素禀赋状况的指标，它不是要素的绝对量，而是某要素在一国中所占的比重。例如，美国劳动力的绝对数远远超过英国，但英国每英亩②土地上的平均劳动力数却多于美国，这样，根据我们的衡量标准，可以说英国是劳动充裕的国家，而美国则是土地充裕的国家。

要素密集度是指某种单位商品中所包含的不同生产要素投入的相对含量。要素密集度也是一个相对的概念而非绝对的概念，它是从产品的角度来研究要素的相对稀缺的。在两个国家、两种产品和两种生产要素模型（常简称“2 × 2 × 2”模型）中，两国生产不同的产品，所要求投入生产要素的结构比例是不一样的。例如，相对于布的生产而言，生产小麦所需投入的劳动较多而资本较少，这主要是由一定资源和技术条件下产品的固有特性决定的。假定生产 X 产品所需的资本量为 K_X，劳动量为 L_X；生产 Y 产品所需的资本量为 K_Y，劳动量为 L_Y。如果满足条件 $K_X/L_X < K_Y/L_Y$，则可称 X 产品为**劳动密集型产品**（labor intensive commodity），Y 产品为**资本密集型产品**（capital intensive commodity）。这表明，X 产品所含的资本/劳动的比率低于 Y 产品所含的资本/劳动的比率。

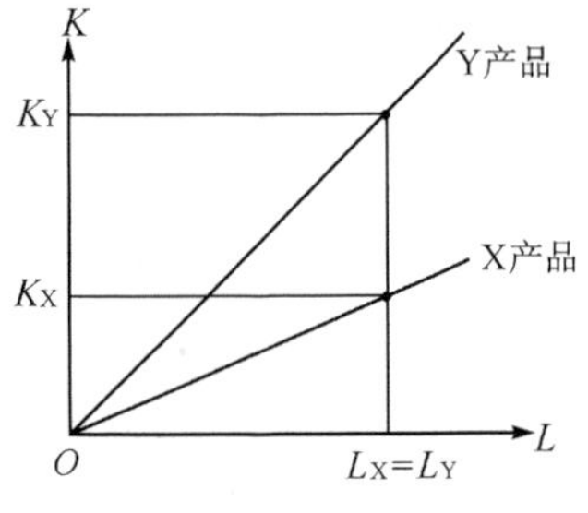

图 3-13　产品所包含的生产要素投入比例

要素密集度可以用图形加以表示。如图 3-13 所示，如果我们把两种要素，如资本（K）和劳动（L）分别放在坐标系的纵轴和横轴上，而且生产沿着一条由原点出发的射线进行，则该射线的斜率为生产这种商品的资本/劳动比率。因为 $(K/L)_Y > (K/L)_X$，故 Y 为资本密集型的产品，X 为劳动密集型产品。

应该注意的是，要素密集度是一个相对概念。假定生产 1 单位毛呢需要 6 单位劳动和 2 单位土地，生产 1 单位粮食需要 8 单位劳动和 4 单位土

① 彼得・林德特. 国际经济学[M]. 范国鹰，陈生军，陈捷，等译. 北京：经济科学出版社，1992：41.

② 1 英亩 ≈ 4046.86 平方米。

地。从绝对量来看，生产粮食所需劳动多于生产毛呢所需的劳动，似乎粮食是劳动密集型产品，其实不然。生产粮食时，每单位土地需要配备 2 单位劳动（8/4）；而生产毛呢时，每单位土地则需要配备 3 单位劳动（6/2）。因此，相对于粮食来说，毛呢是劳动密集型产品，而相对于毛呢来讲，粮食就属土地密集型产品。

核心概念 3-1

要素充裕度与要素密集度①

要素充裕度——一个国家（或地区）内部可利用的不同生产要素的相对拥有量。

要素密集度——某种单位商品中所包含的不同生产要素投入的相对含量。

三、H-O 定理：生产要素供给比例理论

H-O 定理认为，产生比较成本差异的原因有二：一是国家的要素充裕度；二是产品的要素密集度。

从要素充裕度的角度来看，各国生产要素的拥有状况各不相同。一般而言，一国某种生产要素丰裕，其价格必然便宜；反之，一国某种生产要素相对稀缺，其价格必然昂贵。各国各种生产要素的丰裕程度不同，遂使其要素价格也会有高有低。例如，劳动力充裕的国家，其工资水平就比较低；资本稀缺的国家，其利息率就比较高。在这种情况下，各国都将集中生产那些能更多利用其丰裕要素的商品，以换取那些较密集使用其稀缺要素的进口商品。这样一来，双方都可从交换中获得利益。可见，各国生产要素充裕度的不同是产生比较成本差异的决定性因素。因此，H-O 定理也被称为要素供给比例理论。

从要素密集度的角度来看，不同的产品所含的要素密度是不同的，即使同一种产品，在不同国家生产要素的组合比例也会有所不同，如生产布，在中国生产可能比在美国生产所含劳动的比重大。无论生产同种产品还是生产不同种产品，只要各国生产时所投入的生产要素组合比例不同，就会产生比较成本差异，从而引起国际分工和国际贸易。

H-O 定理从各国要素禀赋差异的角度来揭示国际贸易产生的基础和原因，其经济思想可以用图形形象地概括出来，如图 3-14 所示。

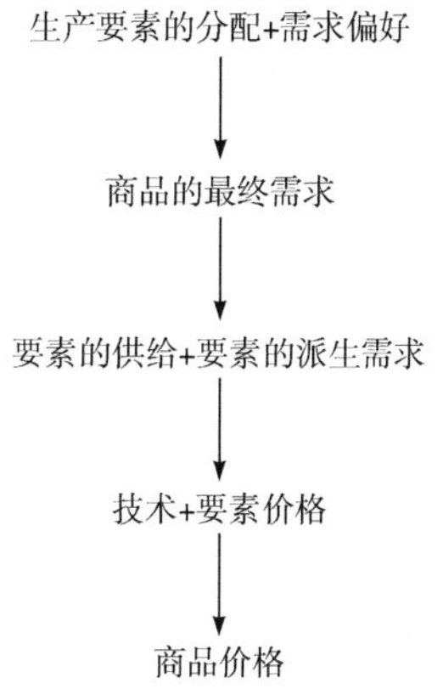

图 3-14 H-O 定理的图形解释

首先，一国的需求偏好与要素所有权分配（即收入分配）共同决定了对某种商品的最终需求；其次，有了对商品的最终需求，厂商在生产该产品时必须投入一定的生产要素，这就决定了生产该商品所需要素的派生需

① 要素充裕度与要素密集度是一对相对的概念，而非绝对的概念。

求；再次，要素需求与要素供给共同决定了完全竞争条件下的要素价格；最后，要素价格和生产技术水平共同决定了最终产品的价格。那么，根据比较优势理论，不同国家之间相对商品价格的差异就决定了这些国家的比较优势和贸易模式。图 3-14 中清晰地表现出所有经济力量是如何共同确定最终商品价格的。

在讨论上述问题时，我们假定各国的需求偏好、收入分配和生产技术完全相同。其实，该结论的得出必须依赖于这些假设条件，而且这些假设可以简化我们对该理论的讲解和图表说明。

根据上面的分析，可以得出 H-O 定理的结论："贸易的首要条件是，有些商品在某一地区比在其他地区能够更便宜地生产出来。一个地区的出口商品含有相对大量的、比其他地区便宜的生产要素，而进口的是其他地区能够更便宜地生产的商品。总之，进口的是使用高昂生产要素比例大的商品，出口的是使用低廉生产要素比例大的商品。"①

按照现在的说法，H-O 定理可表述为：一国应当出口那些密集使用本国充裕资源所生产的产品，进口那些密集使用本国稀缺资源所生产的产品。也可以表述为：一国应当出口该国相对充裕和便宜的要素密集型产品，进口该国相对稀缺和昂贵的要素密集型产品。

具体来说，劳动相对充裕的国家应当出口劳动密集型产品，进口资本密集型产品；而资本相对充裕的国家就应当出口资本密集型产品，进口劳动密集型产品。简而言之，这就是："靠山吃山，靠水吃水。"

四、H-O 定理的例证及图解

下面我们进一步举例说明 H-O 定理。首先需要考察各国生产技术相同的情况。这与 H-O 定理所做的理论假设相同。在"2 × 2 × 2"模型中，假定英国劳动相对充裕，土地相对稀缺，故其劳动比较便宜，土地比较昂贵。1 单位劳动与 1 单位土地的相对价格（价格比率）为 1 英镑：4 英镑，即 1：4；美国劳动相对稀缺，土地相对充裕，故其劳动比较昂贵，土地比较便宜，1 单位劳动与 1 单位土地的相对价格为 2 美元：1 美元，即 2：1。再假定这两个国家生产小麦和布两种产品，而且两国在两种产品生产上的技术水平是相同的，即两国生产两种产品时投入的劳动和土地的比例是一样的：生产 1 单位小麦投入的土地和劳动比例都是 5：1，生产 1 单位布投入的土地和劳动比例都是 1：10。两个国家、两种产品以及两种生产要素的状况，如表 3-3 所示。

表 3-3 技术系数相同条件下的要素比例、要素价格与产品成本

类别		要素比例		要素价格		产品成本
		劳动	土地	劳动	土地	
英国	小麦	1	5	1 英镑	4 英镑	21 英镑
	布	10	1	1 英镑	4 英镑	14 英镑
美国	小麦	1	5	2 美元	1 美元	7 美元
	布	10	1	2 美元	1 美元	21 美元

① 罗志如，范家骧，厉以宁，等. 当代西方经济学说[M]. 北京：北京大学出版社，1989：668.

英国生产小麦和布的成本比例是 21∶14，即 3∶2；而美国生产小麦和布的成本比例为 7∶21，即 1∶3。由于 3/2 > 1/3，即美国生产小麦的相对成本低，英国生产布的相对成本低。根据比较优势理论，美国生产小麦具有比较优势，英国生产布具有比较优势。那么，两国各具比较优势的原因何在呢？美国生产小麦的成本比较低，是因为美国生产小麦较多地使用了本国相对丰裕而又价格较低的要素——土地；英国布的成本比较低，是因为英国生产布时较多地使用了本国相对丰裕而又比较便宜的要素——劳动。

其次考察两国生产技术不同时的情况。H-O 定理作了两国同一技术系数的假定，即假设生产两种产品只有一种生产方式，且两国生产两种产品的方式都相同。但人们会提出这样的问题：在现实中，两国生产同一产品的技术系数能一样吗？在两国采用不同的技术系数的情况下，H-O 理论是否能够继续成立呢？如表 3-4 所示。

表 3-4 技术系数不同条件下的要素比例、要素价格与产品成本

类别		要素比例		要素价格		产品成本
		劳动	土地	劳动	土地	
英国	小麦	4	4	1 英镑	4 英镑	20 英镑
	布	4	2	1 英镑	4 英镑	12 英镑
美国	小麦	1	5	2 美元	1 美元	7 美元
	布	1	3	2 美元	1 美元	5 美元

英国生产小麦的劳动/土地比率为 4∶4，即 1∶1，大于美国生产小麦的劳动/土地比 1∶5，即 1/5；英国生产布的劳动/土地比率为 4∶2，即 2∶1，也大于美国同一指标 1∶3，即 1/3 的比率。所以，英国在小麦和布两种产品的生产上都采取劳动密集、土地节约的生产方式，即小麦和布属于劳动密集型产品；而美国在小麦和布两种产品的生产上都采取土地密集、劳动节约的生产方式，即小麦和布属于土地密集型产品。但从英、美两国的相对成本可知，比较利益仍然是存在的：英国布的相对成本为 12/20，即 0.6，美国布的相对成本为 5/7，即约为 0.7。所以，尽管两国生产方式不同，但英国与美国分别在布与小麦的生产上仍有比较优势。这说明在不同的生产条件下，资源禀赋理论仍然是适用的。我们再用图形来说明 H-O 定理，如图 3-15 所示。

图 3-15（a）中，甲国的生产可能性曲线倾向于 X 轴，因为 X 为劳动密集型商品，且甲国是劳动丰裕的国家。另外，两国均使用相同的技术，且两国有相同的需求偏好，故其社会无差异曲线图是完全一样的。无差异曲线 I 与甲国生产可能性曲线切于 A 点，与乙国生产可能性曲线切于 A'点。无差异曲线 I 是两国在无贸易条件下所能达到的最高无差异曲线，A 点与 A'点反映了两国在无贸易发生时各自生产和消费的均衡点。

无差异曲线 I 与两国生产可能性曲线的切点 A 和 A'确定了两国孤立均衡时的相对商品价格，甲国为 P_a，乙国为 P_a'。由于 $P_a < P_a'$，故甲国在商品 X 上具有比较优势，乙国在商品 Y 上具有比较优势。

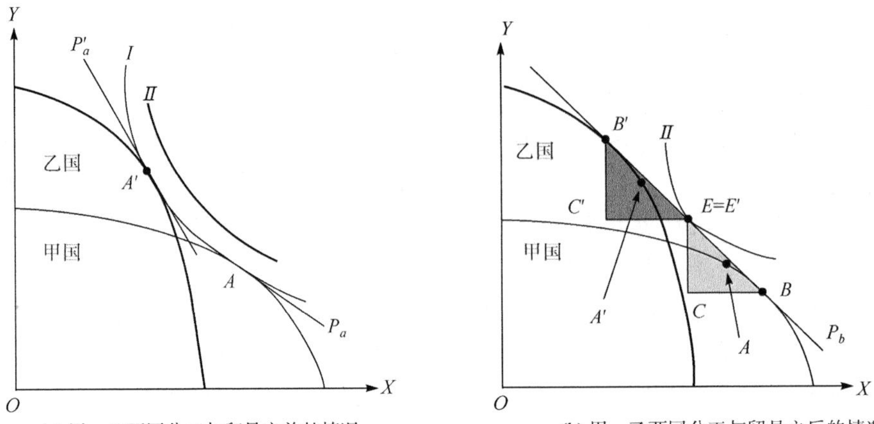

(a) 甲、乙两国分工与贸易之前的情况　　(b) 甲、乙两国分工与贸易之后的情况

图 3-15　H-O 定理图解

图 3-15（b）表明，在开放状态下，甲国分工生产商品 X，乙国分工生产商品 Y。两国的分工将进行到甲国达到点 B，乙国达到点 B'时为止。这时两国的社会无差异曲线与其共同相对价格线 P_b 相切。甲国出口 X 以换取 Y，最终消费组合为无差异曲线 II 上的 E 点。同时乙国会出口商品 Y 以交换商品 X，最终消费组合也为 E（$E = E'$）点。由此可以看出，两国均在贸易中获利，这是因为两国都达到了更高的无差异曲线 II。

第四节　要素禀赋理论：H-O-S 定理

一、H-O-S 定理：要素价格均等化定理

要素价格均等化定理（factor price equalization theorem）实际上是 H-O 定理的推论，因而与 H-O 定理的基本假设及内涵是一样的。在“2 × 2 × 2”模型（两个国家、两种产品、两种生产要素）中，不仅可以说明从没有贸易转到自由贸易将对收入分配产生的影响，而且还可用来预测贸易对要素价格变动的影响。从保罗·萨缪尔森在 1948 年的论证开始，关于贸易对国际生产要素价格差别的影响，已确立为一项定理（即要素价格均等化定理）。由于要素价格均等化定理属于要素禀赋理论的一个组成部分，它通常也被称为赫克歇尔-俄林-萨缪尔森定理，简称 H-O-S 定理。保罗·萨缪尔森是美国最负盛名的经济学家之一。在对贸易问题的研究中，他因为对 H-O 定理的创新研究而扬名，他的研究关注于要素价格均等化问题以及贸易对分配影响的问题（S-S 定理）。1970 年，他获得了诺贝尔经济学奖，并得到了经济学界的所有主要荣誉。①

要素价格均等化定理主要是为了探讨国际贸易会对要素价格带来什么样的影响。要素价格均等化定理是指：在满足相关假定（与 H-O 定理相同）的前提下，自由贸易不仅会使产品价格均等，而且会使生产要素价格均等，以致两国的所有工人都能获得同样

① 丹尼斯·R. 阿普尔亚德，小艾尔佛雷德·J. 菲尔德. 国际经济学[M]. 龚敏，陈琛，高倩倩译. 北京：机械工业出版社，2001：124-125.

的工资率，而不管两国的生产要素供应量和需求模式如何，所有的土地所有者都能获得同样的地租报酬。①

按照这个定理，即使各国间的劳动力并不发生流动，所有国家的工人最终都能获得同样的工资率。因为那些不能在各国之间流动的生产要素，在贸易存在的条件下最终会以商品的形式在各国之间流动。比如，贸易使美国出口小麦和进口布，因为小麦是土地密集型的，而布是劳动密集型的，所以贸易实际上是在把大量使用土地的产品送往国外，以换取大量使用劳动力的产品。这样，就好像是把每一种生产要素转移到在贸易前该要素比较短缺的国家。因此，对外贸易的发生和扩大，将使两个国家中的充裕要素（即相对便宜要素）的价格与密集使用该要素的出口商品的价格一齐上涨；同时，将使两个国家中的稀缺要素（即相对昂贵要素）的价格与密集使用该要素的进口竞争商品价格一齐下降，直到要素价格和商品价格在两国间持平为止。

H-O-S 定理实际上预测了国际贸易会使得各国同质要素价格均等化。这里的“要素价格均等”，既指相对要素价格均等，又指绝对要素价格均等。

相对要素价格均等意味着：国际贸易一定会使得各国相对要素价格完全相等。只要相对要素价格存在差异，就会导致相对商品价格存在差异，从而使国际贸易继续进行，直到两国相对要素价格与相对商品价格完全相等为止。

名人简介 3-3

保罗·萨缪尔森（Paul A.Samuelson，1915—2009）

美国著名经济学家，麻省理工学院经济学教授；凯恩斯主义在美国的主要代表人物，他融合了新古典主义经济学，创立了新古典综合学派；在经济学领域中可以说是无处不在，被称为经济学界的最后一个通才。

1935 年，获芝加哥大学文学学士学位；1936 年，获芝加哥大学文学硕士学位；1941 年，获哈佛大学理学博士学位。

① 彼得·林德特，查尔斯·金德尔伯格. 国际经济学[M]. 谢树森，沈锦昶，常勋，等译. 上海：上海译文出版社，1985：64-65.

1940 年，受聘到麻省理工学院任教；1944 年，萨缪尔森被提升为麻省理工学院经济学副教授及辐射实验室经济学研究员；1945 年，担任美国财政部经济顾问，并兼任福莱切法律与外交学校国际经济关系教授。

1970 年，55 岁的萨缪尔森成为第一个获得诺贝尔经济学奖的美国人。

2009 年 12 月 13 日，在其位于美国马萨诸塞州的家中逝世，享年 94 岁。

他的研究涉及经济理论的诸多领域，如一般均衡论、福利经济学、国际贸易理论等；他的经典著作《经济学》被翻译为几十种文字，且在全球销售几百万册，是全世界最畅销的教科书之一，影响了整整一代人。也正是他的这部著作，将西方经济学理论第一次系统地带进中国，并使这种思考方式和视野在中国落地生根。

绝对要素价格均等指的是：在满足相关假定（与 H-O 理论相同）的前提下，自由贸易会使贸易双方国家同质劳动的实际工资相等，使两国同质资本的实际利率相等。也就是说，贸易会使同质要素的绝对收入相等。因为，国际贸易实际上是生产要素在各国之间流动，从而会对要素价格产生影响。贸易作用于对要素的需求，而要素流动则作用于对要素的供给。这两种作用都会使同质要素的绝对收入完全相同。

由此可以看出，国际贸易会使得各国同质要素获得相同的相对收入与绝对收入。这样一来，国际贸易就成了国际要素流动的替代。

根据以上讨论，我们可以对要素价格均等化定理作出如下定义：国际贸易会使得各国同质要素报酬（工资、利息、地租）的差异缩小，从而出现要素价格均等化的趋势。该理论实际包含两层含义：第一，国际贸易有缩小两国之间的同质要素报酬差距的趋向；第二，国际贸易将继续开展，直到两国同质要素价格完全相等为止。

同质要素是指内在质量完全相同的而且在生产中发挥的作用也完全一样的同一种要素。例如，同质劳动是指具有相同水平的教育、培训、保健、技能和生产力的劳动；同质资本是具有同等风险和生产力的资本。

二、H-O-S 定理的图解及说明

我们可以用曲线来表示国际贸易使得两国相对要素价格相等的过程。假设在“2 × 2 × 2”模型之中，甲、乙两国均能生产两种产品（X、Y），X 为劳动密集型产品，Y 为资本密集型产品，使用的两种生产要素为劳动（L）与资本（K）。另外，假定在生产过程中，甲、乙两国生产技术相同，而且均处于完全竞争的条件下，这时两国劳动的相对价格（工资率 W/利率 I）与商品 X 的相对价格（P_X/P_Y）之间存在着一一对应的关系。

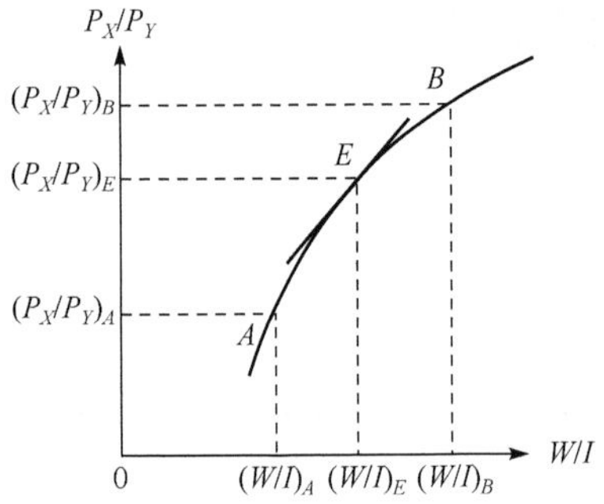

图 3-16　H-O-S 定理的图形解释

如图 3-16 所示，在贸易前，甲国位于 A 点，乙国位于 B 点。对比 A、B 两点可以看出：$(W/I)_A < (W/I)_B$，$(P_X/P_Y)_A < (P_X/P_Y)_B$，故甲国是劳动丰裕国，而且在 X 商品的生产上具有比较优势，

而乙国恰恰相反。在贸易后，劳动丰裕的甲国分工生产商品X。由于商品X是富含劳动的劳动密集型产品，则在加快 X 商品生产的过程中就会增加劳动相对资本的需求，使得劳动的相对价格（W/I）$_{甲}$提高，表现在图形上就是点 A 沿着曲线向右上方移动；另外，资本丰裕的乙国分工生产商品 Y。商品 Y 是富含资本的资本密集型产品，那么在加快 Y 商品生产的过程中就会增加资本的相对需求，从而使得资本的相对价格（I/W）$_{乙}$提高，即劳动的相对价格（W/I）$_{乙}$降低，表现在图 3-16 中就是点 B 沿着曲线向左下方移动。这种情况将继续下去，直到二者在点 E 重叠，这时两国劳动的相对价格就相等了，即（W/I）$_{甲}$ =（W/I）$_{乙}$ =（W/I）$_{E}$。

三、S-S 定理：斯托尔珀–萨缪尔森定理

S-S 定理主要是为了探讨国际贸易会对收入分配带来什么样的影响。S-S 定理实际上是 H-O-S 定理的推论。1941 年，美国经济学家沃尔夫冈·斯托尔珀（Wolf-gang Stolper）和萨缪尔森在一篇针对关税对收入分配影响的文章中提出了**斯托尔珀–萨缪尔森定理**（Stolper-Samuelson theorem），简称 **S-S 定理**（S-S theorem）。

要素禀赋理论不仅说明了相对成本的最终决定因素，而且在一定程度上能够说明要素价格的变动对收入分配的影响。例如，土地充裕的美国出口小麦而进口布，劳动充裕的英国出口布而进口小麦。两国开展贸易以后，美国由于出口小麦的相对价格比国内高（即出口 1 单位小麦能换回更多的布）而扩大生产，国内布则因面临进口品的竞争而使其相对价格下降，从而缩小生产。相反，英国由于出口布的相对价格比国内高而扩大生产，小麦则因面临进口品的竞争而使其相对价格下降，从而缩小生产。假定贸易前在美国每生产 100 吨小麦使用 30 单位的劳动和 2 单位的土地，每生产 100 匹布则使用 50 单位的劳动和 1 单位的土地。开展贸易以后，由于小麦的相对价格上涨和布的相对价格下跌，生产者就会缩减布的生产而将资源转移到小麦的生产上。众所周知，在美国生产小麦和布所使用的生产要素比例是不同的，如小麦为 30∶2，布为 50∶1。因此，新增小麦生产所需的生产要素和缩减生产布所节约的生产要素，其比率是不相等的。多生产 100 吨小麦来代替 100 匹布的生产，就要少使用 20 单位的劳动和多用 1 单位的土地。如果该国土地和劳动力的供给是一定的，那么就会造成生产要素市场明显的不平衡。土地会因需求增加而提高价格，从而增加土地所有者的收入，劳动会因需求减少而降低价格，从而劳动者的收入也会减少。在英国则会出现相反的情况。可见，贸易会因商品相对价格的变动而影响到要素价格，进而影响到要素所有者的收入。

美国经济学家沃尔夫冈·斯托尔珀和保罗·萨缪尔森根据某些假设，对上述说明进行了严谨的论证，提出了一个重要的推论，即 S-S 定理：根据相应假设，从没有贸易转到自由贸易，不管出售者偏好消费哪一种商品，都会使在价格上升的行业中密集使用的生产要素（土地）的报酬提高，而使在价格下跌的行业中密集使用的生产要素（劳动力）的报酬降低。[①]

---

① 彼得·林德特，查尔斯·金德尔伯格. 国际经济学[M]. 谢树森，沈锦昶，常勋，等译. 上海：上海译文出版社，1985：63.

斯托尔珀和萨缪尔森还进一步认为，上述结论并不完全取决于土地所有者和工人家庭消费什么商品。在许多经济学家看来，如果工人把他们收入中的很大一部分花费在布上，他们就因为获得廉价的布而从贸易中获得了利益。但按照该理论却并非如此。因为在这一模型内，事实上存在着一种**“放大效应”**（magnification effect）：某一种要素价格变化的百分比大于以这种要素为密集型投入的产品的价格变化的百分比；或者说，某一种商品（如小麦）的相对价格上升一定的百分率，就会使其密集使用的生产要素（土地）的报酬按布的数量单位计量有更大的百分率的上升，从而会使另一种生产要素（劳动力）购买布（尽管它已经跌价）的能力下降。也就是说，所得到的生产要素报酬比率的变动要比引起这种变动的小麦与布的价格比率的变动幅度大得多。因此，工人所得的工资率，无论按小麦还是布表示都下降了。

S-S 定理的内容可以表述为：国际贸易会提高各国相对丰裕和便宜的要素的价格，降低各国相对稀缺和昂贵的要素的价格。这样一来，国际贸易就会使相对充裕和便宜的要素所有者的真实收入提升，还会使相对稀缺和昂贵的要素所有者的真实收入降低。简而言之，国际贸易会改变一个国家中要素所有者的收入状况：使低者升，高者降。

例如，在发达国家中，资本是相对充裕的要素，其价格就相对便宜，而劳动是相对稀缺的要素，其价格就相对昂贵；在发展中国家中，情况却恰恰相反。当贸易在这两类国家开展后，国际贸易就会降低发达国家中劳动者的真实收入，同时提高资本所有者的真实收入。因此，作为发达国家的工会一般都会极力主张实行贸易保护政策。

四、H-O-S 定理的现实验证与评析

在现实世界中，H-O-S 定理所预测的国际贸易的神奇作用并没有凸显出来，即并没有使各国同质要素的收入相等。例如，中国教师、工程师等的工资水平要远远低于美国、日本等发达国家同行的水平。出现这一与 H-O-S 定理所预测结果不相符的原因在于：在当今现实世界里，H-O-S 定理所依赖的一些假设大多是不成立的。譬如，世界各国在生产过程中并没有使用相同的生产技术，而且许多厂商没有处于完全竞争的市场上，其规模报酬也不是固定不变的；另外，在国际贸易中，运输成本和各种贸易壁垒对各国要素价格均等化结果的实现产生了很大的阻碍。这样一来，就造成了现实与 H-O-S 定理所预测结果不相符的局面。因此，比较符合实际的说法是：国际贸易只是减少而非完全消除了同质要素收益的国际差距。

尽管国际贸易在缩小各国要素收益的绝对差异中发挥了作用，但是许多其他因素也在其中起着作用，并使得这种关系变得不明显。①这些除了理论假设之外的其他因素就包括两国间科技发展速度的差异。例如，中国的科技发展速度要低于美国，其结果使得在国际贸易作用下本来已经缩小的两国收入差异却又变大了。

但是，我们并不能说 H-O-S 定理不成立或被推翻了。在任何情况下该定理都是有用

① 多米尼克·萨尔瓦托. 国际经济学（第 5 版）[M]. 朱宝宪，吴洪，等译. 北京：清华大学出版社，1998：99.

的，且具有一定的理论与现实意义。这是因为，如果没有贸易，同质要素收益的国际差距会比现在大得多；另外，该定理确定了影响要素价格的重要因素，从而加深了我们对传统贸易模型和经济的一般均衡特性的认识。它引导人们着重考察自由商品贸易对要素价格产生影响的原因；同时，该定理还指出了自由贸易可以部分替代要素在国家与国家之间流动这一现实。

我们必须注意，H-O-S 定理只是预测了国际贸易能够缩小甚至消除同质要素收入的国际差异，但是并没有指明国际贸易是否会缩小或消除各国间人均收入的差异。由于人均收入与工人从事工作的类型、劳动力的参与程度、敬业精神、熟练工人与非熟练工人的比例以及一国的独立性等因素有关，因而即使两国同类型劳动的工资是完全相同的，但两国人均收入并不会相同。

第五节 里昂惕夫之谜及其解释

一、里昂惕夫之谜的产生及其含义

H-O 定理提出以后，逐渐为人们广泛接受，并成为国际贸易理论的主流理论。出于用事实检验理论预见这一最健全的科学本能，同时也是为了维护这个唯一可以与经典的比较优势理论相媲美的现代贸易理论的权威性，瓦西里・W. 里昂惕夫于 1951 年首先对 H-O 定理进行了定量研究和检验。

里昂惕夫所要检验的就是 H-O 定理所揭示的贸易格局：一国应当出口本国相对丰裕和便宜的要素密集型产品，进口本国相对稀缺和昂贵的要素密集型产品。

为了进行这一检验，里昂惕夫利用美国经济投入产出表来计算，即美国在 1947 年每 100 万美元**进口替代产品**（import substitutes）中所需资本量与工人人数的比率（K/L）$_M$ 和出口产品中所需资本量与工人人数的比率（K/L）$_X$。由于美国从国外进口产品的数据不全，里昂惕夫不得不用美国进口替代品的数据来代替。即使这样，里昂惕夫仍能正确地得出以下结论：如果 H-O 定理成立，尽管美国进口替代品比美国实际进口品呈更多的资本密集状（因为美国的资本比其他国家相对便宜），但其密集度仍将低于美国的出口商品。[①]

众所周知，美国是世界上资本相对丰裕的国家。在此前提下，根据 H-O 定理，里昂惕夫期望能得到相应的统计结果：$(K/L)_X > (K/L)_M$，或 $(K/L)_X/(K/L)_M > 1$，从而得出美国出口资本密集型产品、进口劳动密集型产品的结论。但是，他的具体计算结果却成为一个令人困惑的谜：在 1947 年，美国向世界其他国家出口的是劳动密集型产品，而进口的是相对资本密集型的产品。因为 $(K/L)_X/(K/L)_M$ 这个关键比率竟然只有 0.77（表 3-5）。该结果与 H-O 定理的预测完全相反，这就是著名的**里昂惕夫之谜**（Leontief mystery），或称**里昂惕夫悖论**（Leontief paradox）。

---

① 多米尼克・萨尔瓦托. 国际经济学（第 5 版）[M]. 朱宝宪，吴洪，等译. 北京：清华大学出版社，1998：100.

表 3-5 1947 年美国每 100 万美元出口产品与进口替代产品的资本和劳动需求

类别	出口产品（X）	进口替代品（M）	$(K/L)_X/(K/L)_M$
资本 K（美元）	2 550 780	3 091 339	
劳动力 L（年人工）	182	170	
K/L（美元/年人工）	14 015.27	18 184.35	0.77

资料来源：多米尼克·萨尔瓦托. 国际经济学（第 5 版）[M]. 朱宝宪，吴洪，等译. 北京：清华大学出版社，1998：101.

名人简介 3-4

瓦西里·W. 里昂惕夫（Wassily W.Leontief，1906—1999）

美籍俄国人；美国著名经济学家，诺贝尔经济学奖的获得者，是“投入-产出”分析方法创始人。该分析方法的创立具有划时代的意义，它的出现标志着一座贯通经济理论与经济事实的桥梁的建立。

1906 年夏，出生于彼得堡；1921 年，考入了彼得堡大学，专修社会学；1925 年，取得了社会学硕士学位，这时他才 19 岁，毕业后被校方留任为助教。

1927 年，进入柏林大学博士研究生班继续深造；1928 年，取得了柏林大学的博士学位。

1930 年，他移居美国，正式从事“投入-产出”方法的研究。

1973 年，因他发展了“投入-产出”分析方法，对“投入-产出”表（input-output table）这种能够表示经济中每种产品来源和去向的分析技术的发展做出了重要贡献，这种方法在经济领域产生了重大影响，因此他获得诺贝尔经济学奖。

主要著作：《美国经济的结构，1919—1929》（1941/1951 年）、《美国经济结构研究：投入产出分析中理论和经验的探索》（合著，1953 年）、《投入-产出经济学论文集》（1966 年）、《世界经济和未来》（合著，1977 年）等。

二、关于里昂惕夫之谜的多种解释

里昂惕夫之谜是在 1953 年发布的。它的出现，在西方经济学界引起了强烈反响。

对 H-O 定理的验证结果在国际经济学领域所产生的巨大影响，也是里昂惕夫本人所始料不及的。是 H-O 定理有差错，还是人们对美国贸易结构的认识不正确？围绕这个问题，经济学家从不同角度进行了长达一代人时间的探讨和争论，试图揭开里昂惕夫之谜。进一步的实证研究既保留了这个谜，也部分地解开了这个谜。之所以说保留了这个谜，是因为只要计算的是简单的资本-劳动比率，美国就会被继续看成出口劳动密集型产品的国家。之所以说是部分地解开了这个谜，是因为经济学家已经提出了一系列能够部分解释这个谜的重要因素，并对 H-O 定理原先的解释作了许多改进。经济学家对里昂惕夫之谜的解释大体上有以下六种。

（一）用来进行检验的 1947 年的数据缺乏代表性

有的经济学家认为，1947 年距离第二次世界大战的时间太近了，战争对经济造成的伤害和影响依然存在。因此，采用美国 1947 年的相关经济数据显然不能反映美国正常情况下的经济与贸易的运行规律，因而没有代表性。里昂惕夫接受了这种观点，他于 1956 年重新做了这个检验。当时，里昂惕夫采用的是美国 1951 年的贸易数据，因为 1951 年被认为是第二次世界大战结束后各国重建全面完成的一年。通过分析计算，美国每 100 万美元出口产品与进口替代产品的资本和劳动需求比率 $(K/L)_X/(K/L)_M$ 上升为 0.95。如果不包括自然资源行业，则该比率会上升为 1.14。这就部分但不是完全地解释了这一个谜。

（二）贸易壁垒说

克拉维斯（J.B.Kravis）和鲍德温（R.E.Baldwin）等从美国的关税结构和其他贸易壁垒方面解释了里昂惕夫之谜。在他们看来，美国不进口许多相对来说是劳动密集型的产品，是因为美国为了保护国内劳动密集型行业，就会限制或者禁止这类产品的进口。许多研究成果表明，美国进口的劳动密集度高的产品要比劳动密集度低的产品受到更多的进口壁垒的限制。例如，克拉维斯在 1954 年所作的研究中发现，在美国受到贸易保护最严密的产业就是劳动密集型产业。鲍德温为美国劳工部所写的一份研究报告也认为，美国当时的进口壁垒对高于平均就业机会的产品限制严苛，特别注重对非农场的非熟练工人的就业机会的保护，而且受到较多保护的是技术较落后的工业，政府支持的是那些相当大量地使用低技能工人的工业，如棉纺织业和织袜业。由此可见，这些贸易壁垒必然影响美国的贸易模式，降低其进口替代品的劳动密集程度。如果美国实行自由贸易，美国就会进口比当时更多的劳动密集型产品，里昂惕夫之谜就会在一定程度上被解开。

（三）自然资源说

美国经济学家凡尼克（J.Vanek）率先从自然资源的角度解释里昂惕夫之谜。其分析结果表明，美国出口项目中自然资源价值只有进口项目中自然资源价值的一半。在美国，对诸如原油、粗铜等自然资源的开采加工一般是高度资本密集型的。他认为，美国幅员辽阔但自然资源却相对短缺，常常从国外进口自然资源，而不是由国内其他地区供应。里昂惕夫之谜的产生，就是由进口品中自然资源所占比重过大造成的。当自然资源行业不包括在里昂惕夫的计算范围之内时，这个谜就不存在了。

另外，凡尼克认为里昂惕夫使用的是两要素（劳动与资本）模型，但是忽略了其他要素，如自然资源（土壤、矿藏、森林等）的影响。例如，假定一种产品是自然资源密集型产品，在两要素模型中却将其强行划分为劳动密集型产品或资本密集型产品，这显然是不太正确的。在这种情况下，产生里昂惕夫之谜也就不足为奇。

（四）人力资本说

克拉维斯、基辛（D.B.Keesing）、肯恩（P.B.Kenen）和鲍德温等利用人力资本分析方法来解释里昂惕夫之谜。他们认为，里昂惕夫所定义的资本仅仅包含实物资本（如机器、设备、厂房等），而完全忽视了人力资本。人力资本就是工人拥有的能够提高其劳动生产率的教育、工作培训、健康保健等一系列性状。[①]也就是，对劳动力进行教育、培训和保健等方面的投资，使之变成劳动生产率更高的一种新要素。简而言之，人力资本就是劳动力与资本相结合而形成的一种新的生产要素。

从人力资本这一概念出发，克拉维斯、基辛、肯恩和鲍德温等从不同的角度进行实证分析，研究结果表明：与其他国家相比，美国拥有最训练有素的劳动力，包含了更多的人力资本；美国出口产品所使用的熟练劳动力的比重比替代进口产品所使用熟练劳动力的比重要高；美国出口行业比美国进口替代行业有更高的劳动生产率和更多的人力资本；美国出口产品的技能密集程度比其他工业国家出口产品的技能密集程度要高。总之，美国劳动比外国劳动拥有更多的人力资本。如果把人力资本这一部分加到实物资本上，就会使美国的出口产品的资本密集度高于其进口替代品的资本密集度。这样，里昂惕夫之谜便消失了。

（五）技术进步说

这是与人力资本说相联系的一种解释。一些西方经济学家认为，人力资本能够提高劳动生产率，而技术进步却能提高土地、劳动和资本三者作为一个整体的全部要素的生产率。技术进步是过去对研究和发展事业进行投资的结果，因此，它和人力资本一样，可以被看成一种资本或一个独立的生产要素。技术领先国家创造出一种新产品或一个新的生产流程时，如果国外尚未掌握，便会在国家与国家之间产生技术差距，这时领先国家就有可能拥有出口技术密集型产品的比较优势。而有些国家之所以能够技术领先，是因为这些国家资金充裕，而且拥有雄厚的人力资本和高水平的技术知识，并能将其集中用于未来事业的发展，因而就能够经常地推出新产品和新工艺。根据格鲁贝尔和弗农等的研究，在美国 19 个产业中，运输、电气、工具、化学和机械制造这 5 个产业的科研发展经费占这 19 个产业全部科研发展经费的 89.4%，其销售量只占 39.1%，出口量却占

① 多米尼克·萨尔瓦托. 国际经济学（第 5 版）[M]. 朱宝宪，吴洪，等译. 北京：清华大学出版社，1998：102.

72%。[①]所以他们据此认为，美国在生产技术密集型产品方面占有优势，因而出口产品多是这类产品。如果把技术进步看作一种生产要素，拓展里昂惕夫所使用的两要素模型，这在一定程度上也就解释了里昂惕夫之谜。

（六）其他解释：需求逆转说与要素密集度逆转说

首先介绍需求逆转（demand reversal）说的观点。为了介绍方便，我们假定在“2×2×2”模型之中，两个国家分别为美国与其贸易伙伴国，美国是资本丰裕国，其贸易伙伴国是劳动丰裕国。根据 H-O 定理，在两国需求偏好相同的情况下，美国应该出口资本密集型产品，进口劳动密集型产品；而其贸易伙伴国却恰恰相反。

然而，需求逆转说却认为，两国的需求偏好是不同的，美国偏好于资本密集型产品，而其贸易伙伴偏好于劳动密集型产品。两国需求偏好的差异，就导致了美国资本密集型产品的价格要高于该产品在贸易伙伴国的价格，使得美国的比较优势由资本密集型产品就变为劳动密集型产品。而贸易伙伴国却恰恰相反，即贸易伙伴国对劳动密集型产品的偏好抬高了劳动密集型产品的价格，使其在劳动密集型产品的生产上失去了比较优势，而在资本密集型产品的生产上却具有比较优势。

由于需求逆转改变了 H-O 定理对需求偏好相同的假设条件，当贸易双方的需求差异很大时，就抵消了其要素禀赋的差异，因此贸易格局与 H-O 定理的预测结果恰恰相反。可见，需求逆转说就为里昂惕夫之谜提供了一种解释。

然而，有的经济学家却持否定的观点。1957 年，豪萨克对多个国家家庭消费模式的研究结果表明：各国对食品、衣服、住房以及其他种类商品的收入弹性大致相同，需求偏好也是相似的。因此他认为，基于需求偏好不同假设的解释是行不通的。

下面介绍**要素密集度逆转**（factor intensity reversal）说的观点。有的经济学家认为，里昂惕夫之谜的产生也许是由要素密集度逆转造成的。生产要素密集度逆转指的是，一种既定商品在劳动丰裕的国家是劳动密集型产品，而在资本丰裕国家则变为了资本密集型产品。这样一来，一种产品就其本身而言，很难断定它到底是资本密集型产品还是劳动密集型产品。

美国进口的某种产品在出口国可能是以劳动密集型的方式生产出来的，而这些产品在美国则是以资本密集型的方式来生产的。这样，从美国的角度来看，就造成了进口资本密集型产品的错觉。同样，虽然从世界的角度来看，美国的出口产品是资本密集型产品，但从美国的角度来看它出口的却是劳动密集型产品。在这种情况下，要素禀赋理论是不适用的。虽然要素密集度逆转说在理论上很有吸引力，但没有证据可以表明要素密集度的逆转是一种普遍现象。

综上所述，围绕着里昂惕夫之谜，经济学家提出了各种各样的理论解释，大多是为了维护要素禀赋理论的正确性。虽然有些解释只是部分地解释了这个谜，甚至有些结论之间还是相互矛盾的，解谜的过程却推动了国际贸易理论的迅速发展。我们在等待更具说服力的结论性检验的过程中，依然认为 H-O 定理是正确的。

---

① 罗志如，范家骧，厉以宁，等. 当代西方经济学说[M]. 北京：北京大学出版社，1989：683.

本章要点

- 机会成本的概念被引入国际贸易领域，成为对国际贸易进行一般均衡分析的重要工具，也是后来国际贸易一般均衡理论建立的基础。机会成本所表现的是一种商品与另一种商品的相互替代关系，这种反映生产要素投入与产出替代关系的曲线称为生产可能性曲线，哈伯勒将其称为替代曲线。
- 哈伯勒认为，比较优势理论过于简单化，生产要素不是只有劳动力一种，如果要把其他要素折合成劳动要素，因计量标准不同而存在着不可克服的换算困难。鉴于此，1936 年哈伯勒用机会成本理论解释了比较优势理论。哈伯勒认为，国际贸易产生的原因是两国机会成本存在差异，也就是说，生产机会成本低的商品具有比较优势。根据机会成本决定比较优势的原则进行国际分工和国际贸易，就能为各国带来贸易利益。
- 固定机会成本下的生产可能性曲线是一条直线。其斜率不变，即表示两种产品生产的机会成本固定不变。基于价格等于成本以及每个国家都生产两种商品的假设，一种产品的机会成本等于该商品的相对价格。在固定机会成本条件下，由于不考虑需求，相对商品价格仅仅由本国的生产或供给决定，且每个国家实行的是完全的专业化或完全分工。
- 在机会成本递增条件下，生产可能性曲线是凹向原点的，而非一条直线。且每个国家实行的是不完全专业化或不完全分工。
- 与递增的机会成本相联系的一个范畴是社会无差异曲线，这也是我们对国际分工与贸易进行均衡分析的一个重要工具。该曲线反映了能使社会或国家获得同等满足程度的两种商品的不同数量组合。社会无差异曲线是由用来分析单个消费者消费决策行为的消费者无差异曲线演化而来。
- 提供曲线实际上是需求曲线（对进口的需求）与供给曲线（对出口的供给）的结合体，它是从世界市场的供给和需求两个方面来考察国际均衡价格的决定和变动，有助于描述消费者和生产者的各种反应及其行为活动所产生的最终结果。
- 在讨论相对价格的决定时，我们假定各国的提供曲线都是给定的，即所看到的提供曲线仅仅反映一国在某个特定的时间点上的贸易状况。其实，一个国家的提供曲线并不是固定的，它会随着时间的变动而变动。
- 为了搞清楚贸易基础与贸易所得，以及均衡价格是怎样形成的，我们先后分析了封闭状态下的均衡与开放状态下的贸易均衡。
- 李嘉图比较优势理论模型的扩展：如果我们把工资水平和汇率加入这一模型，这就是货币化的比较优势；如果把运输成本加入这一模型，这就是考虑运输成本的比较优势；如果我们把各国之间进行着各种产品贸易的实际情况加以考虑，就有了多国或多种产品的贸易模型。
- 要素禀赋理论有广义和狭义之分。狭义要素禀赋理论认为，各国要素禀赋的差异会导致产品要素比例和产品价格上的差异，并以此解释国际贸易产生的原因与贸易格局；广义要素禀赋理论，除了包括上述内容外，还包括要素价格均等化定理，即认为国家之间产品的流动相当于生产要素的流动，故在自由贸易的条件下，不论是产品价格还是生产要素价格都有在国家之间趋于相等的倾向。

- 要把握和理解要素禀赋理论，必须首先了解要素密集度与要素充裕度这一对概念。要素密集度是指某种单位商品中所包含的不同生产要素投入的相对含量；要素充裕度是指一个国家（或地区）内部可利用的不同生产要素的相对拥有量。二者都是相对的概念，而非绝对的概念。
- H-O 定理：一国应当出口那些密集使用本国充裕资源所生产的产品，进口那些密集使用本国稀缺资源所生产的产品。
- H-O-S 定理：国际贸易会使得各国同质要素报酬（工资、利息、地租）的差异缩小，从而出现要素价格均等化的趋势。该理论实际包含两层含义：第一，国际贸易有缩小两国之间的同质要素报酬差距的趋向；第二，国际贸易将继续开展，直到两国同质要素价格完全相等为止。
- S-S 定理：国际贸易会提高各国相对丰裕和便宜的要素的价格，降低各国相对稀缺和昂贵的要素的价格。这样一来，国际贸易就会使相对充裕和便宜的要素所有者的真实收入提升，还会使得相对稀缺和昂贵的要素所有者的真实收入降低。简而言之，国际贸易会改变一个国家中要素所有者的收入状况：使低者升，高者降。
- 里昂惕夫之谜：里昂惕夫所要检验的就是 H-O 定理所揭示的贸易格局："一国应当出口本国相对丰裕和便宜的要素密集型产品，进口本国相对稀缺和昂贵的要素密集型产品。"但其检验结果却恰恰相反，这就是著名的里昂惕夫之谜。围绕着里昂惕夫之谜，经济学家们提出了各种各样的理论解释。

关键术语

机会成本　固定的机会成本　机会成本递增　生产可能性曲线　机会成本理论　社会无差异曲线　相对商品价格　提供曲线　均衡贸易条件　提供曲线的移动　H-O 定理　要素密集度　要素充裕度　H-O-S 定理　S-S 定理　里昂惕夫之谜

思考习题

一、单选题

1. 在所有可能的相对价格水平下，一国愿意从国际市场上买卖进口商品与出口产品数量组合所构成的轨迹，被称为（　　）。

A. 生产可能性曲线　　　　B. 提供曲线

C. 社会无差异曲线　　　　D. 供给曲线

2. 拥有生产要素相对数量的不同导致的商品相对价格差异才是贸易的基础，这一观点属于（　　）。

A. 绝对优势理论　　　　B. 要素禀赋理论

C. 比较优势理论　　D. 产品生命周期理论

二、多选题

1. H-O 定理认为，产生比较成本差异的原因有（　　）。

A. 技术的相对差异　　B. 要素充裕度

C. 要素密集度　　D. 技术的绝对差异

2. H-O-S 定理实际上预测了国际贸易会使得各国同质要素价格均等化。这里的“要素价格均等”指的是（　　）。

A. 相对要素价格均等　　B. 绝对要素价格均等

C. 相对要素价格均等，绝对要素价格也均等　D. 无法判定

三、判断题

1. 机会成本是指为了多生产 1 单位某种商品而必须放弃或减少的另一种商品的数量。（　　）

2. 在机会成本递增条件下，生产可能性曲线是凸向原点的，而非一条直线。（　　）

3. 完全分工意味着一个国家将所有的资源都用于生产某一种商品，而不再生产另一种商品。（　　）

4. 著名的 H-O 理论是由瑞典经济学家赫克歇尔和俄林提出来的。（　　）

5. 要素密集度是指一个国家（或地区）内部不同生产要素的绝对拥有量。（　　）

6. 要素充裕度是相对而言的衡量要素禀赋状况的指标，它不是要素的绝对量，而是某要素在一国中所占的比重。（　　）

7. 各国生产要素充裕度的不同是产生比较成本差异的决定性因素。（　　）

8. 各国各种生产要素的丰裕程度不同，遂使其要素价格也会有高有低。（　　）

9. 国际贸易会使得各国同质要素获得相同的相对收入与绝对收入。这样一来，国际贸易就成了国际要素流动的替代。（　　）

10. 要素价格均等化定理主要是为了探讨国际贸易会对要素价格产生什么样的影响。（　　）

四、简答题

1. 提供曲线的经济学含义是什么？它是怎样推导出来的？如何解释其形状？

2. 何谓要素充裕度和要素密集度？请试举例加以说明。

3. 简述要素禀赋理论的基本假设，并解释和说明每一假设的含义及其重要性。

4. H-O 理论与比较优势理论在阐述国际贸易的基础、格局与结果方面有何异同？

5. 何谓里昂惕夫之谜？

五、论述题

1. 论述 H-O 定理的理论假设、基本内容及其在现代国际贸易理论体系中的地位。

2. 论述 H-O-S 定理的内容及其现实性。

3. 请阐述经济学家对里昂惕夫之谜的多种解释。

4. 试用提供曲线分析和说明国际贸易均衡价格的形成。

5. 试用提供曲线分析和说明国际均衡贸易条件的变动。

六、计算题

1. 本国有 1200 单位劳动，可生产两种产品，即食物和衣服；生产单位食物的劳动投入为 3，生产单位衣服的劳动投入为 2。

（1）画出本国的生产可能性曲线。

（2）用衣服表示的食物的机会成本是多少？

（3）在自给自足时，本国用衣服表示的食物的相对价格是多少？

2. 本国的情况如题 1，现在加上一个外国，其劳动为 800 单位，外国生产单位食物的劳动投入为 5，生产单位衣服的劳动投入为 2。

（1）画出外国的生产可能性曲线。

（2）外国用衣服表示的食物的机会成本是多少？

（3）在自给自足时，外国用衣服表示的食物的相对价格是多少？

（4）按照绝对优势理论，两国会发生贸易吗？其原因是什么？

（5）按照比较优势理论，两国会发生贸易吗？如果发生贸易，两国可以接受的贸易条件的区间是什么？

3. 已知本国与外国使用劳动一种要素可生产出五种商品，每个国家单位产品的劳动投入量如下表所示。

单位产品的劳动投入量

类别	香蕉	苹果	柠檬	柚子	葡萄
本国	1	5	3	6	12
外国	10	40	12	12	9

（1）如果本国工资是外国工资的 5 倍，本国与外国将在哪些产品上具有比较优势？它们之间发生贸易，其各自的贸易模式怎样？

（2）如果本国工资是外国工资的 3 倍，本国与外国将又在哪些产品上具有比较优势？其各自的贸易模式又将怎样？

4. 利用下列资料，回答相应问题。

甲国的生产可能性

商品与生产组合	A	B	C	D	E	F
X	0	4	8	12	16	20
Y	40	32	24	16	8	0

乙国的生产可能性

商品与生产组合	A	B	C	D	E	F
X	0	3	6	9	12	15
Y	60	48	36	24	12	0

（1）分别计算商品 X 和 Y 在甲国和乙国的机会成本；

（2）分析和确定两国各自的比较优势商品；

（3）指出两国开展互惠贸易的范围。

5. 中国和美国生产 1 单位小麦和 1 单位衣服所需的劳动时间，如下表所示。

中国和美国生产 1 单位小麦和 1 单位衣服所需的劳动时间

	小麦	衣服
中国	4 小时	4 小时
美国	3 小时	9 小时

（1）在生产小麦方面谁具有绝对优势？在衣服的生产上呢？为什么？

（2）如果按照比较优势理论在中美两国之间进行分工与贸易，而且实行物物交换，交换比例为 1 单位衣服 = 2 单位小麦，那么两国均能从中获利吗？

6. 本国生产 1 吨钢铁需要 10 单位的劳动和 5 单位的土地；生产 1 吨粮食需要 2 单位的劳动和 4 单位的土地。同时，本国劳动和土地的总供给量均为 100 单位。

（1）判断钢铁和粮食各是什么要素密集型产品；

（2）画出本国的生产可能性边界。

7. 本国情况如题 6 所示，现假设外国生产 1 吨钢铁需要的劳动和土地投入量均为本国的一半，生产 1 吨小麦的劳动和土地的投入量同本国的相同，外国土地和劳动的供给量分别为 100 和 110。

（1）画出外国的生产可能性边界；

（2）判断外国生产的产品各是什么要素密集型产品；

（3）判断本国和外国各是什么类型的国家；

（4）本国和外国的生产优势分别是什么？其可能的贸易方式是什么？

8. 甲乙两国因生产要素的丰裕程度不同，所以生产要素的价格也各不相同：甲国每单位土地的价格为 5 元，每单位劳动力的价格为 1 元；乙国每单位土地的价格为 1 元，每单位劳动力的价格为 3 元。假设两国生产水平完全一样，即生产每单位玉米均需 10 个单位的土地和 1 个单位的劳动力，生产每单位棉布均需要 1 单位土地和 10 个单位的劳动力。试用要素禀赋理论计算并说明两国应如何分工生产和贸易。

七、案例分析题

中国与南非贸易模式及理论解释（节选）

中国和南非虽然都属于发展中国家，但两国要素禀赋差异明显、发展阶段差距较大。从要素禀赋角度看，中国是全球人口第一大国，21 世纪以来充分享受人口红利对经济的正面影响，劳动力资源优势非常明显，因此，其出口以劳动力密集型产品为主。与此同时，中国尽管资源丰富，但人均拥有量却很低，而且低劣资源比例相对较高，资源缺口较大，尤其是矿产资源难以满足社会发展的需要，资源的有限性与粗放型发展模式下经济高速增长引起的资源需求激增更造成资源瓶颈……

另外，南非自然资源十分丰富，尤其以丰富的矿产资源驰名世界，是世界五大矿产资源国之一，黄金、铂族金属、锰、钒、铬、硅铝酸盐的储量居世界第一，其中，黄金储量占全球储量的60%，因此，按照要素禀赋理论，其出口以资源密集型产品为主。与此同时，据《金砖国家联合统计手册（2012）》数据，按年中人口总数指标，2011 年，南非 5059 万人，中国 134 413 万人，前者仅为后者的 3.8%；从经济活动人口数占总人口数指标看，南非为 35.3%，中国为 56.7%，前者为后者的 62.3%……

资料来源：王跃生，杨丽花. 中国与南非贸易模式及理论解释[J]. 新视野，2012（6）：45-49.

问题：

1. 根据本案例，你觉得中国与南非相互之间的贸易应该如何开展？
2. 中国与南非这种贸易模式的依据源于何种贸易理论？

第四章

当代国际贸易理论

学习目标与要求

- 掌握国际贸易新要素理论的内容；
- 了解技术差距理论的内容和相关评价；
- 重点掌握产品生命周期理论、产业内贸易理论、需求偏好相似理论、规模经济贸易理论、国家竞争优势理论的内容；
- 熟悉战略贸易政策理论的内容。

名人名言

对外贸易……对一国是极为有利的，因为它增加了物品的数量和种类，并因此可能增加了收入。

大卫·李嘉图，1817 年

有充分的理由相信，贸易政策可以被用来扶持能够产生外部经济的活动。

美国经济学家 保罗·克鲁格曼，1987 年

外贸资讯

中国品牌　中国故事：饭碗一定要端在自己手上

“平均不到 1 秒钟就有 1 台微波炉走下生产线。”在格兰仕智能化工厂的步行道上，集团董事长兼总裁梁昭贤边走边介绍说。他身旁的机器人静静地挥舞机器手臂，传送带上的微波炉次第向前……

“以我为主”，掌握核心科技

在格兰仕广东总部，平均每一天都有 10 万台不同规格、不同功能的微波炉走下生产线，销往全球近 200 个国家和地区。从 1992 年进入家电业到微波炉制造全球第一，

格兰仕用了 7 年时间，其中外销比例达到 65%左右。目前全球每两台微波炉就有一台是由格兰仕研发制造。2019 年 1—7 月份，格兰仕微波炉整体出口仍取得了两位数的增幅。

"国际化企业，大分工大合作是必然的，但前提必须是公平。"梁昭贤认为，不管任何时候都要自己掌握自己的命运，在国际市场才有被公平对待的机会，"饭碗一定要端在自己手上，一定要掌握核心产业链的核心科技。"

早在 20 年前，格兰仕就有过被"卡脖子"的经历。当时，微波炉市场竞争的核心是磁控管，当年格兰仕刚刚取得微波炉制造全球第一时，就遭遇国际同行恶意断供。"不公平待遇"让格兰仕员工记忆犹新，企业一度到了生死存亡的边缘，是低头认命还是奋起反击？梁昭贤和中国科学院几位老教授在封闭的车间一待就是几个月，最终磁控管核心技术难题宣告攻克，格兰仕建立了拥有完全自主知识产权的磁控管生产线，当年数千元一台的微波炉降到了数百元，"奢侈品"变成国民生活"必需品"。"不公平待遇"带给格兰仕危机，但同时也给格兰仕注入了敢为人先、永不言败的精神，目前，格兰仕每年自主研制磁控管 3000 多万只，全球磁控管技术也以格兰仕的标准为参考。

格兰仕在核心技术、产品迭代和整个自主品牌的建设等方面都作好了准备，10 多年来，格兰仕在参与全球分工合作的过程中，一直强调发展一定要以我为主，在分工过程中，不断提升技术实力，不断补齐自己的短板……

格兰仕过去约 40 年的发展有赖于中国庞大的市场，也抓住了全球经济一体化进程的机遇，更抓住"一带一路"的机遇。"中国制造"过去取得成功的关键是"规模"和"效率"，如果在自主品牌、自主研发再走出关键的一步，以推动高质量供给，那么在国际市场的竞争力将更加难以撼动。

资料来源：佚名. 中国品牌　中国故事：饭碗一定要端在自己手上. https://baijiahao.baidu.com/s?id=1644793004167843676&wfr=spider&for=pc，2019-09-16.

资讯引导： 目前，全球每两台微波炉就有一台是由格兰仕研发制造的。请从国际贸易理论的角度思考和分析格兰仕能够拥有比较优势、快速占领国际市场的奥秘。

本章我们介绍对当代国际贸易现象进行解析的一些新理论，即当代国际贸易理论。由于这些理论改变了传统国际贸易理论的假设条件，其分析框架也有所不同，反映了当代世界经济和国际贸易发展的新特点，因此，我们一般把 20 世纪 60 年代以后所出现的新的国际贸易理论称之为当代国际贸易理论。

里昂惕夫之谜是国际贸易理论发展史上的重大转折点。长达一代人的富有成效的争论大大推动了国际贸易理论的迅速发展。围绕着里昂惕夫之谜，经济学家赋予了生产要素以新的含义，扩大了生产要素的范围，增加了生产要素的家庭成员，从而在较大程度上丰富了比较优势的内容。另外，国际贸易的发展反映着人类知识的进步。

第二次世界大战结束后，第三次科技革命不但推动了世界经济与贸易的快速发展，而且给传统国际贸易理论造成了巨大冲击。自从 20 世纪 60 年代以后，国家之间交换的商品和服务，包含着越来越多的人类知识，国际贸易发展的一个突出特点是向工业产品转移——汽车、飞机、科学仪器、电子产品以及其他机器和设备在世界范围内所占的贸易份额不断上升，这反映了知识密集型产品地位的提高。而且，大多数贸易是在禀赋相似的国家之间进行的，相当数额的贸易又是在相同的产业内进行的。这与传统比较优势理论认为的贸易只会发生在劳动生产率或资源禀赋不同的国家间的经典理论是相悖的。对于上述国际贸易中出现的新现象，传统与现代的国际贸易理论已经不能很好地加以说明，这就需要从理论高度对第二次世界大战后国际贸易的新现象加以阐释。加之，古典与新古典国际贸易理论都假定产品市场是完全竞争的，这与当代国际贸易的现实也不相吻合。在这样的国际环境下，新的国际贸易理论便应运而生。

因此，里昂惕夫之谜虽没有形成系统的理论观点，但它对原有国际分工和贸易理论提出了严峻的挑战，引发了学术界对国际贸易主流思想的反思，推动了当代国际贸易理论的诞生。

我们在本章的第一节介绍国际贸易新要素理论；在第二节和第三节分别介绍技术差距理论和产品生命周期理论；在第四节至第六节分别介绍用来解释产业内贸易现象的国际贸易理论；在第七节和第八节分别介绍国家竞争优势理论与战略贸易政策理论。

第一节　国际贸易新要素理论

国际贸易新要素理论扩大了要素的范围，赋予要素新的含义，如智力投资、培训、科技进步及信息都可以被认为是新的生产要素，它们的获得可以形成新的贸易的比较利益，从而使得新要素获得者拥有进行新的贸易的相对优势。但是，就其理论分析方法而言，新要素理论在很大程度上只是对传统的 H-O 模型的改良，即只是将要素的范围扩大了，引起人们对国际贸易中更多的因素给予更多的考虑。

一般认为，新要素理论的诞生一方面得益于里昂惕夫悖论的刺激，另一方面也得益于英国经济学家哈罗德在 20 世纪 40 年代对于国际贸易中特殊要素的研究。新要素理论实际是将生产要素的范围不断扩大，今天生产要素的范围不仅从有形的物质资本扩大到无形的资本，更进一步扩大到了无形的技术、工艺和信息，这些属于无形的“软”要素，占有它们的数量不仅决定着国际贸易的比较优势，而且它们也是贸易的对象，拓宽了交易的范围，促进了国际贸易的新发展。

一、人力资本说

美国经济学家西奥多·W. 舒尔茨（T.W.Schultz，1902—1998）是人力资本说的创立者。其实，在舒尔茨之前，许多经济学家曾经在人力资本的研究方面作过探索，如威廉·配第（1676 年）首次严肃地运用了“人力资本”这一概念，亚当·斯密首次论证了人力资本投资和劳动者技能增长如何影响个人收入组成和工资结构，只不过直到 1961 年在舒尔茨和其他学者（贝克尔，1964 年）的研究和倡导之下，人力资本投资的思想才成为人们研究的热门领域，并对经济学其他分支的研究产生了巨大影响。为了强调和肯定舒尔茨对人力资本概念传播所作出的贡献，西方经济学界将他尊为“人力资本概念之父”。

舒尔茨和许多其他西方经济学家都认为，在贸易商品生产中所使用的资本既包括物质资本也包括人力资本。物质资本指厂房、机器设备、原材料等有形资本，它是对物质资料投资的结果；人力资本就是通过对劳动力进行教育、培训和保健等方面的投资，并使之变成劳动生产率更高的一种新要素。简而言之，人力资本就是劳动力与资本相结合而形成的一种新的生产要素。它是政府、企业和个人投资于教育、培训和保健的结果，有人也把人力资本称为“对人力资源的投资”。

在国际贸易领域，也有许多经济学家运用人力资本分析方法进行了大量研究，其中最重要的要算克拉维斯、基辛、肯恩和鲍德温的研究了。①克拉维斯（1956 年）指出，美国 1947 年和 1951 年出口产业的工资水平要比美国进口替代产业的工资水平高 15%，反映了其出口行业比进口替代行业获得了较高的劳动生产率和投入了较多的人力资本。基辛（1966 年）的研究结果表明：1957 年，美国出口产品的技能密集程度要比其他 9 个工业国家出口产品的技能密集程度高，与其他国家相比，这意味着美国的劳动力最为训练有素，包含了更多的人力资本。

由于劳动者的类型和素质各不相同，因此劳动这种生产要素的概念就显得过于笼统。基于这种观点，基辛（1966 年）把劳动者分为八种类型：第一类是科学家和工程师，被认为是最有技能的劳动者，所包含的人力资本最多；第二类是机械师和绘图师（技术人员），其包含的人力资本次之……第八类是不成熟和半成熟的工人，所包含的人力资本最少。随后，通过对 1962 年美国与其他 13 个国家的出口行业和进口替代行业中劳动需求量进行比较，基辛发现美国的出口品包括了较高比例的第一类劳动者和较低比例的第八类劳动者，而在进口品生产方面却恰恰相反。

另外，还有一些经济学家，如 Staiger、Deardorff 和 Stern（1988 年）预测，美国走向自由贸易，会导致对操作工人需求量的减少，而对科学家、工程师以及实物资本的需求将增加。

综上所述，人力资本说认为，人力资本是资本与劳动力相结合而形成的一种具有更高生产率的新要素，一国人力资本的数量、素质和结构会对该国参与国际分工产生重要影响，人力资本在比较优势的决定中起着重要作用。人力资本充裕的国家，在知识、技术密集型产品生产和出口上具有比较优势；人力资本稀缺的国家，则在知识、技术密集型产品生产上处于劣势地位。

人力资本说引入了一种新的生产要素——人力资本，说明劳动的内在质量是有区别的，这就否定了 H-O 理论关于“同质劳动”的假说。同时，它还告诉我们这样一个道理：在新的时代背景下，一个国家应该重视人力资本，即重视对国民的教育、培训和保健，以提高其综合素质。一个国家通过对人力资本要素的长期积累，最终才能在未来的国际分工与贸易中不断产生，并形成新的比较优势，只有这样才能从国际贸易中获得更多的利益。

---

① 丹尼斯·R. 阿普尔亚德，小艾尔佛雷德·J. 菲尔德. 国际经济学[M]. 龚敏，陈琛，高倩倩译. 北京：机械工业出版社，2001：144-145.

二、R&D 学说

R&D（research and development）学说，即研究与开发学说，它是西方经济学家基辛、格鲁伯（W.H.Gruber）、弗农和梅达（D.Mehta）等提出来的。该学说认为，R&D也是一种生产要素。研究是指与新产品紧密相关联的思路、技术、工艺的基础研究和应用研究；开发是指新产品的设计与试制。

1965 年，基辛在《劳动技能与国际贸易：用单一方法评价多种贸易》一文中，将美国与 10 个发达工业国家进行比较，提出了竞争力与 R&D 指标。他用美国各部门出口额占美国向这 10 个发达工业国家出口总额的比重来表示其竞争力，用各部门 R&D 费用占其销售额的比重以及各部门科学家和工程师占其就业人数的比重表示 R&D 指标。实证分析的结果表明：美国产品竞争力强的部门，其 R&D 费用占其销售额的比重就大，科学家和工程师的人数占美国该部门全部就业人员的比重也大，即 R&D 指标的大小与产品的国际竞争力强弱成正比。

1967 年，格鲁伯、弗农和梅达在《美国工业中的国际贸易研究开发要素与国际投资》一文中，根据 1962 年美国 19 个产业部门的有关资料，对 R&D 费用、科学家和工程师人数与出口的关系进行分析，其研究结果也表明：R&D 指标与出口比率密切相关。

综上所述，R&D 学说认为，从产品角度来看，R&D 指标与产品的国际竞争力密切相关，R&D 指标大的产品，其国际竞争力就强，反之，其国际竞争力就较弱；从国家角度来看，一国拥有 R&D 要素的数量及其规模，可以改变该国在国际分工与贸易中的比较优势。其中，充裕的资金、丰富的自然资源、高质量的人才是从事 R&D 的必要条件，市场对新产品的需求是 R&D 的充分条件。只有加大 R&D 力度，注重 R&D 要素的价值，一国才能够在国际分工与贸易中产生新的比较优势，这不是靠扩大已有的规模，而是通过向 R&D 投资取得的。

该学说强调了科技发展在国际分工与贸易中对比较优势的形成所起的重要作用，符合目前国际贸易发展的大趋势。

三、信息贸易理论

信息贸易理论认为，信息也是现代经济社会所必需的一种生产要素，是一种可以进行交换的无形资源和软件要素。从一个国家的角度来看，在信息化时代更应重视信息这种生产要素的获取。拥有了信息就拥有了商机，拥有了信息便会产生贸易。占据信息就可以使国家在新一轮的国际分工与贸易中获取比较优势，拥有信息越多就越能促进一个国家贸易格局发生变化。

这种理论现在还不很完善，有待于进一步发展。但它却代表着国际贸易重要的发展方向。例如，电子商务在目前国际贸易中的作用日益增强，许多国家已经把运用电子商务能力作为选择贸易伙伴的重要条件。由此也可以看出，及时获取信息并拥有信息对于进行国际贸易是极其重要的，信息贸易理论在信息时代不但代表着国际贸易的重要发展方向，而且必定在未来会获得更大发展。

第二节　技术差距理论

技术差距理论（technological gap theory）又称为**技术差距模型**（technological gap model）、**模仿滞后假说**（imitation lag hypothesis）或**创新与模仿理论**（innovation and imitation theory）。它是由美国经济学者波斯奈（M.V.Posner）于 1961 年在《国际贸易与技术变迁》一文中正式提出来的。技术差距理论与后面要介绍的产品生命周期理论在探讨比较优势的决定问题时，都考虑了时间这个变量，因而比 H-O 定理和李嘉图的比较优势理论更能阐释“动态”的比较优势。我们在此探讨这一理论，仅仅是为深入学习更加知名的动态贸易理论——**产品生命周期理论**（product life cycle theory）奠定基础。

一、技术差距理论的内容

技术差距理论放宽了 H-O 定理有关技术水平相同的假设前提，把国家间的贸易与存在的技术差距联系起来。技术差距理论的创新之处是引入了一种新的生产要素——技术。在当代，许多产品特别是工业制成品的贸易，实际上是以技术差距的存在为基础的。

技术差距理论认为，技术和人力资本一样，能够改变土地、劳动和资本在生产中的相对比例关系。技术比人力资本作用更为重要，人力资本仅仅能够提高劳动生产率，而技术却能够提高土地、劳动和资本这三者的生产率。

波斯奈认为，新技术从创新国到模仿国的传递或扩散会存在一定的时滞，新产品从发明出来到其他国家消费者接受并消费该产品也会存在一定的时滞。该理论把创新国发明出某种新产品始到模仿国厂商低成本、大规模进行生产而且出口复制品止，这两者之间所需要的时间长度称为**模仿滞后**（imitation lag）。如图 4-1 所示，T_0T_3 即模仿滞后。模仿滞后体现了一个学习时期，这是模仿国厂商为生产出该产品必须学习和掌握技术与诀窍、购买投入品、安装设备、对投入品进行加工生产，并把最终产品推向国际市场等环节所需要的时间。把创新国发明出某种新产品始到模仿国消费者接受并消费该产品止，这两者之间所需要的时间长度就称为**需求滞后**（demand lag）。图 4-1 中 T_0T_1 即需求滞后。需求滞后的时间取决于收入水平、消费者对新产品的认识以及生活方式等因素。然后，将模仿滞后的时间与需求滞后的时间进行比较，即用模仿滞后减去需求滞后得出**净滞后**（net lag）。在净滞后 T_1T_3 这段时间内，由于两国间存在技术差距，创新国将向模仿国出口这种新产品，因此，净滞后即两国之间的贸易期。

另外，把模仿国从进口新产品始到本国厂商开始投资生产该产品止，这两者之间所需要的时间 T_1T_2 就称为**反应滞后**（reaction lag）。反应滞后的时间与模仿国厂商的企业家精神、冒险精神、规模经济、价格、市场与关税等因素相关。把模仿国从本国厂商开始投资生产这种新产品始到本国最终掌握该产品的所有生产技术并实现自给自足时止，这两者之间所需要的时间 T_2T_3 称为**掌握滞后**（mastery lag）。掌握滞后的时间与模仿国厂商取得技术的渠道与消化吸收技术的能力等因素密切相关。

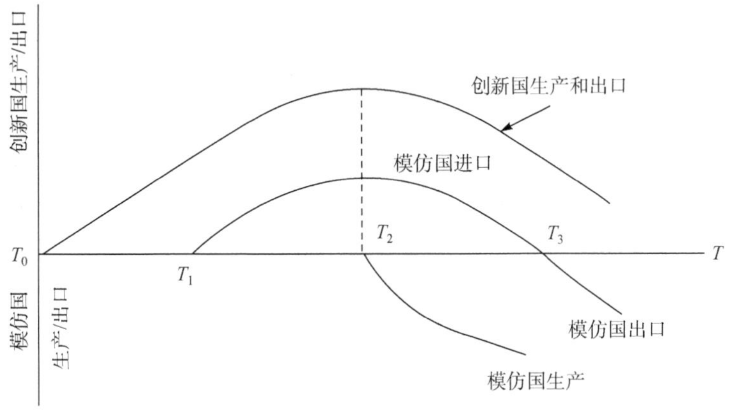

图 4-1　技术差距理论的解释

综上所述，技术差距模型认为，贸易国之间技术差距的存在是解释某类贸易发生的原因。新产品总是在发达国家首先诞生，其他国家由于技术差距要等一段时间后才能进行模仿性生产，在这一段时间内便存在着贸易的机会与可能性。

二、技术差距理论评析

第一，技术差距理论揭示出贸易基础源于两国之间存在的技术差距，而非要素禀赋的差异。

第二，该理论在解释贸易发生原因时考虑了时间变量，从而把贸易理论由静态发展到动态，这是该理论与过去其他贸易理论的一个重要区别。

第三，技术差距理论也有其现实意义。该理论最重要的一点是，它告诉我们这样一个道理：贸易将集中在新产品上。因此，一国只有不断地创新，才能在国际分工与贸易中占有比较优势，才能长久地成为成功的出口者。

但是，技术差距理论并不能确定具体技术差距，也没有给出技术差距产生和随时间推移而消失的原因。①

第三节　产品生命周期理论

产品生命周期理论又称为**产品生命周期模型**（product life cycle model），它是第二次世界大战结束后最有影响的国际贸易理论之一，侧重从技术创新、技术进步和技术传播的角度来分析国际贸易产生的基础和格局。这一理论不仅对国际贸易，而且对于国际经济其他领域，如国际投资等也产生了巨大的影响。产品生命周期理论是对技术差距理论的总结与扩展。

一、产品生命周期理论的内容

产品生命周期理论是一种研究在知识密集型产品方面比较利益的动态变化的理论。

① 多米尼克·萨尔瓦托. 国际经济学（第 5 版）[M]. 朱宝宪，吴洪，等译. 北京：清华大学出版社，1998：129.

它是在技术差距理论的基础上形成的。由于技术创新会引起别国模仿，所以技术差距不可能永久保持，也就是说，产品是有生命周期的。

雷蒙德·弗农等受此启发，于 1966 年发表《产品周期中的国际投资和国际贸易》一文，提出了著名的产品生命周期理论。

名人简介 4-1

雷蒙德·弗农（Raymond Vernon，1913—1999）

1913 年出生，是第二次世界大战结束后美国国际经济关系研究方面最多产的经济学家之一，他创立了产品生命周期理论。

从 1959 年开始，他在哈佛大学任教，是克拉维斯·狄龙学院的国际问题讲座教授。

主要作品：《产品周期中的国际贸易》（1968 年发表）、《跨国公司上空的风暴》（1977 年版）。

产品生命周期理论更加明确地提出，当代国际贸易越来越受到技术进步的深刻影响。一种能够使商品生产变得更便宜的新技术的出现，等于是增加了生产要素的供应量。新技术是一种可据以取得专利权的使用费、特许证费以及利润等报酬的生产要素。如果一个国家发明了新技术，垄断了新产品的制造技术，新产品就成为技术领先国（或创新国）的主要出口产品。但当这种新产品的制造技术流传到国外，国外厂商大规模仿效生产这种新产品时，发明国的技术优势就会逐渐消失。弗农把重点放在工业制成品之上，他明确地把产品生命周期划分为三个阶段。随后，威尔士（L.T.Wells）把产品生命周期又划分为五个阶段。以下笔者将他们的观点结合起来进行简要介绍，如图 4-2 所示。

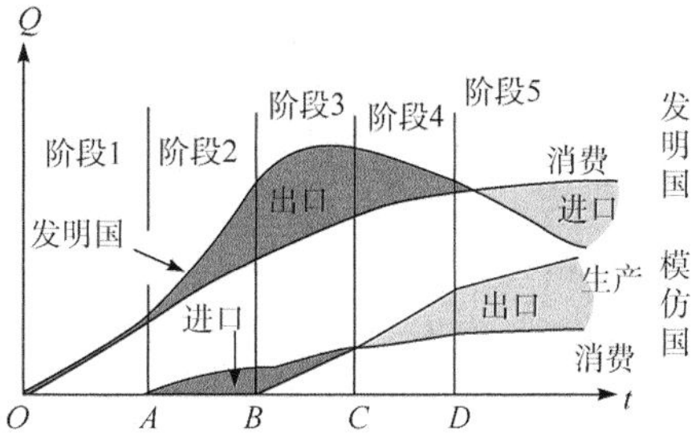

图 4-2 产品生命周期理论的解释

（一）阶段1：新产品阶段

新产品阶段也称为导入期。在新产品阶段，产品尚未定型，设计和工艺流程有待改进，其要素投入也要相应调整，这就需要投入较多的技术力量，需要科技人员和熟练工人的通力合作，因此，产品表现为技术密集型。此时，厂商掌握技术秘密，将新技术首次用于生产，对于厂商来说，最安全、最有利的选择就是在国内进行生产。由于产品尚未完全定型，仅仅在发明国生产、销售和消费。也就是说，包含新技术的新产品被导入发明国的市场。

在该理论中，美国被看作发明国或技术创新国的化身。在弗农看来，美国的市场是世界范围内最能为新产品提供发展机会的市场。这是因为：第一，美国消费者的收入水平高于西欧各国，具有用来满足高收入需求的新产品的潜在市场；第二，美国的人力成本较高，有发展节约劳动的新产品的内在要求，如美国很早就发展和使用传送带、叉车和自动控制系统等能够节省人力的装置；第三，美国拥有世界上较为雄厚的研究和开发力量，每年用于新产品开发的支出比重很大，为新产品开发提供了物质条件，而且，美国还拥有较为雄厚的资本和先进的设备，因此，新产品的研制与投产都会最先在美国开始，产品主要供应其国内市场。

（二）阶段2：产品成长阶段

在发明国，产品的生产技术得到改进，质量得到提高。这时，国内外的需求不断增长，生产者不但要满足国内需求还要满足国外需求。随着新产品市场的扩大，产品的产量迅速提高，出口量也在不断增加。在这一阶段，由于产品仍然表现为技术密集型，其他国家还不能生产这种产品，因此，发明国在国内外市场上均处于完全的垄断地位。

（三）阶段3：产品成熟阶段

在这一阶段，新技术日趋成熟，产品基本定型，即产品在发明国已经基本上成熟了；产品本身的特点与生产过程的特征都已经固定化并广为人知；消费者熟悉并接受该产品，而生产者也熟悉其生产过程。这样一来，进行大规模生产的技术也逐渐成熟，低素质的劳动者也可以进行生产，规模经济得以实现。这时，授权或非授权的模仿生产就出现了，世界范围内的生产区位开始发生变化。

在产品成熟期，产品实现由技术密集型向资本密集型与资源密集型过渡。由于产品在发明国完全定型或标准化之后，发明厂商发现授权国内外其他厂商生产该产品也是有利可图的，这样一来，模仿国就开始生产该产品以满足本国消费。另外，作为模仿国如西欧各国，不需要像美国那样支付大量的研制开发费用以及将新产品出口到国外所需支付的运费和关税成本，就能进行仿制，故模仿生产成本较低。只要其生产成本低于美国的生产成本与运费和关税之和，西欧国家厂商就会在国内生产这些新产品。同时，由于美国的新产品在发达国家打开销路后，吸引了大量的消费者，潜在的市场也为这些国家开始生产该新产品提供了前提条件。于是，西欧国家开始仿制新产品。随着模仿生产的开始，发明国的生产量就会在达到顶峰之后开始减少，在其消费量在持续增长的情况下，发明国的出口量也就会在达到顶峰之后开始下降；而模仿国（即原进口国）可以生产该产品并占据其国内市场，其进口量在不断减少。

以下第四阶段和第五阶段通常被称为产品衰退期。在衰退期，产品主要是资源密集型的。为了详细说明产品在衰退期的特点，我们将其分为衰退阶段Ⅰ和衰退阶段Ⅱ。

（四）阶段 4：衰退阶段Ⅰ

在这一阶段，产品和技术均已标准化，厂商所拥有的技术垄断优势已消失，不再需要高技术工人就可以进行生产了，产品在技术（包括品牌）上的竞争逐渐让位于价格竞争，生产成本低廉是在竞争中取胜的主要因素。因此，标准产品只有在成本最低的地方生产，才能具有出口优势。在这一阶段，生产区位和贸易流向都会有所改变。

由于模仿国的劳动力成本和其他成本相对于发明国而言都比较低，所以，模仿国开始在该产品的生产上具有比较优势，并可在第三国市场上低价销售，而发明国的产量也开始下降，因此，技术与品牌竞争就让位于价格竞争。

（五）阶段 5：衰退阶段Ⅱ

衰退阶段Ⅱ也称为让与期。模仿国在发明国市场上也开始低价销售该产品，发明国的产量大幅度下降或在某个时间点上完全停止。这说明，发明国在该产品的生产上已经完全失去了比较优势，由原先的出口国变为净进口国，将出口市场让位于模仿国。

从以上分析可以看出，国际贸易的产品生命周期理论，是将市场学的产品周期理论与国际贸易理论结合起来，并使比较优势从静态发展成为动态的一种贸易理论。它揭示了在产品生命的整个周期当中，要素的投入比例、产品的价格及各类国家的出口优势，都发生着规律性的变化。新产品会从创新国家逐步移至次发达国家及发展中国家。这一预言结果已在纺织产品、半导体产品和电视机等许多工业制成品的国际转移中得到证实。

二、产品生命周期理论评析

（1）科学预言作用。弗农的理论预言：某种产品的技术越标准化和稳定化，劳动成本与技术研究相比就越来越成为比较优势的重要基础。这样一来，某种产品的生产将转移到低收入和低工资的国家去。

（2）动态意义。产品生命周期理论侧重从技术创新、技术传递和技术扩散的角度来分析国际贸易产生的基础和格局，关注的是典型“新产品”的生命周期及其对国际贸易所产生的影响。这种方法把动态比较优势与要素流动性及规模经济结合在一起，考察当周期发生变化时，比较优势是怎样从一个国家转移到另外一个国家的特点和变化过程，就使得产品生命周期理论成为一种比 H-O 定理更具吸引力的替代理论。

（3）现实意义。该理论可以用来解释工业制成品的国际贸易格局。该理论揭示了新产品和新生产工序的动态比较优势，为世界各国在国际分工与贸易中如何确定自己的地位与参与格局，并且在经贸发展过程中应该如何进行产业及产品结构的升级和调整指明了方向。

然而，由于经济生活中存在着各种不确定性因素，各国面临的产业发展方向与环境是各不相同的，故产品生命周期的循环并不是国际贸易的普遍的必然现象。同时，在这种动态模型中，创新者与模仿者的地位出现了一定程度的固定化（如把美国视为永久的技术创新国）。

第四节　产业内贸易理论

第二次世界大战以前，国际贸易的基本格局是不同产品相交换的部门间贸易，因而比较优势理论、资源禀赋理论等分析问题的着眼点都在于各国因劳动生产率、要素拥有量不同而引起的进出口商品结构的差异（具有相对优势的产业出口其产品，具有相对劣势的产业进口其产品）。

第二次世界大战结束之后，各国特别是工业国之间平均人力资源出现了趋同倾向，导致各国之间的比较利益差别在缩小，因而按照传统理论将使我们有理由预期各国（特别是工业国）之间的贸易会越来越少，国际贸易将会因相对技术方面的差异变小而越来越缺乏基础。然而，我们看到的事实却正好相反：各国间相同的或可替代产品的贸易明显增多，产业结构相近的国家之间的贸易量显著增加，特别是工业国之间的贸易发展得最快。1963—1987 年的 15 年间，工业国之间的贸易占世界贸易总量的比重由 45%上升到 55%，净增 10 个百分点。[①]更加令人瞩目的是，各种工业部门内部的贸易飞速增长，这就使越来越多的经济学家把注意力转向“产业内贸易”问题。

一、产业内贸易理论的产生

产业内贸易理论（theory of intra-industry trade），是第二次世界大战后适应国际贸易新特点而产生和发展起来的一种新贸易理论。产业内贸易是相对于产业间贸易而言的一种新的贸易现象。

对产业内贸易的研究，最早可以追溯到 20 世纪 50 年代末。当时在欧洲经济共同体成立后，其成员国之间贸易格局的变化，是一项评价区域经济一体化组织形成与否的重要依据。20 世纪 60 年代，美国经济学家巴拉萨和格鲁贝尔等研究发现，欧共体[②]市场贸易的增长，并不是由于 H-O 定理描述的那种产业间贸易的增长，具体说来，并不采取以德国汽车交换法国酒的方式增长，而是采取以德国汽车交换法国汽车和法国酒交换德国酒的方式增长，即主要采取的是产业内部的贸易。如果说 H-O 定理解释的是产业之间的贸易，那么欧洲经济一体化显示的则主要是产业内部的贸易，这种贸易方式在多个地区迅速发展。格鲁贝尔等将之称为“产业内贸易”。1975 年，格鲁贝尔（H.G Grubel）和劳埃德（P.J Loyd）合作出版的《产业内贸易：差别化产品国际贸易的理论与度量》一书，对主要工业化国家进行了系统研究和比较研究，为有关产业内贸易现象

---

① 彼得·林德特. 国际经济学[M]. 范国鹰，陈生军，陈捷，等译. 北京：经济科学出版社，1992：114.

② 欧共体是指欧洲共同体（European Community，EC）。

提供了详细证据，并对产业内贸易理论作出了系统化表述。从 20 世纪 70 年代到 80 年代初，已经出现了大量有关产业内贸易现象的理论解释。

二、产业内贸易的类型和特点

（一）产业内贸易的概念

如前所述，产业内贸易是第二次世界大战结束之后相对于传统的产业间贸易而言所出现的一种新的贸易现象。

产业间贸易（inter-industry trade）是指在国际贸易活动中，各国在不同产业之间进行的贸易。或者说，一国（或地区）在特定时间内，同一产业部门的产品只出口或只进口的现象。例如，中国在古代向外国出口丝绸、瓷器和茶叶等商品，同时又进口欧亚各国的宝石、银壶和香料等商品。

产业内贸易（intra-industry trade）是指一国对同类产品既有出口又有进口，或进出口双方相互交换同一产业内产品的贸易。例如，日本向美国出口轿车，同时又从美国进口轿车。

（二）产业内贸易的类型

格鲁贝尔和劳埃德分别从同一产品和差别产品两种情况，分析产业内贸易形成的原因。**同一产品**（identical product）是指质量、价格完全相同的同一类产品；**差别产品**（differentiated products）是指具有基本相同的功能，但在性能、品牌、造型、包装、销售条件或质量等方面存在差异的产品。差别产品又称为差异化产品。从工业制成品来看，其大多数产品则表现出“同类不同质”的差异性特点。

1. 同一产品的产业内贸易

同一产品为什么还在两国之间进行交换呢？主要是由于各种成本存在差异。

（1）运输成本。假定在两国边境地区都有沙石砖瓦等的生产，由于销售距离和运输成本成正相关，所以产品总是有一定的销售半径（即以产地为中心的销售距离），以产地为原点，按该半径画圆，在圆面积之内的地区，就是这个产品的销售区。由于是在边境生产，产品的销售区很可能包括了对方国家的一些居民区。这些居民区所需沙石砖瓦，就近由边境那边供应要比由本国其他地区供应更加便宜和方便，于是便产生了沙石砖瓦的产业内贸易。它构成边境贸易的主要内容。但这种性质的产业内贸易数量比较有限。

（2）储存成本。当一些鲜活农副产品的生产季节和消费季节不一致时，就存在储存成本，从而使产业内贸易发生。例如，假定两国消费者对草莓的需求是经常性的，而两国因地理位置不同生产的草莓成熟期不一样，由于运输成本小于储存成本，一国在草莓成熟季节将其出口到对方国家；等到对方国家草莓成熟时，又从那里进口草莓。如此一来，就形成了草莓的产业内贸易。又如，各个大陆国家，由于用电高峰时间不同，当国内用电量小于高峰负荷时，就可输出电力；反之，则可输入电力。这便出现了电力产业内贸易。

（3）销售成本。例如，第二次世界大战结束后，转口贸易得到迅速发展。而在转口贸易中，产品进口以后经过储存、分级、清整、混合和包装等工序后，本质并未发生多大变化，其目的在于通过加工，附加以上销售成本，再行出口，一般进行统计时，都会将之作为进出口商品对待。因此，转口贸易也表现为产业内贸易。

（4）劳务费用和信息成本。在国际贸易中，经纪、保险、金融和运输业务一般由贸易双方委托专门机构提供，由此发生的费用需要相互结算，因而也表现为产业内贸易的性质。

2. 差别产品的产业内贸易

格鲁贝尔和劳埃德认为，进行国际贸易的差别产品可以分为两类：一类是能相互替代使用的商品；另一类是生产投入类似的商品。结合产业内贸易，又将这两类产品划分为三种交易。

第一，完全能替代使用，但生产投入很不相同的同类产品的交易。例如，木制家具和钢制家具的交易，尼龙线和羊毛线的交易，等等。这种产业内贸易可以用 H-O 定理的资源禀赋优势来解释。

第二，生产投入极为相似，但不大能替代使用的同类产品的交易。这又可以分为两小类。一是在技术上按比例生产出来的关联产品，如提炼原油会生产出不同挥发程度的石油产品，如果其中一种满足国内需要后还有剩余，即可输往国外。这种产业内贸易可以用包括关联产品在内的资源优势来解释。二是像铁条和钢板的交易，与下述第三类交易相同，可合并分析。

第三，提供给消费者的基本功能一样，几乎能完全替代使用，其生产投入也几乎一样，但因款式、质量、功能的细微差别，甚至因牌子不同而产生的差别产品交易。属于此类的有汽车、香烟等。比如，日本丰田车和美国福特车的交易就属此类。H-O 定理无法解释这类现象。

格鲁贝尔认为，只有取消成本固定不变的假设，通过规模经济效益才能解释这类现象。彼得·林德特认为，"行业内贸易更是高收入工业化国家的特征。在欧洲、北美和日本，行业内贸易占贸易总额的 60%以上，而在没有快速实现工业化的低收入和中等收入国家，该数值仅为 21%～26%。1978 年的这一调查结果表明，随着收入的提高和工业化的普及，产业内贸易将在全球范围内增长。经济学家们还发现，如果其他条件相同的话，在贸易壁垒和运输成本比较低时，以及在欧洲共同市场这样的自由贸易集团内，产业内贸易会更加盛行。每一种这样的联系都告诉我们，产业内贸易将逐渐变得更加居于主导地位，因为贸易壁垒和运输成本都在下降着，尤其是在自由贸易集团内"①。

（三）产业内贸易的特点

相对于产业间贸易而言，产业内贸易具有以下主要特点。

第一，产业内贸易是同类产品的相互交换。

① 彼得·林德特. 国际经济学[M]. 范国鹰，陈生军，陈捷，等译. 北京：经济科学出版社，1992：115.

第二，产业内贸易的产品流向是双向性的，即在同一产业内，产品在发生进口贸易的同时，也会发生出口贸易。

第三，产业内贸易的产品具有多样化的特点。在产业内贸易的产品中，既有劳动密集型产品也有资本密集型产品；既有标准技术产品，也有高技术产品。

第四，产业内贸易的产品必须具备两个条件：一是在消费上能够相互替代；二是在生产中需要相近或相似的生产要素的投入。

三、产业内贸易的测度

为了衡量产业内贸易的发生程度，格鲁贝尔和劳埃德于 1975 年提出了一个非常经典的“产业内贸易指数”，也被称为格鲁贝尔和劳埃德指数，即“G-L 指数”。

$$B_i = 1.0 - |(X_i - M_i) \div (X_i + M_i)| \tag{4-1}$$

式（4-1）中，B_i 表示一国 i 产业的产业内贸易指数，X_i 和 M_i 分别表示该国特定时期内 i 产业的进口额和出口额。

当一国 i 产业产品的出口额 X_i 恰好等于其进口额 M_i 时，产业内贸易指数 $B_i = 1$，表示 i 产业发生产业内贸易的程度最高，即其全部贸易都是产业内贸易；反之，当一国 i 产业的产品只有出口没有进口，或只有进口没有出口时，$B_i = 0$，表示 i 产业没有发生产业内贸易。在一般情况下，产业内贸易指数的取值范围为 0～1，即 $0 < B_i < 1$。B_i 越接近于 1，反映 i 产业发生产业内贸易的程度越高；B_i 越接近于 0，反映 i 产业发生产业内贸易的程度越低。

B_i 一方面与产业的特性有关，另一方面也与产业的划定范围有密切关系。一般而言，一个产业的范围愈大，其产业内贸易指数愈高。

第五节 需求偏好相似理论

按照 H-O 定理，各国资源禀赋差别越大，发生贸易的机会越多，贸易量便越大。按此推论，工业国与非工业国之间以工业品交换初级产品的贸易量应该是最大的。但是，实际情况并非如此。工业发达国家的出口量占到世界出口总量的 3/4，其中出口到其他工业国家的额度占到 75%，只有剩下来的 25%才出口到非工业国。为了解释上述现象，瑞典经济学家林德尔（S.B.Linder）于 1961 年出版《论贸易和转变》一书，提出了需求偏好相似理论（theory of demand preference similarity）。需求偏好相似理论又称为重叠需求理论（theory of overlapping demands）。需求偏好相似理论从需求结构出发，用国家之间需求结构的相似与一致对第二次世界大战后发达国家之间产业内贸易快速增长的现象作出了比较合理的解释。这与 H-O 定理从供给出发，以国家之间要素禀赋的差异来解释国际贸易原因的做法有根本上的不同。所以，需求偏好相似理论是一种另辟蹊径的新理论。

一、需求偏好相似理论的内容

该理论认为，一国的新产品生产出来以后，首先必须满足国内需求，然后再出口以满足国外需求。因此，两国的需求结构（需求偏好）越相似，两国开展贸易的可能性便越大。例如，日本在小汽车的生产上具有比较优势，且与美国、欧洲的消费结构相似，这就决定了在这些国家之间小汽车的贸易量较大；与此不同，许多发展中国家虽然也需要小汽车，但却无力购买，即具有不同的消费结构，所以日本与这些发展中国家的小汽车贸易量就比较小。

该理论进一步认为，一个国家的需求结构取决于该国的收入水平。不同收入水平的国家，其需求结构是不同的。高收入国家需要的是技术水平高、加工程度深、附加值较高的高档商品；而低收入国家则需要低档商品以满足最基本的生活需求。因此，两国的收入水平越接近，需求结构越相似，相互需求面就越广，贸易量就越大；反之，贸易量就越小。由于工业国的收入水平接近，因而具有相近的需求函数，这是发达工业国家相互间贸易较频繁的主要原因。

收入水平决定需求结构，而需求结构在很大程度上决定了该国的生产结构与出口范围。林德尔指出，一种工业品成为潜在的出口产品，首先必须是一种在本国消费或投资生产的产品。因此，一种产品出口的可能性决定于其国内需求。其原因在于以下几个方面。

第一，企业家对国外市场不可能像对国内市场那样熟悉，赚钱的机会主要源于国内需求。他们不能首先想到去满足一个国内不存在的需求，只有在感到国内市场狭小时，才会想到输出产品以赚取国外利润。

第二，就发明新产品而言，国内市场需求是更加必要的条件。一个国家本身的需求才是其技术革新和发明创造的推动力。

第三，创造发明新产品必须与市场紧密结合。要使新产品适合市场需要，就需要生产者和消费者之间反复交流信息，如果消费者和市场是在国外，生产者获取信息的成本就比较高。

第四，出口的工业品，无论是消费品还是资本品，都必须先有一个国内市场，才能获得比较优势。由此可见，两国需求结构愈相似，它们的产品结构也就愈相似，从而其出口范围也愈相似。

综上所述，需求偏好相似理论认为，在一些情况下，需求偏好相似是产业内贸易发生的动因和基础；国际贸易是国内贸易的延伸，两国的需求偏好越相似，二者开展贸易的机会便越大；而一国的需求结构决定于该国的收入水平，两国人均收入水平越相似，则其市场间的隔阂就越小，越容易发生国际贸易。

二、需求偏好相似理论图解

如图 4-3 所示，图中横坐标表示一国的收入水平，纵坐标表示其需求产品的加工深度，*OP* 表示价格线。假定有甲、乙两国，其收入水平分别为 *A* 与 *B*，*a* 与 *b* 是甲、乙两国在各自收入水平下所需消费产品的典型的加工深度。各国的消费围绕着各自典型的加工深度展开，实际所需消费产品的加工深度是一个区域。

如甲国实际需要消费产品的加工深度是围绕典型加工深度 a 点所形成的区域 a_1a_2，乙国实际需要消费产品的加工深度是围绕典型加工深度 b 点所形成的区域 b_1b_2。那么，两国实际需要消费产品的加工深度 a_1a_2 与 b_1b_2 之间的交叉区域 a_1b_2 便是双方都需要的消费产品的加工深度，也是相互贸易的基础。

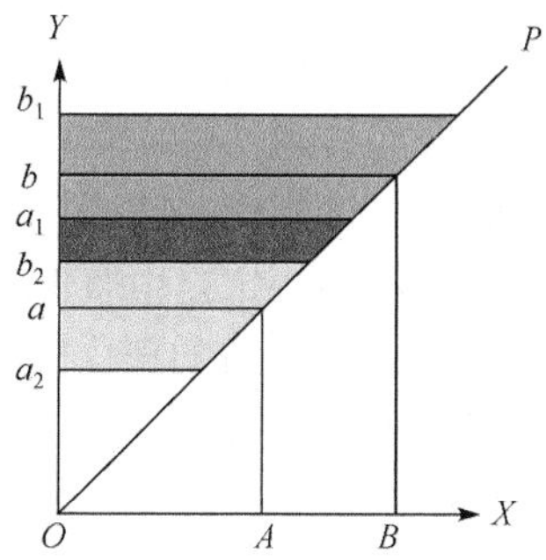

图 4-3 需求偏好相似理论的图形解释

图 4-3 说明，在一定的国际价格水平下，收入水平相似的国家之间，由于需求结构与偏好相似，则需求发生重叠，因而容易产生国际贸易。因此，需求偏好相似理论又称为重叠需求理论。

三、需求偏好相似理论评析

第一，理论意义。传统的贸易理论是假定需求偏好相同或固定不变，从而排除了需求因素对国际贸易的影响。但是，需求偏好相似理论却看到了需求偏好相似背后所隐藏的更深层次的问题，并且分析了它对产业内贸易产生的影响，认为偏好相似是产业内贸易发生的动因和基础，从而继承和发展了传统贸易理论。

第二，现实意义。需求偏好相似理论的基本结论是，制成品的国际贸易在人均收入水平相近的国家之间比在人均收入水平差别较大的国家之间更为频繁。该结论不但与第二次世界大战以来发达国家之间的产业内贸易迅速发展的事实相吻合，揭示了当代国际贸易发展的新特点，而且为一国在新的时代背景下如何根据本国的经济发展水平参与国际分工与贸易指明了方向。

第三，不足之处。该理论从需求的角度解释了产业内贸易发生的原因，但是它不能回答这样一个现实问题，即当收入增加带动需求水平的提高时，如果没有供给的相应调整，那么，需求的扩大只会带来制成品交易价格的普遍上升，但在现当代国际贸易中，资本与知识密集型制成品的交易价格不但没有上升，反而出现普遍下降的趋势。那么，产生这种价格下降现象的原因究竟是什么？保罗·克鲁格曼的规模经济贸易理论对此问题作出了令人信服的解释。

第六节 规模经济贸易理论

规模经济贸易理论是由美国经济学家保罗·克鲁格曼在其发表于 1979 年的论文《报酬递增、垄断竞争与国际贸易》中提出来的，他在与以色列著名经济学家埃尔赫南·赫尔普曼（Elhanan Helpman）合著的《市场结构和对外贸易》（1985 年）一书中又对该理论加以完善。该理论是将规模报酬递增原理和垄断竞争原理引入国际贸易分析中的成功尝试，因此也是当代国际贸易理论的代表性学说。

传统贸易理论的基本假定条件是自由竞争和规模报酬固定不变，众所周知，这些假定是不符合经济现实的。规模报酬递增和不完全竞争的市场环境才是与现实相吻合的。下面我们将讨论规模经济、不完全竞争对国际贸易的影响。

国际贸易不一定是由资源禀赋和生产技术的差异引起的，在有些情况下，收益递增或规模经济是贸易的基础。即使国家与国家之间并不存在资源禀赋和技术上的差异，规模经济仍能促使各国追求生产上的专业化和积极参与国际贸易。

名人简介 4-2

保罗·克鲁格曼（Paul Krugman，1953—）

被誉为当今世界上最令人瞩目的贸易理论家之一；在美国，他是著名的“布什批判家”。

1953 年 2 月，出生于美国纽约长岛一个中产阶级的犹太人家庭。

1974 年就读耶鲁大学，1977 年在麻省理工学院取得博士学位，受到经济学家诺德豪斯的关注；1978 年 7 月，一篇提交到国民经济研究局暑期研讨会上的关于垄断竞争贸易模型的论文使他一夜成名；毕业后先后于耶鲁大学、麻省理工及斯坦福大学任教。

1991 年，获克拉克青年经济学奖章。

20 世纪 90 年代之后，他在《纽约时报》开始长期担任专栏作家，是全球在专栏发表方面最为高产的经济学家之一。

1996 年，出版《流行国际主义》一书，大胆预言了亚洲金融危机；1997 年，该预言被成功验证，这也奠定了其新一代“经济大师”的地位，使他在国际经济舞台上如日中天。

2000 年起，成为普林斯顿大学经济系教授。

2008 年，因其对国际贸易模式和经济活动地理位置分析方面的成就，获得诺贝尔经济学奖。

主要研究领域：国际贸易、国际金融、货币危机与汇率变化理论。他创建的新国际贸易理论，分析了收入增长和不完全竞争对国际贸易的影响。

为了利用规模经济，每个国家必须集中资源生产有限类别的产品。如果每个国家都只生产几种有限类别的产品，则每种产品的生产规模都会比以往各国什么都生产时要大得多。在这一过程中，国际贸易就扮演着非常重要的角色。由于国际贸易创造出了比任何一个国内市场都要大得多的国际市场，所以，国际贸易为各国利用规模经济来生产有限类别的产品创造了必要条件。另外，国际贸易增加了可供消费商品的种类，可以使各国消费所有产品成为可能。

规模经济有内部规模经济和外部规模经济之分。在其他条件相同的情况下，内部规模经济和外部规模经济，都可能是产生国际贸易的重要原因。然而，内部规模经济和外部规模经济对市场结构的影响和要求是不同的，进而它们对国际贸易的影响也不尽相同。

无论是内部规模经济还是外部规模经济，都会对国际贸易格局产生重大影响，也都可以用规模经济贸易理论加以说明。

一、内部规模经济与国际贸易

（一）基本概念

内部规模经济（internal economies of scale）是指随着厂商的规模扩大，其单位产品平均成本下降的现象。内部规模经济出现在企业内部，它与整个产业的规模无关。内部规模经济是和**规模报酬递增**（increasing returns to scale，也称规模收益递增）紧密相连的，在多数情况下，这两个术语指的是一回事。

在现实的经济生活中，许多企业都存在着生产规模越大、生产效率越高的规模报酬递增的现象，即产出水平的提高快于要素投入的增长，或者说，双倍的投入获得的是超过双倍的产出。

规模报酬递增可用数学语言加以表示：设某厂商生产特定产量 Q 的某种产品所需要素是 x_1，x_2，…，x_n，则其生产函数为：$Q=F(x_1, x_2, \cdots, x_n)$；又设各要素的投入量均比原先扩大了 a 倍，其产出为：$Q_t=F(ax_1, ax_2, \cdots, ax_n)$。如果 $Q_t>aQ$（$a>1$），则说明厂商的生产是按规模报酬递增的。

规模报酬递增的原因主要是大规模、大批量生产可以使企业高效率地使用生产要素成为可能，即大规模生产可以更加有效地利用劳动力进行专业分工，可以使用更加专业化和高效率的大型机器进行生产，可以集中地进行研究开发和技术创新，也可以有效地积累经验并进行科学管理，等等。这些都是小企业绝不可能达到的。在内部规模经济或规模报酬递增的条件下，产业中一个或几个厂商的规模扩大会导致完全垄断或寡头垄断，从而破坏完全竞争。

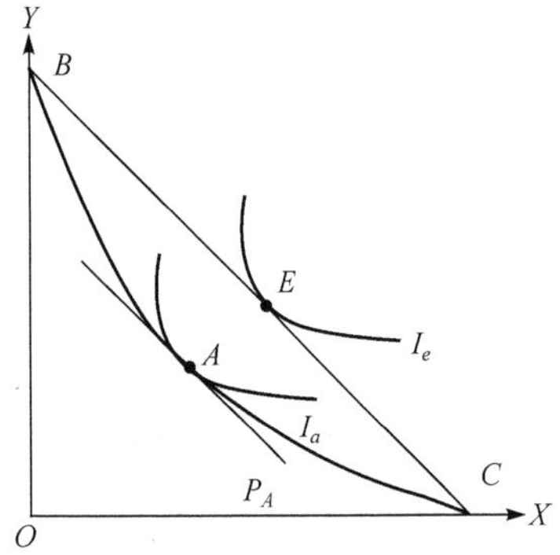

图 4-4　内部规模经济条件下的贸易基础

（二）内部规模经济条件下的贸易基础

在具有内部规模经济或规模收益递增的行业中，即使两个国家的生产条件和需求条件完全相同，仍然具有发生专业化分工与贸易的基础和可能性。

假定有甲、乙两个国家在各方面完全一样，则二者具有相同的生产可能性曲线和社会无差异曲线，如图 4-4 所示，规模报酬递增使得其生产可能性曲线凸向原点。

在贸易前，由于两国间生产可能性曲线和无差异曲线完全相同，两国的孤立均衡点都是 A，其 X 商品的均衡相对价格 $P_A = P_X/P_Y$ 也是相同的。

在贸易后，甲国将在 C 点完全分工生产 X 商品，而乙国将在 B 点完全分工生产 Y 商品。然后彼此进行交换，两个国家的最终消费组合都将达到无差异曲线 I_e 上的 E 点。

通过新、旧两个均衡点 E、A 的比较，两个国家都得到了比贸易前更多的两种商品，福利水平也得到提高。这说明两个国家在贸易中都获得了相应的利益。可见，在内部规模经济条件下，贸易基础是存在的。

应该注意的是，只有各国都在一种商品上形成规模经济时，贸易获利才会成为可能。在无贸易的条件下，由于各国都想消费两种产品，所以每个国家都不会完全分工去生产其中的一种商品。另外，两国的孤立均衡点 A 是不稳定均衡点。因为，如果在某种原因下甲国的生产点沿着其生产可能性曲线向右下方移动，则商品 X 的相对价格就会不断下降，直到甲国在 X 商品上实现完全分工为止。如果乙国的生产点沿着其生产可能性曲线向左上方移动，则 Y 商品的相对价格就会不断下降，直到乙国在商品 Y 上实现完全分工。

从前面的分析中我们可以发现，大规模、大批量的生产可以使企业更有效率。因此，在具有内部规模经济的行业里，大厂商将比小厂商具有更低的比较成本，在该种情况下，中小企业将渐渐被驱逐出市场，进而形成完全垄断的市场结构或者垄断竞争的市场结构。

（三）不完全竞争与国际贸易之间的关系

下面我们运用垄断竞争模型来分析不完全竞争与国际贸易之间的关系。垄断竞争模型的关键假设包括以下两个方面。

1. 垄断竞争模型的关键假设

（1）每个厂商都能生产出有差别的产品。因为其产品差别的存在，所以能够确保每个厂商在本行业中对其特有的产品拥有垄断地位，从而在某种程度上摆脱了竞争压力。

（2）每个厂商都面临着竞争。每个厂商可以自由地进入或退出市场壁垒，而且把竞争对手的价格作为既定价格，不考虑自己的价格对其他厂商价格的影响。

垄断竞争市场可以说是垄断与竞争的混合体，垄断来自产品的差异性。单个厂商可以凭借其产品的独特差异性，在一定程度上控制其产品价格，而且该厂商可以通过小于在完全竞争条件下的生产规模进行生产而得到最大利润。竞争则来自同一类产品共同的使用价值这一特性。由于各个厂商都能生产具有同一使用价值的产品，且围绕着同一使用价值进行生产，随着竞争者的自由进入与退出，最后将各厂商的纯利润压低为零。那么，在垄断竞争条件的形成过程中，内在规模经济起到了什么样的作用呢？内在规模经济可以将小厂商排斥在外，从而阻止了完全竞争。因此，内在规模经济的必然结果就是不完全竞争。

假定有一厂商，如中国格兰仕，在中国的微波炉市场上面临着垄断竞争。下面我们将分析在微波炉产品的出口市场开辟前后，格兰仕在国内市场中的生存情况。

2. 格兰仕在国内市场中的生存情况分析

（1）出口市场开辟前的情况。在垄断竞争市场中，格兰仕公司可以根据市场需求来调整自己的产量，其他微波炉生产厂商也可以自由地加入或退出微波炉行业。通过这些调整和变动，格兰仕公司最终会实现长期均衡。如图 4-5 所示，*LAC* 为其长期平均成本曲线，它体现了内在规模经济；D_0 为其需求曲线[同时也是其平均收益（*AR*）曲线]；*MC* 与 *MR* 分别为其边际成本与边际收益曲线。

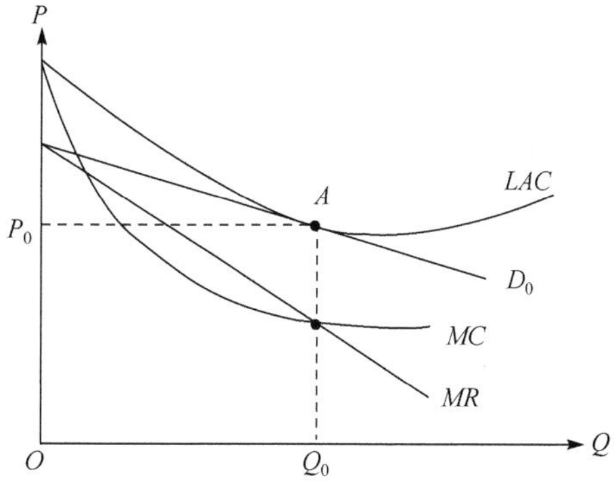

图 4-5　出口市场开辟前，厂商在垄断竞争市场中的情况

当长期均衡条件 $MC = MR$，$AC = AR$ 满足时，格兰仕公司实现了长期均衡。其边际成本与边际收益相等时，就决定了其生产规模即年产量为 Q_0，产品价格为 P_0，且其长期平均成本曲线与需求曲线相切于 *A* 点。格兰仕公司在长期均衡状态中把能赚到的利润都赚到了。当其生产规模低于或超过均衡产量 Q_0 时，其销售价格会低于其平均成本 *AC* 从而出现亏损。因此，格兰仕在出口市场开辟之前，其最佳的生产规模就是 Q_0。

应该注意的是，从图 4-5 上看，在长期均衡状态，其需求曲线保持在平均成本曲线之下，这实际反映了由于其他竞争者即微波炉生产厂商可以自由加入或退出微波炉行业，最终在均衡点 *A* 将格兰仕的超额利润压低为零，既无纯利润也没有亏损。在这场竞争过程中，一些小的微波炉生产厂商可能早在格兰仕公司实现了长期均衡以前就已经被淘汰出局，从而使格兰仕并没有处于完全竞争状态。

（2）出口市场开辟后的情况。假设现在格兰仕可以将微波炉产品出口到国际市场了，由于市场范围和容量的增大，其产品需求会随之增加。反映在图 4-6 上就是在原先需求曲线的右侧将出现一条新的需求曲线 D_1。

当出口市场刚刚被打开时，新的需求可以使格兰仕获得比较丰厚的垄断利润。受到垄断利润的吸引，一些新的微波炉厂商便会加入进来与格兰仕进行竞争，它们将一部分能够替代格兰仕产品的微波炉打入市场，使消费者对格兰仕微波炉的需求减小，进而将格兰仕微波炉的需求曲线向左下方推回到 D_2。新厂商进入市场的过程将持续进行到格

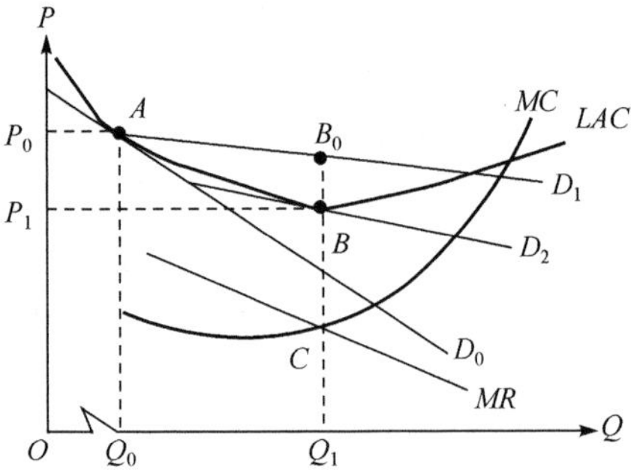

图 4-6 出口市场开辟后，厂商在垄断竞争市场中的情况

兰仕产品价格不再超过其平均成本为止，即格兰仕不再有纯利润。图 4-6 仅仅画出了这一竞争过程的初始状态与最终状态。

（3）贸易开放收益的分配情况。比较初始均衡点 A 与最终均衡点 B 可以看出：开辟新的出口市场之后，其产出更大、价格更低。

在这种垄断竞争的情况下，贸易开放所带来的收益被奇妙地分配了。受惠于规模经济，贸易双方国家的消费者都将从中受益。而在从初始均衡点 A 到最终均衡点 B 的转变过程中，格兰仕在因其他新的竞争者的进入而将其纯利润压低为零以前可以得到一些纯利润。也就是说，格兰仕是暂时的受益者。

二、外部规模经济与国际贸易

（一）基本概念

外部规模经济（external economies of scale）是指随着整个行业的规模扩大，每个厂商的平均生产成本都下降的现象。外部规模经济取决于整个行业的规模（即行业总体产量增加和同类产品厂商数量增加）而非单个厂商的规模，这时，行业中单个厂商的规模可能仍然很小。

在具有外部规模经济的行业里，大厂商没有竞争优势，行业里充满了数量众多的中小企业，企业之间处于一种类似于完全自由竞争的状态。或者说，外部规模经济和完全竞争是一致的。

有关外部规模经济的分析可以追溯到马歇尔时代，行业地理集中现象无法用自然资源来解释，这就引起了马歇尔的极大兴趣。马歇尔认为，同一产业众多厂商在地理上集中分布而产生外部规模经济的原因主要有三个：一是可能实现和提供专业化的劳动分工与服务，促进专业化供应商队伍的形成。二是有利于劳动力资源的共享。高素质的劳动力有利于工人降低失业风险，也可以使企业更加灵活地选择和使用劳动力。三是有助于知识与技术的外溢。有用的知识、技术等信息可以有更多的机会通过正式的或非正式的、合法的或不合法的渠道进行交流和扩散，从而提高企业的生产效率。

这种外部规模经济现象在知识技术密集型行业或者服务行业中表现得特别突出。例如，在马歇尔时代，其典型的例子就是云集于谢菲尔德的刀具制造商与北安普敦的制衣商；在现当代其典型的例子有：集中于加利福尼亚州硅谷的半导体工业，集中于纽约华尔街的投资银行业以及集中于好莱坞的娱乐业。在这些行业中，内部规模经济效应并不十分明显。

（二）外部规模经济条件下的贸易基础、模式与福利

1. 贸易基础

与内部规模经济一样，外部规模经济也是国际贸易的基础。在其他条件相同的情况

下，如果一个国家某产业的规模很大，则该国生产某种产品的平均成本就比较低，在这种产品上就具有比较优势。但是，相对于内部规模经济而言，即使该国在这些产业中已经没有了比较优势，外部规模经济也可以使一些已经形成的专业化生产模式维持下去。这就使外部规模经济对贸易模式与福利的影响变得模糊起来。

2. 贸易模式

外部规模经济对贸易模式的影响，主要取决于历史原因所造成的某一贸易产业在某国的建立时间与形成的规模。下面我们用图 4-7 加以说明。

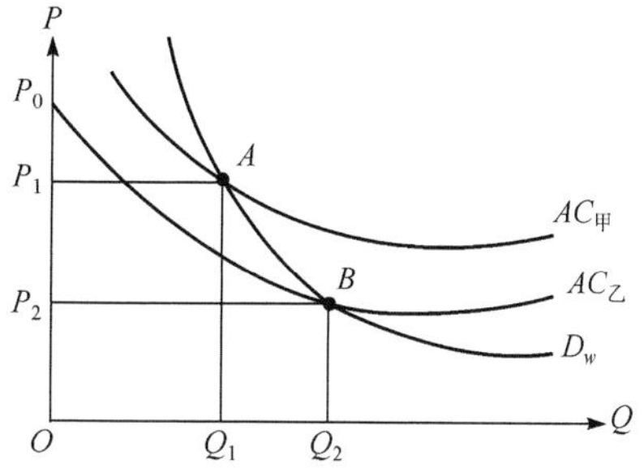

图 4-7　外部经济与分工

假定有甲、乙两个国家，都可以生产某种产品 X，其平均成本曲线分别为 $AC_甲$和 $AC_乙$。外部经济使其平均成本曲线均向右下方倾斜，由于产业间各厂商的竞争，会使图 4-7 外部经济与分工该产品的价格与本国的平均成本持平。图 4-7 中，D_w 为世界市场对产品 X 的需求曲线。

若由于某种历史原因，生产 X 产品的产业首先在甲国建立，但在乙国还未建立。甲国会以价格 P_1 向世界市场提供 Q_1 单位的 X 商品。若乙国要生产 X 商品的话，则会以价格 P_2 向世界市场提供 Q_2 单位的 X 商品。虽然 $P_2 < P_1$，$Q_2 > Q_1$，但乙国不能进入该市场也不会生产 X 产品。其原因有两点：其一，甲国已经占领了 X 产品的世界市场；其二，由于乙国在开始生产 X 产品时，其初始生产成本（$AC_0 = P_0$）明显高于甲国供给世界市场的价格 P_1，这一点尤为重要。在这种情况下，如果乙国要进入 X 产品市场，其唯一途径就是本国政府对生产 X 产品的产业给予暂时的补贴或贸易保护。因此，在外部经济条件下，我们无法按照真实或潜在的平均成本来确定国际贸易的模式。

3. 贸易福利

此处，我们将探讨外部经济对贸易福利的影响。如果乙国不进入 X 产品市场而从甲国以高价 P_1（$P_1 > P_2$）进口，这种贸易显然使得乙国社会福利恶化，也不利于世界资源的最优配置。但是我们必须看到，由于国际贸易允许各国不同的行业从事专业化生产，即重点发展一种存在外部规模收益递增的产品和产业，然后进行自由贸易，从而使贸易双方可以从外部经济中受益，也使得世界经济从整体上变得更加繁荣，各国也会变得更加富裕。

（三）动态外部经济与分工

动态外部经济（dynamic external economy）是指随着时间推移，产业的累计产出增加，产业之中厂商进一步积累知识，从而造成整个产业平均生产成本下降的情况。

动态外部经济发生于产业累计产量的增加和各厂商不断积累生产知识的过程中。随着厂商在生产过程中获得经验，因此厂商会经常改进其产品和相关生产技术；同时，其他厂商也在不断地模仿与革新。这样就会使整个产业的平均生产成本下降。由此可见，动态外部经济源于知识积累，因此，人们也将其称为源于知识积累的外部经济。

动态外部经济可用**学习曲线**（learning curve）来表示。学习曲线指的是当产业的累计产量随时间推移而增加时，其平均生产成本下降的程度。它说明了一国产业的累计产量越大，其单位成本就越低。

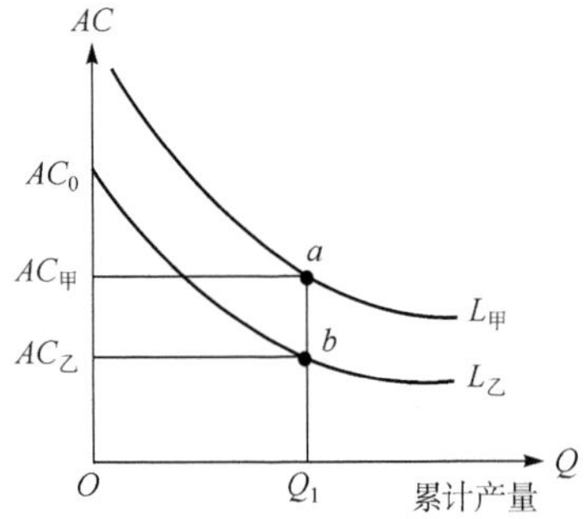

图 4-8　学习曲线与分工

如图 4-8 所示，$L_甲$和$L_乙$分别表示的是甲、乙两国 X 产业的学习曲线。在累计产量均为Q_1时，甲、乙两国 X 产业的平均生产成本分别为$AC_甲$和$AC_乙$，由于$AC_甲 > AC_乙$，表明乙国可以在单位成本为$AC_乙$时生产Q_1单位该产品。但由于乙国面临着较高的初始生产成本AC_0，且 X 产业已在甲国建立，故乙国不能也不会进入这一市场。按照**幼稚产业保护论**（theory of infant industry protection）的观点，如果乙国要进入市场，其唯一途径就是本国政府对落后产业给予暂时的补贴或贸易保护，从而可以使其获得并积累经验，最终走向成熟而具有国际竞争力。

（四）外部规模经济对国际贸易的影响

众所周知，并不是所有的规模经济都存在于单个厂商内部。由于各种原因，在很多时候某行业在一个或几个地点集中生产，可以有效降低该行业的成本，而行业中的单个厂商的规模仍可能很小。

为了说明外部规模经济对国际贸易的影响，下面我们用某国具有竞争力而且具有规模经济特征的 X 行业加以分析。

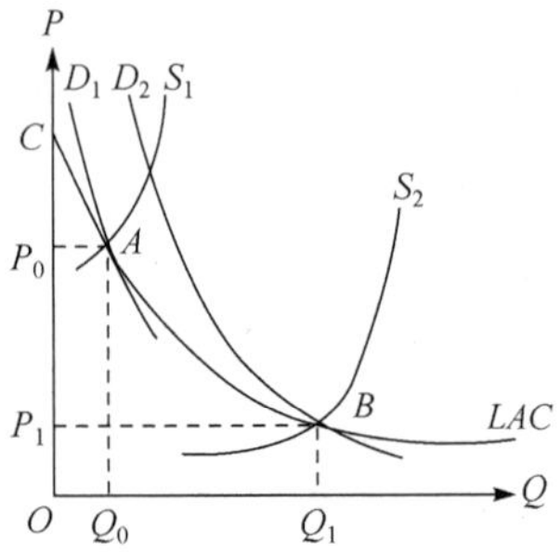

图 4-9　外部规模经济与国际贸易

如图 4-9 所示，A（Q_0，P_0）点为初始均衡状态。在该状态下，很多厂商相互之间进行竞争，以价格P_0销售产品的数量为Q_0。这时常规的短期供给曲线与需求曲线以通常的方式相交于A点。

图 4-9 中新内容在于：上斜的供给曲线与下斜的平均成本曲线同时存在。上斜的供给曲线为小的单个厂商对市场反应的总和，即各个小的厂商都在既定的行业生产水平上进行经营，各自都不会对市场产生太大影响，只是根据自己上斜的供给曲线对价格变化作出反应。而所有这些曲线之和便是S_1。在新的出口市场被开辟出来的情况下，需求曲线将由D_1移至D_2。新的出口业务提高了整个行业的产出量，使各厂商之间有了更多的接触，产生了技术外溢，提高了生产效率，从而降低了整个行业的成本。这意味着该行业供给曲线持续地向右移动直至S_2，B（Q_1，P_1）为出口市场被开辟之后的均衡点。

图 4-9 中，平均成本曲线LAC更清晰地描绘出了获得外在经济的该行业，其平均成

本是下降的。但是，规模经济不能无限制地扩大下去。因为，该行业规模的扩大会使竞争日益激烈，由此引发的环境污染等问题也会日益突出，以至于出现外在不经济的趋势，使得扩展过程停止，最终需求与供给在 B 点达到新的均衡。

外部规模经济对贸易利益的影响：比较新旧均衡，可以判断出从一个具有外部规模经济行业的贸易开辟中谁得谁失。对于消费者而言，会因产品价格下降而受益；对于生产者而言，各厂商将获取在较低边际成本曲线（S_2）之上的生产者剩余。总之，消费者与生产者都是受益者。

三、规模经济贸易理论对产业内贸易的解释

规模经济贸易理论能够较为圆满地解释国家之间的产业内贸易。作为一个国家，它可以利用规模经济更好地组织产业内部分工，以提高劳动生产率、降低生产成本。假定甲、乙两个国家具有相同的资源禀赋、技术水平和需求偏好，但由于市场需求、劳动分工、生产管理、经营决策及历史等原因，生产规模等仍然会有所不同，生产规模的差异又会引起两国产品长期平均成本之间的差异，从而导致产业内贸易的发生，如图 4-10 所示。

由于两个国家具有相同的资源禀赋、技术水平和需求偏好，所以在生产同一种产品时，甲、乙两国的长期平均成本曲线（LAC）相同。如甲国由于市场需求、劳动分工、生产管理、经营决策及历史等条件的限制，其代表性企业的生产规模比较小，只能生产数量为 Q_1 的产品，其单位成本为 C_1；而乙国代表性企业却达到较大或最佳规模，其数量为 Q_2，其产品成本为 C_2。由于 $C_1>C_2$，因此，甲国产品的竞争力不如乙国，则甲国消费者可能购买和消费乙国产品而不用本国产品，这时行业内贸易就发生了。

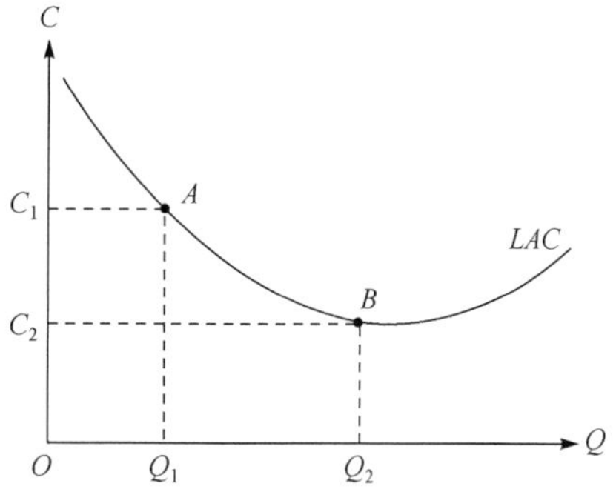

图 4-10　规模经济与产业内贸易

四、规模经济贸易理论评析

规模经济贸易理论从供给的角度解释了产业内贸易发生的原因，是将规模报酬递增理论引入国际贸易分析中的成功尝试，从而丰富和发展了国际贸易理论。正如保罗·克鲁格曼所讲的那样："我们现在已经可以比过去更系统地研究国际贸易中报酬递增的作用以及这一作用与比较优势的作用相互影响的方式……把规模经济引入贸易理论，实际上是从标准模型中发现报酬递增理论的进步。"①

另外，规模经济贸易理论揭示了一个国家可以利用规模经济更好地组织产业内部分工，以提高劳动生产率、降低生产成本，从而可以获得比较优势的道理。在一个具有内部规模经济或垄断竞争的行业里，就必须扩大生产规模，才能具有竞争力；在具有外部

① 保罗·克鲁格曼. 克鲁格曼国际贸易新理论[M]. 黄胜强译. 北京：中国社会科学出版社，2001：56.

竞争性质的知识技术密集型或服务型行业里，就可以通过产业集中以实现外部规模经济，从而使中小企业生产的产品也可以获得比较优势而进入国际市场。

第七节 国家竞争优势理论

随着国际竞争的日益激烈，几乎每一个国家都面临着竞争问题。在国际竞争中，为何有的国家成功、有的国家失败？**“竞争力”**（competitiveness）似乎已经成为当代最热门的经济话题。第二次世界大战结束后，美国科技高速发展，使其产品在世界市场上处于垄断地位。进入20世纪70年代后，日本及欧洲经济崛起及美国经济陷入滞胀，使美国在与日本、欧共体争夺国际市场的竞争中节节败退，连其具有较大优势的高科技产业也未能幸免，这个现象引起了美国经济学家、政府甚至国民的关注。譬如，越来越多的美国人质疑：为什么美国的经济会长期衰退，而其他国家则在国际贸易中日益超前？决定一国国际竞争力的基本因素是什么？为了回答这些问题，美国经济学家迈克尔·波特通过对10个国家、上百种产业进行历史研究，在其1990年出版的《国家竞争优势》一书中提出了**国家竞争优势理论**（the competitive advantage theory）。

名人简介 4-3

迈克尔·波特（Michael E.Porter，1947—）

哈佛大学商学院著名教授，当今世界上少数最有影响的管理学家之一；开创了企业竞争战略理论；在世界管理思想界可谓是“活着的传奇”；是当今全球第一战略权威，是商业管理界公认的“竞争战略之父”；在2005年世界管理思想家50强排行榜上，位居第一。

1947年，出生于密歇根州的大学城——安娜堡，父亲是位军官。

毕业于普林斯顿大学，后获哈佛大学商学院企业经济学博士学位。

32岁时，获哈佛商学院终身教授之职。

较有影响的著作：《品牌间选择、战略及双边市场力量》(1976 年)、《竞争战略》(1980 年)、《竞争优势》(1985 年)、《国家竞争优势》(1990 年) 等。

一、国家竞争优势理论的基本观点

波特认为，竞争优势应该是一个国家财富的源泉。在国家层面上，竞争力代表的唯一意义就是国家生产力。国民生活水平的提高，需要企业不断提升和创造符合时代要求的生产力。国家经济的优化升级需要生产力的持续提高，但是企业是竞争优势创造过程的主角，企业生产力的提高则需要企业借助提高产品质量、提高产品性能、提高产品生产效率等途径来实现。①

就长期而言，企业定位的核心就是“竞争优势”，成功的企业通常比其竞争者具有更持久的竞争优势。

竞争优势一般可以分为两类：低成本竞争优势和差异型竞争优势。当企业能以较低的成本竞争时，它比竞争者更能有效率地设计、生产和营销产品，而当产品价格相差不多时，成本越低也就表示利润越高；而企业采取差异型竞争的目的则在于提供给客户独特而优质的价值，并从产品的质量、专业功能或售后服务等方面表现出来。②

竞争优势的持续力取决于三个重要条件。第一个重要条件是：特殊资源的优势。就竞争优势的持续力而言，资源的重要性有层次之别。第二个重要条件是：竞争优势的种类与数量越多越好。长期领先的企业多半会经由价值链发展为多样化的竞争优势。第三个重要条件是：竞争优势的持续力是一种持续的改善和自我提升。企业要具有持续竞争上的优势，自身必须成为一个不定向的飞靶，在竞争者赶上既得优势前已发展出新的优势。如果企业要持续拥有既有的优势地位，甚至必须适时放弃现有的优势以成就更高层次的新优势。③

在涉及贸易对竞争优势的影响方面，波特认为，贸易盈余或贸易平衡并不代表一个国家有竞争力，一个国家如果以低工资与弱势货币扩张出口规模，但同时又依赖进口精密高层次产品，纵使实现贸易顺差或贸易平衡，该国的生活水平依然无法提升。之后，波特提出了一种理想的贸易模式：一个国家有能力出口具有较高生产率的产品，并进口其国内生产率偏低的产品，因为这种方法可以使国家生产率得到全面提升。一般而言，国内具有较高生产率的产品的出口表现，比全国整体的出口表现更为重要。国家整体出口纵使缓慢，只要高生产率产品的出口量能持续增长，那么这个国家的生产力依然可以持续提升。④

在涉及国家对竞争优势的影响方面，波特认为，国家是企业最基本的竞争优势，因为它能创造并保持企业的竞争条件。国家不但影响企业所制定的战略，也是创造并延续其生产与技术发展的核心。波特还认为，国家的竞争优势与以下四个关键假设前提有

---

① 迈克尔·波特. 国家竞争优势[M]. 李明轩，邱如美译. 北京：华夏出版社，2002：6.

② 迈克尔·波特. 国家竞争优势[M]. 李明轩，邱如美译. 北京：华夏出版社，2002：36.

③ 迈克尔·波特. 国家竞争优势[M]. 李明轩，邱如美译. 北京：华夏出版社，2002：48-49.

④ 迈克尔·波特. 国家竞争优势[M]. 李明轩，邱如美译. 北京：华夏出版社，2002：8.

关：第一，竞争的形态会随着不同的产业及产业环节的变化而改变。也就是说，竞争的性质和竞争优势的根源在产业间（甚至产业部门间）有着广泛的区别。第二，跨国企业的价值链不一定全放在母国，即成功的全球竞争者不仅仅从其国内获得优势，而且会积极参加在其国家以外的价值链上的相关活动，并从世界网络中获得竞争优势。第三，在国际竞争中，企业的竞争优势来自改善、创新和升级。企业通过发明创造在现代国际竞争中获得并维持竞争优势。第四，竞争优势属于早期采取行动并积极开拓新市场或开发新技术的企业。[①]

从一个国家角度来分析，其竞争优势来源于四个关键因素和两个次要因素。四个关键因素是：生产要素、需求条件、行业相关与支持性产业的活力，以及企业战略、结构与竞争对手。另外，两个次要因素是政府行为和机会（偶然事件）。国家被放在这一框架之下进行评估以决定其形成和维持具有国际竞争优势产业的可能性，这一框架即**"钻石体系"**（diamond system）或**"钻石模型"**（diamond model），也称为钻石理论，如图 4-11 所示。

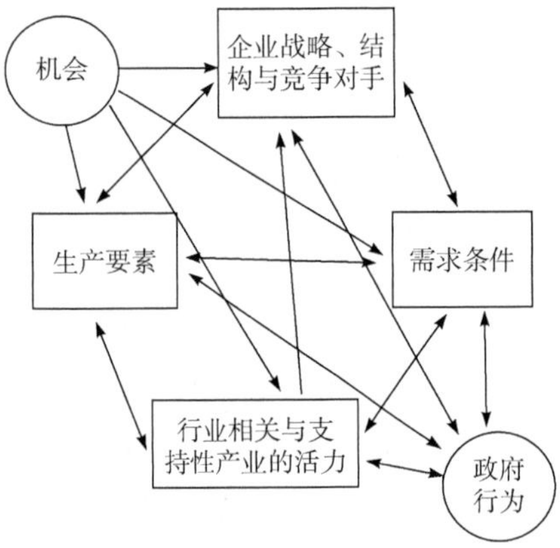

图 4-11　完整的钻石体系

（一）生产要素

生产要素包括人力资源、天然资源、知识资源、资本资源和基础设施。要了解生产要素在竞争优势中的重要性，就要了解生产要素的分类。

波特没有采用传统的土地、劳动和资本的分类方法，而是构建了一种要素的分级系统，这种分级把要素区分为初级生产要素和高级生产要素、一般化要素和专门化要素。**初级生产要素**（basic factor）属于先天得来和被动继承的或仅需简单投资就能拥有的优势，它包括天然要素、气候、地理位置、非技术劳动与半技术劳动、融资等；**高级生产要素**（advanced factor）则是需要通过长期的投资和技术开发才能拥有的优势，主要指现代化通信的基础设施、高等教育劳动者（如科学家和工程师）以及大学研究所等。由于这些要素在当地是稀缺的，在全球市场上也难以获得，因此，高级生产要素不但在创新发明过程中起着重要的作用，而且一种当地的高级生产要素的供给对一国产业取得并保持竞争优势也是至关重要的。[②]

一般化要素（如公路系统、进入资本市场以及熟练劳动力人才库）可能被广泛地用于多个产业中；而专门化要素（如专门领域的知识基础、高度专业性的人才以及基础设施中的定制系统）却不能。由于专门化要素更显稀缺，更难培养，更不易得到，因此，

① 迈克尔·波特. 国家竞争优势[M]. 李明轩，邱如美译. 北京：华夏出版社，2002：66.

② 戴维·B. 约菲，本杰明·戈梅斯-卡斯. 国际贸易与竞争战略与管理案例及要点[M]. 宫桓刚，孙宁译. 大连：东北财经大学出版社，2000：29.

专门化要素更有可能为持续的竞争优势提供基础。

国家需要开发新的高级要素库和新的专门要素库来帮助以国内需求为基础的产业。这样就需要不断地进行要素创新方面的投资更新，尤其是当产业必须克服要素劣势时，以国内市场为基础的产业长期支持那些可以获得足够资源并且竞争激烈的产业就显得重要了。

就竞争优势的持续力而言，资源的重要性有层次之别。低层次竞争优势，如廉价的劳动成本和便宜的原料等，是很容易被模仿取代的，竞争者可以寻找新的廉价生产的环境和资源来复制这类竞争优势，或直接投入市场，这就会使对方原有的竞争优势丧失。低层次竞争优势还包括以竞争者也能取得的技术、设备、方法所发展的规模经济，这是一种成本优势。这种规模经济通常会因为新的生产技术或方法的出现而遭淘汰。新的产品设计问世也同样可以抑制这种成本优势。高层次竞争优势则包括高级技术的所有权、在单一产品或服务上的差异，这是一种营销时积累的品牌信誉或客户关系的持续，是一种比较稳固、牢靠的竞争优势。因此，在国际竞争中，初级生产要素已经不再重要，而高级生产要素对于竞争优势的影响则更大了。此外，波特认为，一国的产业在国际竞争中要持续保持竞争优势，就必须从事要素创新，并开发新的高级要素，而且需要不断地进行要素创新方面的投资。国家需要以开发新的高级要素库和新的专门要素库来帮助以国内需求为基础的产业。

（二）需求条件

国内市场的需求是企业发展的动力，能够刺激企业创新，并把新产品推向市场。企业所推出的产品复杂性和进入市场的时间主要取决于国内需求的特点：其一，国内消费者的需求特点；其二，国内市场的规模与发展速度；其三，把国内市场需求转化为国际市场需求的能力。其中，第二点和第三点是第一点的延伸，而且国内市场的质量绝对比市场需求量更为重要。

（三）行业相关与支持性产业的活力

在很多产业中，一个产业的潜在优势是因为其相关产业具有竞争优势。相关产业的表现与能力，自然会带动其上、下游产业的创新。

（四）企业战略、结构与竞争对手

该因素是指企业对未来竞争方案的规划，即如何创立、组织和管理企业，以及竞争对手的条件如何，等等。企业目标、战略和组织结构往往因产业和国情的差异而不同。国家竞争优势就是指各种差异条件的最佳组合。

（五）政府行为

波特认为，政府的首要任务是要尽力去创造一个支撑生产率提升的良好环境，但政府在保持产业竞争优势方面的作用天生就是从属性质的。政府不应该是钻石理论要素的一个组成部分，但政府对钻石理论的每一个因素都会产生或多或少的影响，这种影响是理解政府与竞争之间关系的最佳方式。[①]由于国家能创造并保持企业的竞争条件，因而是企业最基本的竞争优势。国家不但影响企业所作的战略，而且也是创造并延续生产与技术发展的核心。政府可以用许多方式来改善企业经营环境，但切不可限制竞争，或者人为地降低安全和环境标准。因为政府在这些方面的“帮助”实际上只能阻碍公司创新、延缓生产效率的提高，从而也影响到企业竞争力的提升。另外，国家在技术创新过程中的作用就是如何为企业提供比竞争对手更快速的创新和进步的产业环境。当然，政府的政策也会受到环境中其他因素的影响。

因此，政府的补贴、教育和资金市场等政策会对国内市场和生产要素产生影响，政府也采取了许多影响上游和相关产业环境的措施。如果一国选择了有利于提高生产效率的政策、法律和制度，如提高本国所有国民的素质，对各种专业化的基础设施进行投资，使商业运行更有效率，等等，则它就选择了繁荣。与此相反，也即选择了贫穷。

（六）机会

引发机会的事件往往会打破原本的状态，并能提供新的竞争空间，从而影响到产业的竞争优势。就不同国家而言，机会所造成的影响有好有坏。如果国家的钻石体系比较健全，往往能够化危机为转机，促使厂商努力争取新的资源，并创造新的竞争优势。波特强调，若要建立国家竞争优势，作为产业必须能善用四大关键因素。钻石体系是一个互动的体系，其中的每个关键因素都是相互依赖的。就国际竞争力的影响而言，四大关键因素的作用更为重要，再加上政府行为与机会这两个辅助因素，彼此互动、相互影响。

总而言之，波特的国家竞争优势理论的要点是：国家的财富主要取决于本国的生产率（即指单位工作日所创造的新价值，或者是单位投入资本所得到的报酬）和一国所能利用的单位物质资源。国家或者地区的竞争环境如何，与其生产率的增长密切相关，我们可以用由四类因素组成的钻石来形象地描绘竞争环境。钻石理论揭示了在某一区域的某一特定领域，影响生产率的各种因素，诸如信息、激励、竞争压力、到达支持性公司的途径、制度与协会、基础设施和人力资本等。[②]

二、国家竞争优势理论评析

我们认为，国家竞争优势理论是对比较优势理论的发展，也是对现当代国际贸易理论的一种综合。

第一，国家竞争优势理论用生产率替代了比较优势理论中劳动生产率的概念，用竞争优势替代了比较优势（或比较利益）的概念。比较优势理论是从生产技术的相对差别，进而劳动生产率与生产成本以及产品价格相对差别的角度来揭示贸易的基础的。其贸易模式为：每个国家都应集中生产并出口其具有比较优势（或比较利益）的产品，进口其具有比较劣势的产品。而波特的国家竞争优势理论是从生产率的相对差别，或者竞

① 迈克尔·波特. 国家竞争优势[M]. 李明轩，邱如美译. 北京：华夏出版社，2002：3.
② 迈克尔·波特. 国家竞争优势[M]. 李明轩，邱如美译. 北京：华夏出版社，2002：1.

争优势相对差别的角度来揭示贸易的基础的。此外，波特提出了一种理想的贸易模式：一个国家有能力出口高生产率的产品，并进口其国内生产率偏低的产品。

第二，现当代国际贸易理论大多是从静态与某一特定角度（或有限因素）来揭示贸易的本质的，而国家竞争优势理论则是从动态与多个角度（或多个因素）来揭示贸易的本质的。国际贸易理论大多是从静态的角度考察比较优势的；而国家竞争优势理论则是从动态的角度来考察竞争优势的。大体而言，国际贸易理论就是为了探讨和解决国际分工与贸易的基础、模式或格局以及贸易的结果等问题的。贸易的基础取决于比较优势，在一定的理论假设前提下，不同的国际贸易理论对国际分工与贸易的基础以及比较优势的确定问题做出了各自不同的回答。这些特定的角度分别是：相对劳动生产率、资源禀赋、人力资本、R&D 以及信息等新要素、需求条件、利用规模经济的程度、产品生命周期所处的不同阶段等。而波特的国家竞争优势理论则是从生产要素，需求条件，行业相关与支持性产业的活力，企业战略、结构与竞争对手，政府行为以及机会等多个角度来决定和衡量竞争优势的。

第三，H-O 理论认为，决定比较优势的要素是静态的，可以通过继承来取得；而波特的国家竞争优势理论则认为，决定竞争优势的要素是动态的，因而可以被升级和创造，它们通常是投资的产物。特别是，国家竞争优势理论把“技术进步”和“创新”列为其思考重点，技术创新需要对有形资产、人力资源开发等进行持续投资。

第四，在政府的角色定位上，国际贸易理论大多都继承了亚当·斯密的政府主要是“守夜人”的思想，认为政府不应干预经济生活；而波特的国家竞争优势理论在继承国际贸易理论关于政府不应干预经济生活思想的同时，又提倡政府在追求竞争力提升和经济繁荣时应该扮演新的、具有建设性和行动性的角色。就政府而言，它的首要任务是要尽力去创造一个支撑生产率提升的良好环境。

综上所述，波特的国家竞争优势理论的前提是“动态与不断进化的竞争”，可以说，国家竞争优势理论是对现当代国际贸易理论的一种综合，竞争优势实际上就是动态比较优势的代名词。

第八节　战略贸易政策理论

一、战略贸易政策理论的基本内容

传统贸易理论认为，国际市场肯定是完全竞争市场，任何企业都没有影响市场价格的力量，所有企业只是国际市场上的价格接受者，因而不必考虑企业的战略行为。然而，从 20 世纪 80 年代开始，由于国际贸易重要性的日益凸显，贸易特征与格局出现了一些新的变化，这就引起了经济学家的高度关注，并对国际贸易理论有了新的思考。他们认为，当代国际市场是不完全竞争的市场结构，而不是传统贸易理论所假设的完全竞争。多数厂商面临着不完全竞争的市场，他们相互依存、激烈竞争，厂商在决定其最优行动方案时，都会试图将其他厂商的反应考虑在内。这种考虑了竞争对手反应的行动方案被称为**“战略”**（strategy），厂商根据这些战略采取的行动被称为**“战略行为”**

（strategic behaviors），厂商有意识地实施这些行为以获得对市场的控制。然而，更为重要的是，欲获得对市场的控制，要想在竞争中取胜，必须借助于政府的干预。因此，面对这样的国际贸易格局，国际贸易理论必须考虑市场的不完全竞争性和厂商行为的战略性问题，只有这样才可能得到符合现实的理论。随着产业的日益集中，以及跨国公司对市场结构和市场行为影响力的不断提高，企业和政府似乎具有利用战略性行为来获得在全球市场上的战略优势的机会。在这种背景下，有关战略贸易政策理论的新国际贸易理论就应运而生了。

战略贸易政策理论（strategic trade policy）是由詹姆斯·布兰德、巴巴拉·斯本思、阿威施·迪克斯特较早论述的，后来赫尔普曼和克鲁格曼对其进行了非常详尽的论述。战略贸易政策理论在国际贸易理论，特别是国际贸易政策理论发展中具有特别重要的意义。

名人简介 4-4

埃尔赫南·赫尔普曼（Elhanan Helpman，1946—）

以色列当代著名经济学家、以色列特拉维夫大学经济学教授和美国哈佛大学经济学教授（1997 年起），新贸易理论和新增长理论的重要奠基者。

1946 年生于苏联，1957 年移居以色列，在特拉维夫大学获得学士学位（1969 年）和硕士学位（1971 年）；1974 年，获哈佛大学经济学博士学位。

他是一位博学多产、富有创造性和合作精神的经济学家，自 1974 年起出版 10 多部著作，发表了 100 多篇学术论文。

主要著作：《市场结构和对外贸易》（与克鲁格曼合作，1985 年）、《贸易政策和市场结构》（与克鲁格曼合作，1989 年）、《特殊利益政治学》（与格罗斯曼合作，2001 年）、《利益集团和贸易政策》（与格罗斯曼合作，2002 年）。

战略贸易政策理论认为，在不完全竞争市场上，一个国家的政府能够通过暂时的贸易保护、补贴、税收优惠以及政府与工业部门的合作计划等一系列战略性行动，鼓励战略产业发展，从而在国家至关重要的领域内形成比较优势；国家可以从中得到很大的外部经济之利，为增强国家的综合经济实力创造条件，为其国际竞争能力永久性地处于国际领先地位创造条件。由此可见，这个观点与发展中国家保护幼稚工业的观点很相似，所不同的是，战略贸易政策理论主要适用于发达国家，是发达国家的贸易保护理论。

在不完全竞争市场中，由于垄断竞争可以使产品的价格高于产品的边际成本，从而获得垄断利润，因此，一个国家往往愿意以破坏完全竞争为代价来实施一系列的战略性行动，最终达到增加本国经济福利的目的。而且，作为战略产业应具有很强的前后向的联系，以带动经济发展，并产生了广泛的外部经济效益。在国际贸易实践中，该理论往往与产业政策之间存在着密切联系。一国政府实施战略贸易政策的主要目的在于：影响本国厂商与贸易对手的决策行为，通过贸易获取利益，最终在国际竞争中获得战略优势并增加本国经济福利，促进经济的增长与发展。因此，该理论的实施被称为**"侵略性出口"**（aggressive export）和**"侵略性进口"**（aggressive import）。

那么，作为一个国家的政府要制定和实施战略贸易政策，正确选择战略产业即贸易政策的保护对象是非常重要的。一般而言，战略产业主要指具有广泛的外部经济的产业，也包括具有巨大内部规模经济的产业、拥有出口垄断地位和竞争实力的产业以及高科技产业。政府应将其作为战略性产业政策和贸易政策的保护对象加以扶持，使之成为全国性的重要产业，并且能够大量进入国际市场而取得领导地位。

在一些经济学家看来，20 世纪 50—70 年代以后，大部分国家多多少少是按照战略贸易政策理论的观点行事的。例如，欧洲 20 世纪七八十年代对空中客车的开发、20 世纪 50 年代日本钢铁工业的发展以及日本在 20 世纪 80 年代中期成功从美国手中夺得半导体市场的控制权，等等，都应归功于战略贸易政策理论。然而，大多数研究战略贸易政策理论的经济学家对此持怀疑态度。他们认为，日本在工业和技术上的大量成功首先应归功于其他因素，如对科学和数学等学科的重视、重视投资的长期利润等。但是，作为日本战略产业之一的钢铁业，第二次世界大战结束后的回报率比日本所有产业的平均回报率都低；而作为欧洲战略产业之一的空中客车工业，如果没有持续而大量的政府补贴便难以生存。从战略贸易政策理论的角度来看，尽管由于战略产业存在着广泛的外部经济效益，因而能提高寡头垄断市场的产出，还能加速国家的经济增长，然而，就连战略贸易政策理论的倡导人和拥护者也认为，该政策在实施上存在着重重困难，他们也不得不承认"自由贸易毕竟是最好的政策"，即自由贸易在理论上次优，但在实际中最优。

战略贸易政策在实施上存在的困难具体表现在四个方面：其一，在选择战略产业上极其困难，而且难以设计合适的能够成功培育它们的方案。其二，实施战略贸易政策的国家数目较多，其政策效果会相互抵消，使得各国潜在收益很小。其三，由于战略贸易政策是以其他国家的损失为代价的，其实施国很可能遭到其他国家的报复。其四，难以估量实施战略贸易政策的财政代价和经济成本，因而无法评价是否值得实施该政策。如果在政府的保护与扶持下，这种产业难以迅速成长，它可能就会变成政府长久性的经济负担，整个经济系统也将长期为此承担资源配置效率的损失。

二、战略贸易政策理论的博弈论分析

我们可以用博弈论来讨论战略贸易政策理论及其存在的问题。假设本国与外国在 X

行业各有一个生产厂商A与B，A与B在具有规模经济的X行业相互竞争，二者都希望进入并长期占领第三国的市场。我们假定，厂商A与B的“战略”可简单地归纳为生产X产品并进入某个市场或不生产X产品也不进入某个市场，即收益矩阵中的“生产”与“不生产”；其不同的“战略”就决定了生产厂商A与B的“收益”是亏损、赢利还是不生产情况下的赢利为零。

（一）两国政府均不补贴时的情况

如表4-1所示，在政府不提供补贴和支持的情况下，生产厂商A与B有“生产”与“不生产”两种选择。第一种情况：在二者势均力敌的情况下，若厂商A与B都决定向某个特定的第三国的市场生产和供应X产品，那么为了占领市场，双方都会出较低的价格进行竞争。在市场需求和容量有限的情况下，A与B都生产的结果是双方都亏损，即表中的（–5，–5）。第二种情况：本国厂商A决定向第三国市场生产和提供X产品，而外国厂商B决定不提供。此时，本国厂商A垄断了第三国市场，因而其产品X的价格可以高一些，从而使本国厂商A总利润达到50万美元，而外国厂商B却没有从第三国市场获得任何收入，即表4-1中的（50，0）。第三种情况：与第二种情况恰恰相反，则外国厂商B总利润达到50万美元，而本国厂商A却没有从第三国市场获得任何收入，即表4-1中的（0，50）。第四种情况：厂商A与B都不进入第三国的市场，也就都无收入可言，即表4-1中的（0，0）。

表4-1 两国政府都不补贴时的收益矩阵（政府不补贴时的第一种情况） 单位：万美元

		外国厂商B	
		无补贴生产	无补贴不生产
本国厂商A	无补贴生产	–5，–5	50，0
	无补贴不生产	0，50	0，0

由上述讨论可以发现，这一博弈的结果是不确定的。当实力相当的两家寡头垄断厂商同时进入某个特定市场的情况下，二者会两败俱伤；如果其中一家厂商独占市场，则其垄断利润将是十分丰厚的，这对于两家厂商而言，是富有吸引力的。因此，在利益最大化心理的驱动下，二者均想通过短暂的削价竞争打败对手，但若二者旗鼓相当，其结局是两败俱伤。要想打败对手，只有借助于政府的力量。

（二）外国政府补贴而本国政府不补贴时的情况

现假定外国政府采取战略贸易政策对厂商B补贴10万美元用于生产X产品，而本国政府却不对厂商A进行补贴。从表4-2中可以看出厂商A与B的选择及其赢利或亏损的结果。

第一种情况：当厂商A与B都进入第三国市场时，二者的赢利或亏损情况即表4-2中的（–5，5）。其中的含义为：由于本国厂商A没有得到其政府的补贴，因而在竞争中仍然亏损5万美元，其理性的选择就是退出第三国市场；而外国厂商B受其政府的支持和鼓励，在扣除亏损之后仍有 5 万美元的赢利，从而具有了竞争优势，即可继续在第三国市场上销售 X 产品，并把厂商 A 赶出第三国市场。

第二种情况：当把厂商 A 赶出第三国市场之后，厂商 B 就独占了第三国市场，其垄断利润为 60 万美元（50 万美元的正常赢利加上 10 万美元的政府补贴），即表中的（0，60）。这表明了外国政府采取战略贸易政策的效果非常明显：政府仅补贴 10 万美元，即可换来 60 万美元的收益，其净收益为 50 万美元。由此可见，当国际市场为不完全竞争的市场时，特别是当来自不同国家的厂商在国际市场上处于寡头垄断地位的时候，政府的支持将改变国内厂商的竞争地位。这正是战略贸易政策的理想结局。其他两种情况，即表 4-2 中的（50，0）与（0，0），可以自己讨论。

表 4-2 外国政府补贴时的收益矩阵（政府补贴时的第一种情况） 单位：万美元

		外国厂商 B	
		补贴生产	补贴不生产
本国厂商 A	无补贴生产	−5，5	50，0
	无补贴不生产	0，60	0，0

（三）外国政府补贴而本国政府也补贴时的情况

当外国政府实施"以邻为壑"的战略贸易政策时，本国政府也有可能会采取同样的对策。假定本国政府对厂商 A 也补贴 10 万美元用于生产 X 产品，其结果是厂商 A 与 B 都生产。从表 4-3 中可以看出，有了各自政府补贴做保障，厂商 A 与 B 都发现，不管对方如何行动，生产 X 产品总是有利可图的，其最终的结局是厂商 A 与 B 都生产并各获得 5 万美元的利润。然而，如果不考虑对消费者福利的影响，扣除政府补贴后，两国净亏损 10 万美元。显然，这种针锋相对的战略贸易政策的结局是两败俱伤。

表 4-3 两国政府均补贴时的收益矩阵（政府补贴时的第二种情况） 单位：万美元

		外国厂商 B	
		补贴生产	补贴不生产
本国厂商 A	补贴生产	5，5	60，0
	补贴不生产	0，60	0，0

（四）信息对战略贸易政策实施效果的影响

战略贸易政策的实施必须建立在信息准确以及对市场正确判断的基础之上。错误的信息必然导致错误的决策。如果信息失真，就有可能由于盲目保护而达不到预期目的。

1. 本国政府低估了外国厂商 B 的竞争实力而作出错误决策的情况

假定实际情况并不像表 4-1 所示的那样，而是表 4-4 所描述的情形。由于生产技术、管理水平或生产规模的差异，厂商 A 与 B 生产 X 产品的成本也不相同。若厂商 A

的生产成本高于厂商 B 的生产成本，说明厂商 B 存在着某种潜在优势。所以，不管本国厂商 A 是否进入该市场，外国厂商 B 总是生产 X 产品并能获利。因此，在政府不干预和无补贴的情形下，若二者均生产，厂商 A 亏损 5 万美元，厂商 B 却赢利 5 万美元。其最终结果是厂商 B 生产、厂商 A 不生产，则厂商 B 独占市场并获得 60 万美元的利润而厂商 A 的利润为零。

表 4-4　两国政府均不补贴时的收益矩阵（政府不补贴时的第二种情况）　单位：万美元

		外国厂商 B	
		无补贴生产	无补贴不生产
本国厂商 A	无补贴生产	−5，5	50，0
	无补贴不生产	0，60	0，0

若由于本国政府信息不对称，在采取战略贸易政策时，误把表 4-4 所描述的情形当成表 4-1 中情况，依然对厂商 A 补贴 10 万美元。如表 4-5 所示，二者在竞争中，厂商 A 在本国政府的补贴下也无法独占市场，而只能获得 5 万美元的利润，扣除政府 10 万美元补贴之后，国家仍会亏损 5 万美元。由此可见，本国政府的补贴使得厂商 A 可以挤进第三国市场但却不能将厂商 B 赶出市场，依然是两家厂商都生产 X 产品并在第三国的市场上竞争，战略贸易政策并未达到预期目的。

表 4-5　本国政府补贴时的收益矩阵（政府补贴时的第三种情况）　单位：万美元

		外国厂商 B	
		无补贴生产	无补贴不生产
本国厂商 A	补贴生产	5，5	60，0
	补贴不生产	0，60	0，0

2. 本国政府低估了本国厂商 A 的竞争实力而作出错误决策的情况。

假定实际情况不像表 4-1 所示的那样，而是表 4-6 所描述的这种情形。因此，对于两家厂商而言，不管对方如何，自己生产总是有利可图的，其最终的结局即表 4-6 中的（5，5）。

表 4-6　两国政府均不补贴时的收益矩阵（政府不补贴时的第三种情况）　单位：万美元

		外国厂商 B	
		无补贴生产	无补贴不生产
本国厂商 A	无补贴生产	5，5	50，0
	无补贴不生产	0，50	0，0

若本国政府误将表 4-6 所描述的这种情形看作表 4-1 所示的情况，决定向本国厂商 A 提供 10 万美元补贴，那么实际情况就变成如表 4-7 所示的情形了。

表 4-7 本国政府补贴时的收益矩阵（政府补贴时的第四种情况） 单位：万美元

		外国厂商 B	
		无补贴生产	无补贴不生产
本国厂商 A	补贴生产	15，5	60，0
	补贴不生产	0，50	0，0

对表 4-7 的分析可知，本国政府采取战略贸易政策进行补贴，并不能改变两家厂商均生产的最终结果。政府补贴仅仅使本国厂商 A 增加了 10 万美元的利润，但这 10 万美元完全是政府补贴转化过来的，与企业的竞争力和经营绩效无关。政府补贴来自税收，如果用从本国居民或其他厂商那里征收的税收去补贴一个根本不需要补贴的厂商，这无疑是“杀贫济富”，从而造成厂商行为的扭曲和社会资源的极大浪费。如果存在厂商的寻租行为，还会导致政府官员的腐败。

通过以上讨论，我们可以比较清楚地了解到战略贸易政策理论在实践中仍存在许多问题。例如，战略贸易政策在实施过程中可能会引起外国的报复，有可能引发贸易战从而使各方均受损害。另外，更为重要的是，实施该政策还存在一个信息的不完全和不对称的问题。因此，对于一个政府而言，要了解国外厂商及其政府将如何反应是极为困难的，这些都将影响战略贸易政策的实施效果。

本章要点

- 人力资本说引入了一种新的生产要素——人力资本，说明劳动的内在质量是有区别的，这就否定了 H-O 定理关于“同质劳动”的假说。人力资本说认为，人力资本是资本与劳动力相结合而形成的一种具有更高生产率的新要素，人力资本充裕的国家，在知识、技术密集型产品生产和出口上具有比较优势；反之，则处于劣势地位。
- 研究与开发也是一种新的生产要素。研究与开发学说认为，从产品角度来看，R&D 指标与产品的国际竞争力密切相关，R&D 指标大的产品，其国际竞争力就强，反之，其国际竞争力就较弱；从国家角度来看，一国拥有研究与开发要素的多寡或研究与开发规模的大小，可以改变该国在国际分工与贸易中的比较优势。
- 信息贸易理论认为，信息也是现代经济社会所必需的一种生产要素，是一种可以进行交换的无形资源和软件要素。从一个国家的角度来看，在信息化时代更应重视信息这种生产要素的获取。占据信息就可以使国家在新一轮的国际分工与贸易中获取比较优势，拥有的信息量可以促进一个国家贸易格局发生变化。
- 技术差距模型认为，贸易国之间技术差距的存在是解释某类贸易发生的原因。新产品总是在发达国家首先诞生，其他国家由于技术差距要等一段时间后才能进行模仿性生产，在这一段时间内便存在着贸易的机会与可能性。
- 产品生命周期理论是对技术差距理论的总结与扩展。产品生命周期理论侧重从技术创新、技术传递和技术扩散的角度来分析国际贸易产生的基础和格局，关注的是典型“新产品”的生命周期及其对国际贸易所产生的影响。这种方法把动态比较优势与要素移动性及规模经济结合在一起，考察当商品的周期变化时，比较优势是怎样从一个国家转移到另外一个国家，就使得产品生命周期理论成为一种比 H-O 定理更具吸引力的动态贸易理论。

- 需求偏好相似理论认为，在一些情况下，需求偏好相似是产业内贸易发生的动因和基础；国际贸易是国内贸易的延伸，两国的需求偏好越相似，二者开展贸易的机会便越大；而一国的需求结构决定于该国的收入水平，两国人均收入水平越相似，则其市场间的隔阂就越小，越容易发生国际贸易。
- 国际贸易不一定是由资源禀赋和生产技术的差异引起的，在有些情况下，收益递增或规模经济是贸易的基础。即使国家与国家之间并不存在资源禀赋和技术上的差异，规模经济仍能促使各国追求生产上的专业化。规模经济有内部规模经济和外部规模经济之分，在其他条件相同的情况下，内部规模经济和外部规模经济都可能是产生国际贸易的重要原因。
- 在具有内部规模经济的行业里，大厂商将比小厂商具有更低的比较成本，中小企业将渐渐被驱逐出市场，进而形成完全垄断的市场结构或者垄断竞争的市场结构。有关内部规模经济对国际贸易的影响，我们是用垄断竞争模型加以分析的。
- 在具有外部规模经济的行业里，大厂商没有竞争优势，行业里充满了数量众多的中小企业，企业之间处于一种类似于完全自由竞争的状态。或者说，外部规模经济和完全竞争是一致的。外部规模经济对贸易模式的影响，主要取决于历史原因所造成的某一贸易产业在某国建立的时间与形成的规模。有关外部规模经济对国际贸易的影响，我们是用外部规模经济模型加以分析的。竞争优势理论认为，竞争优势应该是一个国家财富的源泉。在国家层面上，竞争力的唯一意义就是国家生产力，国家或者地区竞争环境如何与其生产率的提升密切相关。竞争优势理论揭示出在某一区域的某一特定领域，影响生产率和生产率增长的各种因素。
- 战略贸易政策理论主要适用于发达国家，是发达国家的贸易保护理论。战略贸易政策理论认为，在不完全竞争市场上，一个国家的政府能够通过暂时的贸易保护、补贴、税收优惠以及政府与工业部门的合作计划等一系列战略性行动，鼓励战略产业，从而在国家至关重要的领域内形成比较优势；国家可以从中得到很大的外部经济之利，为增强国家的综合经济实力创造条件，为其国际竞争能力永久性地处于国际领先地位创造条件。虽然其观点与发展中国家保护幼稚工业的观点很相似，但是战略贸易政策理论主要适用于发达国家。战略贸易政策理论在实践中仍存在许多问题，如会招致外国的报复，更为重要的是，实施该政策还存在一个信息的不完全和不对称的问题，这些都将影响战略贸易政策实施的效果。

关键术语

人力资本说　R&D 学说　信息贸易理论　技术差距理论　模仿滞后　需求滞后　净滞后　反应滞后　掌握滞后　产品生命周期理论　需求偏好相似理论　规模收益递增　内部规模经济　外部规模经济　动态外部经济　国家竞争优势理论　战略贸易政策理论

思考习题

一、单选题

1.（　　）是人力资本说的创立者，也被西方经济学界誉为“人力资本概念之父”。

A. 西奥多·舒尔茨　　B. 弗里德里希·李斯特

C. 亚当·斯密　　D. 雷蒙德·弗农

2. 需求偏好相似理论从需求结构出发，用国家之间（　　）的相似与一致对第二次世界大战之后的发达国家之间产业内贸易快速增长的现象作出了比较合理的解释。

A. 技术水平　　B. 要素禀赋

C. 需求结构　　D. 教育投入

3. 按照产品生命周期理论，创新产品通常是（　　）。

A. 技术密集型产品　　B. 劳动密集型产品

C. 资本密集型产品　　D. 资源密集型产品

4. 依据雷蒙德·弗农的产品生命周期理论，在产品的衰退期，该产品的主要出口国是（　　）。

A. 技术创新国　　B. 工业发达国家

C. 发展中国家　　D. 不确定

5. 根据产品生命周期理论，创新国的出口量在（　　）达到最大。

A. 成长期　　B. 导入期　　C. 成熟期　　D. 衰退期

6. 若某国计算机行业的产业内贸易指数为 0.95，这表示该国计算机产业内贸易程度（　　）。

A. 低　　B. 最低　　C. 高　　D. 不确定

7. 根据需求偏好相似理论，（　　）的国家之间的产业内贸易较少。

A. 收入水平差距大　　B. 收入水平相同

C. 收入水平接近　　D. 无法确定

8. 关于产品生命周期理论正确的说法是（　　）。

A. 这是一个静态国际贸易理论　　B. 该理论表明一国比较优势会发生变化

C. 该理论可以解释产业间贸易　　D. 该理论是探讨一国要素禀赋现状的

二、多选题

1.（　　）属于国际贸易新要素理论。

A. 人力资本说　　B. R&D 学说

C. H-O 理论　　D. 信息贸易理论

2.（　　）属于动态国际贸易理论。

A. 技术差距理论　　B. H-O 理论

C. 比较优势理论　　D. 产品生命周期理论

3. 下列情形可以导致产业内贸易产生的有（　　）。

A. 两国收入水平相差较大　　B. 某种产品的生产规模效益不变

C. 某种产品具有明显的规模经济效应　　D. 两国收入水平相似

4. 同一产品发生产业内贸易的原因，主要是由于（　　）等方面的成本存在着差异。

A. 运输　　B. 储存　　C. 劳务和信息　　D. 销售

5. 即使国家与国家之间并不存在资源禀赋上的差异，（　　）仍能促使各国追求生产上的专业化。

A. 技术的绝对差异　　B. 利用规模经济程度的不同

C. 劳动生产率的相对差异　　D. 需求结构的相似与一致

6. 产业内贸易的特点有（　　）。

A. 交换的是产业内同类产品　　B. 交易的产品具有多样化

C. 交换的产品在消费上具有替代性　　D. 交换的是不同产业非同类产品

7. 随着现代国际经济的发展，西方经济学家认为生产要素不仅包括土地、劳动和资本，还包括（　　）。

A. 技术　　B. 人力资本

C. 研究与开发　　D. 规模经济

8. 产品生命周期理论对国际贸易理论的发展表现在（　　）。

A. 产品要素密集度的动态变化　　B. 贸易国比较利益的动态转移

C. 因贸易壁垒的存在而改变贸易流向　　D. 出口供给的动态变化

9. 钻石体系告诉我们，若要建立国家竞争优势，作为产业必须善用（　　）等关键因素。

A. 生产要素　　B. 企业战略、结构与竞争对手

C. 行业相关与支持性产业　　D. 需求条件

三、判断题

1. 人力资本就是对劳动力进行教育、培训和保健等方面的投资，使之变成劳动生产率更高的一种新要素。（　　）

2. R&D 指标的大小与产品的国际竞争力强弱成反比关系。（　　）

3. 一个国家拥有的信息可以促进一个国家贸易格局发生变化。（　　）

4. 技术仅仅能够提高劳动生产率，而人力资本却能够提高土地、劳动和资本这三者的生产率。（　　）

5. 贸易国之间技术差距的存在是解释某类贸易发生的原因。（　　）

6. 由于技术创新会引起别国模仿，所以技术差距不可能永久保持。（　　）

7. 在产品的成长期，发展中国家开始出口该产品。（　　）

8. 从工业制成品来看，其大多数产品则表现出“同类不同质”的差异性特点。（　　）

9. 人均收入水平接近的国家，重叠需求的范围比较大。（　　）

10. 收入水平决定需求结构，而需求结构在很大程度上决定了该国的生产结构与出口范围。（　　）

11. 规模经济贸易理论是将规模报酬递增原理和垄断竞争原理引入国际贸易分析中的成功尝试，因此也是当代国际贸易理论的代表性学说。（　　）

12. 无论是内部规模经济还是外部规模经济，都会对国际贸易格局产生重大影响。（　）

13. 外部规模经济对贸易模式的影响，主要取决于历史原因所造成的某一贸易产业在某国建立的时间与规模。（　）

14. 规模经济贸易理论从供给方面、需求偏好相似理论从需求方面解释了产业内贸易的产生。（　）

15. 在国家层面上，竞争力的唯一意义就是国家生产力。（　）

四、简答题

1. 简述国际贸易新要素理论的内容。
2. 请简述在产品生命周期不同阶段的国际贸易格局。
3. 相对于产业间贸易而言，产业内贸易具有哪些主要特点？
4. 如何测度产业内贸易？
5. 简述需求偏好相似理论的主要内容。
6. 什么是规模经济？它如何能成为国际贸易的基础？
7. 何谓差别产品？它为什么会导致不完全竞争？基于差别产品的国际贸易是怎么发生的？
8. 以外部经济为基础的国际贸易和以内部经济为基础的国际贸易有何异同？
9. 请对规模经济贸易理论加以评析。
10. 简述迈克尔·波特的钻石理论的内容。

五、论述题

1. 根据技术差距模型，请说明国际贸易是如何发生的，并对该模型加以评价。
2. 阐述产品生命周期模型的内容，并说明该模型所具有的理论意义和现实意义。
3. 请阐述产业内贸易理论的主要内容。
4. 何谓垄断竞争？如何用垄断竞争模型来考察产业内贸易？
5. 从波特竞争优势理论的角度阐述竞争优势的来源，并对该理论加以评价。
6. 阐述战略贸易政策理论的基本内容，并对该理论加以评价。

六、计算题

1. 假设 2020 年 A 国计算机出口额为 2600 亿美元，计算机进口额为 1900 亿美元。请计算 2020 年 A 国计算机产业的产业内贸易指数。

2. 某国汽车产业 2010 年的出口额为 1000 亿美元，进口额为 400 亿美元，求该国 2010 年度汽车产业领域的产业内贸易指数。

3. 2005 年美国向 83 个国家和地区出口高尔夫球杆，总出口额为 3.187 亿美元；同时从 30 个国家进口高尔夫球杆，总的进口额为 3.058 亿美元。求美国高尔夫球杆的产业内贸易指数。

七、案例分析题

案例一　格兰仕做大微波炉的奥秘

著名作家马克·吐温曾说过一个比喻：“把所有鸡蛋都装进一个篮子里，然后看好这个篮子。”而格兰仕集中兵力将微波炉做大的战略思想恰恰与之不谋而合。

格兰仕是国内微波炉行业的著名品牌。从 20 世纪 90 年代初，格兰仕开始介入微波炉行业，不到 10 年时间，即成为国内乃至国际上最大的微波炉制造企业。1999 年，格兰仕微波炉产销已达 800 万台，2017 年则进一步提升到近 1200 台，远远超过三洋、三星、惠而浦、松下、LG 等国际知名品牌。其出口能力 1999 年便突破 1 亿美元大关，成为国内单项产品出口最大的家电企业。回顾格兰仕的发展历程，格兰仕能从千万家默默无闻的小厂中脱颖而出，其良好的企业发展战略功不可没。

现代企业战略大师哈佛商学院教授迈克尔·波特在广泛研究不同企业成败经验的基础上，总结出三种通用的战略：一是成本领先；二是差别化；三是集中于一点。格兰仕在短短时间内能在微波炉行业独步天下、傲视群雄，就得益于其能将以上这些貌似简单的战略发挥得淋漓尽致，从而取得国际、国内市场的主动权。

战略转移与集中战略

1992 年以前，格兰仕是一家以生产羽绒制品为主的乡镇企业。在当时国内羽绒制品市场还比较好的时候，厂长梁庆德毅然决定寻找新的突破口。当时，格兰仕所在的广东顺德及其周围已是中国最大的家电基地。如当时最大的冰箱厂（容声）、空调厂（华宝）、电风扇厂（美的）、热水器厂（万家乐）等。这些企业的产品都是当时的热销产品。然而梁庆德经过考察，毅然决定选择不被人重视的微波炉作为其主攻方向，并将从事羽绒生产十几年的积累全部投入微波炉项目。

1992 年至 1995 年，我国宏观经济处于相对高涨的时期，许多企业进行了大规模的多元化经营，一些企业迅速进入了从金融、房地产、医药到保健品等与自己过去的主业完全不相关的热门行业，而且有些企业还取得了相当的成功。在处于经济高潮、新兴行业的进入障碍较低、而收益又非常好的情况下，要抵挡住多元化的诱惑，对每个企业来说都是一个巨大的挑战。格兰仕这时不仅没有多元化，而是全面收缩，将企业的资源全面集中于微波炉的开发、生产与销售，为 1996 年之后企业全面实现领先战略打下了坚实的基础。

成本领先与规模经济

1995 年，格兰仕微波炉在中国市场已占据领导地位后，同时也一直在努力寻求规模经济以获得成本领先。1995 年，其产能达 50 万台，1996 年达 100 万台，1997 年达 200 万台，1998 年达 450 万台。据了解，100 万台是单间工厂微波炉生产的经济规模。从 1996 年开始，格兰仕一方面迅速扩大自己的生产能力，另一方面又在获得规模经济的基础上，通过降价和立体促销来扩大市场容量，提高市场占有率。

一般来说，产业的成熟期采取成本领先战略，而在产业成长的初期，很少有企业采取这样的策略，但格兰仕看到中国家电市场竞争的残酷性：任何看好的产品，许多企业往往不问青红皂白一哄而上，结果产能过剩，大家都在低层次上竞争，彩电、冰箱、洗衣机、空调都是如此。在这些行业中，有些企业在 20 世纪 90 年代初完全处于领先地位，但由于没有及时进行战略集中，致使其他企业最终赶上来，反而使自己处于相对被动的地位。有鉴于此，格兰仕毅然决定进行大规模的降价（两次降价幅度共达 60%以上，使微波炉的价格由 1995 年平均 2000 元降到 2017 年的平均 700 元左右）和立体促销活动，迫使许多企业退出该领域的竞争，使另一些企业望而却步。

当然，格兰仕并没有单纯寻求生产上的规模经济，而是努力寻求技术上的突破和开发出新的产品，以刺激市场需求，这也消除了降价会使消费者产生持币观望或怀疑的心理。

国内基础与国际眼光

格兰仕在国内家电企业中并非顶尖的企业，却通过国内市场上的残酷竞争使许多国际品牌（如 LG、松下、夏普、惠而浦）在中国市场上捉襟见肘，进而格兰仕又大举进军国际市场，尤其欧洲和南美市场。尽管格兰仕进军国际市场时要部分地依靠国外的品牌（以 OEM[①]方式为别人生产），但只要市场份额拿下来，只要能使国际竞争对手的份额大幅降低，格兰仕就能在国际市场上逐步取得主导地位。

资料来源：刘斌. 格兰仕做大微波炉的奥秘. https://wenku.so.com/d/ec2d0c1215ded106e4c78db1c1fcb55c，2017-09-20.

问题：

1. 简述格兰仕做大微波炉的主要诀窍。

2. 运用规模经济贸易理论分析和解释格兰仕能够成功采取成本领先战略、大举进军国际市场的原因。

案例二　波音空客补贴之争升级　美考虑对欧盟 40 亿美元商品加征关税

刚从 G20 峰会回国的特朗普，把新的枪口对准了欧盟。2019 年，当地时间 7 月 1 日，美国贸易代表办公室（USTR）发布声明，建议对价值 40 亿美元的欧盟输美商品加征关税。据彭博社报道，该清单包括奶酪、肉类、橄榄、意大利面、爱尔兰和苏格兰威士忌等等。

这次开刀的理由依然是波音和空客。彭博社在报道中称，美国与欧盟一直互相指责对方非法补贴其主要飞机制造商，USTR 则在此次声明中表示，美国这样做是为了“在世贸组织与欧盟的争端中维护美国的权利”。

就在 2 个多月前，美国政府就曾提议，对价值 110 亿美元的欧盟产品征收关税，以回应欧盟非法补贴空客飞机。被列入关税清单的产品包括大型商用飞机和零部件，乳制品和葡萄酒等。之后，欧盟也不甘示弱，以美国补贴波音为由，回复了一份长达 11 页的“报复清单”，范围涵盖美国飞机、拖拉机等工业品，以及葡萄干、咖啡等农产品，这些产品总价值达 200 亿美元。

围绕波音和空客的补贴之争，美国和欧盟在过去的十多年里，已经鏖战了数个回合。争议源于一份 1992 年的双边飞机补贴协议，彼时，欧盟被允许为空客的新民用飞机补贴 1/3 的研发开支，与此同时，美国也可以支持波音的研发工作。

相安无事的好景并不长。2003 年，空客的出货量超过波音，之后，“护短”的美国于 2004 年 10 月退出协议，并向世贸组织提起诉讼，欧盟也随即反击。2011 年 6 月 1 日，世贸组织对欧盟非法补贴空客一案作出裁定：欧盟存在违规补贴行为，违规补贴资

① OEM 是英文 original equipment manufacturer 的缩写，也称为定点生产，俗称代工（生产）。

金达到180亿美元，并要求欧盟此后禁止再向空客提供任何补贴。2012年3月，世贸组织裁定，波音获得的数十亿美元补贴是非法的，并要求美国停止这项措施。

之后，美国和欧盟都没有消停过，口水仗一轮接着一轮。2017年6月、2018年5月，以及2019年3月，世贸组织应双方的要求做出多次判决。不过，双方落实判决的效果并不显著，补贴依然继续，纷争也不断升级。直到波音于空难之后跌入谷底，而空客则成了获利的渔翁。这成了最好的契机。

资料来源：佚名. 波音空客补贴之争升级 美考虑对欧盟 40 亿美元商品加征关税.https://baijiahao.baidu.com/s? id = 1637918380158697173&wfr = spider&for = pc，2019-07-02.

问题：

1. 围绕波音和空客的补贴之争，美国和欧盟在过去的十多年里，已经鏖战了数个回合。美国和欧盟各自补贴其飞机制造商的主要目的是什么？

2. 请查阅资料，了解何谓补贴与反补贴，并熟悉世贸组织有关补贴与反补贴方面的游戏规则。

第五章

国际贸易与经济增长理论

学习目标与要求

- 重点掌握生产要素的不平衡增长、罗伯津斯基定理与贫困化增长的概念和内容；
- 掌握普雷维什-辛格命题、进口替代战略与出口导向战略；
- 了解 R-N 理论的思想渊源、内容及其根据。

名人名言

简直不能想象，在过去的一百年中，如果没有国际贸易，经济发展会是什么样子。

戈特哈德·贝蒂·俄林，1933 年

19 世纪的贸易不单纯把一定量的资源作为进行适当配置的手段，它更是“经济成长的发动机”。

纳克斯，1961 年

外贸资讯

亚洲“四小龙”的崛起

西方国家认为，第二次世界大战后，每个年代都出现经济“奇迹”：20 世纪 50 年代出现了联邦德国，60 年代出现了日本，70 年代相继出现了被誉为亚洲“四小龙”的新加坡、韩国、中国香港和中国台湾；到了 80 年代，印度尼西亚、马来西亚、菲律宾和泰国在经济上又崭露头角，它们以惊人的发展速度，引起了世界关注，名噪于世，被称为亚洲的新“四小龙”，新“四小龙”之所以被称为“亚洲经济发展的新星”，乃是它们经济高速增长的必然结果。

新老“四小龙”都不同程度地经历过长期殖民统治，到 20 世纪 50 年代末期，有的仍然是经营转口贸易中心，有的仍以小农经济为主，其中有的还是资源贫乏的弹丸之地。但是它们克服了自身的缺点，立足本地、面向全球，使本地区经济迅速地发展起来。新老“四小龙”经济腾飞的共同特点是持续而高速的经济发展。老“四小龙”经济的高速增长，从实行发展面向出口工业化的60年代中期已见端倪，它们的经济增长率一直保持在8%～13%的高水平上。进入70年代后，发达国家由于石油危机而进入经济缓慢增长时期，平均经济增长率停留在2%～3%，自60年代以来一直保持两位数增长率的日本，也仅有5.5%的增长速度，而老“四小龙”却仍然以平均年递增率9.2%的速度令世人咋舌。80年代经济年递增率仍然达到8.7%，进入90年代仍保持着良好的增长势头，1990年、1991年分别达到6.6%和6.3%。新“四小龙”从60年代中期开始，GDP一直维持着比较高的增长率。四地平均增长速度，在70年代为7.9%，80年代为5.4%，1990年和1991年分别为7.4%和6.5%，接近老“四小龙”过去的记录，高于它们现在平均的增长速度。新老“四小龙”经济的高速发展，证明它们开拓、选择了一条成功的经济发展道路。它们经济发展的共同道路，以及较为相似的经济发展总体战略，是由它们近似的自然环境和几乎相同的经济特点决定的。它们共同发展的脚步证明，高速增长模式的正确与成功……

新老“四小龙”经济之所以能够获得迅速发展，其重要原因之一是它们实行了“出口导向”的战略和采取了“发展面向出口工业化的政策”，即实行积极扶植出口工业和发展出口贸易的政策。

20世纪50年代起“四小龙”纷纷执行“发展替代进口工业化政策”，但是不久，被浓厚的保护政策所保护起来的代替进口工业产品，便满足了狭隘的国内市场的需要。到50年代末，某些工业部门已经明显出现生产设备能力过剩的现象，替代进口工业化的战略及其政策在经济发展及许多方面都存在局限性。至此，它们从过去所执行的“替代进口工业化政策”转而采取“发展面向出口工业化”的战略……

资料来源：陶一桃. 亚洲“四小龙”的崛起[J]. 特区经济，2000（4）：52-53.

资讯引导：亚洲“四小龙”与新“四小龙”经济之所以能够获得迅速发展，其重要原因是什么？经济增长与国际贸易有何关系？

以比较优势理论为中心的早期国际贸易理论和以资源禀赋理论为代表的现代国际贸易理论，都是从静态角度审视国际贸易的。例如，比较优势理论认为，各国都是出口那些在本国生产相对成本较低的商品以换取那些在别国生产相对成本较低的商品；资源禀赋理论认为，各国总是出口那些较密集地使用本国相对丰裕的生产要素所生产的商品，以换取那些较密集地使用本国相对稀缺的生产要素所生产的商品。国际经济学将这种从静态角度来研究贸易基础与格局的理论，叫作国际贸易静态理论。

但是，世界是在不断变化的。在现实的世界经济生活中，技术、要素禀赋、需求偏好等因素都可以随着时间的变化而改变，从而使一国的贸易基础和格局也会不断调整和变化，于是，就产生了一个新的研究课题——经济增长与国际贸易的关系问题。对这个问题的研究，便构成了国际贸易动态理论的重要内容。其内容是从经济不断发展的角度，研究经济增长是如何影响国际贸易的，以及国际贸易格局的变动是怎样促进经济增长等问题的。本章着重介绍西方经济学中有关经济增长与国际贸易之间关系的基本理论。其中，第一节主要介绍经济增长与贸易变动；第二节、第三节是国际贸易对经济增长（和发展）影响的内容。

第一节 经济增长与贸易变动

经济增长将引起贸易变动，这包括贸易收支变动、需求结构的调整以及生产要素增长等。本节着重介绍这些内容。

一、贸易收支变动

哈罗德命题与约翰逊一般方程式是关于一国经济增长引起贸易收支变动的理论，二者都概括地论述了经济增长对国际贸易的影响。

（一）哈罗德命题

英国经济学家罗伊·福布斯·哈罗德（R.F.Harrod）于 1973 年出版了《动态经济学》一书，从总量上分析了一国经济增长将怎样导致贸易收支变动的问题，并提出了三个著名命题。这三个命题的假定前提是：经济增长不会导致贸易条件的变动。

1. 哈罗德第一命题：关于增长差别的收入效果的命题

哈罗德第一命题可以表述为：**若Ⅰ国的经济增长率大于Ⅱ国，Ⅰ国就会具有入超（进口额>出口额）倾向。**

该命题的数学表示为：设Ⅰ国和Ⅱ国的经济增长率分别为 Y_1 和 Y_2，其进口额分别为 M_1 和 M_2，若 $\Delta Y_1/Y_1>\Delta Y_2/Y_2$，则有 $\Delta M_1>\Delta M_2$。

下面我们对该命题加以证明。哈罗德认为，进口倾向是稳定的，即进口增长受制于经济增长，所以，假定经济增长率与进口增长率是相等的，即 $\Delta Y/Y=\Delta M/M=k$（常数），则进口收入弹性：$\varepsilon=(\Delta M/M)/(\Delta Y/Y)=1$。

该命题的条件是

若 $$(\Delta Y_1/Y_1)>(\Delta Y_2/Y_2) \tag{5-1}$$

则由 $\varepsilon=1$，即 $(\Delta M/M)=(\Delta Y/Y)$ 可得

$$(\Delta M_1/M_1)=(\Delta Y_1/Y_1) \tag{5-2}$$

$$(\Delta M_2/M_2)=(\Delta Y_2/Y_2) \tag{5-3}$$

将式（5-2）、式（5-3）代入式（5-1）得

$$(\Delta M_1/M_1)>(\Delta M_2/M_2) \tag{5-4}$$

又由于贸易是平衡的，即 $M_1=X_1$，$M_2=X_2$，$M_1=X_2$

则有 $$M_1=M_2 \tag{5-5}$$

将式（5-5）代入式（5-4）得 $$\Delta M_1>\Delta M_2 \tag{5-6}$$

由式（5-6）可知：Ⅰ国进口增加额大于Ⅱ国进口增加额，说明Ⅰ国具有入超倾向。

2. 哈罗德第二命题：关于偏于提高生产率的命题

哈罗德第二命题可以表述为：**若Ⅰ国的比较优势产业（即出口产业）中的生产率的增长率超过国民收入的增长率，Ⅰ国就会具有出超（出口额 > 进口额）倾向。**

该命题的数学表示为：设Ⅰ国和Ⅱ国的经济增长率分别为 Y_1 和 Y_2，其出口额分别为 X_1 和 X_2，若（$\Delta X_1/X_1$）>（$\Delta Y_1/Y_1$），则 $\Delta X_1 > \Delta M_1$。

下面我们对该命题加以证明。在出口产业生产率提高后，一国会相应地有一出口增加额 ΔX，那么

若 $$(\Delta X_1/X_1) > (\Delta Y_1/Y_1) \tag{5-7}$$

因 $$(\Delta M_1/M_1) = (\Delta Y_1/Y_1) \tag{5-8}$$

由式（5-7）、式（5-8）得 $$(\Delta X_1/X_1) > (\Delta M_1/M_1) \tag{5-9}$$

又由于贸易是平衡的，即

$$X_1 = M_1 \tag{5-10}$$

将式（5-10）代入式（5-9）得 $$\Delta X_1 > \Delta M_1 \tag{5-11}$$

从式（5-11）可知：Ⅰ国的出口增加额大于其进口增加额，故Ⅰ国具有出超倾向。

由此可见，如果一个国家出口部门劳动生产率的提升速度超过该国经济的增长速度，这就意味着本国出口部门的产量会有较大幅度的增长。在该国商品相对价格与产品结构都保持不变的情况下，这时进口仍与经济按相同的速度增长，其结果自然是出口额的增加量必然大于进口额的增加量，从而会具有出超倾向。

3. 哈罗德第三命题：关于效率工资的命题

哈罗德第三命题可以表述为：**如果一国效率工资低，那么该国就会出现出超倾向。**其中，效率工资就是工资率与每人平均生产量之比。

下面我们对该命题加以解释和说明。如果Ⅰ国的效率工资比Ⅱ国低，那么就会出现以下几种可能：一是Ⅰ国的出口商品具有价格优势，出口量扩大；二是以前不能出口的商品现在也能出口了，出口商品的范围扩大；三是国内商品变得便宜，造成对进口产品的需求转向对国内产品的需求，进口的数量与种类减少，结果便使Ⅰ国贸易具有出超倾向。

哈罗德的三个命题说明了经济增长的三种情况对贸易收入带来的不同影响，具有一定的理论和实践意义。例如，从哈罗德第三命题中我们可以看出：单单依靠比较低的劳动成本不一定就具有比较优势。这对于广大发展中国家而言，无疑具有特别重要的启示作用。

然而，这三个命题都假定经济增长不会导致贸易条件的变动，这似乎不能说明经济增长对贸易收支的一般影响。

（二）约翰逊一般方程式

为了弄清楚哈罗德三命题中入超倾向与出超倾向之间的关系、潜在的入超（出超）压力与贸易条件之间的关系、如何恢复贸易平衡等问题，美国经济学家约翰逊进行了更

一般的分析，提出了关于经济增长对贸易收支变动的影响的约翰逊一般方程式。

1. 约翰逊假定

世界由两国构成，Ⅰ国只生产第一种商品，生产量（亦即国民收入）为 Y_1，Y_1 在满足本国居民消费之后，剩余 X_1 部分用于出口（即Ⅱ国的进口）。Ⅱ国只生产第二种商品，产量（亦即国民收入）为 Y_2，其中 X_2 部分供出口（即Ⅰ国的进口）。两种商品的价格分别为 P_1 和 P_2，因此，Ⅰ国的贸易条件为 $\pi = P_1/P_2$，Ⅱ国的贸易条件为 $P_2/P_1 = 1/\pi$。由于一国的进口是其国民收入和贸易条件的函数，则Ⅰ国与Ⅱ国的进口量分别为

$$X_2 = f(\pi, Y_1), \quad X_1 = f(1/\pi, Y_2)$$

对于Ⅰ国来说，其出口额为 P_1X_1，进口额为 P_2X_2。因此，Ⅰ国的出口额与进口额比率可以表示为

$$T_1 = P_1X_1/P_2X_2 = \pi X_1/X_2 \tag{5-12}$$

2. 约翰逊关于贸易变动的一般方程式

将式（5-12）中的 T_1 对时间 t 进行微分，从而得到约翰逊关于贸易变动的一般方程式

$$R_{T_1} = (n_1 + n_2 - 1)(r_{p2} - r_{p1}) + \varepsilon_2 R_2 - \varepsilon_1 R_1 \tag{5-13}$$

式中，R_{T_1} 为Ⅰ国出口额与进口额比率 T_1 随时间变化的增长率；n_1、n_2 为两国进口需求价格弹性；r_{p1}、r_{p2} 为两国生产同一种商品的价格增长率；$(r_{p2} - r_{p1})$ 为Ⅱ国贸易条件的变动率（亦即Ⅰ国贸易条件倒数的变动率）；ε_1 和 ε_2 为两国进口需求收入弹性；R_1 和 R_2 为两国经济增长率。

由约翰逊一般方程式可知：一国贸易收支变动的情况 R_T（出口与进口比率的增长率）取决于该国与贸易伙伴国的进口价格弹性 n 的变动情况、贸易条件 π 的变动情况、两国进口需求收入弹性 ε 以及两国经济增长率 R 等变量的变动情况。而且，经济增长将会导致这些变量的变化，从而影响贸易收支。

3. 关于约翰逊一般方程式的讨论

第一，当贸易条件如同哈罗德所假定的贸易条件不发生变化时，即式（5-13）中 $(r_{p2} - r_{p1}) = 0$ 时，则约翰逊一般方程式为

$$R_{T_1} = \varepsilon_2 R_2 - \varepsilon_1 R_1 \tag{5-14}$$

若 $R_1 > R_2$，且 $\varepsilon_1 = \varepsilon_2$，则 $R_{T_1} < 0$，说明Ⅰ国将会面临入超压力，即哈罗德第一命题所阐述的情况。

设Ⅰ国是以生产初级产品为主的发展中国家，Ⅱ国是以生产奢侈品为主的发达工业国家。由于Ⅰ国进口的是奢侈品，Ⅱ国进口的是初级产品，这两个国家的进口需求收入弹性是有差异的，即 $\varepsilon_1 > 1$，$\varepsilon_2 < 1$。当两国经济增长率差不多时，即 $R_1 \approx R_2$ 时，必然有 $\varepsilon_2 R_2 < \varepsilon_1 R_1$，亦即 $R_{T_1} < 0$。

这就说明：如果发展中国家不停留在比发达国家低得多的增长率水平上，发展中国家就可能面临入超压力。

第二，当贸易条件发生变化时。如果Ⅰ国由于 $\varepsilon_2 R_2 < \varepsilon_1 R_1$ 的收入效果而具有潜在的

入超压力时，Ⅰ国为了保持进出口平衡，就必须在商品的贸易条件（$r_{p2}-r_{p1}$）方面进行调整，以保证国际收支稳定（勒纳条件：$n_1+n_2>1$）才行。

综上所述，哈罗德命题和约翰逊一般方程式都是从总量上分析经济增长与贸易变动的关系的。然而，关于经济增长对贸易收支变动的影响问题，约翰逊进行了更一般的分析，特别是考虑了经济增长对贸易条件变动的影响，从而弥补了哈罗德命题的不足。

但是，在判断国际收支的潜在倾向时，约翰逊与哈罗德一样，仅仅注重国内外经济增长的差别，而没有考虑经济增长的内容，即经济增长的起因，这必然会限制其理论的解释能力。因为，根据哈罗德和约翰逊的增长率差别收入效果的命题可以得出这样的结论：经济增长率快于其他国家就会面临入超。但是，在某种情况下，该命题不一定成立。例如，如果是偏于进口产业型快速增长，这将导致进口减少，反而会具有出超倾向。因此，即使实现了快于别国的经济增长，还要看增长的内容如何。

二、需求结构的调整

经济增长引起人均收入水平的提高，这又导致需求的扩大和需求结构的调整。需求量的增加一般会导致进口量的增长，使原有贸易收支平衡关系发生改变；需求结构的调整，也会引起进出口商品结构的改变，从而对国际贸易产生影响。

（一）恩格尔效应和恩格尔法则

人们对收入增加作出的反应是消费结构发生变动。随着收入的增加，对有些商品的需求也增加了，但对另一些商品的需求可能反而减少了。收入变化引起商品需求结构变化的情况，西方经济学中一般用需求的收入弹性来考量。对于某一商品需求的收入弹性，简单地说，就是收入每增加1%，该商品需求量变动的百分比可表示为

$$n_i=(\Delta D_i/D_i)/(\Delta Y_i/Y_i) \tag{5-15}$$

式中，n_i 为第 i 种商品需求的收入弹性；$\Delta D_i/D_i$ 为对第 i 种商品需求的变动率；$\Delta Y_i/Y_i$ 为收入的变动率。随着收入水平的提升，引起一种商品的购买量发生变动可能会有三种情况：一是这种商品的购买量随收入增加而同比例地增加，该商品需求的收入弹性为单位弹性，即 $n_i=1$；二是该种商品购买的增加量小于收入的增加量，即该商品需求的收入弹性小于1，这些商品通常是大宗商品，如食品等；三是某类商品需求的增加量大于收入的增加量，即该类商品需求的收入弹性大于1，这类商品通常被称为奢侈品。

19 世纪以来，许多经济学家都在研究家庭的消费模式，以找出占一国经济规模很大的家庭消费中，哪些商品会成为大宗商品，哪些商品会成为奢侈品。19 世纪，德国统计学家与经济学家恩斯特·恩格尔（Ernst Engel）就是这种家庭预算研究方面的先驱者。于是，这种随着收入增加而出现的需求结构的变动，被称为恩格尔效应，用（n_i-1）来表示。

一般来说，大多数耐用品（如冰箱、彩电、汽车等）的恩格尔效应为正值（$n_i-1>0$），也就是说，它们为奢侈品，随着收入的增加而被人们更多地采购。一般生活用品（如食品等）为大宗商品，其恩格尔效应为负值（$n_i-1<0$），随着收入水平的

提高，它占总需求的比重必定下降。

恩格尔法则（Engel's law）指出，如果物价和人口保持不变，收入增加会使花费在食品上的消费支出的比重减少。“在经济学家验证的所有‘法则’中，这是最可靠地确立的一条法则。无论是比较各个家庭的行为还是比较若干国家的行为或一国在一段时间内的行为，这条法则都可适用。”[①]这意味着，当人均收入随着经济增长而增加时，需求的变动将越来越不利于需求收入弹性较低的食品生产者，特别是不利于谷物和其他食品的生产者。

恩格尔效应和恩格尔法则对奢侈品生产者和大宗商品生产者所面临的价格前景作出了重要的预测。就供给方面任何特定的增长率（生产要素供应量增长和生产率增长）而言，消费者收入的增加会使需求转向奢侈品，在其他条件相同的情况下，这可能会提高奢侈品的相对价格，并使生产奢侈品的国家获得相应的利益，生产要素（主要是熟练劳动力和资本）也会相对丰富起来。对于生产食品的土地所有者来说，恩格尔法则更是一种不祥之兆。它意味着，如果所有工业的生产率都按同样的比率增长，所得到的收入增长会使消费者对食品的需求发生转移，并在世界市场上使食品与奢侈品（包括大部分工业制品）相比，价格出现下降。

总之，恩格尔效应和恩格尔法则表明：经济增长是通过需求转换而影响贸易的。随着收入的增加，人们的消费将会更多地转向奢侈品，从而带来奢侈品生产国或生产部门的发展。随着这些产品出口量增加与相对价格上升，该部门生产要素的需求也会增加，其报酬也相应增加；而大宗商品生产国或生产部门则会出现相反的情况。

（二）林德尔代表性需求假设

关于经济增长怎样影响需求和贸易的另一个主要论点，是由瑞典经济学家斯塔芬·林德尔（Staffan Linder）提出来的。

林德尔的代表性需求假设描绘出了一个富有想象力的因果链：经济增长导致人均收入的增加；收入增加使一国的代表性需求移向奢侈品；需求集中在奢侈品上会促使生产者改进供应奢侈品的技术；奢侈品的生产率提高导致产量增加；而产量的增加又很快地超过促使生产率提高的需求的增长，从而使该国有可能在出口这些奢侈品时降低其价格。因此，各国出口的商品也是它们专门用于消费的商品。

林德尔的观点虽然还没有得到明确验证，但它预测代表性需求的商品会有出口而且其价格更为低廉，在现实生活中是能找到例证的。比如，汽车市场的情况就是大体如此。总之，林德尔向人们暗示了这样的前景：收入增长将使需求转向奢侈品，这种奢侈品可能会变得越来越便宜。

三、生产要素增长

资本积累增加、技术发展和劳动力增加是一国经济增长的主要源泉。随着时间的推

---

① 彼得·林德特，查尔斯·金德尔伯格. 国际经济学[M]. 谢树森，沈锦昶，常勋，等译. 上海：上海译文出版社，1985：89.

移与一国经济的增长，一切生产要素的供应量都在增长：资本积累增加和技术发展得很快；劳动力增加得较为缓慢，但始终都在增长着，甚至可利用的土地面积和自然资源储存量也在增长。在通常情况下，一国各种生产要素的增长是不同步的。然而，所有这些增长都会使生产可能性曲线和供给曲线外移，新的生产可能性曲线将对国际贸易格局和国际贸易条件产生重要影响。

（一）平衡增长

如果想要了解生产要素增长率所起的决定性作用，那么我们需要首先考察一种特殊的情形：**平衡增长**（balance growth）也称为**中性增长**（neutral growth）或完全中性增长。这种情形是指，各国各种生产要素等比例增长，或各种要素增长率都完全相同。在这种情况下，生产可能性曲线的扩展都不会改变其形状，只是按照各种要素的增长率同时向外扩展，即曲线将按原来的形状等比例放大。

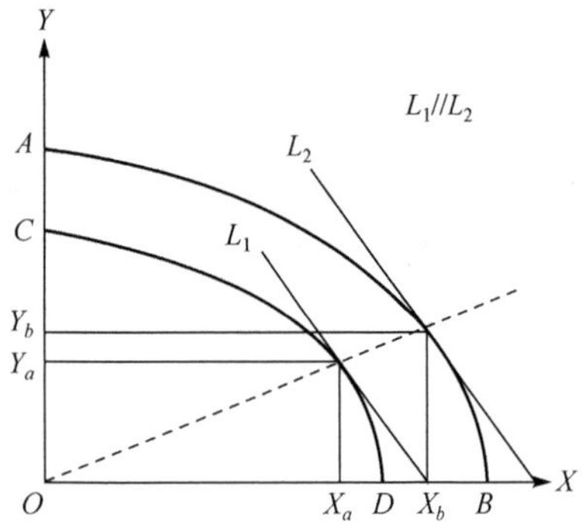

图 5-1　平衡增长

如图 5-1 所示，*CD* 为增长以前的生产可能性曲线，*AB* 为增长以后的生产可能性曲线。切线 $L_1//L_2$，表明贸易条件或产品的相对价格没有发生变化。

完全中性增长对贸易的影响是：贸易只按要素增长的速度增长，只改变贸易数量，而不改变贸易条件、方向和结构。之所以如此，是因为各国各种生产要素同比例增长而没有发生差异性增长，因而各国的比较优势没有发生变化。另外，各国生产要素同比例增长，需求方面也只是数量的增加，而没有发生结构上的变化。在需求和供给数量同比例增加的情况下，贸易条件不会发生变化。

完全中性增长只是一种理论抽象，在现实中是不存在的。但它有助于我们探讨与现实相吻合的不平衡增长的情况。

（二）一国的不平衡增长

一国的**不平衡增长**（unbalance growth）是指一个国家的各种生产要素按不同比例增长，它是通过需求和供给影响国际贸易的。在需求方面，如果资本和技术的增长速度比劳动力快，那么人均收入就会增加，这就会产生恩格尔效应，使需求离开大宗商品而转向奢侈品。在供给方面，不平衡增长表现为在不同部门按不同比例使用各种生产要素。此处只集中讨论这些供给方面的影响，暂时不考虑需求方面的恩格尔效应。

经济增长对贸易的影响主要取决于生产要素供给量增长的类型：这种增长是出现在趋向于集中生产可进口商品的生产要素上呢，还是趋向于集中生产可出口商品的生产要素上呢？我们把这两种增长简称为**进口替代型增长**（import replacing growth）和**出口扩张型增长**（export expansion growth）。

1. 进口替代型增长，即生产可进口商品的生产要素的增长

假定甲国是一进口小国，即其进口需求的变动不会影响到国际市场商品价格的变动。同时假定甲国生产可进口商品的织布工业是资本密集型的，而且资本正在甲国迅速增长，而与生产小麦这种可出口商品有较多联系的小麦种植地等其他要素毫无增长。额外的资本增长必然会使资本报酬率下降，同时必然引起生产可能性曲线主要朝着商品布的方向扩展。既然资本比较便宜，一些企业就会试图扩大生产，但不同的工业将按不同的比率扩大生产。如果正如我们所假设的，在织布工业中更密集地使用资本，那么资本相对便宜这一点对织布工业中的企业比对种植小麦的农场主来说更加重要。相对于小麦产量来说，国内布的产量就会增加，如图 5-2 所示。

这时，甲国会以减少布的进口来增加国内布的产量，因为甲国资本比较便宜，适合生产和销售更多的布，直到甲国生产布的机会成本增加到与布的世界价格相等时为止。

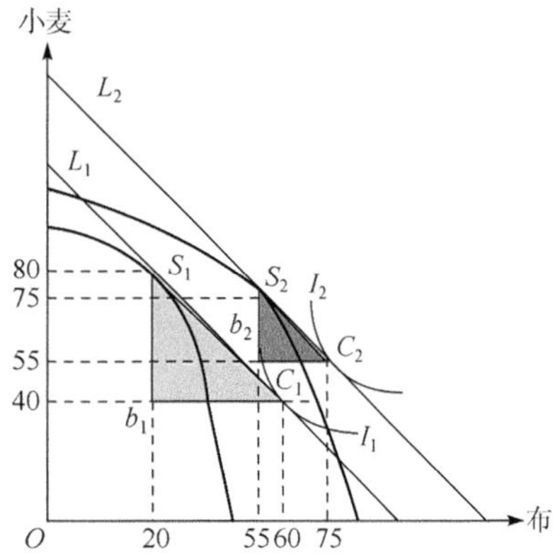

图 5-2　进口替代型增长

图 5-2 表明了用国内生产的布来代替布的进口：在资本增长之前，生产组合点为 S_1（20，80），消费组合点为 C_1（60，40）；资本增长后，生产组合点为 S_2（55，75），消费组合点为 C_2（75，55）。通过对比，我们可以看出，由于甲国的资本增长偏向于与进口竞争的织布工业部门，因此，甲国比增长以前多生产 35 单位布，并把布的进口由原来的 40 单位削减到 20 单位。按既定的世界价格，甲国显然减少了它对进口布的依赖（并出口较少的小麦）。

概括起来说，资本量的增加会导致资本价格的下降，对于产品布而言，这会直接产生两种效应。一是需求转移。密集使用资本生产出来的布的价格相对于国外同类产品的价格下跌，对布的需求便从国外转移到国内，对进口布的需求减少。二是供给扩大。资本价格降低，使国内更多地使用资本扩大布的生产，布的供给增加。这两种效应最终将导致甲国对布进口的减少。同时，对于小麦的生产来说，小麦产量的减少会降低其出口量。由此可见，进口替代型增长会导致进口小国整个贸易量的减少。

如果甲国是一进口大国，即其进口需求的变动能够影响到国际市场商品价格的变动，那么在上述情况下，由于甲国对进口布的需求下降了，其进口需求的变化能影响布的世界价格，即降低布的世界价格，从而可以获得国际贸易条件改善所带来的好处。因而，这里描述的替代进口的生产要素增长会减少对进口的需求，降低进口价格，改善贸易条件。由此可见，在进口替代型增长的情况下，进口大国所得到的经济福利的增加要大于进口小国所得到的经济福利的增加。

然而，进口替代型增长对大国生产的影响却是不确定的。其原因在于：虽然资本量的增加会引起布供给增加和小麦生产的减少；而布价格的降低与小麦相对价格的上涨，却会增加小麦的生产并减少布的供给。其生产点的最终位置取决于国际市场上布与小麦的相对价格的变动幅度。同样，进口替代型增长对大国贸易的影响也是不确定的。在需求保持不变的情况下，若大国两种产品都要生产的话，既有可能减少贸易量，也有可能增加贸易量。

2. 出口扩张型增长，即生产可出口商品的生产要素的增长

假定乙国是一出口小国，即其出口供给的变动不会影响到国际市场商品价格的变动。同时假定乙国生产可出口商品的小麦是土地密集型的，种植小麦的良田供给量增加了，而与生产布密切相关的资本和其他要素的供给量不变。额外良田投入使用必然会使得地租下降，同时额外土地的增长必然引起生产可能性曲线主要朝着小麦的方向扩展。既然土地比较便宜，农场主就会试图使用更多的土地种植小麦，与布的产量相比，国内小麦的产量就会增加。

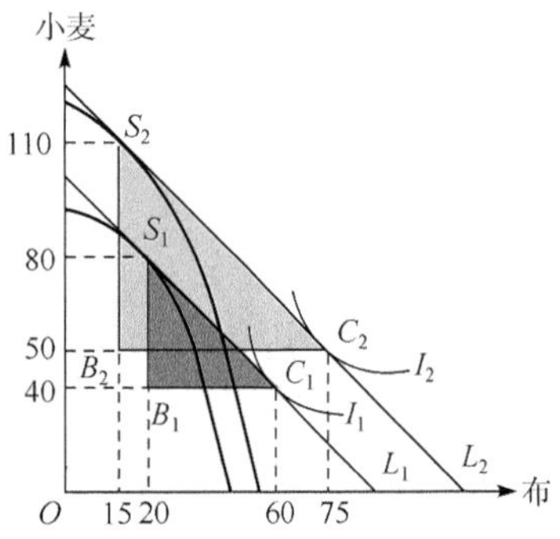

图 5-3 出口扩张型增长

如图 5-3 所示，在土地扩大之前，生产组合点为 S_1（20，80），消费组合点为 C_1（60，40）；土地增长后，生产组合点为 S_2（15，110），消费组合点为 C_2（75，50）。通过对比可以看出，乙国比增长以前多生产 30 单位小麦，并把小麦的出口由原来的 40 单位增加到 60 单位。因为乙国小麦种植地比较便宜，使它能种植和销售更多的小麦，直到乙国小麦的边际成本上升到同世界价格相当时为止。而资本密集型产品布的生产却萎缩了。

图 5-3 显示了这些额外的出口。即使额外的土地能使乙国消费更多的小麦，乙国的小麦出口也会从原来每年的 40 单位增加到增长后的 60 单位。按给定的世界价格，乙国将出口更多的小麦，并更多增加布的进口量（布的进口比原先净增加了 20 单位）。概括起来说，土地的增长会导致土地价格的下降，土地价格降低使国内更多地使用土地扩大小麦的生产，使得小麦的供给增加、布的生产缩减，从而引起乙国对小麦出口的增加以及对国外布进口的增加，最终将导致乙国福利水平的提高。因此，对于出口小国而言，出口扩张型增长显然是有利的。

如果乙国是一出口大国，即其出口供给的变动能够影响到国际市场商品价格的变动，那么在上述情况下，由于乙国对出口小麦的供给增加了，其出口供给的变化能影响小麦的世界价格，即降低小麦的世界价格。因此，这里描述的生产可出口商品的生产要素的增加会增加出口的供给，降低出口价格，从而承受国际贸易条件恶化所带来的损失。在这种情况下，出口扩张型增长对出口大国小麦与布的生产产生了两方面的影响：对于小麦生产而言，一方面，土地价格的降低会导致小麦生产的机会成本的减少，从而引起小麦生产与出口的增加；另一方面，作为出口大国，增加小麦出口又会导致小麦国际市场相对价格的下降，从而又会引起小麦生产增长幅度的降低。同理，对于布的生产而言，一方面，布的生产会因其机会成本的上升而缩减；另一方面，布的生产又会因其相对价格的上涨而增加。但在一般情况下，小麦的生产会增加，布的生产却会减少。

然而，出口扩张型增长对大国贸易量的影响却是不确定的。其原因在于：虽然土地的增长会引起小麦供给进而出口的增加，而贸易条件恶化以及国内布的产量有可能增加却会导致对国外布的进口减少。相对而言，在出口扩张型增长的情况下，由于出口大国要承受国际贸易条件恶化所带来的损失，故而出口小国所得到的经济福利的增加量要大于出口大国所得到的经济福利的增加量。

四、罗伯津斯基定理与贫穷化增长

生产要素不平衡增长，在一定条件下会带来两方面的影响：一是对产品产量及产业的发展产生影响；二是对国家福利或贸易条件产生影响。下面我们分别用罗伯津斯基定理与贫穷化增长加以介绍。

（一）罗伯津斯基定理

罗伯津斯基经过研究之后发现，如果世界价格不变，当一种生产要素增长速度快于其他生产要素增长速度时，密集使用这种生产要素的产业就会得到迅速发展，而与这种生产要素联系较少的部门就会发展得较为缓慢甚至出现萎缩。他把该规律加以总结，从而提出了众所周知的**罗伯津斯基定理**（Rybczynski theorem），它主要研究的是单一生产要素的不平衡增长会对产量造成什么样的影响。这一定理曾得到过一些国家的经验证明。

罗伯津斯基定理的内容可以表述为：在两种商品的世界中，如果商品价格固定不变，一种生产要素的增长，实际上会导致密集使用这种要素的商品的产量增加，同时使另一种商品的产量减少。下面我们用图 5-4 对其加以解释。

如图 5-4 所示，假定甲国生产 X、Y 两种产品，产品 X 与 Y 分别为劳动密集型和资本密集型产品；仅劳动要素发生了增长且商品价格固定不变。增长前的生产组合点为 A（X_1，Y_1），增长后的生产组合点为 B（X_2，Y_2）。由此可见，在商品价格固定不变（由图中 $L_1//L_2$ 表示）的前提下，仅劳动要素发生增长，会引起生产可能性曲线主要朝着 X 产品方向扩展，同时导致密集使用劳动要素的 X 商品的产量增加（由 X_1 增加到 X_2），同时使另一种商品 Y 的产量减少（由 Y_1 减少到 Y_2）。

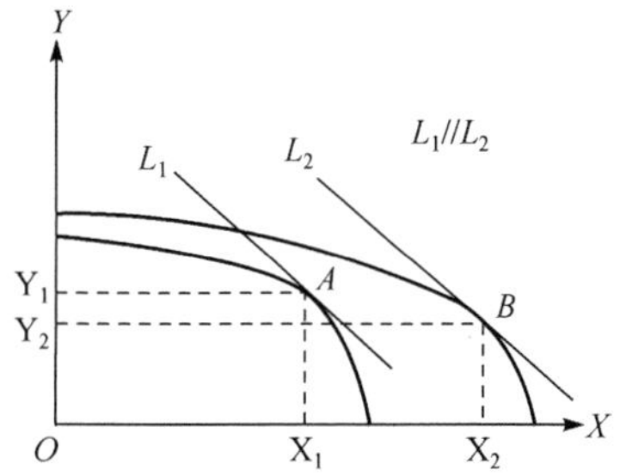

图 5-4　单一劳动要素增长时的罗伯津斯基定理

罗伯津斯基定理的现实意义在于，它揭示出了这样一个规律：在一定条件下，生产要素不平衡增长会影响到一国产品生产及其产业的发展，从而为一国制定其产业政策与贸易政策指明了方向。

新的自然资源的开发可能会阻碍其他部门的发展。相反，在一个贸易不断迅速增长的国家中，新资本和新技能的迅速积累可能导致本国自然资源产品的生产的下降，并使这个国家更加依赖于进口原料。美国就曾发生过这种情况，原来其矿产是丰富的，且处于不断增长状态，但它却由矿物的出口国变为矿物的净进口国，出现这种情况的部分原因就在于技能和资本的积累。

（二）贫穷化增长

在一定条件下，生产要素不平衡增长可能会对一国贸易条件或国家福利造成负面影响。这种现象是由印度经济学家杰格迪什·巴格瓦蒂（Jagdish N.Bhagwati）于 1958 年首先提出来的，该现象被命名为**贫穷化增长**（immiserizing growth）或**不幸的增长**。**贫穷化增长**是指当一国由于某种原因（一般总是单一要素供给的极大增长）使传统出口商品的出口规模扩大，其结果不仅导致该国贸易条件的严重恶化，而且会导致该国国民福利水平绝对下降。

下面我们以巴西为例，通过图 5-5 对贫困化增长现象加以解释。

图 5-5 中，X 表示咖啡的产量，Y 表示工业品的产量。假定巴西种植咖啡豆的能力比其制造业的生产能力增长得快，AB 与 $A'B'$分别为扩展前后的生产可能性曲线。就任何给定的贸易条件（国际价格比率）而言，这会促使巴西希望供应更多的咖啡以换取更多的工业品。但是，由于巴西早就在世界咖啡市场中占有相当大的份额，也由于其他国家对咖啡的需求在价格上是缺乏弹性的，巴西扩大咖啡的供应量，反而会降低咖啡的世界价格。

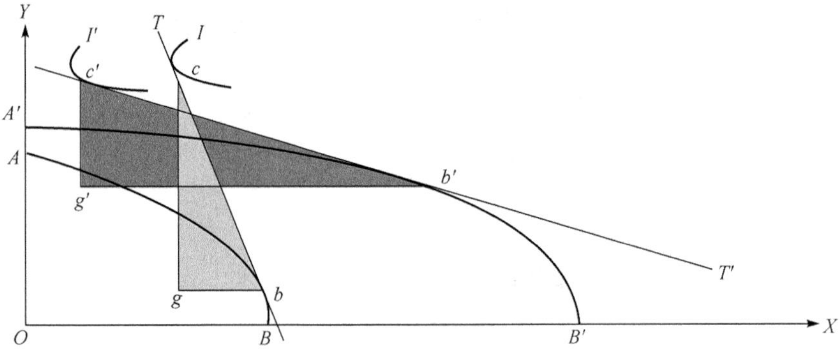

图 5-5 贫困化增长现象

在巴西咖啡生产能力提升以前，世界市场咖啡的相对价格为（P_X/P_Y）$_b$ = | T |；咖啡生产能力提升以后，世界市场咖啡的相对价格为（P_X/P_Y）$_{b'}$ = | T' |。显然，| T' | < | T |，这表明巴西扩大咖啡的供应量，反而会降低咖啡的世界价格，会严重影响巴西的贸易条件。另外，从巴西咖啡生产能力提升前后其社会无差异曲线 I 与 I'的位置来看，由于 I'低于 I，表明巴西本身咖啡供应能力得到提升，实际上反而使其社会福利水平降低了。看来，一个国家实行使自己的经济境况变坏的扩张是一种愚蠢的行为。

一个国家发生贸易条件变坏的贫困化增长是有条件的，具体而言，起决定性作用的条件至少有三个：第一，该国的增长必须是偏向出口型部门的，且增长导致出口的急剧增长；第二，该国是一个出口大国，外国对该国出口商品的需求是缺乏弹性的，因而其出口供给的扩大会导致价格下跌与贸易条件的恶化；第三，该国必须是早已在进行大量贸易的，所以贸易条件的恶化对本国福利影响较大，足以抵消因供给扩大而取得的利益。

贫困化增长的意义在于：第一，对于发展中国家而言，由于其产品结构单一，因而在制定出口导向战略发展经济的过程中，如果仅仅从短期利益出发，就有可能出现出口量日益增多、价格却越来越低的事与愿违的扩张行为；第二，贫困化增长现象只是发展中国家经济发展过程中出现的一种可能情况，其发生是有一定前提条件的，它不是一种普遍现象。

因此，这就告诫广大发展中国家，应该从长远利益考虑本国的产业结构，可以通过制定合适的产业政策与贸易政策，来避免出口贫困化增长现象的发生。

第二节 发展中国家的对外贸易与经济发展

不断增长的、使贸易条件恶化的实例说明，单单扩大贸易和遵循比较优势的原则，在某些情况下会产生事与愿违的后果。20 世纪 60 年代初，当代著名的阿根廷经济学家劳尔·普雷维什（Raul Prebisch）等分析了一些发展中国家的贸易状况后，更加确认了这一点，并在此基础上建立了一个反传统的发展中国家国际贸易理论和政策体系。

一、普雷维什–辛格命题

（一）普雷维什–辛格命题提出的历史背景

传统国际贸易理论是以古典学派的比较优势理论和 20 世纪的资源禀赋理论为基础的。按照这两种理论，贸易与发展的关系可以一言以蔽之：贸易是“经济成长的发动机”。因为一个国家某个领域，不论是以劳动效率还是资源禀赋来衡量，如果具有比较优势就有条件扩大出口，并从中得到贸易利益，从而这个领域也得到发展。从贸易双方的角度来看，它们通过相互贸易增加了各自国内与世界的生产总量，从而提高了整体消费水平。同时，双方产品进入世界市场就有可能换取各自经济发展所必需的稀缺要素。此外，贸易活动的开展，一方面提高了劳动丰裕国家的相对工资水平，另一方面也降低了劳动稀缺国家的相对工资水平，从而使要素价格趋于一致，并使真实工资随之提高。所有这些都意味着世界范围内的资源得到充分利用，从而达到促进经济发展的目的。

第二次世界大战结束后，上述贸易理论受到了挑战。因为在第二次世界大战结束初期，发展中国家的对外贸易关系仍沿袭了殖民时代的主要出口初级产品的贸易格局，促使一些发展经济学家对这种贸易格局产生的原因及其影响进行研究。他们分析后认为，这种贸易格局的形成是自由贸易导致的恶果。在这项研究中最有代表性的人物当是普雷维什和辛格。劳尔·普雷维什曾任阿根廷财政部副部长、阿根廷中央银行行长、拉美经委会执行秘书、联合国贸易与发展会议第一任秘书长、联合国特别顾问及经济和社会事务副秘书长等职务。1949 年，普雷维什向联合国拉丁美洲和加勒比经济委员会递交了一份题为《拉丁美洲的经济发展及其主要问题》的报告，系统和完整地阐述了他的“中心–外围”理论。

（二）普雷维什–辛格命题的内容

普雷维什认为，发达国家与发展中国家分别处于国际经济体系的中心与外围，而且二者在经济上是不平等的。发达国家是技术的创新者，它们主要生产和出口制成品，技术进步的结果是提高了制成品的价格，从而提高了其国内的生活水平；而发展中国家则是技术的模仿者与接受者，它们主要生产和出口初级产品，初级产品的生产与出口不但没有提高工人的工资，而且压低了出口产品的价格，使得贸易条件长期恶化。例如，在1876—1936年的60年中，初级产品对制成品的贸易条件下降了36%。

1. 命题的具体内容

普雷维什和辛格关于发展中国家从扩大初级产品的出口中没有获利甚至受损的论点，具体包括以下几点。

（1）一个发展中国家最初开展贸易所得到的利益，比购买其出口的初级产品的工业国所获得的利益少。

（2）对于初级产品出口国来说，贸易条件已经恶化并在继续恶化。如果政府能够看到这一趋势，就应阻止将更多的资源投资于初级产品的生产，而应该支持工业投资。

（3）扩大初级产品的生产能力（如巴西种植更多的咖啡树）比其他方式都更会使贸易条件恶化，因而政府应阻止对初级产品生产的投资而应支持工业投资。

（4）工业品之所以比初级产品更应得到支持，还因为它能传播现代技术知识和现代观念而带来更多的附带利益。

2. 原因分析

普雷维什和辛格认为，发展中国家从扩大初级产品的出口中没有获利甚至受损的原因主要包括三个方面。

（1）因为发达国家处于中心统治地位，它的大公司具有垄断的权力，因而当其技术进步以后，产品价格不但不会下降，反而借机上涨；相反，外围或依附地带经济力量薄弱，工人缺乏组织，没有谈判能力，收入不会得到增长，所以产品价格得不到提高。

（2）因为发展中国家输出的包括农产品在内的初级产品缺乏需求价格弹性，易受经济周期的供给状况的影响，价格波动幅度较大，经常会损害生产者的利益，从而减少了外汇收入。

（3）因为在发展中国家和国际市场上初级产品缺乏需求收入弹性的同时，从发达国家进口的工业品的需求收入弹性却相当高。因此，随着这些国家的经济发展，国际收支赤字会增大，贫穷化会加剧。

（三）对策建议及现实影响

根据普雷维什和辛格等对拉美国家经济现实的以上分析，他们提出的对策是：第一，发展中国家应集中更多的资源去发展它们的现代工业，以较少的资源去增加初级产品部门的产量和出口量；第二，限制国外工业品的输入，并用本国的工业品替代这些进口产品；第三，设法减少工业国对来自发展中国家的工业品设置的贸易壁垒。

通过上面的论述我们可以看出，普雷维什-辛格命题实际上就是针对初级产品出口战略的弊端而言的。

初级产品出口战略（primary product export strategy）是指发展中国家利用自然资源，即要素禀赋上的天然优势，以本国廉价劳动力开发本国盛产的农、矿等初级产品以出口换汇，然后用外汇进口制成品，以改善本国人民生活和促进工业化的做法。

这种战略在 19 世纪的美国、加拿大、澳大利亚的经济发展中曾发挥了重要作用。第二次世界大战结束后直到 20 世纪 60 年代以前，发展中国家基本上仍然通过扩大初级产品的出口来推动其经济的增长，甚至到了 20 世纪 70 年代以后，马来西亚、泰国和突尼斯等国还继续采用这种战略。但是，到了 20 世纪以后，初级产品出口战略却使发展中国家在一定程度上出现了利益受损的情况。

由于普雷维什和辛格针对拉美国家的主要经济问题提出了具体的解决办法，因而为拉美国家和许多其他正在进行工业化的国家所接受。于是，进口替代战略自 20 世纪 50 年代起开始在许多发展中国家流行起来。

二、进口替代战略

作为一国政府把工业化看成一种有助于全面改善经济的力量，这是很自然的事情。因为目前除石油输出国家外，大多数高收入的国家都是工业国，似乎工业化是一国富裕起来的必由之路，而历史上很多先例都是通过实施进口替代战略实现工业化的。

进口替代战略（import substitution strategy）是指一国采取各种措施，限制某些外国工业品进口，促进本国相关工业品的生产，并逐渐在本国市场上以本国产品替代进口品，为本国工业发展创造有利条件，实现工业化。进口替代战略又称**进口替代工业化战略**（import substitution industrialization strategy），是内向型经济发展战略的产物。

第一次世界大战以前，德国明显如此，美国也常常保护其制造业，西班牙和葡萄牙对制造业的保护也很有力。不过，这些早期经验并不表示进口替代和经济发展之间有必然的联系，因为实际情况是，有些实行贸易保护的国家发展很快，而有些却发展得很慢。同时，有些实行自由贸易的国家发展很慢，而有些却发展很快。在 20 世纪 30 年代世界经济大危机结束以后，有更多的国家转向进口替代战略，如阿根廷和澳大利亚。由于当时世界价格比率变得很不利于初级产品出口国，故这些国家在整个 30 年代都是以牺牲工业品进口来发展工业化的。在 20 世纪的 50—60 年代，进口替代战略在一些新独立的国家获得初步成功，并随后在大多数发展中国家盛行起来，使其至今仍然是发展中国家普遍采取的一种贸易战略。

（一）进口替代的含义、内容和措施

就一种产品而言，**进口替代**（import substitution）就是从实现经济独立自主的目的出发，减少或完全消除这种产品的进口，使得国内市场完全由本国生产者供应的政策战略。该产品进口替代的程度可以用其进口额与国内销售总额比率来衡量。但是如果要把进口替代产品加总，用其衡量整个国家的进口替代进展情况，那么就产生了问题。因为降低一种产品进口的比重时，往往会引起另一种产品的进口比重的增加。比如，减少塑料制品的进口而改为本国生产，会引起作为塑料制品原料的中间产品进口的增加。所以，用总进口额与国民生产总值的比率变化来表示进口替代的程度就会遇到同样的困难，因为它无法表示进口替代对某一领域所起的积极作用。

针对这个问题，结合进口替代的政策目标，可以将进口替代作狭义和广义之分。狭义的进口替代指以本国的生产替代一种特定产品的进口；但从广义的方面看，是指一个领域内的进口替代，其目的是通过减少或禁止某些产品的进口，引起所希望的国内经济的变化，或者创造向国内传统领域进行投资的推动力，使资源有机会进入这个新的工业部门，促使生产的启动和进一步扩大生产，从而总体经济结构得到改善。

那么，限制或禁止哪些产品的进口呢？首先，被限制或禁止的几乎都是消费品，因为与生产资本品、中间产品相比较，生产消费品所需要的生产技术都比较简单，所需投资也比较少，易于企业进行生产，这也意味着这些消费品由国内生产和由进口提供在成本方面差距小，而资本品和中间产品的成本差距大，因而消费品进口替代的代价小。再者，消费品的市场是现行存在的，而资本品、中间产品的需求市场则有待开发。

限制或禁止进口的措施，最关键的是实行贸易保护政策：第一，在关税方面，实行差别关税制度，对限制或禁止进口的消费品征收高额关税，对实行进口替代所需要的资本品和中间产品给予优惠关税；第二，在外汇管理方面，实行外汇管制，不提供与进口替代品相竞争的消费品的进口外汇，更重要的是高估本国货币币值，通过这些措施使资本品和中间产品的进口成本低于其真实成本，以鼓励替代进口的消费品的生产。当受保护的消费品的生产满足国内市场需求之后，替代过程即告结束。

（二）进口替代战略的利弊分析

1. 进口替代战略所带来的好处

进口替代战略有如下好处。

（1）实施进口替代战略可以获得很多的经济和社会方面的附带利益。具体包括获得超出单个企业范围的技术知识的增长和工人技能的提升，有利于经济发展的现代意识和民族自豪感的建立，也有利于实现本国的经济独立和自给自足，等等。

（2）对于大国经济来说，进口替代会比发展出口工业更有利于贸易条件的改善。与使贸易条件变坏的出口增长相比，用国内生产来替代进口，如果它对继续进口的商品价格确实有影响的话，则会降低这些商品的价格并使本国具有较好的讨价还价的条件。这一结论对诸如中国、巴西这样的大国来说，应该最起作用。因为商品在大工厂里进行生产，这些国家的工厂可以大到即使不用出口也能够取得规模经济效益的程度。

（3）替代进口是方便和低成本获取市场情报的一种方式。一个发展中国家也许缺乏专门知识来判断数以千计的不同工业制品究竟哪些可以在国外有好的销路。但它们可以采取一种简便的方法来了解哪些现代工业制品可以在它们本国市场上销售。它们只需检查一下进口数字就可以了，进口数字就是一张便于利用的、证实有销路的商品清单。如果国内新的生产者可以解决成本和产品质量的问题，那么，一个受保护的工业就有了生存和发展的可靠基础。作为大国，其商品生产更有可能获得足以支持有效规模生产的市场。

总之，进口替代战略通过保护措施，促使本国生产原先属于进口的商品，从而有利于改善本国的经济结构并带来相关的附带利益。

2. 进口替代战略所带来的不利影响

但近年来，许多经济学家通过经济分析和掌握的实际情况，认为进口替代战略会对经济发展产生不利影响，从而明显地对这一战略持否定态度，具体包括以下理由。

（1）在进口替代战略下，贸易保护措施必会造成国民福利减少。有关数据表明，一国因贸易保护而造成的国民福利减少量可达到其国民生产总值的 15%。[①]一般来说，损失较大的国家就是贸易壁垒较高的那些国家。这是因为，一是进口替代战略往往不考虑本国是否具有生产优势，而把受保护的商品范围扩大到不必要的程度，使许多产品的经济效益不高，只有在保护下才能生存。二是进口替代战略以满足国内市场为目的，而除大国之外，国内市场相对来说都比较狭小，无法实现规模经济效益。

（2）在关税和外汇等保护措施下，资本品和中间产品的进口成本低于其真实成本，必会对国内经济造成不良影响。一是在保护政策下，进口替代产品的价格水平必然高于自由贸易下的价格水平，而所需进口的资本品和中间产品价格却相对低廉，这样一来，进口替代产品就具有高额附加值，可以使其生产厂商能够获得优厚利润，成为国内既得利益者；二是由于进口资本品和中间产品价格相对低廉，那么使用的这种进口物品数量愈多，进口替代生产就愈加有利，这就会促使该国更多地发展资本密集型的加工工业，却不能充分利用进口替代来提高国内就业率；三是进口资本品和中间产品价格相对低廉，降低了企业在本国设厂自行生产的积极性；四是有些国家高估本国币值，有利于进口，却对出口极为不利。有时，迅速发展的进口替代工业还会和出口工业争原料、争资金、争人力，结果是以牺牲出口工业的方式换取进口替代工业的发展。

（3）进口替代有时会导致对发达国家的依附程度提高。进口替代的初衷是摆脱对发达国家的依附状态，但是随着进口替代范围的扩大，资本品和中间产品的进口便会相应增加，这时依附程度不是降低了，而是提高了。这些资本品和中间产品进口量的增加，会引起国际收支困难，使能够支配的外汇量成为发展本国进口替代工业的限制因素。

（4）进口替代还使发展中国家国内收入分配不平等程度加剧。经济合作与发展组织[②]和世界银行的有关报告指出，进口替代使农民和穷人的相对收入状况恶化了。林德特等也认为，它损害了农业的相对地位，但对贫富差距的影响是两方面的：一方面，最高进口壁垒往往设置在奢侈品领域，这显然是增加了高水平生活的费用而对富人不利；另一方面，奢侈品工业往往是资本和技术的大量使用者和一般劳动力的少量使用者，所以保护这些工业对富人有利，同时又给管理进口的政府官员以高薪大权，给已经很富裕的利益集团增加新的收入。林德特等认为，从最好的方面说，进口替代只是在发展中国家的富人之间进行收入的再分配；从最坏的方面来说，它对工业界的富人有利而对穷人不利。

根据布鲁顿的说法，进口替代的广泛影响把整个经济扭曲了，或者说使其失真

① 彼得·林德特，查尔斯·金德尔伯格. 国际经济学[M]. 谢树森，沈锦昶，常勋，等译. 上海：上海译文出版社，1985：64-65.

② 经济合作与发展组织（Organization for Economic Co-operation and Development，OECD），简称经合组织。

了。[①]除了少数例外，这种失真的状况还不能自行纠正。尽管如此，仍有一些学者认为，进口替代虽然有其局限性，但不能一笔抹杀。随着经济不断增长，进口替代是“一种自然过程”。

三、出口导向战略

出口导向战略（export orientation strategy）又称**出口导向工业化战略**（export-oriented industrialization strategy）或**出口替代工业化战略**（strategy of export substitution for industrialization），是外向型经济发展战略的产物，是指一国采取各种措施扩大出口，发展出口工业，逐步用轻工业产品出口替代初级产品出口，用重、化工业产品出口替代轻工业产品出口，以带动经济发展，实现工业化的战略。

（一）出口导向战略的理论根据

出口导向战略的理论根据是古典学派的国际分工论、比较优势学说与新古典经济学的 H-O 理论及其所提倡的自由贸易政策主张。在普雷维什-辛格命题提出来以后，哈伯勒等就坚持强调贸易对经济发展的促进作用，他们从国际分工着眼，认为即使是初级产品的出口，对经济发展也起着重要作用。哈伯勒认为，国际贸易对 19 世纪和 20 世纪欠发达国家的发展作出了巨大贡献；如果允许继续进行自由贸易，它会在将来作出同样大的贡献。

上述经济学家从理论上赞成实行出口导向战略。其原因在于贸易对经济发展在以下四个方面起着重要作用。

（1）出口贸易为本国经济发展提供了不可缺少的外汇。中间产品和原料的大量出口，就可以保证支付增加进口新型设备所需要的外汇，而不会危及国际收支平衡。

（2）贸易是扩散技术知识和传递现代思想的手段，也是引进诀窍、技能、管理方法和企业家精神的重要方式。

（3）贸易是使资本在国家之间流动特别是从发达国家流向发展中国家的手段。贸易量愈大，可能获得的国外资源的量也愈大。

（4）自由的国际贸易，会维持一个自由竞争的国际市场，以消除垄断的控制。

对于普雷维什提出的发展中国家贸易条件长期恶化的论点，这些主张自由贸易的经济学家也进行了分析。他们认为，普雷维什所说的贸易条件实际上是商品贸易条件，亦即纯物物交换贸易条件，它用出口价格指数与进口价格指数之比来表示；如果将商品贸易条件与出口数量指数相乘，即收入贸易条件；如果将商品贸易条件与出口商品劳动生产率指数相乘，即（单项）要素贸易条件。在商品贸易条件恶化的情况下，收入贸易条件和要素贸易条件并不是必然随之恶化的。因为价格下跌并不意味着出口总收入一定减少，恰恰相反，总出口的购买力往往是增加的，所以出口价格下降的程度也不见得会全部抵消生产率提高的程度，出口收益仍可能增加。

再就商品贸易条件来看，普雷维什依据的资料也无说服力。他采用的是 1876—

① 转引自罗志如，范家骧，厉以宁，等. 当代西方经济学说[M]. 北京：北京大学出版社，1989：372.

1936 年英国的进出口资料，其中出口以不包括海运运费在内的离岸价格计算，进口则是以包括海运运费在内的到岸价格计算。而 19 世纪末由于铁路和轮船运输业的兴起，运费普遍降低，普雷维什所说的初级产品价格的下跌在相当大的程度上是由当时运费下降造成的。再者，发展中国家输出商品不仅输往英国，还更多地输往别国，因此单纯利用英国资料也有一定的局限性。后来的计算表明，在普雷维什所采用统计资料的时期内，初级产品的商品贸易条件只是稍有恶化，其中除天然橡胶贸易条件严重恶化、小麦的贸易条件逐渐恶化外，其余产品的贸易条件都是有好有坏。普雷维什只是计算了一个总的贸易条件，不足以说明问题。另外，在这一时期中，制成品的质量得到大幅度提高，而初级产品的质量却没有什么改变，这种情况也无法反映在普雷维什的计算中。

对于第二次世界大战结束后的初级产品的出口来说，哈伯勒从发挥优势着眼，认为目前有些发展中国家的出口多集中于一两种大宗商品，这要比低水平的多样化出口的代价小。试想，如果巴西没有咖啡的出口，委内瑞拉等国没有石油的出口，马来西亚没有橡胶和锡的出口，埃及没有棉花的出口，那么就不知道更要穷到什么样的地步了。因此，普雷维什-辛格命题不能成立。

（二）出口导向战略对经济发展的作用

克鲁格尔（Anne Krueger）等认为，出口导向战略对经济发展的作用主要表现在以下三个方面。

1. 出口可以突破国内市场狭小的障碍，获得规模经济效益和增强竞争力

进口替代是以生产替代进口的产品满足国内市场需要为目的的。除少数人口众多的国家外，一般国家的国内市场都比较狭小，即使人口众多但收入低下的国家，由于人们购买力水平不高，相对于发达国家而言其市场也是狭小的。因此，进口替代行业的产量受国内市场的约束，产量超出国内需要就不能获得利益，再考虑到固定资产比重大的重工业，由于资本设备的不可分性，只有大批量生产，才能充分发挥生产能力并获得规模经济效益。由此可见，在进口替代的条件下，要么这些行业根本无法建立，要么建立起来以后因不能充分负荷而长期亏损。但在出口导向型经济中，产品一旦进入世界市场，就可以突破国内市场狭小的障碍，扩大生产，使生产达到适度规模，取得最佳的经济效益。

2. 发展中国家一般来说都有众多的非熟练劳动力，有实行出口导向战略的比较优势

在外向型经济中，劳动密集型产品有自己的相对优势，有首先获得出口的机会。生产这些产品的行业将比其他行业得到更快的发展，并能比在进口替代情况下吸收更多的非熟练劳动力就业。此外，从缓解一国外汇不足的角度来看，由进口替代节约 1 单位外汇与出口导向赚取 1 单位外汇在量上是一样的。但由于出口的是优势产品，因而赚取 1 单位外汇所耗费国内资源的成本将少于节约 1 单位外汇所耗费国内资源的成本。如果将用于进口替代的资源转移到用于扩大出口的生产部门，则赚取的外汇将比进口替代所节约的外汇更多。

3. 从第二次世界大战后各国的实际情况看，出口导向战略更能经得住外来冲击

一般认为，外向型经济的进出口额在国民生产总值中所占比重较大，相对于进口替代型经济，更易遭受外来冲击。但是，巴拉萨指出，在 1973—1974 年的石油危机和 1974—1975 年的世界经济危机中，东亚的一些外向型国家和地区比起进口替代型的国家更能经得住这些冲击。他认为，这是由两种类型国家的进口压缩率和国民经济灵活度的差异造成的。外向型经济进口比重较大，在受到外来冲击时，就可以压缩次要的进口项目，使其不至于影响经济的运行。在出口方面，具有竞争能力的厂商可以根据世界市场情况的变化，改变出口的构成，避免出口的过分萎缩。对于进口替代型的国家来说，由于其进口一向保持在最低的水平上，受到外来冲击时，压缩进口的可能性就不大，而且内部经济结构也不易进行相应的调整，因此处境反而比较困难。

（三）实行出口导向战略的主要条件

1970 年，提勃尔·西托夫斯基和斯科特在其出版的《一些发展中国家的工业和贸易》中，对贸易与经济发展的关系作了新的探讨。他们认为，在没有贸易歧视的情况下，一个国家通过鼓励出口就能够有效地进行工业化。从初级产品出口转变为制成品的出口，从进口替代战略转变为出口导向战略，无疑会带来巨大的经济效益。但他们又认为，要实现这种转变是不容易的，需要具备以下几个主要条件。

（1）发展中国家的政府必须采取一系列鼓励出口的措施，并为厂商提供进入世界市场所必需的各种服务。具体来说，包括三个方面：首先，应建立出口补贴和奖励制度。如对新产品出口给予补贴，以帮助无经验的出口商在进入其不熟悉的世界市场时，能够顺利地渡过“出口幼年期”。其次，应提供出口信贷和风险担保。改变高估本国币值的做法，使汇率接近于均衡汇率，甚至可以低估本国币值以促进出口。在战略转变时期，可以有选择地保护一些关键性的进口替代行业，但同时要对出口商实行无差别待遇，并允许他们为生产出口商品可按国际市场价格得到其投入品。最后，政府应推动科学研究，促进技术发展，以提高出口制成品的质量和降低出口成本。

（2）出口产品生产者要注意收集国际市场信息，加强产品质量控制，建立合理的销售渠道。在国际市场上出售有差别的制成品风险较大，因此在开始推动出口时，一般出口的是加工产品、零部件、中间产品或轻型消费品等。20 世纪 60 年代以后，一些新兴工业化国家在相当多的制成品生产方面具有了比较优势，出口结构朝着好的方面转化。这应归功于这些国家采取了注意收集国际市场需求信息、加强产品质量控制和设法拓宽商品销售渠道等措施。

（3）发达国家有必要采取更明智的贸易政策。一般认为，随着发展中国家出口导向战略的深入，就要求发达国家更进一步开放国内市场。第二次世界大战结束后，发达国家对制成品的名义关税税率有了大幅度的降低，但对一些发展中国家有出口潜力的制成品和劳动密集型产品来说，关税税率还是偏高的，特别是发达国家的非关税壁垒对发展中国家出口的限制更为严厉。因此，为了促使发展中国家实行外向型经济，发达国家有必要采取更明智的政策。

巴拉萨认为，发展中国家实施出口导向战略对发达国家国内制造业的威胁减少了，而不是增加了。只要其个别商品的出口占发达国家生产和消费量的比重不大，新兴工业化国家和地区制成品出口的升级换代和多样化就不会对发达国家造成严重威胁。

（四）出口导向战略的局限性

实践证明，出口导向战略比进口替代战略在工业化中更能产生积极的效果，但这并不等于说出口导向战略没有局限性。这种局限性至少包括以下三个方面。

第一，一国出口在国民生产总值中比重的增加，在一定程度上表明该国经济对世界市场依赖程度的加深。在经济繁荣时期，出口固然可以扩大，但一旦发达国家经济衰退，本国经济将会受到严重打击。第二，出口增长会受到进口国贸易保护政策的限制，特别是当对某些进口国的依赖程度很高时，对方的保护措施会给本国经济造成严重打击。第三，有些产品的出口会面临来自发展程度较低的国家出口的竞争压力。例如，“亚洲四小龙”面临印度尼西亚、泰国的竞争，在短期内产品升级换代又比较困难，所以常陷入腹背受敌的境地。

第三节　R-N 理论：对外贸易是“经济成长的发动机”

上文论述了国际贸易在经济增长和发展过程中的地位与作用，但是，国际贸易对经济增长和发展所起的作用究竟有多大？R-N 学派作出如是回答：对外贸易是“经济成长的发动机”！

一、R-N 理论的思想渊源

前已述及，传统国际贸易理论都是在自由贸易和充分就业的假定之下，强调贸易对经济成长的重要性。但在不同时期和不同历史条件下，各个经济学家强调贸易重要性的角度和程度都有所不同。

重商主义经济学家虽然不主张实行自由贸易，但仍不自觉地认为，贸易是财富（金银）的唯一源泉，一个国家要积累财富，就要不断地进行对外贸易，这实际上已经将贸易置于十分重要的地位。

古典学派和新古典学派代表人物都十分强调贸易在一国经济发展中的作用。亚当·斯密提出了贸易是“为过剩产品找出路”的观点。按照这一观点，对外贸易为发展中国家提供了一个充分利用土地和劳动力的机会，以便生产出更多的初级产品，其剩余部分便可输出到国外市场上去。大卫·李嘉图认为，自由贸易政策在英国工业化和资本积累过程中是一种重要的手段。他认为，“让粮食及蔬菜由海外供应，以交换（英国的）制成品，那就很难说什么是财富积累的限度和使用财富以取得利润的限度”。他又说：“当贸易是自由的，谷物是便宜的时候，无论资本的积累有多么多，利润率也不会下降。”[①]这是在比较优势理论的基础上把贸易放到了一个更加重要的地位。约翰·穆勒认为，国际贸易对于一个资源尚未开发的国家来说，可以起到重要的推动作用。他说，“对外贸易可以导致更有效地利用世界生产力”[①]，这是对外贸易产生的直接经济利益，除此之外，还有间接的利益，即“市场每一次扩大的趋向都会改善生产过程，为比本国市场更

① 贾明德，董秘刚. 国际贸易学[M]. 西安：陕西人民出版社，2004：124.

大的市场而生产的国家，能够使分工扩大，更多地使用机器，并且有可能在生产过程中进行发明和改进”①。

马歇尔在 21 世纪初总结了一些国家经济发展的历史经验后指出，旧世界为新世界提供一个广阔的市场，并得出了著名的论断：“决定各国经济进步的原因是属于国际贸易研究的范围。”①这就更加接近对外贸易是“经济成长的发动机”的提法，从而把国际贸易在经济发展中的地位提到一个新高度。

总之，上面各个时代的经济学代表人物，虽然都未明确提出“经济成长的发动机”的命题，但都在不同程度肯定了对外贸易的重要性，所以我们有理由认为，它们都构成“发动机”理论的源远流长的思想来源。

二、R-N 理论的内容及其根据

20 世纪 30 年代，罗伯特逊（D.H.Robertson）在《国际贸易的未来》一文中，提出了对外贸易是“经济成长的发动机”（engine of growth）的著名命题。到了 50 年代，纳克斯（R.Nurkse）发表了《贸易的格局与经济发展》一文，他根据对 19 世纪英国和新移民地区经济发展的原因的研究，进一步补充和发展了这一学说，从而形成了西方学者所谓的罗伯特逊-纳克斯（即 R-N）学派，建立了 R-N 理论。

（一）19 世纪的国际贸易为许多国家的经济发展作出了重要贡献

纳克斯等认为，19 世纪的国际贸易为许多国家的经济发展作出了重要贡献，而这种贡献来自两个方面。

1. 来自对外贸易的静态的或直接的利益

他们认为，国际贸易发生于各国的商品存在着比较差异的情况下，而存在比较差异的原因，古典学派认为是由于要素生产率的差别，H-O 定理则认为是资源禀赋的不同。贸易发生以后，在比较成本规律的作用下，相关国家的资源得到重新配置，从而使每个国家都能增加它所具有比较优势的产品的产量。通过交换，每个国家都可以得到比自己直接生产数量更多的产品，使各国的消费水平超过自己的生产可能性曲线。这是贸易的静态利益。每个国家所得到的静态利益依赖于贸易比价。

2. 来自贸易的动态的或间接的利益

他们认为，国际贸易除了能够带来静态利益外，还有扩大生产规模以取得的规模经济效益和降低生产成本的利益，特别是有传递经济增长的利益的作用。这些利益都是动态的利益。

纳克斯认为，19 世纪的国际贸易具有这样的性质：中心国家经济的迅速成长，可以通过国际贸易而传递到外围国家。它是通过对初级产品需求的迅速增加而把经济成长传递到那些地方去的。19 世纪的贸易不仅可以简单地把一定数量的资源施以最适当的配置，而且是“经济成长的发动机”②。另外，利用对外贸易来带动经济发展是 19 世

---

① 转引自贾明德，董秘刚. 国际贸易学[M]. 西安：陕西人民出版社，2004：124.

② 转引自姚曾荫. 国际贸易概论[M]. 北京：人民出版社，1987：56.

纪一些国家从对外贸易中得到的最重要的动态利益，也是19世纪国际贸易中的一个最明显的特点。

（二）较高的出口增长率带动经济增长的主要途径

对外贸易带动经济增长主要是通过较高的出口增长率加以体现的。纳克斯等认为，较高的出口增长率主要是通过以下途径带动经济增长的。

（1）一国具有较高的出口水平，则意味着该国具有提高其进口水平的手段和能力。进口货物中包括资本品，而资本品是一国经济增长的重要条件。资本品的进口使这个国家从国际分工中获得利益，大大节约了生产要素的投入量，有助于提高工业效益。它是经济成长的主要因素。

（2）一国出口的增长可以引起其投资领域发生变化，使该国把资金投向国民经济中最有效率的部门，亦即其具有比较优势的领域。这样一来，该国就会在具有比较优势的领域进行专业化生产，以大幅度提高劳动生产率。

（3）出口贸易也可使得一国获得规模经济效益。因为一国通过出口贸易开拓了一个更大的市场，国内市场加上国际市场比单独的、狭小的国内市场更能容纳下大规模的生产。

（4）世界市场上的竞争会给一国的出口工业带来竞争压力。在竞争压力之下，必然促使出口国不断降低成本、提高质量，并淘汰那些效率低下的出口工业。

（5）一个日益发展的出口工业部门还会鼓励国内外投资。这样做会刺激其国内加工工业及其附属工业以及交通运输、动力、通信等部门的发展，并促进国外先进技术和管理知识的引进。

在纳克斯看来，对外贸易起到“经济成长的发动机”作用的国家，不仅包括美国、加拿大、阿根廷、澳大利亚、新西兰和南非等这些白人新移民地区，而且包括欧洲一些古老的国家，如英国、法国、意大利等。其中英国为“经济成长的发动机”学说提供了一个典型的事实证明。

在17—18世纪，殖民地贸易对英国工业化进程起到了十分重要的推动作用。“这种三角贸易给予英国工业三方面的刺激。把用英国（和东方）的制成品换来的黑奴运到种植园去。在那里，他们生产糖、棉花、靛蓝、糖蜜和其他的热带产品。英国对这些产品的加工又创造了新的工业，而维持黑奴和他们的主人的生计又为英国工业提供了另一个市场。到1750年，在英国凡是从事于贸易和制造业的城镇，几乎没有一个不是用此或彼的方式与三角贸易或直接的对殖民地贸易发生联系的。（这项贸易）所得到的利润是英国工业革命所需要的资本积累的一个主要来源。对西印度群岛的贸易所积累的资本，资助了瓦特和他的蒸汽机的发明。”①对外贸易对于英国工业化的重要作用，还可以用以下数字来说明：在1688年，英国出口仅占其国民收入的5%；100年后，这个数字增加到15%；到19世纪80年代早期，出口已占国民收入的30%。而且在这一时期内，英国出口工业的发展速度也远远超过其他经济部门。1700—1800年，出口工业增长了

① 转引自姚曾荫. 国际贸易概论[M]. 北京：人民出版社，1987：57.

444%，而国内工业和农业品都增长了 50%。[①]在英国，出口贸易带动其他工业部门和整个国民经济发展的特点是很明显的。英国制成品海外市场的扩大和海外原材料供应来源的开辟，对加快英国工业化进程起到了重要作用。到了 19 世纪末，英国经济已严重地依赖世界市场，而其经济增长率与贸易格局也主要是随着世界市场供需的变化而发生变化的。

以上是出口贸易带动一国经济增长的事例。R-N 学派认为，“经济成长的发动机”作用也可以体现在一国经济的起飞可以带动其他有关国家的经济增长上。例如，在 19 世纪，英国和其他少数西欧国家在经济发展过程中，对进口原料和粮食的巨大需求带动了一些温带新移民地区经济的增长。纳克斯说：“包括在‘通过对外贸易带动经济成长’的地区主要是欧洲以外的新移民区。这些地区包括美国、加拿大、阿根廷和澳大利亚，它们吸收了欧洲大量的劳动力和资本。然而，导致这些地区经济发展的基本原因是西欧，特别是英国对于它们适宜于生产的粮食和原料的需求的巨大增长。这些外围国家的经济成长是由于工业中心国家的经济发展所引起的贸易的扩大而带动起来的。”[②]工业国家对外围国家农产品和矿产品需求的增加，鼓励了投资和生产，其结果是市场扩大、生产增加、收入提高，使外围国家的人民分享到海外消费增加的好处，而他们对消费品需求的增加，又再次刺激生产的增长。这样循环往复，必将带动整体经济的发展。从历史上看，英国进口需求增长最早刺激了美国的棉花产区，继而带动其他新的移民区经济的发展。在世界出口贸易迅速增加时，这些外围国家的出口受到特别有力的需求增加的刺激，与此同时英国的资本输出也大部分涌入这些国家和地区，并投入到初级产品的生产和运输上面去。R-N 学派认为，出口和英国的投资是外围国家经济成长的主要影响因素。此外，荷兰是英国进口肉类和乳酪的主要来源；丹麦向英国供应黄油、鸡蛋和咸肉等；瑞典向英国输出木材、纸浆和铁矿砂；等等。所以，这些国家的经济发展在很大程度上也是由对英国的出口带动的。

R-N 学派认为，根据 19 世纪历史经验所提出的“经济成长的发动机”理论，由于 20 世纪各种条件的变化，该理论不再具有适用性了。到 20 世纪，中心国家的经济增长再未通过对初级产品需求的增加而将其经济增长“传递”到世界其他国家。纳克斯认为，发生这种变化的原因主要包括六个方面：发达国家工业结构由轻工业结构转向重工业结构，即从制成品中原料含量高的工业转向原料含量低的工业；在发达国家的国民生产总值中，劳务部分所占的比重增加，因而对原料的需求落后于生产的增加；对农产品的收入弹性小；农业保护主义的蔓延；工业原料的节约使用（金属回收和再加工等）；合成和人工原料越来越多地代替天然原料。

最终的结论是：现在的发展中国家已经不再完全依靠国外对初级产品的需求来带动它们的经济增长了。在这种情况下，依靠国际贸易这架过去的“经济成长的发动机”，就不再能为当代发展中国家的经济成长提供持久的动力了。

---

① 转引自姚曾荫. 国际贸易概论[M]. 北京：人民出版社，1987：57.

② 转引自姚曾荫. 国际贸易概论[M]. 北京：人民出版社，1987：59.

三、关于“经济成长的发动机”学说的讨论

对R-N学派的“经济成长的发动机”理论如何评价，这是西方国际经济学界一直争论不休的问题，也是我们在这里需要认真讨论的一个问题。

首先，从历史上看，有充分证据证明国际贸易对经济成长起过重要的推动作用，用“发动机”一词来概括也不为过。经济成长与国际贸易二者一向密切关联、相互影响。有时是经济增长迫使商业去寻找新的市场，并推动了对外贸易的快速发展；有时是国外市场的扩大及其所带来的新需求促使原有工业的发展和新工业的产生。R-N 学派论述的主要是后一个方面，其论点是基本正确的。许多国家的经济发展史也已证明，商业的扩张往往先于并推动着工业的进步。在产业革命发生之前，如果没有国内对外贸易的发展，工业进步几乎是不可能的。所以商业上的大革命是产业革命的历史前奏。在许多国家，对外贸易的发展走在工业变革的前头，而且时常推动着工业沿着对外贸易发展变化的曲线前进。

其次，R-N 学派强调国际贸易对经济增长的重要作用是正确的，但若把国际贸易看作经济增长的唯一因素却失之偏颇。一国经济的成长，除了需要对外贸易这个条件外，还要有其他条件。在现代工业的产生和发展过程中，需要科学技术的推动。而对外贸易的发展不过是其中之一。而且，在经济发展过程中，这些条件还是互相影响、互相制约的。其中任何一个条件的变化都会影响其他条件，并通过这些影响而影响经济增长。比如，资本的加速积累和较高的资本投资水平可以使某些国家更快、更充分地利用新技术，并有利于加速技术的革新：资本投资通过提高社会生产力而拓宽国内外市场；市场的扩大保证了产品的销路，又会反过来促进资本投资和技术进步；市场的扩大和技术进步也彼此互相影响，同时为更多的资本积累创造了条件。可见，强调国际贸易的重要性无疑是正确的，但若因此忽视其他条件的作用也是不对的。

再次，国际贸易确实对不少国家的经济增长乃至对整个世界经济的发展都曾作出过重大贡献，但很难说“经济成长的发动机”就是一个具有普遍意义的规律。在 19 世纪，除了欧洲少数国家及其海外新移民地区外，在广大的亚、非、拉国家，国际贸易并未起到“发动机”的作用（尽管起到过促进作用）；在当代，对于不少新兴工业化国家来说，国际贸易起到了推动经济发展的作用，但对于许多发展中国家来说，却没有起到这种作用。这是因为，对外贸易本身仅能带动某一个生产部门或是某几个生产部门的产量增长，除少数情况外，不足以推动经济的全面发展，更不能推动政治、社会和文化的变革。而经济成长应该包括经济的全面发展和政治、社会和文化的全面变革。在某些特定历史阶段，发展中国家对外贸易的增长速度与当时发达国家对外贸易的增长速度几乎相当，如在第一次世界大战前的三四十年间，发展中国家每 10 年平均增长率为 36%，而发达国家为 40%。但就经济发展程度来看，前者与后者是大相径庭的，其原因就在于二者在其他条件方面存在巨大差别。所以，从某种意义来讲，对外贸易对于一国的经济发展来说只是外因，外因必须通过内因才能起作用。

最后，R-N学派认为，20世纪国际贸易格局发生了重大变化，这是正确的；但据此认为国际贸易的重要性会随之下降，却是错误的。R-N学派认为，20世纪世界市场对初

级产品的需求已发生了变化，初级产品在世界贸易总额中所占的比重也已下降，所以发展中国家已经不能依靠扩大初级产品的出口来带动其经济的发展，同时其输出制成品的前景也是黯淡的。前者是基于纳克斯所列举的较高出口增长率带动经济增长的五个主要途径；后者是因为发展中国家的劳动生产率低下和国内市场狭窄，因而不能获得最低程度的生产效益。同时，发达国家所生产的制成品在世界市场上的竞争和它们所采取的贸易保护政策，也阻碍了发展中国家的制成品进入世界市场。于是，发展中国家的贸易量将下降，由此将导致国际贸易的重要性有所降低。

不容否认，发展中国家在世界贸易中所占的比重一直较小，而且自 20 世纪 50 年代以来，发展中国家在世界贸易总额中所占的比重和在世界初级产品贸易中所占的比重都呈下降趋势。但是，据此就得出 R-N 理论在当代完全不起作用的结论也是不对的，其原因包括以下三个方面。

第一，第二次世界大战结束后，世界市场扩大了，国际贸易增长速度快于世界生产增长速度，因此国际贸易重要性不是下降而是上升的，当代世界市场提供给发展中国家扩大贸易的机会并不会比 19 世纪提供的机会少。

第二，从历史的角度看，第二次世界大战结束后发展中国家的出口增长率也是比较高的，尽管这期间有过波折，但总的增长速度超过 19 世纪的世界出口年平均增长率。

第三，第二次世界大战结束后一些发达国家和新兴工业化国家出现的“经济奇迹”，实际上仍是以出口制成品为导向的经济发展。这些国家出口贸易的蓬勃发展为 20 世纪五六十年代世界经济的持续发展提供了重要动力。

本章要点

- 在现实的世界经济生活中，技术、要素禀赋、需求偏好等因素都可以随着时间的变化而改变，从而使一国的贸易基础和格局也会不断调整和变化，于是，就产生了一个新的研究课题——经济增长与国际贸易的关系问题。对这个问题的研究，构成国际贸易动态理论的内容。这个理论是从经济不断发展的角度，研究经济增长如何影响国际贸易，以及国际贸易格局的变动是怎样促进经济增长等问题的。
- 在有关经济增长怎样影响国际贸易的问题方面，经济学家哈罗德与约翰逊从总量分析的角度分别提出了哈罗德三命题、约翰逊一般方程式；恩格尔与林德尔从经济增长怎样影响需求进而影响贸易的角度，分别提出了恩格尔效应和法则以及代表性需求假设；从供给的角度，经济学家又研究了一国经济增长进而引起生产要素供应量增长，这会对国际贸易格局和国际贸易条件带来怎样的影响，具体包括：平衡增长与不平衡增长。
- 在国际贸易格局的变动如何促进经济增长方面，英国经济学家哈罗德从总量上分析了一国经济增长将怎样导致贸易收支变动的问题，并提出了三个著名命题。这三个命题的假定前提是：经济增长不会导致贸易条件的变动。为了弄清楚哈罗德三个命题中入超倾向与出超倾向之间的关系、潜在的入超（出超）压力与贸易条件之间的关系、如何恢复贸易平衡等问题，美国经济学家约翰逊进行了更一般的分析，提出了关于经济增长对贸易收支变动的影响的约翰逊一般方程式。

- 恩格尔效应和恩格尔法则表明，经济增长是通过需求转换来影响贸易的。关于经济增长怎样影响需求和贸易的另一个主要论点，是由林德尔在其“代表性需求假设”中提出来的。
- 随着时间的推移与一国经济的增长，一切生产要素的供应量都在增长：资本和技术积累得很快，劳动力增加得较为缓慢，但始终都在增长着，甚至可利用的土地面积和自然资源储存量也会增长。所有这些增长都会使生产可能性曲线和供给曲线外移，新的生产可能性曲线将对国际贸易格局和国际贸易条件带来重要影响。
- 平衡增长是指各国各种生产要素等比例增长，或各种要素增长率都完全相同。在这种情况下，生产可能性曲线的扩展都不会改变其形状，只是按照各种要素的增长率同时向外扩展，即曲线将按原来的形状等比例放大。完全中性增长对贸易的影响是：贸易只按要素增长的速度增长，只改变贸易数量，而不改变贸易条件、方向和结构。
- 不平衡增长是指一个国家的各种生产要素按不同比例增长，它是通过需求和供给影响国际贸易的。在需求方面，如果资本和技术的增长速度比劳动力增长得快，那么人均收入就会增加，这就会产生恩格尔效应，使需求离开大宗商品而转向奢侈品。在供给方面，不平衡增长表现为在不同部门按不同比例使用各种生产要素。本书只集中讨论这些供给方面的影响，暂时不考虑需求方面的恩格尔效应。生产要素供给量增长对贸易的影响主要取决于：这种增长是出现在趋向于集中生产可进口商品的生产要素上，还是趋向于集中生产可出口商品的生产要素上。
- 生产要素不平衡增长，在一定条件下会带来两方面的问题：一是对产品产量及产业发展的影响；二是对国家福利或贸易条件的影响。罗伯津斯基经过研究之后发现：如果世界价格不变，当一种生产要素增长速度快于其他生产要素增长速度时，密集使用这种生产要素的产业就会得到迅速发展，而与这种生产要素联系较少的部门就会发展缓慢甚至萎缩。他把该规律加以总结，提出了众所周知的罗伯津斯基定理，它主要研究的是单一生产要素的不平衡增长会对产量造成什么样的影响。
- 在一定条件下，生产要素不平衡增长可能会对一国贸易条件或国家福利造成负面影响。这种现象是由杰格迪什·巴格瓦蒂于 1958 年首先提出来的。该现象被命名为贫穷化增长或不幸的增长。当然，一个国家发生贸易条件变坏的贫困化增长是有条件的。
- 第二次世界大战结束初期，发展中国家的对外贸易关系仍沿袭了殖民时代的主要出口初级产品的贸易格局，促使一些发展经济学家对这种贸易格局产生的原因及其影响进行研究。在这项研究中最有代表性的人物当是普雷维什和辛格二位，从而提出了普雷维什-辛格命题。该命题认为，发展中国家从扩大初级产品的出口中没有获利甚至受损，这种贸易格局是自由贸易所导致的恶果。
- 为了通过对外贸易来促进本国经济增长，世界各国在经贸实践过程中实施了不同的贸易战略。具体包括：初级产品出口战略、进口替代战略与出口导向战略。
- 20 世纪 30 年代，罗伯特逊提出了对外贸易是“经济成长的发动机”的著名命题。

到了50年代，纳克斯根据对19世纪英国和新移民地区经济发展原因的研究，进一步补充和发展了这一学说，从而建立了R-N理论。纳克斯等认为，19世纪的国际贸易为许多国家的经济发展作出过重要贡献，而这种贡献来自两个方面：其一是来自对外贸易的静态的或直接的利益；其二是来自贸易的动态的或间接的利益。

关键术语

效率工资　平衡增长　不平衡增长　生产可进口商品的生产要素的增长　生产可出口商品的生产要素的增长　罗伯津斯基定理　贫穷化增长　初级产品出口战略　进口替代战略　出口导向战略　R-N理论

思考习题

一、单选题

1. 在进口替代型增长的情况下，进口大国所增加的经济福利要（　　）进口小国所增加的经济福利。

A. 大于　　B. 等于　　C. 小于　　D. 无法确定

2. 在出口扩张型增长的情况下，由于出口大国要承受国际贸易条件恶化所带来的损失，故而出口小国所增加的经济福利要（　　）出口大国所增加的经济福利。

A. 大于　　B. 等于　　C. 小于　　D. 无法确定

3. 劳尔·普雷维什提出了一个以发达国家为中心、以发展中国家为依附地带的全球模型。该模型也被称为（　　）。

A. 技术差距模型　　B. 偏好相似论　　C. 中心–外围论　　D. 钻石体系

4. 20世纪30年代，罗伯特逊在《国际贸易的未来》一文中，提出了（　　）是"经济成长的发动机"的著名命题。

A. 对外投资　　B. 对外贸易　　C. 走工业化道理　　D. 扩大内需

二、多选题

1. 经济增长将引起贸易变动，这包括（　　）。

A. 贸易收支状况的改变　　B. 需求结构的转换

C. 生产要素的增长　　D. 就业率的提升

2. 收入变化引起商品需求结构变化的情况，西方经济学中一般用需求收入弹性来考量。商品需求的收入弹性一般（　　）。

A. 大于1　　B. 小于1　　C. 等于1　　D. 无法确定

3. 为了通过对外贸易来促进本国经济增长，世界各国在经贸实践过程中实施了不同的贸易战略，具体包括（　　）。

A. 进口替代战略　　B. 初级产品出口战略

C. 出口导向战略　　D. 成本领先战略

三、判断题

1. 恩格尔效应和法则表明，经济增长是通过需求转换来影响贸易的。（　）

2. 平衡增长是指各国各种生产要素等比例增长，或各种要素增长率都完全相同。（　）

3. 一国的不平衡增长是指一个国家的各种生产要素按不同比例增长，它是通过需求方面和供给方面影响国际贸易的。（　）

4. 经济增长对贸易的影响主要取决于生产要素供给量增长的类型，即要看这种增长是出现在趋向于集中生产可进口商品的生产要素上，还是趋向于集中生产可出口商品的生产要素上。（　）

5. 罗伯津斯基定理主要研究的是单一生产要素的不平衡增长会对产量造成什么样的影响。（　）

6. 贫困化增长现象只是发展中国家经济发展过程中出现的一种可能情况，其发生是有一定前提条件的，它不是一种普遍现象。（　）

7. 贸易与发展的关系可以概括为：贸易是经济成长的“发动机”。（　）

8. 普雷维什认为，发达国家与发展中国家虽然分别处于国际经济体系的中心与外围，但二者在经济上是平等的。（　）

四、简答题

1. 经济增长是如何对贸易产生影响的？

2. 什么是贫困化增长？发展中国家大力开展对外贸易是否必然发生贫困化增长现象？

3. 罗伯津斯基定理的内容是什么？

五、论述题

1. 试述对外贸易是经济成长的“发动机”这一著名命题，并对该命题加以评述。

2. 什么是平衡增长与不平衡增长？各种类型的要素增长对一国的生产可能性曲线有何影响？

3. 比较分析进口替代和出口导向的工业化战略。

六、案例分析题

案例一　中国对外经贸战略调整符合自身战略利益（节选）

1. 出口导向战略起步阶段（1980—1995 年）

中国的出口导向战略形成于改革开放初期（1980 年）。初衷是为了出口创汇，以此促进国外先进技术与设备的进口，提高国内产业发展水平，缩小与发达国家的差距。因此，出发点是正确的。

这一战略的主要政策措施有两个：①以长期、大范围的生产补贴（补贴生产的产品出口后，变成实际上的出口补贴）、出口退税以及地方政府不公开的出口补贴，来压低出口价格，支持出口。②以人民币币值的低估（人民币兑美元的币值长期、大幅度低于其购买力平价），来压低出口价格，支持出口。

出口导向战略取得了显著效果。其战略目标很快达到，不仅快速积累起了进口所需外汇，而且出口很快超过进口，有了贸易顺差。同时，出口的快速发展，也带动了中国经济与就业的增长。从 1995 年以后，中国持续 20 多年保持贸易顺差。因此，我们可将 1995 年视为出口导向战略起步阶段的终点。

2. 出口导向战略持续实施阶段（1995—2005 年）

出口导向战略的初衷达到以后，我们并未及时调整战略，而是继续依靠前述政策措施促进出口。出口逐步成为带动经济增长的引擎与“三驾马车”之一，出口导向战略在一定程度上从对外贸易战略演变成经济增长战略，并被长期、持续执行。自 1995 年（中国持续顺差的起始年份）至 2005 年，仅出口退税一项，占中国贸易顺差的年均比率就达到 55%。同期，美元兑人民币的汇率高出其购买力平价平均达 3 倍，即人民币币值被严重低估。

出口导向战略的持续实施，以及 2001 年中国加入世贸组织后企业外贸经营权的放开、与各国贸易机会的增加、中国劳动力成本相对低廉等多种因素，共同带来了以下结果：一是出口依存度过高。1995—2005 年中国出口依存度（出口占 GDP 的比重）从 20%左右上升到 33%，年均达到 22%，高于经济规模位居第一、第三的美国与日本将近 2 倍。二是贸易顺差过大。1995—2005 年，中国外贸顺差占 GDP 的比重从 2%上升到 4%，年均达到 3%，在全球各国中名列前茅，只有德国偶尔能与中国相比。三是积累了过多的外汇储备。1995—2005 年，中国外汇储备超出国际公认合理标准（3 个月进口额或 30%～50%的外债余额）3～5 倍。

3. 出口导向战略调整阶段（2005—2012 年）

中国政府在 2005 年就意识到了出口导向战略长期执行带来的不良后果，并采取了一些调整措施。最典型的就是：2005 年央行开始实行人民币汇率制度改革，推动人民币兑美元逐步升值，美元兑人民币汇率逐步从 8.28 上升到 2012 年的 6.31 左右，上升幅度达到 24%；美元兑人民币的汇率高出其购买力平价的程度，也从 2005 年的 2.8 倍下降到 2012 年的 1.8 倍。但总体上看，人民币币值相对于其购买力而言，仍然是低估的。而且，出口退税占总出口的比重还从 6%上升到了 8%。以人民币逐步升值为主要手段的出口导向战略的调整，取得了一定效果：从 2005—2012 年，中国出口依存度（出口占 GDP 的比重）从 33%下降到 24%；外贸顺差占 GDP 的比重从最高峰（2007 年）的 7%下降到 3%；但由于外汇储备是持续积累的，外汇储备和 3 个月进口额、外债余额 30%（50%）的比率，均有不同幅度的上升。

4. 出口进口并重战略阶段（2012—2017 年）

2012 年中共十八大以来，中国开始实行出口和进口并重战略，推进进出口的平衡，以及外贸与内贸的平衡。这段时间内，人民币兑美元汇率保持基本稳定，美元兑人民币的汇率高出其购买力平价的程度也稳定在 1.8 倍左右，出口退税占总出口比重稳定在 8%～9%。同时，中国开始强化贸易政策（主要是关税与出口退税）和产业政策的协调，并有意识地加大对进口的支持力度。由于这一战略的推行，2012—2017 年，中国出口依存度（出口占 GDP 的比重）进一步从 24%下降到 17%；外贸顺差占 GDP 的比重维持在 3%左右……

5. 贸易强国建设战略阶段（2017年至今）

2017年中共十九大以来，中国开始推进贸易强国建设战略，明确提出从贸易大国向贸易强国转变，核心是推进贸易模式从粗放式经营向质量提高转变，并提升中国在全球价值链分工中的地位。具体措施包括：培育贸易新业态、新模式，实行高水平的贸易和投资自由化、便利化政策，赋予自由贸易试验区更大的改革自主权，探索建设自由贸易港，促进国际产能合作，等等。这些政策措施的效果正在逐步显现。

从总体上，中国2005年以来，对之前的出口导向战略进行了大规模调整，大幅度降低了出口依存度、外贸顺差占GDP比重、外汇储备与合理规模的比率这三个指标。但由于历史原因，这三个指标与国际合理水平相比仍然偏高，中国外贸战略仍然需要进一步调整。

资料来源：余智. 2019. 中国对外经贸战略调整符合自身战略利益[J]. 国际经济评论.（2）：98-111.

问题：

1. 论述中国出口导向战略实施的目标、主要政策措施及其取得的效果。
2. 中国出口导向战略实施效果显著，为何还要进行对外经贸战略的调整？

案例二 服装业以价格补贴全球 警惕贫困化增长

摩根士丹利的一项调查显示，1998—2003年，仅中国制造的婴幼儿服装就为美国的父母们节省了4亿美元。中国出口在国际贸易中遭到了霸权者的压制。中国出口效益再不提高，可能存在出口“贫困化增长”风险。

“中国对外贸易争端将是长期的。”12月18日，商务部国际贸易经济合作研究院研究员梅新育接受记者采访，回顾一年来中国对外贸易摩擦情况时这样说。他认为：“时至今日，说中国已经是国际贸易保护主义最大的受害者绝非夸大其词。”

全世界每人每年要穿一双中国制造的鞋、买2米中国产的布、穿3件中国造的衣服。随之而来的是，针对我国纺织品的贸易摩擦也在迅速增加。

一些发生在2015年的有关事件相信大家都是记忆犹新的：4月，欧盟委员会决定对中国纺织服装类产品实施“特保”措施；5月，美国决定对来自我国的7种纺织品采取“特保”限制；同月，欧盟宣布，已经要求中国方面就T恤和麻纱两类纺织品的进口问题在世贸组织框架内进行正式磋商，启动了对这两类纺织品的“紧急特保”程序……

“纺织品特保争端成为中国迄今遇到的涉及金额、社会反响最大的贸易争端。”所以，谈及2015年的贸易摩擦突出特点时，梅新育首先提到的就是纺织品。

梅新育总结2015年贸易摩擦的另一个突出特点是“发展中国家对华贸易争端日益突出”。据商务部公平贸易局提供的统计数据，2005年1—8月，中国在国外遭遇了44起贸易救济案件，涉案金额15.44亿美元。其中发展中国家800万～4500万美元的案子有10个，涉案金额4.24亿美元。中国出口市场的80%以上集中在美国、欧盟和日本，发展中国家的市场份额不到20%，却在贸易摩擦的涉案金额上接近1/3。

“守成大国”压制“新兴大国”

“我们与发展中国家发生贸易摩擦的原因是，我国经济对当地原有产业形成了巨大的竞争压力。”梅新育解释说。

据了解，与中国发生贸易摩擦的发展中国家，都是一些综合实力较强的大国。主要是土耳其、印度、南非、墨西哥、巴西、阿根廷、秘鲁等。这些国家和中国相似，都是出口导向行业在各自经济中占有重要地位，出口产品均属劳动密集型产业。双方经济结构趋同，商务部公平贸易局处长程永如认为，发展中国家都面临着失业、贫困等共同的挑战，很多国家的产业缺乏核心竞争力，对政府保护的依赖程度很高，对“中国制造”和“中国价格”心存恐惧。

“中国遭到的贸易摩擦，从侧面反映出了中国出口贸易的增长和出口产业国际竞争力的增强，这是其积极意义。”不过，梅新育话锋一转，“显而易见的是，中国在国际贸易中遭到了霸权者的压制”。当记者追问“为什么”时，他说：“‘守成大国’企图压制‘新兴大国’，这是理所当然的。”

美国制造业包括纺织业在国民经济中所占的比例并不高，之所以和中国纺织品展开贸易战，原因就在于，纺织品是中国最具竞争力的产品。据统计，中国纺织行业总产值和销售收入占全国工业的10%左右，从业人员约占14%，而中国纺织业的实际海外依存度达30%。因此，对美国而言，只要压制纺织品行业，就可能压制整个中国经济，纺织品贸易已经成为美国与中国谈判中最重要的筹码。事实上，从中国纺织品的大量出口中更多受益的包括了持有品牌和订单的发达国家进口商、零售商和消费者。摩根士丹利的一项调查显示，1998—2003 年，仅中国制造的便宜婴幼儿服装就为美国的父母们节省了 4 亿美元。此外，从中国大量出口中受惠的还有外资企业。在中国，外商投资集中在出口制造业，其出口额占中国商品出口总额近 60%。研究者认为，优惠的外企所得税政策和廉价的生产要素，极大地补贴了外资企业的出口、施惠于国外消费者和外资企业。他们据此得出“中国在补贴全球，尤其是美国”的结论。

“也许这种阶段我们无法跨越，只能尽力缩短。”梅新育表明自己的态度。他还进一步解释说，从中国制造的产品中得了好处的国家对中国频频发起贸易争端，原因在于“对方还有国内产业、进口来源多元化等考虑”。

中国企业要提高出口效益

中国是贸易大国，但还不是贸易强国。而贸易摩擦几乎是相对落后的经济体转变为发达经济体过程中的必修课，能否处理好眼下这场贸易争端，是中国走向贸易强国的一个重要关口。

“一些过去行之有效的政策工具现在需要修正，如过度的、无原则的出口鼓励措施。”梅新育认为，这是中国政府针对中国面对的贸易形势可以做到的事情。“中国企业则需要考虑如何提高出口效益。”他说：“中国出口效益再不提高，可能存在出口‘贫困化增长’的风险。”危险的苗头已经出现：中国加入世贸组织已满 4 周年。据统计，这 4 年，中国年贸易总量从 5000 亿美元跃升至 2015 年的预计数 14 000 亿美元。可同时，加入世贸组织以来，中国出口商品和服务的单位利润却在一路下泄。以化纤印染布为例，每米出口毛利润已由 4 年前的 0.11 元下泄为 0.03 元。

资料来源：佚名. 服装业以价格补贴全球 警惕贫困化增长. http://www.frj666.com/news/show-22452. html，2015-02-01.

问题：

1. “时至今日，说中国已经是国际贸易保护主义最大的受害者绝非夸大其词。”请分析针对我国纺织品贸易摩擦迅速增加的原因。

2. 一国发生贫困化增长的条件有哪些？从本案例的案情来看，你认为中国纺织品出口是否存在贫困化增长的风险？

第六章

国际贸易政策及其理论依据

学习目标与要求

- 了解国际贸易政策的含义和类型；
- 了解国际贸易政策的历史演变；
- 重点掌握选择国际贸易政策的依据。

名人名言

国际贸易政策的选择不仅决定于经济学如何论述国际贸易理论，还受到多种政治因素的影响。从某种程度上说，政策的选择不仅决定于企业家之间的博弈、政府与企业的博弈，还决定于本国范围内不同利益集团的博弈。

美国经济学家 罗伯特·鲍德温（Robert Baldwin）

在美国，“失业率上升 + 中期选举 = 贸易保护主义”是一个屡试不爽的定律。美国贸易保护主义倾向的加强几乎是不可避免的。

中国社会科学院世界经济与政治研究所所长、研究员　余永定，2009 年

外贸资讯

卢锋：拜登经贸政策的纠结

特朗普政府实施以单边主义为特征的激进对外经贸政策，虽然对美国国内少数经济指标带来某种改善，却未能实现制造业大规模回流、显著降低贸易赤字、重振美国经济等预定目标，反而明显透支了美国作为超级大国的实力与国际信誉，并对国际经贸关系与全球经贸秩序带来巨大冲击和困扰。特朗普连任竞选失利，部分原因在于新冠肺炎疫情冲击及其民粹式治理应对公共卫生危机的致命局限，也体现出用单边保护与反建制方法实现重振美国的目标注定会失败。

美国对外经贸政策需要拨乱反正。然而从目前情况看，拜登政府对外经贸政策目标

设定与其前任并无本质区别。如延续“经济安全就是国家安全”命题，宣称对外经贸政策始于促进国内产业发展与中产阶级利益，发誓要优先推动制造业回流与增加国内就业率，对华经贸政策强调来自中国发展的战略竞争压力，等等，都给人以似曾相识与了无新意之感。同时拜登政府又明确认识到需与前任划清界限，在经贸政策领域有望降低单边主义声调而重视多边主义，在处理国际关系时改变四面出击“无差别打击”策略，努力与盟国友国修复关系以共赴时艰。

政策目标与其前任不分伯仲，应对策略又要纠偏更始，由此决定拜登政府对外经贸政策选择要面对难以排解的内在张力与矛盾……

资料来源：佚名. 卢锋：拜登经贸政策的纠结. https://www.nsd.pku.edu.cn/sylm/gd/512500.htm，2021-03-08.

资讯引导：通过阅读本篇外贸资讯，你认为拜登政府经贸政策纠结的主要原因是什么？一国对外贸易政策选择的依据有哪些？

国际贸易政策是一个国家为了实现一定时期的经济社会目标而对进出口贸易制定和推行的行动准则，是整个国家经济政策的重要组成部分。

制定国际贸易政策的首要依据是国际贸易理论。国际贸易理论也是通过国际贸易政策付诸实践的。从历史上各个时期的情况看，有什么样的理论见解，就必有与之相适应的政策主张。由亚当·斯密所创立的并一直发展至今的国际贸易理论，被认为是主流的国际贸易理论。这个理论在其发展的不同历史时期，尽管阐释问题的出发点、给定的假设条件以及使用的模型各有差异，但其论证的结果却是一致的：世界是一个整体，各国间应该进行国际分工和自由贸易。于是，斯密便提出自由贸易和自由放任的政策主张，而且在古典学派兴盛的相当长的历史时期内，自由贸易政策也占据着各主要国家外贸政策的主流地位。然而，国际贸易理论从来就不是铁板一块，也不是一成不变，而是学派林立、意见纷呈，不断发展、经常变化的。

在主流理论之外，还有各种各样的理论见解，相应的经济学家也提出了各种各样的政策主张，而且这些政策主张都程度不同地获得了自己的存在时间和存在空间。当然，制定政策固然要以理论为依据，但同时还要受到其他因素的制约。因为理论毕竟是抽象的，它揭示的是事物的本质，在这里许多非本质的东西必然被舍象掉了。但在制定政策时，这些在理论研究中被舍象掉的东西必然又现实地显露出来，使政策制定者不得不正视和面对。就自由贸易理论来说，一个国家的政策制定者或许认为它是好的，但由于还会受到其他问题的制约，这就导致了自由贸易政策未必能不折不扣地在该国加以实行。因此，贸易理论也不见得要与贸易政策完全对应。自由贸易理论盛行的国家，并不意味着它不实行带有保护色彩的贸易政策；而那些贸易壁垒森严的国家，也不意味着它不承认和不赞同自由贸易理论。

因此，上文系统地介绍了各种国际贸易理论之后，这一章要概括性地分析与其相对应的政策实践，以揭示不同历史时期理论与政策的内在联系；另外，制定国际贸易政策究竟还要考虑哪些现实因素，这也是本章试图分析的另一个问题。

第一节 国际贸易政策的历史演变

从历史上看，各国政府所采取的贸易政策无非两种。一种是自由贸易政策，另一种是贸易保护政策。前者是指国家对进出口贸易不加干涉和限制，允许商品和劳务自由输出与输入的政策；后者是指一国运用国家权力，通过关税和非关税措施保护本国市场，防止外国商品或劳务竞争的政策。综观国际贸易发展的历史，无不是这两种政策交互更替、此起彼伏的历史，只是在历史发展的不同时期，各国贸易政策的自由程度和保护程度不同而已。

一、早期贸易保护政策

早期贸易保护政策是指，在 15—17 世纪资本原始积累时期，欧洲各国根据重商主义理论所推行的强制性的贸易保护政策。

在中世纪时（11—15 世纪），许多西欧国家就开始实行鼓励进口，限制甚至禁止出口的贸易政策。这种政策与当时各国普遍存在的物资短缺状况是相适应的。西欧各国统治者普遍的意图是维持国内基本必需品的供应，特别是粮食的供应。这种首先满足国内需要的意图导致其政府必然采取鼓励进口而限制或禁止粮食及其他产品出口的政策。同时，这些国家都力图拥有强大的军事力量，因而导致其政府采取鼓励重要战略物资，如木材、马匹、武器等的进口而限制其出口的政策。另外，由于当时对外贸易被视为政府收入的重要来源，它们不仅对外来的商人和进口货物征税，而且也对其主要的出口货物征税。因此，在中世纪，上述因素就决定了西欧各国都采取“奖入限出”的政策。

在进入资本原始积累时期以后，封建主义经济基础逐渐瓦解，资本主义经济基础逐渐建立，新兴商业资本家活动的目的是追求货币财富，于是就产生了代表商业资本家利益的重商主义贸易政策。这种政策的目的，就是设法从国外吸收大量的货币（金银），然后再努力把它保持在国内，限制甚至禁止金银的流出。

为了达到上述目的，当时西欧各国一般都采取了两项措施：其一，禁止货币出口，由国家垄断全部货币交易；其二，为了吸收国外的货币，外国人在来本国贸易时，必须将其销售货物得到的全部货币用于购买本国的货物。从各国执行重商主义贸易保护政策的情况看，英国最为典型。

在早期重商主义时期（15 世纪至 16 世纪前半期），英国对其进出口贸易实施极为严格的控制。凡是英国的出口商只能到国外指定的地点进行交易，并规定每次出售英国商品所得到的货币，包括一部分外国货币或金银，都要运回英国。对于到英国来做生意的外国商人则要遵守两条规定：一是把其所携带的外国货币兑换成英国货币，其目的是把分量准足的外国货币换成分量不足的英国货币；二是外国商人在英国销售货物所得到的货币，必须全部花费在英国，用于购买英国的货物。这些早期重商主义贸易保护政策，带有浓厚的重金主义色彩。

在晚期重商主义时期（16 世纪后半期至 17 世纪），商业资本快速发展，工场手工业也已产生，国内外市场逐渐扩大。这时，封建王朝和商业资本家对货币的追求较以前更为迫切，可是他们对金银的态度却有所改变，意识到再采用老办法来控制金银的流通已经达不到预期目的了，只有使金银流通起来才能使其不断增值。于是，对货币的管理就由过去的限制金银流通转变为保护关税。也就是说，晚期重商主义政策的目的仍在于积累金银，但采取的措施不是管制金银的进出口，而是采取保护关税的办法管制货物的进出口，力图通过"奖出限入"，以保持贸易出超，从而达到金银流入的目的。从西欧各国的情况看，晚期重商主义贸易保护政策主要包括以下几个方面。

（一）限制进口的政策

（1）禁止进口。禁止若干外国商品尤其是奢侈品的进口。

（2）关税限制。对进口品课征关税，限制外国商品的进入。

（二）鼓励出口的政策

（1）出口补贴。对本国商品的出口给予直接的或间接的补贴。

（2）出口退税。当本国商品出口时，全部或部分退还原先缴纳的国内税；当进口商品复出口时，退还原先缴纳的进口税。

（3）原料进出口。禁止重要原料的出口，但允许自由输入原料，以便加工后再出口。

（4）减免出口关税。

（5）实行独占性的殖民地贸易政策。设立垄断性的殖民地贸易公司，确保殖民地成为本国制成品的销售地和原材料供应地。

（三）其他的保护政策

英国是实行重商主义政策较为彻底的国家，它除了采取以上措施外，还采取其他的保护政策以达到"奖出限入"的目的。具体包括以下几项措施。

（1）保护农业。1660—1689 年，英国政府通过一系列法令限制谷物的进口，这就是后来影响很大的《谷物法》。该法律规定在国内谷物价格上涨时，降低谷物的进口税，在其价格下跌时，则提高进口税；1689 年通过的法令还规定，对谷物出口给予一定的奖励。

（2）鼓励工业发展。英国政府还通过有关职工法，目的在于鼓励外国技工的引入，以便为发展工业提供熟练的劳动力；通过行会法，奖励国内工场手工业的发展。

（3）保护航运业发展。英国政府早在 1381 年即已通过航海法案，但在近代影响较大的第一个航海法案是 1651 年通过的，目的在于与荷兰争夺海上霸权。该法案规定，一切输往英国的货物必须用英国船只运载或用原出口国船只运载，对亚洲、非洲及美洲的贸易则必须用英国或其殖民地的船队运载。这项法案曾引起英荷战争，最后英国取得胜利。

（4）奖励人口繁殖。目的在于充实劳工来源，降低劳动成本。

重商主义的贸易保护政策是资本原始积累时期和资本主义发展初期，西欧各国都先后实行过的政策。它最早出现于意大利，继而流行于西班牙、葡萄牙和荷兰，最后盛行于英国、德国、法国和俄国。在实行这项政策的过程中，各国呈现出了不同的侧重点：

荷兰着重于航海和中间贸易，西班牙和葡萄牙着重于殖民地贸易，法国贸易保护政策的重点是发展工场手工业，英国则除了上述各项外，还把农业也包括了进去。尽管各行其是，但有一点是共同的，这就是都实行“保护”。为了与后来的贸易保护政策相区别，我们称其为“早期贸易保护政策”，意指资本主义发展早期的贸易保护政策。

二、自由贸易政策与贸易保护政策

在资本主义自由竞争时期，产业革命已经发生，资本主义经济基础已经形成，世界经济进入商品资本国际化的阶段。这一时期国际贸易政策的基调是自由贸易，英国率先实行、法国紧随其后，两个国家均属于彻底实行自由贸易政策的国家。但由于各国经济发展水平不同，一些工业化起步较晚的国家，如美国和德国却采取了贸易保护政策。

19 世纪的自由贸易运动是从两个层次上展开的。其一，在一些国家内部，政治分割、关卡林立的局面有所改变，逐渐形成了统一的民族国家和与之相适应的国民市场；其二，许多国家实行了自由贸易政策，改变了殖民帝国实行的贸易保护政策和垄断贸易集团控制国际贸易的局面。这两个层次的自由贸易运动都为广泛的国际商品流通和各国各地间密切经济联系打下了基础。

在 19 世纪初，英国在国内政治上的统一已经完成。但是在其他地方特别是在欧洲大陆，政治、经济上的统一还没有完成。英国自 18 世纪中叶就开始进行工业革命，到 19 世纪其“世界工厂”的地位已经确定并逐渐巩固，不再害怕与外国商品进行竞争。在这种条件下，重商主义强制性的贸易保护政策便成为束缚英国经济发展和阻碍英国工业资本家向外扩张的一大障碍。于是，这时的英国工业资本家便要求在世界市场上进行无限制的自由竞争和实行自由贸易的政策。他们要求其他国家向英国供给粮食、工业原料等，而由英国向它们提供工业制成品。但在其他地区情况就完全不同。1815 年，维也纳会议的成果之一就是，一个包括 38 个邦国的松散的“德意志联邦”宣告成立。但各邦国在经济上仍然是相对独立的。意大利也同样地被割裂为在政治上和经济上相对独立的若干邦国。这种状况给这些国家的经济进步和世界经济的发展造成了严重的障碍，也给自由贸易政策的实行造成了严重障碍。因此，在英国等国实行自由贸易政策的同时，德国等国却实行了程度不同的贸易保护政策。

（一）英、法自由贸易政策的胜利

自由贸易政策的倡导者在英国有亚当·斯密和大卫·李嘉图，在法国有重农学派。工业资产阶级要求自由贸易的呼声首先在法国重农学派和英国古典学派的经济学说中得到响应，接着便在 18 世纪的英国、法国对外贸易政策中得到体现，虽然当时英、法两国的政权仍然掌握在地主贵族阶级手中。1786 年，英法商业条约，即《伊登条约》（*Eden Treaty*）的达成是走向自由贸易的一个重要步骤。在这项条约中，英国对法国酒和酒精的进口减税一半，而法国对英国的纺织品、铁、瓷器的进口只征 10%的从价税。因此，从 1786—1789 年，英法两国间的贸易量增加了约一倍。1789 年法国大革命发生后，英法《伊登条约》宣告终止，以后更被完全废止，自由贸易的趋势因此受阻。在拿破仑战争期间，英、法之间的封锁和反封锁，更使双方的贸易活动受到影响。

1815 年，拿破仑战争结束，自由贸易运动在英国重新兴起。这时工业革命正在英国进行，工业生产的增长，促使英国工业资本家要求扩大国内外市场，要求自由无阻地进行对外贸易。因此，在 19 世纪 20 年代，以伦敦和曼彻斯特为基地的英国工业资产阶级进行了一场大规模的自由贸易运动，运动的中心是反对《谷物法》。工业资产阶级经过不断的斗争后，终于战胜了地主阶级，使自由贸易政策取得彻底胜利。这主要表现在以下几个方面。

（1）《谷物法》的废除。1838 年，英国棉纺织业资本家组成反《谷物法》大同盟。经过几年的斗争，并利用 1844 年和 1845 年灾荒中人民群众的愤怒情绪，展开了声势浩大的反《谷物法》运动，终于使国会于 1846 年通过废除《谷物法》的议案。马克思指出："英国谷物法的废除是十九世纪自由贸易所取得的最伟大的胜利。"①《谷物法》的废除、世界重要金矿的发现和海外移民运动的活跃，被认为是 1848 年前后 10 年间世界经济史上非常重要的三件大事。这些事件加上另一些原因，促成了当时欧洲的工业快速发展，也推动了世界市场的空前扩大。

（2）关税壁垒的削减。关税壁垒的削减具体包括关税税率的降低、纳税项目的减少和税法的简化。经过几百年的重商主义实践，到 19 世纪初期英国有关关税的法令达 1000 件以上，当时没有一个人能全面了解这些法令的内容。从 1825 年开始，英国着手简化税法、减少税目和降低税率。从税率方面看，制成品进口税的平均税率为 30%左右，原料进口税的平均税率为 20%，出口关税大部分被废止。从纳税项目来看，1841 年英国进口纳税的商品项目有 1163 种，1853 年减少到 466 种，到 1862 年更进一步减少到 44 种，1882 年再减至 22 种，大部分原料进口都给予免税待遇，而且所征关税全部是财政关税，税率很低。从税法方面看，禁止出口的法令被完全废除。

（3）航海法的终止。航海法是为了限制外国航运业竞争，垄断殖民地航运业的一项法令。从 1824 年起，英国与其他国家订立了一系列贸易条约，规定除了英国沿海航运和对殖民地贸易的航运仍然禁止外国船商经营外，其他所有的英国进出口货物运输都对外国船商开放。1830 年，英国准许外国船商在互惠的条件下可以向英国殖民地运输货物。在 1849 年和 1854 年，英国的沿海航运和对殖民地的航运也分别全部向国外开放。至此，航海法效力终止。

（4）特权公司被取消。在 1813 年和 1834 年，东印度公司对印度和对中国贸易的垄断权分别被取消。从这时起，对印度和中国的贸易向所有英国商人开放。

（5）对殖民地贸易政策改变。在 18 世纪，英国对殖民地的贸易享有特权，对殖民地的货物输入，英国享受特惠关税待遇。1783 年，美国的独立使英国对殖民地的贸易政策开始改变。完成工业革命后，英国已不再害怕任何国家的竞争，所以对殖民地的贸易逐渐采取自由放任的态度。在航海法还未废止前，在执行时已经逐步放松。1849 年航海法废止后，殖民地已可以向任何国家输出商品，也可以从任何国家输入商品。19 世纪 40 年代，英国改革了关税法，废止了对殖民地商品的特惠税率。从此以后，从殖民地输入的商品与从其他国家输入的商品处于同等的竞争地位。同时，英国准许殖民地与外国

① 马克思恩格斯选集（第 1 卷）[M]. 中共中央马克思恩格斯列宁斯大林著作编译局译. 北京：人民出版社，1972：195.

签订贸易协定，殖民地可以与任何外国建立直接的贸易关系，英国不再加以干涉。

（6）与外国签订自由贸易条约。1860 年，英法签订“科伯登条约”，该条约规定英国对法国葡萄酒和烧酒的进口税予以降低，并承诺不再禁止进口法国的煤炭；法国则保证对从英国进口的一些制成品征收不超过 30%的从价关税。该条约是以自由贸易原则签订的一系列条约中的第一项，其中包含了最惠国条款。在 19 世纪 60 年代，仅英国就签订了 8 项这种形式的条约，在欧洲各国之间几乎形成了一个完整的自由贸易条约网。最惠国条款所起的作用是把任何协议的关税减让都适用于整个“最惠国”集团，从而该时期成为一个关税普遍降低的发展时期。

在法国，拿破仑战争结束后，地主和工业资本家（主要是纺织业和钢铁资本家）曾一度联合要求实行保护关税政策。因为在战争结束以后，钢铁和纺织品的价格下跌，保护关税对二者有利。但是，法国大口岸的商业资本家、酿酒业者和纺织业者则要求实行自由贸易，因为他们的市场主要在国外。这一时期争斗的结果是保护关税的要求占了上风，遂使铁的进口税提高了 4 倍，纺织品被完全禁止进口，煤炭和粮食的进口税也提高了许多。

到了拿破仑三世时期（1852—1870 年），虽然法国议会仍然反对任何形式的自由贸易政策，但拿破仑三世绕过议会直接用行政命令的办法实行了一些自由贸易的措施。1852 年，法国的食品、其他农产品和煤炭的进口税降低，造船原料免税进口。根据 1860 年的英法条约，法国废除一切禁止进口的命令，并降低了英国货的进口税。在英法条约的影响下，法国与比利时、普鲁士、意大利、瑞士、瑞典、挪威、荷兰、西班牙、葡萄牙、奥地利等国都签订了类似的贸易条约。因此，1860 年的英法条约，标志着自由贸易政策在英法的胜利，也标志着在欧洲范围内已开始进入自由贸易新时代。

（二）德、美贸易保护政策的延续

在英、法自由贸易政策逐步取得胜利的同时，德、美由于历史条件的限定，却使贸易保护政策不同程度地延续下来。

名人简介 6-1

汉密尔顿（A.Hamilton，1757—1804）

美国政治家、军人、财经专家；美国开国元勋（美国国父）之一；美国制宪会议代表及《美国宪法》起草人和签署人之一；美国的第一任财政部长；美国政党制度创建者。

在美国金融、财政和工业发展史上，占有重要地位；2006年，他被美国的权威期刊《大西洋月刊》评为影响美国的100位人物第5名。

1755年1月11日，出生于英属西印度群岛的尼维斯岛，是个私生子和孤儿。

11岁时，到美国的宾夕法尼亚做伐木工；美国独立战争爆发后，18岁的汉密尔顿在波士顿战役中，加入了北美民兵，随后在战争中屡立战功并成为乔治·华盛顿最信任的左膀右臂。

毕业院校：哥伦比亚大学（当时称国王学院）。

他的生活经历丰富多彩：账房伙计、大学生、青年诗人、评论家、炮兵上尉、华盛顿的战时副官、战争英雄、议员、废奴主义者、纽约银行创造人、宪法委员会成员、演说家、律师、教育家、对外政策理论家和军队高级将领等。

1789—1795年，担任美国第一任财政部长；他向国会提出整顿财政与发展经济的纲领，要求重建美国在国内外的信用，健全金融体系，建立财政管理制度，他为结束美国财政混乱状况作出卓越贡献，被视为美国历史上最伟大的财政部长。

1804年7月12日，他在与副总统阿伦·伯尔的决斗中丧生，享年49岁。

美国建国后，第一任财政部长汉密尔顿就代表资产阶级提出要独立发展美国经济的要求。美国于1791年12月提出了《关于制造业的报告》，论证了发展制造业的重要性，并提出国家扶持制造业发展的措施。该报告指出，为了使美国经济独立，应当保护美国的幼稚工业，而保护的方式就是提高进口商品的关税。于是，美国从19世纪初开始，就不断提高关税，1816年关税税率为7.5%～30%，1824年平均税率提高到40%，1828年再提高到45%。这使美国工业得以避免进口商品的冲击而顺利发展。

但是，在1832年以后的30年间，美国的关税税率有所降低，以满足奴隶主的要求。因为美国南方奴隶主阶级的产品市场主要在国外，他们需要进口大量的廉价工业品，因此坚决反对高关税政策，认为高关税政策只对北方有利。在他们的努力争取下，呈现了关税税率逐渐下降的局面。

在南北战争结束以后，由于北方工业资产阶级的胜利，终于又实行保护关税政策。1864年美国修改了关税法并大大提高了关税税率，平均税率从1860年的20%提高到1864年的47%，以后还在继续提高，使美国成为当时世界上关税税率最高的国家。

德国历史学派的先驱李斯特将汉密尔顿的保护幼稚工业理论加以发扬，并将之发展成为一个完整的理论体系，成为后进国家实施保护政策的主要理论依据，也为德国实行贸易保护政策打下了坚实的理论基础。

在1815年以前，德国境内约有150个小邦国；1815年的维也纳会议以后，这些小邦国合并为38个大邦国。每个邦国都有其独立的财政制度和关税制度。从汉堡到奥地利或从柏林到瑞士，要经过10个邦国，纳10道关税，可谓关卡林立，大大阻碍了商品的流通和生产。1834年，以普鲁士为首的17个邦国组成了关税同盟，后来其他的邦国也相继加入。在关税同盟内部，各邦国间的关税一律撤除，货币和度量衡也得到统一；对外开始实行统一的关税。

关税同盟成立初期，对外关税税率较低，对制成品实行比较低的保护关税，对原料进口减税或免税。因为在同盟内部，不同利益集团对贸易政策的态度很不一致。在东北部，一般是主张自由贸易，这里的地主阶级有大量的谷物需要出口，所用的农业机械则需要进口，因而是自由贸易政策的拥护者。南部及普鲁士的制造业者则主张贸易保护，因为当时德国制造业比较落后，保护可以避免进口品的竞争。同盟对外关税税率的变化就反映了这些不同利益集团之间力量对比的变化。

1848 年德国革命后，资本主义进一步发展，自由贸易政策一度兴起，特别是 1860 年英法条约签订后，1862 年法国也与关税同盟签订了类似的贸易条约，这曾使同盟进一步走向自由贸易。但是，自 19 世纪 70 年代以后，德国政府为了避免新兴工业遭受外国工业品的冲击，使之能顺利发展，便不断实施贸易保护政策。1879 年，俾斯麦改革关税，对钢铁、纺织品、化学品、谷物等征收关税，并不断提高关税税率，而且与法国、奥地利、俄国等进行关税竞争。1898 年又通过修正关税法，由此德国成为欧洲高度贸易保护的国家之一。

同自由贸易政策一样，贸易保护政策也是自由资本主义时期的一种国际贸易政策。所不同的是，它适用于经济落后国家，在这些国家（如美国和德国）经济发展过程中起过积极的作用。

但是，19 世纪 70 年代以后，为什么英法的自由贸易政策与德美的贸易保护政策并行不悖呢？处在同一时代，为何采取不同的贸易政策呢？这是由各自的特点决定的。从实行自由贸易政策的英国来说，它之所以仍然坚持自由贸易，根本原因在于英国垄断组织形成的比较晚。这时伦敦仍然是国际贸易和国际金融中心，英国还拥有广大的殖民地，所以保持自由贸易政策仍然比较有利。直到 1913 年，英国进口课税商品仅有 25 种，并且主要是食品。但这时英国在世界市场上的霸主地位已开始动摇，德国、法国、比利时的商品不仅在许多重要的市场上排挤英国的商品，而且以惊人的数量出现在英国国内市场上。虽然从 19 世纪 80 年代起，英国的工厂主们展开了一场提倡保护关税政策的运动，在经历了各种各样的冲击之后，英国的自由贸易政策也发生了这样或那样的改变，但基本上还是维持到 20 世纪 30 年代的大危机时期。到了 1931—1932 年，英国才终于放弃了自由贸易政策而改行贸易保护政策。

从奉行贸易保护政策的德国来看，它逆世界潮流而动，但也事出有因。第一，当时工业国家经济的迅速发展，世界市场上的竞争加剧，是德国奉行贸易保护政策的客观原因。恩格斯在分析这一时期的情况时指出，“由于一切文明国家，特别是美国和德国的工业的迅速发展，世界市场上的竞争大大加剧了。迅速而巨大地膨胀起来的现代生产力，一天比一天厉害地超出了它们应当在其中运动的资本主义商品交换规律的范围——这个事实，资本家本人今天也越来越强烈地意识到了。这一点特别表现在下述两种征兆中。第一，普遍实行保护关税的新狂热。这种保护关税和旧的保护关税制度的区别特别表现在：它保护得最多的恰好是可供出口的物品。第二，整个大生产部门的工厂主组成卡特尔（托拉斯），其目的是调节生产，从而调节价格和利润”[①]。第二，1873 年开始的 19 世纪最严重的世界性经济危机以及随之而来的长期萧条，使这些工业国的工业品销路严重受阻，因而资产阶级纷纷要求采取贸易保护政策。第三，德国的容克地主原来为了他们农产品的顺利出口，曾是自由贸易政策的拥护者，但这时已感到来自美国小麦和俄国小麦的激烈竞争，因此也提出保护关税的要求。第四，俾斯麦政府为了增加税收、充裕国库，需要抬高关税，因为关税是帝国财政的重要来源，约占其总收入的1/2。就是在这样的历史背景下，德国彻底地转向了贸易保护政策。

三、超贸易保护政策

（一）超贸易保护政策的特点

超贸易保护政策（ultra protective trade policies）是指西方发达国家为维护国内市场的垄断价格和夺取国外市场而采取的一种侵略性的对外贸易政策，又称**侵略性贸易保护政策**（aggressive protective trade policies）。其主要内容有：对进出口贸易实行许可证制及外汇管制；对进出口商品规定进口限额，征收高额关税或禁止进口；对出口商品予以补贴或关税减免。这种政策同资本主义自由竞争阶段有些国家实行的贸易保护政策有着显著的区别。

（1）保护对象变了。贸易保护政策主要是保护幼稚工业，而超贸易保护政策不仅保护幼稚工业，而且更多地保护国内高度发展或已出现衰落的垄断工业。

（2）保护的目的变了。超贸易保护政策不再是为了培养本国企业的自由竞争能力，而是为了巩固和加强对国内外市场的垄断。

（3）保护方式变了。以前的贸易保护政策是防御性地限制进口，超贸易保护政策则是要在垄断国内市场的基础上对国外市场实行进攻性的扩张。正是在这个意义上才称其为“侵略性”贸易保护政策。

（4）保护的阶级利益变了。从保护一般的工业资本家的利益变为保护大垄断资产阶级的利益。

（5）保护措施更加多样化。这些保护措施不仅包括设置关税壁垒和制定贸易条约，而且采取了各种各样的非关税措施。

（6）组成货币集团，分割世界市场。资本主义各国在金融势力内部加强联系，对外排挤其他国家，其结果是强化了超贸易保护体系，使世界经济秩序更加混乱。

（二）超贸易保护政策的兴起和蔓延

超贸易保护政策产生于两个世纪之交，盛行于两次大战之间。因为第一次世界大战结束后，垄断资本的力量又有了进一步的发展，市场问题十分尖锐，发达国家争夺市场的斗争日趋激烈。其时，国际经济中的一个重大变化就是，美国取代英国成为世界最大的债权国。而美国从 19 世纪初就实行强有力的贸易保护政策，促使工业迅速发展，到

---

① 马克思. 资本论（第 3 卷）[M]. 中共中央马克思恩格斯列宁斯大林著作编译局译. 北京：人民出版社，1975：137-138.

第一次世界大战时，美国已成为世界上最大的工业国，并由资本输入国变成资本输出国。第一次世界大战结束后，美国非但毫未放宽其传统的贸易保护措施，反而更加强化了。1922 年，美国修订了关税法，对国内产业加强保护，使之免遭欧洲廉价商品的冲击。1930 年，美国再度修订关税法，提高关税税率，加强对国内产业的保护，以减轻国内的失业压力。至此，美国的超贸易保护政策体系已基本建成。

在第一次世界大战期间特别是战争结束后，英国虽然没有完全放弃自由贸易政策，但已在悄悄地采取了一些保护关税政策。1915 年，英国实施了“新进口税法”，该税法规定对汽车、汽车零件、钟表、乐器等商品的进口开始征收关税；1920 年，英国颁布关于禁止颜料进口的法案，以加强英国化学垄断组织在国内的垄断地位；1922 年，英国实施了“保护工业法”，主要目的是抵制法国商品；到 1930 年，英国仍然主要实行自由贸易政策，进口商品中只有 17%是纳税进口的，其余 83%仍然免税进口。但在 20 世纪 30 年代世界性经济危机爆发后，英国出口剧减，黄金储备猛降。1931 年 9 月，英国宣布停止黄金本位制，同年 11 月制定非常关税法，翌年 4 月制定一般关税法，标志着英国广泛的贸易保护体系始告形成，意味着英国最终放弃了自由贸易政策，而转向全面的“侵略性”贸易保护政策。此时，不仅发达的英美等国加强了贸易保护，而且当时一般的资本主义国家都普遍提高了关税，对贸易加强了保护。这一时期，法国、比利时、奥地利、波兰、澳大利亚等国家都先后提高了进口税率；德国、意大利和其他一些国家都提高了农产品的进口税率，使世界范围内的超贸易保护体系逐渐形成。

（三）超贸易保护体系的进一步巩固

1929—1933 年，资本主义世界发生了空前严重的世界性经济危机。在危机期间，市场问题更加尖锐，使超贸易保护政策得到空前发展，许多资本主义国家都提高了关税，并且开始实施一些非关税壁垒的措施，如数量限制、外汇管制等都纷纷出笼。同时，英国垄断组织为了争夺国外市场，还加紧动用国家机器，为其攫取高额垄断利润服务。英国在 1932 年的渥太华帝国经济会议上建立了帝国优惠制，在帝国优惠集团内部各国间相互给予优惠关税待遇，而对其他国家的进口商品则征收高额进口税。美国通过实施“赫莱-斯摩特法案”来提高关税税率，到 1931 年其平均税率高达 53.2%。美国税率的提高引起许多国家的关注和抗议，并引发了一场世界性关税大战，有 45 个国家为了对美国进行报复，相继提高关税，使世界范围内的关税提高到空前水平。

20 世纪 30 年代世界性经济危机也波及货币信用领域，引发国际货币体系的危机。1931 年，英国放弃黄金本位制，导致第一次世界大战后建立的国际金汇兑本位制的全面崩溃和资本主义国家货币的全面浮动。在统一的国际货币体系瓦解的情况下，主要发达国家便组成了相互独立的排他性货币集团，如英镑集团、美元集团、金集团以及后来出现的法郎集团、德国双边清算集团和日元集团等。在各个货币集团内部，各国间的汇率基本保持稳定，并且在内部分别用英镑、美元、法郎、马克、日元等作为各自的主要外汇储备和国际支付手段。这样就使得各发达国家在自己的金融势力范围之内能够排挤其他国家，并加强与集团内部各国的贸易联系，从而强化了超贸易保护政策。

第二节 当代国际贸易政策的选择

第二次世界大战结束以后，世界政治与经济形势都发生了深刻的变化，导致各国对外贸易政策的选择也出现了一些新的特点：从20世纪50年代到70年代初，贸易自由主义倾向占主流；从20世纪70年代中期以后，贸易保护主义重新抬头并使贸易自由主义与贸易保护主义两种倾向呈现合流趋势。

一、战后初期的贸易自由化

第二次世界大战结束时，发达资本主义国家特别是西欧、日本等国家和地区仍在实行超贸易保护政策。第二次世界大战结束后，随着资本主义世界经济的恢复和发展，发达国家都在不同程度上放宽了进口限制，使其在对外贸易政策中出现了贸易自由化的倾向，这种倾向到20世纪70年代初达到高峰。其主要表现为如下几点。

（一）关税大幅度削减

1. 关贸总协定成员大幅度降低了关税

关贸总协定成功地举行了8轮多边贸易谈判，到20世纪70年代已进行了前7轮。每轮谈判都使关税大幅度削减：第一次使占进口值54%的商品平均关税降低35%；第二次使占进口额56%的商品平均关税降低35%；第三次使占进口额11.7%的商品平均关税降低26%；第四次使占进口额16%的商品平均关税降低15%；第五次使占进口额20%的商品平均关税降低20%；第六次使关税税率的平均水平下降35%；第七次使关税税率进一步下降，即根据协议从1980年1月1日起的8年时间内，全部商品的关税平均下降25%～33%，减税范围也从工业品扩大到部分农产品。①

2. 欧共体内部关税及其对外关税大幅度下降

欧共体实行关税同盟，对内取消关税，对外通过谈判达成关税减让协议，从而其内外关税都大幅度下降。

关税同盟是欧共体建立的重要基础。根据《罗马条约》规定，同盟从1959年1月1日起，分三个阶段减税，到1970年1月1日完成。实施的结果是共同体原6国之间的工业品和农产品实现自由流通，并分别提前于1968年7月和1969年1月完成。1973年1月，英国、爱尔兰、丹麦3国加入欧共体后，这3国也与欧共体原6国之间相互减税。到1977年7月1日，3国与6国之间在工业品与农产品方面也分别实现了全部互免关税，从而扩大了共同体内部的贸易自由化。

欧共体在对内实行贸易自由化的同时，对外也通过签订优惠贸易协定的方式，扩大对外贸易自由化。在英国、爱尔兰和丹麦3国加入欧共体后，欧共体与留在欧洲自由贸易联盟内的国家就扩大欧洲自由贸易区达成了协议，该协议规定从1973年起，欧共体与欧洲自由贸易联盟之间逐渐降低工业品关税，到1977年7月1日，实现工业品互免

---

① 贾明德. “入关”对我国各行业的冲击及对策[M]. 西安：三秦出版社，1993：17.

关税，从而建立起一个包括 17 国在内的占世界贸易 40%的工业品自由贸易区。

不仅如此，欧共体还通过所谓“联系国制度”与许多发展中国家建立优惠的贸易关系。例如，继 1963 年和 1969 年签订两个“雅温得协定”之后，于 1975 年 2 月 28 日又在多哥首都洛美与非洲、加勒比和太平洋地区的 46 个发展中国家签订了《欧洲经济共同体-非洲、加勒比和太平洋（国家）洛美协定》(简称《洛美协定》)，规定共同体对来自这些国家的全部工业品和 96%的农产品进口给予免税待遇。

1979 年 10 月 31 日签订第二个《洛美协定》，1980 年 3 月 1 日起生效。1984 年 12 月 18 日签订第三个《洛美协定》，1985 年 3 月 1 日起生效。1989 年 12 月 12 日签订第四个《洛美协定》，1990 年 3 月 1 日起生效。有效期均为 5 年。每次续订，合作范围都较之前有所扩大。参加签署第四个《洛美协定》的国家增至 66 个。

此外，欧共体还与地中海沿岸的一些国家、部分阿拉伯国家及东盟等缔结了优惠贸易协定，也大大降低了它们之间的关税水平。

欧共体对内互免关税和对外减免关税，是第二次世界大战结束后贸易自由化的一个重要表现。同时，由于欧共体作为一个贸易实体在世界贸易中的地位首屈一指，其自由化倾向也对整个世界贸易自由化进程产生了重大影响。

3. 普惠制的实施

发达国家对来自发展中国家和地区的制成品与半成品的进口给予普遍的、无歧视的和非互惠的关税优惠，也大大降低了这些贸易商品的关税水平。

第二次世界大战结束后，发展中国家为了改善贸易条件，扩大商品出口，增加外汇收入，促进工业化和本国经济的发展，要求发达国家对其商品出口，特别是制成品和半成品的出口给予关税减免优惠待遇。1968 年，联合国第二届贸易和发展会议通过普遍优惠制决议，1971 年 7 月 1 日起实施。虽然发达国家在给惠过程中规定了种种限制，但自它实施以来，无论是受惠国家和受惠地区，还是受惠商品范围和数量，都在不断扩大。由此可见，这种普惠制的关税减让，也体现了贸易自由化的倾向。

（二）非关税壁垒受到限制

第二次世界大战结束初期，非关税壁垒盛行，发达国家利用进口限额、进口许可证及外汇管制等措施限制商品进口。但随着第二次世界大战结束后经济的恢复和发展，这些国家都在不同程度上放宽进口限制，促进贸易自由化。在削减非关税壁垒的过程中，一些国际性和区域性的经济组织发挥了重要作用。例如，《关税与贸易总协定》第 11 条规定，各缔约国原则上应当取消进口的数量限制。到 20 世纪 60 年代初，参加关贸总协定的经合组织成员国之间的进口数量限制已经取消了 96%。随后，该组织的一些成员对非成员国的商品进口也在不同程度上扩大了自由化的范围。又如，根据《罗马条约》的规定，欧共体的前身——欧洲经济共同体成员国之间除了取消关税外，还应废除对进口货物的数量限制。到 1961 年，欧洲经济共同体成员国之间已全部取消了工业品进口数量限制；农产品进口数量限制也随着农产品内部关税的削减而逐步取消。与此同时，欧洲经济共同体对该组织之外的国家和地区的某些商品的数量限制也有所放宽。

外汇管制是非关税壁垒中的一项重要措施。第二次世界大战结束初期，西欧各国在国内经济困难、国际收支恶化和出现"美元荒"的情况下，继续实行外汇管制。到了20 世纪 50 年代，随着经济的恢复和国际收支状况的改善，这些国家都在不同程度上放宽或解除了外汇管制，恢复了货币自由兑换，实现了外汇自由化。

第二次世界大战结束初期，国际贸易自由化是在一种新的历史条件下兴起的，因而与自由竞争时期的自由贸易有着明显的区别，具体表现在以下三个方面：第一，美国成为贸易自由化的积极推行者。因为第二次世界大战结束后，美国成为世界市场上最强大的经济和贸易实体，竞争实力最强，为了对外扩张，积极主张削减关税和非关税壁垒。第二，第二次世界大战结束后，贸易自由化的经济基础更加雄厚。第二次世界大战结束后，世界经济得到迅速恢复和发展，除美国继续强盛外，西欧复兴、日本崛起，都对贸易自由化提出了内在要求。而历史上的自由贸易只反映了英国资产阶级对外扩张的要求。第三，第二次世界大战结束后，贸易自由化是通过一些新的形式实现的。从全球来看，是通过多边贸易体制——关贸总协定的相关规定促进贸易自由的；从区域来看，一些地区性的关税同盟、自由贸易区、共同市场也促成了地区内的贸易自由。

由于第二次世界大战结束后贸易自由化是在一种新的历史条件下兴起的，因而也出现了一些前所未有的发展不平衡趋势，具体表现在以下四个方面。

1. 工业制成品的贸易自由化超过农产品和初级产品的贸易自由化

第二次世界大战结束后，发达国家工业生产迅速恢复和发展，生产国际化和专业化日益加强，跨国公司迅猛发展，工业制成品对国外市场的依赖性日益增强。这种情况促使发达国家之间在工业制成品和半成品方面大力推行贸易自由化，使该方面的贸易空前高涨。但是在农产品方面，发达国家为了保护国内市场和保护农产品价格，维护农场主利益，便继续对农产品实行严格的贸易保护措施，在多边或双边的贸易谈判中，总是竭力把农产品问题排除在贸易自由化之外，这就大大阻碍和减缓了农产品贸易自由化的进程，也影响了发达国家与发展中国家之间的贸易关系。

2. 区域性经济集团内部的贸易自由化超过集团对外贸易的自由化

第二次世界大战结束后建立的欧洲经济共同体对贸易自由化的兴起发挥了重要作用，但它是一个排他性的集团。因此，它所推行的内部贸易自由化和对外贸易自由化存在很大区别：对内取消关税和其他进口限制，商品在成员国之间自由流动，实现了完全的自由化；对外只在区域性贸易壁垒的基础上有选择、有限度地实行局部的贸易自由化，而且这种对外的局部贸易自由化往往还根据整个集团共同利益和某些成员国的个别利益而有所变化。这种内外有别的政策和措施，导致了集团内部贸易自由化程度大大高于集团对外贸易的自由化程度。

3. 机器设备的贸易自由化超过了工业消费品的贸易自由化

由于各个工业部门的发展不平衡，工业制成品领域的贸易自由化程度也有所不同。第二次世界大战结束后科学技术的迅速发展，促进了机器设备贸易的发展。为了加速某些产品的更新换代，提高产品竞争能力，许多国家需要大量进口不同类型的尖端技术设备，因此，它们不仅放宽或取消了对这些资本品的进口限制，而且采取了一些鼓励进口的措施，从而加速了机器设备贸易自由化的进程。但是，在一些工业消费品方面，特别是一些敏感产品，如服装、纺织品方面，发达国家却采取了比较严厉的进口限制措施，阻碍了其贸易自由化的进程，也使得其与机器设备贸易自由化程度相差甚远。

4. 发达国家间的贸易自由化超过它与发展中国家之间的贸易自由化

发达国家根据关贸总协定的多边最惠国待遇原则，较大幅度地降低了关税和放宽了数量限制；但对于第三世界国家的商品特别是劳动密集型商品却征收较高的关税。虽然自 20 世纪 70 年代以来，普惠制起到了一定的作用，但其在实施过程中的局限性还是很大的。尤其明显的是，发达国家对待社会主义国家的关税和非关税壁垒又远远高于对一般发展中国家的关税和非关税壁垒，甚至发达国家对社会主义国家还实行出口管制。这些都大大影响了发展中国家尤其是发展中的社会主义国家贸易的自由化进程。

二、20 世纪 70 年代中期以后新贸易保护主义抬头

20 世纪 70 年代初开始的世界性通货膨胀曾一度促进了贸易自由化的发展，使保护关税达到第二次世界大战结束后的最低点。但接踵而来的 1974—1975 年世界性经济危机使贸易自由化进程又停顿下来，贸易保护主义重新抬头。

新贸易保护主义也称为“新重商主义”或“经济民族主义”。它是 20 世纪 70 年代中期以来出现的一种贸易保护主义，发源和生长于美国，80 年代下半期其思潮几乎席卷全球。新贸易保护主义推行的贸易保护措施，即新贸易保护政策，是指以保护人类健康、生态环境和消费者权益以及“公平贸易”为由所制定和实施的各种贸易限制措施。

（一）新贸易保护政策的特点

1. 保护范围不断扩大

被保护商品的范围逐渐从传统的农产品扩大到高新技术产品和劳务产品。1977 年，欧共体对钢铁进口实行限制；1978 年，美国也对钢铁进口实行“起动价格”；1977—1979 年，美、英、法、意分别对彩电进口实行限制；20 世纪 80 年代以来，美国对日本汽车实行进口限制，加拿大、联邦德国也相继采取限制汽车进口的措施；1982 年，美欧签订钢铁的“自动”出口限额协议，高新技术产品纷纷被列入保护范围。此外，劳务产品也被列入保护范围，如签证申请、投资条例、限制收入汇回等，都意味着贸易保护范围的扩大。

进入 21 世纪之后，各国政府对外资和商品进口采取的限制性政策不断增加。根据联合国贸易和发展会议发布的《2007 年世界投资报告》，2000—2006 年，各国政府限制外资的政策数量由 2000 年的 3 项增加到 2006 年的 37 项。另外，从世界第一大经济体的美国来看，自特朗普上台之后，他积极推行贸易保护主义政策，以关税措施为手段，以争取双边竞争优势为目标，积极推动制定国际贸易“新规则”[①]。2017 年 4 月，美国商务部对钢铁和铝产品进口开展“232 条款”调查。美国商务部 2018 年初提交的有关钢铁和铝进口的报告认为，钢铁和铝产品进口现状威胁美国国家安全。2018 年 5 月，特朗普政府宣布以保护国家安全为由对进口汽车及汽车零部件开展调查。调查的目的在于增强美国国内汽车生产能力，以及缩小美国与其贸易伙伴国在汽车关税

① 转引自潘晓明. 美国贸易保护主义政策下的东亚经济融合[J]. 国际问题研究，2019，（4）：123-136.

水平上的差异。

2. 保护措施更加多样化

传统的保护措施主要是关税保护，但这时由于关税被约束，新的保护措施便纷纷出台：第一，按照有效保护税率设置阶梯关税；第二，加强了对“反补贴税”和“反倾销税”的征收；第三，非关税措施不断增加，如实行进口限额制和“自动”出口限额制、制定购买本国货法、实行差价税等，都是在这一时期盛行起来的；第四，强调管理贸易，在所谓的“有秩序的销售安排”和“有组织的自由贸易”旗号下，绕过关贸总协定的基本原则，搞灰色区域措施。

3. 保护制度更加完善

传统的保护措施主要是关税保护，但由于关贸总协定成功地发动了八轮多边贸易谈判，第二次世界大战结束后较高的关税壁垒得到约束，在此背景下，新的保护措施纷纷出台，从过去的贸易保护制度转向更系统的管理贸易制度。主要表现在以下六个方面。

一是发达国家的贸易保护措施，随着政府管理贸易的要求的变化而不断充实和调整，“保护”已成为外贸体制中的重要组成部分。二是按照有效保护税率设置阶梯关税。三是加强了征收“反补贴税”和“反倾销税”的活动，反倾销和反补贴案的起诉手续更为简便，处理过程更为迅速。四是非关税措施不断增加，如实行进口限额制和“自动”出口限额制、制定购买本国货法、实行差价税等，都是在这一时期盛行起来的。五是把贸易保护政策和措施法律化，给其披上合法的外衣，使其更加有效。西方国家管理外贸的法律已由单行法律发展成为以外贸法为中心的、与其他方面的国内法相配合的法律体系。20 世纪 80 年代以来，发达国家的贸易立法活动明显增多。1984 年 10 月 30 日，美国总统签署了《1984 年贸易与关税法》；同年 9 月，欧共体也通过新贸易政策法，其目的是使共同体对“不公平”的外国贸易做法作出迅速有效的反应；同年 12 月 1 日，加拿大也开始执行《特殊进口措施法》，使反倾销和反补贴案的起诉手续更为简便，处理过程更为迅速。六是推行管理贸易政策，在所谓的“有秩序的销售安排”和“有组织的自由贸易”旗号下，绕过关贸总协定的基本原则，搞灰色区域措施。特别是从 2008 年全球金融危机爆发以来，发达国家根据自身的特点，利用在环境保护和科技方面的优势制定与别国不同的技术、环境以及劳工标准，从而形成技术壁垒、绿色壁垒、蓝色壁垒等花样繁多的贸易壁垒，大大提高了产品的进口门槛，增加了外国出口企业开发国际市场的难度，严重损害了广大发展中国家的利益。以美国为例，自特朗普上台后，美国政府高官多次抨击以世贸组织为核心的多边贸易体制并退出世贸组织，意在争夺对未来世贸组织改革和国际贸易新规则制定的主导权，并采取了一系列政策手段：一方面，强化技术转移和知识产权保护，维护美国在高科技领域的技术优势，联合其他发达国家进行新技术封锁，遏制中国等新兴经济体的技术发展；另一方面，要求中国等发展中国家不再享受国际贸易优惠待遇，以绝对公平为由，挤压中国等发展中国家的政策空间；另外，通过出台一系列贸易措施直接对中国等发展中国家进行经济打压，包括对中国开展知识产权贸易的“301 条款”调查，以及限制中国高科技企业在美国及其他发达国家业务的开展，等等。①

知识拓展 6-1

301 条款

“301 条款”是美国《1974 年贸易法》第 301 条的俗称。一般而言，“301 条款”是美国贸易法中有关对外国立法或行政上违反协定、损害美国利益的行为采取单边行动的立法授权条款。它最早见于《1962 年贸易扩展法》，后经《1974 年贸易法》《1979 年贸易协定法》《1984 年贸易与关税法》，尤其是《1988 年综合贸易与竞争法》修改而成。

“301 条款”是美国政府针对损害美国贸易利益和商业利益的外国政府的行为、政策和做法进行调查、报复和制裁的手段，其本质是美国强权政治和单边主义做法在外贸领域的体现，也是利用贸易政策推行其价值观念的一种手段，即通过强化美国对外贸易协定的实施，扩大美国海外市场，迫使其他国家接受美国的国际贸易准则，以维护美国的利益。

4. 保护侧重点有所改变

“奖出限入”的重点从过去的“限入”转向“奖出”。各国都加强了财政、组织，甚至精神方面的促进出口措施，具体包括：一是设立权威性的综合协调机构，加强对出口政策、制度、措施的审查与管理；二是对出口成绩卓著的厂商给予奖励；三是通过减免税和补贴方式鼓励出口；四是利用金融措施促进出口，如设立进出口银行等专门金融机构提供出口信贷，设立政府金融机关提供担保和利息补贴等；五是提供出口保险；六是扶持出口企业项目和出口贸易公司；七是利用法律手段维持出口秩序；八是积极设立出口加工区以振兴出口；九是把引进外资和扩大出口有机结合起来；十是加强出口检查，维护出口信誉；十一是修改有关法律，简化出口手续等。

（二）新贸易保护政策的影响

新贸易保护政策的不断实施，给国际贸易发展产生了巨大影响，主要表现在以下五个方面。

1. 保护程度不断提高，给国际贸易造成严重障碍

从 1980—1983 年，制成品贸易受到限制的范围明显扩大：美国从 6%增加到 13%，欧共体从 11%增加到 15%，整个发达国家平均从 20%增加到 30%。1968 年，在钢铁、汽车、摩托车、家用电器、纺织品、鞋类等产品上施加的歧视性限制不到 1%，而到 1983 年竟提高到接近 50%。1981—1983 年，16 个发达国家施加关税壁垒次数 2486 次。从 1981—1983 年，在日本和新兴工业化国家的出口中，受歧视性限制的比重从 15%提高到 30%。在发达国家非燃料进口中，受到非关税壁垒限制的比重从 1981 年的 19.6%

① 转引自潘晓明. 美国贸易保护主义政策下的东亚经济融合[J]. 国际问题研究，2019，（4）：123-136.

上升到 1986 年的 22.7%。[①]保护程度的不断提高，严重影响了受保护产品国际贸易的发展。这可能是这一时期国际贸易增长速度下降的重要原因。

2. 商品的正常流通方向被扭曲

各种各样的保护措施，影响了产品贸易的性质，改变了贸易的地理方向。一种情况是出口国家绕过保护措施，以便将贸易扩大到不受保护的地区；另一种情况是出口国家为了打破数量限制，便狠命地在不受限制的商品组中扩大市场，从而增加了数量限定下的贸易额。

3. 贸易保护推动了价格上涨

歧视性的数量限制给被保护市场造成了价格压力，主要包括以下原因：第一，受限制最多的国家往往是那些成本最低的国家，低成本价格产品的被限制，必然造成该类产品价格的上涨。第二，因保护而造成的进口商品价格的提高，会成为同类产品生产商的"价格保护伞"。保护的加强引起进口商品的数量减少，遂使以进口商品抵消价格上涨的作用减弱，这样就提高了国内同类产品的价格。例如，由于第二个多种纤维协定的作用，英国衣服零售价提高 20%，其中品质较低的种类，如工装的价格提高了 20%～50%。又如，由于"自动"出口限额制的施行，日本向美国出口汽车的价格大幅度提高，1981—1983 年，每辆日本车的价格按不同情况分别提高 185 美元、159 美元和 831 美元不等，从而使同期美国国内生产汽车的零售价也增长了 78～660 美元，给消费者增加了负担，其结果是迫使一部分消费者转向购买旧车。

4. 保护措施使发达国家付出了巨大代价

以农产品为例，发达国家对农业生产的支持和对农产品贸易的保护，不仅限制了外国供应者，扭曲了贸易方向，而且造成了本国大量农产品，如糖、肉、谷物、奶制品等的剩余。为了减少日益增加的储存成本，防止变质和浪费，发达国家又实行出口补贴政策，进行销售援助。所以贸易保护政策也是一把双刃剑，既保护了自己也限制了自己，发达国家为此付出了巨大代价。美国、欧洲、日本等国家和地区在农业支持和出口补贴方面每年需支付巨额费用。

5. 保护措施严重损害了发展中国家的利益

首先，发展中国家受到的非关税壁垒的影响程度超过了发达国家。在发达国家除燃料外的所有进口商品，受限制的比重从 1981 年的 17.2%上升到 1986 年的 21.1%，而同期发展中国家的同一比重从 15.3%上升到 26.2%。发达国家对来自发展中国家和社会主义国家的商品（尤其是纺织品、服装）施加的非关税壁垒，大大高于来自发达国家的同类产品。其次，贸易保护主义也加重了发展中国家的债务负担。发达国家保护措施的加强，影响了发展中国家的出口，从而使其出口收入减少、还债能力降低。据估计，只要发达国家减少对肉、糖、小麦、玉米等的进口限制，仅此一项发展中国家每年就可多出口 96 亿美元的商品。由于出口减少，发展中国家债务占出口比重从 20 世纪 70 年代的 15%～16%上升到 1983 年的 24%。从此以后，债务问题一直是困扰南北关系的一个重要

① 薛荣久. 国际贸易政策和措施概论[M]. 北京：求实出版社，1989：33.

① 薛荣久. 国际贸易政策和措施概论[M]. 北京：求实出版社，1989：34.

问题。

总之，新贸易保护主义的抬头，不仅给国际贸易乃至世界经济的发展造成诸多消极影响，而且最初预期的一些目标也没有完全达到。比如，20 世纪 70 年代末期的低速增长与高失业，导致贸易保护主义重新盛行，但这并不能有效解决失业问题。其主要原因有三个：第一，即使是国际竞争最激烈的产业，其贸易活动对就业来说也只起次要作用；第二，由于贸易转向，歧视性的限制对整个出口量也有一定的限制；第三，进口国的进口替代范围也是有限的。由此来看，以限制进口来保护国内就业的效果是非常有限的。

（三）新贸易保护主义抬头的原因

新贸易保护主义的不断加强有其经济和政治方面的原因，从全球范围来看，主要包括以下四点。

（1）20 世纪 70 年代中期的经济危机和接踵而来的整个 80 年代的持续低速增长是主要的经济原因。1975 年严重的经济危机。经济危机过后，经济没有像以往那样出现明显的复苏迹象，紧接着 80 年代出现持续的经济衰退。经济增长速度低，使失业率一直较高。严重的失业问题迫使有关国家采取贸易保护政策。

（2）美国贸易逆差急剧上升，成为新贸易保护主义抬头的重要原因。主要发达国家的对外贸易发展不平衡，使得从 20 世纪 70 年代中期以后，美国对外贸易逆差急剧上升。例如，美国 1980 年的对外贸易逆差为 321 亿美元，但到 1986 年就已累计增加到 6256 亿美元，而且随后的 10 年也一直有增无减。而美国的对外贸易逆差主要来自日本和联邦德国；如自 1980 年以来，美国对日本贸易逆差累计占到美国对外贸易逆差总量的 1/3 强，说明主要发达国家的贸易发展严重不平衡。为了减少贸易逆差，美国一方面迫使有关的贸易伙伴开放市场，另一方面又加强进口限制和采取报复性措施，使美国与其他国家的贸易战接连不断。再如，2016 年，特朗普当选为总统后，美国的贸易逆差为 4810 亿美元。而作为美国贸易逆差的最大来源国的中国，就成了美国重点针对的对象。2018 年 3 月 23 日，《人民日报》报道，美国总统特朗普宣布，将对中国价值高达 500 亿美元（约合 3165 亿元）的商品征收惩罚性关税！这是现代历史上美国总统对中国开出的最大一笔贸易“罚单”。而这也标志着特朗普酝酿已久的对华贸易战正式打响！特朗普对记者表示，“我将中国视作朋友，但是贸易逆差的问题必须要解决”。特朗普估计，来自中国的竞争在短期内影响了美国大约 6 万个工厂。①

（3）发达国家内部政治上的要求。高失业率、不同利益集团的关系的改变及其引起的党派争斗，以及执政者维护政府形象的努力，等等，迫使许多国家加大了实行贸易保护政策的力度，如美国贸易保护主义的最大压力来自纺织业部门。纺织业部门认为，民主党能关注他们的利益，并愿意通过立法为其职工提供更多的就业岗位，所以他们在 1986 年的参议院选举中给民主党以有力支持，民主党获得了多数议席。因此，

① 佚名. 特朗普正式对中国开战了！！中国能打什么牌？. https://news.sina.com.cn/o/2018-03-23/doc-ifyspmyz4782484.shtml，2018-03-23.

民主党在施政过程中也就较多地维护了纺织业部门的利益，对纺织品进口进行严格的保护。

（4）保护政策的相互攀比。随着世界各国相互依赖程度不断提高，一国施行贸易保护政策会引起有关国家的连锁反应，如果两国之间在经济贸易关系上失衡，受损一方就会采取限制措施取得平衡。20 世纪 70 年代中期以后，美国对日本、欧洲、加拿大和其他新兴工业化国家的关系就证明了这一点。第二次世界大战结束后，美国从其全球战略出发，帮助欧洲复兴，扶持日本崛起，甚至不惜牺牲自己的一部分出口市场。但到 20 世纪 70 年代以后，美国在世界经济中的霸主地位受到挑战，因而它就转身对这些国家采取了许多限制措施。限制必然引起反限制，互相攀比，导致新贸易保护主义不断蔓延。

第三节　选择国际贸易政策的依据

从几百年来各种国际贸易政策此起彼伏、兴衰更替的情况看，一国选择什么样的贸易政策是一项十分复杂的工作，要考虑到许许多多的因素。这些因素可以大致归结为两类：一是理论依据；二是现实要素。

一、选择国际贸易政策的理论依据

前已述及，国际贸易政策可以分为两种：一是自由贸易政策；二是贸易保护政策。前者依据的是自由贸易理论，后者依据的是贸易保护理论。根据这两种理论，其所对应的两种政策都有其存在的合理性。

自由贸易理论认为，自由贸易政策对经济发展具有以下四个方面不可替代的积极作用。

第一，自由贸易可以提高资源利用效益，这不仅包括能够节约成本的静态效益，而且包括能够“传递”经济增长的动态效益。

第二，自由贸易能够改善收入分配格局，促使国内收入分配合理化。

第三，在自由贸易条件下，激烈的国际竞争能够促使企业不断提高生产力，通过自由贸易从国外引进先进技术，加快国内技术革新的进程。

第四，自由贸易政策也可以促使非出口行业的发展。比如，出口规模的扩大，将导致为出口提供配套设备、原材料和食品等的行业扩大生产，从而为该国提供更多的就业机会；又如，为进行国际贸易而修建的公路、铁路、码头等基础设施可以供其他非出口行业使用，从而为这些行业的发展提供了基础条件；再如，出口行业还可以为非出口行业培养和输送管理人员和熟练技工，并能够转让先进技术，从而提高非出口行业的整体素质。总之，在自由贸易论者看来，实行自由贸易政策有数不胜数的好处。但迄今为止，在世界各国之中奉行不折不扣的自由贸易政策者还不多见，这说明，贸易政策的选择还会有其他理由，还要考虑其他因素。

贸易保护论者认为，经济落后国家要建立自己独立的工业体系和国民经济体系，就不能简单地参与自由竞争，就要对自己的幼稚工业或新兴工业进行保护。因为近代国际贸易是以先进国家出口工业品和落后国家提供农产品为基础的。农业生产受自然条件的制约较大、农产品的需求弹性较小，使农业生产较难取得规模经济效益，农业收入一般低于工业收入。正因为如此，19 世纪的美国和德国，以及 20 世纪中叶以后的一些发展中国家，都力图建立自己独立的工业体系。为了给初创时期的本国工业创造较为良好的环境，使其避开国外激烈的竞争，对其进行保护也就成为顺理成章的事情。

正是基于这一点，连主张自由贸易的穆勒也曾认为，幼稚工业保护论是贸易保护唯一可以成立的理由。此外，除了保护措施之外，影响受保护产业成长的因素还有本国的资本积累、技术进步等，因此，在决定对幼稚工业是否实行保护时，这些因素都要考虑进去。

二、影响国际贸易政策选择的现实因素

如前所述，对外贸易政策总是由一个国家的政府制定和推行的。所以对外贸易政策的制定既要考虑理论依据，也要更多地考虑国家的各种各样的现实利益。具体而言，制定和实施对外贸易政策应该考虑的现实因素主要包括以下八个方面。

（一）改善贸易条件

贸易条件是指一定时期内一国出口商品价格与进口商品价格的比值。一般而言，贸易条件的改善是指出口商品价格的提高或进口商品价格的下降，而贸易条件的恶化是指出口商品价格的下降或进口商品价格的提高。贸易条件的变化，直接关系到一个国家进行对外贸易所获得的利益。但贸易条件有可能通过一国政府对进出口贸易的干预而得到改善。例如，一个国家对外国进口的商品征收关税，就会提高进口商品的价格，减少本国对该商品的需求，从而降低其竞争力。在这种情况下，外国出口商要保持或扩大销路，就要压低商品价格。进口商品价格的下降，就会导致每进口一个单位的商品所需要的出口数量减少，使得本国所能享受的福利增多，进而从贸易中获得的利益增大。

（二）改善国际收支

所谓国际收支，是指一个国家的居民与外国居民之间在一定时期内全部经济交易的系统记录，其中最重要的内容是贸易收支，亦即进出口收支。当一国对国外的支出超过从国外的收入时，便称该国国际收支出现逆差；当收入超过支出时，便称该国国际收支出现顺差。

当一个国家国际收支出现逆差时，往往就要对其产生的原因——对外贸易中的入超问题采取行动，即采取限制进口或奖励出口的措施。进口的减少和出口的增加，均可以通过国家的干预来实现。比如，对进口商课以关税或实行进口限额等，都可以达到限制进口的目的；而采取出口补贴或出口奖励则可以达到鼓励出口的目的。进口的减少与出口的增加，可缓和甚至消除入超压力，起到改善国际收支状况的作用。

（三）充分利用资源

一国经济很有可能是在就业水平和设备利用水平比较低的情况下运转的，不少国家

特别是发展中国家，更是存在着许多未被利用的资源，即所谓资源的闲置。为了使本国资源得到充分开发和利用，该国政府便可以采取鼓励出口和限制进口的政策。一方面在国内的支出上将购买力从进口品转向本国产品，以增加对本国产品的市场需求，扩大本国生产，使闲置资源得到充分利用；另一方面，通过刺激和推动出口，扩大国外市场，同样也可以扩大本国的生产规模，达到充分利用资源的目的。

（四）保护幼稚产业和萌芽经济

幼稚产业（infant industry）是指一个国家刚刚建立的、尚不具备竞争能力的新兴产业。这些产业在其发展的初期阶段，产品质量较低、生产规模较小、生产成本较高，无力与国外同类产品进行竞争。在这种情况下，政府就可以采取各种措施对其进行保护和培育。如通过各种保护政策限制国外同类产品的进入，使本国产业在没有国外同类产品竞争的条件下获得生长发育的机会，以期将来参与竞争。

萌芽经济（embryonic economy）是比幼稚产业更为宽泛的概念。对于发展中国家来说，保护萌芽经济是十分必要的。新兴工业的竞争力之所以较差，一方面的原因固然是由于这个新兴工业本身还缺乏效率，但更为重要的原因是，整个国民经济还处于落后状态，虽然可能已经起步发展，但尚处于萌芽阶段。劳动力素质低下、基础设施落后、市场发育不足等都是萌芽经济的特征。一个新建工业的产生和发展，需要许多制造业和整个国民经济的同时发展。所以从这点出发，国家往往愿意采取保护政策来推动萌芽经济的发展。有时，出于保持一国经济稳定发展的考虑，也需要采取保护政策。因为随着国际贸易的发展，各国之间的联系越来越紧密，那么一国经济中出现的问题可以随时传递到另一国，另一国如果要避免这种情况的发生或试图减轻其造成的影响，就可以采取保护政策，减少或中断与国外的联系。

（五）保护国内市场和维护本国利益

市场可分为国内市场和国际市场。一般而言，对于本国生产者来说，国内市场相对稳定，情况也比较熟悉，在国内市场上销售商品则可以降低成本、提高效益。因此，有些国家为了保证本国产品在国内市场上销售，就采取一些措施防止外国商品的进入。

对国内市场的保护，首先是可以增加生产者收入，保护生产者的利益。例如，有些国家为了保护农场主利益，便对外国农产品进入本国市场进行限制，从而使本国农产品在国内市场上可以免遭外国同类产品的竞争，以保持较高的价格，进而使农场主的收入增加。又如，为了维护本国工业品生产者的利益，对外国同类工业品的进口实行限制，通过限制使国内工业品保持较高的价格，从而有利于保护国内工业品生产者的利益。其次，保护国内市场也能达到维护国内工人阶级利益的目的。对国内市场进行保护，就会减少国外商品的进口，增加对国内产品的需求，国内生产就会扩大，就业率就会提高，从而维护了工人阶级的利益。

（六）优化国内生产力布局

这是一种出自调整产业结构和经济结构的考虑。这种考虑对那些原先依靠农产品和初级产品出口的国家来说显得更加重要。这些国家由于国民经济结构单一，一旦国际市场上发生不利于本国的变化，国内经济就会随之发生震荡。为了改变这种单一的经济结构，国家可以通过国内生产力的再配置来新建一些产业，以促进经济结构的多元化。为了实现这一点，国家就会自然而然地对新产业采取保护政策。

（七）增加政府收入和加强国防力量

实行保护政策一般会增加政府收入。例如，征收进口税可以直接增加国家财政收入。而关税的财政作用对于那些经济发展水平低的国家来说更加重要。还有一些国家是出于国家安全考虑而实行保护政策的。因为自由贸易是建立在国际分工基础之上的，这种相互依存的分工关系在和平时期容易维持，但在发生战争的情况下，国内外联系中断，往往会使本国处于不利的地位。因此，有些国家为了防止在非常时期给国家安全造成不利影响，就对国内许多基础产业实施保护，使这类产业在和平时期也能维持相对独立的地位。

（八）实现社会目标和外交战略

一些国家之所以推行贸易保护政策，往往出于实现国内社会发展目标的考虑。例如，有些国家对酒精、饮料和烟草等的进口课以重税，其目的是保护国民的身体健康；一些国家对木材和矿产品等的出口课以重税，是为了控制森林砍伐和矿藏开采，以达到维护生态平衡的目的；有些国家实行贸易保护政策则是出于外交战略的考虑。由于一个国家的外贸政策是其外交政策的重要组成部分，故其外贸政策的制定和实施要受其外交政策的制约并应为其外交战略服务。例如，优惠关税待遇往往是提供给那些与本国友好的国家；相反，出于外交政策的考虑，则要对一些国家实行贸易制裁和经济制裁；等等。

综上所述，一个国家在制定和实施对外贸易政策的时候，要考虑的现实因素是很多的，应根据本国的具体情况加以综合考虑。

本章要点

- 国际贸易政策是一个国家为了实现一定时期经济社会目标而对进出口贸易制定和推行的行动准则，是整个国家经济政策的重要组成部分。制定国际贸易政策的首要依据是国际贸易理论。国际贸易理论也是通过国际贸易政策付诸实践的。从历史上各个时期的情况看，有什么样的理论见解，就必有与之相适应的政策主张。
- 国际贸易政策的历史演变：从历史上看，各国政府所采取的贸易政策无非两种。一种是自由贸易政策，另一种是贸易保护政策。综观国际贸易发展的历史，无不是这两种政策交互更替、此起彼伏的历史，只是在历史发展的不同时期，各国贸易政策的自由程度和保护程度不同而已。

➢ 一国选择什么样的贸易政策是一项十分复杂的工作，要考虑到许许多多的因素。这些因素可以大致归结为两类：一是理论依据；二是现实因素。从理论依据来看，国际贸易政策可以分为两种：一是自由贸易政策；二是贸易保护政策。前者依据的是自由贸易理论，后者依据的是贸易保护理论；从一国的现实利益角度而言，制定和实施对外贸易政策应该考虑的现实因素主要包括以下八个方面：改善贸易条件、改善国际收支、充分利用资源、保护幼稚产业和萌芽经济、保护国内市场和维护本国利益、优化国内生产力布局、增加政府收入和加强国防力量、实现社会目标和外交战略。

关键术语

重商主义贸易政策　早期重商主义贸易政策　晚期重商主义贸易政策　自由贸易政策　贸易保护政策　超贸易保护政策　新贸易保护政策　幼稚产业　萌芽经济

思考习题

一、单选题

1. 在 15—17 世纪资本原始积累时期，欧洲各国根据重商主义理论推行了强制性的(　　) 政策。

A. 自由贸易　　B. 公平贸易
C. 易货贸易　　D. 贸易保护

2. 李斯特主张以(　　) 为过渡，以(　　) 为最终目的。

A. 贸易保护；贸易保护　　B. 贸易保护；自由贸易
C. 自由贸易；贸易保护　　D. 自由贸易；自由贸易

3. 凯恩斯主义的贸易理论是(　　)。

A. 自由贸易理论　　B. 超贸易保护理论
C. 关税同盟理论　　D. 内部化理论

4. 贸易保护政策的基本特征是(　　)。

A. 保护农业　　B. 保护金银
C. 奖出限入　　D. 维持贸易平衡

5. 弗里德里希·李斯特保护幼稚产业理论主要是保护(　　)。

A. 衰落工业　　B. 垄断工业
C. 有前途的幼稚工业　　D. 没有竞争力的幼稚工业

6. 20 世纪 70 年代中期以后，在世界贸易自由化的同时，出现了新贸易保护主义，在此背景下，新的保护措施纷纷出台，从过去的热衷于高关税保护转向更系统的(　　)。

A. 保守贸易政策　　B. 自由贸易政策
C. 管理贸易制度　　D. 超贸易保护政策

7. 同自由贸易政策一样，贸易保护政策也是自由资本主义时期的一种国际贸易政策。所不同的是，它主要适用于（　　）。

A. 经济落后国家　　B. 经济发达国家

C. 人口大国　　D. 人口小国

二、多选题

1. 从历史上看，各国政府所采取的贸易政策无非包括（　　）。

A. 自由贸易政策　　B. 贸易保护政策

C. 鼓励进口政策　　D. 歧视性贸易政策

2. 从西欧各国的情况看，晚期重商主义贸易保护政策主要包括（　　）。

A. 限制进口　　B. 鼓励出口

C. 鼓励工业发展　　D. 奖励人口繁殖

三、判断题

1. 制定国际贸易政策的首要依据是国际贸易理论。（　　）

2. 自由贸易理论盛行的国家，并不意味着它不实行带有保护色彩的贸易政策；而那些贸易壁垒森严的国家，也不意味着它不承认和赞同自由贸易理论。（　　）

3. 综观国际贸易发展的历史，不外乎是自由贸易和贸易保护这两种政策交互更替、此起彼伏的历史，只是在历史发展的不同时期，各国贸易政策的自由程度和保护程度不同而已。（　　）

4. 美国第一任财政部长汉密尔顿在《关于制造业的报告》中指出，为使美国经济独立，应当保护美国的幼稚工业，而保护的方式就是降低进口商品的关税。（　　）

5. 德国历史学派的先驱李斯特将汉密尔顿的保护幼稚工业理论加以发扬，并将之发展成为一个完整的理论体系，成为后进国家实施保护政策的主要理论依据，也为德国实行贸易保护政策打下了坚实的理论基础。（　　）

6. 李斯特认为，应采用关税制度和非关税手段来实现贸易保护。（　　）

7. 幼稚产业是指一个国家刚刚建立的、尚不具备竞争能力的新兴产业。（　　）

8. 超贸易保护政策是指在资本主义垄断阶段帝国主义国家实行的“侵略性”贸易保护政策。（　　）

9. 超贸易保护政策保护的对象是高度发达的工业或出现衰落的夕阳工业。（　　）

四、简答题

1. 与资本主义自由竞争阶段有些国家实行的贸易保护政策相比，超贸易保护政策具有哪些显著的特点？

2. 简述20世纪70年代以来新贸易保护主义抬头的原因。

五、论述题

1. 阐述新贸易保护政策的特点和影响。

2. 论述各国选择国际贸易政策的依据。

六、案例分析题

拜登政府，有意愿改变特朗普的贸易保护主义吗?

2020 年美国总统大选结束后，新一届政府的贸易政策走向成为各界关注的焦点。在经过极具破坏性和不稳定的 4 年后，拜登政府是重回战后以来的贸易自由化政策，还是继续特朗普时期的“美国优先”？抑或是走向一条新的道路？这些都值得关注。鉴于美国的经济体量，拜登政府的贸易政策无论走向何方，无疑都将会对世界经济秩序产生重大影响。

“美国优先”下的贸易转向

过去 4 年来，特朗普政府在“美国优先”的政策导向下，逆转了美国自第二次世界大战结束以来的贸易自由化进程。通过更加频繁地运用反倾销、反补贴和保障措施等传统贸易救济手段，以及积极使用“232 条款”“301 条款”等往届政府很少使用的贸易政策工具，特朗普政府显著提高了美国的关税，违背了美国对多边贸易体系的承诺。

此外，特朗普政府的贸易政策还具有以下两点重要特征：一是更加强调劳工、环保、社会公正等可持续发展议题。在 2018 年达成的《美墨加协定》中，特朗普政府与国会民主党议员合作，采纳了劳工、环保等组织的政策理念，将更具约束力的劳工和环保条款纳入其中，并极大地削弱了贸易协定中的争端解决机制。二是更加强调国家安全。在与国会的密切配合下，特朗普在 2018 年签署了包含改革美国出口管制机制和外资安全审查机制的法案，加强对高技术产品的出口管制，以及收紧外国对美投资的审查。此外，相比往届政府，特朗普政府更加关注通信、电力、稀有金属等领域内的供应链安全问题，寻求降低对外国尤其是中国供应链的依赖。

国内政治与外部地缘：美国贸易政策调整的两大考量

特朗普政府贸易政策的调整反映了美国国内政治格局的变迁和外部地缘政治环境的变化。在国内，东北部“锈蚀地带”在美国选举政治中的重要性再次凸显。在 2016 年大选期间，特朗普通过极具经济民族主义色彩的政策主张，成功吸引了宾夕法尼亚州、密歇根州和威斯康星州白人蓝领工人的选票。对于美国两党来说，随着这些民主党的传统票仓变成摇摆州，能否在选举中获胜，将在很大程度上取决于能否有效回应这些地区蓝领工人的诉求。特朗普政府对美国外部地缘政治环境的认知也发生了重大变化，大国博弈和中美战略竞争成为美国安全战略的优先议程。鉴于国际经济交往对国家安全具有的“外部性”，与中国进行战略竞争的国家安全理念不可避免地外溢到特朗普政府的贸易和投资政策当中，这也是特朗普政府加强出口管制、收紧外资审查和强调供应链安全的重要背景。

实际上，从历史上来看，国内政治格局和外部地缘政治环境的变化显著地影响着美国贸易政策的走向。在内战爆发之前的几十年间，在支持自由贸易的南方各州的制衡下，美国将关税政策限定于满足联邦政府的财政资金需求上，而非倒向北部各州所主张的保护国内制造业的高关税壁垒。但随着北部共和党在内战之后主导了美国的政治格局，美国开始实施高关税政策，为国内制造业提供保护。1930 年的大萧条使得美国政治重心再次倒向南部民主党，美国的贸易政策也因此发生转变，从原来的贸易保护主义转变为通过贸易协定谈判来推动贸易和投资的自由化。

第二次世界大战结束后，美国摈弃了孤立主义传统，地缘政治成为塑造美国贸易政策的重要因素。在美苏争霸的地缘政治格局下，通过降低贸易壁垒和推动贸易自由化来提高盟国经济实力并加强与盟国的经济联系，成为美国制衡苏联的重要手段。20 世纪 90 年代初，随着冷战的结束，外部重大地缘政治威胁的消失，使得国内政治对美国贸易政策的影响进一步凸显，加上民主党和共和党内部在贸易问题上的分化，美国国内在推动贸易自由化上的共识不复存在。该时期，代表劳工和环保组织的社会政治力量开始崛起，持续数十年的贸易自由化政策开始陷入停滞，劳工权益、环境保护和社会公正等可持续发展问题在美国贸易政策中的重要性逐渐上升。例如，为了获得国会民主党议员的支持，克林顿政府在 1993 年将关于劳工和环境的条款以附加协议的形式，补充到布什总统此前已经签署的《北美自贸协定》当中，进而勉强获得国会通过。即使如此，克林顿政府也付出了很大的政治代价，包括丧失了进行自由贸易谈判的“快通道授权”。小布什政府在 2003—2006 年与一些经济体量较小的国家达成了一系列双边自贸协定，并利用共和党在国会的优势强行通过。但在民主党重新控制国会后，其双边自贸协定议程陷入了停滞。类似地，由于被认为没有特别关注劳工和环境等议题，奥巴马政府推动的两大地区贸易议程——TPP[①]和 TTIP[②]——面临国内劳工、环保组织的强烈抵制，并以失败而告终。在很大程度上，特朗普正是利用美国蓝领工人对贸易协定的不满情绪，在 2016 年总统选举期间击败了民主党总统候选人希拉里。

传统依据下的有限调整

拜登在 2020 年大选期间并没有就贸易问题提出单独的竞选纲领，相关的贸易政策主张散见于“重振美国制造业”和“保障供应链安全”的竞选纲领当中。通过对这些贸易政策主张的分析可以看出，拜登政府相比特朗普政府更倾向于扩大贸易，而不是限制贸易。拜登团队反对保护主义，认为 20 世纪 30 年代的高关税和贸易战是导致第二次世界大战的一个重要诱因。拜登团队强调进入国外市场的重要性，也更加重视国际规则，希望美国而非其他国家来主导国际贸易规则的制定。总的来看，拜登政府有较大意愿改变过去 4 年来美国贸易保护主义继续上升的势头，并推动美国的贸易政策向更加理性和可预期的方向发展。

然而，在国内政治格局和外部地缘政治环境并未发生太大变化的情况下，美国对外贸易政策从自由化转向强调可持续发展议题与国家安全议题的趋势将不会改变，强调劳工、社会公正、主权和国家安全的贸易政策导向，在拜登政府时期仍将会得到延续。

从 2020 年大选的投票情况可以看出，宾夕法尼亚、密歇根和威斯康星等少数摇摆州仍是决定美国总统选举的“关键少数”。为了赢得这些地区选民的支持，同时避免在民主党内部引起更大分裂，拜登在竞选期间刻意回避了一些敏感的贸易议题。在是否撤销特朗普关税，以及是否重新加入 TPP 等问题上，拜登团队一直未作明确表态。未来，是否能够有效回应这些州白人蓝领工人的贸易政策诉求，仍然会成为美国两党竞争的焦

① TPP 是指《跨太平洋伙伴关系协定》（Trans-Pacific Partnership Agreement）。

② TTIP 是指《跨大西洋贸易与投资伙伴关系协定》（Transatlantic Trade and Investment Partnership）

点。此外，大国竞争尤其是与中国之间的战略竞争，依然会成为拜登政府国家安全战略的优先议程，这也决定了特朗普政府时期出台的一系列法律和行政命令，包括出口管制、外资审查、供应链安全等，仍将会被继续推进。

资料来源：吴其胜. 拜登政府，有意愿改变特朗普的贸易保护主义吗？http://oppo.yidianzixun.com/article/0TCtBHib，2021-02-19.

问题：

1. 特朗普政府贸易政策的重要特征有哪些？为何说特朗普政府的贸易政策属于贸易保护政策？

2. 你认为拜登政府有可能重回战后以来的贸易自由化政策吗？请阐述理由。

第七章

关税政策及其理论分析

学习目标与要求

- 熟悉关税的含义、特点和作用；
- 熟悉海关税则和通关手续；
- 重点掌握进口关税的局部均衡分析；
- 掌握出口关税的局部均衡分析、进口关税的一般均衡分析；
- 了解最优关税的概念；
- 重点掌握关税的名义保护率和有效保护率的概念、计算和分析。

名人名言

关税通常会减少所有国家，包括征收关税国家的福利。

美国经济学家 彼得·林德特，1992 年

过去多年来，在世贸谈判中得到一个深刻的体会，在当今的国际贸易舞台上，谁进口多，谁就是老大，谁就具有话语权，这是一个不争的事实。

中国入世首席谈判代表、原对外贸易经济合作部副部长 龙永图，2019 年

外贸资讯

日本拟提高美国进口牛肉关税　保护国内生产者

海外网 3 月 16 日电 综合日本 NHK 电视台、共同社 16 日消息，因从美国进口牛肉量将超过日美贸易协定商定的本财年标准，日本政府将尽快采取名为“紧急进口限制”的保障措施，提高从美国进口牛肉的关税，以此保护国内生产者。

根据日美贸易协定，日本分阶段对美国进口牛肉降低关税，但如果从美国进口的牛肉量超过标准值，日本将发动“紧急进口限制”。日美贸易协定商定的本财年标准为

24.2 万吨。截至 2 月底，本财年日本进口的美国牛肉量超过 23.3 万吨。相关人士称，之后进口美国牛肉量也将增加，将于 3 月之内超过标准值。

因此，日本政府表示，为了保护国内生产者，将于近期发动“紧急进口限制”。届时，关税将从目前的 25.8%上升到 38.5%，持续 30 天，日本和美国政府也将在 10 天内开始谈判。

资料来源：王珊宁. 日本拟提高美国进口牛肉关税 保护国内生产者. https://t.ynet.cn/baijia/30515290.html，2021-03-16.

资讯引导：何谓“紧急进口限制”的保障措施？日本拟提高美国进口牛肉关税以保护国内生产者，那么进口关税政策会产生哪些经济效应呢？

国际贸易政策的具体措施可以划分为两类：一类是关税措施；另一类是非关税措施。本章着重论述关税措施及其有关的理论问题。

正如我们在上文所看到的，大多数经济学家都赞成使各国在几乎没有关税和其他贸易壁垒的情况下进行自由贸易。这种赞成自由贸易的主张，主要是根据大量的经济分析，而这种分析恰好表明，无论是对各个国家来说还是对整个世界来说，通常都能从自由贸易中获得净利益。或者说，自由贸易在总体上至少会比没有贸易能够带来更多的福利。

在本章和第八章，我们将从关税和非关税的范畴，将自由贸易政策与其他的贸易壁垒进行比较分析，从而揭示征收关税或设置等效的非关税壁垒对一国内部各大利益集团所带来的利弊得失。“经济学家主要是根据这种较详细地对贸易政策的分析，才确立起他们的这个观点：自由贸易一般来说比部分限制的贸易更为可取。但也有一系列例外情况。一旦掌握这种分析，那么，理解大多数经济学家与那些主张限制贸易的集团的分歧点，就比较容易了。”①对关税政策的研究实际上是国际贸易理论研究的逻辑延伸，或者说这项工作就是在有关贸易理论的基础上，研究关税的影响和一国应该采取什么样的关税政策。陈彪如教授认为：“关税政策研究属于理论范畴，不过它更为贴近一国现实经济政策而已。”②可见，关税研究有着重要的理论意义。

同时，关税政策研究也有着重要的实践意义。这不仅因为关税具有悠久的历史，早在国际贸易萌芽时期就已产生，在近代历史发展的各个阶段都曾起过重要的作用，更重要的是，关税是一国最重要的现实经济政策工具之一。关税政策不仅对一国的对外贸易规模、商品内容和地区结构产生影响，对外国同样起着不可低估的作用；关税不仅对一国的涉外经济部门有着重要影响，对国内的产业结构、就业水平等诸多经济领域都产生了广泛的影响。

① 彼得·林德特，查尔斯·金德尔伯格. 国际经济学[M]. 谢树森，沈锦昶，常勋，等译. 上海：上海译文出版社，1985：119.

② 陈彪如. 国际经济学[M]. 上海：华东师范大学出版社，1993：110.

第一节 关税概述

一、关税的含义

关税（customs duties/tariff）是指一国海关根据该国法律规定，对通过其关境的进出口货物征收的一种税收。

海关（customs house）是指设立在关境上的，依据本国（或地区）的法律、行政法规行使进出口监督管理职权的国家行政管理机关。海关的主要职责是依照国家法令，对进出口货物、旅客行李和邮递物品、进出境运输工具等实施监督管理、征收关税和其他税费、查缉走私、编制海关统计等。征收关税是海关的基本职能之一。

关境（customs area/customs frontie）是"海关境界"的简称，亦称"关税国境"，是海关征收关税的领域，是执行统一海关法令的领土。在一般情况下，关境与国境是一致的。当有些国家在其国境之内设立自由港、自由贸易区或海关保税仓库时，由于这些自由港、自由贸易区或海关保税仓库，虽在国境之内，但从征收关税的角度来看，却在关境以外，所以在这种情况下关境小于国境；若当几个国家缔结关税同盟，组成一个共同关境而实施统一的海关法令时，它们彼此之间货物进出国境并不征收关税，只对来自和运往同盟之外的货物征收关税，在这种情况下，其关境大于各国的国境。

二、关税的特点

（一）关税与其他税种的共同之处

（1）强制性。它是国家法律规定强制征收的，而非纳税人自愿献纳的。凡要交税的，都要按照法律规定无条件履行自己的义务，否则就要受到国家法律的制裁。

（2）无偿性。关税是国家向纳税人无偿取得的，是国库收入的来源之一。国家获取这部分税收不付出代价，也不归还给纳税人。

（3）预定性。国家预先规定征税比例或征税额，征纳双方必须共同遵守执行，不得随意变化和减免。

（二）关税与其他税种相比所具有的特殊性

作为一种特殊的税收，关税还有其自身的特点。

（1）关税是一种间接税。关税是针对进出口商品征收的，其税负由进出口商事先垫付，进出口商将它计入成本加在货价里，在货物出售时收回这笔垫款，最后是由消费者或买方承担关税税负。所以说，关税是一种间接税。

（2）关税的税收主体是本国的进出口商，税收客体是进出口商品。当商品进出国境或关境时，进出口商根据海关规定向当地海关缴纳关税，进出口商是关税的纳税人，即税收主体。关税的税收客体是进出口商品。根据海关税法和有关规定，国家对各种进出口商品制定不同的税目和税率，征收不同的关税。

三、关税的作用

关税是通过提高进出口的成本而发挥作用，它对一个国家的经济所产生的作用主要包括以下几个方面。

（一）增加本国财政收入

海关征收关税后即上缴国库，关税成为国家财政收入。在前资本主义时期和资本主义发展初期，税源较少，各国财政收入的绝大部分来自关税。随着其工商业的迅速发展，税源不断扩大，关税在财政收入中所占的比重在逐渐减小，作用在逐渐减弱。

（二）保护国内产业，调整产业结构

合理的关税结构有利于保护国内产业。对本国较具竞争力的产业实行低关税政策，使其在国际竞争中不断强大起来；对国内的幼稚产业和新兴产业实行一段时期的高关税保护，使其尽快成长起来且拥有竞争力；对国内不能生产的产品可实行低关税或零关税，以扩大这类产品的进口并满足国内需求。

（三）保护国内市场

调整关税税率，可以控制进出口商品数量，调节国内市场供求和价格。当国内某种商品供不应求时，可降低其进口关税税率，并提高其出口关税税率，使得这种商品的进口增加、出口减少，从而满足国内需求。

（四）关税是开展对外贸易的重要手段

关税一直与国际经济关系和外交关系有着密切的联系。比如，各国可以利用关税税率和不同的减免手段来对待不同类型国家的进出口，以此开展对外经贸。利用优惠待遇，可以改善国际关系，争取友好贸易往来；利用关税壁垒，可以限制对方进口甚至将其作为惩罚或报复手段。发展中国家还普遍利用关税减让作为“入场费”以取得世贸组织成员的地位，或者将关税减让作为对外谈判的筹码，迫使对方作出让步。

第二节　关税的分类

关税的种类较多，可以根据不同的标准进行分类。下面笔者就其主要的分类进行介绍。

一、按照征收目的分类

各国征收关税的目的体现了关税的本质。征收关税的目的主要有两个：一是增加财政收入，为此目的征收的关税叫“财政关税”；二是保护本国生产，为此目的征收的关税叫“保护关税”。除此之外，一国政府还可以运用自由关税政策和社会关税政策来达到其特定的经济和政治目的。

（一）财政关税

财政关税（revenue duties）是指以增加国家的财政收入为主要目的而征收的关税。与其他税收一样，财政关税也具有强制性、无偿性和预定性的特点。强制性是指关税是凭借法律的规定强制征收的，而不是自愿缴纳的；无偿性是指征收的关税都属国家无偿向纳税人征收并作为国库收入，国家不需付出任何代价；预定性是指国家事先规定一个征税比例或征税数额，征纳双方必须共同遵守执行，不得随意改变。

衡量一项关税是否符合财政关税的标准，要看应税进口商品所征关税同国内与进口竞争商品税负的比较，如果对进口商品征收的关税同国内与进口竞争商品的税负相等，或者说应税进口商品在国内无法生产或在国内尚无代用品，此时征收的关税就是财政关税。

一般说来，财政关税税率较低。因为要达到增加财政收入的目的，税率太高将导致进口商品价格上升，国内需求减少，从而使关税收入也随之减少。通常的做法是，对国内大量消费但没有供给的进口消费品征收较低的关税，其税率低到能获得最大关税收入为限。因为税率与进口商品数量负相关，究竟怎样的税率能获得最大的关税收入，主要取决于国内的需求弹性。所以，出于财政目的而对某一种商品征收多高的税率，要视不同商品的需求弹性而定。

在征收财政关税时，只要税率不等于零，而且进口国国内也生产该商品或替代品，财政关税就可能具有保护关税的性质。

财政关税曾经在相当长的历史时期起着十分重要的作用。尤其是在中世纪到近代，它成为一国政府行政开支、军费开支以及统治者生活开支的重要来源。财政关税的作用随一国经济发展水平的提高而减小。经济发展水平越低，关税在国家各项财政收入中的比重就越大，其作用也就越重要。例如，1993 年前后，从世界各国的情况来看，关税在财政收入中的比重在发达国家仅为 3%，而在发展中国家一般高达 13%，发展中国家比发达国家高出 10 个百分点。[①]再以美国为例，1805 年，其关税收入占联邦政府财政收入的 90%强，到现在仅占 1.5%。[②]总之，财政关税的征收在一定历史时期能够满足一国政府财政上的需求，具有积极意义。但是，财政关税政策的应用是有其限制条件的，如果将关税的财政效用提高到不应有的高度，就会导致进口国的产业结构失调和对外国经济的依赖性增强。

（二）保护关税

保护关税（protective duties）是以保护国内生产为目的而计征的关税。保护关税按其保护的具体目的分为普通保护关税和特别保护关税。前者以限制或阻止外国竞争性商品的进口、保护国内幼稚产业为目的；后者则是以进行报复、制裁和反倾销为目的。

保护关税的目的是否能够达到，其关税税率起最主要的作用。一般而言，关税税率越高，其保护程度越大；关税税率越低，其保护程度也就越小。进口商品的优势就在于

---

① 薛荣久. 国际贸易[M]. 成都：四川人民出版社，1990：229.

② 陈彪如. 国际经济学[M]. 上海：华东师范大学出版社，1993：111.

其成本低于进口国同类商品的成本，即二者之间存在一个差额。如果进口商品的关税额等于或超过这个差额，则进口商品的优势就会完全丧失，商品无法进口，保护国内生产的目的就达到了；若其关税额低于这个差额，进口商品的优势就会遭到削弱，但仍然可以进口一部分，从而达到部分保护的目的。再从出口关税来看，道理也是一样的。假如为了保护国内工业生产所必需的原料，对出口原料征收出口税，出口税只要等于或超过出口商品的国际价格与国内价格的差额，就能起到完全保护的作用；如果出口税小于该差额，就能削弱这种商品的出口优势，从而起到部分保护的作用。

虽然高关税比低关税的保护作用强，但这并不意味着高关税一定是保护关税，低关税一定是财政关税。区分保护关税与财政关税的标准不仅仅取决于税率的高低，而主要取决于制定关税的基本目的和客观效果。如果某项关税的开征，导致该项进口品消费量减少或放弃对该项进口品的消费，而转向购买国内同类产品或替代产品，并引起生产要素也转向进口替代品的生产部门，从而改变了进口国的产业结构，此项关税为保护关税；如果某项关税的开征是以增加政府财政收入为目的，并且因此而增加了政府财政收入，那么此项关税为财政关税。

从政策目标的角度来考察，保护关税是一国产业政策的组成部分，其政策功能和目标是多元的，主要表现在五个方面：第一，扶植国内幼稚产业的成长；第二，阻止国内重要原材料的输出，以满足国内工业发展的需要或维持生态平衡与经济的可持续发展；第三，稳定就业水平或增加就业机会；第四，保护国内市场；第五，力图增加产品附加价值，从而确保利润不会外流。从各国的实践看，在一定时期内，保护关税的确能部分地达到其预期的政策目标。

（三）自由关税

自由关税（free duties）是指采用特别低的税率或免税的关税政策，它是自由贸易政策的重要组成部分。实行自由关税的目的是促进国际贸易的自由发展。

一般而言，当一国的经济实力比较雄厚，其产品具有很强的竞争能力时，总是提倡和强调自由贸易，主张减让关税或免税；而当一国经济状况不如他国，产品缺乏竞争能力时，则必然主张采取保护关税的政策。

从理论上分析，自由关税的确优点较多：第一，自由关税政策符合比较优势原则，顺应生产国际化的潮流，有利于在世界范围内实现资源的有效配置，增加商品的有效供给。第二，关税作为一项消费税总是会增加消费者的负担，而采取自由关税政策，就可提高消费者的福利。第三，自由关税可以促进有序竞争，促使一国引进先进技术、提高产品质量、降低产品成本、改善经营管理，并能刺激一国产业结构的优化。但是，在实践过程中，自由关税也有很大的局限性。对于发展中国家来说，由于经济技术相对落后，产品缺乏竞争力，如果盲目滥用自由关税政策，将可能导致国内新兴工业无法建立，国内市场被外国商品占领，进而可能使得本国在经济上乃至政治上的独立性都受到威胁。

（四）社会关税

社会关税（social duties）是指对不同的商品制定不同税率的关税政策，以达到调节国民收入分配和稳定政治的社会目的。

德国新历史学派的代表人物瓦格纳的财政理论是社会关税的理论基础。瓦格纳"社会政策的赋税"的要义在于：赋税第一是以调节收入为目的；第二则是实施社会政策之目的，即必须改变自由经济条件下所产生的分配不平等现象，并干预社会的生产和消费。

19 世纪的德国，由于没有注意关税的社会效应，从而给经济发展带来了困扰。于是，在瓦格纳财政理论的影响下，逐步形成了关税的社会政策，即社会关税。社会关税以保障人民的基本生活需求、税负合理承担和社会稳定为政策目标，并通过对不同类型的消费品制定差别税率来实现其政策目标。

1. 对生活必需品的进口给予低税或免税的待遇

属于国内无法保证供给的人民生活必需品，应该减税或免税进口。如果对这些商品课以重税，势必提高必需品的国内价格，加重消费者的负担，从而可能引起群众不满和社会混乱。因此，必须从课征关税后的社会效应出发制定关税税率，赋税必须以社会稳定为目标。

2. 对奢侈品的进口课以重税

对奢侈品的进口课以重税的原因主要有三个方面：第一，这样可以调节国民收入分配，让富有者对国家财政多做贡献；第二，课重税后的商品价格提高，迫使部分潜在的消费者放弃购买奢侈品，从而使这部分资金流向生产领域；第三，有利于树立节俭的社会风气，以便国家集中财力发展经济。当然，奢侈品是一个历史范畴，不同时期有不同的界定，并且会因民族和文化风俗的不同而有所差别。某种商品在一定时期是奢侈品，但经过一段时间后就会变成一般消费品。所以，对奢侈品制定的税率也应随着一国经济和文化的发展水平而变化。如果税率不随之变化，就可能达不到设置社会关税的预期目标。

二、按照征收对象或商品流向分类

（一）进口税

进口税（import duty）是指进口国家的海关在外国商品输入时，对本国进口商所征收的**正常关税**（normal tariff）。这种进口税一般由进口国的海关在外国商品进入关境时，或从海关保税仓库、自由港、自由贸易区等提出运进国内市场时向进口商征收。

征收进口税的效应是，提高了进口商品的价格，降低了进口商品的竞争力，从而起到限制进口的作用。**关税壁垒**（tariff barrier），是指进口关税对商品输入的阻碍作用。世界各国并不是对所有的进口商品都一律征收高关税，而是区别不同商品征收不同税率的关税。发达国家的具体做法是：对进口工业制成品征收高关税；对半成品征收较低的关税；对原料、燃料等初级产品减税或免税。总之，进口税率根据进口品的加工深度决定。其加工深度越高，进口税率就越高。发展中国家的一般做法是：对国内不能生产或生产能力有限的生活必需品和发展生产所必需的商品课以较低的进口税或免税；对国内能够生产并已基本满足需求的商品或非生产必需品的进口，征收高关税，以限制或阻止其进口。

进口关税是世界各国普遍采取的一种贸易政策。虽然第二次世界大战结束后，经过关贸总协定主持的 8 轮多边贸易谈判的努力，关税水平不断下降，但这并不意味着利用进口关税阻止外国商品输入的方法失效。恰恰相反，世界各国利用差别关税有选择地进行有效保护，已成为当今世界上一种普遍现象。

（二）出口税

出口税（export duty）是指一国海关在本国商品输往国外时，对出口商所征收的关税。征收出口税会提高出口商品的销售价格，削弱出口商品在国外市场上的竞争力，不利于扩大出口。因此，发达国家目前一般不再征收出口税，但一些发展中国家出于一些特定目的仍征收出口税，这样做的主要目的包括五个方面。

（1）取得财政收入。这种出口税的税率一般定得较低，大都为 1%～5%。被征收这种出口税的商品范围也不广，一般而言，只是对在国际市场上具有垄断和支配地位的商品才可征收出口税。比如，印度对黄麻的出口、智利对硝酸钠的出口就征收出口税。但当该商品在国际市场上遇到竞争时，其出口税就会随之降低或免除，否则就会影响该商品的出口，无法达到获得财政收入的目的。

（2）保护国内生产。一个国家因其国内工业生产需要某种稀缺的原材料，而这种原材料又难以进口，在这种情况下，该国对这种原材料的出口就可以征收出口税。如果外国厂商使用了被征收高额出口税的原材料进行生产，其产品成本势必提高，而本国厂商使用未被征税的原料进行生产，就能增强其产品在国际市场上的竞争力，从而推动本国工业发展。比如，北欧的瑞典、挪威等国，为了保护其国内纸浆和造纸工业，就对木材产品的出口课以重税。

（3）保障本国供应。为优先保障本国人民对有些产品特别是生活必需品的需要，而对其征收出口税，以限制出口。这种出口税的税率一般定得较高，特别是在一些特定条件下，为了国内经济稳定和社会安定，对供不应求的生活必需品的出口往往课以重税。

（4）保护国内稀有资源。许多发展中国家，为了防止本国某种有限的自然资源耗竭和保护国内环境，对原材料的出口征收出口税；但欧美国家为了从全球范围内获取廉价原材料，一直致力于禁止发展中国家使用出口关税或者增加出口税来限制原材料出口。

（5）作为斗争的工具。发展中国家常常运用出口税与发达国家的跨国公司进行斗争。跨国公司往往在发展中国家以垄断低价收购初级产品，发展中国家为了反对这种垄断低价，就对出口的初级产品课以出口税，以此挽回一部分损失。

出口税是一个古老的税种，在中世纪时的欧洲各国比较盛行；19 世纪中叶以后，西欧各国奉行自由贸易政策，出口税逐渐停征；现在，征收出口税的国家主要是发展中国家。

（三）过境税

过境税（transit duty）也叫转口税或通过税，是指一国对于通过其关境的外国商品征收的关税。在中世纪时，封建势力割据、关卡林立，欧洲一些国家纷纷征收过境税，以增加自身的财政收入。到重商主义时代，各国对金银的狂热追求，使过境税盛极一时。19 世纪中叶以后，铁路交通运输迅速发展，陆上运输在欧洲大陆的竞争十分激烈，为了争夺货运收入，有些国家以不征收过境税为诱饵吸引客商，加之当时过境税率较低，对财政意义不大，所以法国于 1842 年率先取消过境税，随后欧洲各国也都纷纷废除了过境税。1850 年之后，各国的通商条约一般都定有互不征收过境税的条款。

过境税的最大影响是抬高商品的价格，加重生产者和消费者的负担，不利于国际贸易的扩大和发展。因此，《1994 年关税与贸易总协定》第 5 条就有对“过境自由”的明确规定，缔约国对通过其领土的过境运输，应免征关税、过境税或有关过境的其他费用，但可收取运输费用、行政费用以及所提供服务成本的费用。目前，世界上大多数国家都不征收过境税，而仅仅在外国商品通过时征收少量的准许税、印花税、签证费或统计费等。

三、按照进口税征收幅度分类

按照征收幅度的不同，进口关税可分为普通税、最惠国税、特惠税和普遍优惠制税。

（一）普通税

普通税（general duty）亦称一般税，适用于与该国没有签订有关贸易协定的国家或地区所进口的商品。普通税是税源大、征收范围明确、收入持续稳定的税种。普通税也是税率最高的关税。

（二）最惠国税

最惠国税（most favoured nation duty），又称正常进口税，适用于与该国签订有最惠国待遇原则的贸易协定的国家或地区所进口的商品。最惠国税具有互惠性的特点。

第二次世界大战以后，由于世界上大多数国家或地区都加入了关贸总协定或签订了双边最惠国待遇协定，相互提供最惠国待遇，因此，在通常情况下，最惠国税也称为正常进口税。

最惠国税率远低于普通税率，一般邦交国家之间都是按这种关税征税的。

（三）特惠税

特惠税（preferential duties），又称优惠关税。特惠税的全称为特定优惠关税，是指一国或一经济集团对来自特定受惠国家或地区进口的全部商品或部分商品，给予特别优惠的低关税或免税待遇。使用特惠税的目的是增进本国（施惠国）与受惠国之间的友好贸易往来。特惠税率一般低于最惠国税率和协定税率。

特惠税不适用于从非优惠国家或地区进口的商品，一般是在签订有友好协定、贸易协定等国际协定或条约的国家之间实施的。任何第三国不得根据最惠国待遇条款要求享受这一优惠待遇。特惠税可分为互惠的和非互惠的两种。

1. 非互惠的特惠税

非互惠的特惠税始于宗主国与殖民地之间的贸易。宗主国输出到殖民地的产品享受特惠税待遇，而殖民地输往宗主国的产品不能享受特惠税待遇，这就称为非互惠的特惠税。后来，宗主国与殖民地之间以及同一宗主国的不同殖民地相互之间的贸易，都适用特惠税，这叫作互惠的特惠税。在整个殖民时代，最为著名的特惠税是英联邦特惠制。20 世纪 70 年代，由于英国加入欧共体（现为欧盟），英联邦特惠制才逐渐取消。

在国际上影响最大的非互惠的特惠税是《洛美协定》国家之间的特惠税。欧共体国家为非洲、加勒比和太平洋地区的发展中国家单方面提供的特惠税，属于非互惠的特惠税。

知识拓展 7-1

《洛美协定》

《洛美协定》是一项由南北国家签订的重要的经贸协定。

协定第一次签订的时间是 1975 年 2 月 28 日，因在多哥首都洛美签订，故称《洛美协定》。协定有效期为 5 年，1976 年 4 月 1 日正式生效。此后《洛美协定》一再续签。

第一个《洛美协定》基本内容为：其一，非洲、加勒比和太平洋地区的发展中国家的全部工业品和 96%的农产品进入欧共体时，享有免税、不限量的优惠，而欧共体不要求给予反向优惠；其二，欧共体设立稳定出口收入基金，在非洲、加勒比和太平洋地区的发展中国家 12 种初级产品出口价格下跌而造成损失时给予补偿；其三，欧共体在 5 年内向非洲、加勒比和太平洋地区的发展中国家提供 30.9 亿欧洲货币单位的援助；其四，增加欧共体与非洲、加勒比和太平洋地区的发展中国家间的工业合作。

1979 年 10 月和 1984 年 12 月因《洛美协定》到期续签过两次。新签署的《洛美协定》规定，欧共体应该在促进工业化、金融和技术援助、关税和稳定出口收入等方面对非洲、加勒比和太平洋地区的发展中国家给予优惠。

1989 年 12 月 15 日，经过长时间艰苦的谈判，欧共体 12 国和非洲、加勒比、太平洋地区的 68 个国家于 12 月 15 日在多哥首都签署了第四个《洛美协定》。新的《洛美协定》自 1990 年 2 月起生效。

2000 年 2 月，欧盟与非加太集团就第五个《洛美协定》达成协议，并于同年 6 月在贝宁共和国政府所在地城市科托努正式签署，称《科托努协定》。经欧盟 15 国和非加太集团 76 国政府的正式批准，《科托努协定》自 2003 年 4 月 1 日起正式生效。

按照《洛美协定》的规定，作为给惠方，欧共体对来自非洲、加勒比和太平洋地区的发展中国家（受惠方）的全部工业品和 96%农产品的进口给予免税待遇，而且不要求这些国家给予反向优惠。《洛美协定》国家实行的特惠税是当时世界上最优惠的一种关税。一是优惠商品范围大，除极少数农产品外，几乎所有产品都在受惠之列；二是优惠程度高，受惠范围之内的商品全部享受免税待遇。因此，欧共体与这些国家的经济贸易关系得到了快速发展，特惠关税在其中起到了重要作用。

2. 互惠的特惠税

互惠的特惠税主要是区域贸易协定或双边自由贸易协定成员间根据协定实行的特惠税，但不一定是对等的相同税率。比如，欧盟成员国之间、北美自由贸易协定成员国之间、中国与东盟国家之间实行的特惠税。

（四）普遍优惠制税

普遍优惠制税（generalized system of preferences duty）简称**普惠制税**。它是指发达国家对从发展中国家或地区输入的商品，特别是制成品和半制成品，给予普遍的、非歧视的和非互惠的优惠关税。普惠制税率低于最惠国税率。

出口商品要取得关税优惠待遇必须符合给惠国普惠制给惠方案及其原产地规则，并需要提供统一格式的普惠制原产地证明书（FORMA）。

普遍优惠制（generalized system of preferences，GSP）简称**普惠制**，是工业发达国家对来自发展中国家和地区的某些产品，特别是工业制成品和半制成品给予的一种普遍的、非歧视的和非互惠的关税减免优惠制度。普惠制主语包括三条原则。

第一，普遍性原则。普遍性原则即发达国家应对所有发展中国家出口的制成品和半成品给予普遍的优惠待遇，而不应局限于某些商品。

第二，无歧视性原则。无歧视性原则即应使所有发展中国家都无歧视、无例外地享受这种普惠制待遇。

第三，非互惠性原则。非互惠性原则即发达国家应单方面给予发展中国家优惠待遇，而不要求发展中国家或地区给予同等优惠。

普遍优惠制是发展中国家通过长期斗争换回的结果，建立普惠制的决议在 1968 年第二届联合国贸易与发展会议上通过。1971 年 7 月，欧洲共同市场首先制定了普惠制方案并开始实施。先后有 28 个国家（其中市场经济国家 22 个，计划经济国家 6 个）实行普惠制，有 170 多个发展中国家和地区享受了普惠制待遇。

建立和实施普惠制的目标是：增加发展中国家的出口收益；促进发展中国家工业化；加快发展中国家的经济增长速度。

为了确保普惠制的有效实施，各给惠国根据普惠制的原则、目标，并结合本国国情制定具体的普惠制实施方案，定期或不定期地以政府法令的形式公布。各给惠国的普惠制方案内容虽然不尽相同，但根据联合国贸易和发展会议的有关规定，一般均包含 6 个基本要素。

1. 给惠产品的范围

给惠产品的范围（product coverage），即凡列入给惠产品清单（即肯定清单）的产品，只要符合方案中的有关规定都可以享受普惠制待遇。而列入排除产品清单（即否定清单）的产品，均不能享受普惠制待遇，主要涉及敏感性产品以及那些直接影响给惠国就业的产品，如某些纺织品、鞋类、皮革制品、石油化工产品等则被排除在外。

2. 关税削减幅度

关税削减幅度（tariff cut depth）又称普惠制关税削减幅度或普惠制优惠幅度，是最惠国税率与普惠制税率的差额。普惠制减免关税是在最惠国税率的基础上再进行削减或豁免。大多数普惠制方案规定对农产品减税，其普惠制优惠幅度较小；对工业品免税，其优惠幅度较大。

普惠制优惠幅度是给惠国的进口商最关心的关键点，也是普惠制的核心点。例如，某给惠国进口商进口某项产品时，若最惠国税率为 12%，普惠制税率为 6%，则关税削减幅度为6%，即减半税；若普惠制税率为零关税（即免税），则关税削减幅度为12%。

3. 保护措施

各给惠国为了保护本国生产者的利益，避免普惠制优惠进口过多而给其经济发展带来不良影响，在各自的普惠制方案中都制定了相应的**保护措施**（protective measures），且有的保护措施非常严格。保护措施有四大类：例外条款、预定限额、竞争需要标准和毕业条款。这些措施是实现普惠制的原则与目标的重大障碍。

（1）**例外条款**（escape clause）。该条款规定，当受惠商品的进口量增加到对给惠国同类产品或与其有竞争关系的产品造成严重损害时，则给惠国保留完全取消或部分取消该项优惠的权利。

（2）**预定限额**（prior limitation）。预定限额是指对受惠商品预先规定限额，当进口超过限额时，则按规定征收最惠国税。

（3）**竞争需要标准**（competitive need criterion）。竞争需要标准是指若受惠国的某些商品超过当年规定的进口额度，则会被取消下年度该种商品的优惠待遇。

（4）**毕业条款**（graduation clause）。毕业条款是指当受惠国或地区的某项产品或其经济发展到较高的程度，使它在世界市场上显示出较强的竞争力时，则取消该项产品或全部产品享受关税优惠待遇的资格，称之为“毕业”。这项条款按适用范围的不同，可分为“产品毕业”和“国家毕业”。前者指取消从受惠国或地区进口的部分产品的关税优惠待遇；后者指取消从受惠国或地区进口的全部产品的关税优惠待遇，即取消其受惠国或地区的资格。例如，日本财务省决定，自 2019 年 4 月 1 日起，日本不再给予中国输日货物普惠制关税优惠。

4. 原产地规则

原产地规则（rules of origin）也称为“货物原产地规则”，是指一国根据国家法令或国际协定所确定的原则制定并实施的，以确定生产或制造货物的国家或地区的具体规定。为了实施关税的优惠或差别待遇、数量限制或与贸易有关的其他措施，海关必须根据原产地规则的标准来确定进口货物的原产国，并给予相应的海关待遇。原产地规则一般都包含三方面内容：原产地标准、直接运输规则、原产地证明书。

（1）原产地标准。原产地标准是指出口货物具备原产资格应满足的条件。该标准可分为两类：完全原产产品标准和实质性改变标准。完全原产产品标准是指全部使用受惠国出产的原材料或零部件，在受惠国生产、制造的产品。由于完全原产产品不涉及其他国家（或地区）的产品成分，容易判断和掌握，不存在争议，因此该标准为各国所接受，已经成为国际上通行的做法。实质性改变标准是指使用进口原材料在出口国（或地区）内制造和加工的货物，并因在该出口国（或地区）内的制造和加工程序，改变了它们原有的特征并达到了实质性的改变。实践证明，实质性改变标准在运用中不够明确，在解释该标准时各方容易出现分歧，故在实践中，还需辅助以更为具体的标准。目前，世界上许多国家通常采用税目改变标准、加工工序标准、百分比标准等三个不同标准将实质性改变标准具体化，从而使对此标准的解释趋于一致，便于实际利用。

（2）**直接运输规则**（rule of direct consignment）。直接运输规则是指受惠国的原产品须从该受惠国直接运至进口给惠国，而不得在中途转卖或进行实质性的加工。转运商品在过境时必须置于过境国海关的监督之下，不得进入第三国市场。

（3）**原产地证明书**（certificate of origin）。原产地证明书是指由出口国政府有关机构签发的一种货物原产地或制造地的证明文件。它主要作为进口国海关实行差别关税，实施进口税率和进口配额等不同国别政策的依据。

5. 受惠国家和地区

受惠国家和地区（beneficiaries）是指在各给惠国的普惠制方案中都列有的受惠国家和地区名单。各给惠国根据各自的政治、经济政策以及发展中国家经济发展状况来选择其受惠国，因无统一和客观的政治、经济标准，一些发展中国家被某些或某个给惠国排除在受惠国（地区）名单之外，备受歧视。

6. 有效期

有效期（duration）是指根据联合国贸易与发展会议的决定，普惠制的实施期限以10 年为一个阶段。为了适应形势的变化和贸易的发展，给惠国在其普惠制实施期限内每年或数年不定期地公布其修改的内容。各个给惠方案的有效期自方案生效之日起计算。

四、按照特定征收目的分类

按照特定征收目的不同，进口关税可分为进口附加税、差价税、差别关税。

（一）进口附加税

进口附加税（import surtaxes），又称**特别关税**（special tariffs），是指进口国海关除对进口商品征收正常进口税外，再根据某种特定目的所加征的关税。加征的进口税部分，就是进口附加税。

进口附加税不同于进口税，不体现在海关税则中，而是为特殊目的设置的，其税率往往视征收的具体目的而定，一般是临时性的或一次性的。我国进口附加税的征收是由国务院关税税则委员会决定，海关总署负责实施。

在贸易实践中，进口附加税是限制商品进口的重要手段，往往是针对个别国家或者个别商品征收的。与进口关税不同的是：进口附加税既不出现在一国的海关税则之中，也不受世贸组织规则的严格约束，其税率可视征收目的而定。

征收进口附加税是限制进口的一种临时性措施，其目的主要在于：减少国际收支逆差，维持进出口平衡；抵制外国商品的低价倾销；对特定国家实行报复；等等。因此，进口附加税又称为特别关税。

根据进口附加税征收对象的不同，可将进口附加税分为全面附加税和特别附加税两种。

（1）全面附加税。全面附加税是指对所有的进口商品一律计征的进口附加税。例如，美国为了改善国际收支状况，从 1971 年 8 月 15 日开始实行“新经济政策”，决定对进口商品一律征收 10%的进口附加税。

（2）特别附加税。特别附加税是指对个别国家或个别商品征收的进口附加税，这是进口附加税的主要形式。例如，2002 年 3 月，美国政府决定对部分进口钢材征收 8%～30%的附加税，以保护美国钢铁工业的利益。欧盟、日本和中国等国家和地区对美国此举表示了强烈的不满，并向世贸组织提起诉讼。2003 年，世贸组织最终裁定美国败诉，美国总统布什发表声明取消进口钢材高额关税。

各国为了实现其特定的保护目的，可将进口附加税分为反补贴税、反倾销税、紧急关税、惩罚关税和报复关税等形式。

1. 反补贴税

反补贴税（anti-subsidy duties）又称为抵消税或补偿税，是指进口国对于直接或间接地接受任何出口补贴或奖金的外国商品在进口到本国时所征收的一种进口附加税。凡是进口商品在生产、销售、运输过程中接受政府、同业公会、垄断组织给予的直接或间接的补贴、津贴或奖金，都构成征收反补贴税的条件。这里所说的直接补贴是指直接付给出口商的现金补贴，如美国、欧洲等国家和地区对农产品就采取这种补贴形式；间接补贴是指政府对于某些出口商品给予财政上的优惠，如减免出口税或某些国内税，降低运费，对于为加工出口而进口的原材料和半成品，实行免税或退税等。

反补贴税是按照补贴的数额征收的。其目的在于使补贴失去效力。因为征收这种关税以后可使进口商品价格提高，削弱了其竞争力，使其不能在进口国的市场上进行低价竞争或倾销。

根据《补贴与反补贴措施协议》，一个成员方的相关产业只有在确实因另一成员方的补贴措施而受到损害的情况下，才能启用反补贴调查程序。进口方相关产业是否因补贴产品的大量进口而受到了严重的损害，应该从以下三个方面加以审核：其一，进口产品是否存在直接或者间接地接受了出口方政府给予的财政方面补贴的事实，而且受补贴产品的进口数量是否激增，并对同类产品的市场价格造成明显的抑制；其二，是否对国内已建立的相关产业造成实质损害或者产生实质损害威胁，或者对国内发展相关产业造成实质阻碍；其三，补贴与产业损害之间是否存在因果关系。

如果反补贴调查当局最终认定存在补贴和产业损害，进口成员方当局便可决定对补贴进口商品征收反补贴税。所有关于征收反补贴税的要求被审核后，是否征收反补贴税，以及反补贴税是按补贴金额征收还是低于补贴金额征收，均由进口成员方政府当局决定。如果较低的税率足以抵消对国内产业所遭受的损害，反补贴税额就应低于实际的补贴额。对任何进口产品所征收的反补贴税不得超过经确认存在的补贴额。另外，反补贴税应该在无歧视的基础上加以征收。

2. 反倾销税

反倾销税（anti-dumping duties）是指对外国商品在本国市场上的倾销所采取的抵制措施。一般进口国对倾销的外国商品除征收一般进口税外，再加征进口附加税，使其不能廉价出售，此种进口附加税即称为反倾销税。征收反倾销税的目的是抵制外国商品倾销，保护本国国内产业和市场。

商品倾销（commodity dumping）是指出口商以低于正常价值的价格向进口商出口商品，并对进口国产业造成实质性损害的行为。就进口国角度而言，判断倾销的标准或商品倾销的构成要素有三个方面：第一，存在倾销幅度，即来自外国的出口产品低于正常价格在本国市场上销售，正常价格与出口价格的差额为倾销幅度。第二，对国内同类产品工业造成了严重或实质性损害，或形成了实质性损害的威胁，或实质性阻碍了某项新兴工业的建立。第三，倾销与产业损害之间存在因果关系。

《反倾销协议》[①]强调，最终的反倾销措施应该采取征收反倾销税的形式。如果反倾销调查最终裁定存在倾销、产业损害及其因果关系，并确定了倾销幅度，进口方政府当局即可对该倾销商品征收反倾销税。反倾销税的征收，通常由海关当局具体执行。反倾销税的征收额可以等于或小于倾销幅度，但绝不能大于倾销幅度。如果较少的征税就足以消除对国内产业造成的损害，则征税额最好小于倾销幅度。征收反倾销税仅在抵消倾销的期限内有效，但反倾销税的征收期限最长一般不能超过 5 年。

3. 紧急关税

紧急关税（emergency duty）又称**紧急进口附加税**（emergency import surcharge）、**保障措施关税**或**保障关税**（safeguard tariff），是指进口方为应付某种紧急情况，如进口激增并对国内同类产业构成威胁或造成巨大损失，且难以通过谈判解决问题时，可对这种进口商品加征进口附加税。例如，1972 年 5 月，澳大利亚曾对进口涤纶除征收正常关税外，再加征紧急关税。又如，2018 年 7 月，印度对从中国和马来西亚进口的光伏产品开始征收 25%的保障关税，到 2019 年 7 月降低至 20%，然后于 2020 年初降至 15%，并持续到 7 月份。按照之前的政策，2020 年 8 月开始，印度取消了保障关税。

紧急关税是在紧急情况下征收的，是一种临时性关税，因此，当紧急情况缓解后，紧急关税必须撤除，否则会受到别国的关税报复。

4. 惩罚关税

惩罚关税（punitive duty）是指出口国某商品违反了与进口国之间的协议，或者未按进口国海关规定办理进口手续时，进口国海关对该进口商品征收的一种临时性的进口附加税。例如，1988 年日本半导体元件出口商因违反了与美国达成的自动出口限制协定，被美国征收 100%的惩罚关税。再如，2009 年 4 月 20 日，美国钢铁工人联合会申请对中国产乘用车轮胎发起特保调查。9 月 12 日，美国总统奥巴马宣布，对从中国进口的所有小轿车和轻型卡车轮胎实施为期三年的惩罚关税。在原有进口关税（3.4%～4.0%）的基础上，第一年惩罚关税税率为 35%，第二年为 30%，第三年为 25%。

5. 报复关税

报复关税（retaliatory duty）是指一国为报复他国对本国商品、船舶、企业、投资

---

① 《反倾销协议》（Anti-dumping Agreement），即《关于执行 1994 年关贸总协定第六条的协议》（Agreement on Implementation of Article VI of GATT 1994），是世贸组织管辖的一项多边贸易协议，是在关贸总协定东京回合《反倾销守则》的基础上修改和补充的。

或知识产权等方面的不公平待遇，而对从该国进口的商品征收较高税率的关税或附加税。例如，2018 年 6 月 14 日，欧盟成员国一致支持针对美国价值 28 亿欧元（约 207 亿元）的进口产品征收报复关税，以回应此前美国针对欧盟征收的钢铝关税。此前，美国总统特朗普于 5 月 31 日宣布从 6 月 1 日起对欧盟、加拿大、墨西哥的钢铁产品征收 25%的进口关税，对铝产品征收 10%的进口关税。

实施报复关税的范围常与对方实行的范围相当。一般在下列三种情况下采用报复关税：其一，认为他国对本国货物或由本国船只运输的货物所征的关税不恰当时；其二，认为他国对另外一些国家所给予的待遇比该国给予本国的待遇更为优惠时；其三，贸易条约或协定期限届满，他国对续约或签订新约提出不正当的要求时。一旦对方取消对本国的歧视性待遇或撤回不正当要求，报复关税应随之取消。

（二）差价税

差价税（variable levy）是按国内市场和国际市场的价格差额对进口商品征收的关税。当某种本国商品的国内价格高于同类进口商品的价格时，为了削弱进口商品竞争力，以保护国内生产和国内市场，按国内价格和进口价格间的差额征收关税。比如，欧盟为保护其农产品免受非成员国低价竞争，而对进口农产品征收差价税。

由于差价税额随着国内商品与进口商品差价额的变动而变动，所以，差价税实际上是一种**滑动关税**（sliding duty）。对于征收差价税的商品，有的规定按价格差额征收，有的规定在征收一般关税以外另行征收，而后者实际上又属于进口附加税。

（三）差别关税

差别关税（discriminating duties）是指对同一进口商品视不同情况、按不同税率征收的关税。一般可分为三种情况：一是对来自不同国家的商品征收不同税率的关税，对与本国有友好贸易协定的国家使用低于一般税率的优惠关税，而对其他国家特别是不友好的国家却使用高于一般税率的加重关税（或称歧视性关税）；二是因进口商品价格不同而征收的不同税率的关税，如反倾销税；三是因进口方法不同而征收的不同税率的关税，如对租用不同国家的船只（本国船或外国船）或来自不同国家的进口货，按不同的税率征税。

第二次世界大战结束后，由于发达国家争夺市场的竞争日趋激烈，所以差别关税曾一度盛行，但关贸总协定无歧视原则的约束，对差别关税构成了一种限制。

五、按照关税计征标准分类

一国进出口货物多种多样，不同商品有的体积小、重量轻却价格高，有的体积大、分量重却价格低；即使同种商品因其规格比较复杂，价格相差悬殊。因此，关税应按照什么标准计征，是一个关键问题。在实践中，一般采用的标准有以下四种。

（一）从量税

从量税（specific duties）是指按照商品的计量单位计征的关税。征税时只要查明货物的计量单位数，乘以税率所得乘积就是应纳税额。但货物的计量单位有所不同，有重量、个数、长度、面积、体积和容量等，在实践中大部分从量税是以商品的重量为单位计征的。但各国对商品的重量计算方法也有所差异，有的国家是按照净重计征，有的国家是按照毛重计征，有的国家是按照法定重量计征。

在征收从量税的情况下，如果商品价格下跌，实际上等于增加了进口（或出口）关税在进口（或出口）价格中的比重，使关税的保护作用增强；如果价格上涨，实际上等于减少了进口（或出口）关税在进口（或出口）价格中的比重，使关税的保护作用减弱。第二次世界大战结束后，发达国家不断发生通货膨胀，在这种情况下，征收从量税所起的保护作用不大，因而各国纷纷用从价税代替从量税。

征收从量税对发展中国家不利。因为发展中国家出口的制成品和半成品都是低附加值的，按量征税，等于抬高了单位价值的税额，所以对出口不利。

（二）从价税

从价税（ad valorem duties）是指以商品的价格为标准计征的关税。其税率表现为货物价格的一定百分比。从价税随着商品价格的变动而变动，商品价格上涨，税额也随之增加，因此其保护作用不受价格变动的影响。但当价格下跌时，国家财政收入就会减少。

在征收从价税时，确定完税价格是其中的关键环节。各国采取的完税价格标准不太一致，大体上可概括为以下三种：FOB 价格、CIF 价格、进口国官定价格。目前大多数国家都规定“正常价格”为完税价格。正常价格是指在正常贸易业务中和充分竞争的条件下，某一商品或相同商品的成交价格。如果进口商品中载明的价格与正常价格一致，即以发票价格作为完税价格；如果发票价格低于正常价格，则根据海关估定价格作为完税价格。

在进出口货物的价格经货主（或申报人）向海关申报后，海关需按本国海关法令规定的内容对其进行审查，确定或估算其完税价格，即海关估价。经海关审定的完税价格叫作海关价格或海关估定价格。国际贸易中的货物价格多种多样，海关估价应以哪种为依据？各国做法不同。为了统一各国的估价方法，关贸总协定各缔约方在“东京回合”中达成了《关于实施关贸总协定第 7 条的协议》，也称《新估价法规》。该法规就是将“成交价格”作为估价的主要依据的。而“成交价格”是指出口货物买卖双方在没有从属关系的公开市场上成交的已付的或应付的价格。它基本上以具体成交的合同价格或发票价格为准，同时也规定了该法规中应包括的费用和不应包括的费用。

（三）混合税

混合税（mixed or compound duties）又称为复合税，是指对同一种商品按从量税和从价税两种税率同时征收的关税，即既按商品的计量单位计征，又按商品的价格计征的关税。混合税又分为两种情况。一种是以从量税为主加征从价税，如美国对钨砂的进口从量税普通税率为每磅征收 60 美分，再征收 50%的从价税；优惠税率为每磅征收 21 美分，再征收 12.5%的从价税。另一种是以从价税为主加征从量税，如日本对每只价格在

6000 日元以下的进口手表，协定税率征收从价税 15%，再加征每只 150 日元的从量税。

（四）选择税

选择税（alternative duties）是指对同一种商品在税则上同时规定从量和从价两种税率，进口时按其中一种来计征的关税。一般情况下，在两种税率中按税额较大的一种征收；特殊情况下，如当时迫切需要多进口某种商品，也可按税额较小的一种来征收。例如，日本对进口坯布规定的关税为：基本税率 10%，或 7.5%加每平方米 2.6 日元，征收其高者；协定税率 7%，或 5.5%加每平方米 1.9 日元，征收其高者。选择税的方法比较灵活，进口国可以根据进口商品价格的变动和国内经济的变化情况选择有利的课税方法。

第三节　海关税则和通关手续

各国征收关税，需要依据一定的海关税则和征税标准，并且需要办理相应的通关手续。下面简略地介绍一下相关内容。

一、海关税则

海关税则（customs tariff）又称为关税税则，是指一个国家或地区对进出口商品所制定和公布的课税条例与关税税率表。因此，海关税则由课税条例和关税税率表这两部分构成。**课税条例**是海关课征关税的规定及相关说明，主要包括有关外贸管理方面的法律、法规及管理办法；**关税税率表**是指一国制定和公布的对进出其关境的货物征收关税的税率分类表，主要包括税则号列、商品名称和税率等三部分。在税率分类表中包括各项征税或免税货物的详细名称、税率、征税标准（从价或从量）、计税单位等。

海关税则中的商品分类方法包括三种：一是按照商品的加工程度划分，如原料、半成品、制成品等；二是按照商品的性质划分，如水产品、农产品、畜产品、矿产品、纺织品等；三是将前面二者相结合来划分，先按商品的性质分成大类，再按加工程度分成小类。

目前，发达国家海关税则的商品分类越来越细，这固然有因商品种类的日益增多而引起的技术上的需要，但更重要的是为了保护国内市场和实行差别关税等贸易歧视政策的需要，并以此作为对外进行关税减让谈判的重要工具。

二、税则制度

海关税则是关税制度的重要内容，是各国执行关税政策的重要工具。第二次世界大战之前，各国海关都分别编制本国的海关税则，但在商品名称、定义、分类标准及税则号列的编排方法上存在差异。第二次世界大战结束以后，为了避免各国海关任意制定商品分类，缓解各国海关在商品分类上的矛盾，简化国际关税谈判，并便利各国贸易统计的相互对比，便利国际贸易，《海关合作理事会税则商品分类目录》《国际贸易标准分类》《协调制度》等国际贸易商品分类体系被相继制定和实施。

1950 年 12 月 15 日，在比利时首都布鲁塞尔召开的关税合作理事会上，由海关合作理事会（现为世界海关组织①）主持制定了《布鲁塞尔税则目录》，1953 年 9 月 11 日生效，1975 年更名为《海关合作理事会税则商品分类目录》。自 1950 年以来，该目录曾作过多次修订，其中较大的修订有 1965 年、1972 年和 1978 年 3 次。1988 年以后，各国又相继采用由《海关合作理事会税则商品分类目录》与《国际贸易标准分类》综合而成的《协调制度》。《协调制度》是目前国际上应用最为广泛的国际贸易商品分类目录。

在现实工作中，为了适用于海关监管、海关征税及海关统计，需要按照进出口商品的性质、用途、功能或加工程度等将商品准确地归入《协调制度》中与之对应的类别和编号。

《协调制度》的主要内容是品目和子目，即代表各种各样商品名称及其规格的列目，2007 年版《协调制度》的内容分布于 21 类、97 章中，为使各个品目和子目之间界限分明，不会发生交叉归类的情况，它在许多类、章下加有注释，有的注释是专门针对某个子目的，叫子目注释。对于涉及整个《协调制度》各类、各章商品分类的一些规则，《协调制度》将其单独列出，称为归类总规则。

《协调制度》是一部系统的国际贸易商品分类目录，所列商品名称的分类和编排是有一定规律的。

第一，基本上以商品所属的生产行业作为“类”的划分依据。从“类”来看，《协调制度》基本上按社会生产的分工（或称生产部类）分类的，将属于同一生产部类的产品归在同一类里。

第二，从“章”来看，基本上按商品的自然属性或用途（功能）来划分。

第三，从排列顺序看，一般也是按动、植、矿物质顺序排列，而且更为明显的是原材料先于产品，加工程度低的产品先于加工程度高的产品，列名具体的品种先于列名一般的品种。

知识拓展 7-2

《协调制度》

《协调制度》是由世界海关组织参照国际上主要国家海关税则、统计、运输等分类目录制定的商品分类目录体系，是顺应国际贸易实践的需要而产生的一种国际公约性质的商品分类标准，被称为国际贸易商品分类的一种“标准语言”。《协调制度》较好地满足了国际贸易各个方面的需要，已经成为国际贸易的通用语言和标准工具。

为了保证《协调制度》的实施，在海关合作理事会主持下，《协调制度公约》于 1983 年 6 月 14 日制定完成并开放供各国签字，1988 年正式生效，每 4 年修订 1

① 世界海关组织英文名为 World Customs Organization，简称 WCO。

次。《协调制度》是《协调制度公约》的一个附件——商品分类目录，它是一部供海关、统计、进出口管理及与国际贸易有关各方共同使用的商品分类编码体系。《协调制度》编码涵盖了《海关合作理事会税则商品分类目录》(Customs Co-operation Council Nomenclature，CCCN）和联合国的《国际贸易标准分类》(Standard International Trade Classification，SITC）两大分类编码体系，是系统的、多用途的国际贸易商品分类体系。它除了用于海关税则和贸易统计外，还为运输商品的计费、统计、计算机数据传递、国际贸易单证简化以及普遍优惠制税号的利用等，提供了一套可使用的国际贸易商品分类体系。

目前，世界上有 204 个国家和地区正式采用了《协调制度》，占国际贸易总量98%以上的贸易是在《协调制度》的框架下完成的。中国于1992年正式加入《协调制度公约》，它是中国最早与国际接轨的公约之一，其进出口税则就是在《协调制度》基础上制定的。

三、海关税则的分类

（一）单式税则和复式税则

根据同一税目下税率的种类，海关税则可分为单式税则和复式税则。

（1）**单式税则**（single tariff)。单式税则又称一栏税则。在这种税则中，一个税目下只有一个税率，适用于来自任何国家的商品，没有差别待遇。目前，只有少数发展中国家，如委内瑞拉、巴拿马、肯尼亚、冈比亚等实行单式税则。

（2）**复式税则**（complex tariff)。复式税则又称多栏税则。在这种税则中，一个税目下定有两个或两个以上的税率，对来自不同国家的进口商品适用不同的税率。目前大多数国家都采用复式税则。复式税则有两栏、三栏、四栏、甚至五栏不等。例如，美国的海关税则是两栏，第一栏为优惠税率，适用于与美国签有最惠国待遇协定的国家及世贸组织成员的进口商品。第二栏为普通税率，适用于其他国家的进口商品。普通税率比优惠税率高 1～10 倍不等。又如，日本的海关税则有四栏，即基本税率、协定税率、特惠税率和暂定税率。各国实行复式税则的目的在于实行差别待遇，以体现其与各国经济上的亲疏关系。

（二）自主税则和协定税则

按照制定者的不同，海关税则可分为自主税则和协定税则。

（1）**自主税则**（autonomous tariff)。自主税则又称国家税则，是指由一国立法机构自主制定，不受对外签订的贸易协定约束的税则，一般适用于没有签订双边或多边贸易协定的国家和地区之间的贸易。

（2）**协定税则**（agreement tariff)。协定税则是指一国与其他国家通过贸易谈判，以条约或协定的方式制定的税则，它适用于签有贸易协定的国家和地区之间的贸易。

协定税率一般只适用于协定商品，非协定商品仍适用于自主税率。自主税率高于协定税率。

（三）进口货物税则和出口货物税则

根据进出口商品流向不同，海关税则可分为进口货物税则和出口货物税则。

四、通关手续

通关手续（customs formality）又称报关手续、通关手续，是进出口商向海关申报进口或出口，接受海关的监督和检查，缴纳相关税款和费用，履行海关规定的相关手续。当进出口商办完通关手续，经海关同意，货物即可通关放行。

通关手续一般包括货物申报、单证审核、货物查验、货物征税、结关放行等五道手续。下面以进口通关为例加以说明。

（1）货物申报。当进口货物抵达进口国的港口、车站或机场时，进口商应向海关提交有关单证和填写由海关发出的表格。一般来说，要提交进口报单、货运提单、商业发票以及有关证明书（包括原产地证明书、进口许可证、品质证书、卫生检验证书等），由海关逐一检查。

（2）单证审核。当进口商填写和提交有关单证之后，按照海关法令和规定，由海关对有关单证的齐全性、有效性和一致性进行审核。

（3）货物查验。货物查验是指海关在接受申报并审核报关单证的基础上，对进口货物进行实际核对检查。查验的目的是核对实际进口货物与报关单证是否相符，防止非法进口。

（4）货物征税。货物征税是指海关查验货物后，根据本国海关税则，对进口货物征收关税及其他税费。

（5）结关放行。结关放行是指在接受货物申报、单证审核、货物查验、货物征税之后，海关即在提单上加盖海关放行章以示放行，允许进口货物离开海关监管现场，报关人即可到海关监管仓库或场所提货。

第四节　进口关税的经济效应

世界各国都在征收进口关税。**进口关税的经济效应**（the economic effects of import tariffs）是指一国征收进口关税后对其国内经济等方面造成的影响，具体包括关税的消费效应、生产效应、贸易效应、收入效应、消费者效应和生产者效应等。我们分别采用局部均衡与一般均衡分析来分析关税的经济效应，而且把研究对象国分为小国和大国来加以分析。

一、小国进口关税的局部均衡分析

在国际贸易中，进口小国是指该国在国际市场上只是价格的接受者，而非决定者，其进口需求的变化不会影响国际市场价格的变化。而**进口需求**（demand for imports）是指在不同的价格水平下，进口国需求与进口国供给之差。相对地，**出口供给**（supply of exports）是指在不同的价格水平下，出口国供给与出口国需求之差。

假定新加坡就是一个进口小国，进口产品为咖啡。众所周知，一国对进口商品征收进口关税，能够导致其国内价格上涨，使消费者对该产品的需求减少。但由于我们假定新加坡为进口小国，所以其进口需求的变动不会影响到国际市场上咖啡的价格。因此，在正常情况下，进口关税将全部转嫁，即完全由国内的消费者来承担。

图 7-1 描绘的是新加坡国内咖啡市场上供给与需求的情况。在咖啡的生产和消费上，新加坡国内处于自给自足状态，其封闭均衡点为 E（Q_0，P_0）。在此，我们主要考察新加坡在自由贸易与征收进口关税两种状态下的情况。

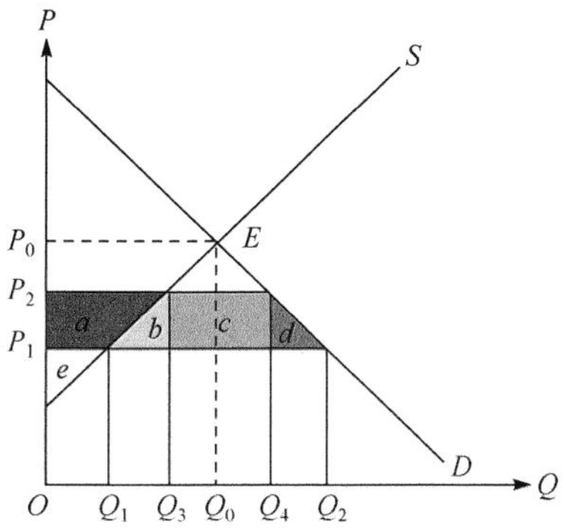

图 7-1　进口小国征收关税

（一）在自由贸易状态下

新加坡对进口咖啡不征收关税。为了讨论问题方便，在不考虑进口商利润以及运输成本等费用的情况下，假定进口商以 P_1 的价格从国际市场上购进咖啡，在国内市场上又以 P_1 的价格销售。这时，新加坡将消费 Q_2 单位的咖啡，其中 Q_1 单位由国内咖啡生产厂商生产，其余的（Q_2-Q_1）单位通过进口来实现。当新加坡对每单位咖啡征收（P_2-P_1）的进口关税时，国内市场咖啡的价格将上涨到 P_2。

（二）征收进口关税状态下

下面我们来探讨新加坡对咖啡征收进口关税所引起的经济效应。

（1）**关税消费效应**（comsumption effect of a tariff）。关税消费效应是指征收关税所带来的国内消费的减少。在征收关税的情况下，新加坡国内咖啡市场的价格为 P_2，国内对咖啡的消费量为 Q_4，比自由贸易状态下的消费量 Q_2 减少了（Q_2-Q_4）单位的咖啡。因此，关税消费效应为（Q_2-Q_4）。

（2）**关税生产效应**（production effect of a tariff）。关税生产效应也称关税保护效应，是指由于征收关税所带来的国内产量的增加。

在征收关税的情况下，新加坡国内咖啡市场的价格为 P_2，国内咖啡的产量为 Q_3，比自由贸易状态下的产量 Q_1 增加了（Q_3-Q_1）单位。因此，关税生产效应为（Q_3-Q_1）。

（3）**关税贸易效应**（trade effect of a tariff）。关税贸易效应是指征收关税所带来的国内进口的减少。在征收关税的情况下，新加坡对咖啡的进口需求为（Q_4-Q_3），比自由贸易状态下的咖啡进口量（Q_2-Q_1）减少了[（Q_2-Q_1）－（Q_4-Q_3）]＝[（Q_2-Q_4）＋（Q_3-Q_1）]单位。因此，关税贸易效应为[（Q_2-Q_4）＋（Q_3-Q_1）]。由此可见，关税贸易效应实际上就是关税消费效应与关税生产效应之和。

（4）**关税消费者效应**（consumer effect of a tariff）。关税消费者效应是指征收关税所导致的国内消费者剩余（consumer surplus）的减少。消费者剩余就是消费者对每一单位商品所愿意支付的价格与实际支付价格之差。但关税消费效应不是研究消费者个人的得失，而是探讨进口国整个消费者利益集团在征收关税前后的利益变化情况，即研究因征收关税造成国内产品价格变动，从而给消费者利益集团所带来的影响。因此，关税消费者效应的大小是用征收关税前后消费者剩余总量的变化加以衡量的。如图 7-1 所示，征收关税之后相对于征收关税之前其国内消费者剩余总量减少了，国内消费者剩余总量为图中（$a+b+c+d$）部分的面积，即征收关税给新加坡咖啡消费者利益集团带来的是损失。这表明如果政府要对进口品征收关税，就意味着消费者最终要为购买这些商品承受较高的价格，或减少这些商品的购买量，或二者兼而有之。总之，对进口品征收关税，会使消费者蒙受损失。

（5）**关税生产者效应**（producer effect of a tariff）。关税生产者效应是指征收关税所导致的国内生产者剩余（producer surplus）的增加。生产者剩余就是生产者对每一单位商品所愿意接受的价格与实际卖出价格之差。同样，关税生产者效应不是研究生产者个人的得失，而是探讨进口国整个生产者利益集团在征收关税前后的利益变化情况，即研究因征收关税造成国内产品价格变动，从而给生产者利益集团所带来的影响。因此，关税生产者效应的大小是用征收关税前后生产者剩余总量的变化加以衡量的。生产者获得的利润是他们的总收入和总成本之间的差额。生产者的利润，具体说就是新加坡咖啡生产者和销售者的经济盈余，表现为图 7-1 中价格线与国内供给曲线之间的三角形面积。如图 7-1 所示，征收关税之后相对于征收关税之前国内生产者剩余总量增加了，其大小为图 7-1 中 a 部分的面积。表明在征收关税之后，新加坡咖啡生产者利益集团的利益增加了。

（6）**关税收入效应**（revenue effect of a tariff）。关税收入效应是指进口国政府从关税中所得收入。从图 7-1 中可以看出，征收关税之前其关税收入自然等于零；征收关税之后其关税收入等于图 7-1 中 c 部分的面积。表明在征收关税之后，新加坡政府的利益增加了。

关税收入对于国家来说肯定是一项收益，是由政府所征的税收。这种收入可以表现为以下形式：其一，作为政府兴办社会公共项目的额外支出；其二，可以配合另一种税收的等额削减而使政府收入不减；其三，它也可能成为贪得无厌的政府官员的额外收入。关税的收益性表现为哪一种形式固然很重要，但其中心点仍然是它代表国内一部分人得到的收入，并且是作为政府收入的一个组成部分。

（7）**保护成本**（protection cost）。如果把关税对消费者、生产者和政府收入的影响结合在一起进行综合分析，就可以确定关税对进口国的净影响。同时，要确定这个净影响的程度，必须首先确立“一美元一票”的福利判断标准：不论受益者或受损者是谁，每一美元的收益或损失都完全同其他的每一美元的收益或损失一样重要。

关税的保护成本，就是从国家整体的角度来看，征收关税使得国内资源从效率较高的部门转向效率较低的部门所带来的**净损失**（net loss）。上文我们分析了新加坡对进口咖啡征收关税所引起的三大利益集团（消费者、生产者与政府）利益的得失情况，关税成本 $=a+b+c+d$，关税利益 $=a+c$。由此可知，关税的保护成本（净损失）= 关税成本 − 关税利益 =（$a+b+c+d$）−（$a+c$）$=b+d$。

关税使消费者蒙受损失的同时却使生产者和政府得到收益，这实际起到了一种国民收入再分配的作用。但是，前者的损失大于后者的收益，这实际上带来了一种国民福利净损失，即面积（$b+d$）。其中，b 是指政府用高价（征税）保护国内相对落后部门的生产所导致的净损失；d 是指征税引起国内消费者消费量减少所带来的损失。

那么，为什么说 $b+d$ 是“净损失”呢？从根本上来讲，它们代表的是因征收关税而丧失的国际贸易和专业化的收益。具体来说，d 代表进口国的消费者损失，是消费者被迫减少 A 商品的消费量并承受较高价格所带来的损失，消费者损失的 d 并没有给其他人带来收益，因而 d 是一种“净”损失；面积 d 是与如下事实相联系的一种福利损失：某种消费者需求从进口品转移到了比较贵的国内产品。关税以牺牲进口为代价而使国内生产量增加，由于国内供给曲线是向上倾斜的，因此生产越多其成本就越高。向成本较高的国内生产转移所产生的这种额外成本，有时被称为关税的生产影响，图 7-1 中用 b 来表示。这种消费者的损失也没有给别的人带来利益，所以也是一种“净”损失。因此，因关税而损失的贸易收益有两种形式：d 代表的消费影响和 b 代表的生产影响。二者统称为国民净损失。

当然这个称谓有一个关键性的假设作为前提：“一美元一票”的标准是衡量不同集团利益的一种合适的尺度，只有依据这个标准，才可以认为消费者损失中的 a 和 c，按一美元对一美元计算正好被生产收益 a 和政府收入 c 抵消，余下来的消费者损失（$b+d$）就是这个国家的国民净损失。

由图 7-1 可以看出，当新加坡政府对进口咖啡征收关税，使得其国内咖啡价格每增加一个货币单位时，其需求价格弹性越大，消费效应就越大；同样地，其供给价格弹性越大，生产效应也就越大。因此，在此情形下，关税的贸易效应也就越大，但关税收入效应却越小。

二、大国进口关税的局部均衡分析

在国际贸易中，进口大国是与进口小国相对而言的。进口大国是指该国在国际市场上不是价格的被动接受者，而是价格的决定者，其进口需求的变化能够引起国际市场价格的变化。

假定美国为咖啡的进口大国，则其进口需求的变动能够影响到国际市场上咖啡的价格。因此，在正常情况下，进口关税不会全部转嫁，即不完全由国内的消费者来承担。

图 7-2 描绘的是美国国内咖啡市场上供给与需求的情况。在此，我们主要考察美国在自由贸易与征收进口关税这两种状态下的情况。

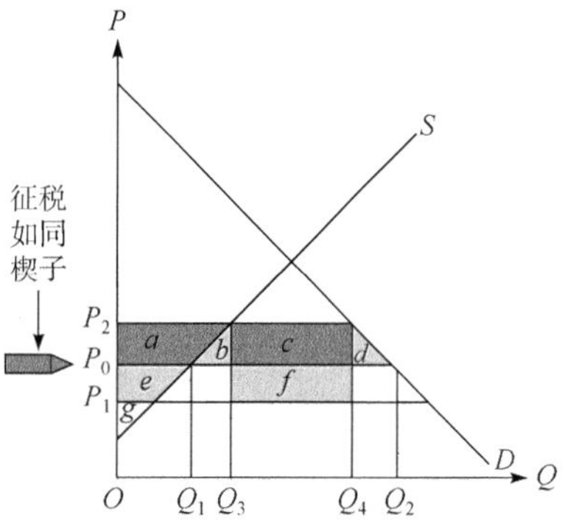

图 7-2 进口大国征收关税

（一）在自由贸易状态下

也就是说，美国对进口咖啡不征收关税。假定进口商以 P_0 的价格从国际市场上购进咖啡，在国内市场上又以 P_0 的价格销售。这时，美国将消费 Q_2 单位的咖啡，其中 Q_1 单位由国内咖啡生产厂商生产，其余的（Q_2-Q_1）单位通过进口来实现。

（二）在征收关税的状态下

美国对进口咖啡征收关税，首先，会引起国内市场咖啡价格的上涨，其次，咖啡价格上涨又会引起美国咖啡进口需求的减少。那么，当世界市场上咖啡出口供给一定时，作为进口大国的美国，其咖啡进口需求的减少必然引起世界市场咖啡价格的下降。假定世界市场咖啡价格最终稳定在 P_1，则美国征收关税的基准就是新的世界市场价格 P_1（此时，征税前的价格 P_0 不复存在），且征税后国内市场咖啡价格最终为 P_2，对咖啡的进口需求为（Q_4-Q_3）。

由此可见，大国征收关税，就如同从价格 P_0 处插入一片木楔子：一方面引起国内市场咖啡价格由 P_0 上涨到 P_2；另一方面导致国际市场咖啡价格由 P_0 下降至 P_1。

（三）进口关税的经济效应

下面我们来探讨美国对咖啡征收进口关税所引起的经济效应。

（1）关税消费效应。在征收关税的情况下，美国国内咖啡市场的价格为 P_2，国内对咖啡的消费量为 Q_4，比自由贸易状态下的消费量 Q_2 减少了（Q_2-Q_4）单位的咖啡。因此，关税消费效应为（Q_2-Q_4）。

（2）关税生产效应。在征收关税的情况下，美国国内咖啡的产量为 Q_3，比自由贸易状态下的产量 Q_1 增加了（Q_3-Q_1）单位。因此，关税生产效应为（Q_3-Q_1）。

（3）关税贸易效应。在征收关税的情况下，美国对咖啡的进口需求为（Q_4-Q_3），比自由贸易状态下的咖啡进口量（Q_2-Q_1）减少了$[(Q_2-Q_1)-(Q_4-Q_3)]=[(Q_2-Q_4)+(Q_3-Q_1)]$单位。因此，关税贸易效应为$[(Q_2-Q_4)+(Q_3-Q_1)]$。由此可见，关税贸易效应乃关税消费效应与关税生产效应之和。

（4）关税消费者效应。如图 7-2 所示，征收关税之后相对于征收关税之前国内消费者剩余总量减少了，其大小为图 7-2 中（$a+b+c+d$）部分的面积，表明征收关税给美国咖啡消费者利益集团带来的是损失。

（5）关税生产者效应。如图 7-2 所示，征收关税之后相对于征收关税之前国内生产者剩余总量增加了，其大小为图 7-2 中 a 部分的面积，表明在征收关税之后，美国咖啡生产者利益集团的利益增加了。

（6）关税收入效应。从图 7-2 中可以看出，征收关税之前其关税收入自然等于零；征收关税之后其关税收入的大小等于图中（$c+f$）部分的面积。这表明在征收关税之后，美国政府的利益增加了。

（7）保护成本。上文我们分析了美国对进口咖啡征收关税所引起的三大利益集团（消费者、生产者与政府）利益的得失情况，关税成本为（$a+b+c+d$），关税利益为

$(a+c+f)$。由此可知，关税的保护成本（净损失）为关税成本－关税利益，即 $(a+b+c+d)-(a+c+f)=b+d-f$。

其中，b 表示政府用高价（征税）保护国内相对落后部门高成本生产所导致的净损失；d 表示征税引起国内消费者消费量减少所带来的损失；f 表示征税引起本国贸易条件改善所带来的利益。

（8）**关税归宿**（incidence of the duty）。关税归宿即关税的分担问题，也是征收关税所引起的重要效应之一。值得注意的是，进口大国的关税额（P_2-P_1）并未全部转嫁给美国的咖啡消费者，而是由美国的咖啡消费者与外国咖啡生产者或出口商共同承担的。如图 7-2 所示，若从价税税率为（P_2-P_1）$/P_1$，则美国对咖啡课税的总收入为

$$
\begin{aligned}
&[(Q_4-Q_3)\times P_1]\times(P_2-P_1)/P_1\\
&=(Q_4-Q_3)\times(P_2-P_1)\\
&=(Q_4-Q_3)\times[(P_2-P_0)+(P_0-P_1)]\\
&=(Q_4-Q_3)\times(P_2-P_0)+(Q_4-Q_3)\times(P_0-P_1)\\
&=c+f
\end{aligned}
$$

显然，价格上涨的部分由美国国内消费者负担，价格下跌部分则由出口国生产者或出口商负担。在关税收入之中，美国咖啡消费者承担部分为 c，外国咖啡生产者或出口商承担部分为f。至于二者承担的比例，主要取决于出口供给曲线 S_m 与进口需求曲线 D_m 的斜率，即双方出口供给弹性与进口需求弹性大小的比较，如图 7-3 所示。

下面我们用进出口双方国家对某种产品的进口需求曲线与出口供给曲线来分析关税归宿问题。

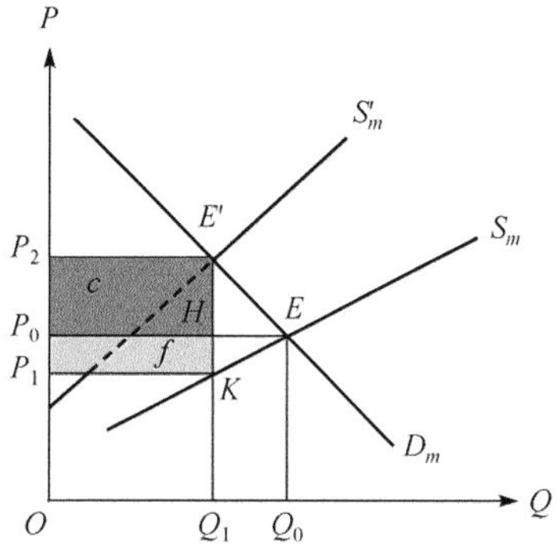

图 7-3　关税归宿

在图 7-3 中，D_m 表示一进口大国（如美国）对某种产品的进口需求曲线，S_m 表示世界其他国家对该国的出口供给曲线。

进口大国在征收进口关税以前，均衡价格为 P_0，均衡数量为 Q_0。当进口大国对该产品征收从价进口关税之后，使得出口供给曲线 S_m 上移至 S'_m（注意，S'_m 并不平行于 S_m，这是因为对于每一给定的数量而言，出口供给曲线 S_m 上所对应的价格是被提高了一个固定的百分比，而不是增加了一个固定的货币额。所以，在较高的数量与价格水平上，S'_m 距离 S_m 更远。但在征收从量税的情况下，S'_m 却平行于 S_m），市场均衡点也由 E 点移到 E'点。这时，进口国消费者的支付价格被抬高到 P_2，但其能够购买的产品数量减少到 Q_1，而且外国出口商的"要价"被压低至 P_1，其中价格差额（P_2-P_1）即进口国对单位进口商品的从价税额。显然，图中 $P_2E'KP_1$ 部分的面积就是进口国的全部关税收入，其中的 $P_2E'HP_0$ 部分的面积 c 由本国消费者来承担，而 P_0HKP_1 部分的面积 f 则由外国出口商来承担。

在关税总额一定的情况下，进口国消费者负担的量与出口国负担的量是互为消长的关系：当进口需求弹性与出口供给弹性相等时，关税由进口国消费者和外国出口商平均

分担；当出口供给弹性大于进口需求弹性时，或出口供给曲线相对平坦而进口需求曲线相对陡峭时，进口国的消费者就要负担较多的关税；当出口供给弹性小于进口需求弹性时，或出口供给曲线相对陡峭而进口需求曲线相对平坦时，出口商就要负担较多的关税。

进口国能否把关税部分地转嫁给出口国，除了进口国必须是垄断的购买者这一因素外，还取决于商品涨价时，进口国国内需求削减的程度，即进口需求弹性。具体来说，要把握以下几点：其一，该商品在进口国消费中的地位，如果该商品是生产或生活的必需品，则需求弹性较小；其二，进口国是否存在着多种或大量的该商品的替代品，如果缺乏替代品，则需求弹性小。

如果进口需求弹性小，则进口国转嫁关税到出口国的能力就小，转嫁的数量就少。这时关税主要是转嫁到进口国国内消费者身上。

与此同时，进口国能否把关税转嫁给出口国，还要从供给方面考察出口国的应变能力，具体来说应把握两点。其一，出口国能否为该商品找到出口的替代市场。如果出口国外汇储备充足，该商品又不是主要的出口创汇产品，则国内也是潜在的替代市场。其二，该商品的生产要素转移机制是否平滑。如果这些生产要素能顺利地转向其他生产领域，则可以削减该商品的生产及出口。因此，在出口国替代市场充足和生产要素转移机制平滑的情况下，就可以避免或较少地降低该商品的价格，从而不承担或少承担转嫁的进口税。

三、小国进口关税的一般均衡分析

为了讨论关税的一般均衡效应，我们使用生产可能性曲线与社会无差异曲线来加以分析。假定新加坡是一个进口小国，仅生产两种产品 X（咖啡）和 Y（制成品），且比较优势体现在 Y 产品的生产上，如图 7-4 中的生产可能性曲线所示。

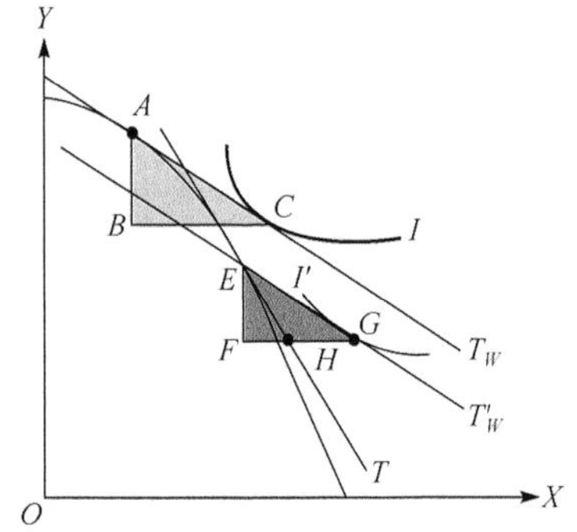

图 7-4 小国进口关税的一般均衡分析

（一）在自由贸易状态下

新加坡在 *A* 点生产，在 *C* 点消费，即按照国际价格 T_W（即 P_X/P_Y），新加坡出口 *AB* 单位的 Y 产品可以换回（进口）*BC* 单位的 X 产品。

（二）在征收关税状态下

当新加坡对 X 产品征收进口关税后，必然引起国内市场 X 产品价格上涨到 *T*。这时，国内资源就会由 Y 产品向 X 产品转移。若征税后新加坡在 *E* 点生产，*G* 点消费。征收进口关税使得国内市场上消费者所面对的产品价格上涨了，故消费者按照其国内价格 *T* 用 *EF* 单位的 Y 产品仅仅能够交换到 *FH* 单位的 X 产品；但国家却能够用 *EF* 单位的 Y 产品从国际市场上以国际价格 T_W（图 7-4 中 $T'_W//T_W$）交换到 *FG* 单位的 X 产品。

其中，*HG* 单位的 X 产品就是进口关税。也就是说，当该国征收进口关税以后，进口商品的国内价格上升了，对于消费者个人（税负的最终承担者）而言，价格上涨额就等于征收关税的税额（二者均用进口商品的数量来衡量）。征税的结果使得替代进口商品的国内生产扩大了，国内消费和进口却减少了。然而，对于国家整体而言，由于它自己征收了关税，它所面临的还是一个不变的世界价格。

（三）进口关税的经济效应

以上分析说明，新加坡国内的消费者与该国作为整体分别按照国内价格与国际价格用等量的（*EF* 单位）Y 产品去交换 X 产品，所得到 X 产品的数量是不同的（$FH \neq FG$），这是由关税造成的扭曲导致的。从图 7-4 中征税前后其社会无差异曲线 *I* 与 *I'* 的位置来看，自由贸易时的福利水平要比征税后的福利水平更高。

四、大国进口关税的一般均衡分析

为了分析大国关税一般均衡效应，我们使用提供曲线更为方便。假定美国为进口大国，*X*（制成品）为其出口产品，*Y*（咖啡）为其进口产品，如图 7-5 所示。

（一）在自由贸易状态下

美国的提供曲线 *OA* 与 B 国的提供曲线 *OB* 相交于 *E* 点，则 *E* 点为均衡点，T_W 就是美国与 B 国在自由贸易状态下的贸易条件。

从美国的角度来看，按照贸易条件 T_W，美国出口 *OC*（或 *OH*）单位 X 产品可以换回 *EC*（或 *GH*）单位的 Y 产品，即 $T_W = Q_{IM}/Q_{EX} = EC/OC = GH/OH$。

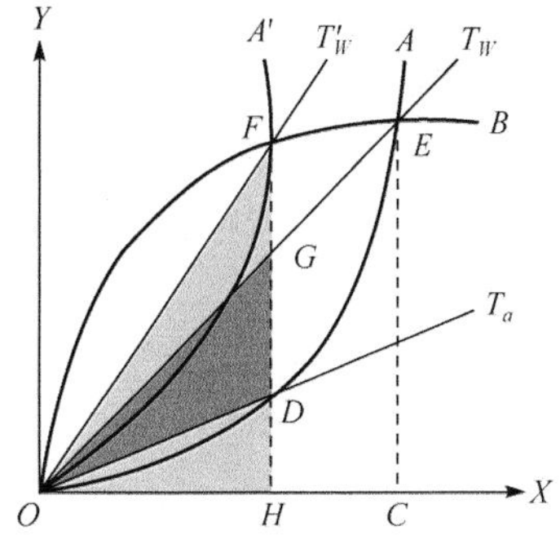

图 7-5　大国进口关税的一般均衡分析

（二）在征收关税状态下

当美国对进口产品 Y（咖啡）征收进口关税以后，其提供曲线由 *OA* 旋转到 *OA'*，与 B 国的提供曲线 *OB* 相交于 *F* 点，这就是其新的均衡点。T'_W 就是征税后美国与 B 国的贸易条件。

（三）进口关税的经济效应

由于按照新的贸易条件 T'_W，美国出口 *OH* 单位 X 产品可以换回 *FH* 单位的 Y 产品，即 $T'_W = Q_{IM}/Q_{EX} = FH/OH$。与在自由贸易状态下相比，美国同样出口 *OH* 单位 X 产品可以换回的 Y 产品的量却增多了 *FG* 单位。所以，美国对进口咖啡征收进口关税以后，其贸易条件改善，而出口国 *B* 的贸易条件却恶化了。

另外，在美国国内市场上，由于其消费者面对的贸易条件为 T_a，即用 *OH* 单位 X 产品仅仅可以购买或交换到 *DH* 单位的 Y 产品，故而进口 *FH* 单位的 Y 产品必须承担 *FD* 单位（Y 产品）的进口关税。

总之，从进口大国关税一般均衡分析也可以看出，大国征收关税，如同从价格 T_W

处插入一片木楔子：一方面引起国内市场 Y 产品的相对价格由 T_W 上涨到 T_a；另一方面导致国际市场 Y 产品的相对价格由 T_W 下降至 T'_W。

第五节　出口关税的经济效应

"像设置进口壁垒一样，各国可以通过设置出口壁垒来限制对外贸易。从直觉上看很清楚，对于出口壁垒的分析应该是对进口壁垒分析的一个镜像，结果也是如此，无论是就出口的数量限制而言，还是就出口税而言，都是这样。"[①]因此，出口关税属于出口管制的范畴，对其经济效应的分析与进口关税的相似。出口关税使用得很少，而且越来越少，各国只有在特殊条件下才会使用，如国内闹饥荒时，政府会禁止食品出口；出口国对某国实行贸易歧视时，会禁止某些重要商品对该国的出口；等等。出口税的影响与进口税的影响是相对的。

一、小国出口关税的经济效应

如图 7-6 所示，假定甲国为一出口小国，其出口供给的变动不会影响到出口商品 X 的世界市场价格。

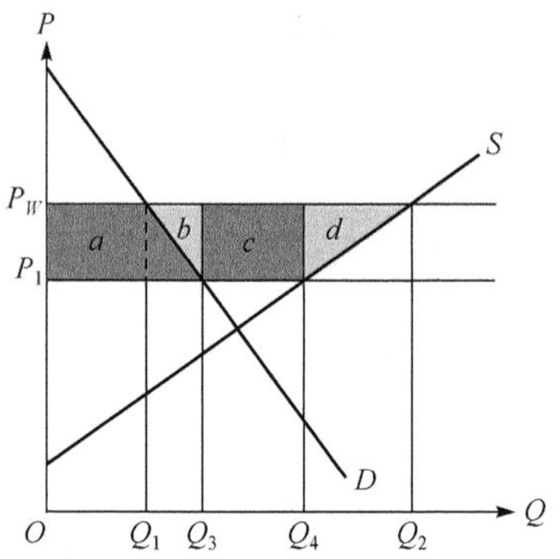

图 7-6　小国出口关税的经济效应

（1）在自由贸易状态下。若甲国以 P_W 的价格出口 X 商品，则出口的数量为（Q_2-Q_1）。

（2）在征收关税状态下。若甲国现在对每单位 X 商品征收（P_W-P_1）的出口税，使出口商的出口收入降低。为了不缴纳出口税，甲国厂商对此作出的反应是，设法在国内市场上扩大销售，这就使得部分 X 商品从国外市场转而销往国内市场，从而引起 X 商品国内价格从每单位 P_W 的世界价格跌落到每单位 P_1。

（3）出口关税的经济效应。在这种新的均衡条件下，X 商品生产者会在某种程度上把资源从生产 X 商品中抽出而转为他用；国内消费者也会因其价格的降低而稍稍增加 X 商品的消费。这样一来，X 商品生产者的经济损失为（$a+b+c+d$）；消费者因价格下降而得到的利益为 a；政府对征收出口税后继续出口的数量（Q_4-Q_3）征收的出口税为 c；出口关税所带来的国民净损失为（$b+d$），这是出口商损失掉的，却没有使经济体中的其他人从中获益。当国内供给曲线与需求曲线越缺乏弹性时，出口关税对出口数量的影响就越小，政府从征收出口关税中得到的关税收入就越多，其国民净损失也就越少。

在实际的国际贸易实践中，限制出口还会采取出口配额或数量管制的方式。出口配额或出口数量管制的经济影响相当于等价出口关税，二者所不同的是，在出口关税下的

① 彼得·林德特. 国际经济学[M]. 范国鹰，陈生军，陈捷，等译. 北京：经济科学出版社，1994：192.

c 为政府所得，在出口配额下的 c 为出口配额所有者所得。

二、大国出口关税的经济效应

作为出口大国，其出口供给的变动能够影响到出口产品的世界市场价格。因此，出口大国征收出口关税的经济效应与小国不同。如图 7-7 所示，我们对出口大国征收出口关税的经济效应加以简单分析。

（1）在自由贸易状态下。假定甲国为一出口大国，在自由贸易状态下，国内市场与国际市场上 X 产品的价格持平为 P_0。

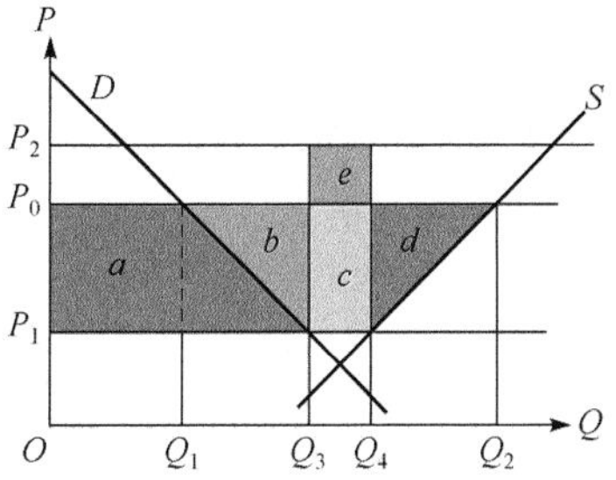

图 7-7　大国出口关税的经济效应

（2）在征收关税状态下。大国征收出口关税与征收进口关税对市场价格的影响基本相同，就如同从价格 P_0 处插入一片木楔子：一方面引起国际市场 X 产品价格由 P_0 上涨到 P_2；另一方面导致国内市场 X 产品价格由 P_0 下降至 P_1。假定国内市场 X 产品价格最终稳定在 P_1，则该国征收出口关税的基准就是新的国内市场价格 P_1（此时，征税前的价格 P_0 不复存在），且征税后国际市场 X 产品价格最终为 P_2，对 X 产品的出口供给为（$Q_4 - Q_3$）。该国对每单位出口商品 X 征收税额为（$P_2 - P_1$）的出口税，使出口商的 X 产品出口收入降低。

（3）进口关税的经济效应。出口大国征收出口关税的经济效应表现为：X 商品生产者的经济损失为（$a+b+c+d$）；消费者因价格下降而得到的收益为 a；政府征收出口税的收入为（$c+e$）；出口关税所带来的国民净损失为[（$b+d$）$-e$]。其中，e 是贸易条件改善所带来的收益。

由此可见，如果出口国在世界市场上拥有某种垄断供给力量，那么它就有可能利用征收出口税（或其他数量限制）来控制出口数量，以大幅度地改善贸易条件，从而增加国家利益。正如拥有买方垄断权力的国家存在着某种最优进口税一样，拥有卖方垄断权力的出口国家照样存在着某种最优出口税。

第六节　最优关税

通过关税的局部均衡分析我们能够了解到，征收关税将给一国经济造成净损失，因而自由贸易比任何一种关税限制都要好。然而，一个进口大国可能会由于征收进口关税而得利。

当大国征收进口关税以后，虽然减少了贸易量，但其贸易条件却改善了。贸易条件的改善，显然会增加该国的福利；但因自身原因导致贸易量的减少，将降低该国的福利水平。同时，我们也应该清楚，如果一个国家将关税税率提高到足以阻止贸易开展的地步，则该国必然受损。由此看来，在自由贸易所实行的零关税与禁止性关税之间，必然存在一个能使进口国福利得到最优化的关税税率，即最优关税。

下面我们将简单讨论决定一个大国应如何在自由贸易下，通过征收一个最优关税来提高其福利水平。

最优关税（optimum tariff）是这样一种税率，它使得一国贸易条件的改善相对于其贸易量减少的负面影响的净所得最大化。实际上，最优关税就是使得关税的保护成本（净损失）[（$b+d$）$-f$]达到最小时所对应的税率。

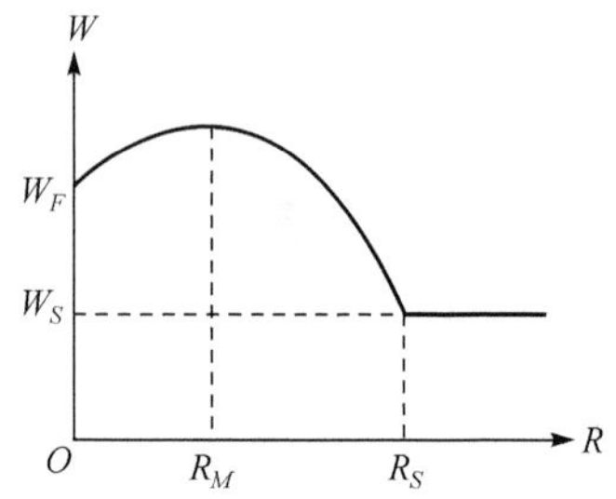

图 7-8　进口大国的关税税率与福利水平

如图 7-8 所示，图中纵坐标表示进口大国的福利水平，横坐标表示该国征收进口税税率。其中 W_F 与 W_S 分别表示该国在自由贸易及自给自足状态下的福利水平，R_M 与 R_S 分别表示该国最优关税率及禁止关税率。

从图 7-8 中可以看出，以自由贸易为起点，当一个国家提高其关税税率时，其福利水平逐渐上升到最大值（此时所对应的关税税率为最优关税率），然后当关税率超过最优关税率时，其福利水平又逐渐下降。当关税率高到阻止贸易开展时，其福利水平降到与自给自足时相同的水平。也就是说，这个国家最终又将通过禁止性关税回到自给自足的生产点。虽然对于进口大国而言，征收较低税率的关税可以提高其福利水平，但由于征收关税使进口国获利部分要小于出口国的损失部分，因此从整个世界的角度来讲，即使对于进口国而言是最优关税仍会导致效率的损失。

必须清楚的是，最优关税是以假定外国不进行报复为前提条件的，但这一假设往往不成立。对于一国征收的进口税来说，另一国可能会设置同样的进口壁垒。如果相互的报复逐步升级，就会演变成一场全面的贸易战，贸易双方因此都要遭受更为严重的损失。

第七节　关税的有效保护率

从关税的经济效应分析之中可以看出，对某种商品征收的关税税率越高，对国内同种商品（即进口替代商品）的生产部门提供的保护力度就越大。因此，这种保护作用的大小会因为进口关税税率的高低而有所不同。进口关税税率就是**名义保护率**（nominal rate of protection，NRP）。

根据世界银行的定义，某一种（类）商品的名义保护率是指，由于实行关税保护而引起的该商品国内市场价格超过其国际市场价格的部分与国际市场价格的百分比，其公式为

$$R_n = (P - P_W)/P_W \times 100\% \qquad (7\text{-}1)$$

其中，R_n 为某商品的名义保护率，P 为征收关税后该商品的国内市场价格，P_W 为国际市场价格。名义保护率的计算一般要把国内外价格都折算成本国货币价格进行计算，因而受汇率的影响较大。

然而，名义保护率不能客观、真实和全面地反映出征收关税对国内同类产品生产厂商的实际保护程度。其原因在于：一方面，对某种商品征收进口关税的确会对该商品的国内生产起到保护作用；另一方面，如果对该商品生产所需的投入品（原材料与中间产品）也征收进口关税的话，那么就会增加该产品的国内生产成本，从而又降低该产品的保护程度。

为了对进口关税正、负两方面的影响作出比较正确的评价，经济学家进行了更加深入的研究。1955 年，加拿大经济学家巴伯（C.L.Barber）首先提出了关税有效保护率的概念。他认为，要准确评价一个国家对某种商品征收关税的实际保护程度，不能单从适用于该商品的进口税率来判断，而必须从该国关税结构的角度，对该产品投入与产出的进口关税加以综合分析。

关税结构（tariff structure）又称为关税税率结构，是指一国关税税则中各类商品关税税率之间的相互关系。而**有效保护率**（effective rate of protection，ERP）是指征收进口关税以后，单位商品附加价值的增加率。附加价值是指在各项投入品成本的基础上所增加的价值，也叫加工增值。其公式为

$$E=(V'-V)/V\times 100\% \qquad (7\text{-}2)$$

其中，E 为某商品的有效保护率，V'为征收关税后单位商品的附加价值，V 为征收关税前单位商品的附加价值。

有效保护率也叫实际保护率，它衡量的是整个关税结构对某类商品在生产过程中的净增值所产生的影响。因此，有效保护率主要研究一国关税结构对国内加工工业的实际保护程度。

关税有效保护率的计算公式还有其他形式。若已知某种制成品与原材料和中间投入品的名义保护率，以及中间投入品在制成品价值中所占的比重，则这种制成品有效保护率的计算公式为

$$E=(T-t\times q)/(1-q)\times 100\% \qquad (7\text{-}3)$$

其中，E 为某商品的有效保护率，T 为同类进口制成品的名义保护率，t 为进口原材料和中间投入品的名义保护率，q 是进口原材料和中间投入品在制成品中所占的比重。

有效保护率与名义保护率是相对而言的一对概念，但二者完全不同。有效保护率与名义保护率的区别在于：名义保护率仅仅考虑进口关税对某种制成品国内市场价格的影响，是针对最终产品而言的。但是，各个行业中最终产品的生产状况是各不相同的。在有些行业，没有投入品贸易的介入，其关税保护作用的大小与关税税率的高低成正比；但在另一些行业，由于生产的不断国际化，诸如原料、零部件等各种投入品的国际贸易大为增加，而这些投入品究竟是进口还是由国内自制，对于一国价值增值的影响是完全不同的。那么，到底是仅对最终产品征收关税还是对投入品与最终产品都征收关税，其实际的保护效果完全不同；因此，有效保护率不但考虑进口关税对制成品的价格影响，也关注进口关税对投入品（原材料和中间产品）成本或价格的影响。

由此来看，有效保护率是从投入与产出的角度，综合考察了整个关税结构对被保护商品在生产过程中的增加值所产生的影响。

下面我们用例子加以说明。假定在自由贸易下，美国自行车原料成本为 140 美元，单位产品附加值为 60 美元。若美国对自行车制成品征收 10%的进口关税，求在对各项原料征收 5%、12%和 10%的关税时，其有效保护率分别是多少？

根据有效保护率的计算公式：$E=(V'-V)/V\times100\%$，最主要的是求出在对各项原料征收不同税率的情况下，单位自行车制成品附加价值 V'。

当对自行车制成品征收 10%的关税，并对各项原材料征 5%的关税时，$V'=[(140+60)\times(1+10\%)-140\times(1+5\%)]=73$ 美元，由于已知征收关税前单位商品附加价值 $V=60$ 美元，则有效保护率：$E=(V'-V)/V\times100\%=21.7\%$。

同理，当对自行车制成品征收 10%的进口关税、对原料等投入品征收 12%的进口税时，其有效保护率：$E=(V'-V)/V\times100\%=5.3\%$；而当对自行车制成品与原料等投入品都征收 10%的进口关税时，其有效保护率 E 也是 10%。

由此可以看出，实际保护率取决于该国的关税结构。当最终产品税率大于投入品税率时，实际保护率大于名义税率；最终产品税率小于投入品税率时，实际保护率低于名义税率；如果最终产品税率远远低于中间产品税率时，实际保护率可能为负值。当最终产品税率等于投入品税率时，实际保护率等于名义税率。

关于某一产业有效保护率的分析，对于一个国家关税政策的制定具有重要的指导意义。因为在最终产品名义税率已定的条件下，投入品的名义税率越低，其最终产品名义税率的保护作用就越大；反之，投入品的税率越高，最终产品名义税率的保护作用就越小。因此，当一个国家在对某个行业实行保护时，要从原料等中间产品到最终产品作全面考虑。

在现实的国际贸易中，大部分国家采取的是一种逐渐升级的关税结构——关税税率随产品加工深度的增加而提高，即原料进口免税，投入品轻税，最终产品征税最高。这样的关税结构使关税的实际保护率比最终产品名义保护率要大得多。发达国家就是采取这种逐渐升级的关税结构来限制发展中国家工业制成品的出口的。后来，发展中国家也逐渐效仿这种做法。但这种做法对于实行进口替代工业化战略的发展中国家来说具有一定的局限性。因为对最终制成品征收过高的关税，对国内制成品生产来说就会构成有力保护，从而使资本等资源集中于生产制成品的部门，就会阻碍其他生产中间产品等上游行业的发展，造成其国内产业的不平衡发展。

本章要点

- 关税是国际贸易政策中最重要的问题之一。关税是指一国的海关对进出其关境的货物所课征的税收。关税的本质可以通过各国征收关税的目的来体现。征收关税的目的主要有两个：一是增加财政收入，以此为目的征收的关税叫财政关税；二是保护本国生产，以此为目的征收的关税叫保护关税。除此之外，一国政府还可以运用自由关税政策和社会关税政策来达到其特定的经济和政治目的。
- 关税的种类很多，可以根据不同的标准进行分类。各国征收关税，需要依据一定的海关税则和征税标准。

- 各国都在征收进口关税，有时也征收出口关税。一国征收进口关税或出口关税后对其国内经济各方面造成的影响，具体包括关税的消费效应、生产效应、贸易效应、收入效应、消费者效应和生产者效应等。我们把征收关税引起的这些影响叫作关税的经济效应。
- 通过关税的局部均衡分析我们能够了解到，征收关税将给一国经济造成净损失，因而自由贸易比任何一种关税限制都要好。然而，一个进口大国可能会由于征收进口关税而得利。当大国征收进口关税以后，虽然减少了贸易量，但其贸易条件却改善了。贸易条件的改善，显然会增加该国的福利；但因自身原因导致贸易量的减少，将降低该国的福利水平。同时，我们也应该清楚，如果一个国家将关税税率提高到足以阻止贸易开展的地步，则该国必然受损。由此看来，在自由贸易所实行的零关税与禁止性关税之间，必然存在一个能使进口国福利得到最优化的关税税率，即最优关税。最优关税是这样一种税率，它使得一国贸易条件的改善相对于其贸易量减少的负面影响的净所得最大化。
- 为了对进口关税正、负两方面的影响作出比较正确的评价，经济学家进行了更加深入的研究。1955 年，加拿大经济学家巴伯首先提出了关税有效保护率的概念。他认为，要准确评价一个国家对某种商品征收关税的实际保护程度，不能单从适用于该商品进口税率来判断，而必须从该国关税结构的角度，对该产品投入与产出的进口关税加以综合分析。

关键术语

关税　进口税　出口税　反补贴税　反倾销税　报复关税　海关税则　关税的计征标准　从量税　从价税　进（出）口小国　进（出）口大国　进口需求　出口供给　进口关税的经济效应　关税消费效应　关税生产效应　关税贸易效应　关税消费者效应　关税生产者效应　关税收入效应　关税的保护成本　关税归宿　进口需求曲线　出口供给曲线　最优关税　关税的有效保护率

思考习题

一、单选题

1. 关税的税收客体是（　　）。

A. 外国进出口商　B. 本国进出口商　C. 进出口货物　D. 海关

2. 关税是一种（　　）。

A. 间接税　B. 直接税　C. 附加税　D. 调节税

3. 从量计征进口关税在商品价格（　　）时，不能完全达到保护关税的目的。

A. 上涨　B. 下降　C. 不变　D. 上涨或下降

4. 下列各种关税中，税率平均水平最高的是（　　）。

A. 普惠税　B. 普通税　C. 特惠税　D. 最惠国税

5. 进口需求是指在不同的价格水平下，(　　) 之差。

A. 进口国需求与进口国供给　　B. 进口国供给与进口国需求

C. 出口国需求与出口国供给　　D. 出口国供给与出口国需求

二、多选题

1. 国际贸易政策的具体措施可以划分为两类 (　　)。

A. 关税措施　　B. 外汇倾销　　C. 出口补贴　　D. 非关税措施

2. 与其他税种相比，关税所具有的共同性包括 (　　)。

A. 强制性　　B. 无偿性　　C. 盲目性　　D. 预定性

3. 关税是通过提高进出口的成本发挥作用，它对一个国家的经济所产生的作用主要有 (　　)。

A. 增加本国财政收入　　B. 保护国内产业，调整产业结构

C. 保护国内市场　　D. 是开展对外贸易的重要手段

4. 关税的种类较多，可以根据不同的标准进行分类。按照征收目的分类，关税可分为 (　　)。

A. 财政关税　　B. 自由关税　　C. 保护关税　　D. 社会关税

5. 按照征收幅度的不同，进口关税可分为 (　　)。

A. 普通税　　B. 最惠国税　　C. 特惠税　　D. 普遍优惠税

6. 各国为了实现其特定的保护目的，可将进口附加税主要分为 (　　) 等形式。

A. 惩罚关税　　B. 进口关税　　C. 报复关税　　D. “双反”税

7. 在实践中，关税一般采用的计征标准有 (　　)。

A. 从量税　　B. 从价税　　C. 混合税　　D. 选择税

8. 关税税率表是指一国制定和公布的对进出其关境的货物征收关税的税率分类表，主要包括 (　　)。

A. 税则号列　　B. 税率　　C. 商品名称　　D. 金额

9. 通关手续一般包括 (　　)。

A. 申报　　B. 单证审核

C. 货物查验和征税　　D. 结关放行

10. 进口关税的经济效应是指一国征收进口关税后会对其国内经济各方面造成一定的影响。以下属于进口关税经济效应的有 (　　)。

A. 生产效应　　B. 就业效应　　C. 消费者效应　　D. 生产者效应

三、判断题

1. 自由贸易在总体上至少会比没有贸易能够带来更多的福利。 (　　)

2. 关税是指一国海关根据该国法律规定，对通过其关境的进出口货物征收的一种税收。 (　　)

3. 在任何情况下，关境与国境是一致的。 (　　)

4. 海关税则又称为关税税则，是指一个国家或地区对进出口商品所制定和公布的课税条例与关税税率表。 (　　)

5. 《商品名称及编码协调制度》简称《协调制度》(Harmonized System，HS)，是

目前国际上应用最为广泛的国际贸易商品分类目录。（　　）

6. 实行从价征收关税，当国际市场价格上涨时，其保护程度提高。（　　）

7. 在国际贸易中，进口大国是指该国在国际市场上只是价格的接受者，而非决定者，其进口需求的变化不会影响国际市场价格的变化。（　　）

8. 关税收入效应是指进口国政府从关税中所得收入。（　　）

9. 名义保护率能够客观、真实和全面地反映出征收关税对国内同类产品生产厂商的实际保护程度。（　　）

10. 关税结构又称为关税税率结构，是指一国关税税则中各类商品关税税率之间的相互关系。（　　）

11. 有效保护率主要研究一国关税结构对国内加工工业的实际保护力度。（　　）

四、简答题

1. 简述关税的含义和特点。

2. 简述关税的作用。

3. 何谓保护关税？简述其政策功能和目标。

4. 自由关税优点有哪些？

5. 何谓社会关税？它是通过什么方式来实现其政策目标的？

6. 在征收进口关税方面，发达国家与发展中国家的做法有何不同？

7. 发展中国家征收出口税往往基于一些什么样的特定目的？

8. 按照征收幅度的不同，进口关税可分为普通税、最惠国税、特惠税和普遍优惠税，试比较这几种关税税率的高低。

9. 何谓普遍优惠制？简述普惠制的基本原则。

10. 简述海关税则和课税标准。

11. 简述原产地规则的概念和内容。

12. 大国进口关税与小国进口关税的局部均衡分析有何不同？

13. 简述有效保护率与名义保护率的概念及其区别？有效保护率的计算公式是什么？它对一国制定关税政策有何指导意义？

五、论述题

1. 根据联合国贸易和发展会议的有关规定，各给惠国的普惠制方案内容一般均包含 6 个基本要素，请对其基本要素加以阐述和说明。

2. 各国为了实现其特定的保护目的，可将进口附加税主要分为哪几种形式？请分别加以阐述。

3. 请以《协调制度》为例，对国际贸易商品分类体系加以介绍。

4. 请以进口通关为例，对货物通关手续加以说明。

5. 请以小国进口关税的局部均衡分析为例，阐述关税经济效应分析的内容和方法。

六、计算题

1. 若中国对进口汽车一律征收从量税，每辆均征收 1000 美元。原先从德国进口奔驰汽车价格每辆 5 万美元，现在从日本进口本田汽车价格每辆 1 万美元。请计算说明：

（1）中国分别从德国和日本进口汽车时，进口关税在其进口价格中各自所占比重是多少？

（2）根据上述计算结果，请说明：在进口国征收从量关税的条件下，当进口商品价格下降时，其进口关税的保护作用会发生什么变化？

2. 假定：①在自由贸易条件下每台计算机价格为 2000 美元，A 国国内生产量为 100 000 台，国内消费为 150 000 台；②当 A 国对计算机进口征收 20%的从价税后，其国内生产扩张为 120 000 台，国内消费缩减至 140 000 台；③A 国计算机贸易量变化对计算机国际市场价格没有产生影响。

请计算：该国对计算机进口征收关税后，消费者剩余的变化量、生产者剩余的变化量、（政府财政）关税收入的变化量、社会福利净损失量。

3. 设 A 国为小麦进口国，其需求曲线为 $D_a = 100 - 20P$，供给曲线为 $S_a = 20 + 20P$；B 国为小麦出口国，其需求曲线为 $D_b = 80 - 20P$，供给曲线为 $S_b = 40 + 20P$。

（1）推导并绘出 A 国的进口需求曲线与 B 国的出口供给曲线。

（2）求出无贸易时两国小麦的价格分别为多少。

（3）求出在自由贸易时的小麦世界价格与贸易量。

（4）若 A 国为进口小国，当它对进口小麦征收 0.05 的从价税，试确定相对于自由贸易状态下，关税对 A 国各大社会集团的福利影响。

4. 两国贸易模型：中国和美国。设中国对汽车的需求与供给分别为：$D_c = 2000 - 0.02P$，$S_c = 1200 + 0.03P$；美国对汽车的需求与供给分别为：$D_{us} = 1800 - 0.02P$，$S_{us} = 1400 + 0.02P$。请计算：

（1）贸易前，两国汽车的均衡价格和产量各为多少美元、多少辆？

（2）自由贸易条件下，国际市场汽车的均衡价格、各国的产量及贸易量；自由贸易给进口国的福利带来的影响。

（3）中国对汽车进口征收 1000 美元的单位税，这时中国汽车市场的价格、产量、贸易量是多少？与自由贸易相比，关税对中国汽车制造商、消费者和政府的福利带来何种影响？关税的福利净损失有多大？

（4）中国为美国汽车进口设定的配额为 100 单位时，中国国内汽车市场的价格、产量是多少？与自由贸易相比，中国消费者和汽车厂商的福利变动情况如何？

5. 进口一台电视机价格为 9000 元，征收 20%的从价税，电视机的零部件等原材料价格为 6000 元，政府对进口电视机的零部件等原材料不征税，该国对于电视机的有效保护率是多少？如果对原材料进口征 5%的从价税，有效保护率又是多少？

6. 在自由贸易条件下，1 千克棉纱的到岸价格折合人民币为 20 元，其投入原棉价格为 15 元，占其成品（棉纱）价格的 75%，余下的 5 元是国外加工增值额，即 $V = 5$ 元。如果我国进口原棉在国内加工棉纱，原料投入系数同样是 75%时，请计算分析：在以下四种不同的关税结构，所引起的对国内棉纱的有效保护率各是多少？探讨最终产品有效保护率与其名义保护率之间的关系。

（1）对棉纱进口征税 10%，对原棉进口免税；

（2）对棉纱进口征税 10%，对原棉进口也征税 10%；

（3）对棉纱进口征收 8%的关税，对原棉进口征税 10%；

（4）对棉纱进口免税，对原棉进口征税 10%。

七、案例分析题

案例一　钢铁产品关税政策落地，钢材出口有望减少，影响多大

国务院关税税则委员会 4 月 28 日发布公告称，自 2021 年 5 月 1 日起，调整部分钢铁产品关税。其中，对生铁、粗钢、再生钢铁原料、铬铁等产品实行零进口暂定税率；适当提高硅铁、铬铁、高纯生铁等产品的出口关税，调整后分别实行 25%出口税率、20%出口暂定税率、15%出口暂定税率。

此外，财政部、税务总局也在 4 月 28 日（注：实际日期是 26 日）发布《关于取消部分钢铁产品出口退税的公告》，明确自 2021 年 5 月 1 日起，将有包括合金钢粉末、冷轧非卷材、不锈钢丝等在内的 146 类钢铁产品取消出口退税……

资料来源：吴永芳. 钢铁产品关税政策落地，钢材出口有望减少，影响多大. http://www.stcn.com/stock/djjd/202104/t20210429_3170091.html，2021-04-29.

问题：

1. 在大多数情况下，一国的出口关税政策与进口关税政策是如何制定的？其主要目的是什么？

2. 请说明中国本次钢铁产品关税政策的主要意图。

案例二　贸易战账单来了！美企已损失七百亿，今天过后更惨！

“如果你需要一台新电视，可得考虑趁早买。”这是美国消费者新闻与商业频道（CNBC）当地时间 8 月 31 日向美国民众发出的一句“忠告”。为什么呢？

特朗普的对华新关税即将于当地时间周日（9 月 1 日）生效，CNBC 当天给特朗普算了一笔账，强调“贸易战已经让（美国）电子公司损失了 100 亿美元（约合 715 亿元人民币），而 9 月 1 日（开始）情况将更糟”。CNBC 还说，（美国）消费者的钱包将开始受到冲击。

CNBC 援引《联邦公报》早些时候的一份声明介绍，特朗普政府将从周日开始对中国输美商品征收新一轮关税。这意味着，从 9 月 1 日起，（美国）电子公司从中国进口电视、智能音箱或无人机时，必须向美国政府缴纳 15%的关税。

“对美国人而言，到头来这将提高小电器与其他产品的价格。”美国消费者技术协会（CTA）发言人布朗温 · 弗洛雷斯（Bronwyn Flores）说。CTA 是一个贸易组织，代表着电子行业 2000 家不同的公司，包括苹果与 LG 等品牌，以及沃尔玛和百思买等零售商。

弗洛雷斯告诉 CNBC，“从周日开始，消费者不太可能看到价格上涨，”“但你可能在 11 月的黑色星期五开始看到这种情况，所以你如果想为看超级碗买台新电视，你可以尽快考虑去买。”

CTA 数据显示，尽管此前几批生效的关税已经影响到电子产品，自 2018 年 7 月以来，该行业共损失了 100 亿美元（约合 715 亿元），但影响主要集中在零部件上。而现在关税正在影响更多的制成品。

CNBC 援引贸易专家的话说，将于周日生效的这轮关税措施将对智能手表、健身追踪器、台式电脑、数码相机与锂电池等征收额外的进口税。根据 CTA 的数据，从周日开始，价值 520 亿美元（约合 3720 亿元）的（美国）消费品将受到影响。

“美中贸易战即将转向消费者。”据此前报道，随着 9 月 1 日特朗普政府将对价值约 1250 亿美元中国输美产品加征 15%关税起征日的来临，美国相当一部分商家正陷入集体焦虑之中，他们纷纷联名给总统写信，并抄送参加中美贸易磋商的政府高级阁员，要求推迟或取消对中国商品加征关税。

9 月 1 日加征 15%关税的这类中国输美产品包括服装、鞋类、智能手表、蓝牙耳机、平板电视、鞋类等。“在美国销售的鞋子中有 70%是在中国制造的”，美国合众社（UPI）28 日称，估计每个美国家庭每年需要承担的关税很快将达到 1500 至 2000 美元。

针对特朗普政府单方面升级对华新一轮关税，此前，中国也宣布反击。中国国务院关税税则委员会已宣布，对原产于美国的约 750 亿美元商品加征 10%、5%不等关税，分两批自 9 月 1 日和 12 月 15 日起实施。

商务部新闻发言人高峰 8 月 29 日在例行新闻发布会上表示，中方坚决反对贸易战升级，愿以冷静的态度通过磋商与合作解决问题。贸易战升级不利于中国，不利于美国，也不利于全世界人民的利益。中方的反制手段是充足的，但在当前形势下，中方认为应该讨论的问题是取消对 5500 亿美元中国输美商品进一步加征关税，防止贸易战继续升级，中方正就此与美方严正交涉。希望美方拿出诚意和实际行动，与中方相向而行，在平等和相互尊重的基础上推动中美经贸问题妥善解决。

资料来源：李姚. 贸易战账单来了！美企已损失七百亿，今天过后更惨！. https://baijiahao.baidu.com/s?id=1643475931147404879&wfr=spider&for=pc，2019-09-01.

问题：

1. （美国）电子公司从中国进口电视、智能音箱或无人机时，必须向美国政府缴纳 15%的关税。既然是电子公司向美国政府缴纳关税，但 CNBC 为何要向美国民众发出“如果你需要一台新电视，可得考虑趁早买”的“忠告”呢?

2. 美国相当一部分商家纷纷联名给总统写信，并抄送参加中美贸易磋商的政府高级阁员，要求推迟或取消对中国商品加征关税。请说明其中的原因。

第八章 非关税政策及其理论分析

学习目标与要求

➢ 熟悉非关税壁垒的种类和特点，了解其发展趋势；

➢ 熟悉鼓励出口的非关税措施和管制出口的措施，了解其影响和产生的原因；

➢ 重点掌握进口配额、出口补贴与反补贴、倾销与反倾销的经济效应分析；

➢ 了解“自动”出口限制、进口替代补贴、出口生产补贴、价格支持的经济效应分析。

名人名言

关税及配额是主要的（但不是唯一的）保护手段。关税不是作为一项战略政策，而仅仅是作为增加收入的一种途径而产生的。

加拿大不列颠哥伦比亚大学经济学家 詹姆斯·布兰德（James Brander）

出口补贴可能减少国外竞争，迅速提高受补贴产业的利润。

美国经济学家 保罗·克鲁格曼

外贸资讯

WTO 裁定中国胜诉！中国可对 36 亿美元美国商品征税

据了解，上述裁决源起于 2012 年，是一桩中美在世贸组织框架下的诉讼案件。

2007—2012 年，美国对来自中国的太阳能电池板、风力发电塔、钢瓶和铝型材等产品实施了反补贴关税。中国于 2012 年对美国的这种错误做法向世贸组织提起诉讼。经过几番互诉后，2019 年 7 月 16 日，世贸组织公布了中国诉美国反补贴措施案执行之诉上诉机构报告。裁决美方涉案的 11 起反补贴措施违反世贸规则，要求美方纠正其违规措施。

中国商务部2019年7月表示，世贸组织上诉机构的裁决再次证明，美方违反世贸规则、一再滥用贸易救济措施，严重损害了国际贸易环境的公平公正性。

资料来源：佚名. WTO 裁定中国胜诉！中国可对 36 亿美元美国商品征税. https://baijiahao.baidu.com/s?id=1649229771214267722&wfr=spider&for=pc，2019-11-04.

资讯引导：何谓补贴与反补贴？美国为何要滥用反补贴措施？本资讯给我们的有益启示有哪些？

非关税政策（non-tariff policy）分为限制进口的非关税壁垒和管理出口的非关税措施，是一国对外贸易政策的重要组成部分。

非关税壁垒（non-tariff barrier），是指除关税措施以外的一切限制贸易的措施。那么，限制进口的非关税壁垒是指除进口关税以外的其他一切限制进口的政策和措施。它又可以分为直接的和间接的两大类：前者是指由进口国直接对进口商品的数量和金额进行限制，或者迫使出口国限制其出口，如进口配额制、进口许可证制、"自动"出口限额制等均属此类；后者是指对商品进口制定严格的管理条例，以达到间接限制商品进口的目的，如进口押金制、进口最低限价制及各种苛刻的技术标准等。世界各国为了达到贸易保护的目的，大多热衷于采取非关税壁垒。目前，世界上所使用的非关税壁垒真可谓是形形色色、五花八门。

管理出口的非关税措施，是指一国为了争夺国外市场而采取的关税以外的鼓励出口和管制出口的措施。这些措施也可以分为两类：一类是鼓励扩大出口的措施，如出口信贷、出口补贴、出口生产补贴、对出口行业的价格支持、出口信贷国家担保制、倾销措施以及扩大出口的其他措施等；另一类是管制出口的非关税措施，如单方面出口管制、多边出口管制和出口关税制等。

非关税政策由来已久，在资本主义产生初期就已出现，在20世纪30年代经济危机发生时开始盛行，第二次世界大战以后非关税政策的重要性不断增强。在第二次世界大战刚刚结束的20世纪40年代后期和50年代初期，许多国家刚从战时状态恢复过来时，都曾利用非关税政策来控制其国际收支；20世纪50年代以后，当关贸总协定组织的多边贸易谈判成功地促使关税削减时，非关税政策只是稍微地减少了一些；当1967年削减关税的"肯尼迪回合"圆满结束时，非关税政策就成为遗留下来的损害自由贸易利益的主要障碍；特别是20世纪70年代中期以来，在1974年和1980年开始的两次世界性经济危机的冲击下，世界范围内的贸易保护主义重新抬头，各国竞相采取非关税措施"奖出限入"，以抵消由关税大幅度下降所带来的不利影响。于是，出现了以非关税壁垒为主、以关税壁垒为辅的新贸易保护主义，使贸易壁垒的重点由关税壁垒转向非关税壁垒。本章主要述评和分析非关税政策，重点放在限制进口的非关税壁垒上。

第一节　限制进口的非关税壁垒

非关税壁垒名目繁多、特点各异，在当代各国贸易政策中占有突出的地位，随着时间推移尚有进一步增强的趋势。

当前，世界各国普遍采用的非关税的限制进口的措施主要包括以下几类。

（一）进口配额制

进口配额制（import quotas system）是指一国政府在一定时期（如季度、半年或一年）内，对某种商品的进口预先规定最高进口数量或金额，当超过该数量或金额时就不准进口，或对其超过部分征收高关税或罚款以限制其进口的做法。进口配额制可以分为绝对配额和关税配额两种。

1. 绝对配额

绝对配额（absolute quotas）是指在一定时期内，对某些商品的进口数量或金额规定一个最高数量或金额，当该商品进口达到这个数额后，便不准进口。这种进口配额又可分为：全球配额和国别配额。

（1）**全球配额**（global quotas）。全球配额是指对于来自全球任何国家和地区的商品一律适用，主管当局按进口商的申请批给一定额度，直至总配额发放完为止，若超过总配额则不准进口。由于全球配额不限定进口商品的生产国别和地区，在配额公布后，进口商便可竞相争夺配额并可从任何国家或地区进口。邻近国家或地区因地理位置比较接近，商品运输方便，在竞争中处于有利地位；而较远的国家由于情况相反，在竞争中就处于不利的地位。因此，进口国家在配额的分配和使用上，一般都很难贯彻国别政策。

（2）**国别配额**（country quotas）。国别配额是指在总配额内按国别或地区分配给不等的配额，某国或地区的商品进口超过给它规定的配额后就不准进口。为了区别来自不同国家或地区的商品，通常在进口商品时要求进口商必须提供原产地证明书。

国别配额又可分为**自主配额**（autonomous quotas）和**协议配额**（agreement quotas）。自主配额又称为**单方面配额**（unilateral quotas），它是由进口国家自主、单方面地强制规定在一定时期内从某国或某地区进口某种商品的进口配额。进口国在规定自主配额时，无须征求出口国同意，一般参照某国或地区在过去某年的输入实绩，按一定比例增减制定出新的进口数量或金额。由于各国和地区原来所占比重不一，因而所得到的新配额也不相同，进口国便可利用这种配额上的差别来贯彻其国别政策。自主配额往往带有不公正性和歧视性，易招致某些出口国家或地区的不满与报复。因此，大部分进口国为了缓和矛盾更趋于采用协议配额。协议配额又称为**双边配额**（bilateral quotas），它是由进口国家或地区与出口国家或地区通过协议的方式制定的。如果协议配额是由双方政府出面制定的，一般就需要将该配额在进口商或出口商中进行分配；如果配额协议是由双方的民间团体或私人公司达成的，则必须事先获得政府许可方能执行。

绝对配额用完之后一般不再准许进口。但有些国家出于某种特殊的需要或目的，往往另行规定额外的特许配额，如进口某种原料、半成品供加工后再出口的配额，以及国际展览会或博览会配额等。一些国家为了增强绝对配额的作用，往往对进口配额作出十分烦琐和复杂的规定，如在商品配额中，有的按规格差异规定不同的配额，有的按价格差异规定不同的配额，有的按原料来源不同规定不同的配额，有的按外汇管制情况规定不同的配额，有的按进口商的不同规定不同的配额，等等。管理规则的细化，必然使管理效果增强。

2. 关税配额

关税配额（tariff quotas）是征收关税与进口配额相结合的一种限制进口的措施。一国预先规定有关商品在一定时期内的进口配额，在配额内的进口按较低的税率征收关税或给予减免税待遇；超过配额的进口则征收较高的关税、附加税或进行罚款，以达到限制进口的目的。

关税配额按征收关税的优惠性质可分为优惠性关税配额与非优惠性关税配额。

（1）优惠性关税配额。它是对关税配额内进口的商品给予关税减免，对超过配额的进口商品则征收原定的优惠关税。

（2）非优惠性关税配额。它是指对配额内进口商品征收原定的关税，但对超过配额的进口商品征收极高的关税、附加税或罚款，以限制或禁止超过配额的商品进口。

另外，关税配额按进口商品的来源还可分为全球性关税配额和国别关税配额。

关税配额与绝对配额既有共同之处又有不同之处。其共同点在于，二者都是以配额的形式出现的，可以通过调节配额来实行贸易限制；其不同点在于，绝对配额规定一个最高进口额度，超过该额度就不准进口。而关税配额则不然，当商品进口超过规定的最高额度时仍然允许进口，但要对超过部分课以较高的关税。

在国际贸易当中，进口配额制是最主要的非关税壁垒措施。政府以限制进口总量的方式，不仅可以削减进口商品的数量，而且可以把该进口商品的国内价格抬高到世界市场价格之上。在这方面，进口配额与进口关税的作用是相似的，甚至可以认为，每一个进口配额都可对应一个等值的进口关税，即所谓的等额进口关税。

既然如此，为什么各国政府往往愿意采取进口配额而不采用进口关税作为限制进口的方式呢？主要原因在于：其一，当外国商品的竞争越来越激烈时，征收关税会导致进口商品在国内市场上的价格上涨，但无法达到严格限制进口的目的。而进口配额则不然，无论国外商品竞争能力如何，进口数量都不会因价格的变动而增加，从而限制进口的作用更加明显。其二，使用进口配额制，可以使政府官员在行政管理上比使用关税措施具有更大的权力。因为各种国际贸易协定限制了政府随意提高关税的权力，所以在面对国外进口商品的激烈竞争时，除了有某种例外条款的允许，否则在法律上政府不可能同意征收较高的关税，但采用限制性较强的进口配额却比较容易。而且，在进口配额制下，政府官员在把配额分配给谁的问题上具有更大的灵活性，甚至可以从中得到某种好处。

（二）“自动”出口配额制

“自动”出口配额制（voluntary export quotas）又称“自愿出口限制”或“自动”限制出口，是指出口国家和地区在进口国的要求和压力下，“自动”地规定某一时期（一般为 3～5 年）对某进口国的商品出口额度，超过该额度便禁止出口。

“自动”出口配额与进口配额在实质上差异不大，都是以限制商品进口为目的；但在形式上有所不同，前者是由出口国家“自动”限制某些商品对指定进口国家的出口，而后者是由进口国家通过设立进口额度来限制某些出口国家商品的进口。

“自动”出口配额是出口国在进口国的要求和压力下被迫作出的，因而“自动”是有条件的，通常是由进口国和出口国通过谈判并签订**“自限协定”**（self-restraint agreement）来决定。

1.“自限协定”的强制形式

签署“自限协定”一般采取以下四种强制形式。

（1）政府与政府间的双边协定。目前大多数“自限协定”采取这种形式，其特点是谈判较易进行，所达成的协议也较易实施。

（2）政府间的多边强制。这种谈判是在两个以上的国家之间进行，如在原关贸总协定主持下达成的《国际纺织品贸易协定》，就是在多边的基础上先商定进出口双方所应共同遵守的各项条件，然后再由协定的各个进口国和各个出口国分别签订双边的自限协定，规定各自的出口配额。其特点是由于参加国较多，因而矛盾和分歧也较多。

（3）政府与企业之间的谈判。政府与企业之间的谈判是指由进口国政府与出口国企业协会或团体进行谈判，以达成协议。

（4）进出口国家的企业之间的谈判。进出口国家的企业之间的谈判是指由双方企业协会或团体直接谈判达成协议。这种谈判要求出口国厂商能够控制出口，进口国厂商应具有相当的实力足以向对方施加压力或施以报复威胁。因此，这种谈判实际上是垄断组织之间的谈判。

2.“自限协定”的内容

随着世界贸易保护主义的蔓延和盛行，“自限协定”的内容日趋复杂，一般来说包括以下六个方面。

（1）限额水平。限额水平是指在协定有效期内各年度“自愿”出口限额。通常以协定缔约前一年的实际出口量或以原协定最后一年的配额为基础进行协商，确定新协定第一年的配额，然后再确定每年年增长率。配额水平的规定方式主要有：一是总配额，即协定商品“自愿”出口的总额度；二是组配额，即将不同类别的商品分为若干组，分别规定不同的额度；三是个别配额，即对组内一些**“敏感产品”**（sensitive product）作为特别项目另行规定额度，以达到严格限制进口的目的；四是磋商配额，即对个别限额外的产品在原则上规定一个额度，如出口超过该额度，双方按一定程序磋商解决，但在双方未达成一致意见前，进口国可单方面进行限制。

（2）自限商品的分类。自限商品是指受协定限制的商品。在 20 世纪 60 年代以前，协定所规定的自限商品种类较少，因而分类也较粗略。但随着经济的发展和贸易的扩大，包括在协定中的自限商品种类日益增多，因而品种分类也日趋复杂，在一般的“自限协定”中，都有对受限商品的严格分类。

（3）限额的融通。限额的融通包含两方面的含义：其一，是指在同一年度内，受限商品组与组之间及项与项之间在一定百分比内互通使用的权限。通常在协定中规定一个替换率，即某组或某项的配额拨给另一组或另一项使用的比率。协定所规定的替换率一般较低，为 1%～15%，有的品种还被禁止调用，以达到严格限制出口的目的。这可称之为水平融通。其二，是指上下年度内组与组及项与项之间所实行的留用额和预用额。前者是指当年未用完的配额拨入下年度使用的额度或权限。后者是指当年配额不足时预先使用下年度的额度或权限。在谈判过程中，留用额和预用额经常成为进出口双方争论的焦点。进口国家为了限制进口，总是要竭力压低留用额和预用额。出口国家为了增强出口的灵活性，总是要抬高留用额和预用额。

（4）保护条款。保护条款是指进口国有权通过一定程序，限制或禁止某些商品进口以使本国生产者免遭损害的规定。这实质上是进一步扩大进口方限制进口权限的一种规定，因而对出口国不利，往往遭到出口国的反对。

（5）出口管理规定。出口管理规定是指在协定中规定出口方对自限商品要进行严格的出口管理，以保证出口不超过限额水平。

（6）协定期限。协定的期限是指协定的有效时间。这必须在协定中明确规定。自限协定有效期一般规定为3～5年。某缔约方如有必要可以终止协定，但该缔约方一般应提前60天通知对方。有效期长的优点在于出口数量较为稳定，出口厂商可以预先计划其生产和出口；有效期长的缺点在于出口数量长期被固定后，较难随市场变化进行调整。

3. 进口配额的分配办法

在国际贸易的实践过程中，进口配额的分配办法大体有以下四种。

（1）政府公开拍卖配额。每单位产品进口配额通过竞拍其价格大体上等于进口所能获得的利润。在完全竞争的市场上，通过公开拍卖配额，政府会获得进口配额的收入。对于进口国来说，政府公开拍卖配额的方式是最透明、最合理、最公平的，同时也是成本最低的分配方式，然而，在现实世界中这一方式很少被采用。

（2）政府将配额无偿分配给进口商，也称为固定受惠制。据说是补偿进口商因被削减了进口数量而受到的损失。但到底将分配给谁取决于本国政府，谁拿到配额就可以从进口中获利。在实际操作中，大体上是根据进口商以往的贸易表现或申请理由来免费分配进口配额的。这种分配方式不仅会造成人力、物力的浪费，更严重的是会引起进口商之间的明争暗斗与政府官员腐败行为的产生。

（3）按资源使用申请程序分配配额。按资源使用申请程序分配配额，即政府根据进口商或消费者的申请分配配额。这种竞争配额的方法是一种非价格的竞争方法，谁都可以申请配额，谁申请到配额就可以从进口中获利。其游戏规则一种是定期排队，先来先发，发完为止；另一种是根据企业生产的能力来分配进口投入品。其弊端在于造成了人力、物力等资源的闲置和浪费，也会导致政府官员腐败行为的产生。

（4）进口国政府将配额交由出口国掌握。在实行国别配额时，进口国政府在设置限额以后，会将配额分配给各出口国，由它们按配额控制出口量。也就是说，出口国采用“自愿”出口配额，以限制自己的出口数量。这种情况相当于将进口配额免费交给外国出口商，出口商将其商品按进口国国内市场的价格出售来获得本来属于进口国政府或进口商的利益，这对于进口国而言，是一种额外损失。

（三）进口许可证制

进口许可证制（import license system）是指一国规定进口商进口某种商品需事先申领许可证，并凭许可证进口商品的制度。

1. 从进口许可证与进口配额的关系来划分

从进口许可证与进口配额的关系来看，进口许可证可以分为有定额的进口许可证和无定额的进口许可证两种。

（1）**有定额的进口许可证**（import license with a quota）。属于这类许可证项下的商品，进口国的主管机关预先规定其进口配额，然后在配额的限度内发给进口商一定数量或金额的进口许可证。具体做法是，对某种商品的进口，按时期（年、季、月）公布配额数量，配额公布后进口商就可提出申请，获得许可证的进口商即可进口，配额用完之后就不再发放许可证。一般来说，进口许可证是由国家管理机关向提出申请的进口商发放的。但也有将这种权限交给出口国自行分配使用的。

（2）**无定额的进口许可证**（import license without a quota）。属于这类许可证项下的商品，进口国主管机关预先不公布进口配额，其进口许可证的发放只是在逐笔审批的基础上进行的，从而使进口配额更具有灵活性和隐蔽性。

2. 从进口许可证准许进口的程度来划分

从进口许可证准许进口的程度看，进口许可证可以分为公开一般许可证和特种许可证两种。

（1）**公开一般许可证**（open general license）。属于这类许可证项下的商品进口，进口商通常不必事先申领许可证，只要在办理进口报关时，在报关单上填明该项商品属于公开一般许可证项下的商品及有关编号，即可进口。这类商品一般不限定进口数量和产地，实际上等同于自由进口的商品。

（2）**特种许可证**（specific license）。属于这类许可证项下的商品进口，进口商须事先申请许可证，经主管部门审批发证后才能进口。这类进口商品通常都指定供货的国别和地区，限定进口数量或金额。

进口许可证制对各国经济及国际贸易的影响，基本上与进口配额制相似。有定额的进口许可证实质上就是进口配额制的一种形式，二者的效应是完全一致的；无定额的进口许可证是在所谓个别考虑的基础上颁发的、没有公开的执行标准，因而限制进口的作用更大，其影响也比较难以确定。但无论哪种进口许可证制，客观上都能起到限制进口的作用，因而都能够带来超额垄断利润。正因为这一点，进口商总是千方百计地争取获得进口许可证，一些国家为了防止许可证带来的不良影响，便采取如前所述的公开拍卖进口许可证的方式：一是使获得许可证的途径公开化，防止行政官员营私舞弊；二是使超额垄断利润归属国家，防止被个别进口商独占；三是遏制进口冲动，防止国际收支状况的恶化。

（四）外汇管制

外汇管制（foreign exchange control）是指一国政府对外汇的收支、结算、买卖和使用所采取的限制性措施。其目的在于集中使用外汇、防止外汇投机、限制资本流出和流入、稳定货币汇率、改善国际收支状况等。外汇管制可以分为直接管制和间接管制两种。

1. 直接管制

（1）行政管制。如由政府控制一切外汇交易，一切外汇收入须按官方汇率结算售给政府外汇管理机构，一切外汇支出都要经过批准，以限制资本和黄金外汇的输出等。

（2）数量限制。如对外汇收入实行分成制，允许收汇者保留一部分外汇，其余的结算售给政府外汇机构；对外汇的使用则实行配额制，根据用汇者的实际需要或所要进口商品的种类分配外汇使用额。

（3）成本管制。成本管制是指通过调整汇率来影响用汇成本，从而影响外汇的收入和使用。

2. 间接管制

间接管制主要采取进口许可证制、进口配额制、进口押金制、对非居民存款不付或倒收利息等方式，以达到间接影响外汇收支的目的。

目前，世界上大多数国家都实行程度不同的外汇管制。外汇管制是间接限制进口的非关税措施。在外汇管制下，出口商必须把其赚取的外汇按国家规定的牌价卖给政府指定的外汇银行；进口商在进口时所需外汇也必须得到政府外汇管理机关的批准，在指定的外汇银行购买进口所需的外汇。外汇受到政府当局的严格控制，而外汇又和进出口有着密切的关系，从而就能够通过控制外汇而有效地控制商品的进口数量、种类和产地。

1931 年，资本主义世界金融危机爆发后，许多国家开始实行外汇管制；第二次世界大战期间和战后初期，由于国际收支长期失衡和黄金外汇储备短缺，许多国家继续实行外汇管制；20 世纪 50 年代中期以后，各国国际收支状况有所改善，外汇管制便逐步放宽，最后过渡到货币自由兑换。可见，外汇管制是经济危机或战时经济的产物，而非正常有效政策，因为外汇管制下必然实行一系列阻隔本国经济与外国经济的政策，从而对国内外经济产生了广泛而深刻的影响。

外汇管制的政策目标可以分为短期目标和长期目标两种。短期目标包括：限制进口商品的数量、种类和产地，改善国际收支；防止资本外逃；稳定汇率以提高公众对本国货币的信心；等等。长期目标包括：把外汇资金控制并集中在政府手中，从而由政府控制对外贸易；把本国经济和外国经济分离开来，使本国经济免遭外部经济波动的影响；保护国内工业及国内市场，谋求封闭经济条件下的内部均衡；等等。

外汇管制政策目标的实现要付出一定的代价，特别是从长远来看，付出的代价更大。近期代价主要包括：一是进口商无法自由地选择市场和商品，使消费者选择范围缩小。二是由于进口供给受到外汇管制的严格限制，进口商品供不应求，从而引起该商品国内市场价格上涨。三是进口商获得垄断利润，引起新的收入分配不公。四是在外汇管制条件下，很容易产生外汇平行市场，使市场上的外汇汇价不一致。长期代价主要包括：一是阻止了外国资金的流入。这是由于实行外汇管制，外汇的用途受到严格限制，外国投资者因汇兑困难唯恐蒙受损失，对投资的兴趣大减。二是影响贸易的发展。这是由于在外汇管制下，汇率总是被高估，从而影响了出口，同时进口量也因外汇供应的限制而大为减少，从而使一国的进出口贸易难以发展。三是无法获得对外贸易的动态利益。这主要是因为，进口替代行业与国际市场隔离，减小了技术传播的作用，同时出口导向行业与国际市场隔离，也不能起到带动本国经济增长的作用。

（五）政府采购政策

政府采购政策（government procurement policy）是指一国政府以法令的形式规定政府机构在采购货物时优先购买本国产品的政策。有的国家对于政府机构优先采购本国产品有明文规定，有的国家虽无明文规定，但优先采购本国产品已成惯例。优先采购本国产品客观上就造成了对进口产品的歧视，从而起到限制外国产品进口的作用。因此，政府采购政策也称为**歧视性政府采购政策**（discriminatory government procurement policy），它同样属于非关税壁垒的范畴。

实施政府采购政策的关键是定义“本国产品”。各国对此都有一些规定，一般是指用本国原料在国内制造的商品。若商品价值有相当一部分是在国外制造的，那就属于外国商品。例如，美国的政府采购政策规定，如果商品价值的50%以上是在国外形成的，那么该商品就不属本国商品。目前，许多发达国家和发展中国家都实行政府部门优先采购本国商品的政策，以减小外国商品的进口数量。例如，英国政府规定其机构使用的通信设备和电子计算机必须是英国产品。日本有几个省规定，其机构使用的办公设备、汽车、计算机、电缆、导线、机床等都不得采购外国产品。美国的政府采购政策就更加久远和系统。1933 年，美国通过实施《购买美国货法案》（*Buy American Act*），规定凡是美国联邦政府所要采购的货物，应该是美国制造的，或者是用美国的原料制造的。只有在美国自己生产数量不够，或者国内价格过高（高于国外货物的6%以上），或者不买外国货就会损害美国利益的情况下，才可以购买外国产品。但根据 1962 年通过的“购买美国货”修正案，美国国防部和财政部可以采购比外国产品价格高 50%的美国产品。20 世纪 60 年代以来，各国政府特别是发达国家政府采购自用商品的数量越来越多，因而歧视性的政府采购政策也愈演愈烈，成为限制国际贸易自由化的巨大障碍，从而引起了国际社会的普遍关注。1979 年 4 月 12 日，关贸总协定的“东京回合”多边贸易谈判，达成了采购自由化的初步协议。该协议规定除国防开支、通信设备和部分能源设备外，各缔约方政府采购应公开接受竞争性的国际投标，从而对歧视性政府采购政策进行了一定程度的限制。但不可否认，政府采购政策目前不仅还在发达国家普遍存在着，而且一些发展中国家和地区也纷纷效法，以此政策限制外国商品的进口。

（六）各种国内税

一些国家主要是西欧国家，广泛采用各种**国内税**（internal taxes）对进口商品和本国商品实行差别待遇，以限制外国商品的进口。

一般来说，国内税属于一国的内部经济政策，其制定和执行有些属于中央政府的权限范围，有些甚至属于地方政府的事，因而不受国际贸易条约或贸易协定的限制。因此，运用国内税抵制外国商品的进口，是一种更为隐蔽的贸易保护手法。例如，法国曾对引擎在 5 匹马力[①]的汽车每年征收养路税 12.15 美元，对于引擎在 16 匹马力的汽车每年征收养路税 30 美元。其原因在于，当时法国生产的最大型汽车为 12 匹马力，16 匹马力的汽车自然是进口品。很明显，实行这种差别税率的目的在于抵制进口汽车。又如，美国、日本和瑞士对进口酒精饮料征收的消费税都远远高于本国产品，其目的在于通过差别消费税来限制外国商品的进口。

各种有差别的国内税的限制进口作用，是由其税率决定的。加之，这种差别是通过各种不同的税种表现的，如有些是消费税，有些是增值税，因而其限制进口的作用和对经济的影响程度就不能一概而论，必须作具体分析。

（七）进口押金制

进口押金制（import deposit system）也叫进口押汇制、进口存款制或进口担保金制，是指进口商在商品进口之前，必须在国家指定的银行按进口金额的一定比率在规定的时间内无息存放一笔现金。

进口押金制实际上是政府从进口商那里获得一笔无息贷款，从而增加了进口商的资金负担和经营成本，以间接达到限制进口的目的。例如，第二次世界大战结束后，意大利政府曾规定进口商无论从哪国进口，都必须事先向中央银行交纳相当于货值半数的现款押金，无息冻结 6 个月。后来，芬兰、新西兰、巴西等国也都实行过类似的措施。

进口押金制要起到限制进口的作用，必须具备两个前提条件：一是外国出口商不愿融通资金。二是利率水平较高。如果出口商愿意融通资金，特别是低息或无息融通资金，则通过进口押金制来限制进口的作用就会减小甚至失效；如果市场利息较低，进口押金的票据便能作为抵押而获得贷款，则进口商资金流动性就不成问题，只是负担了较低的利息，故而对进口的影响也不大。

（八）进口替代补贴与对进口竞争行业的价格支持

进口替代补贴（import substitution subsidy）指的是，根据使用国产货物替代进口货物的情况而给予的补贴，如对使用某种国产零部件的企业给予特殊补贴。它通过直接扶植本国生产以间接地限制进口。进口替代补贴给予的对象主要是国产品的生产者，也可以是国产品的使用者或消费者。给予的补贴既可以是优惠贷款，也可以是优惠货物或服务，或用汇的便利，或减免税收，或通过允许加速折旧等方式减少所得税的税基。

对进口竞争行业的价格支持（price support for import-competing industries）表现为：由政府制定一个最低保护价，以确保国内市场价格高于国际市场价格水平而低于国内封闭市场或参加国际贸易前的均衡价格。若市场价格低于最低保护价这个“警戒线”时，就由政府支付给生产者一笔“价格支持费用”，其额度等于最低保护价格与市场价格之差。这种替代进口的保护政策人为地阻碍了市场价格的下降，从而起到稳定生产、保证

---

① 1 匹马力≈0.375 千瓦。

生产者收入与限制进口的目的。

进口替代补贴与对进口竞争行业的价格支持本属于产业政策的范畴，其总的原则是降低国内产品成本，提高其国际竞争力，从而扶植本国生产以替代进口。

（九）进口最低限价

进口最低限价（import minimum price）又称**启动价格**（trigger price），是指一国为了稳定国内市场，维持本国产品的高价和限制低价商品的进口，对某些商品规定的进口最低限价。当某种进口商品价格低于所规定的最低限价时，就开始对这种商品征收高额进口附加税或禁止进口。

例如，20 世纪 70 年代，美国为了抵制日本和欧洲等国家和地区的低价钢材及钢制品的进口，就实行了**启动价格机制**（trigger price mechanism，TPM），主要包括以下内容。

（1）规定最低限价。对进口到美国的所有钢材和部分钢制品规定最低限价，即所谓的启动价格。启动价格是以当时世界上效率最高的钢生产者的生产成本为基础计算出来的最低限价。

（2）提交**“钢品特别摘要发票”**（special summary steel invoice，SSSI）。对于所有进口钢材和部分钢制品，进口商必须向海关提交由国外出口商填写的“钢品特别摘要发票”。如果发票上的价格低于启动价格，则进口商就必须对其价格进行调整，否则就要接受检查，并有可能被视为倾销而被征反倾销税。

（3）随时调整最低价格。不断收集资料，分析对美国出口的主要外国生产者的国内钢材和部分钢制品的价格及生产成本与美国国内钢铁工业的有关情况，以便随时调整最低价格。

又如，欧盟的前身欧共体为保护其农产品而制定的**闸门价格**（sluice gate price）是另一种形式的进口最低限价。它规定了欧共体之外农产品进入欧共体的最低限价。如果欧共体之外产品的进口价格低于闸门价格，就要征收附加税，使之不低于闸门价格，然后在此基础上再征收调节税。我国对欧共体出口农产品，如冻猪肉与冻鸡肉就曾受到闸门价格的影响。

（十）进出口国家垄断制

进出口国家垄断制（state monopoly of import and export）是一国政府规定的将全部或部分进口或出口商品由国家设立的国营贸易机构直接经营，或把某种进口或出口专营权给予私营大企业的制度。

进出口的国家垄断也称**国营贸易**（state trade），经营这些受国家专控或垄断商品的企业，称为**国营贸易企业**（state trading enterprises）。当进口和出口权被垄断以后，就限制了进出口渠道，从而达到限制进出口的目的。在国际贸易中，各国进出口由国家垄断的商品主要集中在三个方面。

（1）烟和酒。这主要是因为烟酒利税大，对其垄断经营可以使一国的政府机构从中获得巨大的财政收入。

（2）农产品。农产品是一种敏感产品，有些国家把对农产品的垄断经营作为国内农业政策的组成部分。比如，美国的农产品信贷公司，就是世界上最大的农产品垄断贸易企业，对美国农产品能在其国内市场上保持较高价格水平发挥了重要作用。当农产品的国内价格低于其支持价格时，它就高价收购国内的剩余农产品，然后以低价向外倾销，或按照所谓“外援”计划向缺粮国家特别是发展中国家大量出口。

（3）武器。这可能是出于国家安全需要和这类商品的特殊性而对其进行国家垄断经营。同时，一些发展中国家为了和外商在对外贸易上的垄断进行竞争，也成立国营对外贸易机构，直接控制有关商品的进出口。

（十一）技术性贸易壁垒

技术性贸易壁垒（technical barrier to trade，TBT）是指一国以维护生产与消费安全、人民健康以及保护环境为理由，通过颁布法律、法令、条例、规定，建立技术标准、认证制度、检验制度等方式，对外国进口产品制定苛刻繁杂的技术标准、卫生检疫规定、商品包装和标签规定，从而提高进口产品的技术要求，增加进口难度，使外国产品难以适从，以起到限制外国产品进口之目的。

在国际贸易中，各国对进口商品在技术标准、卫生检验及安全方面都有一些特殊的要求和规定，其中一些是正当的和必要的，一些则是专门为了应对某些国家的商品进口而制定的，还有一些甚至带有刁难的性质。进口商品必须达到这些标准和要求，否则进口国就有权对其进行限制，甚至扣留和销毁。

知识拓展 8-1

《技术性贸易壁垒协议》与《实施卫生与植物卫生措施协定》

世贸组织关于技术性贸易壁垒的文件有两个：一是《技术性贸易壁垒协议》（Agreement on Technical Barriers to Trade），即 TBT 协议，该协议于 1994 年 4 月 15 日生效；二是《实施卫生与植物卫生措施协定》（Agreement on the Application of Sanitary and Phytosanitary Measures），即 SPS 协定，它是通过长达 8 年之久的乌拉圭回合谈判所达成的一项重要的国际多边协定，于 1995 年 1 月 1 日世贸组织正式成立起开始执行。

《技术性贸易壁垒协议》允许成员实施标准、技术法规和合格评定程序方面的措施，但不得对贸易造成不必要的障碍。

《实施卫生与植物卫生措施协定》允许实施动物检疫、植物检疫和食品安全等相关措施，但不得对贸易造成不必要的障碍。

目前盛行的技术性贸易壁垒主要包括以下几种。

1. 各种产品的特殊技术标准

有些国家对进口商品规定了一些专门的标准和要求，而且有些规定还是有针对性地制定出来的。比如，加拿大关于电机产品的规格，各省均不相同；法国、英国、德国对电子零件规定了统一规格；美国规定锅炉及耐压容器必须经由美国机械工程师协会检验合格才能销售和使用。另外，联邦德国禁止进口车门从前往后开的汽车，而这种汽车正是意大利菲亚特 500 型号汽车的式样；法国禁止进口含有红霉素的糖果，就因为英国在制作糖果过程中普遍使用红霉素染料染色。

2. 药品及食物的卫生检疫制度

世界各国均制定和颁布了本国的药典，对毒品、麻醉剂、迷幻药和含有剧毒的药品，以及不符合本国药典规定或未经登记的私药、伪药等，一律禁止进口。此外，注射器和医疗器械的进口也要事先获得核准。对食品的进口也公布了许多管理办法，对各种添加剂包括染色剂、防腐剂等的品质和含量均有特殊规定，如果不符合规定，一旦进口就要销毁或勒令退回。

3. 消费品安全标准

对于消费品的安全规定，各国都十分重视。比如，美国除对武器、食品、药物、化妆品、医疗器械、杀虫剂、汽车、飞机、轮船等作出了安全规定外，还于 1972 年颁布《美国消费品安全法案》，设立消费品安全委员会（Consumer Product Safety Commission，CPSC），负责颁布和实施各种产品安全标准，这不仅适用于美国本土的产品，也适用于进口产品。2008 年，美国总统布什签署了《2008 消费品安全改进法案》，制定了 CPSC 成立以来最为严厉的消费者保护法案，通过减少消费品致伤、致死的危害因素，来维护消费者人身及健康安全。

4. 商品包装和标签规定

许多国家对在本国市场上销售的商品制定了种种包装和标签条例。这些条例虽然有必要和合理的一面，但往往因所规定的内容复杂、手续烦琐，势必增加其商品成本，削弱其竞争力，从而达到限制进口之目的。例如，美国、加拿大、澳大利亚等国防疫局规定，凡进口用木箱包装（包括木托盘）的货物时，均需提供熏蒸证明。再如，我国对进口肉类的包装作了以下要求：内外包装使用无毒、无害材料，完好无破损；内包装上标明原产国、品名、生产企业注册号、生产批号；外包装上应当标明产地、目的地、生产日期、保质期、储存温度等内容，目的地应为中华人民共和国。

5. 绿色贸易壁垒

绿色贸易壁垒（green trade barrier）也称为**环境贸易壁垒**（environmental trade barrier），是指在国际贸易活动中，进口国以保护自然资源、生态环境和人类健康为由而制定的一系列限制进口的措施。

绿色贸易壁垒属于技术性贸易壁垒的范畴，产生于 20 世纪 80 年代后期，90 年代开始兴起于各国。随着经济增长所带来环境污染的不断加剧、某些资源的日益枯竭、人类生存环境被肆意破坏，可持续发展已经成为各国共同关注的话题，这本是人类发展进步的表现。但在这种背景下，一些国家以保护生态资源、生物多样性、环境和人类健康为借口，设置一系列苛刻的高于国际公认或绝大多数国家不能接受的环保法规和标准，对外国商品进口采取准入限制或禁止措施，这就使得绿色贸易壁垒应运而生。绿色贸易壁垒的内容主要包括以下三个方面。

（1）**绿色标准**（green standards）。绿色标准通常是指一些国家通过立法手段制定的严格的强制性环保技术标准，以限制他国不符合该标准的产品进口。这些标准大都由发达国家根据其生产水平和技术水平制定，发展中国家很难达到，这成为绿色贸易壁垒的重要表现形式。

（2）**绿色环境标志**（green environmental label）。绿色环境标志又称绿色标签，是环保产品的证明性商标。绿色环境标志是指由政府部门或民间团体依据一定环境标准向有关申请者颁发其产品或服务符合环境保护要求的一种特定标志。颁发绿色环境标志的根本目的是引导消费者选择使用那些低毒少害、节约资源的产品，从而引导企业自觉调整产业结构，采用清洁工艺，生产对环境友好的产品。但由于各国技术水平存在差异，环境标志所依据的环境标准不一致，评价方法也不相同，加之所选择的产品类别有所偏向，这势必会对发展中国家的出口市场形成一道绿色贸易壁垒。

（3）**绿色卫生检疫制度**（green system of sanitation and quarantine）。绿色卫生检疫制度是指一国有关部门对产品是否含有毒素、污染物及添加剂等进行全面的卫生检查，防止超标产品进入国内市场的制度。发达国家往往把海关的卫生检疫制度作为控制进口发展中国家商品的重要工具。他们对食品、药品的卫生指标十分敏感，如对食品的安全卫生指标、农药残留、放射性残留、重金属含量、细菌含量等指标的要求极为苛刻。绿色卫生检疫制度影响最大的产品是药品和食品。为保障食品安全，许多国家采取了严格的检疫制度，有些国家建立了近乎苛刻的检疫标准和措施，形成了实质上的贸易保护。

知识拓展 8-2

世贸组织对非关税壁垒的分类

为了适应非关税壁垒动态发展形势及便于统计分析，世贸组织官方将非关税壁垒分为四大类：技术标准类壁垒、贸易防御类壁垒、农业壁垒以及其他壁垒。

（1）技术标准类壁垒。技术标准类壁垒包括技术性贸易壁垒和实施卫生与植物卫生措施。其中，技术性贸易壁垒是指进口国以维护国家安全、保障人类健康、保护生态环境、防止欺诈行为和保证产品质量为由，对进口产品采取的强制性或自愿性的技术措施；卫生与植物卫生措施是指一国为保护食品安全和动植物健康与安全而采取的降低风险的技术性措施，其宗旨是保护人类和动植物的健康与安全，促进农产品贸易持续健康发展。

（2）贸易防御类壁垒。贸易防御类壁垒包括反倾销税（anti-dumping duty）、反补贴税（anti-subsidy duty）和保障措施（safeguard measure）。

（3）农业壁垒。农业壁垒包括特别保障措施（special safeguard measures）、关税配额（tariff quota）和出口补贴（export subsidy）。

（4）其他壁垒。其他壁垒包括数量限制和国营贸易企业壁垒。

第二节 非关税壁垒的特点、演进及发展趋势

一、非关税壁垒的特点

与关税相比，非关税壁垒在限制进口作用上具有以下特点。

（1）更具广泛性和合理性。广泛性即多样性，非关税措施的种类繁多，适用范围广泛。据不完全统计，世界各国使用的非关税措施已从20世纪60年代末的850多项发展到20世纪70年代的900多项，20世纪90年代末已经达到2700多项，且目前非关税措施仍在不断增加。[①]合理性是指大多数非关税措施都是披着合情合理甚至合法的外衣，往往防不胜防。例如，以保护消费者的健康、安全，保护自然环境为名，制定种类繁多的检验程序、技术标准，既可以达到限制进口的目的，形式上也是合理、合法的。

（2）更具有灵活性和针对性。关税税率是以海关税则的形式公布实施的，所以一般都必须经过立法程序，并像其他立法一样，要求具有一定的延续性和稳定性。如要调整和更改税率，就需要经过较为烦琐的法律程序和法律手续。这种法律程序和手续，一般比较迂回迟缓，在需要紧急限制进口时往往难以适应。同时，关税还往往受到最惠国待遇条款的约束，签有最惠国待遇协定的国家和地区之间应当适用相同的税率，因而在关税税率的调整上很难有灵活性。而在制定和实施非关税壁垒时，通常只需采取行政程序，手续简捷，便可随时针对某个国家的某种商品采取和更换相应的限制措施，从而较快地达到限制进口的目的。

（3）更具有隐蔽性和歧视性。一般来说，关税税率是以法律的形式公之于众的，出口商能够很容易地了解有关税率。而一些非关税壁垒往往并不公开，或者规定极为烦琐复杂的标准和手续，使出口商难以适应和对付。对于技术标准而言，有的国家对一些商品品质、规格、性能和安全等规定了极为严格的技术标准，检查手续也十分复杂，并且经常变化，使外国商品难以达到要求，常常由于某一方面不符合要求而使整批商品不能进入对方的市场。同时，有的国家还往往针对某国或某商品采取特殊的措施，这就更增强了非关税壁垒的差别性和歧视性。

（4）限制进口的效果更直接、更明显。关税壁垒通过征收高额关税，以提高进口商品的成本和价格来削弱其竞争能力，从而间接地达到限制进口的目的。但如果出口国以出口补贴、商品倾销等办法降低出口商品价格的话，关税限制进口的作用就会降低，甚至达不到限制进口的目的。而一些非关税措施，如进口配额制，预先规定进口的数量和金额，超过配额以后就直接禁止进口，把超过的部分拒之国门之外，直接达到限制进口的作用，其限制效果则更加明显。

非关税壁垒具有一些不同于关税壁垒的特点，才使得二者在国际贸易的发展过程中能够相互替代、相互补充。

---

① 贾明德，董秘刚. 国际贸易学[M]. 西安：陕西人民出版社，2004：192.

二、非关税壁垒的演进及发展趋势

非关税壁垒在资本主义发展初期就已经出现，但只有到了20世纪30年代经济危机发生时才作为贸易壁垒的重要手段广泛流行起来。1929年，爆发了世界性空前严重的经济危机，各国仅仅通过大幅度提高关税税率已难以有效地限制进口，即只依靠关税措施已很难保护国内市场。因此，西方各主要国家便广泛采用进口配额制、进口许可证制、外汇管制等各种非关税措施来限制进口。20世纪30年代以后，采用进口配额制的国家不断增加。1930年，澳大利亚首先对部分工业制成品实行进口许可证制。1932年，法国首先对化肥的进口实行进口配额制，后来对农产品和燃料等的输入采用同样的限制措施，1932年进口配额涉及许多工业品。接着，西班牙、比利时、瑞典、捷克等国家也对许多农产品和工业品实行进口许可证制和外汇管制。1934年，采取进口配额制的国家已多达20多个。1940年，在100多个国家和地区中只有11个没有正式实行外汇管制。[①]此时，一些国家还常常把进口配额制、进口许可证制和外汇管制相结合，同时利用烦琐的海关手续、复杂的技术标准、苛刻的卫生检疫程序等来限制进口。

第二次世界大战结束后，许多资本主义国家仍然实行严格的进口限制措施。在20世纪50—70年代初的贸易自由化过程中，发达国家根据关贸总协定有关条款，在大幅度削减关税的同时，也相应地取消了一些非关税壁垒。关贸总协定第11条规定，各成员原则上应取消进口数量限制。经合组织章程也有类似的规定。所以到20世纪60年代初，经合组织成员国之间的进口数量限制取消了90%。随后，该组织的一些成员国对非成员国家和地区的商品进口也程度不同地扩大了自由化的范围。根据《罗马条约》的规定，欧洲经济共同体成员国之间，除了逐步取消关税以外，还应逐步废除进口数量限制等非关税措施。到1961年底，欧洲经济共同体内部已全部取消了工业品进口数量限制等非关税措施，农产品进口数量限制也逐步取消，实现了内部贸易自由化。从20世纪50年代开始，随着欧洲经济的复兴和日本经济的崛起，各国国际收支状况有所改善，对外汇管制也逐渐放宽乃至取消，并实现了货币自由兑换。总之，从20世纪50年代到70年代初，非关税壁垒的各种措施有所减少。

20世纪70年代中期以后，在1974—1975年与1980—1982年两次世界性经济危机的冲击下，发达国家之间的贸易战愈演愈烈，世界性的贸易保护主义重新抬头，限制进口措施日益增多。但在这时，关税措施已受到关贸总协定的约束，有关缔约方不能随便抬高关税，于是便竞相采取非关税措施来限制进口，以抵消由于关税大幅下降所造成的不利影响，故而便出现了一种以非关税措施为主、关税措施为辅的新贸易保护主义，贸易壁垒的重点由关税壁垒转向非关税壁垒。

非关税壁垒日益加强的发展趋势，主要以下述形式表现出来。

（1）非关税壁垒的种类日益增多，范围不断扩大。世贸组织官方数据显示，从1995年世贸组织成立以来，全球非关税壁垒呈稳定上升趋势：1996年，全球非关税措施总量为1677项；2016年，全球非关税壁垒数量达到3771项。每年新增设非关税壁垒

---

① 薛荣久. 国际贸易政策和措施概论[M]. 北京：求实出版社，1989：129.

数量呈上升趋势，新型壁垒层出不穷、愈演愈烈，对世界贸易影响恶劣。

随着时间的变迁，非关税壁垒的主要形式也发生了重大变化：1996 年世界贸易壁垒种类结构中，数量限制类壁垒的数量为 686 项，占比最高，为 40.9%，是最主要的贸易保护壁垒形式；在 2016 年世界贸易壁垒的种类结构中，非技术标准类壁垒只有 274 项，占比 7.3%。技术标准类壁垒数量为 3497 项，其中实施卫生与植物卫生措施数量为 1386 项，占比 36.8%；技术性贸易壁垒为 2111 项，占比 55.9%，技术性贸易壁垒和实施卫生与植物卫生措施占比 92.7%。因此，当今世界贸易保护手段中最流行的是技术标准类壁垒，即非关税壁垒的主要形态是技术性贸易壁垒及实施卫生与植物卫生措施，其次是贸易防御类壁垒。

（2）非关税壁垒的适用范围日益扩大。随着非关税措施种类的增加，其适用于限制商品进口的范围也日益扩大。受非关税壁垒限制的进口商品已从农产品扩展到工业品，从劳动密集型产品延伸到技术密集型产品。世界贸易中受到非关税壁垒限制的商品比重不断上升。

（3）非关税措施的歧视性日益明显。为了加强非关税壁垒，许多国家特别是发达资本主义国家，根据其与不同国家或地区的经济贸易关系，采取不同的非关税措施，实行不同程度的非关税壁垒限制。自 20 世纪 70 年代中期以来，这种歧视性日趋明显，特别是到了 20 世纪末，一些国家更是竭力主张和实行所谓“有选择的限制”措施，即进口国有权对个别出口国的商品实行进口数量限制或采取其他的非关税措施，其矛头往往指向发展中国家，损害发展中国家的利益。

从目前来看，尽管发达国家之间也采取了一定的非关税壁垒措施，但全球绝大多数非关税壁垒都属于发达国家对发展中国家的限制。特别是 1995 年之后，以中国为代表的新兴经济体的经济扩张对传统国际经济贸易格局造成冲击，使得发达国家设置各类非关税壁垒的歧视性日益明显和增强，不仅为了保护本国市场，而且以此作为获得进入新兴国家市场的谈判筹码。

（4）因非关税壁垒限制而受到损害的国家日益增多。受害国家不仅有发展中国家，同时还有发达国家，当然前者受害更深。一方面，发达国家对发展中国家的非关税壁垒数量最多，另一方面，发展中国家之间的非关税壁垒也在急剧增加。就区位特点而言，全球非关税壁垒主要针对亚洲及欧洲地区，亚洲内部相互设置非关税壁垒的现象较为严重。由于亚洲内部各国各集团存在竞争关系，同时，中国及印度的崛起成为与发达国家及其他第三世界国家进行竞争的新力量，因此除了上述国家之间互相施加非关税壁垒外，也往往引致世界其他国家有针对性地设置非关税壁垒。①

非关税壁垒对国际贸易的阻碍作用，日益受到国际社会和有关国际组织的重视，在关贸总协定主持的后几轮多边贸易谈判中，已经涉及非关税或通过了一些限制使用非关税措施的协议，这体现了在今后的国际贸易中，非关税措施也将逐步受到多边贸易体制的约束。但由于非关税措施种类繁多，往往是约束了旧的，又出现新的，因此在全球经济一体化和国际贸易自由化过程中，解决限制和约束非关税壁垒问题是世界各国将要承

---

① 符磊，强永昌. 世界非关税壁垒形势与我国的策略选择[J]. 理论探索，2018，（4）：98-106.

担的一项长期任务。

第三节　鼓励出口和管制出口的措施

许多国家在利用关税和非关税措施限制进口的同时，还采取各种各样的关税和非关税措施鼓励出口或管制出口。本节主要介绍鼓励出口和管制出口的非关税措施。

一、鼓励出口的非关税措施

鼓励出口的非关税措施是指一些国家为了争夺国外市场，实现贸易顺差，所采取的多种鼓励出口的手段和方式。

（一）出口信贷

出口信贷（export credit）又称出口信用，是指一个国家为了支持扩大本国产品出口，责成本国银行设立的一种中利优惠贷款。中利优惠贷款又称中息贷款，是指中等利息率的贷款。该贷款利率低于一般金融市场和商业银行贷款利率，利差由出口国政府补贴。

1. 出口信贷根据贷款期限所作的分类

出口信贷根据贷款期限可分为以下三种。

（1）短期出口信贷。偿还期一般不超过一年，用于支持消费品、原材料和小型设备的出口。

（2）中期出口信贷。偿还期一般为1—5年，用于支持中型设备出口。

（3）长期出口信贷。偿还期一般为5—10年，用于支持重型商品和成套设备出口。

美国、英国、法国、日本、联邦德国、加拿大、意大利等7国于1975年就中长期出口信贷签署了一项具有约束力的“君子协定”，对贷款最高额度、最低利率和最长偿还期限作了规定。该协定在1977年又为经合组织接受，遂使其影响面扩大。该协定规定，出口信贷的最高金额只能占出口商品全部货款的80%～85%，其余需由进口方用现金支付；出口信贷的最长偿还期限和最低利率按使用信贷的进口国国民收入水平分为高收入国家（年人均收入3000美元以上）、中等收入国家（年人均收入1000～3000美元）、低收入国家（年人均收入1000美元以下）三类。最长偿还期限，高收入国家和中等收入国家一般为8年，低收入国家一般为10年。最低利息率在三类国家中有所不同。

2. 出口信贷按其对象的分类

出口信贷按其对象可以分为两种。

（1）**卖方信贷**（supplier’s credit）。卖方信贷是指出口方（卖方）借用的本国出口信贷，旨在扩大商品出口。在卖方将产品赊销给国外进口方（买方）时，卖方借用出口信贷填补赊销产品占用的资金，以维持资金正常周转。

一般在产品的买方对卖方实行延期付款的情况下，才采用卖方信贷这种方式。具体做法是：买卖双方签订货物贸易协议，买方对所买商品向卖方支付10%～15%的定金，在交货、验收和保证期满后再分期交付10%～15%的货款，其余货款在全部交货后，按协议规定延长的期限一次或分期用现汇偿付，或经买卖双方同意采取补偿贸易的方式用产品偿付，然后卖方向贷款银行偿还所借信贷本息。

卖方信贷通常用于大型商品（飞机、轮船等）和成套设备（生产线等）贸易等场合。由于这些商品出口所需资金多、延续时间长，进口商一般都采用延期付款的方式。出口商为了加速资金周转，往往需要取得银行的贷款。因此，卖方信贷是银行直接资助出口商向外国进口商提供延期付款，以促进商品出口的一种手段。

（2）**买方信贷**（buyer's credit）。买方信贷是指进口方（买方）为了进口商品而使用的产品出口国的出口信贷。具体有两种做法：其一，买方直接向出口国的银行（即卖方银行）借贷；其二，买方通过本国银行（即买方银行）从出口国银行进行转贷。前一种做法买卖双方以即期现汇交易，在双方签订贸易合同后，买方向卖方交付15%左右的定金。其余货款由卖方银行贷给买方，买方按现汇付款条件支付给卖方。买方与卖方银行签订货款协议提取贷款后，按协议规定分期向卖方银行偿还贷款本息。

采取买方信贷这种办法时，买方需要分别与卖方签订贸易合同，与卖方银行签订贷款协议。贷款协议以贸易合同为前提，但又独立于贸易合同。后一种做法是买方银行与卖方银行签订贷款协议，由卖方银行向买方银行提供贷款，再由买方银行将贷款转贷给买方。买方用现汇向卖方支付进口产品货款。买方银行根据贷款协议规定分期向卖方银行偿还贷款本息。买方与卖方银行之间的债务，通常以国内信贷的方式直接核算清偿。出口方银行直接向买方或买方银行提供贷款的附带条件是，该项贷款必须用于购买债权国的商品，因而能够起到促进商品出口的作用，这就是所谓的**约束性贷款**（tied loan）。

为了做好出口信贷工作，不少国家都设立了专门的银行，如日本的“输出入银行”、美国的“进出口银行”、法国的“对外贸易银行”以及中国于 1994 年 7 月 1 日成立的“中国进出口银行”等。这类银行的资金由财政预算拨付，它们除了直接开展出口信贷业务外，还向本国商业银行提供低息贷款，资助它们从事出口信贷业务。

（二）出口补贴

出口补贴（export subsidies）又称为“出口津贴”或“出口奖励金”，是指一国政府为了降低出口商品的成本和价格，增强其在国外市场上的竞争力，在出口某种商品时给予出口商的现金补贴或财政上的优惠待遇。

1. 出口补贴的种类

出口补贴分为两种，即直接补贴与间接补贴。直接补贴，是指在商品出口时，政府直接付给出口商的现金补贴；间接补贴，是指一国政府对某些出口商品给予政策上的各种优惠。

2. 出口补贴的内容

出口补贴主要包括以下四个方面。

（1）退还或减免出口商品所缴纳的国内税，如免征销售税、消费税、增值税和营利税等，以降低其经营成本。许多国家提出的减免出口商品国内税的理由或者是这些出口商品未在国内消费，或者是这些商品可能在进口国国内被征收同种或类似的国内税。例如，大部分国家对商品出口采取退还增值税的办法，我们将其称为出口退税。增值税是以商品生产流通和劳务服务各个环节的增值额为课税对象而征收的一种流转税。为降低出口成本、增强出口产品的国际竞争力，我国于 1985 年开始全面实行出口退税。

（2）免征出口税。目前，各国对出口一般都免征出口税，而对某些特殊商品仍征收出口税。但在世界市场价格下跌时，通常采取降低商品出口税的办法，以提高出口产品竞争力。

（3）免征或退还进口税。对加工后复出口的进口原料、半成品及成品暂时免征进口税或出口时退还进口税。利用这种方法，可以降低制成品的成本，提高出口商品的竞争力。

（4）实行减免税。对出口收入实行减税或通过允许加速折旧等措施来减免税。例如，新加坡、印度等国都规定对出口收入大幅度减税，有时减税幅度高达 90%；马来西亚政府规定，对出口值占其产值 20%以上的出口企业允许其实行“加速折旧制度”，以促进该企业扩大投资，加速实现技术和设备的现代化。此外，对出口商品实行延期付税、减低运费等措施也属于间接补贴的范围。

关贸总协定及其继承者世贸组织原则上是反对出口补贴的。一般情况下，它不准许缔约方对初级产品以外的商品给予直接或间接补贴，但对“边境税调整”却是许可的。所谓边境税调整是指本国商品行将离开边境出口时，政府可以退还原来在国内征收的间接税，但是在外国商品进口时则必须缴纳这些间接税。至于直接税，则不得在商品离境出口时退还给出口商。作出这样的规定，是为了避免因各国征税不同而扭曲了商品的比较成本。间接税会提高商品的价格，从而影响公平竞争，而直接税则不会提高价格而影响公平竞争。因此，在商品离境出口时，间接税可以退还，但直接税却不得退还。一般来说，一国采取出口补贴的措施总是会引起其他国家的制约，其中最简便的制约措施就是令其接受补贴的商品缴纳与补贴金额等价的关税，即所谓的**平衡税**（equalizing duty）。

汉密尔顿认为，补贴是对幼稚产业的鼓励与支持，要比进口税更为直接和积极；而且补贴不易引起被保护商品的价格上涨，而进口税最明显的效果就是提高进口国国内的供给价格和需求价格，从而降低消费者的福利水平；同时，补贴还会提高国际贸易量，而进口税则会降低国际贸易量。因此，从补贴与进口税的比较中可以看出，出口补贴对国内幼稚产业的保护是必要的，但若长期补贴下去，会使被保护产业永无发展的希望。

出口补贴固然是一项产业保护政策，但它首先是一项鼓励出口的政策。因此，补贴与进口税在职能上既有相通之处，也有区别。可以这样认为，出口补贴是出口导向发展战略的一项政策工具，进口税则是进口替代发展战略的政策工具之一。因此，二者所产生的经济效应也存在着诸多差异。

（三）出口生产补贴

出口生产补贴（export production subsidies）是对出口产业的生产给予的补贴。它与出口补贴的区别在于：出口生产补贴是对出口产业所有生产的产品均进行补贴，即不管是出口产品还是内销产品均可得到补贴；而出口补贴仅仅是针对出口商品给予的现金补贴。但二者都可以达到促进出口的目的。

（四）对出口行业的价格支持

对出口行业的价格支持（price support for export industries）是政府通过稳定价格来支持出口生产者的一种手段。对出口行业的价格支持本身并不是一种贸易政策，但当一国政府将其用于出口行业时，就会起到鼓励和刺激出口贸易的作用。

（五）出口信贷国家担保制

出口信贷国家担保制（export credit guarantee system）是由出口国政府设立专门机构，为出口商或商业银行向进口商提供贷款并进行风险担保的一种制度。当发生呆账或坏账时，国家担保机构即按担保的金额给予补偿。该制度的实质是国家代替出口商或商业银行承担风险，从而为出口商创造能够安心进行出口贸易的环境，以扩大和争夺国外市场份额。出口信贷国家担保制的内容包括三个方面。

1. 担保的项目与金额

通常商业保险公司不承保的出口风险，都可向政府担保机构进行投保。这些风险一般可分为政治风险与经济风险两类。一是政治风险。如由进口国发生政变、暴乱、战争以及政府实施禁运、冻结资金或限制对外支付等政治原因所造成的风险和损失，可由政府担保机构予以担保和补偿。这种风险的承保金额一般为合同金额的 85%～95%。二是经济风险。如进口厂商或借款银行由破产倒闭、无力偿付以及货币贬值或通货膨胀等经济原因所造成的风险和损失，可由政府担保机构予以承保和补偿。这种风险担保金额一般为合同金额的 70%～80%。为了扩大出口，有时对于某些出口项目的承保金额可以高达 100%。

2. 担保对象

担保对象主要分为对出口厂商的担保和对银行的直接担保两种。一是对出口厂商的担保。出口厂商输出商品时提供的信贷（包括短、中、长期信贷）可向国家担保机构申请担保。有些国家的担保机构本身不向出口厂商提供出口信贷，但它可以为出口厂商取得出口信贷提供有利条件。比如，有的国家采取保险金额抵押的方式，允许出口厂商获得的承保权利，可以以“授权书”的方式转移给供款银行以取得出口信贷。这种方式使银行提供的贷款得到了安全保障，一旦债务人不能按期还本付息时，银行即可从保险机构得到补偿。二是对银行的直接担保。一般情况下，银行所提供的出口信贷均可申请担保。这种担保是担保机构直接对供款银行承担的一种责任。有些国家为了鼓励出口信贷业务的开展和保障贷款的安全，有时还给予银行更为优厚的待遇。比如，英国的**出口信贷担保局**（Export Credits Guarantee Department，ECGD），既是英国的官方出口信用保险机构，也是世界上最早的信用保险机构。该机构于 1919 年设立，1949 年起成为英国贸易部下属的一个独立部门。该机构一般为本国出口商承保（商业保险公司通常不承保的）出口风险，主要包括：进口方无力偿付或长期违约；进口方所在国家实行新的进口许可证制，限制或撤销已生效的进口许可证制；英国与买方国家之间发生战争；英国撤销出口许可证制；进口方所在国家发生内战或其他动乱。对于这些风险，大多数可以获得 85%～95%的担保。除此之外，该机构还对英国银行向出口商或国外买主发放的信贷提供担保。一般根据合同金额提供 2—5 年的信贷担保。对大型工程或竞争激烈的商品，担保期限可达5年以上。对海外投资的政治风险担保，期限短则3年，长则可达15年。第二次世界大战结束以后，该机构业务发展很快，其担保金额占英国出口额的比例不断上升，对英国垄断资本扩大出口、争夺海外市场起到了重要作用。

3. 担保期限与费用

根据出口信贷期限，担保期限通常可分为短期和中期、长期。短期信贷担保为6个月左右，承保范围往往包括出口厂商所有海外的短期信贷交易。为了简化手续，有的国家对短期信贷采取**综合担保**（comprehensive guarantee）的方式，出口厂商一年只要办理一次投保，就可承保在这期间对海外的一切短期信贷交易。一旦外国债务人拒付时，即可得到补偿。至于中期、长期信贷担保，由于金额大、时间长，因而采用逐笔审批的**特殊担保**（specific guarantee）方式。中、长期担保期限通常为2—15年。承保时间一般从出口合同成立之日起到最后一笔款项付清为止，也可以从货物装运出口到最后一次付款为止。

国家出面对出口信贷进行担保的主要目的在于降低出口厂商与供款银行在海外的风险，以拓宽商品销路，并非以营利为目的，因而所收取的费用一般不高。保险费率的确定根据出口担保的项目、金额、期限和输出方向的不同而有所区别。同时，各国规定的保险费率也不一样。

（六）倾销措施

1. 商品倾销

商品倾销（dumping）就是商品出口国以低于该商品的国内市场价格，甚至低于商品生产成本的价格向国外市场抛售商品，并对进口方产业造成实质性损害的行为。商品倾销旨在打击竞争对手，占领国外市场，扩大商品销路。

商品倾销按其具体目的和时间不同，可以分为以下三种。

第一，**偶然性倾销**（sporadic dumping）。这种倾销通常是因为销售旺季已过，或因生产经营厂商改换业务，使得在国内市场上存在无法售出的“剩余货物”，而需以较低的价格在国外市场上抛售。偶然性倾销对进口国的同类生产会造成一定不利影响，但由于持续时间较短，进口国家通常较少采取反倾销措施。

第二，**间歇性或掠夺性倾销**（intermittent or predatory dumping）。间歇性或掠夺性倾销是指一出口企业为了在某一外国市场上取得垄断地位，以低于国内销售价格甚至低于生产成本的价格间歇性地向该国市场抛售商品，旨在把竞争对手逐出进口国的国内市场，然后再以垄断力量提高价格，获取高额利润，弥补倾销价格所造成的损失。

第三，**持续性倾销**（persistent dumping）。持续性倾销是指出口企业为长期占领市场、实现利润最大化目标而无限期地持续以低价的形式向国外市场出口产品的行为。

商品倾销按其公开和直接程度的不同，可以分为以下两种。

第一，公开性倾销。公开性倾销即采取公开和直接的方式，大幅度降低商品出口价格的倾销，也就是一般情形下的商品倾销。

第二，隐蔽性倾销。出口商按国际市场上的正常价格出售商品给进口商，而进口商则以低价在进口国市场抛售商品，其亏损部分由出口商予以补偿。这种采用隐蔽和间接方式的倾销就称为隐蔽性倾销。

倾销所造成的利润减少或亏损，出口商一般可采取三种办法得到补偿：一是维持国内市场上的垄断高价或压低工人的工资，榨取高额利润；二是国家提供出口补贴；三是通过商品倾销打垮竞争对手，占领国外市场，然后再抬高价格增加利润以弥补亏损。

商品倾销能否达到预期的目的主要取决于下列条件。

第一，出口产品输往国外之后，不再返销国内市场。一般来说，如果商品的往返运费等于或大于商品的国内外差价，就不会发生返销问题。但如果运输费用低于差价，则只能依赖征收进口关税来提高返销商品的成本，阻止出口商品返销。

第二，出口厂商对国内市场具有一定的垄断性。当国内市场处于完全竞争状态时，多数厂商都面对着一条水平的需求曲线，仅仅是既定价格的接受者，竞争使国内价格呈下降趋势，多数厂商也无法在国外降价销售。因此，只有垄断厂商才有可能以高价的形式在国内销售而同时又以低价在国外倾销。

第三，倾销能否成功，还要看对方反倾销的状况如何。所谓**反倾销**（anti-dumping），是指一国政府对外国商品在本国市场上实行倾销时所采取的抵制措施。常用的方法是在征收一般的进口税之外，再增征反倾销税。《反倾销协议》强调，最终的反倾销措施应该采取征收反倾销税的形式。如果反倾销调查最终裁定存在倾销、产业损害及其因果关系，并确定了倾销幅度，进口方政府当局即可对该倾销商品征收反倾销税。

反倾销税的征收额可以等于或小于倾销幅度，但绝不能大于倾销幅度。如果较少地征税就能消除对国内产业造成的损害，则征税额最好小于倾销幅度。征收反倾销税仅在抵消倾销的期限内有效，但最长一般不能超过 5 年。

倾销属于一种不公平竞争的贸易行为，因此世贸组织允许各成员对任何倾销行为都可以征收反倾销税，以消除国际贸易中的不公平现象。

除商品倾销外，外汇倾销、间接倾销和社会倾销等现象也已引起国际社会的重视，要求对其施行制裁的呼声也越来越高。

2. 外汇倾销

外汇倾销（exchange dumping）是指一国利用本国货币对外贬值的办法向国外倾销商品的措施。一国货币贬值后，出口商品用外国货币表示的价格降低，其竞争力就会增强，从而有利于扩大商品的出口。同时，在本国货币贬值后，进口商品用本国货币表示的价格就会上涨，削弱了进口商品的竞争力，从而达到限制进口的目的。

外汇倾销要达到预期目的，也需具备一定条件，主要包括两个方面。

（1）货币贬值的程度大于国内物价上涨的程度。当国内物价上涨程度赶上或超过货币贬值的程度时，对外贬值与对内贬值的差距就随之消失，从而使外汇倾销的条件不复存在。

（2）其他国家不同时实行同等程度的货币贬值或采取其他报复性措施。如果其他国家也实行同幅度的货币贬值，两国货币贬值的效应就会相互抵消，汇价仍处于贬值前的水平，收不到货币贬值的效益；如果外国采取提高关税等其他限制进口的报复性措施，那么也会起到抵消外汇倾销效果的作用。

必须注意的是，虽然外汇倾销能够达到扩大出口与限制进口之功效，但由于外汇倾销实质上是降低了出口产品的外汇标价以换取出口数量的增加，即通过本国贸易条件恶化的办法达到增加外汇收入之目的。因此，实行外汇倾销的成本和代价是十分昂贵的。

3. 间接倾销

间接倾销（indirect dumping）也称第三国倾销，是指甲国的产品倾销至乙国，再由乙国销往丙国，并对丙国的有关工业造成损害。

在此情况下，虽然乙国出口商并没有实施实际的倾销行为，但丙国相似产品生产商可依据反倾销法，申请对乙国的生产商和出口商进行反倾销调查；也可要求乙国对甲国的产品采取反倾销措施。至于乙国当局是否会根据丙国的请求，对甲国的倾销产品实施反倾销措施，往往取决于乙国与丙国的政治与贸易关系。若乙国与丙国之间存在紧密的利益关系，如属同一自由贸易区的成员，对甲国倾销产品的反倾销便容易实现。

4. 社会倾销

由于劳工标准和生产环境标准较低，出口国通过利用廉价的和缺乏相应保护的劳工，甚至不惜以破坏环境为代价，以极低的价格在国外销售，由此形成的出口竞争优势就是社会倾销。

社会倾销（social dumping）最初是指利用犯人劳动或其他苦役劳动生产产品，现在它所指的范围已扩大，在计算产品成本时必须考虑其他因素。近年来，发达国家特别是欧盟的贸易保护主义者，一直在呼吁制止这种所谓的社会倾销。发达国家认为，发展中国家普遍存在较低的劳工标准和生产环境标准，有些企业还使用童工和囚犯生产出口产品；有些国家禁止工人结社自由，工人集体谈判的力量很弱，工人的劳动和生活环境没有得到有效的保护，工资被随意压低；对造成环境污染的出口工业不予以投资治理……致使产品的劳动力成本很低，以此降低出口商品成本。同时，一些大的跨国公司，如耐克、苹果等公司也被控诉为“血汗工厂”，利用发展中国家的劳工标准进行社会倾销。因此，对于跨国公司来说，社会倾销又指当东道国的劳工标准低于母国，因而劳动力成本也很低时，通过在东道国设厂向本国提供产品的行为。除此之外，还有一种情况有时也被人们称为社会倾销，即低工资国家的工人向高工资国家迁移。

由此可见，社会倾销就是出口国采取的一种“饥饿出口”政策，其本质特征是不择手段地降低出口商品的成本及价格，通过损害国内环境或国民福利来达到扩大出口的目的。

（七）扩大出口的其他措施

各国鼓励出口的措施很多，除上述各项主要措施外，还有下列一些方法。

（1）实行进出口连销制。进出口连销制即进口的原材料加工成制成品后再出口。日本较多地采用这种方法。除将大量进口的原材料加工成制成品供国内销售和出口外，还实行一种特殊的“加工贸易”，即规定将这种“加工贸易”的进口原材料加工成制成品后，必须用来出口，而不准在国内市场上销售。经营这种“加工贸易”的厂商，进口原材料一般可以免税，出口成品也会享受许多优惠，因而出口创汇率很高。

（2）设立综合协调机构。为了有效地促进出口，一些国家和地区很重视设立有权威性的综合协调机构，专门研究和统一协调全国的出口问题。比如，日本政府于 1954 年就设立了高级的综合协调机构——“最高出口会议”，其委员长由内阁总理担任，副委员长和委员分别由通产大臣、大藏大臣、经济企划厅长官及日本银行总裁等高级官员担任。该会议负责制定出口政策以及为实现出口目标而在各部门之间进行综合协调，对日本外贸出口的扩大起到了重要的作用。又如，韩国也从 1965 年起建立了“出口扩大振兴会议”制度，会议每月召开一次，由总统亲自主持，各部长出席会议，专门研究扩大出口的问题，对于韩国的外贸和经济的发展起到积极的推动作用。

（3）扶持出口企业。为了鼓励出口，世界上许多国家都对出口有功的企业给予奖励。如英国从 1919 年起，开始实行“女王陛下表彰出口有功企业的制度”，受到表彰的企业可以在 5 年之内使用带有女王名字的奖章来宣传自己的产品。日本在 20 世纪 60 年代也实行过“出口有功企业”命名制度，即每年在贸易纪念日（6 月 28 日）由通产大臣命名一批企业、商社为“出口有功企业”，并颁布奖状、奖旗或奖牌予以表彰，同时在税收方面给予一定的优待，在资金方面予以扶持。

（4）给予金融政策优惠。金融政策是世界上许多国家和地区为促进出口所采取的一项重要措施。除了设立专门的进出口银行向出口企业提供优惠的出口信贷外，其他的优惠措施还有：中央银行通过对出口票据实现低利贴现，使出口企业能从一般商业银行得到优惠的短期贷款；由政府金融机构提供信贷担保和利息补贴，如英国规定为使商业银行能按标准的固定利率向企业提供 2 年以上的中长期出口信贷，英国出口信贷担保署可以提供担保及利息补贴；在进口用汇方面照顾出口企业；等等。

（5）依法维持出口秩序。利用法律手段维持出口秩序，防止出口商的过分竞争，是一些国家发展外贸出口所采取的重要措施。如日本《进出口交易法》规定，出口企业可以不受《禁止垄断法》的约束而组织“出口组合”，即通过组织出口卡特尔来维持出口秩序，防止过分竞争。

（6）通过对外援助带动出口。通过对外援助促进对发展中国家的出口，这是发达国家经常采用的一种扩大出口的措施。主要做法有：通过对外援助向发展中国家推销过剩农产品；通过援建项目促进本国建材及机械产品的出口；在提供对外援助时附加有利于本国出口的条件；等等。此外，扩大出口的具体措施还包括建立商业情报网、举办贸易展览会、组织贸易代表团等，这里不再一一详述。

二、管制出口的非关税措施

各国对外贸易政策的基本倾向是鼓励出口和限制进口，保持国际收支的顺差，但这并不妨碍许多国家为了达到一定的经济、政治或军事目的，在一定时期对某些商品的出口实施管制、限制或禁止措施。

（一）管制出口的原因

一个国家或地区可以出于以下目的对出口实行管制。

（1）经济目的。出于经济目的而进行出口管制主要包括以下原因。其一，对国内生产所需的原材料、中间产品等的出口实行管制，或者对国内市场需求量较大的消费品的出口实行管制，其目的在于满足国内生产和消费需求。多数发展中国家实行出口管制是出于经济原因。比如，对国内供不应求的生活必需品的出口实行管制，其目的在于满足国内人民的消费需要，维持社会秩序的稳定。其二，对本国在国际市场上占主导地位的、出口额大的重要商品的出口实行管制，以避免贫困化的加剧。如石油输出国组织（Organization of the Petroleum Exporting Countries，OPEC）对石油产量与出口量进行限制，以稳定石油价格。其三，对先进技术及资本货物的出口进行管制，其目的在于确保本国在一定领域中的领先地位。如有些发达国家对技术和设备的出口实行出口许可证制，许可出口的技术、设备都是国内已经淘汰的或即将淘汰的技术和设备。甚至有的发达国家公开表明，要让国外永远落后 5—10 年。其四，为了减少与进口国的贸易摩擦而对某些产品实行“自动”出口限制。

（2）政治目的。有些国家为了对另一些国家实行封锁制裁，而对向这些国家出口的“战略物资”实行管制。出于政治目的而常常被管制的商品有飞机、军舰、武器及与此有关的先进技术。除对战略物资实行出口管制外，在特殊情况下，甚至对一般的生活必需品也实行出口管制，这就是所谓的“经济制裁”。

（3）历史文化原因。为了保护本民族历史文化特色，而对有些文物及工艺品的出口实行管制。

（二）管制出口的措施

世界各国实行出口管制的形式主要分为单方面出口管制与多边出口管制，此外，还有出口关税制。

知识拓展 8-3

巴黎统筹委员会与《瓦森纳协定》

巴黎统筹委员会（简称“巴统”）的正式名字是“输出管制统筹委员会”（Coordinating Committee for Multilateral Export Controls），是对社会主义国家实行禁运和贸易限制的国际组织。在美国的提议下，它于 1949 年 11 月秘密成立。因其总部设在巴黎，通常被称为“巴黎统筹委员会”。

巴统有 17 个成员国：美国、英国、法国、德国、意大利、丹麦、挪威、荷兰、比利时、卢森堡、葡萄牙、西班牙、加拿大、希腊、土耳其、日本和澳大利亚。其宗旨是执行对社会主义国家的禁运政策。禁运产品有三大类，包括军事武器装备、尖端技术产品和战略产品。巴统的禁运政策和货单常受国际形势变化的影响，有时还把禁运限制同被禁运国家的社会制度、经济体制或人权联系在一起。巴统带有强烈的冷战色彩和意识形态色彩。随着苏联的解体，巴统于 1994 年 4 月 1 日正式宣告解散。

1996 年 7 月，在美国的操纵下，以西方国家为主的 33 个国家在奥地利维也纳签署了《瓦森纳协定》（简称“瓦协”，Wassenaar Arrangement），决定从 1996 年 11

月 1 日起实施新的控制清单和信息交换规则。《瓦森纳协定》又称瓦森纳安排机制，全称为《关于常规武器和两用物品及技术出口控制的瓦森纳协定》(The Wassenaar Arrangement on Export Controls for Conventional Arms and Dual-Use Good and Technologies)，目前共有美国、日本、英国、俄罗斯等 40 多个成员国。瓦协实际上是巴统的"继承者"。

与巴统一样，瓦协同样包含两份控制清单：一份是军民两用商品和技术清单，涵盖了先进材料、材料处理、电子器件、计算机、电信与信息安全、传感与激光、导航与航空电子仪器、船舶与海事设备、推进系统等 9 大类；另一份是军品清单，涵盖了各类武器弹药、设备及作战平台等共 22 类。中国同样在被禁运国家之列。

尽管瓦协规定成员国自行决定是否发放敏感产品和技术的出口许可证，并在自愿的基础上向瓦协其他成员国通报有关信息，但瓦协实际上完全受美国控制。当瓦协某一国家拟向中国出口某项高新技术时，美国甚至直接出面干涉，如捷克拟向中国出口"无源雷达设备"时，美国便向捷克施加压力，迫使捷克停止这项交易。

(1) 单方面出口管制。单方面出口管制，即一个国家根据本国的出口管制法案设立专门的管理机构，对本国某些商品的出口进行审批和颁发出口许可证的制度。被管制商品的出口要向政府主管机构申请，通过审批或领得出口许可证者方可出口。例如，美国政府根据有关法律在商务部下设贸易管制局，专门办理出口管制事宜，美国绝大部分被管制商品的出口均要在此等待审批和领取出口许可证。

(2) 多边出口管制。多边出口管制即由两个或两个以上的国家签订出口管制盟约，建立国际性的出口管制机构，共同编制多边出口管制货单和出口管制国别的制度。比如，1949 年在美国倡议下成立的巴统，就是一个专门负责对社会主义国家实行出口禁运和贸易限制的国际组织。

一般来说，不论是单方面出口管制还是多边出口管制，都由有关国家或组织的专门机构，根据出口管制的有关法规，制定管制货单及输往国别分组管制表，然后根据出口许可证制办理具体的出口申报手续。

(3) 出口关税制。出口关税制是指采取对出口商品征收关税的方式进行的出口管制，即通过对出口商品征收关税，以增加出口商品的成本，提高出口商品的价格，削弱出口商品在国外市场上的竞争力，从而达到限制商品出口的目的。这和管制出口其他措施的经济影响有一致之处。当然，在一定条件下，一个国家的出口管制是选择出口许可证制还是出口关税制，这要视当时的具体情况而定，而且二者的经济效应也不完全一样。

第四节 非关税政策的经济效应

非关税政策（non-tariff policy）一般可分为限制进口的非关税措施、鼓励出口的非关税措施与限制出口的非关税措施。在限制进口的非关税措施中，我们介绍进口配额、

"自动"出口配额制的经济效应分析，并将进口配额与等额进口关税进行比较；在鼓励出口的非关税措施中，我们介绍出口补贴与商品倾销的经济效应；在管制出口措施中，我们介绍出口关税的经济效应。

一、进口配额的经济效应分析

第二次世界大战之后，随着关税水平的不断降低，包括进口配额在内的非关税壁垒的重要性大大增强。进口配额与进口关税在限制进口数量和保护本国产业方面的作用是一致的。进口配额与进口关税一样，也会产生消费者效应、生产者效应、价格效应等一系列经济效应，但进口配额的经济效应与进口关税的经济效应有所不同。在此，我们仅仅对完全竞争条件下进口配额的经济效应加以分析。

（一）进口小国实施进口配额的经济效应

假定甲国为一进口小国，其进口产品为 A 产品。如图 8-1 所示，D 为甲国 A 产品的需求曲线，S 为其供给曲线。在自由贸易条件下，其国内 A 产品的价格与国际市场价格持平，均为 P_w。

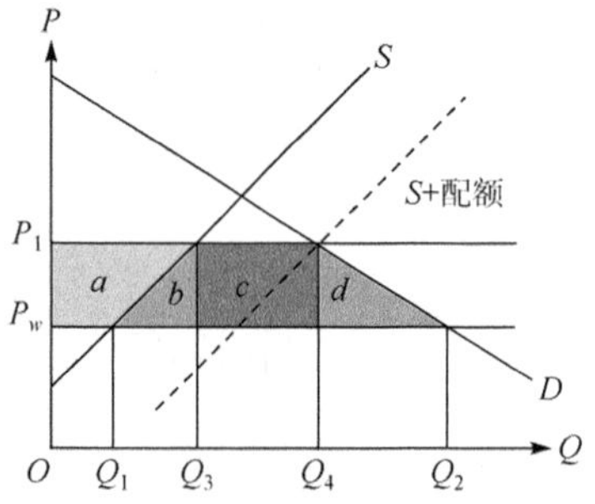

图 8-1 小国进口配额的经济效应

如果甲国特定时期内对 A 产品实行进口配额（为讨论方便，假设为绝对配额），进口配额为（Q_4-Q_3），即每年仅仅允许进口数量为（Q_4-Q_3）的 A 产品。在此情况下，配额的数量很有限，要比人们愿意按照世界价格进口的数量少。于是，国内的总供给曲线总是等于没有进口时的国内供给曲线加固定配额，为（$S+$配额），这相当于供给曲线向右平移了（Q_4-Q_3）的距离；加之，国内消费者不能按世界价格买到其所需数量的商品，遂使该商品的价格 P_1 高于世界价格 P_w。在这种情况下，生产者效应为 a，即进口配额使甲国 A 产品生产者增加了面积为 a 的生产者剩余；消费者效应为（$a+b+c+d$）；c 为进口配额所有者所得到的经济利益。c 的归属因配额分配方法的不同而有所不同。

如前所述，在政府公开拍卖配额、政府将配额无偿颁发给进口商以及按资源使用申请程序分配配额这三种配额分配方法中，进口配额所有者所得到的经济利益 c 归本国所有，实行进口配额给进口国带来的净损失为（$b+d$）；而当将配额交由出口国掌握时，c 所代表的经济利益就流失到国外，实行进口配额给进口国带来的净损失为（$b+c+d$）。

（二）进口大国实施进口配额的经济效应

假定甲国为一进口大国，其进口产品为 A 产品；乙国为产品 A 的出口国。如图 8-2 所示，D 为甲国 A 产品的需求曲线，S 为其供给曲线。在自由贸易条件下，其国内 A 产品的价格与国际市场价格持平均，即 P_0。此时，甲国对 A 产品的进口量（Q_2-Q_1）就等于乙国对 A 产品的出口量（$Q'_2-Q'_1$）。

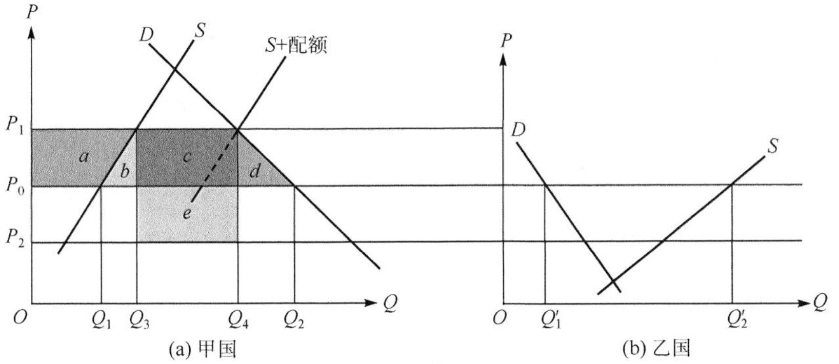

图 8-2　大国进口配额的经济效应

如果甲国在特定时期内对 A 产品实行进口配额，进口配额为（Q_4-Q_3），即每年仅仅允许进口数量为（Q_4-Q_3）的 A 产品。配额使得进口量减少后，一方面会引起国内市场 A 产品价格的上涨，由 P_0 上涨到 P_1；另一方面会导致世界市场 A 产品价格的下降，由 P_0 下降到 P_2，从而有利于改善本国的贸易条件。在这种情况下，实行进口配额所产生的各种经济效应与进口大国征收进口关税的情形相似，在此不再赘述，请大家自己分析。

（三）进口配额对贸易条件的影响

如图 8-3 所示，外国供应曲线 OF 与本国供应曲线 OH 相交于 E 点，E 点与原点的连线 OE 表示自由贸易时的贸易条件。如果本国限定 Y 商品的进口量为 Q，由 Q 作横轴的平行线，同 OF 相交于 E_1，与 OH 相交于 E_2，于是 OE_1 和 OE_2 表示进口配额对贸易条件影响的区域。

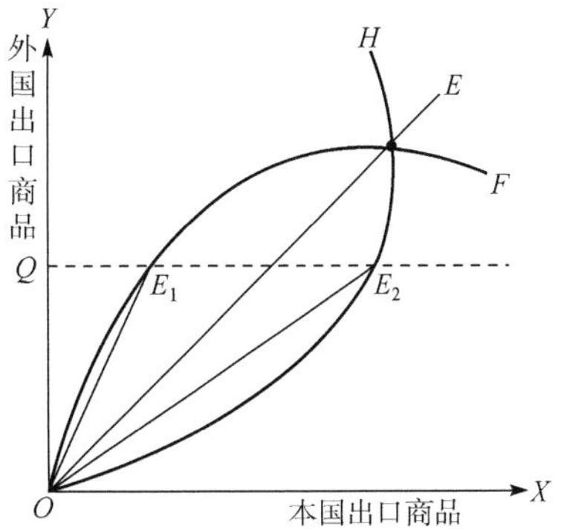

图 8-3　进口配额对贸易条件的影响

进口配额对贸易条件的影响决定于进口配额所导致的国内价格上涨部分的分配情况。如果上涨部分为本国所得，无论其归政府还是归进口商，贸易条件由 OE_1 表示，其斜率大于自由贸易条件下 OE 的斜率，即本国贸易条件得到改善；反之，如果外国出口商采取各种办法（如提高出口商品价格等），使国内价格上涨的收入转移到出口国一方，则其贸易条件由 OE_2 表示，其斜率小于自由贸易条件下 OE 的斜率，即本国贸易条件恶化了。如果价格上涨部分为本国与外国所得，则其贸易条件介于 OE_1 与 OE_2 之间。因此，进口配额对贸易条件的影响是不确定的，关键看国内价格上涨的收入分配情况。

（四）进口配额与进口关税经济效应的区别

通过分析可知，在保护国内生产者以及影响国内市场产品价格方面，进口配额与进口关税的最终效果相同，二者均可减少进口量，并使产品价格上涨。然而，实行配额管理并不表明进口配额比进口关税更符合整个国家的利益，恰恰相反，对于整个国家来说，配额非但不比关税好，而且在某些情况下比关税更坏。

进口配额与进口关税所产生的经济效应是有一定区别的，具体表现在以下五个方面。

（1）进口配额与进口关税均可引起国内市场产品价格的上涨，但二者引起价格上涨的收入归属是不同的。进口关税引起的价格上涨收入归进口国政府财政，而进口配额所引起价格上涨的收入归属会因配额分配方法的不同而有所区别。

（2）进口配额与进口关税均可引起产品价格上涨，但价格上涨幅度是不同的。关税所引起的价格上涨幅度是有限的，当国内对这种进口商品的需求非常大时，增加了的需求可以由不断增加的进口供给来满足。从理论上来看，在不考虑国内流通费用等因素的情况下，进口商品价格等于进口价格加上关税；但在配额情况下，从理论上来看，配额所引起的价格上涨幅度是没有限度的，当国内需求十分旺盛并不断膨胀时，涨价也会持续。当然，在现实中价格上涨幅度总是有一定限度的。

（3）限制进口调节机制的区别。关税是一种价格调节的方式，即通过提高价格来达到限制进口的目的；而进口配额是一种数量调节的方式，即直接调节进口数量，而价格上涨仅仅是它的一个附带结果。

（4）对国内产品生产企业垄断程度影响的区别。在征收进口关税的情况下，国内同类产品生产企业无法取得垄断地位，其原因在于，征收进口关税并不绝对禁止进口的继续扩大，消费者只要愿意承担包含关税在内的昂贵价格，进口商品就会无限量地供给，这就使得国内产品生产企业只能以不超过进口商品的价格销售自己的产品，从而排除了垄断的可能性；而在实行进口配额的情况下，进口数量不能突破，这就阻碍了新的进口量与国内同类产品的竞争，当国内需求增加时，国内厂商就可能提高其售价，从而可取得一定的垄断地位。

（5）在对国内生产者提供保护方面，其保护的确定性不同。征收进口关税对生产者所提供的保护很不确定，其原因在于，国内生产者无法确定某一特定税率的进口关税到底能够使得进口减少多少，因此很难确定使其利润最大化的生产计划。加之国外出口商为了维持出口，有可能负担全部或一部分关税，从而大大削弱关税的保护作用；而在实行进口配额的情况下，国内生产者能够确知进口数量，进而容易确定使其利润最大化的生产计划。

综上所述，进口配额排斥了消费者的自由选择，排斥了更多的市场竞争，强化了国家的行政手段，甚至在分配配额方面效率比较低。因此，进口配额对消费者主权、生产效率、市场取向的负面影响要比进口关税大得多。

然而，在现实生活中许多国家政府却热衷于采用进口配额，其主要原因在于：一是进口配额比关税更能有效地控制进口，其保护功能比关税更强；二是进口配额比关税灵活，也使政府在控制贸易与企业方面拥有更多的权力。政府根据具体情况，可以通过配额来随时调节进口数量，因而更能体现政策适用的歧视性，但政府却不能随意提高关税；三是国际贸易自由化的压力。关税因关贸总协定的多轮多边谈判而不断降低，使得关税保护在现实中的使用也变得越来越困难，尽管配额被认为是“非法的”，应该予以消除，但配额在实施过程中灵活操作的优势，这就吸引许多国家变相地采用配额的方式来限制进口。

二、“自动”出口配额的经济效应

“自动”出口配额与进口配额都是以限制商品进口为目的，而且“自动”出口配额制对进口国的影响与进口配额制有类似之处，即对进口国国内市场的价格、生产和消费的影响皆与进口配额制相同，影响程度因进口国市场结构的不同而有所差异。但是，“自动”出口配额制会导致进口国的贸易条件恶化。

如图 8-4 所示，出口国对 Y 产品“自动”出口限制为 Q_1，其地位类似于卖方垄断。由 Q_1 作横轴的平行线，同进口国的提供曲线 OH 相交于 E_1，OE_1 表示新的贸易条件。显然，其斜率小于自由贸易条件下 OE 的斜率，即本国贸易条件恶化了。本国贸易条件恶化的原因在于限额出现了垄断利润，而该垄断利润又被出口商全部攫取了。

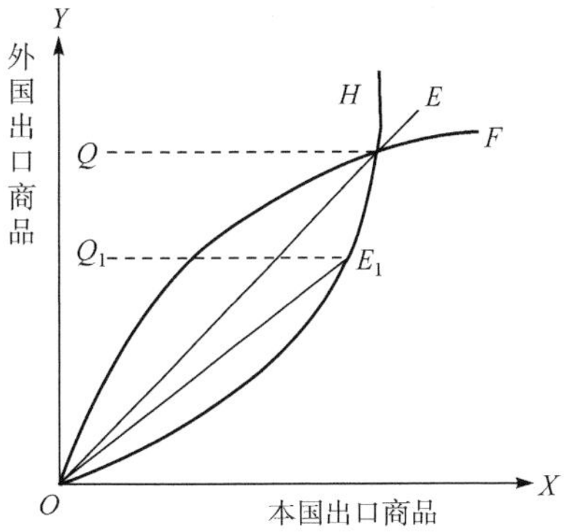

图 8-4　“自动”出口配额对贸易条件的影响

另外，在形式上“自动”出口配额制与进口配额制也有所不同。前者是由出口国家在进口国家的要求和压力下被迫“自动”限制某些商品对指定进口国家的出口，因而“自动”是有条件的，其具体数量通常由进口国和出口国进行磋商、谈判并签订“自限协定”来决定，当然也可由进口国直接提出和确定；而后者是由进口国家通过设立进口额度来限制某些出口国家商品的进口。由此而来，实行进口配额制时本属于国内进口商的一部分配额利益，在“自动”出口配额制下却装进了国外出口商的腰包。

三、进口替代补贴的经济效应

进口替代补贴给予的对象既可以是本国同类产品的生产部门，也可以是本国产品的使用者或消费者。其方式主要是通过对本国同类产品生产部门给予直接的现金补贴或优惠的财税、金融政策等间接补贴。因此，该政策是对资源配置的一种人为干预，其影响主要是针对生产部门而言的，其社会成本要比进口关税与配额政策低。

由于进口替代补贴政策主要是通过对本国同类产品生产部门给予直接的现金补贴或优惠的财税、金融政策等间接补贴，所以，进口替代生产补贴能够导致进口替代产品生产成本降低，从而在市场价格不变的情况下，增加本国同类的产品产量。但是，进口替代补贴并不会影响产品的市场价格和消费量，也未出现消费扭曲。

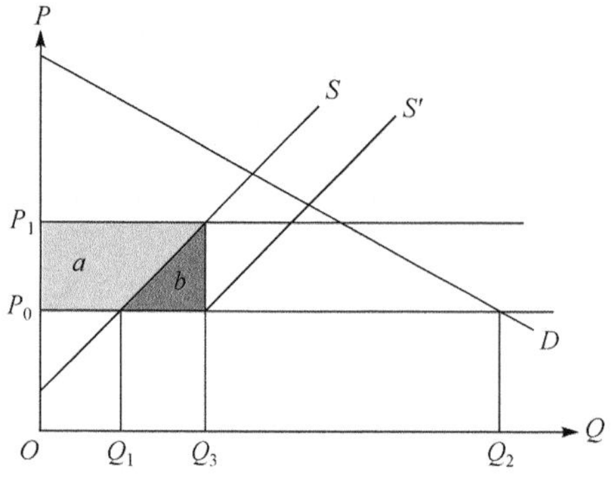

图 8-5　进口替代补贴政策的经济效应

如图 8-5 所示，在自由贸易情况下，国内价格与国际市场价格相等均为 P_0。此时，国内同类产品的生产量为 Q_1，需求量为 Q_2，则其进口量为（Q_2-Q_1）。若本国政府给予国内同类产品生产部门每单位产品（P_1-P_0）额度的生产补贴，这相当于给生产厂商降低了（P_1-P_0）额度的单位成本。这样一来，国内供给曲线 S 会向下平移（P_1-P_0）的距离直至 S'。在新的供给曲线 S'之下，国内同类产品的生产量由原先的 Q_1 增加到 Q_3，其产品在市场上的销售价格仍然保持在 P_0。但由于生产厂商得到了政府（P_1-P_0）额度的生产补贴，实际上相当于以 P_1 的价格销售产品。

相对于补贴以前，生产者剩余增加了，其大小为图 8-5 中的面积 a；由于产品售价始终保持在 P_0，消费者的剩余保持不变；作为提供生产补贴的政府，所提供补贴的总额为（P_1-P_0）$\times Q_3=$（$a+b$），那么生产补贴所带来的国民福利损失为 b。与征收进口关税相比可以看出，进口替代补贴的净福利损失比征收进口关税时的净福利损失少了 d 的面积，这是由于在实行进口替代生产补贴时，产品售价没有提高，进而消费量并没有减少所致；征收关税时政府能够得到面积为 c 的关税收入，但在实行生产补贴时，政府却要支出（$a+b$）的补贴费用。因此实际上，采用进口替代补贴政策以提高本国产品竞争力的做法，往往会受到一国财力的限制。

四、出口补贴与反补贴的经济效应

出口补贴与进口替代补贴均属于禁止性补贴，而且禁止性补贴主要指出口补贴。出口补贴又称为“出口津贴”或“出口奖励金”，是指在法律或者事实上以出口业绩为条件而给予的补贴。具体来说，出口补贴是指一国政府为了降低出口商品的成本和价格，增强其在国外市场上的竞争优势，削弱其他国家同类产品的竞争力，在出口某种商品时给予出口商的现金补贴或财政上的优惠待遇。出口补贴分为两种，即直接补贴与间接补贴。在此我们仅仅分析直接补贴，即政府按照出口商的出口业绩，对其单位出口商品给予一定的现金补贴，它直接导致出口商收益的增加，从而可以促进出口，导致出口量增加。这样一来，往往会导致进口国的反补贴。

在此，我们将对出口小国与出口大国实行出口补贴的经济效应、出口补贴与进口关税经济效应的区别以及进口国对出口大国实施反补贴所引起的经济效应分别予以讨论。

（一）出口小国实行出口补贴的经济效应

与进口小国相对应，出口小国是指该国某种产品出口量的变化不会引起国际市场同种产品价格变化的国家，它只是价格的被动接受者。

如图 8-6 所示，假定甲国为一出口小国，且在无补贴状态下，甲国国内价格与国际市场价格持平为 P_1。这时，国内产品需求量为 Q_1，供给量为 Q_2，出口量为（Q_2-Q_1）。

如果本国政府要通过出口补贴的办法降低出口商品的成本和价格，增强其在国外市场上的竞争力，给予每单位出口商品（P_2-P_1）的出口补贴，使得出口商每出口单位产品的实际所得为 P_2。由于在出口补贴下，政府对出口加以鼓励，因此不会限制出口量，且产品出口要比国内销售有利可图得多，则出口商会尽量出口产品直到国内价格与国外价格的差额正好等于补贴额时为止，其出口量由无补贴状态下的（Q_2-Q_1）增加至（Q_4-Q_3）。

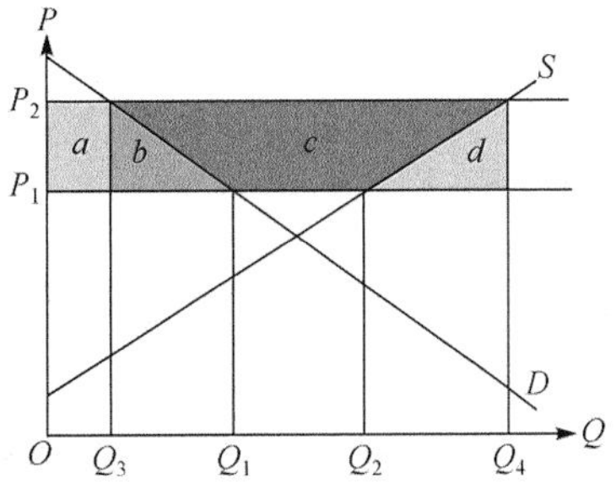

图 8-6　小国出口补贴的经济效应

特别需要注意的是，出口补贴虽然仅仅给予出口产品，但国内消费者付出的价格只有与出口商（或生产者）出口每单位产品的实际所得持平时，才能确保一部分产品留在国内市场而非全部用于出口，如图 8-6 中 Q_3 数量产品的内销价格应维持在 P_2。

因此，相对于无补贴状态下，甲国国内消费者蒙受了面积为（$a+b$）的损失，生产者剩余却增加了（$a+b+c$），政府的总补贴为（P_2-P_1）×（Q_4-Q_3）=（$b+c+d$）。其整体国民福利效应为（$a+b+c$）-（$a+b$）-（$b+c+d$）=-（$b+d$），即出口补贴带来的是净损失。其中，b 为消费者减少消费所带来的损失，d 为国内高成本、低效率生产所带来的损失。

（二）出口大国实行出口补贴的经济效应

出口大国是指其出口量的变化会引起国际市场价格变动的国家。如图 8-7 所示，假定甲国为一出口大国，且在无补贴状态下，甲国国内价格与国际市场价格持平为 P_1，这时，国内产品需求量为 Q_1，供给量为 Q_2，出口量为（Q_2-Q_1）。

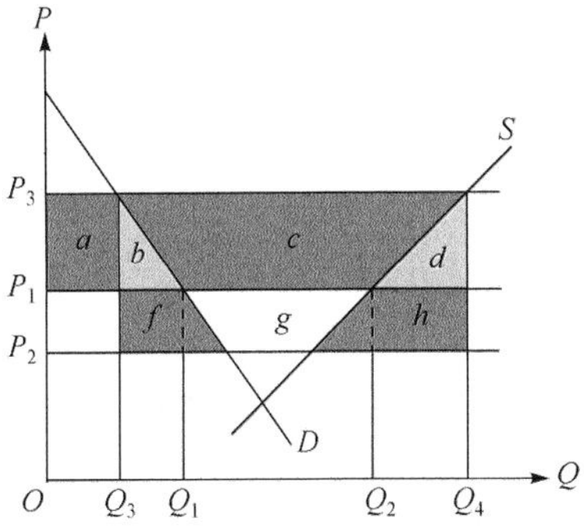

图 8-7　大国出口补贴的经济效应

如果甲国实施出口补贴，由于其出口量的增加，一方面会引起国际市场价格由 P_1 下跌到 P_2，另一方面也会引起国内市场价格由 P_1 上升到 P_3。政府实施补贴是以新的国际市场价格 P_2 为基准，单位产品的补贴额度为（P_3-P_2）。相对于无补贴状态下，甲国国内消费者受到伤害，消费者剩余的损失为面积（$a+b$）；生产者却获得了收益，生产者剩余的增加为面积（$a+b+c$）；政府支付的总补贴为（P_3-P_2）×（Q_4-Q_3）=（$b+c+d+f+g+h$）。

因此，整体国民福利效应为（$a+b+c$）-（$a+b$）-（$b+c+d+f+g+h$）=-（$b+d+f+g+h$），即出口补贴带来的成本明显大于收益，是净损失。显然，它要大于出口小国实施出口补贴所带来的净损失。

其中，$(b+d)$ 代表消费与生产扭曲损失，这与进口关税造成的损失相同；但与进口关税不同的是，由于出口产品在国外市场的价格由 P_1 降为 P_2，所以出口大国实施出口补贴会导致贸易条件恶化。贸易条件的恶化所带来的损失为 $(P_1-P_2)\times(Q_4-Q_3)=(f+g+h)$。

（三）出口补贴与进口关税经济效应的区别

出口补贴固然是一项保护产业的政策，但它首先是一项鼓励出口的贸易政策。因此，出口补贴与进口关税在职能上既有相通之处，也有一些区别。可以这样认为，出口补贴是出口导向发展战略的一项政策工具，而进口关税则是进口替代发展战略的政策工具之一。因此，二者所产生的经济效应也存在诸多差异。

其一，出口补贴与进口关税都能导致国内市场价格上涨，使得国内市场价格与国际市场价格发生严重背离的现象，其背离幅度由补贴额与关税税率决定；在大国经济条件下，虽然出口补贴与进口关税都能导致国际市场价格下降，但出口大国实施出口补贴会导致贸易条件恶化，这无异于是对外国的一种赠予；而进口大国征收进口关税却能使贸易条件得到改善，使本国得到相应的好处。

其二，政府实施出口补贴是为了鼓励和扩大出口，在此过程中，政府是利益的受损者，它必须支付该补贴；政府征收进口关税的目的在于限制进口，以保护国内相关产业，在此过程中，政府是利益的获得者，能够得到税收收益。

其三，如果以改善国际收支为政策目标，进口关税的效果则更为明显；而补贴只能鼓励出口，不能阻止进口，其改善国际收支的效果不明显。

其四，如果以增加国内生产和鼓励出口为政策目标，则出口补贴的效果比进口关税明显得多。

因此，出口补贴就某一行业来说，只能是一项短期的政策工具，其政策目标与进口关税不同。究竟选择什么样的政策工具，应当根据所要达到的政策目标来决定。

（四）进口国对出口大国实施反补贴所引起的经济效应

从前面的分析中我们可以看出，出口大国实施出口补贴给本国带来的是较大的国民福利净损失，而且会因补贴降低国际市场价格而使进口国获利。但是这样做，往往会导致进口国的反补贴。下面我们将讨论进口国对出口大国实施反补贴所引起的经济效应。

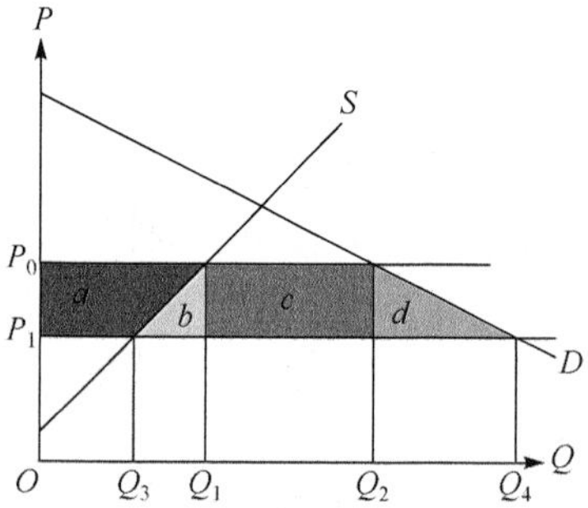

图 8-8　进口国对出口大国的反补贴效应

假定甲国为一进口国，图 8-8 所反映的是该国国内市场的情况。出口国不实施补贴时的世界价格为 P_0，甲国在此价格下的进口量为 (Q_2-Q_1)；当出口国实施出口补贴后，使得国际市场价格跌至 P_1，甲国的进口量增至 (Q_4-Q_3)，生产者剩余虽然减少了面积 a，但消费者剩余增加为面积 $(a+b+c+d)$。因此，进口国甲国的整体国民福利水平提升了（$b+c+d$）。

然而，甲国政府在受到冲击的国内同业公会的压力下，以保护国内产业的名义，可能会对出口国征收反补贴税。如果甲国决定对出口国征收反补贴税的额度恰恰等于出口国支付的出口补贴额度，即抵消性反补贴税，那么甲国消费者所面对的价格与进口量又会回归到无补贴时的价位 P_0 与（Q_2-Q_1），因出口补贴所带来的消费者剩余不复存在，这就不难理解进口国的消费者为何反对征收反补贴税，但政府从中却能得到面积为 c 的反补贴税。

由此可见，在进口国（甲国）对出口大国征收抵消性反补贴税的情况下，不但使得出口国运用出口补贴来促进出口的作用消失，而且使得甲国政府通过征收反补贴税“白白地”获得了一笔额外收入 c。这种反补贴税直接来自甲国消费者，间接来自出口国出口补贴所导致的国际市场价格的下降，相对于出口国无补贴时而言，甲国消费者实际上并无丝毫损失。其结果实际上是出口国政府补贴了进口国，即甲国的政府。

五、出口生产补贴的经济效应

出口生产补贴是对出口产业的生产给予的补贴。既然是出口生产补贴，它与出口补贴的区别在于，出口生产补贴是对出口产业所有生产的产品均进行补贴，即不管是出口产品还是内销产品均可得到补贴；而出口补贴仅仅是针对出口商品给予的现金补贴。但二者都可以达到促进出口的目的。

下面我们通过图 8-9 来讨论出口生产补贴的经济效应。假定甲国为 X 产品的出口小国。在无补贴时，甲国国内市场的供给与需求曲线为 S 和 D，且国内市场与国际市场 X 产品的价格持平为 P_0，其出口量为（Q_2-Q_1）。若甲国政府为了促进 X 产品的出口，给予每单位 X 产品生产补贴为 s（货币单位）。

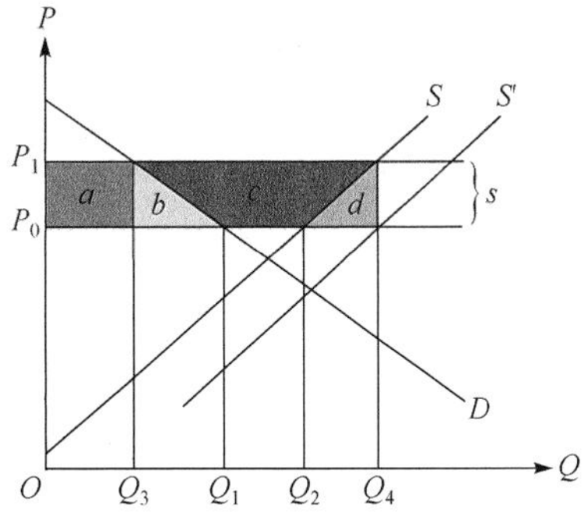

图 8-9　出口生产补贴的经济效应

补贴的结果等同于每单位 X 产品的生产成本降低了 s，则会有一条新的供给曲线 S'，即由原供给曲线 S 向下垂直移动一个 s 的距离。在国际市场价格维持在 P_0 不变的情况下，甲国 X 产业就会在新的供给曲线上扩大生产至 Q_4。在这种情况下，由于国内消费者所面对的国内市场价格没有发生变化，也就没有利益得失；对于生产者而言，虽然销售价格仍是 P_0，但因获得了政府 s 的生产补贴，就相当于是以 $P_1=（P_0+s）$的价格出售，在产量扩大到 Q_4 的情况下，生产补贴给厂商所带来的收益（生产者剩余的增加）等于（$a+b+c$）；而政府由于发放了等于（$Q_4 \times s$）的补贴，实际的补贴支付为（$a+b+c+d$）的面积。

显然，出口生产补贴带来的是国民福利的净损失，其大小等于 d。从国家的整体角度来说，出口生产补贴的净损失 d 要小于出口补贴的净损失（$b+d$），但从政府角度来看，出口生产补贴却使政府要多负担 a 的补贴支出，故而政府往往更愿意使用出口补贴。

如果出口国为一出口大国，则出口生产补贴会导致出口量的增加，从而造成国际市场价格下降与出口国贸易条件的恶化，其结果会使得出口大国的国民福利净损失比出口小国的净损失更大一些。

六、倾销与反倾销的经济效应

（一）倾销的经济效应

倾销是一种价格歧视行为，是指在国际贸易中，出口商以低于正常价格或不合理的低廉价格向外出口本国商品，并对进口方产业造成实质性损害的行为。确定正常价格的方法有以下三种：第一，出口方境内销售价格；第二，出口方向第三国的出口价格；第三，结构价格，即有关产品在原产地的生产成本加上合理数额的管理费、销售费和一般费用及利润。

商品倾销的种类主要包括：**偶然性倾销**（sporadic dumping）、**间歇性或掠夺性倾销**（intermittent dumping）与**持续性倾销**（persistent dumping）。偶然性倾销一般是为了在国际市场上低价抛售国内市场无法售出的积压产品；间歇性或掠夺性倾销是以低于国内价格甚至低于生产成本的价格在国外市场销售产品，待挤垮竞争对手后再以其垄断力量提高价格，以获得高额利润；持续性倾销又称为**长期性倾销**（long-run dumping），是指持续地、无期限地以低于国内市场的价格在国外市场销售商品。由此看来，偶然性倾销与掠夺性倾销要么是为清仓，要么是为提高销价作准备，但都是一种短期的、暂时的低价销售行为，没有代表性。我们这里主要分析持续性倾销所引起的经济效应。

需要说明的是，能够在国内市场维持比国外市场高的售价，并实施持续性倾销，应该满足一定的条件：其一，必须是不完全竞争的行业，只有这样，出口厂商在国内外市场上才有一定的市场势力；其二，两国需求价格弹性不同，出口国的需求弹性低于进口国的需求弹性；其三，国内外市场完全分割，出口产品不可能回流。

假设 A 国为出口国，B 国为进口国，贸易产品为 X。为了研究方便，假定出口厂商在国内外 X 产品市场上存在一个不变的边际成本，即水平的边际成本曲线。因为 A、B 两国间需求价格弹性不同，所以出口商在国内外市场上所面临的需求曲线的形状是不同的，A 国 X 产品需求曲线的形状比较陡峭，B 国 X 产品需求曲线的形状比较平缓。

如图 8-10 所示，图（a）、图（b）分别为 A、B 两国国内市场的均衡状况。当边际

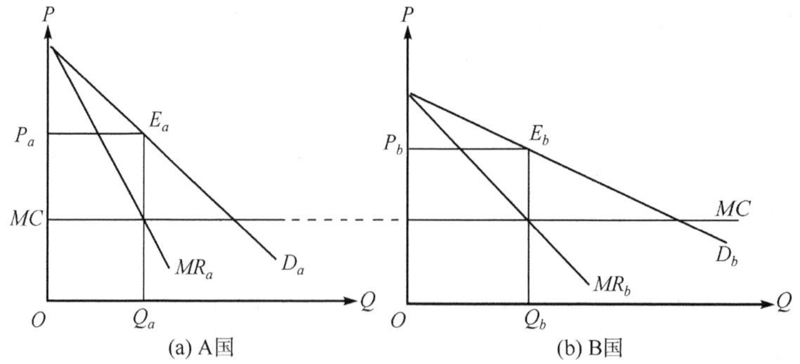

图 8-10 倾销的经济效应

成本与边际收益相等时，即达到均衡状态。MC 与 MR 两线相交之处所对应的横坐标为均衡产量，从 MC 与 MR 交点作垂线与需求曲线相交之处所对应的纵坐标为均衡价格，则 A、B 两国均衡点的坐标分别为 E_a（Q_a，P_a）和 E_b（Q_b，P_b）。显然，P_b 为一个低于内销价格 P_a 的倾销价，但由于 P_b 决定于 B 国（外销市场）$MC = MR$ 而给出口商带来最大利润。这就是长期性倾销存在的机制及给倾销者带来的经济效应。

（二）反倾销的经济效应

倾销不仅会损害进口国及与之竞争的厂商甚至产业的利益，而且会严重扰乱正常的市场秩序。因此，为了减少倾销对本国造成的损害，进口国可以针对倾销采取相应的措施，即反倾销。

在反倾销调查中，当初步认定存在倾销、产业损害及其因果关系后，进口方政府当局可采取临时反倾销措施，以防止在调查期间有关产业可能受到更严重的损失。《反倾销协议》强调，最终的反倾销措施应该采取征收反倾销税的形式。如果反倾销调查最终裁定存在倾销、产业损害及其因果关系，并确定了倾销幅度，进口方政府当局即可对该倾销商品征收反倾销税。反倾销税的征收通常由海关部门具体执行。

反倾销税的征收额可以等于或小于倾销幅度，但绝不能大于倾销幅度。如果较少的征税就能足以消除对国内产业造成的损害，则征税额最好小于倾销幅度。征收反倾销税仅在抵消倾销的期限内有效，但最长一般不能超过 5 年。

下面我们对进口国（B 国）征收反倾销税的经济效应进行分析。出口国（A 国）X 产品生产厂商在 B 国市场上的情况，如图 8-11 所示。在 B 国对来自 A 国的出口产品 X 征收反倾销税以前，A 国厂商以 P_1 的价格向 B 国出口数量为 Q_1 的 X 产品，即均衡点为 E（Q_1，P_1）。

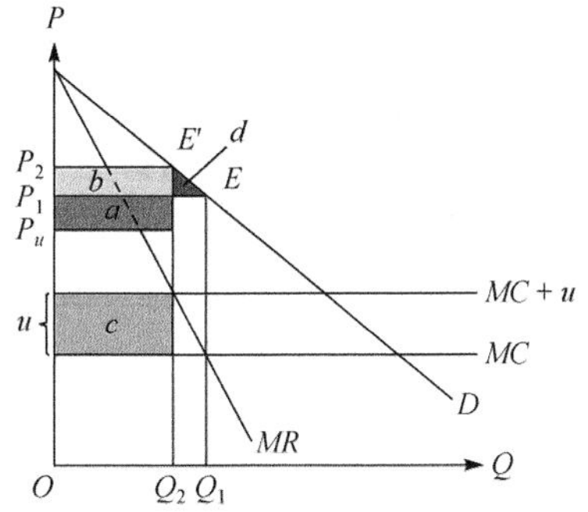

图 8-11　反倾销的经济效应

出口价格 P_1 低于 A 国厂商在本国市场上 X 产品的销售价格，从而引发了进口国 B 对其进行反倾销起诉，并对单位 X 产品征收了额度为 u 的反倾销税。对于 A 国出口商而言，在承受反倾销税之后，每单位 X 产品的出口成本增加了 u 个货币单位，相当于其边际成本曲线向上平移 u 个货币单位至（$MC + u$）。在这种情况下，新均衡点为 E'（Q_2，P_2），即出口成本的增加，使得 A 国出口商将其 X 产品的出口量由原先的 Q_1 缩减至 Q_2，价格也由原先的 P_1 上升为 P_2。

现在我们来看反倾销税的经济效应。相对于征收反倾销税之前，B 国消费者因价格提高、消费减少而使其利益受到损失，表现为消费者剩余减少了面积（$b + d$）；而 B 国政府却得到了面积为 $Q_2 \times u = c$ 的税收收入。将 B 国政府得到的税收收入 c 与消费者利益所受到的损失（$b + d$）加以比较，即可看出征收反倾销税到底带来的是净损失还是净收益。为了便于分析，我们可以将政府得到的税收收入 c 部分平移至价格线 P_2 之处，则（$P_2 - P_u$）$= u$，（$b + a$）$= c$。若 $c >$（$b + d$），即 $a > d$ 时，征收反倾销税的收益大于损失；若 $c<(b+d)$，即 $a<d$ 时，则其收益小于损失。

由于图 8-11 中没有考虑进口国生产者因反倾销税所带来的生产者剩余的增加，如果加上这一部分，则进口国征收反倾销税所带来净收益的概率就增加了。作为进口国可以设计一个使 $a>d$ 的反倾销税税率，从而给进口国带来好处。因此，进口国有可能通过征收反倾销税的方式以增加其收益，而且不一定会被指责为保护主义行为。

总之，反倾销本来是反对不公平竞争的一种手段，然而许多国家往往无端指责别国倾销而征收反倾销税，使之成为一种保护国内产业的有力手段。长期以来，中国是遭受反倾销调查的重点对象，是贸易保护主义的最大受害国。例如，2000—2020 年，全球对中国出口产品发起的反倾销案件就多达 1252 起。

七、价格支持的经济效应

价格支持是政府通过稳定价格来支持生产者的一种手段。价格支持可以分为对进口竞争行业的价格支持与对出口产业的价格支持两种方式。价格支持本身并不是一种贸易政策，但如果一国政府将其用于进口竞争行业或出口产业时，就会起到限制或鼓励贸易的作用。

（一）对进口竞争行业的价格支持

对进口竞争行业的价格支持表现为：由政府制定一个最低保护价，以确保其国内市场价格高于国际市场价格水平而低于国内封闭市场或参加国际贸易前的均衡价格。若市场价格低于最低保护价这个“警戒线”时，就由政府支付生产者一笔价格支持费用，其额度等于最低保护价格与市场价格之差。这种替代进口的保护政策人为地阻碍了市场价格的下降，从而起到稳定生产和保证生产者收入之目的。

如图 8-12 所示，假定甲国为 X 产品的进口国，如果 X 产品的国际市场价格为 P_w，甲国在此价格水平下其 X 产品的进口量为（Q_2-Q_1）。如果甲国政府为了稳定本国 X 产品的生产和保证进口竞争行业生产者的收入，对进口竞争行业实施价格支持，政府制定的最低保护价为 P_i。这样一来，就确保甲国生产者总能以价格 P_i 出售 X 产品，其产量便会从价格支持前的 Q_1 上涨为 Q_3。

对进口竞争行业实施价格支持的经济效应具体表现为：相对于价格支持前，生产者的利益增加了，其面积为 a；由于消费者必须以不低于 P_i 的价格从国内市场上购买 X 产品，消费者剩余减少了（$a+b+c+d$）；在最低保护价政策下，进口量从原先的（Q_2-Q_1）减少为（Q_4-Q_3），由于其进口价为 P_w，国内销售价格为 P_i，则面积为 c 的利益在进口商掌握进口商品的情况下由进口商所得，在政府控制所有进口商品时，c 由政府所得。其总体国民福利净损失为（$b+d$）。

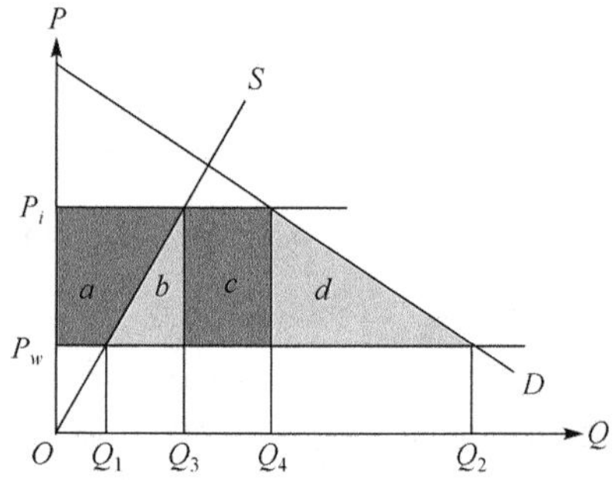

图 8-12 对进口竞争行业的价格支持

以上讨论的是最低保护价定在国内均衡价的

水平之下的情形。若甲国政府将 X 产品的最低保护价定在高于国内均衡价的水平之上时，则情况会截然不同：甲国会由原来的X产品的进口国摇身一变而成为出口国，其整个贸易结构因此而改变。虽然生产者因价格支持而获得较多利益，但它以政府的巨大支出为代价，其总体国民福利的净损失更要大得多。对此情况，大家可以自己画图分析。

（二）对出口产业的价格支持

如图 8-13 所示，假定甲国为 X 产品的出口国，如果 X 产品的国际市场价格为 P_w，甲国在此价格水平下其 X 产品的出口量为（Q_2-Q_1）。

如果甲国政府为了保证本国出口产业生产者的收入，从而鼓励 X 产品的出口，对出口行业实施价格支持，政府制定的最低保护价为 P_e。这样一来，不管 X 产品的国际市场价格如何起落，生产厂商都能得到这一最低保护价，即确保生产者能以价格 P_e 出口 X 产品，其产量便会从价格支持前的 Q_2 上涨为 Q_4。出口量也从（Q_2-Q_1）上涨为（Q_4-Q_3）。

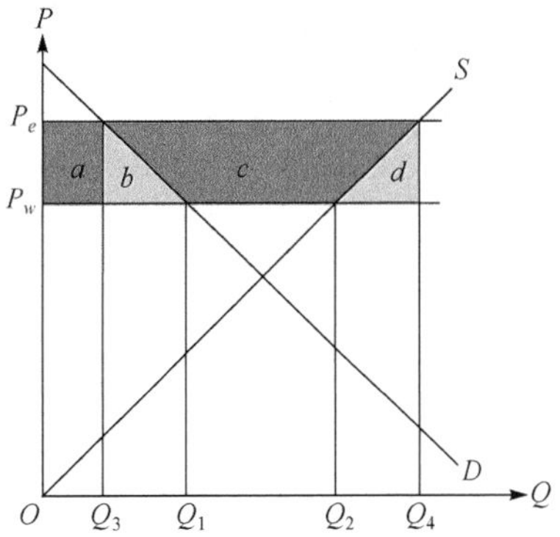

图 8-13 对出口产业的价格支持

对出口行业实施价格支持的经济效应为：生产者剩余增加了（$a+b+c$）；消费者剩余减少了（$a+b$）；政府实施价格支持的支出为（$b+c+d$）；整个社会的净损失为（$b+d$）。

相对于出口补贴而言，在价格支持下，国内市场的价格是固定的，即维持在最低保护价 P_e 的水平，但其政府价格支持的幅度却会随着国际市场价格的变动而变动，则图 8-13 中各部分的面积也会随之变化；而在出口补贴下，国内市场价格是波动的，但政府对单位出口产品的补贴额度是固定的，则图 8-13 中相应各部分的面积不会变化。

本章要点

- 非关税政策分为限制进口的非关税壁垒和管理出口的非关税措施，它是一国对外贸易政策的重要组成部分。限制进口的非关税壁垒是指除进口关税以外的其他一切限制进口的政策和措施。它可以分为直接的和间接的两大类。管理出口的非关税措施，是指一国为了争夺国外市场而采取的关税以外的鼓励出口和管制出口的措施。
- 限制进口的非关税壁垒主要包括：进口配额制、“自动”出口配额制、进口许可证、外汇管制、政府采购政策、各种国内税、进口押金制、进口替代补贴与对进口竞争行业的价格支持、进口最低限价、进出口国家垄断制、技术性贸易壁垒。
- 管理出口的非关税措施可以分为两类：一类是鼓励扩大出口的措施，如出口信贷、出口补贴、出口生产补贴、对出口行业的价格支持、出口信贷国家担保制、倾销措施以及扩大出口的其他措施等；另一类是管制出口的非关税措施，如单方面出口管制、多边出口管制和出口关税制等。
- 与关税相比，非关税壁垒在限制进口的作用上具有以下特点：更具广泛性和合理性、更具有灵活性和针对性；更具有隐蔽性和歧视性；限制进口的效果更直接、更明显。

关键术语

非关税壁垒　进口配额制　关税配额　“自动”出口配额制　进口许可证制　外汇管制　歧视性政府采购政策　进口抵制　进口最低限价　出口补贴　出口退税　商品倾销　反倾销　反补贴　出口生产补贴　价格支持

思考习题

一、单选题

1. 进口配额制是指一国政府在一定时期内，对某种商品的进口预先规定（　　）进口数量或金额，当超过该数量或金额时就不准进口，或对其超过部分征收高关税或罚款以限制进口的做法。

A. 最低的　B. 合适的　C. 最高的　D. 任意的

2. 进口押金制实际上是政府从进口商那里获得一笔（　　）贷款，从而增加了进口商的资金负担和经营成本，以间接达到限制进口的目的。

A. 高息　B. 中息　C. 无息　D. 低息

3. 在一定时期内，对某些商品进口数量或金额规定一个最高数额，超过便不准进口，这叫（　　）。

A. 绝对配额　B. 全球关税配额　C. 国别关税配额　D. 关税配额

4. 美国、日本等规定进口酒精饮料的消费税高于本国制品，这种措施属于（　　）。

A. 关税壁垒　B. 鼓励出口的措施　C. 非关税壁垒　D. 出口限制措施

5. 鼓励出口的非关税措施是指一些国家为了争夺国外市场，实现（　　），所采取的多种鼓励出口的手段和方式。

A. 贸易平衡　B. 贸易顺差　C. 贸易逆差　D. 贸易条件改善

6. 外汇倾销是指（　　）。

A. 一国对出口产品给予外汇补贴造成的低价出口

B. 一国货币贬值造成的低价出口

C. 一国对出口产品给予优惠外汇贷款造成的低价出口

D. 一国对出口产品给予税收优惠造成的低价出口

二、多选题

1. 直接限制进口的非关税壁垒主要有（　　）。

A. 进口配额制　B. 进口许可证制

C. 进口押金制　D. “自动”出口配额制

2. 属于鼓励扩大出口的非关税措施有（　　）。

A. 出口信贷　　B. 出口信贷国家担保制

C. 出口补贴　　D. 出口许可证制

3. 出口信贷是指一国为了支持扩大本国产品出口，责成本国银行设立的一种中利优惠贷款。根据贷款期限，出口信贷的种类包括（　　）。

A. 长期出口信贷　　B. 中期出口信贷

C. 短期出口信贷　　D. 无期出口信贷

4. 商品倾销按其具体目的和时间不同，可以分为（　　）。

A. 偶然性倾销　　B. 持续性倾销

C. 间歇性或掠夺性倾销　　D. 社会倾销

5. 一国实行管制出口的主要原因包括（　　）。

A. 经济目的　　B. 政治目的

C. 为减少与进口国的贸易摩擦　　D. 历史文化原因

6. 反倾销税的征收额相对于倾销幅度的关系，可以是（　　）。

A. 等于　　B. 大于　　C. 小于　　D. 不确定

三、判断题

1. 非关税政策分为限制进口的非关税壁垒和管理出口的非关税措施。（　　）

2. 政府采购政策是指一国政府以法令形式规定的政府机构在采购货物时优先购买本国产品的政策，这在客观上就造成了对进口产品的歧视，从而起到限制外国产品进口的作用。（　　）

3. 运用国内税抵制外国商品的进口，是一种更为明显的贸易保护手法。（　　）

4. 持续性倾销是指出口企业为长期占领市场，实现利润最大化目标而无限期地持续以低价向国外市场出口产品的行为。（　　）

5. 外汇倾销是指一国利用本国货币对外升值的办法向国外倾销商品的措施。（　　）

6. 实施本国货币贬值的外汇倾销策略，并不一定能达到扩大出口的目标。（　　）

7. 出口国通过利用廉价的和缺乏相应保护的劳工，甚至不惜以破坏环境为代价，从而能以极低的价格在国外销售，由此造成的出口竞争优势就是社会倾销。（　　）

8. 普惠制原则与最惠国待遇原则一样，都具有互惠性。（　　）

9. 当外国实施商品倾销时，进口国就可以征收反倾销税。（　　）

10. 进口国有可能通过征收反倾销税的办法以增加其收益，而且不一定会被指责为保护主义行为。（　　）

11. 1949 年，在美国倡议下成立的巴统，就是一个专门负责对社会主义国家实行出口禁运和贸易限制的国际组织。（　　）

12. 进口配额与进口关税在限制进口数量和保护本国产业方面的作用是一致的，进口配额的经济效应与进口关税的经济效应也是相同的。（　　）

四、简答题

1. 简述进口配额制的概念和种类。

2. 简述关税配额与绝对配额的异同。
3. 简述“自动”出口配额与进口配额的异同。
4. 简述进口许可证的概念和作用。
5. 简述外汇管制的概念、目的、种类和做法。
6. 简述进口替代补贴与对进口竞争行业的价格支持的异同。
7. 请对技术性贸易壁垒的概念和种类加以说明。
8. 请简述出口补贴的概念、种类和作用。
9. 出口生产补贴与出口补贴有何异同?
10. 简述出口信贷国家担保制的概念和内容。
11. 请对出口补贴与进口关税政策效应加以比较。
12. 何谓反倾销?怎样才能正确地实施反倾销措施?

五、论述题

1. 为何各国政府往往愿意采取进口配额制而不采用进口关税作为限制进口的方式?
2. 签署“自限协定”一般采取哪些强制形式?请阐述“自限协定”的内容。
3. 在国际贸易的实践过程中，进口配额的分配一般有哪些方法?请对各种方法加以简单评价。
4. 阐述非关税壁垒在限制进口作用上所具有的特点。
5. 试分析进口配额制对贸易条件的影响。
6. 阐述商品倾销的概念、种类、达到预期目的应满足的条件。
7. 请阐述进口配额制与进口关税经济效应的区别，并说明在现实生活中，为何许多国家政府对进口配额制“情有独钟”?
8. 请对出口补贴与进口关税政策效应加以比较。
9. 试论述管制出口的原因、措施及其影响。
10. 试分析倾销与反倾销的经济效应。

六、案例分析题

案例一　全世界贸易技术壁垒限制措施每年超3000件

据韩联社3月21日报道，大韩商工会议所当天发布了《贸易技术壁垒动向和应对课题》报告书，分析了最近世界贸易技术壁垒的动向，并提出了应对方案。报告书显示，贸易技术壁垒限制措施自1995年世贸组织成立以后，年均增加11%，尤其是自2018年起，贸易技术壁垒连续3年超过3000件，不断再创新高。最近15年间，全世界贸易技术壁垒限制措施数量增加了3.7倍。

从内容来看，对有害物质等健康安全方面的限制措施数量最多，达13 638件，之后依次为技术规格等质量相关限制措施4575件、虚假标识等消费者保护相关限制措施4401件、环境保护相关限制措施3444件。

从国家和地区来看，美国对外技术壁垒限制措施最多，达1847件，其后依次为中国（1460件）、欧盟（1360件）、以色列（1230件）、乌干达（1227件）等，韩国排在第9位（1014件）。

大韩商工会议所表示，政府应更加积极地帮助企业应对贸易技术壁垒，拓展新兴国家市场，促使市场更加多元化。另外，企业也要积极参与政府的技术合作项目，培养专业人才，提高自身应对能力。

资料来源：佚名. 全世界贸易技术壁垒限制措施每年超3000件. http://www.mofcom.gov.cn/article/i/jyjl/j/202103/20210303046265.shtml，2021-03-23.

问题：

1. 贸易技术壁垒等同于技术性贸易壁垒吗？最近十多年来，为何全世界贸易技术壁垒限制措施数量增加迅速？

2. 从贸易技术壁垒的国家排序来看，美国对外技术壁垒限制措施最多，中国次之。请说明中国对外技术壁垒限制措施比较多的原因。

3. 请从政府与企业层面给出应对贸易技术壁垒的建议。

案例二　我国浓缩苹果汁应对美国反倾销案

3月21日，从大洋彼岸——美国传来佳音：美国国际贸易法院对原针对中国的浓缩苹果汁反倾销一案下发了第二次表决意见。意见中，美国法院确认了美国商务部在2002年11月对我国山东中鲁、烟台源通等5家浓缩苹果汁上诉企业“零税率”的再次核算。这一意见表明，我国浓缩苹果汁企业自1999年应对美国反倾销案以来已取得了决定性的胜利！不论案件在即将结束的终裁结果如何，我国10家积极参与应诉的企业中的6家（含在美商务部一审裁决中就获得“零税率”的烟台安得利企业）已稳操胜券地获得了“零税率”。这是我国加入世贸组织后，农产品行业在应对反倾销方面最成功的一个典型案例。

回顾以往的事件可以看到：1998年，美国苹果汁生产商对从中国进口的浓缩苹果汁提起反倾销诉讼。他们认为，1995—1998年，中国浓缩苹果汁对美出口量增加了997%，平均价格下降了53%。

1998年10月，国内11家浓缩苹果汁生产企业在中国食品土畜进出口商会的组织下，团结一致，聘请律师决定拿起法律武器奋起应诉。

1999年5月6日，美国苹果汁相关企业向美国商务部递交了申请，要求对来自中国的浓缩苹果汁征收91.84%的反倾销关税。我国11家企业在中国食品土畜进出口商会的率领下开始了艰苦而漫长的应诉工作。

2000年7月4日，美国商务部公布终裁结果：中国应诉企业被裁定的反倾销税率平均为14.88%；未应诉的企业的税率为51.74%。这是我国自1984年以来农产品行业在美国商务部反倾销应诉中在税率裁决方面取得的最好结果。

2000年7月，中国食品土畜进出口商会组织9家应诉企业（除去一家为零关税和一家中途退出）正式针对美国商务部不公正裁决向美国联邦国际贸易法院提交上诉状。

2002年6月19日，美国国际贸易法院作出裁决，支持中国浓缩苹果汁上诉企业5个主要辩点，认为美国商务部的裁决缺乏充分的法律依据或与法律规定不符，要求美国商务部对原审终裁进行重新修正。

2002 年 11 月 15 日，美国商务部公布了对原审的重审结果，继一审安得利获得“零税率”，又有山东中鲁、烟台源通、陕西海升、青岛南南和三门峡湖滨等 5 家企业获得“零税率”。

2003 年 3 月 21 日，美国国际贸易法院下发了第二次表决意见。意见中，美国法院确认了美国商务部在 2002 年 11 月对我国山东中鲁、烟台源通等 5 家浓缩苹果汁上诉企业“零税率”的再次核算。

历经几年的中国浓缩苹果汁企业应对美国反倾销案至此已是大获全胜。分析这起作为我国加入世贸组织后农产品行业在应对反倾销方面最成功的典型案例，有着诸多发人深省的启示。

资料来源：张敬滋.我国浓缩苹果汁应对美国反倾销案启示录. https://www.tech-food.com/news/detail/n0014351.htm，2003-06-13.

问题：

1. 通过仔细阅读案情，从企业角度来看，你认为中国浓缩苹果汁企业应对美国反倾销案大获全胜最重要的宝贵经验是什么？

2. 就政府和行业的角度而言，这起作为中国入世后农产品行业在应对反倾销方面最成功的典型案例给我们的启示有哪些？

第九章

区域经济一体化理论与实践

学习目标与要求

- 掌握经济一体化的概念与类型；
- 掌握区域经济一体化所带来的影响；
- 重点掌握关税同盟理论，熟悉大市场理论等区域经济一体化理论；
- 熟悉欧盟等区域经济一体化的相关实践。

名人名言

实施自由贸易区战略，加强双边多边经贸合作。

胡锦涛，2007年

经济一体化既是一个过程，又是一种状态。就过程而言，它包括采取种种措施消除各国经济单位之间的歧视；就状态而言，则表现为各国间各种形式差别的消失。

美国经济学家 贝拉·巴拉萨，1961年

外贸资讯

中国-东盟自贸区建立十周年，双边贸易额翻倍

新京报快讯（记者 许雯） 2020年是中国-东盟自贸区建立十周年。商务部部长助理李成钢今天（9月27日）在国新办发布会上介绍，中国与东盟双边贸易额从2010年的2928亿美元增长至2019年的6415亿美元。

李成钢表示，中国-东盟自贸区建立十年来推动了区域内的贸易、投资自由化、便利化，中国与东盟进入了经贸合作的黄金时期，双边贸易额从2010年的2928亿美元增长至2019年的6415亿美元。截至2019年底，双向投资额达到了2230亿美元，总体结构趋于平稳。

据李成钢介绍，中方在东盟设立了25个境外经贸合作区，东盟不仅在2019年就一跃成为中国第二大贸易伙伴，更是在2020年逆势成为中国第一大贸易伙伴。中国-东盟自贸区成为全球最具活力的自由贸易区之一……

资料来源：许雯. 中国-东盟自贸区建立十周年，双边贸易额翻倍. https://baijiahao.baidu.com/s?id=1678974773042125309&wfr=spider&for=pc，2020-09-28.

资讯引导：自由贸易区是区域经济一体化的一种组织形式。区域经济一体化还有哪些组织形式？其概念、特点和影响各是什么？目前世界上主要的区域经济一体化组织有哪些？

当代国际经济中的一个突出现象就是区域经济一体化和与之相适应的贸易集团化。区域经济一体化与贸易集团化不但是当今世界经济贸易发展的趋势之一，实质也是国际贸易政策发展的新动向，是自由贸易政策与贸易保护政策合流的一种新形式：在集团内部使贸易更加自由；在集团之间则形成一定的贸易壁垒。这种“对内自由，对外保护”便构成区域经济一体化组织在国际贸易方面的最大特点。

区域经济一体化属于世界经济一体化三个层次之一。世界经济一体化表现为三个层次。第一个层次是跨国公司在全球范围内生产的一体化，如沃尔玛超市、通用汽车、日立等公司的服务和生产遍及全球。第二个层次是区域经济一体化，其表现形式为优惠贸易安排、自由贸易区、关税同盟、共同市场、经济同盟、完全一体化等。第三个层次是全球经济一体化，涉及各国的基本经济、政治制度和体制，甚至文化价值，这一领域非常复杂。

区域经济一体化始于第二次世界大战结束后，而且出现过两次区域经济一体化的浪潮。第一次浪潮出现在20世纪50年代末至60年代初，以欧洲经济共同体为代表的一批区域经济集团相继建成：1958年1月1日欧洲经济共同体诞生，1960年欧洲自由贸易联盟正式运行，1960年中美洲共同市场建立，1961年拉丁美洲自由贸易联盟建立，1964年中非关税和经济联盟建立，1965年阿拉伯共同市场成立，1967年东非共同体及东盟建立。第二次浪潮出现在20世纪80年代中期以后，以欧共体的进一步扩张为起点，先后出现：欧盟的建立和东扩计划的实施，以及泛欧洲自由贸易区计划的提出；北美自由贸易区的建立及其向南扩张，以及全美洲自由贸易区方案的提出；官方的和非官方的经济论坛的建立；等等。区域经济一体化组织如雨后春笋般地在全球涌现，形成了一股强劲的新浪潮。这股新浪潮推进之迅速、合作之深入、内容之广泛、机制之灵活、形式之多样，都是前所未有的。此轮区域经济一体化浪潮不仅反映了经济全球化深入发展的新特点，而且反映了世界多极化曲折发展的新趋势。虽然两次浪潮各有特点，但都在不同程度上促进了“对内自由，对外保护”的国际贸易新格局的形成。

《关贸总协定》第24条第4、第5款规定：“缔约各国认为，通过自愿签订协定发展各国之间经济的一体化，对扩大贸易的自由化是有好处的。”“本协议各项规定，不能阻止缔约各方在其领土之间建立关税同盟和自由贸易区。”非歧视原则作为世贸组织基本原则之一，对以关税同盟和自由贸易区等形式出现的区域经济安排则属例外。在其区域内实行比最惠国待遇更为优惠的“优惠制”，区域以外的国家则无权享受。这说明以推动全球贸易自由化为目的的关贸总协定和世贸组织在原则上是支持区域性经济一体化的，区域经济一体化与多边贸易体制原则是不矛盾的。

本章主要介绍区域经济一体化的概念与类型、区域经济一体化的影响和理论依据、经济一体化的实践，以及中国与区域经济一体化。

第一节　经济一体化的概念与类型

美国经济学家贝拉·巴拉萨在《经济一体化理论》一书中对“经济一体化”的定义进行了明确阐述：“我们将经济一体化定义为既是一个过程，又是一种状态。就过程而言，它包括采取种种措施消除各国经济单位之间的歧视；就状态而言，则表现为各国间各种形式差别的消失。”巴拉萨的这一定义在西方经济学中具有经典性意义。

区域经济一体化（regional economic integration）是指两个或两个以上在地理区域上比较接近的国家，根据特定的共同目标，以一定方式建立起来的经济联合体。

这些国家经济联合的密切程度是不同的，另外迈向经济一体化的行动一般是分阶段展开的，“有些国际集团仅在贸易方面对外实行歧视，而另一些经济集团则在各个方面都‘内外有别’，几乎成为统一的国家”[①]。因此，经济一体化行动的深入，一方面表示成员国已经部分地走向自由贸易，另一方面则意味着对本国经济控制权的丧失也就越多。

名人简介 9-1

贝拉·巴拉萨（Bela Balasa）

贝拉·巴拉萨是当代美国经济学家，曾任美国约翰·霍普金斯大学政治经济学教授及世界银行顾问。

贝拉·巴拉萨著述颇丰，曾出版《发展中国家的保护结构》《欧洲经济一体化》《发展中国家的出口补贴》《经济发展、私有价值与官方政策》《发展中国家的政策改革》《世界经济中的新兴工业国》《准工业化国家的发展战略》等。此外，他还经常在世界性杂志上撰文，是一位多产的经济学家。

贝拉·巴拉萨的主要研究领域是发展中国家对外经济政策与这一政策同整个经济发展战略之间的关系，以及随之而产生的经济效果。在这一问题上，巴拉萨通过大量的资料收集、分析和比较，提出了一系列独到的见解。他的许多理论观点及政策主张被不少发展中国家接受，对这些国家的政策制定产生了重要影响。另外，他还是进行贸易创造-转移估算的先驱。因此，贝拉·巴拉萨在西方社会和部分发展中国家享有盛誉。

---

① 彼得·林德特. 国际经济学[M]. 范国鹰，陈生军，陈捷，等译. 北京：经济科学出版社，1992：213.

为了更好地了解这些一体化组织为什么会在西欧、北美等地区形成，我们有必要首先区分一下一体化组织的主要类型。区域经济一体化组织可以从不同角度加以分类。按照区域经济一体化发展程度由低级向高级排序，区域经济一体化组织包括：优惠贸易安排、自由贸易区、关税同盟、共同市场、经济联盟和完全经济一体化等六种类型。

1. 优惠贸易安排

优惠贸易安排（preferential trade agreement）是指在成员国之间，通过贸易条约或协定，规定了在相互贸易中对全部或部分商品实行关税优惠；同时，各成员国按照自己的关税政策，对来自非成员国的进口商品实行进口限制。

优惠贸易安排是区域经济一体化组织最初级和最松散的组织形式。1932 年，英国与其殖民地建立的“英帝国特惠制”，第二次世界大战后建立的东盟等，都属于这一类。

2. 自由贸易区

自由贸易区（free trade area，FTA）是指由签订有贸易协定的国家组成的贸易集团。在区域内各成员国之间取消了商品贸易的关税壁垒，相互免征关税，使商品在一定程度上可以自由流动；但各成员国在制定对非成员国的贸易政策方面依然保持各自的独立性，其成员国对“外部世界”可以保留各自不同的关税及其他贸易壁垒。

自由贸易区仍是一种松散的经济联合形式，但它已具备了经济一体化的一般特点，即对成员国和非成员国实行差别待遇。另外，为了确保各成员国对非成员方产品的有效限制，自由贸易区通常采用**原产地规则**（rules of origin）对是否来自成员方的产品加以甄别。

根据涉及的商品范围，自由贸易区可分为工业自由贸易区和完全自由贸易区。前者仅仅取消成员国之间工业品贸易的关税，农产品不享受优惠待遇；后者不仅取消成员国之间工业品的进口关税，还取消农产品贸易的关税。例如，组建于 1960 年的欧洲自由贸易联盟就属于工业自由贸易区，其主要目标是首先逐步减让工业品的关税，最后达到全部取消成员国之间工业品的贸易关税，实现联盟内部工业品的自由贸易。完全的自由贸易区的例子当推 1989 年正式创建的美加自由贸易区以及 1994 年成立的北美自由贸易区。

3. 关税同盟

关税同盟（customs union）是指两个或两个以上的国家为了在各成员国之间完全取消关税壁垒与其他贸易壁垒，并对非成员国的商品进口建立统一的关税制度而缔结的同盟。

关税同盟意味着撤除了成员国各自原有的关境，组成了共同的对外关境。它使得成员国在关税方面形成了一体化。关税同盟的特点是：同盟内部取消所有的关税与非关税壁垒，实行自由贸易；而对同盟以外的国家，则实行统一的外部商业政策，如关税制度和限额制度等。

关税同盟的目的是为成员国的产品提供更为广阔的市场，排挤非成员国的产品。由此可见，关税同盟在一体化程度上比自由贸易区更前进了一步。而且，关税同盟已经开始具有超国家性质，是实现全面经济一体化的基础。

19 世纪，德国历史学派经济学家李斯特首先提出这种主张。1826 年成立的北德意志关税同盟，就是历史上最早的一个关税同盟；产生于 1920 年的比（比利时）卢（卢森堡）关税同盟也是较早的关税同盟，第二次世界大战结束后荷兰加入其中，组成了著名的比荷卢经济同盟；1964 年 12 月 8 日签署的中非关税和经济同盟与 1969 年成立的南部非洲关税同盟，都是较为典型的关税同盟。最著名的例子就是成立于 1958 年的欧洲经济共同体。

由于关税同盟是以不同国家之间相互经济利益为基础的，因而也是一种相互协调、妥协和斗争的国家集团。在同盟内部，经济实力较强的国家往往拥有更多的发言权和较强的影响力，但经济实力较弱的国家的利益也必须兼顾，否则同盟就会解体。

4. 共同市场

共同市场（common market）是指在关税同盟的基础之上，取消了成员国之间对生产要素流动的限制，允许劳动、资本及其他生产要素在成员国之间自由流动。共同市场是比关税同盟联合得更为紧密的经济一体化组织，也是比关税同盟更高一级的一体化形式。

由此看来，在共同市场内部必须维持成员国之间货币汇价的稳定，制定共同的财产法，协调劳动立法和税收制度，等等。成立于 1967 年 7 月 1 日的欧共体是共同市场的典型形式。

欧共体的前身即欧洲经济共同体，该组织在 20 世纪 80 年代以前并不是真正的共同市场，因为它一直对劳动力和资本的国际流动设置了种种明显的壁垒。欧洲经济共同体于 1958 年 7 月完成了关税同盟的任务，成员国之间取消关税及其他贸易壁垒，工业品可以自由流通，对外实行统一关税；1962 年开始实行共同农业政策；1968 年统一了欧共体各成员国的主要农产品价格，取消了农产品关税，使得农产品也像工业品一样可以自由流通；1971 年共同体实施货币联盟计划，在共同体内实行可调整的中心汇率制，即成员国货币汇率的波动幅度为 2.25%，对外则实行联合浮动；到 1992 年建成了真正的共同市场，实现了资本、劳动力及其他生产要素的自由流动。因此，欧共体在 20 世纪 80 年代才基本达到共同市场的水平。

5. 经济联盟

经济联盟（economic union）是指成员国之间除了商品与生产要素可以自由流动及建立对外共同关税外，还要求成员国制定和执行某些共同的经济政策（甚至社会政策），逐步消除各国在政策方面的差异，使一体化程度从商品交换扩展到生产、分配乃至整个国家经济，形成一个庞大的经济实体。

经济联盟与共同市场的区别在于，经济联盟的成员国必须将其经济主权交给超国家的联盟机构，由该联盟机构把成员国的经济组成一个整体，整个联盟实行统一的经济政策，包括货币、财政、福利、贸易以及生产要素的流动政策。目前的欧盟即属于此类经济一体化组织。

6. 完全经济一体化

完全经济一体化（complete economic integration）是指各成员国在经济联盟的基础上，全面实行统一的经济政策（甚至社会政策），建立统一的货币制度，使得各成员国在经济上形成单一的经济实体。完全经济一体化是经济一体化的最高级组织形式。目前，世界上尚无此类经济一体化组织，只有欧盟在为实现这一目标而努力着。

综上所述，在经济一体化的各种类型中，第一种是经济一体化的萌芽形式；第二、第三种是简单的贸易集团，它取消了各种明显的贸易壁垒，但仍保留了对资本和劳动力及其他生产要素流动的国家壁垒，以及国家对财政和货币的自主权。事实表明，在各主权国家之间建立自由贸易区和关税同盟这种贸易集团比较容易，也是目前经济一体化的最重要的类型；第四、第五种是联系紧密的经济集团，它们在前两种类型规定的基础上还进一步允许成员国间生产要素的自由流动和实行统一的经济政策，属于经济一体化的高级形式，实行起来较难。如果在经济集团内部，各成员国在经济联盟的基础上，全面实行统一的经济和社会政策，建立统一的货币制度，则该集团就具备了"完全经济一体化"的特征。各种经济一体化类型的特点，如表 9-1 所示。

表 9-1　各种经济一体化类型的特点

类别	相互优惠关税	产品自由贸易	共同对外关税	生产要素自由流动	各项政策协调	经济政策完全一体化
优惠贸易安排	√	×	×	×	×	×
自由贸易区	√	"√"	×	×	×	×
关税同盟	√	√	√	×	×	×
共同市场	√	√	√	√	×	×
经济联盟	√	√	√	√	√	×
完全经济一体化	√	√	√	√	√	√

注：表中的符号√表示"是"，"√"表示"大约是"，× 表示"否"。

第二节　区域经济一体化的影响

一、区域经济一体化的内部影响

在对其内部成员方经济影响上，区域经济一体化的作用也表现为双重性，既有正面的影响又有负面的影响，但主要是正面和积极的影响。

（1）促进了区域经济一体化组织内部贸易的增长。当区域经济一体化组织成立之后，在其内部主要实行的是自由贸易政策，关税和非关税壁垒逐步消除，从而形成了区域性的统一市场，这必然有利于增强区域内商品与生产要素的自由流动，增加成员方在经济上的相互依赖程度。其结果是推动了区域经济一体化组织内部贸易的增长。

（2）改变了国际贸易的地区分布。由于区域经济一体化组织实行内外有别的政策，对外实行贸易限制，对内实行自由贸易，这必然导致一体化内部贸易的迅速增长，同时也减少了其成员与外部非成员间的贸易往来。其结果是改变了国际贸易的地区分布，使区域经济一体化组织内部的贸易比重加大。

（3）有利于经济一体化国家整体贸易地位的提高。通过自身独特的机制，区域经济一体化组织使得其成员国更加紧密地“团结起来”，增强了各成员国的经济力量和市场势力，提高了其在国际上的经济地位。各成员国经济实力与国际竞争力的增强，必然有利于增加其成员方在国际贸易谈判当中的分量，从而可以在一定程度上维护自身的贸易利益。

（4）成员国经贸政策的自主权相应受到约束。在区域经济一体化组织成立以前，各成员国在贸易政策的制定与实施方面有其自主性，属于国家主权的范畴，一般不会受到其他国家的干涉。但在经济一体化集团成立之后，由于实行内外有别的统一政策，各成员国在贸易政策制定与实施等方面的主权就会被剥夺，即区域一体化组织必然渗透到各成员国经贸政策的制定过程之中，从而在一定程度上削减了各成员国的经济主权。

二、区域经济一体化的外部影响

区域经济一体化的外部影响具有正、负双重性，但更多的是负面影响。区域经济一体化对其外部非成员国的经贸活动的积极影响在于：区域经济一体化组织成员国自身经济实力的增强，促进了经济的发展，扩大了对外需求，从而在一定程度上促进了国际贸易总量的增长。这就为各国经济发展提供了更多的发展机遇，即产生收入溢出效应。此外，由于区域经济一体化推动新技术产品的联合开发，这些成果也会随出口的增加转移到其他国家，提高了世界的科技开发水平。在技术开发领域创造的新成果也会向外扩散，使得区域外国家也可受益。然而，区域性经济集团实施内外有别的各项政策，对非成员国更多的是不利影响。

（1）区域经济一体化增强了对区域外国家的贸易限制。扩大内部贸易是以牺牲集团外国家的部分贸易额为代价的，使得区域外国家本可以进入区域内的商品和劳务受到保护主义的严厉打击，这反映了其固有的排他性和歧视性。随着一体化的深化和扩大，世界范围的贸易保护主义将随之增强。这就使国际贸易环境恶化，尤其是使区外发展中国家的贸易环境雪上加霜，特别是对于出口商品结构还比较落后的发展中国家来说，向西欧和北美出口较以前更为困难了。

（2）区域经济集团改变了国际直接投资的地区流向。由于贸易转移的影响，原来以出口方式进入市场的外国跨国公司，因受到歧视而改为以直接投资取代出口，在一体化区域内部直接生产。这样做可以绕过进口国关税与非关税壁垒，以保护从前通过出口所占领的市场。这样一来，外国直接投资在一体化区域内的增加，必然导致一体化区域外投资的相应减少。

（3）区域经济一体化不利于多边贸易体系的改进和完善，从而影响全球贸易环境。世界经济区域化、集团化趋势，将使若干个实力相当或相近的区域性经济集团出现在世界经济大舞台上，它们之间的合作与竞争并行不悖。这样，原有的国与国之间的国际经济协调，将转化为区域与区域之间的国际经济协调。相比之下，由于经济集团形成了错综复杂的利益格局，而任何一种国际经济协调都不可能完全符合各国的经济利益，因此，不可避免地会出现反对国，国际经济协调将面临重重障碍，不能完全或顺利地贯彻。

总之，区域经济一体化具有双重性质，它以对内自由贸易、对外限制贸易为基本特征。对内，由于取消关税和非关税壁垒，促进了内部贸易的自由化，区域内各国间的生产专业化和国际分工更为精细，从而使内部贸易迅速增长。从这一意义上说，它是走向世界经济一体化的一个阶段，使世界各国的经济变得更加难以分割。对外，由于贸易保护主义势力的增强，区域内部国家同外部国家间的贸易往来相对减少，从而使本来很紧密的世界经济分成若干对立的区域，这不利于世界经济一体化的发展。因此，它对世界经济与国际贸易的影响也存在着双重性。

第三节　经济一体化的理论依据

经济一体化的兴起，促进了学界对其的研究，而这些研究成果反过来又为经济一体化的进一步发展提供了理论依据。由于经济一体化兴起本身就是对单纯的自由贸易政策和贸易保护政策的综合和发展，所以经济一体化理论也对传统的自由贸易理论和贸易保护理论提出了挑战：为什么不推行全球性的自由贸易或实行以一国为单位的贸易保护，而要实行区域经济一体和形成区域性贸易集团呢？经济一体化理论对此问题给予了回答。

一、关税同盟理论

传统观点认为，关税同盟对关税减让、自由贸易和人类福利产生了积极影响，然而，美国普林斯顿大学经济学教授简可柏·维纳[①]（Jacob Viner）不同意上述观点。他在1950年出版的《关税同盟问题》一书中，首次对有关关税同盟经济效应的传统看法提出了批评，从而首先倡导和建立了关税同盟理论。随后，米德与约翰逊又发展和完善了关税同盟理论。该理论主要研究关税同盟内外有别的两面性对国际贸易的静态与动态效应。

（一）关税同盟的静态效应

组成关税同盟意味着贸易政策发生了变化，即对成员国与非成员国实行差别待遇，这些政策变化可能会导致贸易方式在成员国与非成员国之间转移，既可能增加也可能减少成员国甚至整个世界的福利。因为，一方面，取消成员国之间的贸易壁垒似乎是朝着自由贸易迈进了一大步，但另一方面，一致对外的贸易壁垒又好像阻碍了自由贸易。为了搞清楚这一问题，让我们首先了解一对核心概念：贸易创造和贸易转移。

这些名词最早是由简可柏·维纳于 1950 年左右提出来的，他将“贸易创造”定义为由一体化引起的产品来源地从资源消耗较高的本国生产者转向资源消耗较低的成员国生产者。这种转移体现了经济开始走向按自由贸易来配置资源，因此可能有利于福利水

① 又译为雅各布·瓦伊纳。

平的提高；而贸易转移则是指产品来源地从资源消耗较低的非成员国生产者转向资源消耗较高的成员国生产者，这种转移代表着经济背离了自由贸易的资源配置，因此可能会带来福利水平的降低。①

简而言之，**贸易创造**（trade creation）是指关税同盟内的某一成员国，在加入关税同盟之后相对于加盟以前其贸易量的增加，即创造出了加盟前不可能产生的新的贸易量。**贸易转移**（trade diversion）是指关税同盟内的某一成员国，当把原来从非成员国低成本的进口转换为从成员国高成本的进口时，就发生了贸易转移。贸易转移使国际资源配置恶化，使生产背离了比较优势理论。

核心概念 9-1

贸易创造与贸易转移

贸易创造是指关税同盟内的某一成员国，在加入关税同盟之后相对于加盟以前其贸易量的增加。

贸易转移是指关税同盟内的某一成员国，当把原来从非成员国低成本的进口转换为从成员国高成本的进口时，就发生了贸易转移。

贸易创造与贸易转移概念的另一种表述②

贸易创造是指加入关税同盟之后，成员国之间相互取消关税和非关税壁垒，导致同盟内的某一成员国相对于加盟之前其贸易规模的扩大。

贸易转移是指加入关税同盟之后，成员国之间的相互贸易代替了成员国与非成员国之间的贸易，导致同盟内的某一成员国相对于加盟之前贸易方向发生了转移。

随着经济一体化的深化，贸易创造和贸易转移显然都可能发生。如果仅仅发生贸易创造，则可能有利于福利水平的提升；反之，如果发生贸易转移，经济一体化的福利效应就会变得不确定了。下面我们将分别加以讨论。

1. 贸易创造关税同盟的经济效应

贸易创造关税同盟（trade creating customs union）是指仅仅发生了贸易创造的关税同盟。关税同盟成立之后，由于某一成员国生产专业化程度的提高，在增加了其真实收入的同时，必将增加从世界其他国家的进口，同样也增加了非成员国的利益。因此，贸易创造关税同盟只导致贸易创造，并且不容置疑地会增加成员国和非成员国的福利。

① 丹尼斯·R. 阿普尔亚德，小艾尔佛雷德·J. 菲尔德. 国际经济学[M]. 龚敏，陈琛，高倩倩译. 北京：机械工业出版社，2001：326.

② 贸易创造可优化配置资源并可提供更多价格低廉的进口商品，使得福利水平提升；贸易转移使得国际资源配置恶化，使生产背离比较优势理论，导致福利水平降低。

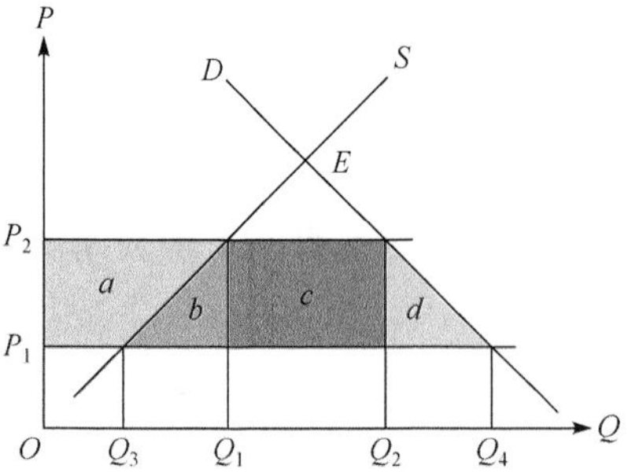

图 9-1 贸易创造关税同盟

如图 9-1 所示，甲国是一进口小国，D 和 S 分别表示甲国小轿车的国内需求曲线和供给曲线。另外，乙、丙两个国家小轿车的自由贸易价格分别为 P_1 和 P_3，且 $P_1 < P_3$（为了简化起见，图 9-1 中省略了价格线 P_3）。

（1）在关税同盟成立之前。甲国对来自乙、丙两个国家的小轿车都要征收相同税率的进口关税，则甲国进口商必然会以 P_1 的价格从乙国进口小轿车。若甲国对进口小轿车征收关税后的国内价格为 P_2，则其进口量为（$Q_2 - Q_1$）。

（2）在甲国与乙国结成关税同盟之后。由于关税同盟实行的是内外有别的关税政策，甲国从非同盟国丙国进口小轿车的税后价格要高于它从同盟国乙国进口小轿车的零关税价格 P_1，所以进口商还是会以 P_1 的价格从乙国进口，并以 P_1 的价格在国内销售小轿车。在此情况下，其进口量为（$Q_4 - Q_3$）。

（3）经济效应。甲国加盟后相对于加盟前，其贸易创造效应为[（$Q_4 - Q_3$）－（$Q_2 - Q_1$）]=（$Q_4 - Q_2$）+（$Q_1 - Q_3$）；消费者效应为（$a+b+c+d$）；生产者效应为（$-a$）；关税效应为（$-c$）。因此，加入关税同盟给甲国带来的净福利为（$b+d$）。其中，三角形面积 b 表示从贸易创造中获利的产量组成部分，三角形面积 d 表示从贸易创造中获利的消费组成部分。

2. 贸易转移关税同盟的经济效应

贸易转移关税同盟（trade diverting customs union）是指既发生了贸易创造，又导致了贸易转移的关税同盟。相对于贸易创造关税同盟而言，由于贸易转移关税同盟既发生了贸易创造又导致了贸易转移，贸易创造与贸易转移是两种相反的力量，因此，贸易转移关税同盟既能够增加也能够减少其他成员国的福利，并将减少世界其他国家的福利。

如图 9-2 所示，同样假定甲国是一进口小国，D 和 S 分别表示甲国小轿车的国内需求曲线和供给曲线。另外，乙、丙两个国家小轿车的自由贸易价格分别为 P_1 和 P_3，且 $P_1 < P_3$。

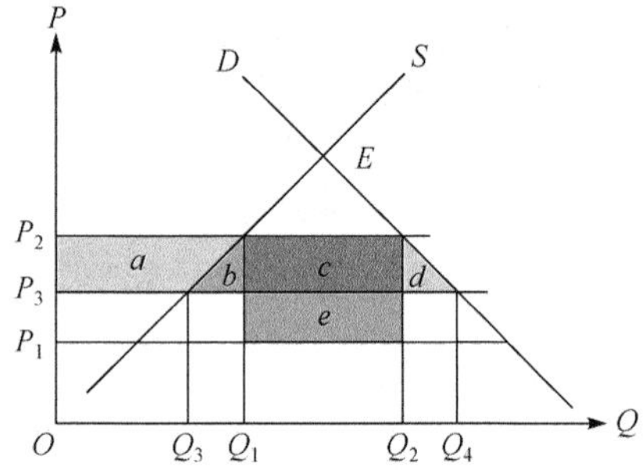

图 9-2 贸易转移关税同盟

（1）在关税同盟成立之前。甲国对来自乙、丙两个国家的小轿车都要征收相同税率的进口关税，则甲国进口商必然会以 P_1 的价格从乙国进口小轿车。若甲国对进口小轿车征收关税后的国内价格为 P_2，则其进口量为（$Q_2 - Q_1$）。

（2）在关税同盟成立之后。与贸易创造关税同盟不同的是，现在假定甲国与丙国结成了关税同盟，由于关税同盟实行的是内外有别的关税政策，甲国从非同盟国乙国进口小轿车的税后价格要高于它从同盟国丙国进口小轿车的零关税价格 P_3，所以进口商会以 P_3 的价格从丙国进口，并以 P_3 的价格在国内销售。在此情况下，其进口量为（Q_4-Q_3）。

（3）经济效应。甲国加盟后相对于加盟前，其贸易创造效应为[（Q_4-Q_3）－（Q_2-Q_1）]＝（Q_4-Q_2）＋（Q_1-Q_3）；贸易转移效应为（Q_2-Q_1）；消费者效应为（$a+b+c+d$）；生产者效应为（$-a$）；关税效应为[－（$c+e$）]。

因此，加入关税同盟给甲国带来的净福利为[（$b+d$）－e]。其中，三角形面积 b 表示从贸易创造中获利的产量组成部分，三角形面积 d 表示从贸易创造中获利的消费组成部分，矩形面积 e 是贸易转移所造成的福利损失。具体来说，从甲国国内来看，e 是政府损失的税收的一部分；从世界角度来看，e 则是将一部分产品的生产由资源利用率较高的国家乙转移到效率低的国家丙所造成的损失。

核心概念 9-2

贸易创造效应与贸易转移效应

贸易创造效应是指由于成员国之间相互取消关税及非关税贸易壁垒，用从伙伴国进口的较为便宜的产品取代了国内较为昂贵的生产，从而带来贸易量的增大和由此导致成员国整体福利的增加。

贸易转移效应是指成员国的贸易方向发生了改变，用从伙伴国进口的较为昂贵的产品取代了原来从外部进口的较为便宜的产品，从而使进口方向发生转移和由此导致成员国社会福利水平的下降。

甲国加入贸易转移关税同盟的净福利[（$b+d$）－e]取决于以下因素。

其一，曲线 D 和 S 越平缓（即弹性越大），消费者与生产者数量调整的幅度也越大，并且价格 P_3 越靠近 P_1，则三角形面积（$b+d$）就越大，矩形面积 e 就越小。

其二，甲国最初的关税税率越高，[（$b+d$）－e]越有可能为正。

其三，加入贸易转移关税同盟的国家越多，相对而言，发生贸易转移的国家数量只会越少，因而其净福利也会越多。

由此可见，对于一个参加贸易转移关税同盟的国家（甲国）而言，在满足上述条件的情况下，其获得净福利的机会就会更大。

经济学家贝拉·巴拉萨是进行贸易创造-转移估算的先驱。他以欧洲经济共同体为研究对象，将欧洲经济共同体成立前与成立后的前 10 年（1959—1970 年）左右贸易创造与贸易转移的程度进行估算和分析，其实证研究成果表明，欧洲经济共同体内部的福利在经济一体化之后确实有了增加。①

关税同盟还有一些其他的静态效应。其一，节约了管理成本。由于无须再设置政府官员来监督过境的伙伴国的产品和服务，因此经济一体化能够节约管理成本。其二，改善贸易条件，增强讨价还价的能力。同盟国在与其他非同盟国进行贸易谈判时，是以集体为单位的，这将比其依靠单独自身力量谈判的情况拥有更强的讨价还价的能力，而且

① 丹尼斯·R. 阿普尔亚德，小艾尔佛雷德·J. 菲尔德. 国际经济学[M]. 龚敏，陈琛，高倩倩译. 北京：机械工业出版社，2001：330.

能够改善其贸易条件。

（二）关税同盟的动态效应

（1）强化竞争。由于关税同盟对内自由、对外保护，各国的生产厂商必须提高效率以对付同盟国内其他的生产者的竞争、合并，以避免出局，随着竞争水平的提高，也可能刺激新技术的发展和利用，最终降低生产成本，这有利于消费者福利水平的提高。

（2）使厂商获得规模经济之利。加入关税同盟之后，对于同盟国的每个厂商来讲，能够克服国内市场狭小的弊端，以取得规模经济的产量，减少各工厂所制造产品的差别，扩大规模，降低成本，从而取得巨大的经济效益。

（3）刺激投资。建立关税同盟，有可能刺激非成员国在关税同盟内部投资建厂，以避开关税同盟针对非同盟国所建立的歧视性贸易壁垒，这就是**关税工厂**（tariff factories）。也就是说，在一个国家或其他经济机构中，为避开进口关税而进行的直接投资。

建立关税同盟所产生的这些动态效应被认为比前面研究的静态效应要大得多，而且非常重要。需要指出的是，为了获得关税同盟提供的静态和动态效应而加入关税同盟仅仅是次优的解决办法。一个国家最好的政策是单方面消除所有的贸易壁垒。但是如果是一个足以影响贸易条件的大国，一定要将单方面消除贸易壁垒产生的正面效应与其贸易条件恶化所造成的负面效应进行衡量。

二、大市场理论

共同市场与关税同盟不同，它比关税同盟更进了一步，其目的就是把那些被保护主义分割的小市场统一起来，形成大市场，通过大市场内的激烈竞争，实现规模经济效益和增加社会福利。提出大市场理论的代表人物是西陶斯基（T.Scitovsky）和德纽（J.F.Deniau）。

（一）大市场理论的核心内容

1. 经济一体化的目的是扩大市场，获得规模经济效益

西欧各国在没有实现一体化之前，都是只从本国利益出发而推行狭隘的贸易保护政策，把市场分割得特别细小而狭窄，各国企业家面对狭小的市场，便无法获得大规模生产的经济效益。建立共同市场的目的就是克服这些弊端，为企业家提供大市场。德纽认为，大市场为机器设备的充分利用、大批量生产、专业化以及新技术的应用提供了前提条件。专业化分工和大批量生产等因素会促进生产成本的下降；成员国之间取消关税，又会进一步促使商品价格下降；商品价格的下降必然导致购买力的增强和实际生活水平的提高。某种商品消费的增加，又会反过来推动该种商品生产规模的扩大，成本进一步下降。

总之，大市场促使成本降低、消费扩张，消费扩张反过来刺激生产投资的增加与规模的扩大，投资的增加与规模的扩大又会导致商品价格下降、工资提高和购买力的增强。总之，只有市场规模扩大，才能刺激经济增长。

2. 达到目的的手段是依靠市场的扩大而激化竞争

西陶斯基认为，共同市场的正面效果大部分源于竞争激化所产生的动态效应，而不是关税同盟理论所说的贸易创造。另外，贸易创造即使有也只占很小一部分的。在此，西陶斯基提出了“小市场与保守的企业家态度的恶性循环”的命题。该命题认为，企业家在狭小的市场内活动，会形成阻止新企业建立和无竞争的垄断局面。由于商品价格昂贵，社会公众对耐用消费品缺乏购买力，商品也无法进行大批量生产，而保守且又垄断的企业家却自以为商品质量高而不思进取，于是使西欧陷入高利润率、高价格、低资本周转率和市场狭小的恶性循环之中。冲破恶性循环的方法是共同市场上或贸易自由化条件下的激烈竞争。唯有激烈竞争，价格才会下降，也才能迫使小批量生产转变为大规模生产，即形成这样一种良性循环：大市场中竞争激化，转向大批量生产，规模经济导致成本下降，商品售价下降又扩大了销售市场和消费需求，竞争进一步激化，成本进一步下降……

概括地讲，大市场理论的两个中心范畴就是：规模经济和激化竞争。由此也就引发了这样一个问题：全球范围的自由贸易和区域经济一体化相比，哪个更有利于实现大市场？经济学家西陶斯基和德纽认为，规模经济和激化竞争，无论通过全球范围的自由贸易还是通过区域经济一体化，均可以实现，但就市场规模和竞争的激烈程度而言，全球性的自由贸易更为有利一些。所以，大市场理论与其说是为共同市场提供理论依据，不如说在为全球内的自由贸易唱赞歌。

（二）大市场理论对实行区域经济一体化的解释

对目前为什么要实行区域经济一体化，大市场理论给出了两种解释。

（1）次优选择。因为实现全球范围内的自由贸易还十分遥远，与其坐等，不如先在较小的范围内建立经济一体化。这是一种现实的次优解决方案。

（2）贸易国之间的一致性。开展自由贸易，要求贸易国在经济发展水平、收入水平、消费偏好和文化水平等方面大致相同，在地理上比较接近。具备这种一致性的特定国家必须能够和谐地改变和优化这些条件。这就是说，区域经济一体化不是进行 19 世纪那种发展阶段相差很大的工业国与农业国之间相互补充式的自由贸易，而是要在相互竞争的国家之间进行专业化分工。

（三）大市场理论的不足之处

大市场理论确实为经济一体化提供了一些依据，但它也存在以下三方面的不足。

（1）有些论述以偏概全。就西欧国家来说，市场狭窄问题确实存在，但在一些国内市场容量相当大的国家也仍然存在关税同盟或共同市场。比如，美国与加拿大缔结的《美加自由贸易协定》，就用国内市场狭小的理由说不通，因为美国和加拿大都分别拥有相当大的国内市场。

（2）有些地方失之偏颇。按照西陶斯基的说法，建立共同市场是为了改变企业家的保守态度。当然，共同市场比单个国家市场更具有竞争力，更易改变企业家的行为。但是，解决这个问题也可以用其他办法，如可以从国内经济政策入手，克服行业垄断的弊端，让其他领域的生产要素流入特定的垄断行业，从而引起竞争。所以大市场理论对共同市场的阐释失之偏颇。

（3）有逻辑上的自相矛盾。在区域经济一体化内部，如果认为实现了规模经济和激化竞争，那么必然会出现这样的情况：若在企业内部实现了规模经济，就必然发展成为垄断，共同体将丧失激化竞争的机制；若规模经济是外部经济，就必然出现各种产业向特定地区的集聚。这种集聚现象与发展中国家的资金向工业发达国家倒流的效果一样，不会促进共同体内的合理分工，只会使成员国之间拉大经济差距，导致产业结构更加不合理。所以把激化竞争与规模经济共同作为共同市场产生的依据，是存在自相矛盾之处的。

三、工业偏好理论

加拿大经济学家 H.G. 约翰森、C.A. 库珀和 B.F. 马赛尔等学者继承和修正了维纳的关税同盟理论，提出"偏好工业生产"假设，并由此形成了工业偏好理论。该理论依循的是传统的比较优势理论，从工业生产和工业品贸易（即资本品贸易而非消费品）的角度来解释一体化。

（一）工业偏好理论的内容

（1）在经济发展过程中，世界上绝大多数国家都存在着优先发展工业的偏好。为了使工业发展速度快于其他产业，这种对工业发展的偏好会促使这些国家采用关税或其他非关税措施来保护工业生产，提高工业品的国内价格，使之等于或高于国际价格，从而阻止外国工业制成品的进口。同时，这些国家往往以出口补贴的方式鼓励工业品出口，从而扩大国内工业品的生产，有意识地加速其工业化进程。尽管这样做会使国内消费者的福利受到损失，但工业偏好往往总是促使一些国家无法顾及这一点。

（2）偏好程度相近的国家之间容易结成关税同盟等经济一体化组织。偏好程度相近的国家一旦享受到国际专业分工的好处之后，就会增加工业偏好的倾向。在结成关税同盟之后，成员国彼此之间取消关税，就形成了地区间的国际专业分工，并通过增加互惠贸易来扩大本国的工业生产规模，则成员国的工业生产规模都会比自由贸易时有所扩大；同时，成员国对非成员国征收统一的关税，使得非成员国工业品的进口被限制，同盟内的贸易转移效果增强。贸易转移效果越好，则越能靠牺牲非成员国的出口来增强同盟国的工业偏好，使区域间的一体化程度不断增强。

（二）结成关税同盟国家应具备的特征

工业偏好理论是以比较工业生产成本为出发点的，那么哪些国家比较容易结成关税同盟呢？库珀等经济学家认为，较易结成关税同盟的国家应具备以下特征。

（1）工业品在国际市场上缺乏比较优势，工业偏好强烈。由于关税同盟是靠牺牲别国工业品出口来发展其工业生产的，因而，总是那些自认为本国工业品在国际市场上比较优势不强，而又具有强烈的工业偏好的国家首先提出结盟的要求。

（2）工业品在同盟国市场上稍有比较优势，结盟意愿明显。由于同盟国之间必须取消关税限制，因而愿意参加同盟的国家总是认为本国的产品比其他潜在的伙伴国的产品更具有比较成本优势，能够进入潜在伙伴国的市场，进而有利于扩大本国工业品的生产。

综合以上两点，关税同盟应该是在具有同等工业生产成本水平、同等工业偏好、在世界市场上比较差异不明显的那些国家之间缔结。

（三）工业偏好理论的评述

（1）工业偏好理论在阐述关税同盟形成的原因及结盟国家的类型方面有可取之处。该理论不仅能很好地说明欧盟的形成，而且能对正处于工业化进程中的国家参与经济一体化具有一定的实践指导意义。

（2）工业偏好理论不能很好地解释一些最具比较成本优势国家的经济一体化现象。工业偏好理论认为，关税同盟是在具有一定比较优势而在国际上比较成本优势较弱的国家之间缔结的，大概欧盟的前身——欧洲经济共同体就是这一观点的事实依据，因为欧洲经济共同体成员国都有一些与盟国相比具有比较优势的产品，但与美国、日本相比都略为逊色。另外，美国和日本的工业生产成本在国际市场上占绝对优势，但事实上，它们都在积极寻求与其他国家建立同盟，工业偏好理论对此就不能作出很好的解释。

四、协议性国际分工原理

小岛清（Kiyoshi Kojima，1920—），日本经济学家，一桥大学教授。20 世纪 70 年代，小岛清在其代表作《对外贸易论》中提出了协议性国际分工原理，用来解释经济一体化的成因。

小岛清认为，在一体化内部，仅仅依靠在比较优势理论指导下的规模经济效益有弊无利，因为它带来的后果必然是以各国为单位的企业集团的垄断，或者是产业向某个国家集聚，最终导致同盟内部各成员国之间的严重的经济失衡。因此，要在各国之间实现规模经济、和谐地扩大共同体内部的贸易，就必须对传统的在比较优势理论指导下的国际分工原理进行修正。

图 9-3（a）表示 A、B 两国 X 产品的成本递减曲线。图 9-3（a）中两国未实现分工时，A 国 X 产品的成本为 C_a，供求在 E_a 点上达到均衡；B 国 X 产品的成本为 C_b，供求在 E_b 点上达到均衡。

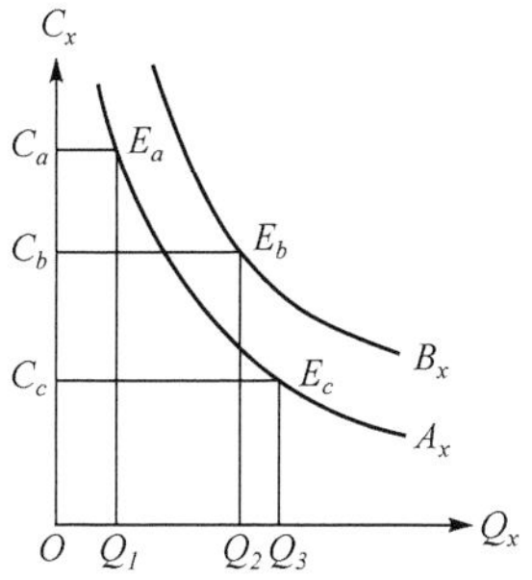

(a) A、B两国X产品的成本递减曲线

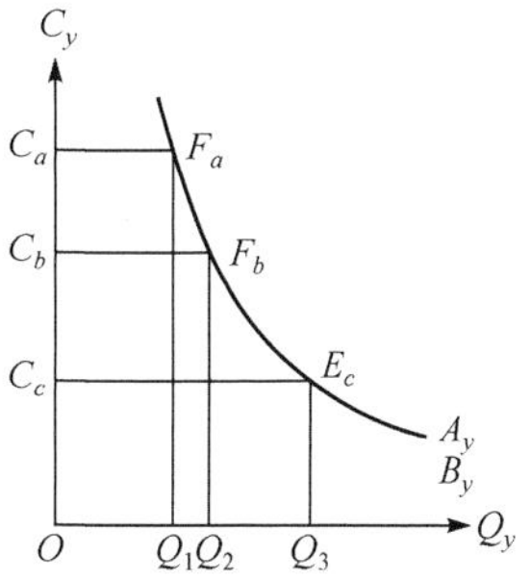

(b) A、B两国Y产品的成本递减曲线

图 9-3　商品成本递减曲线

如果两国间达成协议，B 国国内所需的 X 产品全部由 A 国生产和提供，即 B 国向 A 国让出其 X 产品的全部国内市场，则 A 国生产 X 产品的成本下降到 C_c。

图 9-3（b）表示 A、B 两国 Y 产品的成本递减曲线。显然，A 国和 B 国的 Y 产品的成本递减曲线是相同的。未分工时，B 国 Y 产品的成本为 C_b，在 F_b 点上供求达到均衡；A 国在 F_a 点正好达到均衡，其成本为 C_a。

如果两国间达成协议，A 国国内所需的 Y 产品全部由 B 国生产和提供，即 A 国向 B 国让出其 Y 产品的全部国内市场，则 B 国生产 Y 产品的成本下降到 C_c。

显然，两国通过协议实行专业化分工，分别集中生产 X 商品和 Y 商品，两种商品的成本都会大幅度下降。而且，这是以专业化分工前的产量为标准计算的成本下降幅度，如果考虑到随着商品价格的下跌，两国需求将随之增加这一因素，则专业化分工带来的成本下降效应就会更加明显。

（一）协议性国际分工原理的基本内容

（1）协议性国际分工原理是建立在相互获得规模经济效益的基础之上的，如果放任价格竞争，则无法达到这个目的。因为“如果彻底放任竞争激化，两国都去扩大两种商品的生产规模（通过国内的企业集中等），谋求降低商品成本，就会互相增强竞争能力。只要各国对两种商品的需求不断增加，这种情况就是可能的；但是需求的增加是有限度的，恐怕不要多久就要走进死胡同”①。然而，小岛清的这个结论还值得讨论。因为，如果放开价格竞争，其结果是某些产业将向具有低成本优势的国家和地区集聚，这些企业最终获得规模经济所带来的好处。所以症结不在于自由竞争，而在于各国从各自利益出发，采取各种政策措施导致价格竞争发生扭曲，使其结果变样。换句话说，不是自由价格竞争无法获得规模经济效益，而是各国阻止自由价格竞争，导致价格机制失灵，从而无法获得规模经济效益。协议性国际分工原理是退而求其次，成员国彼此都放弃一些利益，去谋求更大的利益。同时，我们可以认为，协议性国际分工原理的实质是在处理国际关系中倡导妥协性行为，其理论基础依旧是比较优势理论。

（2）与国际价格竞争相比，互相妥协才能形成缺乏强制性的约束力。小岛清认为，贸易国之间需要互相妥协，为了更大的利益应放弃一些较小的利益。要做到这一点，就必须具有某种远见和气度，通过国际经济协调达成国际分工协议。但是，并不是任何两国之间都能够实现协议性国际分工，大体上有不具备达成协议条件的地区和容易达成协议条件的地区之分。容易达成协议条件的地区就是指具备建立关税同盟和共同市场的条件的地区。有些地区并不具备形成经济一体化的条件。“实际上，所谓‘具备容易达成协议条件的地区’这个说法本身，就提供了应该是共同市场而不可能是世界范围的自由贸易的主要依据”②。

总之，协议性国际分工原理告诉我们，在实行分工之前两国都分别生产两种产品，但由于市场狭小，导致产量很小、成本很高；两国经过协议性分工以后，都各自生产一

① 小岛清. 对外贸易论[M]. 周宝廉译. 天津：南开大学出版社，1987：349.

② 小岛清. 对外贸易论[M]. 周宝廉译. 天津：南开大学出版社，1987：347.

种不同的产品，导致市场规模扩大、产量增加、成本下降。协议各国都享受到了规模经济的好处。

（二）实行协议性分工的条件

（1）国家和商品方面的要求。两个或两个以上国家的资本、劳动禀赋比率大体相同，工业化程度等经济发展水平大致相当。协议性分工的商品无论在哪个国家都能生产。

（2）能否获得规模经济。协议性分工的商品必须是能够获得规模经济效益的商品。

（3）经济一体化内部成员国之间利益均沾。

从上述三个条件得出的结论是：经济一体化应该是在发展阶段相同的国家之间建立的，是一种水平型分工，而不是垂直型分工；由于工业发达国家之间可以进行协议性分工的商品较多，因而工业发达国家之间建立关税同盟或共同市场比较容易。

协议性国际分工原理较好地解释了工业发达国家之间建立一体化的原因和条件，但无法解释发展中国家之间建立经济一体化的事实。同时，协议性分工原理排除了垂直型分工，认为垂直型分工只能按照比较优势理论，放任价格竞争。这样的话，南北差距越拉越大，对世界经济的稳定和发展将产生极为不利的影响。因此，工业发达国家必须考虑同发展中国家尤其是与周边发展中国家建立经济一体化，实现互补性的国际分工，促使经济一体化健康发展。

五、综合发展战略理论

在究竟以何种理论指导发展中国家经济一体化的问题上，鲍里斯·塞泽尔基提出了一种与发展理论紧密联系的综合发展战略。[①]鲍里斯·塞泽尔基在《南南合作的挑战》一书中系统对其作出了阐释。

（一）综合发展战略理论的主要内容

实现经济一体化是发展中国家的一种发展战略，要求有强有力的共同机构和政治意志来保护较不发达国家的利益。所以，有效的政府干预对于经济一体化来说是很重要的，发展中国家的经济一体化是变革世界经济、建立国际经济新秩序的重要影响因素。

（二）发展中国家在推行经济一体化过程中应遵循的原则

（1）经济一体化是发展中国家的一种发展战略，它不限于市场的统一，也不必在一切情况下都追求尽可能高级的其他的一体化形式。

（2）两极分化是伴随着一体化的一种必然特征，发展中国家只能用有利于发挥自身优势的系统政策来避免，这就要求建立强有力的共同机构和具备坚强的政治意志。

（3）鉴于发展私营部门在发展中国家一体化进程中是导致其失败的主要原因之一，

① 鲍里斯·塞泽尔基是"发展中国家合作研究中心"主任、高级研究员，他在《南南合作的挑战》一书的总论中较为全面地阐述了这一理论。参见布雷达·帕夫里奇. 南南合作的挑战[M]. 赵穗生译. 北京：中国对外经济贸易出版社，1987.

故有效的政府干预对于成功实现经济一体化来说是至关重要的。

（4）发展中国家的经济一体化应被视为其集体自力更生的手段和按照新秩序逐渐变革世界经济的重要影响要素。

（三）建立发展中国家或地区经济一体化应当考虑的主要因素

1. 经济因素

经济因素主要包括五个方面。

（1）该区域经济的整体发展水平及各成员国之间的差异。

（2）各成员国之间经济及其他方面的相互依存状况。

（3）新建经济区的资源利用状况，特别是资源与生产要素的互补性及其整体发展潜力。

（4）与第三国经济关系的性质，外国经济实体（特别是跨国公司）在特定集团中的地位。

（5）根据各成员国的实际条件选择的一体化政策模式和类型的适用性。

2. 政治和制度因素

政治和制度因素主要应当考虑以下四个方面。

（1）区域政治协调程度，即各成员国之间的社会政治制度的差异及其协调程度。

（2）各成员国之间有利于实现一体化的政治意志状况及其稳定性。

（3）该集团对外政治关系模式，尤其是同超级大国和前宗主国的关系模式。

（4）共同机构的工作效率及其进行有利于集团共同利益的创造性活动的可能性。

（四）在制定发展中国家经济一体化政策时，应特别注意的问题

（1）各成员国发展战略和经济政策应有利于经济一体化的发展。

（2）生产和基础设施应该是经济一体化的基础领域，而集团内的贸易自由只应是这一进程的补充。

（3）在形势允许时，经济一体化应该包括尽可能多的经济活动和社会活动。

（4）应特别重视通过区域工业化来加强成员国之间的相互依存性，并减小其发展水平的差异。

（5）通过协商的方式来协调成员国利用外资的政策。

（6）对较不发达成员国给予优惠待遇，以减小经济一体化对成员国两极分化的影响。

（五）综合发展战略理论的特点

与传统国际贸易理论和其他一体化理论相比，综合发展战略理论具有如下特点。

（1）突破了以往的经济一体化理论的研究方法。塞泽尔基认为，以自由贸易和贸易保护理论来研究发展中国家的经济一体化思路过于狭窄，而应采用与发展理论紧密联系的跨学科的研究方法，把经济一体化作为发展中国家的一种发展战略，而不限于市场的统一。

（2）正视了经济一体化过程中所遇到的具体困难。充分考虑了发展中国家在实现经济一体化过程中国内外的制约因素，把经济一体化看作其集体自力更生的手段和按照新秩序逐渐变革世界经济的要素。

（3）在制定经济一体化政策时，主张进行综合考虑。既要考虑经济因素、政治因素和制度因素，又要密切结合本国和本地区的实际，强调经济一体化的发展必须以生产领域为基础，实行有效的政府干预。

总而言之，综合发展战略理论比较切合发展中国家的实际，日益受到发展中国家的欢迎，并成为发展中国家推行经济一体化的重要依据。

第四节　经济一体化的实践

20 世纪上半叶，各国都从本国利益出发，竞相实行超贸易保护政策。特别是在第二次世界大战中，各国为了本国利益，不断提高关税，采取数量限制，实行外汇管制，使国际贸易障碍大大增强，严重影响了世界经济的发展。所以在第二次世界大战结束后，联合国及世界各国都倡导自由贸易，实行国际经济合作，重建世界经济体系。在这种历史背景下，出现了两种国际经济合作的形式：一种是全球性的，如联合国经济及社会理事会、国际货币基金组织、国际复兴开发银行[①]以及世贸组织等；另一种是地区性的，这种合作开始于第二次世界大战后的欧洲，迄今已遍布全世界。

目前，世界上主要的区域经济一体化组织有欧盟、欧洲自由贸易联盟、欧洲自由贸易区、北美自由贸易区、《美墨加协定》、TPP/CPTPP[②]、亚洲太平洋经济合作组织[③]、东盟与区域全面经济伙伴关系协定[④]等，其中发展历史最悠久、影响最大、最成熟的就是欧盟。

一、欧盟

欧盟是当今世界上一体化程度最高的区域政治、经济集团组织，从区域化合作开始到一体化进程，开启和引领了世界区域经济一体化的浪潮，也是当今全世界各种区域经济一体化组织中最有名、最成功的典型，在全球事务中的影响与日俱增，成为世界各国和地区争相仿效的榜样。

（一）欧盟的历史与发展

根据舒曼计划（Schuman plan），1952 年 7 月 23 日，比利时、法国、联邦德国、意大利、荷兰和卢森堡 6 国正式成立了欧洲煤钢共同体，以协调该 6 国在煤炭和钢铁两个行业的生产、销售及其他事务；同时，比利时、荷兰和卢森堡 3 国建立经济联盟。这二者的建立为一体化提供了早期范例，特别是欧洲煤钢共同体的成立，标志着欧洲经济一

---

① 国际复兴开发银行通称世界银行。世界银行这个名称一般是指国际复兴开发银行和国际开发协会。

② CPTPP，即《全面与进步跨太平洋伙伴关系协定》（Comprehensive Progressive Trans-Pacific Partnership）。

③ 亚洲太平洋经济合作组织（Asia-Pacific Economic Cooperation，APEC），简称亚太经合组织。

④ 区域全面经济伙伴关系协定，英文全称为 Regional Comprehensive Economic Partnership，简称 RCEP。

体化开始出现。

1957年3月25日，上述6国在意大利首都罗马签署了《欧洲经济共同体条约》，又称《罗马条约》。该条约涉及的内容极其广泛，但其中心内容是建立关税同盟和共同农业市场，协调各成员国经济和社会政策，实现商品、人员、劳务和资本的自由流通。欧洲经济共同体正式成立后，不仅提前实现了《罗马条约》的主要条款，而且不断朝着经济联盟和政治联盟的方向发展。1958年1月1日，**欧洲经济共同体**（European Economic Community，EEC）和欧洲原子能共同体正式组建。1967年7月1日，欧洲煤钢共同体、欧洲原子能共同体与欧洲经济共同体的主要机构合并，通称为欧共体。

1973年，英国、丹麦和爱尔兰加入欧共体，使其成员扩大到9个。1981年希腊加入欧共体，1986年又接纳葡萄牙和西班牙加盟，使其正式成员数变成12个。1993年，欧共体更名为欧盟。

知识拓展 9-1

欧洲之父与舒曼计划

罗贝尔·舒曼（Robert Schuman，1886—1963），生于卢森堡，法学博士，律师、法国前总理、欧洲议会的第一任议长。1946年6—11月任财政部长；1947—1948年任总理；1948年7月至1953年1月任外交部部长。在任外长期间，与让·莫内一起倡导欧洲建设，并于1950年5月9日提出"舒曼计划"，奠定了欧洲煤钢联营和防务共同体的基础。由于在西欧联合中的贡献，他被称为"欧洲之父"。

舒曼建议建立一个"超国家"的机构来领导法国与联邦德国的煤钢生产，即舒曼计划。舒曼计划的核心，是将法国和联邦德国的整个煤、铁、钢的生产置于一个超越国家的高级机构的管理之下，而且该组织还对其他欧洲国家敞开大门。该计划得到联邦德国、意大利、比利时、荷兰和卢森堡的响应。这6个国家于1951年4月18日在法国巴黎签订了为期50年的《欧洲煤钢联营条约》，又称《巴黎条约》，在该条约的基础上建立了欧洲煤钢共同体。此后，各国寻求更大程度上的合作，并决定优先在经济领域而非政治领域加强合作。各国经济可以通过建立共同参加的经济组织而联系得更加紧密。舒曼计划奠定了欧洲煤钢联营和防务共同体的基础，舒曼也作为"欧洲之父"永远被载入史册。

1995年，瑞典、芬兰、奥地利等北欧3国加入欧盟，其正式成员国进一步扩大到15个。2004年5月1日，欧盟经历了一次史无前例的扩张，波兰、捷克、斯洛伐克、斯洛文尼亚、匈牙利等10国加入，使欧盟成员国扩大到25个，被认为是冷战后最重要事件之一；2007年1月1日，保加利亚、罗马尼亚加入，其成员国增至27个；2013年7月1日，克罗地亚正式加入欧盟成为第28个成员国。至此，欧盟东扩已有10年，人口增加到5.05亿人，已成为全球第一大经济体和第一大贸易集团，在全球政治经济舞台上的影响力也得到提升。

2013年1月23日，英国首相卡梅伦首次提及"脱欧"公投。2016年6月23日，英国举行全民公投，决定英国是否脱离欧盟，其结果为：赞成“脱欧”的有 1570 万人，占 51.9%；反对“脱欧”的有 1458 万人，占 48.1%。2017 年 3 月 29 日，“脱欧”程序正式启动。根据英国与欧盟的协议，英国应在2019年3月29日正式“脱欧”。2018 年 6 月 26 日，英女王批准英国脱欧法案，允许英国退出欧盟。2020 年 1 月 30 日，欧盟正式批准了英国“脱欧”。2020 年 2 月 1 日，英国成为首个脱离欧盟的国家，又使欧盟成员国变成了 27 个。

（二）欧盟的决策机构和执行机构

欧盟的格言是“多元一体”，总部设在比利时首都布鲁塞尔。欧盟共有 5 个主要机构，即欧洲理事会、欧盟理事会、欧盟委员会、欧洲议会、欧洲法院。其他重要机构还有欧盟审计院、欧洲中央银行、欧洲投资银行、经济和社会委员会、地区委员会、欧洲警察局和欧洲军备局等。欧盟的决策机构和执行机构就由上述机构加以体现。现将欧盟 5 个主要机构简介如下。

（1）欧洲理事会。欧洲理事会通常称为欧盟首脑会议或欧盟峰会，是欧盟的最高决策机构，由欧盟成员国国家元首或政府首脑及欧洲理事会主席、欧盟委员会主席组成。

（2）欧盟理事会。欧盟理事会又称部长理事会，简称理事会，是欧盟的主要决策机构，由来自欧盟各成员国政府的部长组成。欧盟理事会主要负责制定欧盟法律、法规和有关欧盟发展、机构改革的各项重大政策；负责共同外交和安全政策、司法、内政等方面的政府间合作与协调事务；任命欧盟主要机构的负责人并对其进行监督。

（3）欧盟委员会。欧盟委员会简称欧委会，是欧盟的常设执行机构，处理欧盟日常事务，也是欧盟唯一有权起草法令的机构。欧盟委员会是整个欧盟行政体系的发动机。欧盟委员会的主要职责是：实施欧盟有关条约、法规和欧盟理事会作出的决定；向欧盟理事会和欧洲议会提出政策实施报告和立法动议；处理欧盟日常事务，代表欧盟进行对外联系和贸易等方面的谈判。

（4）欧洲议会。欧洲议会是欧盟参与立法、监督、预算和咨询的机构，拥有部分立法权、预算权以及咨询和民主监督权力。欧洲议会是世界上唯一经直接选举产生的多国议会，也是欧盟内唯一经直接选举产生的机构。

（5）欧洲法院。欧洲法院是欧盟的最高法院，主要是从司法角度保证欧盟法律的有效贯彻实施。

（三）欧盟一体化的主要成果

1. 关税同盟的建立

《罗马条约》明确规定，欧共体将“建立在关税同盟的基础之上”。关税同盟是欧共体的重要支柱，其主要内容是，对内在成员国之间分阶段削减并最终取消关税，实现共同体内部商品的自由流通；对外通过逐步拉平各成员国的关税税率，构筑统一的关税壁垒，以抵制和排挤欧共体以外的商品输入。欧共体原 6 国于 1968 年 7 月 1 日实现了对内取消关税和对外统一关税的目标，比原计划提前了一年半；从 1977 年 7 月 1 日起在 9 国范围内取消关税，对外建立了统一的关税壁垒；希腊和葡萄牙于 1986 年、西班牙于

1993 年分别开始全面适用欧共体的共同对外关税。

2. 共同农业政策的实施

共同农业政策是“欧洲经济共同体共同农业政策”的简称，是欧洲经济共同体的农业一体化政策。该政策旨在稳定欧洲农产品市场，确保市场在合理的价格下供应正常，同时保证农民收入水平。该政策的实施机制相当复杂，包括价格支持和贸易限制等措施。共同农业政策主要包括以下内容。

（1）实行统一的农产品价格管理制度。共同体内部对农产品实行统一价格，自由流通，免征关税，并优先购买成员国的产品。

（2）实行出口补贴制度。对欧共体以外的国家实行保护关税，进口的农产品按照国际市场价格和内部统一价格之间的差额征收差价税；欧共体农业生产者出口农产品时，可以得到出口补贴，补贴一般相当于欧共体价格与世界市场价格之间的差额。

（3）建立共同农业基金。共同农业基金又称欧洲农业指导和保证基金。该政策旨在稳定及调节各成员国之间的农产品价格，资助各成员国进行农业结构改革（即兼并中小农场，以扩大农场经营规模），提高农业劳动生产率，稳定农业生产者的收入，提高各成员国在国际市场上的竞争力。

3. 欧洲货币体系的建立

欧洲货币体系又称欧洲货币制度，是指欧共体成员国通过达成协议而建立的货币联盟。欧洲货币体系正式成立于 1979 年 3 月 13 日，其主要内容包括：成员国之间实行固定汇率制，对非成员国实行浮动汇率制；创设欧洲货币单位，并使之逐步发挥货币职能；准备建立欧洲货币基金，以增强干预市场和提供信贷的力量；对经济情况较差的成员国提供各项资助。

4. 欧洲共同市场的建立和扩大

1982 年 11 月，欧共体委员会发出关于“完善内部市场的通报”，同年 12 月，欧洲理事会哥本哈根会议决定，应把取消共同体内部边界列为共同体的首要任务；1986 年 12 月，欧共体 12 国外长签署了“统一欧洲文件”，该文件明确提出欧共体应采取的措施，在 1992 年底以前建成欧洲共同市场，即“一个没有内部边界的区域，在其中，商品、人员、劳务和资本的自由流动得到条约条款的保证”；1993 年 1 月 1 日，拥有 12 个成员国的欧共体拆除内部边界，撤销海关，单一市场形成。

5. 统一货币政策的实行

1998 年，**欧洲中央银行**（European Central Bank，ECB）成立；1999 年 1 月 1 日，欧元诞生，在欧盟各成员国范围内正式发行，欧洲中央银行实现了实施单一货币欧元和在欧元区国家实行统一货币政策的目标，并在欧元区国家实施统一货币政策，奥地利、比利时、芬兰、法国、德国、爱尔兰、意大利、卢森堡、挪威、葡萄牙、西班牙 11 个国家将欧元作为其官方货币，形成一个欧元区；欧盟根据《马斯特里赫特条约》（简称《马约》）的规定，欧元于 2002 年 1 月 1 日起正式流通；2002 年 1 月 4 日，欧元在国际金融市场正式登场，并被 11 个欧洲国家认定为官方货币；2019 年 1 月 1 日，欧元迎来了 20 岁生日，从最初只用于会计和金融交易的虚拟货币，发展为 19 个欧盟国家 3.4 亿人口正在使用的实实在在的货币，成为国际货币体系中仅次于美元的国际货币。欧元不仅仅使欧洲单一市场得以完善，欧元区国家间自由贸易更加方便，而且更是欧盟一体化进程的重要组成部分。欧元被誉为是自罗马帝国以来欧洲货币改革最为重大的结果。

6. 共同外交与安全政策的形成

1992 年，欧共体各成员国正式签署《马约》，这标志着欧共体一体化建设进入了一个新的阶段。1993 年，各成员国完成该条约的批准手续，《马约》正式生效，欧共体更名为欧盟。《马约》为欧盟的未来发展提出了全面构想和目标，标志着欧洲一体化已从一个主要是经济和贸易的集团，开始朝着涉及外交和安全、司法与内务等事务的经济政治集团方向发展，它不是简单取代欧共体，而是在欧共体基础上一次更广阔和更高层次的扩展。《马约》标志着欧盟的共同外交与安全政策的正式形成，其共同外交与安全政策也被确立为欧盟的三大支柱之一。1997 年 10 月 2 日，欧盟 15 国签署了《阿姆斯特丹条约》，并于 1999 年 5 月 1 日生效。根据修订后的《阿姆斯特丹条约》，欧盟对其共同外交与安全政策作了相应界定：维护欧盟的共同价值观、根本利益和独立；全面加强欧盟及其成员国的安全；维护和平与加强国际安全；促进国际合作；发展和巩固民主与法治、尊重人权和基本自由。据此，欧盟将通过建立成员国之间的系统合作及成员国在具有共同重要利益的领域中逐渐形成联合行动来实现上述目标。1999 年 12 月，赫尔辛基欧盟首脑会议又启动了欧洲共同安全与防务政策，其目标有二：一是筹建欧盟快速反应部队；二是在部长理事会内建立一系列新的、永久性的政治和军事机构，相应形成一整套安全和防务合作的决策机制。

二、欧洲自由贸易联盟与欧洲自由贸易区

（一）欧洲自由贸易联盟

欧洲自由贸易联盟（European Free Trade Association，EFTA）亦称“小自由贸易区”，是英国、丹麦、挪威、葡萄牙、瑞士、瑞典、奥地利等 7 国组建的工业品自由贸易集团。

欧洲自由贸易联盟的宗旨是：在联盟区域内实现成员国之间工业品的自由贸易和扩大农产品贸易；保证成员国之间的贸易在公平竞争的条件下进行；发展和扩大世界贸易并逐步取消贸易壁垒。其主要任务是：逐步取消成员国内部工业品的关税和其他贸易壁垒，以实现自由贸易；对其他国家的工业品仍保持不同的关税率；扩大农产品的贸易；不谋求任何形式的欧洲政治一体化。

欧洲自由贸易联盟的建立是 7 个欧洲国家对欧洲经济共同体的成立迅速作出的反应。1957 年 2 月，英国在欧洲经济共同体正式成立之前，就向欧洲经济合作组织提出设立欧洲自由贸易区的计划，主张以欧洲经济共同体原 6 国为中心，再加上欧洲经济合作组织的其他成员国，设立自由贸易区，旨在废除区内的关税和数量限制，促进欧洲的贸易发展和经济稳定。但在这项计划中，英国主张保留英帝国特惠制，农产品不包括在自由贸易范围内，因而与欧共体的工业品关税同盟和共同农业政策的主张形成对立，遂使旨在设立欧洲自由贸易区的谈判夭折。

1958 年 1 月 1 日，欧洲经济共同体正式成立。1960 年 1 月，英国、丹麦、挪威、

葡萄牙、瑞士、瑞典、奥地利等 7 国依据签订的《建立欧洲自由贸易联盟公约》，又称《斯德哥尔摩公约》，组建欧洲自由贸易联盟。1960 年 5 月，欧洲自由贸易联盟正式成立，总部设在日内瓦。1961年3月，芬兰成为联系国。1970年3月冰岛正式加入。1973年1月，英国、丹麦退出，加入欧洲经济共同体；1986年1月，葡萄牙退出，加入欧洲经济共同体；1994年12月31日，奥地利、瑞典、芬兰退出后加入欧盟。继续留在欧洲自由贸易联盟内的国家与欧共体成员国，都希望相互间建立更密切的经济贸易关系。从1972 年开始，由于英国等国相继加入欧洲经济共同体，欧洲自由贸易联盟其余的国家遂于 1972—1973 年分别与欧洲经济共同体签订协定，组成欧洲自由贸易区，但原欧洲自由贸易联盟的组织机构及其业务活动仍予保留。

（二）欧洲自由贸易区

欧洲自由贸易区（European Free Trade Area，EFTA）亦称“大自由贸易区”，是由欧洲经济共同体与其他若干欧洲国家组成的自由贸易区。

1972年7—10月，欧共体中的法国、联邦德国、意大利、比利时、荷兰、卢森堡等 6 个成员国和北欧的瑞典、芬兰、冰岛、中欧的奥地利、瑞士、列支敦士登及南欧的葡萄牙共 13 个国家，在布鲁塞尔签订建立欧洲自由贸易区的条约，1973 年 1 月 1 日该条约生效。芬兰当时是草签，1973 年 10 月正式签字，挪威于 1973 年 5 月加入。

欧洲自由贸易区的宗旨是：实行工业品自由贸易，对部分农产品实行优惠。欧洲自由贸易区由各国分别与欧共体签订的一系列协定组成。每个协定的共同条款是在协定生效时立即取消商品的数量限额；从 1973 年 4 月 1 日起的 5 年，作为取消工业品关税的过渡期，每年平均削减工业品关税 20%。到 1977 年 7 月 1 日，基本上取消了成员国之间的工业品关税和一小部分农产品贸易的关税，以及进口数量限制，形成一个包括 17 国在内的世界上当时最大的自由贸易区，从此结束了欧共体和欧洲自由贸易联盟的对峙局面。

欧洲自由贸易区通过对内实行自由贸易，大力开展多渠道的经济合作，对外实行保护关税等措施，大大促进了成员国之间的经济一体化的发展。

三、北美自由贸易区/《美墨加协定》

北美自由贸易区（North American Free Trade Area，NAFTA）由美国、加拿大和墨西哥三国组成，是在原美加自由贸易区基础上的扩大和延伸。北美自由贸易区的形成分为美加自由贸易区和北美自由贸易区两个阶段。

（一）美加自由贸易区

美加自由贸易区（United States-Canada Free Trade Area，USCFTA）。1988 年 1 月 2 日，美国总统里根和加拿大总理马尔罗尼分别代表两国政府在《美加自由贸易协定》上签字，经双方国会批准后，该协定于 1989 年 1 月 1 日生效，意味着在世界上又诞生了一个新的大自由贸易区。

（二）北美自由贸易区

美加自由贸易区建立后，对两国的贸易起到了很大的促进作用，于是两国政府希望将墨西哥纳入自由贸易区内。因为墨西哥是一个发展中国家，产品结构与美加两国有互补性，墨西哥还有丰富的石油资源，可以出口到美加两国。墨西哥也需要美加两国的投资以促进本国经济的发展。

1992年8月12日，美国、加拿大和墨西哥三国签订了《北美自由贸易协定》（The North American Free Trade Agreement，NAFTA），宣布成立北美自由贸易区；1992年12月17日，美、加、墨三国政府首脑签署了《北美自由贸易协定》；1993年11月，该协定被三国国会先后批准；1994年1月1日，这一世界上当时最大的、以美国为盟主的北美自由贸易区正式建立和运行。北美自由贸易区拥有3.6亿人口，国民生产总值约6.45万亿美元，年贸易总额1.37万亿美元，成为当时世界上最大的区域经济一体化组织。北美自由贸易区经济一体化程度要高于欧洲自由贸易区，但低于欧盟。

北美自由贸易区的建立，大大加快了美加墨三国间贸易自由化的进程。《北美自由贸易协定》主要涉及美加墨三国之间的商品、劳务贸易和投资自由化、知识产权保护、贸易争端解决等方面，后来又增加了有关环境保护、劳工条件协议方面的内容。除此之外，该协定还规定了严格的“原产地原则”，以防止其他国家利用墨西哥向美加市场渗透。虽然北美自由贸易区只有三个成员国，但由于美国是世界第一经济强国，加拿大属于实力雄厚的发达国家，而墨西哥是一个劳动力充裕的国家，因此，从总体上而言，北美自由贸易区的建立不仅扩大了成员国的市场范围和贸易量，实现了资源的有效配置，促进了经济的发展，而且确保了成员国经济的健康和平稳运行。

（三）《美墨加协定》

2019年12月，美国、墨西哥与加拿大领导人达成了更新版协定，即《美国-墨西哥-加拿大协定》（The United States-Mexico-Canada Agreement，USMCA），简称《美墨加协定》从而取代了《北美自由贸易协定》。2020年初，《美墨加协定》在美国国会获得多数表决通过，并于7月1日正式生效。

《美墨加协定》有三大核心支柱，即公平贸易、保护数字贸易和知识产权，并对汇率操纵等不公平做法严加限制。美墨加三国的新协定大体沿袭了原《北美自由贸易协定》的框架，消除了原协定存在的不确定性因素，充分吸收了其他多边自由贸易协定的长处，是在新的国际分工、技术变革以及世界格局的背景下，美国主导的北美地区一项全面、综合的经济一体化安排。然而，一些批评人士指出，新的原产地规则和最低薪资的要求过于烦琐，使贸易几乎被政府接手管理。

四、TPP/CPTPP与TTIP

TPP与TTIP是在现有贸易和投资规则基础之上更高层次的自由贸易协定，进而准备建立两个“高标准”的自由贸易区。这也是美国在全球贸易领域推行的“两洋战略”，美国的意图在于以TPP和TTIP为两翼，构筑21世纪的国际贸易新格局——向西拉拢亚太国家，形成以美国、日本为代表的TPP协定；向东拽着欧盟，形成以美国、欧盟为主体的 TTIP 协定。2017 年 1 月 23 日，在美国宣布退出 TPP 之后，TPP 更名为 CPTPP。

（一）TPP/CPTPP

TPP 也被称作“经济北约”。TPP 前身是《跨太平洋战略经济伙伴关系协定》（*Trans-Pacific Strategic Economic Partnership Agreement*，TPSEP）。

2002 年，新西兰、智利和新加坡首先在墨西哥 APEC 峰会上就建立自由贸易区举行谈判，文莱于 2005 年 4 月加入谈判并最终签署协定。

2005 年 5 月 28 日，上述四国签订了 TPSEP。由于该协议的初始成员国为四个，故又称“P4 协定”。成员之间彼此承诺在货物贸易、服务贸易、知识产权以及投资等领域相互给予优惠并加强合作。协议采取开放的态度，欢迎任何 APEC 成员参与，非 APEC 成员也可以参与。该协议的重要目标之一就是建立自由贸易区。

2008 年 2 月美国宣布加入，随后日本、澳大利亚、越南、加拿大、墨西哥、秘鲁、马来西亚等加入。

2009 年 11 月，美国正式提出扩大跨太平洋伙伴关系计划，澳大利亚和秘鲁同意加入。美国借助 TPP 的已有协议，开始推行自己的贸易议题，全方位主导 TPP 谈判。自此，TPSEP 便更名为 TPP，并开始进入发展壮大阶段。

2010 年 3 月 15 日，TPP 首轮谈判在澳大利亚墨尔本举行。参与本次谈判的共 8 个成员：美国、新西兰、新加坡、智利、文莱、越南、秘鲁和澳大利亚。此次谈判将涉及关税、非关税贸易壁垒、电子商务、服务和知识产权等议题。美国较为强调的内容包括推动清洁能源等新兴行业的发展，促进其制造业、农业以及服务业的商品与服务出口，并加强对美国知识产权的保护。

2010 年 11 月 14 日，APEC 首脑峰会的闭幕当天，与会 9 国同意美国总统奥巴马的提案，计划于 2011 年 11 月的 APEC 首脑峰会完成并宣布跨太平洋伙伴关系协议纲要。

2015 年 10 月 5 日，美国、日本、澳大利亚等 12 个国家已成功结束 TPP 谈判，达成 TPP 协定。

TPP 协定需要各国立法部门（国会、议会）批准通过。但由于美国内部分歧较大，加上民主、共和两党总统候选人均反对，掌控国会参众两院的共和党高层对部分条款不满意，TPP 在奥巴马任内未获得国会批准。

2017 年 1 月 23 日，美国当选总统特朗普，签署行政命令，正式宣布美国退出 TPP。

2017 年 11 月 11 日，由启动 TPP 谈判的 11 个亚太国家共同发布了一份联合声明，宣布“已经就新的协议达成了基础性的重要共识”，并决定将 TPP 更名为 CPTPP。因此，CPTPP 是美国退出 TPP 之后的新名字。

2018 年 3 月 8 日，参与 CPTPP 谈判的 11 国代表在智利首都圣地亚哥举行协定签字仪式。

2018 年 12 月 30 日，CPTPP 正式生效。

（二）TTIP

TTIP 也即《跨大西洋贸易与投资伙伴协议》，于 2013 年 6 月启动。TTIP 与 TPP 的目标都是推动区域贸易自由化，TTIP 涉及的议题更为广泛，包括议题涉及服务贸易、政府采购、原产地规则、技术性贸易壁垒、农业、海关和贸易便利化等方面。

2013 年 2 月 12 日，美国总统奥巴马在国情咨文中高调宣布美国将启动与欧盟的 TTIP 谈判，准备建立一个跨越大西洋的“高标准”的自由贸易区。

在 2003 年 6 月 17—18 日举行的八国集团北爱尔兰峰会上，美国和欧盟共同宣布，双方将正式展开 TTIP 的谈判。

TTIP 是欧美发起的贸易优惠协定，致力于打造欧美自贸区，官方预计能让欧盟 GDP 提高 0.52%，但此数据有重大争议，所以经 3 年多轮谈判仍未能达成共识。若签订完成将涵盖目前世界 1/2 的 GDP，覆盖世界上较富有的 8 亿人口。

按双方设计的目标，TTIP 将是一个全面、高水平的自贸协定，谈判内容不仅仅涉及关税减免，更重要的是削除非关税贸易壁垒，让欧美市场融为一体，包括相互开放银行业、政府采购等，统一双方的食品安全标准、药品监管认证、专利申请与认证、制造业的技术与安全标准，并实现投资便利化等，制定面向 21 世纪的贸易新标准和新规则。美欧期待此举能为各自的经济注入活力。美欧经济总量、外贸总额和人口规模分别约占世界的 45%、28%和 12%。从经济规模看，TTIP 一旦建成，将成为全球最大的自贸区，对全球政治经济格局演变、经贸规则制定带来重大影响。

2013 年 7 月 12 日，美国与欧盟在华盛顿展开 TTIP 首轮谈判。随后，双方还展开了多轮谈判，但因美欧双方在开放服务业、金融业、音像业、政府采购、农业、交通业等方面分歧较大，目前仍未取得实质性进展。

五、APEC

APEC 是亚太地区重要的经济合作论坛，也是亚太地区层级最高、领域最广、最具影响力的政府间经济合作机制。

1989 年 11 月 5—7 日，举行亚太经济合作会议首届部长级会议，标志着 APEC 的成立；1993 年 6 月改名为亚太经济合作组织。自 1989 年 11 月成立以来，APEC 从初期的地区经济论坛发展成为推动亚太地区贸易和投资自由化以及经济合作的庞大的国际组织，大大增强了亚洲和环太平洋地区国家及地区的经济贸易联系。海闻等经济学家认为，APEC 既不是经济共同体，也不是关税同盟，而是一个区域性的致力于促进贸易、投资和技术合作的开发型国际组织。①

APEC 的宗旨是：保持经济的增长和发展，促进成员间经济的相互依存，建立开放的多边贸易体制，减少区域贸易和投资壁垒，维护本地区人民的共同利益。

APEC 主要讨论与全球及区域经济有关的议题，如促进全球多边贸易体制的改进、亚太地区贸易投资自由化和便利化、推动金融稳定和改革、开展经济技术合作和能力建设等。APEC 也开始介入一些与经济相关的其他议题，如人类安全（包括反恐、卫生和能源）、反腐败、防灾和文化合作等。

1991 年 11 月，中国以主权国家身份，中国台北和香港以地区经济体名义正式加入

① 海闻，P. 林德特，王新奎. 国际贸易[M]. 上海：上海人民出版社，2003：426.

APEC。APEC 目前共有 21 个正式成员和 3 个观察员。

APEC 的组织机构包括：领导人非正式会议、部长级会议、高官会、委员会和专题工作组。其中，领导人非正式会议是 APEC 最高级别的会议。领导人非正式会议就有关经济问题发表见解、交换看法，会议形成的领导人宣言是指导 APEC 各项工作的重要纲领性文件。

1993 年 11 月，首次 APEC 领导人非正式会议在美国西雅图召开，之后每年召开一次。2020 年 11 月 20 日，APEC 第 27 次领导人非正式会议首次以视频方式举行，会议将由马来西亚总理穆希丁主持召开，来自 APEC 所有 21 个经济体的领导人参加。

六、东盟与 RCEP

（一）东盟

东盟是东南亚地区以经济合作为基础的政治、经济、安全一体化合作组织，并建立起一系列合作机制。

东盟的前身是由马来亚（现马来西亚）、菲律宾和泰国 3 国于 1961 年 7 月 31 日在曼谷成立的东南亚联盟。1967 年 8 月 7 日至 8 日，印度尼西亚、新加坡、泰国、菲律宾四国外长和马来西亚副总理在泰国首都曼谷举行会议，发表了《东南亚国家联盟成立宣言》，即《曼谷宣言》，正式宣告东盟成立。其总部设在印尼首都雅加达。

东盟的宗旨和目标是本着平等与合作精神，共同促进本地区的经济增长、社会进步和文化发展；为建立一个繁荣、和平的东南亚国家共同体奠定基础，以促进本地区的和平与稳定。

刚成立时，东盟的成员国有印尼、泰国、新加坡、菲律宾和马来西亚。20 世纪 80 年代后，文莱（1984 年）、越南（1995 年）、老挝（1997 年）、缅甸（1997 年）和柬埔寨（1999 年）5 国先后加入该组织，使东盟由最初成立时的 5 个成员国发展到目前的 10 个成员国。这就是我们经常所讲的"东盟十国"。

东盟主要机构有首脑会议、外长会议、常务委员会、经济部长会议、其他部长会议、秘书处、专门委员会以及民间和半官方机构。首脑会议是东盟最高的决策机构，自 1995 年召开首次会议以来每年举行一次，已成为东盟国家商讨区域合作大计的最主要机制，主席由成员国轮流担任。

早在 1992 年，东盟国家已经决定在 15 年内建成自由贸易区；1993 年又将该期限缩短为 10 年，即在 2003 年建成东盟自由贸易区。2002 年 1 月 1 日，东盟自由贸易区正式启动。自由贸易区的目标是实现区域内贸易的零关税。文莱、印度尼西亚、马来西亚、菲律宾、新加坡和泰国 6 国已于 2002 年将绝大多数产品的关税降至 0～5%。越南、老挝、缅甸和柬埔寨 4 国于 2015 年实现了这一目标。

2011 年 11 月，由东盟发起和提出 RCEP 倡议，旨在构建以东盟为核心的地区自贸安排；2012 年 11 月，在第七届东亚峰会上，东盟国家与中国、日本、韩国、印度、澳大利亚、新西兰的 6 国领导人同意启动 RCEP 谈判；自 2013 年正式开始，至 2019 年 11 月，相关国家共举行了 3 次领导人会议、19 次部长级会议、28 轮正式谈判，为 RCEP

的正式签署和目前世界上最大自贸区的诞生奠定了坚实基础。

（二）RCEP

RCEP 是亚太地区规模最大、最重要的自由贸易协定，也是一个全面、现代、高质量、互惠互利的自由贸易协定。

2020 年 11 月 15 日，第四次 RCEP 领导人会议以视频形式举行，由东盟轮值主席国越南总理阮春福主持会议。经过 8 年谈判，东盟 10 国以及中国、日本、韩国、澳大利亚、新西兰正式签署 RCEP，标志着当前世界上人口数量最多、成员结构最多元、经贸规模最大、发展潜力最大的自贸区就此诞生。

RCEP 的签署只是亚太区域自由贸易进程迈出的第一步。根据协议规则，只有东盟 10 国中至少 6 国、5 个东盟外伙伴国中至少 3 国完成各国立法机构批准程序，RCEP 才算正式生效。因此，“10 + 5”国家还需再接再厉，让已获得“准生证”的 RCEP 平安“顺产”。

2021 年 4 月 15 日，中国向东盟秘书长正式交存 RCEP 核准书，这标志着中国正式完成 RCEP 核准程序，成为率先批准协定的国家。

2022 年 1 月 1 日，RCEP 正式生效实施。首批生效的国家包括文莱、柬埔寨、老挝、新加坡、泰国、越南等 6 个东盟成员国和中国、日本、新西兰、澳大利亚等 4 个非东盟成员国。韩国将于 2 月 1 日加入到生效实施中。剩余成员国也将在完成其国内批准程序后陆续生效实施。这一协定的生效实施，标志着全球人口最多、经贸规模最大、最具发展潜力的自由贸易区正式启航。

RCEP 是目前全球体量最大的自贸区。RCEP 的 15 个成员国总人口达 22.7 亿，GDP 达 26 万亿美元，出口总额达 5.2 万亿美元……RCEP 正式生效，意味着占全球约 30%的经济体量将形成一个一体化大市场。汇丰银行经济学家预测，到 2030 年，RCEP 经济圈的经济体量全球占比将提高至 50%。①

在当前国际形势复杂多变的背景下，RCEP 如期生效实施，充分体现了有关各方共同维护多边主义和自由贸易、促进区域经济一体化的信心和决心。未来，RCEP 将有力地推动区域实现更高质量、更深层次的经济一体化，促进区域经济深度融合与自由贸易发展，改善地区贸易和投资环境，推进贸易和投资自由化、便利化，增强本地区经济增长潜力，造福于本地区的各国人民，为区域乃至全球贸易与投资增长、经济复苏和繁荣发展作出重要贡献。

第五节　中国与区域经济一体化

多边贸易体制和区域贸易安排是驱动经济全球化向前发展的两个车轮，区域经济一体化已经成为当今世界政治、经济发展的一个重要趋势和潮流。21 世纪以来，以建立自由贸易区为主要目标的区域经济一体化开始遍及全球，越来越多的国家提出本国的区

① 刘慧. 全球最大自由贸易区正式启航——为地区和全球经济增长注入强大动力[N]. 人民日报，2020-01-03（03）.

域经济一体化战略，区域经济一体化在推动经济、政治和安全等方面的作用日益凸显。

一、积极参与区域经济一体化

在当今世界区域经济一体化迅猛发展的浪潮中，中国政府已经充分认识到参与其中的重要性与紧迫性，相继制定相应的战略和政策，并采取了一系列行动予以落实。

2001 年 3 月 15 日，朱镕基同志在第九届全国人民代表大会第四次会议上所作的《中华人民共和国国民经济和社会发展第十个五年计划纲要》的报告中提出："积极参与多边贸易体系和国际区域经济合作"，这是中国政府首次明确将区域经济合作与多边贸易体系放在同等重要的位置。

2004 年 7 月 1 日起施行的《中华人民共和国对外贸易法》第一章第五条明确规定："中华人民共和国根据平等互利的原则，促进和发展同其他国家和地区的贸易关系，缔结或者参加关税同盟协定、自由贸易区协定等区域经济贸易协定，参加区域经济组织。"这就为中国参与区域经济一体化奠定了法律基础。

2007 年 10 月 15 日，胡锦涛同志在中国共产党第十七次全国代表大会上的报告中指出："实施自由贸易区战略，加强双边多边经贸合作。"

温家宝同志在 2009 年政府工作报告中指出，"要加快实施自由贸易区战略"。这就使得自由贸易区战略上升为国家战略。

2013 年 11 月 12 日，中国共产党第十八届中央委员会第三次全体会议通过的《中共中央关于全面深化改革若干重大问题的决定》指出："加快自由贸易区建设。坚持世界贸易体制规则，坚持双边、多边、区域次区域开放合作，扩大同各国各地区利益汇合点，以周边为基础加快实施自由贸易区战略。改革市场准入、海关监管、检验检疫等管理体制，加快环境保护、投资保护、政府采购、电子商务等新议题谈判，形成面向全球的高标准自由贸易区网络。"

2020 年 10 月 29 日，《中共中央关于制定国民经济和社会发展第十四个五年规划和二〇三五年远景目标的建议》强调："维护多边贸易体制，积极参与世贸组织改革，推动完善更加公正合理的全球经济治理体系。积极参与多双边区域投资贸易合作机制，推动新兴领域经济治理规则制定，提高参与国际金融治理能力。实施自由贸易区提升战略，构建面向全球的高标准自由贸易区网络。"

由此可见，维护多边贸易体制，实施自由贸易区提升战略，积极参与区域经济一体化，是我国新一轮对外开放的重要内容。

二、参与区域经济一体化成效显著

在国家政策的支持下，中国在进一步扩大改革开放、快速融入世界市场的新形势下，积极参与区域经济一体化，已经取得了明显成效。截至 2021 年 6 月 1 日，中国已签协议的自贸区 19 个，涉及 26 个国家和地区，自贸伙伴遍及亚洲、欧洲、拉丁美洲、大洋洲和非洲，与自贸伙伴贸易额占比达 35%；正在谈判的自贸区 10 个，正在研究的自贸区 8 个，已经签署协议的优惠贸易安排 1 个。

上述区域经济合作组织的建立，在中国扩大对外贸易量、促进与贸易伙伴相互投资和服务、扩展经济发展空间及优化区域资源配置等方面产生了重大影响。

商务部相关资料显示，2019 年，中国已实施自由贸易协定综合利用率为 77%，其中中国-新西兰、中国-智利、中国-秘鲁、中国-澳大利亚自由贸易协定利用率超过 97%。①

东盟是 2002 年第一个与我国签订自由贸易协定的贸易伙伴，2020 年已跃升为我国第一大贸易伙伴。

中-智自贸区成为迄今中国货物贸易开放水平最高的自贸区。中智两国经济互补性强、合作基础好、发展潜力大、面临机遇多、发展前景广阔。2006 年生效实施的中国-智利自贸协定，使我国从智利进口葡萄酒的关税在10年内从14%～20%逐步降低至零，进口量扩大了 13 倍，不仅满足了国内消费者日益增长的多元化需求，也为国外的生产商提供了广阔的商业机遇。2018年、2019年中智双边贸易额连续两年突破400亿美元。

2020 年 11 月签署的 RCEP 是当前人口最多、经贸规模最大、最具发展潜力的自贸区，涵盖中国每年 1.4 万亿美元以上的进出口贸易额，约占中国外贸总额的 1/3。

总体上看，实施自由贸易区提升战略、构建面向全球的高标准自由贸易区网络，是“十四五”规划建议提出的内容，也是推动中国高水平开放的重要举措，顺应了全球范围内的区域经济合作迅猛发展的潮流。

要让自由贸易网络更好地发挥作用，有效联通国内国际两个市场两种资源，助力加快构建新发展格局，中国要做的还有很多。

首先，要继续扩大自由贸易网络的范围。35%的贸易份额说明中国与自贸伙伴的贸易额还有很大的上升空间，与更多贸易伙伴商签自贸协定，共同推动贸易投资自由化、便利化是中国的愿望。

其次，要不断提升自由贸易协定的水平。中国经济在发展，世界经济在发展，国际经贸规则在发生变化，对自由贸易协定水平的要求也在不断提高。签署高水平的自由贸易协定符合中国自身发展的需要，也能促进中国在更高水平上对外开放。

最后，要让自由贸易协定惠及更多商务主体。自由贸易协定签署实施的最终目的是让其惠及各国企业和人民。

本章要点

- 当代国际经济中的一个突出现象就是区域经济一体化和与之相适应的贸易集团化。区域经济一体化与贸易集团化不但是当今世界经济贸易发展的趋势之一，实质也是国际贸易政策发展的新动向，是自由贸易政策与贸易保护政策合流的一种新形式。区域经济一体化是指两个或两个以上在地理区域上比较接近的国家，根据特定的共同目标，以一定方式建立起来的经济联合体。
- 区域经济一体化的组织形式由低级到高级依次包括：优惠贸易安排、自由贸易区、

① 佚名. 商务部：已与 26 国或地区签署 19 个自贸协定，自贸协定利用率达 77%.https://www.thepaper.cn/newsDetail_forward_10677489，2021-01-06.

关税同盟、共同市场、经济联盟与完全经济一体化。

- 区域经济一体化具有双重性质："对内自由，对外保护"，这也是区域经济一体化组织在国际贸易方面的最大特点。因此，区域经济一体化对世界经济与国际贸易的影响也存在着双重性。
- 经济一体化理论具体包括：关税同盟理论、大市场理论、工业偏好理论、协议性国际分工原理以及综合发展战略理论。
- 在第二次世界大战结束后，联合国及世界各国都倡导自由贸易，实行国际经济合作，重建世界经济体系。在这种历史背景下，出现了两种国际经济合作的形式：一种是全球性的，如联合国经济与社会理事会、国际货币基金组织、国际复兴开发银行以及世贸组织等；另一种是地区性的，这种合作开始于第二次世界大战结束后的欧洲，迄今已遍布全世界，如欧共体及其继承者欧盟、欧洲自由贸易联盟与欧洲自由贸易区、北美自由贸易区，以及后来的《美加墨协定》、TPP/CPTPP、APEC、东盟与 RCEP 等。

关键术语

优惠贸易安排　自由贸易区　关税同盟　共同市场　经济联盟　完全经济一体化　关税同盟理论　贸易创造　贸易转移　大市场理论　工业偏好理论　协议性国际分工原理　综合发展战略理论　欧洲经济共同体　欧盟　欧洲自由贸易区　北美自由贸易区　亚洲太平洋经济合作组织　东盟　跨太平洋伙伴关系协定　跨大西洋贸易与投资伙伴关系协定　全面与进步跨太平洋伙伴关系协定　区域全面经济伙伴关系协定

思考习题

一、单选题

1. 优惠贸易安排是指在成员国之间，通过贸易条约或协定，规定了在相互贸易中对全部或部分商品（　　）；同时，各成员国按照自己的关税政策，对来自非成员国的进口商品（　　）。

A. 实行进口限制；实行关税优惠　　B. 实行关税优惠；实行进口限制

C. 实行关税限制；实行进口限制　　D. 实行关税优惠；实行进口优惠

2. 自由贸易区是指区域内各成员国之间取消了商品贸易的关税壁垒，相互免征关税，使商品（　　）自由流动。

A. 完全可以　　B. 无法判定能否

C. 在一定程度上可以　　D. 根本不能

3. 关税同盟是指两个或两个以上的国家为了在各成员国之间（　　）与其他贸易壁垒，并对非成员国的商品进口建立（　　）而缔结的同盟。

A. 完全取消非关税壁垒；统一的关税制度

B. 完全取消关税壁垒；统一的非关税制度

C. 完全取消关税壁垒；统一的关税制度

D. 部分取消关税壁垒；统一的关税制度

4. 日本经济学家小岛清在其代表作《对外贸易论》中提出了（　　），用来解释经济一体化的成因。

A. 工业偏好理论　　B. 大市场理论

C. 协议性国际分工原理　　D. 关税同盟理论

5.《跨大西洋贸易与投资伙伴关系协定》的简称是（　　）。

A. CPTPP　　B. TTIP　　C. TPP　　D. TPSEP

二、多选题

1. 区域经济一体化的内部影响主要包括（　　）。

A. 促进了区域经济一体化组织内部贸易的增长

B. 改变了国际贸易的地区分布

C. 有利于经济一体化国家整体贸易地位的提高

D. 成员国经贸政策的自主权相应受到约束

2. 关税同盟的动态效应主要包括（　　）。

A. 强化竞争　　B. 贸易转移效应

C. 使厂商获得规模经济之利　　D. 刺激投资

3. 北美自由贸易区由（　　）等国家组成。

A. 美国　　B. 加拿大　　C. 澳大利亚　　D. 墨西哥

4. RCEP 是一个互惠互利的自贸协定，在（　　）领域等方面都要体现一个平衡。

A. 货物贸易　　B. 投资　　C. 服务贸易　　D. 规则

三、判断题

1. 区域经济一体化是指两个或两个以上在地理区域上比较远的国家，根据特定的共同目标，以一定方式建立起来的经济联合体。（　　）

2. 优惠贸易安排是区域经济一体化最初级和最松散的组织形式。（　　）

3. 自由贸易区是一种高级、紧密的经济联合形式，它已具备了经济一体化的一般特点，即对成员国和非成员国实行差别待遇。（　　）

4. 关税同盟已经开始具有超国家性质，是实现全面经济一体化的基础。（　　）

5. 共同市场是指在关税同盟的基础之上，保留了成员国之间对生产要素流动的限制，不允许劳动、资本及其他生产要素在成员国之间的自由流动。（　　）

6. 经济联盟是指成员国之间除了商品与生产要素可以自由流动及建立对外共同关税之外，还要求成员国制定和执行某些共同的经济政策（甚至社会政策）。（　　）

7. 完全经济一体化是经济一体化的最低级的组织形式。（　　）

8. 在目前主要的区域经济一体化组织中，发展历史最悠久、影响最大、也最成熟的就是欧盟。（　　）

9. 亚洲太平洋经济合作组织简称亚太经合组织，是亚太地区重要的经济合作论坛，也是亚太地区层级最高、领域最广、最具影响力的政府间经济合作机制。（　　）

10. RCEP是亚太地区规模最大、最重要的自由贸易协定，也是一个全面、现代、高

质量、互惠互利的自由贸易协定。 ( )

四、简答题

1. 简述贸易创造和贸易转移这一对核心概念。

2. 简述大市场理论的核心内容。

3. 依据工业偏好理论，说明哪些国家比较容易结成关税同盟。

4. 简述综合发展战略理论的主要内容。

5. 简述欧盟的主要机构。

6. 请对北美自由贸易区加以简要介绍。

7. 简要介绍 TTIP。

8. 请对 RCEP 加以评价。

五、论述题

1. 按照区域经济一体化发展程度的高低不同，区域经济一体化组织包含哪些类型？并对各种类型区域经济一体化组织的特点加以说明。

2. 试以关税同盟理论为依据，阐述关税同盟内外有别的两面性会对国际贸易产生什么样的静态效应与动态效应。

3. 请阐述协议性国际分工原理的基本内容，并说明实行协议性分工的条件。

4. 阐述欧盟一体化的主要成果。

六、计算题

1. 一个小国以世界市场价格每袋 10 元进口花生。其需求曲线和供给曲线分别为：$D = 400 - 10P$，$S = 50 + 5P$。

（1）计算自由贸易时该国的进口量。

（2）如果该国征收每袋 50%的进口税，其国内价格和进口量各为多少？

（3）如果该国与邻国结成关税同盟，相互取消关税，但对外关税不变，其邻国以每袋 12 元的价格向该国出售花生，其国内价格与进口量各为多少？贸易转移和贸易创造的效应有多大？

2. 某贸易小国以世界市场价格每袋 20 美元进口花生。该国的需求曲线是 $D = 6000 - 150P$，供给曲线是 $S = 1000 + 50P$。

（1）计算自由贸易时该国的进口量。

（2）如果对每袋花生按 10%征收进口关税，该国国内的花生价格和进口量各为多少？

（3）如果它与邻国结成关税同盟，其邻国以每袋 18 美元的价格向该国出口花生，该国国内的花生价格和进口量各为多少？贸易转移效应和贸易创造效应分别有多大？

七、案例分析题

美学者：RCEP 协定使全球经济受益

美国芝加哥世界贸易中心协会前主席、迦太基学院杰出教授亚瑟·西尔（Arthur I. Cyr）近日在 Deseret News 新闻网刊文指出，RCEP 成员国占世界经济生产总值的近 1/3，将会在全球取得成功，使全球经济受益。

历经 8 年谈判，RCEP 于 11 月 15 日正式签署，全球最大的自由贸易区由此诞生，覆盖东盟和中日韩等经济体。协定生效后区域内90%以上的货物贸易将实现零关税。

文章说，单是成员国名单就令人印象深刻：中国、日本、韩国、澳大利亚、印度尼西亚、文莱、柬埔寨、老挝、马来西亚、缅甸、新西兰、菲律宾、新加坡、泰国和越南。RCEP成员国总人口达22.7亿，GDP为26万亿美元，出口总额逾5万亿美元，均占全球总量约30%。

东亚和东南亚国家之间的这项全面贸易协定有望极大地提高这一地区的经济产出，从而使全球经济总体受益。

RCEP是建立在东盟更早的有限协议基础上的。1967年8月8日，印度尼西亚、菲律宾、新加坡、泰国外长和马来西亚副总理签署了《曼谷宣言》，正式宣告东盟成立。

2011年，在印度尼西亚巴厘岛举行的东盟峰会上首次提出区域性合作计划。2012年，在柬埔寨举行的东盟峰会上，各国领导签署了RCEP框架并宣布协议首次谈判开始。

文章认为，RCEP中两个方面特别值得注意。

第一，原产地规则大大简化和标准化。这些是决定产品原产国的规定。到目前为止，原产地规定在国家之间差别很大，导致区域内形成贸易壁垒，阻碍产品的运输和销售。RCEP最重要的突破之一，是协调了东盟既有的各自贸协定中颇为不同的原产地规则，并设定出“区域累积原则”。在未来，供应链和分销链的障碍将会大幅减少。

第二，这是中国、日本、韩国签署的首个全面自贸协定。文章认为，这三个国家在历史上一直存在分歧，RCEP的签署为中日韩自贸区谈判奠定了良好基础。

资料来源：佚名. 美学者：RCEP协定使全球经济受益. http://fta.mofcom.gov.cn/article/rcep/rcepgfgd/202012/43863_1.html，2020-12-02.

问题：

1. 请查阅和了解RCEP的基本情况，为何说RCEP正式签署和生效之后，全球最大的自由贸易区便由此诞生和启航？

2. RCEP签署和生效之后，会给中国带来什么样的影响？

第十章

世界多边贸易体制的理论与实践

学习目标与要求

- 了解关贸总协定的形成经过和历史成果；
- 了解中国“复关”与“入世”的背景与历程；
- 掌握世贸组织的宗旨、目标和主要职能；
- 理解世贸组织的组织机构和协议框架；
- 掌握世贸组织的基本原则；
- 熟悉中国加入世贸组织后的主要权利与义务；
- 了解世贸组织目前面临的困境与改革迫切性。

名人名言

全球贸易规则得不到切实履行，世界经济就将倒退回“丛林法则”时代。

世贸组织前总干事 阿泽维多，2019 年

在 21 世纪，国际贸易需要基于规则的游戏，而不是基于实力和强权……大家应该团结起来，进一步巩固一个基于规则的多边贸易体系。这个体系也许会需要进行一定的调整，但我们必须要巩固它。

世贸组织前总干事 帕斯卡尔·拉米，2018 年

外贸资讯

中方批评美方破坏世贸组织上诉机构　多边贸易体制脆弱

当地时间 9—10 日，世贸组织 2019 年度第五次总理事会在日内瓦召开。世贸组织成员经过数月讨论形成的改进上诉机构总理事会决议草案，因美国阻挠未能获得通过，上诉机构将暂停运转……作为世贸组织贸易争端解决机制的重要组成部分，上诉

机构将暂时停止运转。这毫无疑问是世贸组织成立以来，多边贸易体制遭受到的最沉重的打击。

世贸组织成立 25 年来，争端解决机制发挥了重要作用。专家组和上诉机构就 200 多个争端作出裁决，多数都得到顺利解决。上诉机构也被人们誉为“世贸组织皇冠上的明珠”，一时风光无限。但当前全球化遭遇的逆流，不可能不反映到多边贸易体制当中来。单边主义、保护主义甚嚣尘上，有人试图以一己蛮力改变其他成员的贸易政策，而不再依赖世贸组织裁决，这些并不意外。但出乎意料的是，一个成员一意孤行就可以使上诉机构瘫痪，这反映了多边贸易体制的脆弱性。

资料来源：佚名. 中方批评美方破坏世贸组织上诉机构　多边贸易体制脆弱. https://baijiahao.baidu.com/s?id=1652675101585339472&wfr=spider&for=pc，2019-12-12.

资讯引导：世贸组织有什么样的前世和今生？它是一个什么样的经济组织？其宗旨、主要职能和基本原则是什么？中国加入世贸组织后的表现如何？世贸组织目前面临哪些主要困境？

世界多边贸易体制是指由世界上绝大多数国家参与制定和执行的一系列协调各国贸易关系的规范和行为准则的总称，是国际贸易体制发展到一定阶段的产物，也是国际贸易体制的高级形态。一定的国际贸易体制总是以调整和规范一定范围内的国际贸易关系为目的；以一系列的法律文件或具有法律效力的协定为方式；以一定的国际贸易理论和政策为依据；以各种有关国际贸易与经济发展的项目为内容。世界多边贸易体制就是以调整和规范全世界范围内的贸易和经济关系为目的；以组织多边贸易谈判和签订多边贸易条约为方式；基本以自由贸易理论为依据，辅之以适当的例外条款；以几乎所有与国际贸易和经济发展有关的项目为内容的超大型综合性国际体制。它决定着世界经济和国际贸易发展的基本面貌，也对各国经济和贸易发展产生了决定性的影响。

中国作为世界第一人口大国和正在成长着的经济大国，其对外经济贸易关系既受世界多边贸易体制的多重影响，同时中国也会在世界多边贸易体制中发挥日益重要的作用。这样，中国与多边贸易体制的关系如何，将成为影响当代国际贸易格局的一个重要因素，是国际贸易理论与政策中值得深入探讨的一个课题。

第二次世界大战结束以来，世界多边贸易体制的发展大体经历了两个发展阶段，即关贸总协定体制阶段和世贸组织体制阶段。本章就是以此二者为研究对象，在介绍关贸总协定形成经过和历史作用的基础上，系统阐述世贸组织的由来及历史使命，世贸组织的宗旨、目标、职能和组织机构，世贸组织的协议框架与基本原则以及中国加入世贸组织后的主要权利与义务。

第一节　关贸总协定的形成经过和历史作用

关贸总协定，既是一套关于关税和贸易政策的国际公约，又是进行贸易谈判和解决贸易争端的国际机构，在国际上素有“经济联合国”之称。它与国际货币基金组织和世界银行共同构成了调节世界经济贸易和金融的三大支柱。

一、关贸总协定产生的历史背景及经过

20 世纪 30 年代一场世界性的经济危机席卷了西方各国。为了保护本国经济、转嫁经济危机，各国政府纷纷采取贸易保护主义，提高关税壁垒，限制商品进口。一时间，贸易纠纷四起，关税大战频发，国际贸易秩序陷入一片混乱之中。在这次经济危机中，英、法等国元气大伤，经济实力受到严重削弱。而与此同时，美国的经济实力却迅速强大起来，到第二次世界大战结束时，美国已成为世界头号经济强国。

第二次世界大战之后，各国政要和学者都在探究世界大战爆发的原因，最终形成的主流观点认为，第二次世界大战爆发除了有一系列政治、军事和历史等方面的原因外，经济因素也是其中一个重要原因。从经济角度来看，各国如果一味热衷于采取单边主义做法和贸易保护主义的政策，就容易加剧世界经济萧条、催化法西斯主义滋生，导致世界大战爆发。为了防止世界大战的再次爆发，各国均渴望建立国际防卫制度和机构。在此背景下，美国积极倡导自由贸易，认为自由贸易是实现世界和平的一种重要机制。同时，为了在世界经济、政治领域中确定霸主地位，美国急切盼望建立一种崭新的国际经济秩序，以顺利实现其在金融、投资和贸易领域实施对外扩张的政策。

1945 年初，美国首先就第二次世界大战后的国际贸易秩序安排制定了一项计划，计划的内容主要有两项：一是各国缔结一个能够制约和减少国际贸易限制的多边商业公约，通过此公约，来确定国际贸易所有方面的运作规则，包括关税、优惠、数量控制、补贴、国家贸易、国际商品协定等；二是依据公约成立一个**国际贸易组织**（International Trade Organization，ITO），负责监督世界贸易体系的运转。1945 年末，美国在此基础上向联合国经济社会理事会提议召开国际贸易和就业会议并建立国际贸易组织。1946 年 2 月，联合国经济社会理事会接受了美国关于建立国际贸易组织的建议，并成立了筹备委员会。1946 年 10 月，筹备委员会在伦敦召开了第一次会议，讨论了美国提出的《国际贸易组织宪章草案》，并决定成立起草委员会对该草案进行修改。1947 年 4 月，在日内瓦举行的第二次筹备委员会会议通过了宪章草案。1947 年 11 月在古巴首都哈瓦那召开的联合国贸易和就业会议，审议并通过了《国际贸易组织宪章》，即《哈瓦那宪章》，同意成立世贸组织。

《哈瓦那宪章》包括就业、经济发展与复兴、贸易政策、限制性商业惯例、政府间商品协定、投资、服务以及关于建立国际贸易组织等方面的条款。《哈瓦那宪章》充分体现了美国的意志，但美国无法将自己的计划强加给其他国家。当时由于各国针对美国提出的《哈瓦那宪章》草案提出了许多修正案（比如，英国坚持帝国特惠制条款，其他欧洲国家则坚持国际收支问题的保证条款，而不发达国家又要求保障经济发展的条款），结果，《哈瓦那宪章》成了“一个包含了每个人的意愿而又最终无法使任何一个人满意的协议”。后来，由于美国国内的贸易保护主义者和自由放任主义者的共同反对，美国认为《哈瓦那宪章》干扰了国内立法。加之，《哈瓦那宪章》还规定，参与国际贸易组织的每一方，无论其对国际贸易组织缴款多少，均只拥有一个投票权，明显不利于美国控制该组织。为此，1950 年美国总统杜鲁门宣布，《哈瓦那宪章》不再提交国会批

准。鉴于美国当时的经济霸主地位，它的立场对其他国家产生了很大影响，最后《哈瓦那宪章》因没有得到必要数量国家的批准而流产，建立国际贸易组织的努力终告失败。

但在1947年4—10月举行的贸易谈判中，包括美国在内的23个国家就关税减让达成了一系列协议。为尽快实施减税协议和《哈瓦那宪章》中有关的贸易政策，促进贸易自由化，起草委员会把关税减让谈判协定与《哈瓦那宪章》中有关贸易政策的内容合并在一起，就形成了《关贸总协定》前三部分的基本条款（即有关最惠国待遇、国民待遇和禁止规定数量限制或实施配额制等指导原则）。由此可见，《关贸总协定》就是一个政府间缔结的有关关税和贸易规则的多边国际协定，于1948年1月1日临时实施。

签署该协定的23个国家分别是：美国、英国、法国、比利时、荷兰、卢森堡、澳大利亚、加拿大、中国、印度、古巴、挪威、巴西、缅甸、新西兰、锡兰（今斯里兰卡）、智利、捷克斯洛伐克、黎巴嫩、巴基斯坦、南罗得西亚（今津巴布韦）、叙利亚、南非。

按最初计划，《关贸总协定》只是作为《哈瓦那宪章》实施之前的临时性条约，但由于《哈瓦那宪章》一直未能生效，国际贸易组织也就不能建立，于是，作为一项在各国间推行贸易自由化的多边协定，临时适用长达48年之久，并逐渐演变为一个事实上的国际组织。

二、关贸总协定发起的多边谈判及成果

关贸总协定在其48年的历史生涯中，一共成功地发动和组织了八轮世界多边贸易谈判，每轮谈判都在促进贸易自由化方面取得了重大进展，对世界经济全球化和世界多边贸易体制的形成起到积极的推动作用。

（一）第一轮多边关税及贸易谈判

该轮谈判于1947年4—10月在瑞士日内瓦举行。关贸总协定的23个创始缔约方参加了谈判。根据关税谈判减让原则，在7个月的谈判中，共达成了123项双边关税减让协议，制定了含有关税减让和关税约束的两份减让表，并将之合成总表，它与《哈瓦那宪章》中的部分内容共同构成了《关贸总协定》。本轮谈判达成的关税减让共涉及45 000项商品，它使占进口值54%的应税商品平均降低税率35%，影响世界贸易额近100亿美元。更为重要的是，它确立了关贸总协定多边谈判的基本原则，即多边的、无条件最惠国待遇的原则。根据这个原则，谈判一方与另一方在互惠、互利原则基础上达成的关税减让协议，应立即无条件地适用于全体成员。在该原则影响下，使本轮关税减让达到了空前的水平，为第二次世界大战后世界经济贸易的恢复和发展奠定了坚实的基础。

（二）第二轮多边关税及贸易谈判

该轮谈判于1949年4—10月在法国的安纳西举行。本轮谈判除23个成员外，又新增了瑞典、丹麦、意大利、希腊、海地、尼加拉瓜、多米尼加、乌拉圭和利比亚9国。谈判达成双边关税减让协议147项，涉及关税减让商品项目5000项，使占应税进口额5.6%的商品平均降低关税35%。美国的进口货物平均税率从1948年的25.5%下降至

14.5%，创下 1913 年以来的最低关税水平。

（三）第三轮多边关税及贸易谈判

该谈判于 1950 年 9 月至 1951 年 4 月在英国的托基举行，共有 39 个国家参加了谈判，达成双边关税减让协议 150 个，涉及商品税目 8700 项，使占应税进口额 11.7%的商品平均降低关税 26%。

（四）第四轮多边关税及贸易谈判

本轮谈判于 1956 年 1—4 月在瑞士的日内瓦举行。由于美国国会对美国代表团的授权有限，这直接影响了本轮多边贸易谈判的规模，只有 28 个国家参与了谈判，关税减让项目涉及 3000 项商品，使占应税进口额 16%的商品平均降低关税 15%。日本在本轮谈判中加入了关贸总协定。

（五）第五轮多边关税及贸易谈判

本轮谈判于 1960 年 9 月至 1962 年 7 月在日内瓦举行。此轮谈判由美国副国务卿道格拉斯·狄龙倡议发起，故史称“狄龙回合”。1958 年随着欧洲共同市场的建立，其建立的关税同盟及其实施的共同农业政策阻碍了美国商品的出口。为此，时任美国副国务卿的狄龙于 1960 年同欧洲经济共同体进行相互减税谈判，经过一年半的讨价还价，最后就 4400 项商品达成关税减让，共涉及 49 亿美元贸易额，使占应税进口额 20%的商品平均降低关税 20%，欧洲经济共同体六国统一对外达成关税减让，平均关税税率降低 6.5%。在农产品问题上，由于美欧双方分歧过大，故未取得任何成果。

（六）第六轮多边关税及贸易谈判

本轮谈判于 1964 年 5 月至 1967 年 6 月在日内瓦举行。由于谈判是由美国总统肯尼迪发起的，故称“肯尼迪回合”。共 54 个缔约方参加了谈判，本轮谈判结果为：美国工业品进口关税税率下降 37%，平均进口税率为 11.2%，欧洲经济共同体工业品进口关税税率下降 35%，平均进口税率为 7.6%，总的工业品进口关税税率下降 35%，涉及 400 亿美元的贸易额。本轮谈判首次涉及非关税壁垒内容，欧美双方均作了一定让步：美国允诺废除“美国售价”标准，欧洲经济共同体则修改了国内征收汽车税的方法。同时，本轮谈判还第一次制定了《反倾销协议》，美国、英国、日本等 21 个国家签署了该项协议，《反倾销协议》于 1968 年 7 月 1 日生效。另外，随着发展中国家纷纷加入关贸谈判，关贸总协定缔约方的组成也发生了较大的变化。1965 年 2 月，《关贸总协定》增加了第四部分——贸易与发展，旨在强调发展中国家应当享受差别待遇，并使贸易成为促进它们经济更快发展的一种手段。

（七）第七轮多边关税及贸易谈判

本轮谈判于 1973 年 9 月开始到 1979 年 4 月结束，因该谈判始于东京，又称“东京回合”。东京回合共有 99 个国家参加了谈判（含 29 个非缔约国），经过长达 5 年的艰苦谈判，终于取得了可喜的成果。

（1）关税进一步降低。从 1980 年起 8 年内，全部商品平均关税削减幅度为 25%～33%，关税减让涉及价值 3000 亿美元的商品，世界上 9 个主要工业国家的制成品加权平均关税由 7%下降至 4.7%，其中欧共体为 5%，美国为 4%，日本为 3%。

（2）在非关税壁垒限制上取得了一定进展。不仅修订了《反倾销协议》，还首次就海关估价、补贴和反补贴、政府采购、技术贸易壁垒、进口许可证手续问题达成了协议。

（3）通过了保护发展中国家贸易利益的“授权条款”。该条款明确规定（尽管有最惠国待遇原则的规定）：各缔约方仍可给予发展中国家以差别和更优惠待遇，而不将这种待遇给予其他缔约方。也就是说，“授权条款”构成了关贸总协定最惠国待遇的一项重要例外，并对发展中国家的普遍优惠制提供了一个永久性的法律依据，其意义十分重大。

（八）第八轮多边关税及贸易谈判

1986 年 9 月，关贸总协定缔约方在乌拉圭埃斯特角举行部长级会议，正式启动关贸总协定第八轮多边贸易谈判，史称“乌拉圭回合”。此轮谈判历时 7 年，前后共有 117 个正式成员、11 个非正式成员参与了谈判，本轮谈判除涉及传统的货物贸易外，还涉及三个新的议题：服务贸易、知识产权的国际保护及与贸易有关的投资措施。1994 年 4 月 15 日经过谈判成员的不懈努力，终于在摩洛哥马拉喀什签署了《马拉喀什宣言》，标志着乌拉圭回合多边贸易谈判的圆满结束。

三、乌拉圭回合谈判的背景、议题及成果

（一）乌拉圭回合谈判的历史背景

（1）世界经济发展不平衡。“东京回合”后，受国际货币体系动荡、石油危机等因素的影响，世界经济步入了一个缓慢增长的阶段。但西方发达国家仍在国际贸易领域中占据着重要地位，1983 年美、英、德、法、意、日和加拿大 7 国的进、出口分别占到世界总贸易比重的 48.5%和 46.6%；而同期大多数发展中国家受出口产品结构单一、国际贸易条件恶化等因素的影响，在国际贸易中的表现却不尽如人意，更有拉丁美洲、非洲的部分国家因此而陷入严重的债务危机。如何重建国际贸易新秩序，已成为世界关注的一个重要话题。

（2）新贸易保护主义抬头。关贸总协定在推进贸易自由化、维持公平贸易秩序等方面作出了巨大努力，为第二次世界大战结束后数十年国际贸易的繁荣发展创造了有利条件。经过关贸总协定八个回合的多边关税减让谈判，发达国家的平均关税税率下降到 4%，发展中国家也下降到 11%。关税的大幅度下降促使各国在保护国内市场时必须寻求一种新的手段——非关税壁垒措施。据统计，当代各国采用的非关税壁垒措施多达上千种，主要包括配额、进口许可证、技术标准、卫生检疫标准、外汇管制、出口补贴与反补贴、倾销与反倾销、政府采购、海关估价等。这些措施削弱了关税减让的效果，导

致了贸易争端频频发生。[①]同时，在区域经济一体化的影响下，贸易集团的单边主义有所抬头，在一定程度上削弱了关贸总协定的多边贸易体制。针对这些国际贸易中的新现象，关贸总协定旧有的原则已难以适应，更新条款已是大势所趋。

（3）纺织品和农产品的贸易纠纷日趋严重。由于纺织品贸易和农产品贸易长期游离于关贸总协定基本规则之外，这两个领域便成了世界各国实施贸易保护主义的大好场所，各种贸易纠纷、争端充斥于此。近几年来，这种状况更有愈演愈烈之势，给本已脆弱不堪的国际贸易体系又平添了几分不安定的因素。国际贸易组织的推陈出新已迫在眉睫。

（4）服务贸易与知识产权问题。20 世纪 80 年代，服务业在世界经济活动总量中已超越了第一产业和第二产业，服务业的发展水平已成为衡量一个国家经济发展水平的重要标志。在国际服务贸易中，西方发达国家处于绝对优势地位。1985 年，西欧、日本和北美商业服务进、出口分别占到世界商业服务进、出口总贸易的 67.4%和 74.7%。出于对自身利益的考虑，西方发达国家强烈要求制定一个服务贸易的多边原则，以便在有序、透明、公平、公正的环境下开展和扩大服务贸易，并以此促进所有贸易伙伴的经济增长。而关贸总协定体制完全是针对货物贸易而建立的，不存在调整国际服务贸易的规则，服务贸易的发展呼唤建立新的贸易规则。知识产权在世界经济中的作用日益重要，其主要内容除了包括专利、版权和商标，还包括计算机软、硬件及电影、唱片等。在知识产权方面有重大利益的发达国家并不满意旧有的知识产权国际保护体系，认为它过多地照顾了发展中国家的利益，难以消除知识产权国际贸易中的不公平现象，因此重建知识产权保护体系已势在必行。

（二）乌拉圭回合谈判的议题及目标

“乌拉圭回合”多边贸易谈判分为两个部分、共 15 个议题。第一部分是货物贸易，共含 14 个议题，分别是关税、非关税措施、热带产品、自然资源产品、纺织品和服装、农产品、关贸总协定条款、保障条款、多边贸易谈判协议和安排、补贴和反补贴措施、争端解决、与贸易有关的知识产权问题（包括冒牌货贸易问题）、与贸易有关的投资措施、关贸总协定体制的作用。第二部分是美国等发达国家极力主张将服务贸易纳入关贸总协定体制之中。

“乌拉圭回合”要实现的目标包括以下几点。

第一，进一步扩大和放宽世界贸易，包括通过减少和取消关税、取消数量限制及其他非关税措施来制止贸易保护主义，消除贸易扭曲现象；在关贸总协定的原则和基础上，改善多边贸易体制，扩大关贸总协定在世界贸易中的运用范围。

第二，增强关贸总协定体制对不断演变的国际经济环境的适应能力，特别是促进必要的结构调整，加强关贸总协定同有关国际组织的联系。

第三，加强贸易政策与其他影响经济增长和发展的经济政策之间的内部联系，完善国际货币体系的职能，向发展中国家投入更多的资金。

---

① 贾明德，董秘刚. 国际贸易学[M]. 西安：陕西人民出版社，2004：246.

（三）乌拉圭回合谈判取得的成果

1. 关税大幅度降低

乌拉圭回合涉及减税商品的贸易额高达 1.2 万亿美元，减税幅度为 40%，并对 20 个产品部类实行零关税。乌拉圭回合中的承诺实施完毕时，发达缔约方的平均关税将下降到 4%，而发展中缔约方的平均关税将下降到 11%。同时乌拉圭回合还增加了约束承诺下的贸易数量。据统计，“乌拉圭回合”以前，发达缔约方税目约束为 78%，发展中缔约方税目约束为 21%。“乌拉圭回合”以后，发达缔约方税目约束达到 99%，发展中缔约方税目约束达到 73%。①

2. 非关税壁垒受到限制

“乌拉圭回合”达成了一系列与削减非关税壁垒有重大关系的协议。它们包括《农业协议》《纺织品与服装协议》《技术性贸易壁垒协议》《实施卫生与植物卫生措施协定》《与贸易有关的投资措施协议》《装运前检验协议》《原产地规则协议》《进口许可程序协议》《补贴与反补贴措施协议》和《保障措施协议》。

3. 在纺织品谈判和农产品谈判中取得突破性进展

纺织品贸易自 20 世纪 60 年代起就先后受到国际棉纺制品贸易短期安排、长期安排和多种纤维协议的制约，一直同关贸总协定基本规则相背离，它使纺织品出口中的发展中国家长期遭受歧视性待遇。在乌拉圭回合中，经过艰苦谈判，最终达成了纺织品协议，决定在 10 年内分阶段使其过渡到关贸总协定的规则，取消配额限制，最终实现纺织品贸易自由化。农产品谈判的矛盾极为尖锐和复杂，这里面既包括美国和欧共体之间的利益冲突，又包括粮食净进口国同粮食净出口国之间的利益矛盾。最后谈判双方经过长期艰苦的讨价还价，终于达成协议。《农业协议》虽然只就农业改革达成了短期协议，但农业改革进程已势在必行。农产品贸易已被纳入多边贸易规则约束之内，这为农产品贸易的进一步自由化奠定了基础。

4. 签订了三个新议题

这些新议题分别是服务贸易、与贸易相关的知识产权问题（包括冒牌货贸易问题）和与贸易相关的投资措施。服务贸易谈判的目标是制定一个服务贸易的多边原则，以便在透明和逐步自由化的条件下扩大服务贸易，并以此作为促进所有贸易伙伴经济增长的一种手段。而服务贸易总协定的签订正是这种精神的体现。它既照顾了发达国家的利益（在最惠国待遇、国民待遇、非歧视原则、市场准入方面有所倾斜），又兼顾了发展中国家的利益（发展中国家可根据本国具体情况开放服务市场）。鉴于世界知识产权组织在知识产权保护方面的软弱无力，知识产权协议的签订在乌拉圭回合中就显得尤为重要。该协议建立了多边争端解决机制，为知识产权提供了有效的法律保障，同时在推动技术革新、技术传播与技术转让方面也作出了积极的贡献。经济全球化加速了世界各国的对外投资，对国际贸易的流向产生了巨大的影响。在对待投资的态度上，发达国家倾向鼓励，发展中国家倾向管制。《与贸易相关的投资措施协议》无疑是一个理智的法律框

---

① 贾明德，董秘刚. 国际贸易学[M]. 西安：陕西人民出版社，2004：247.

架，在消除对贸易有可能产生限制或扭曲的投资行为上起着重要的作用。

5. 签订了《建立世界贸易组织协定》

世贸组织是关贸总协定的继承和发展，《建立世界贸易组织协定》规定了世贸组织的宗旨、范围、职能、机构设置、法律地位、运转机制、基本原则和一些程序性法律问题。

第二节　世贸组织的由来及历史使命

一、关贸总协定的历史局限性及世贸组织的诞生

关贸总协定、国际货币基金组织和世界银行的建立，结束了国际经济关系中的无序状态，构筑了一整套规范国际经济行为的法律体系，被国际社会公认为世界经济的三大支柱。近半个世纪的实践证明，关贸总协定在降低关税及非关税壁垒、解决国际贸易争端、消除国际贸易障碍等方面作出了巨大贡献，有力地推动了国际经贸关系的正常发展，但由于其产生背景的特殊性，它的局限性在其发展过程中不断显露出来。关贸总协定的局限性主要表现在以下五个方面。

（1）关贸总协定仅是一个政府间的行政协议。关贸总协定是根据《关税与贸易总协定临时适用议定书》生效的临时协议，而并不是一个正式的国际组织，参加的国家和地区只能被称为缔约方，而不能称为成员。

（2）国内立法与关贸总协定关系的规定，削弱了关贸总协定的权威性。《关税与贸易总协定临时适用议定书》规定，缔约方在不违背国内现行立法的最大限度内临时适用关贸总协定的第二部分（第二部分包括国民待遇、反倾销与反补贴、取消数量限制、海关估价等内容）。这就是说，若缔约方各自立法的规定与关贸总协定第二部分规定产生抵触，国内立法优先。这个规定直接导致各缔约方在自己的贸易立法中常常偏离关贸总协定的基本原则，反映在国际贸易实践中就体现为各缔约方非关税壁垒的泛滥。

（3）从其条款本身及国际法角度来看，关贸总协定并未经过缔约方立法机构的审议和批准，其法律的严肃性大打折扣。20 世纪 90 年代，区域性集团的迅猛发展改变了传统的国际贸易格局，这些区域性集团的成员国对内实行自由贸易政策，对外实施区域保护主义。如美国就频频使用特别 301 条款，其他各国则强化反补贴、反倾销措施的使用，区域性的单边主义同关贸总协定的多边协商原则形成了激烈的对抗。关贸总协定的法律地位低下，严重影响了其司法裁决的权威性，面对纷至沓来的各种贸易争端，关贸总协定更显得心有余而力不足，难以保证世界贸易的正常秩序，第二次世界大战结束后建立的多边自由贸易体系已显得岌岌可危。另外，关贸总协定严重受到“完全协商一致”原则的挑战，削弱了关贸总协定的权威性及其解决贸易争端的能力。

（4）关贸总协定存在“灰色区域”。关贸总协定是各缔约方在经济贸易利益关系中妥协的产物，因而包括了大量的例外原则，对许多重要问题也缺乏严格的定义。例如，对倾销的定义是：一国以低于“正常价值”的办法将产品输入另一国市场并给其工业造成“实质性损害和实质性威胁”的行为。而“正常价值”“实质性损害和实质性威胁”

都难以界定和量化，这就大大增加了执行的难度和任意性。另外，一些敏感产品游离于关贸总协定框架之外，使关贸总协定不能适应形势的需要。这种先天不足客观上助长了缔约方对关贸总协定基本原则的背离。

（5）关贸总协定已难以适应世界经济的快速变化。关贸总协定在协调关税、管辖货物贸易方面取得了一定的成绩。但伴随着经济全球化的快速发展，服务贸易的增长速度大大超过了货物贸易，并在经济发展中起到了更为积极的作用，而知识产权转移在国际经济发展中的作用也大大加强。服务贸易、知识产权保护等非货物贸易的新问题，已很难在关贸总协定旧有的框架内继续谈判，这就有必要创立一个正式的国际贸易组织来解决类似的问题。

鉴于上述关贸总协定的局限性，加拿大与欧共体于 1990 年分别正式提出成立多边贸易组织的议案。1991 年 12 月，关贸总协定总干事邓克尔提出了《关于建立多边贸易组织的协议草案》，后经过两年多的修改和完善，最终于 1993 年 11 月“乌拉圭回合”谈判结束前达成了《多边贸易组织协定》。由于美国的提议，遂将“多边贸易组织”更名为“世界贸易组织”，同时，《多边贸易组织协定》也被更名为《建立世界贸易组织协定》。

1994 年 4 月 15 日，在摩洛哥马拉喀什召开的关贸总协定部长级会议上，100 多个国家和地区的代表签署并通过了乌拉圭回合协议最后文件和《建立世界贸易组织协定》，至此乌拉圭回合谈判正式宣告结束。1995 年 1 月 1 日，作为关贸总协定的继承和发展者，世贸组织正式诞生和运作；1996 年 1 月 1 日，关贸总协定在伴随世贸组织运行一年之后才退出历史舞台，即世贸组织从此正式取代了关贸总协定。2001 年 12 月 11 日，中国正式加入世贸组织。截至 2020 年 5 月，世贸组织有 164 个成员、24 个观察员。

二、世贸组织肩负的巨大历史使命

（一）世贸组织为各成员构建一个自由、公平与开放的国际贸易体系

世贸组织成立后，继续逐步推进货物贸易的自由化，取消货物贸易方面的关税与非关税壁垒，同时还在推进服务贸易自由化、保护知识产权、促进跨国投资、取消国际贸易关系中的歧视性待遇、反对形形色色的贸易保护体系等方面取得了一定进展。更为重要的是，世贸组织在推动贸易自由化进程中，加强了对各成员方贸易政策的多边评审，尤其对各成员方在履行世贸组织有关规定和协议时所作承诺进行了重点评价，强调贸易政策制定的透明度与贸易行为的公平竞争性，为世界各国构筑了一个更为开放与公平的自由贸易体系。

（二）世贸组织的争端解决机制有利于保障世界经济的稳定发展

随着全球经济一体化进程的加快，以及国际贸易规模的不断扩大和国际投资的加速流动，世界各国之间的经贸往来也在不断增加，贸易争端在所难免。世贸组织的争端解决机制，为和平、完善地解决这些争端提供了一个契机。如果没有世贸组织的争端解决

机制，各国间的贸易争端只能在双边基础上解决，这就极易导致国家间的严重冲突。世贸组织要求各成员应按照世贸组织规则，而不是按某一成员国内立法中的政策措施来解决国家间的贸易争端。未经世贸组织授权，任何成员不能单方面地采取行动。一旦世贸组织作出裁决，争端双方必须执行。可以说，争端解决机制是多边贸易体制的中流砥柱，为全球经济的稳定作出了重大贡献。截至 2007 年，世贸组织争端解决机制就成功处理了近 200 起的贸易争端，涉及农业、纺织、食品、卫生、知识产权和服务贸易等诸多领域，有力地保证了世界经济的稳定发展。

（三）世贸组织为世界经济发展由“权力为本”转向“规则为本”奠定了基础

第二次世界大战结束以后，世界经济旧秩序（以权力为本的秩序）受到不断的挑战，世界各国纷纷呼吁建立一种以多边谈判的方式来解决贸易争端的国际经济新秩序，而世贸组织正是这些呼声的体现。

世贸组织的决策机制是建立在“完全协商一致”基础上的，即一个协议必须经所有成员参加谈判并同意后方可实施，这样可以充分考虑到所有成员的利益。当协商一致不可能实现的时候，世贸组织采取“一成员一票”制进行表决。其结果是大大增强了弱小国家的谈判力量，削弱了经济大国的影响力。这对抑制国际经贸关系中的强权政治产生了深远的影响，同时也为形成“以规则为本”的世界经济新秩序奠定了基础。

（四）世贸组织为发展中国家构筑一个宽松的贸易环境

世贸组织成员中，有 80%是发展中国家和转型经济国家。世贸组织高度重视这些国家的贸易发展问题，在诸多领域给予特殊优惠，为它们提供了一个更加开放、稳定、公平竞争的市场环境。世贸组织明确指出，发展中国家只需履行符合其发展、财政和贸易要求或行政管理和体制能力的承诺和减让；世贸组织同意保证迅速执行有利于发展中国家的特殊的、差别的措施，并定期审议；同意乌拉圭回合各协议和过渡性规定中规则的实施，并主张应对发展中国家采取灵活和扶持的方式；同意对发展中国家在加强出口、促进贸易方面提供技术援助和人力培训。这些措施在很大程度上加快了发展中国家贸易自由化的改革进程，对发展和稳定多边贸易体制起到了积极作用。

第三节　世贸组织的宗旨、目标、职能和组织机构

一、世贸组织的宗旨

世贸组织的宗旨是：提高生活水平，保证充分就业，大幅度稳步地提高实际收入和有效需求；扩大货物与服务的生产和贸易；根据可持续发展的目标，提高对世界资源的充分利用、保护和维护环境，并根据它们各自需要和不同经济发展水平的情况，采取各种相应的措施；积极努力以确保发展中国家，尤其是最不发达国家，在国际贸易增长中获得与其经济发展水平相应的份额。

世贸组织的宗旨同 1947 年关贸总协定的宗旨相比，内容更为完善，同时也更富有

时代的特点：世贸组织将服务业纳入其管辖范围，从而拓宽了世贸组织行使职能的领域，更加符合世界经济发展的需要；注重环境保护和经济发展的可持续性；提出确保发展中国家在国际贸易中的份额和利益，这既是发展中国家同发达国家长期不懈斗争的结果，又是国际经济新秩序迈向合理化的体现。

世贸组织的宗旨是通过其所建立的法律原则和具体规则来实现的，其目的是促进各种要素的自由流动和有效利用、各种原则和规则在最惠国待遇基础上的普遍实施，最终实现效益的最大化。

二、世贸组织的目标

世贸组织的目标是建立一个完整的包括货物、服务、与贸易有关的投资及知识产权等更具活力、更持久的多边贸易体系，以包括关贸总协定贸易自由化的成果和乌拉圭回合多边贸易谈判的所有成果。

为了有效地实现上述目标和宗旨，世贸组织规定各成员应通过达成互惠互利的安排，大幅度削减关税和其他贸易壁垒，在国际经贸竞争中，消除歧视性待遇，坚持非歧视贸易原则，对发展中国家给予特殊和差别待遇，提高市场准入程度及提高贸易政策和法规的透明度，并坚持实施通知与审议等原则，从而协调各成员间的贸易政策，共同管理全球贸易。

三、世贸组织的主要职能

世贸组织主要有六大职能：一是管理和实施世贸组织框架下的多边贸易协议和诸边贸易协议。二是为组织成员提供处理各种协定、协议及有关事务的谈判场所，并为世贸组织发动多边贸易谈判提供场所、谈判准备和框架草案。三是解决各成员间发生的贸易争端。世贸组织下设争端解决机构，通过专家小组磋商调解、咨询评议、最后仲裁等方式，来公正、快速地解决争端，避免和限制贸易纠纷的发生。四是对各成员的贸易政策、法规进行定期审评。世贸组织设立了贸易政策审查机构，根据成员方在世界贸易总额中所占的份额，每 2 年、4 年、6 年或更长期限进行一次审查，以促进各成员更严格地遵守世贸组织的规则并履行各自的承诺。五是为发展中国家提供技术援助和培训。六是协调与国际货币基金组织和世界银行等国际经济组织的关系，以保障全球经济决策的凝聚力和一致性，避免政策冲突。

四、世贸组织的组织机构

世贸组织是一个永久性的经济组织，包括了种类繁多的组织机构，如图 10-1 所示。

（一）部长会议

部长会议是世贸组织的最高权力机构，由各成员主管外经贸的部长、副部长级官员或其全权代表组成。部长会议至少两年举行一次，可就任何多边贸易协议中的问题作出决议，具有极广泛的权力，主要包括以下几项权力。

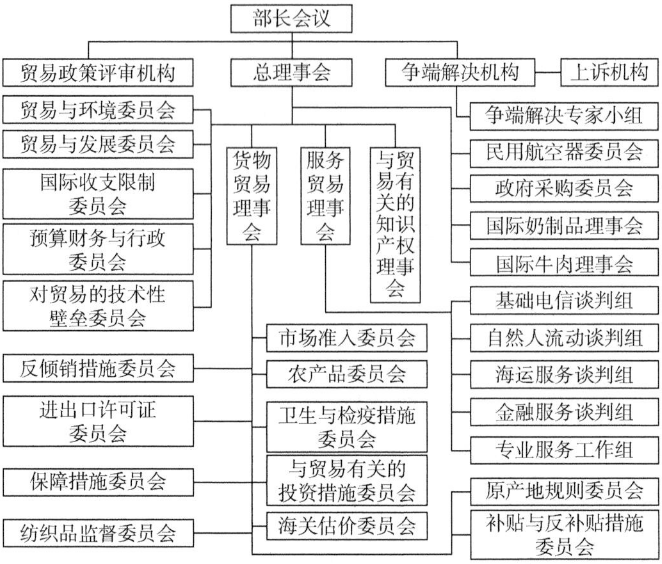

图 10-1　世贸组织机构

（1）立法权。只有部长会议才有权对其协定、协议作出修改和权威性解释，其他任何机构都没有这种法律权力。

（2）准司法权。对其成员之间所发生的争议或其贸易政策是否与世贸组织的规定相一致等问题作出裁决。

（3）义务豁免权。豁免某个成员在特定情况下的义务。

（4）资格批准权。批准非世贸组织成员所提出的取得世贸组织观察员资格的申请。

（二）总理事会

总理事会是部长会议休会期间的执行机构，通常由各成员驻日内瓦大使或首席代表组成，有时也由政府直接派出。它负责监督世贸组织属下各协议和部长会议决议的执行情况，并负责协调和监督各个分理事会、专门委员会、争端解决机构、贸易政策评审机构的工作，接受和评价它们的工作报告。总理事会可视情况需要随时开会，自行拟定议事规则及议程。总理事会在代表部长会议开展日常工作的同时，还要实施两项特别的工作：一方面，作为争端解决机构，审查争端解决程序；另一方面，作为贸易政策评审机构，定期审议各成员的贸易政策。

总理事会下设货物贸易理事会、服务贸易理事会和与贸易有关的知识产权理事会，分别负责 1994 年关贸总协定事宜、服务贸易总协定及其附件、与贸易相关的知识产权协议及相关事宜。这三个理事会可视情况自行拟定议事规则，经总理事会批准后执行。世贸组织各成员均可参加各理事会。

（三）专门委员会

总理事会下设各专门委员会，用以处理特定的贸易及其他相关事宜。已设立有贸易与环境委员会、贸易与发展委员会、国际收支限制委员会、预算财务与行政委员会等

10 多个专门委员会。各专门委员会向总理事会直接负责。

（四）争端解决机构与上诉机构

争端解决机构是常设的组织机构，负责解决成员之间的贸易争端。争端解决机构具有司法裁决权。上诉机构也是一个常设机构，由 7 名具有公认权威且在法律、国际贸易和有关协议主题内容方面具有专业知识的人员组成，任期 4 年，每起案件至少需要 3 名法官进行审理。上诉机构是争端解决机构的必要补充。上诉机构的工作流程如下。

（1）磋商。争端当事方应当首先采取磋商的方式解决贸易纠纷。

（2）成立专家小组。如果有关成员在 10 天内对磋商置之不理或在 60 天后未获解决，受损害的一方可要求争端解决机构成立专家小组，帮助争端解决机构提出建议或裁决。

（3）通过专家组报告。争端解决机构在接到专家小组报告后 20—60 天内研究通过，除非当事方决定上诉，或经协商一致反对通过这一报告。

（4）上诉机构审议。专家小组的终期报告公布后，争端各方均有上诉的机会。

（5）争端解决机构裁决。争端解决机构应在上诉机构的报告向世贸组织成员散发后的 30 天内通过该报告，一经采纳，则争端各方必须无条件接受。

（6）执行和监督。争端解决机构监督裁决和建议的执行情况。如果违背义务的一方未能履行建议并拒绝提供补偿时，受侵害的一方可以要求争端解决机构授权采取报复性措施，中止协议项下的减让或其他义务。

（五）秘书处和总干事

世贸组织下设 500 多人的秘书处，并由总干事领导。秘书处不是决策机构，其工作人员由总干事指派，其职能是为部长会议、各种理事会和专门委员会提供技术上的服务，并向发展中国家提供法律咨询和帮助，对世界贸易状况作出分析并负责向公众和媒体解释世贸组织的相关事务。

总干事是世贸组织的首脑，其人选由部长会议指定，同时确定其权力、职责、服务条件和任期。世贸组织总干事主要有以下职责：最大限度地向各成员施加影响，并要求它们遵守世贸组织的各项基本原则；考虑和预见世贸组织的最佳发展方针；帮助各成员解决它们之间所发生的争议；负责秘书处的工作，管理和所有成员有关的行政事务；参加国际贸易争端的调解。

第四节　世贸组织的协议框架与基本原则

一、世贸组织的协议框架

世贸组织为其成员在处理有关世贸组织协定、协议而产生的贸易关系时，提供一个统一的制度框架。世贸组织的法律框架由《建立世界贸易组织协定》及其 4 个附件组成，如图 10-2 所示。

图 10-2 世贸组织协议框架

贸易协定与协议按照成员方接受程度可划分为多边贸易协定与协议以及诸边贸易协定与协议两类；按照范围可划分为货物贸易协定与协议、服务贸易协定与协议以及知识产权贸易协定与协议三种。一般而言，协定要高于协议。对于多边贸易协定与协议，如附件一、附件二和附件三，所有成员都必须接受；而对于诸边贸易协定与协议，如附件四，仅对签署方有约束力，成员可采取自愿接受的方式，即可以自愿选择参加。

世贸组织法律框架是以《建立世界贸易组织协定》及其 4 个附件等一系列法律文件为主干的庞大的法律体系。《建立世界贸易组织协定》是世贸组织成立与运作的法律基础，也是世贸组织的“宪章”。处于世贸组织法律体系中最高层次的《建立世界贸易组织协定》，全文由前言及 16 条条文所组成，其主要内容包括世贸组织的宗旨与原则，职能范围，组织结构，成员资格，法律地位，财政预算及费用的分担，与其他国际组织的关系，协定的修改、接受、生效和保存等十多个方面的内容。

附件一又包括：附件一 A、附件一 B、附件一 C。附件一 A 是《货物贸易多边协定》；附件一 B 是《服务贸易总协定》；附件一 C 是《与贸易有关的知识产权协议》。

附件一A，也就是《货物贸易多边协定》，它由13个协定和协议组成。一是《1994年关税与贸易总协定》，由4个部分组成，共包括38条。它是多边货物贸易的法律基础与原则基础。二是《农业协议》，由13个部分组成，共包括21条，主要涉及非关税措施关税化，相互约束关税，减少补贴（取消黄箱政策，可以保留绿箱政策）。三是《实施卫生与植物卫生措施协定》，又称《实施卫生与动植物检疫措施协定》或《卫生与动植物检疫措施协定》等。该协定共有14条和3个附件，旨在规范各成员实施卫生与植物卫生措施的行为，支持各成员实施保护人类、动物、植物的生命或健康所采取的必要措施，规范卫生与植物卫生检疫的国际运行规则，把对贸易的不利影响尽可能减小。四是《纺织品与服装协议》，共有9条和1个附件，2005年纺织品将取消限制，不许舞弊。五是《技术性贸易壁垒协议》，共有15条和3个附件，包括技术规定与国际标准，以及特殊通告。六是《与贸易有关的投资措施协议》（*Agreement on Trade-Related Investment Measures*），它是世贸组织管辖的一项多边贸易协议，共有9条和1个附件。该协议旨在促进投资自由化，其基本原则是各成员在实施与贸易有关的投资措施时，禁止采用与《关贸总协定》国民待遇和取消数量限制原则相违背的规定，如当地成分要求、贸易平衡要求、进口用汇限制、国内销售要求等。七是《反倾销协议》，由3部分组成，共包括18条和2个附件，明确倾销与伤害的概念，确定倾销的幅度、倾销的裁定与实施反倾销。八是《海关估价协议》，由4个部分组成，共包括24条和3个附件。主要内容包括确立成交价为海关估价的主要标准，若有异议可以抗诉。九是《装运前检验协议》，共有9条，该协议明确了装运前检验中进出口双方成员的义务。十是《原产地规则协议》，由4个部分组成，共有9条。主要内容是确定商品在进出口贸易中的待遇，明确规则要统一、公平和合理。十一是《进口许可协议》，共有8条，主要内容是简化管理程序，以公平合理的方式进行管理。十二是《补贴与反补贴措施协议》，由11个部分组成，共有2条和7个附件。主要内容包括：补贴的分类，即禁止、可申诉与不可申诉的补贴；反补贴措施的实施、补救承诺与征收反补贴税。十三是《保障措施协议》，共有14条和1个附件，主要内容涉及保障措施实施的条件、保障措施的实施以及保障措施的期限。

附件一B，即《服务贸易总协定》，它是世贸组织管辖的一项多边贸易协议。《服务贸易总协定》包括序言和6个部分共29个条款、8个附录、8项部长会议决定。其宗旨是在透明度和逐步自由化的条件下扩大服务贸易，并促进各成员的经济增长和发展中国家服务业的发展。在《服务贸易总协定》的基础上，又相继达成了《〈服务贸易总协定〉第二议定书》《〈服务贸易总协定〉第三议定书》《〈服务贸易总协定〉第四议定书》《〈服务贸易总协定〉第五议定书》等，主要涉及金融服务、自然人流动和基础电信等内容。

附件一C，即《与贸易有关的知识产权协议》（*Agreement on Trade-Related Aspects of Intellectual Property Rights*），简称《知识产权协议》，是世贸组织管辖的一项多边贸易协议。由7个部分组成，共有73条，具体涉及对知识产权的保护及其保护范围。保护范围包括：版权及相关权、商标、地域标识、工业品外观设计、专利、集成电路布图设计、未公开的信息包括商业秘密等七种知识产权。

附件二:《关于争端解决规则与程序的谅解》。

附件三:《贸易政策审议机制》。

附件四:《诸边贸易协定》。它包括以下四种协议:《政府采购协议》,共有 9 条,主要内容是确定中央政府、地方政府和公用设施采购金额;《民用航空器贸易协议》,共有 9 条和一个附件,主要涉及相互贸易优惠等内容;另外《诸边贸易协定》还包括《国际奶制品协议》和《国际牛肉协议》,不过这两个协议已于 1997 年 12 月 31 日终止。

二、世贸组织的基本原则

世贸组织的基本原则贯穿于世贸组织的各个协定和协议中,构成了多边贸易体制的基础。它基本上以关贸总协定所确定的一系列法律基本原则为基础,如最惠国待遇、国民待遇、透明度原则等。世贸组织协定在遵循这些原则时,继承了关贸总协定"原则当中有例外,例外当中有原则"的灵活应用的特点,几乎在所有协议中涉及某项贸易规则时均列出一些例外规定。这些例外规定将来可能会严重影响多边贸易体制的有效运转。因此,在研究世贸组织时有必要先了解这些基本原则的内容及相关例外规定。

(一)非歧视原则

非歧视原则又称为无差别待遇原则。非歧视原则是多边贸易体制的核心和基石,是世贸组织及其法律制度的一项首要的基本原则,也是现代国际贸易关系中最基本的准则。该原则体现在世贸组织的所有文件和协议中。

实施非歧视原则的目的在于确保各成员方能够无差别地、平等地进行贸易,从而避免贸易歧视和贸易摩擦的发生。正是这样,世贸组织才构建了一个国际贸易自由化的大平台。

非歧视原则规定:一成员方在实施某种优惠、限制或禁止措施时,不得对其他成员方实施歧视待遇。

非歧视原则主要是通过最惠国待遇原则和国民待遇原则来体现的。

1. 最惠国待遇原则

世贸组织中的最惠国待遇原则指的是无条件的最惠国待遇原则。该原则规定:在货物贸易、服务贸易和知识产权领域,一个成员方把给予某国(无论是不是世贸组织成员)的优惠待遇,应该立即和无条件地给予其他各成员方。

最惠国待遇原则的实质就是要确保市场竞争机会的均等。这就意味着一个成员方应该平等地对待其他成员方。这是一个成员方在处理与其他各成员方贸易关系时应该遵循的基本原则。

最惠国待遇原则包含四个要点:自动性、同一性、相互性和普遍性。自动性是最惠国待遇的内在机制。它指的是,当一个成员给予某国的优惠超过其他成员享有的优惠时,这种机制就会自动启动,其他成员可自动地享有这种优惠。这实际上就是"立即和无条件"要求的具体体现。同一性是指,当一成员给予某国的某种优惠,在自动转给其他成员方时,其受惠标的必须相同。相互性指的是,一成员在承担最惠国待遇义务时,也应同时享受最惠国待遇权利。这说明任何一成员既是给惠方,又是受惠方。普遍性是指，最惠国待遇适用于全部进出口产品、服务贸易的各个部门和所有种类的知识产权所有者和持有者。

世贸组织的最惠国待遇原则主要体现在货物贸易、服务贸易，以及与贸易有关的知识产权协定之中。

（1）货物贸易方面的最惠国待遇。在货物贸易方面，《1994 年关税与贸易总协定》及其他协议的有关条款中都规定了成员之间应该相互给予的最惠国待遇。一成员方给予任何其他国家产品的关税优惠，或其他与产品贸易有关的优惠、优待、特权和豁免，均应立即和无条件地给予其他成员方的相同产品。

货物贸易最惠国待遇原则适用的范围主要包括几个方面：一是贸易产品；二是进口关税的征收；三是与进出口有关的任何其他费用，如质量检验费、进口附加费、海关手续费等；四是征收关税和其他费用的方法；五是与进出口有关的所有规则和程序；六是国内税和其他国内费用，如销售税；七是有关影响产品销售、购买、提供、运输、分销和使用等方面的法规及要求。

在货物贸易方面，最惠国待遇要求世贸组织成员之间一律平等，彼此不能歧视。只要其进出口的产品是相同的，则享受的待遇也应该是相同的，而且是无条件的和永久的。

（2）服务贸易领域的最惠国待遇原则。《服务贸易总协定》第 2 条规定，服务贸易领域的最惠国待遇原则要求，在服务贸易领域，成员方给予任何其他国家的服务或服务提供者的优惠，应该及时和无条件地给予任何其他成员方相同的服务和服务提供者。服务贸易最惠国待遇原则使用的范围主要包括：第一，服务与服务提供者；第二，中央政府与地方政府所采取的影响服务贸易的措施。

应该特别注意的是，服务贸易领域的最惠国待遇原则有其独特之处。《服务贸易总协定》规定，在 2005 年以前，允许少数成员存在与最惠国待遇不符的措施，但必须将这些措施列入最惠国待遇例外清单。这些暂时性的措施应在 2005 年之后取消，从而在所有成员之间实施永久的、无条件的最惠国待遇。

（3）知识产权领域的最惠国待遇原则。《与贸易有关的知识产权协议》第 4 条规定，在知识产权保护方面，成员方给予任何其他国家国民的有关知识产权保护的任何利益、优惠、特权和豁免，均应立即和无条件地给予来自任何其他成员方的国民。《与贸易有关的知识产权协议》将最惠国待遇规定为其成员方必须普遍遵守的一般义务和基本原则。该原则要求在知识产权保护方面，各成员方的国民应该享受同等待遇，不能受到歧视。

（4）最惠国待遇原则的例外。虽然最惠国待遇原则规定，一成员方必须主动地给予世贸组织其他成员方无条件的、永久的、普遍的、多边的最惠国待遇，但是，在特定条件下，尤其是在发展中成员和少数成员有特殊利益需要时，可以提出最惠国待遇的例外申请。经世贸组织许可之后，可以暂时违背和不执行最惠国待遇原则。

（5）货物贸易领域与服务贸易领域的最惠国待遇原则例外。这些例外主要包括以下七个方面的内容：一是给予发展中成员的特殊和差别待遇，如普遍优惠制；在非关税措施方面给予发展中成员更为优惠的差别待遇；对最不发达成员给予特殊优惠。二是经济一体化组织内部的待遇以及边境贸易所规定的少数毗邻成员享受的待遇。三是一些成员为保障动、植物，以及人民的生命、健康、安全或一些特定目的对进出口采取的所有措施。四是国家安全例外。当一成员的国家安全受到威胁时，可以暂时豁免世贸组织最惠国待遇的义务。五是反倾销、反补贴以及在争端解决机制下授权采取的相应措施。六是政府采购例外，即在货物贸易中，政府采购不受世贸组织管辖。七是不属于世贸组织管辖范围的诸边贸易协定中的义务，主要指在民用航空器贸易、奶制品及牛肉贸易等方面的义务。

（6）知识产权领域的最惠国待遇原则例外。这些例外主要包含以下三个方面的内容。第一，来自有关司法协助或法律实施的国际协定的优惠等，但这种优惠并不是专门针对知识产权保护的，而是一般性的优惠。第二，来自《伯尔尼公约》《罗马公约》的互惠性保护。第三，《与贸易有关的知识产权协议》没有规定的表演者权、录音制品制作者权以及广播组织权等。在世贸组织成立前已经生效的有关知识产权保护的国际协议中已经规定的，而且已经将这些协议通知了世贸组织，只要这些协议对其他成员的国民不构成随意的和不公平的歧视即可。

2. 国民待遇原则

国民待遇原则，又称平等原则。它是对最惠国待遇原则义务的补充。该原则是指，对其他成员方的产品、服务和服务提供者以及知识产权所有者和持有者所提供的待遇，不低于本国同类产品、服务和服务提供者及知识产权所有者和持有者所享有的待遇。

国民待遇原则要求成员方应该平等地对待外国和本国的产品和服务等，在出口成员和进口成员之间实施非歧视待遇。这正是世贸组织非歧视贸易原则的重要体现。在理解国民待遇原则时，应该注意以下三点：第一，该原则适用的对象是指产品、服务和服务提供者以及知识产权所有者和持有者。第二，该原则所涉及的待遇是指，产品、服务和服务提供者以及知识产权所有者和持有者在进口成员方境内所享有的待遇，而且仅仅是民商事方面而非政治方面的待遇。第三，国民待遇原则定义中“不低于”一词的含义是指，其他成员方的产品、服务和服务提供者以及知识产权所有者和持有者，应与进口成员方同类产品、服务和服务提供者以及知识产权所有者和持有者享有同等待遇。但是如果进口成员方给予出口成员方更高的待遇，这并不违背国民待遇原则。

世贸组织国民待遇原则主要体现在《1994 年关税与贸易总协定》《服务贸易总协定》《与贸易有关的投资措施协议》以及其他协议的相关条款中。

（1）货物贸易领域的国民待遇原则。世贸组织规定，当一成员的产品在进入进口成员方境内时，如果缴纳了正常进口关税及相关费用，那么该产品应该享受与进口成员方同类产品相同的待遇。

在世贸组织框架内，国民待遇原则在货物贸易中主要包含以下四个方面的内容：第一，在国内税和其他费用的征收方面，对进口产品与本国相同产品一视同仁。一成员方不能以任何直接或间接方式对进口产品征收高于对本国相同产品所征收的国内税和其他费用。国内税费只包括对产品征收的中央税费和地方税费。第二，在有关产品销售、分销、购买、运输、分配和使用的法律、规章等方面，进口产品必须享受与国内同类产品相同的待遇。第三，任何成员不能以直接方法和间接方法对产品的混合、加工或使用有特定数量或比例的国内限制，或强制规定优先使用国内产品。比如，国产化要求、进口替代要求等，均被视为直接或间接地对其他成员方产品构成歧视。第四，一成员方不得用国内税、其他国内费用或定量规定等方式，为国内工业提供保护。

（2）服务贸易领域的国民待遇原则。按照《服务贸易总协定》的规定，在服务贸易领域，一成员方给予外国服务或服务提供者的待遇，不应低于本国服务或服务提供者所享受的待遇。《服务贸易总协定》具有一个重要特征，这就是将市场准入和国民待遇不作为普遍义务，而是作为具体承诺。这些承诺与各个部门或分部门的开放联系在一起，这样可以使分歧较小的国家早日达成协议，特别是不能强迫发展中国家开放它们难以开放的市场，否则会加重它们在服务贸易和国际收支中的负担。

总之，服务贸易中国民待遇原则是世贸组织成员之间在平等基础上通过谈判的方式达成协议，根据协议在不同行业中不同程度地履行国民待遇。另外，在服务领域各成员方本着利益互惠的原则实施国民待遇原则。而且利益互惠不应是绝对数量上的对等互惠，而是相互优惠，以符合不同发展水平成员的需要。

（3）知识产权领域的国民待遇原则。根据《与贸易有关的知识产权协议》第 3 条的规定，在知识产权保护方面，一成员方给予其他成员方的国民待遇不得低于本国国民所享有的待遇。

在理解知识产权领域的国民待遇时，应该注意以下三个方面的问题。第一，该原则适用的对象包括享有版权、专利、商标、地域标识、工业设计、集成电路外观设计以及未公开信息等知识产权的所有者和持有者。第二，该原则适用的范围是，成员方所采取的知识产权保护措施（包括相关法律、法规、政策和规章等）。第三，在知识产权保护方面，一成员方给予其他成员方国民的国民待遇，应以该成员方在现行国际知识产权公约或协定中承担的义务为前提。现行国际知识产权公约与条约主要包括《巴黎公约》《伯尔尼公约》《罗马公约》《关于集成电路的知识产权条约》。

在货物贸易领域，国民待遇原则是普遍适用的，但也存在某些例外，主要包括以下五个方面。

（1）政府采购例外。国民待遇义务不适用于有关政府采购的政府法令、规章和条例。但此处的“政府采购”指的是政府日常消费商品的采购，而不是为了商业性再出售，也不能用于商业性再出售商品的生产。

（2）给予某种商品的国内生产者补贴例外。这种补贴包括用国内税费收入或通过政府购买国内产品向国内生产者提供的补贴。但这一补贴要符合《补贴与反补贴措施协议》和《农业协议》的有关规定。

（3）有关外国影片放映和数量规定例外。成员方可以要求本国电影院只能放映特定数量的外国影片。

（4）允许发展中成员方对使用国内产品进行补贴的例外。按照《补贴与反补贴协议》的规定，从世贸组织协定生效之日起的 5 年内，允许发展中成员方使用国内产品时予以补贴。对于最不发达成员，这一期限为 8 年。

（5）当地成分要求例外。发达成员方可在从世贸组织协定生效之日起的 2 年内，允许用当地成分要求和对进口产品使用的限制，发展中成员和最不发达成员的这一期限分别为5年和7年。

（二）贸易自由化原则

贸易自由化原则，又称为市场开放原则或市场准入原则。贸易自由化原则的含义是，在世贸组织框架下，通过多边贸易谈判，实质性地削减关税和减少其他贸易壁垒，扩大成员方之间的货物和服务贸易。

世贸组织倡导并致力于推动贸易自由化，要求各成员方尽可能地取消不必要的贸易障碍和壁垒，开放市场，为货物和服务在国家之间的流动提供便利。要了解贸易自由化原则的含义，必须把握以下五个方面的要点。

（1）以共同贸易规则为基础。各成员方必须根据世贸组织的协定和协议，有规则地实行贸易自由化。

（2）以多边贸易谈判为手段。通过参加多边贸易谈判，各成员方根据在谈判中所作出的承诺，逐步推进贸易自由化。体现在货物贸易方面，就是逐步削减关税和减少非关税壁垒；体现在服务贸易方面，就是更多地、不断增加开放服务部门，减少对服务提供方式的限制。

（3）以解决贸易争端为保障。世贸组织的贸易争端解决机制具有强制性，如果某一成员方被诉违反承诺，并经贸易争端解决机制裁决败诉，该成员方就应该执行有关裁决。否则，世贸组织就会授权申诉方采取贸易报复性措施。

（4）以贸易救济措施为“安全阀”。成员方可以通过援用有关例外条款和采取保障措施等贸易救济措施，消除或减轻贸易自由化带来的负面影响。

（5）以过渡期方式体现差别待遇。世贸组织承认不同成员之间经济发展水平的差异，通常允许发展中成员履行义务有更长的过渡期。

贸易自由化原则在货物贸易领域的具体体现就是：削减关税和减少非关税贸易壁垒。贸易壁垒可分为关税壁垒和非关税壁垒。它们是制约货物在国家间自由流动的重要障碍。相对而言，非关税壁垒对自由贸易的危害更大。因此，世贸组织只允许成员通过关税手段来保护其特定产业。

世贸组织在允许成员方使用关税措施的同时，要求成员方逐渐下调关税水平并加以约束，以不断推动贸易自由化进程。关税约束是指成员方承诺将进口商品关税限定在某个水平，只许下降、不许抬高。如果某一成员因实际困难需要提高关税约束水平，必须与其他成员方再进行谈判。

削减关税又称关税减让。关税减让一直是多边贸易谈判的主要议题。关税减让谈判一般是在产品主要供给方与主要进口方之间进行的，其他成员也可以参加。关税减让的双边贸易谈判结果，其他成员按照最惠国待遇原则可以不经谈判而适用。

非关税贸易壁垒是指除关税壁垒以外的各种限制贸易的措施。非关税贸易壁垒种类繁多、变化多端、隐蔽性强，越来越成为国际贸易发展的主要障碍。因此，为了规范成员方的相关行为，削减非关税贸易壁垒，以不断推动全球贸易自由化进程，世贸组织制定了相关的专门协议。

这些专门协议具体包括：为了防止技术法规、技术标准和动植物检验检疫措施构成不必要贸易障碍的《技术性贸易壁垒协议》和《实施卫生和植物卫生措施协定》；为了防止海关任意估价的《海关估价协议》；为了避免进口许可程序影响贸易正常运行的《进口许可程序协议》；为了使原产地规则不对国际贸易构成不必要障碍的《原产地规则协议》；为了使装运前检验不对贸易造成不必要延迟和不公平待遇的《装运前检验协议》；为了禁止成员方采取当地成分要求、贸易平衡要求、国内销售要求等投资管理措施对贸易产生限制作用的《与贸易有关的投资措施协议》等。

在服务贸易领域,《服务贸易总协定》要求，各成员方应为其他成员方的服务和服务提供者给予更多的投资与经营机会，分阶段逐步开放商务、金融、电信、分销、旅游、教育、运输、医疗保健、建筑、环境、娱乐等服务领域。这样，就可以防止各成员方对服务业所采取的诸多限制开放的措施，创造国际服务业公平竞争的大环境，提高服务质量，实现服务领域的资源有效配置。

（三）互惠互利原则

互惠互利原则，又称为权利与义务相平衡原则，或对等原则。互惠互利原则是指在国际经贸关系中，成员方之间相互给予对方贸易上的优惠待遇，做到互惠互利，不允许一方损害另一方的利益。

世贸组织的互惠互利原则，是多边互惠互利原则，即两个成员方所作的互惠安排对所有成员方都适用。互惠互利原则主要通过以下三种形式加以体现。

（1）“投之以桃，报之以李”的市场对等进入方式。通过举行多边贸易谈判，进行关税及非关税措施的削减，对等地向其他成员开放本国市场，以换取本国产品和服务进入其他成员市场的机会。

（2）要求申请方以开放商品和服务市场的方式。由于新成员可以享受所有老成员过去已经达成的开放市场的优惠待遇，所以，当一国或地区申请加入世贸组织时，作为老成员就会一致地要求新成员必须按照世贸组织先行协定和协议的规定缴纳“入门费”——开放商品和服务市场。

（3）互惠互利的贸易方式。在贸易自由化进程中，互惠贸易既是成员方进行多边贸易谈判和实现经贸合作的主要工具，也是自由贸易得以实现的重要基础。在权利与义务相平衡的基础上，通过“我为人人，人人为我”的互惠贸易方式，可以实现双赢。

总之，世贸组织管理的协议是以权利与义务的综合平衡为基础的，这种平衡是通过互惠互利的开放市场的承诺而获得的。互惠互利不单是多边贸易谈判的基本要求，也是建立世贸组织共同的行为准则和规范的基本要求。互惠互利原则的确立，有利于成员方在权利与义务相平衡的基础上开展进出口贸易，使成员方都能从中得到好处，有利于世界经贸的繁荣和发展。

（四）透明度原则

透明度原则，又称为贸易政策法规的透明度原则，是世贸组织的重要原则之一，它具有四个方面的含义：第一，各成员方应及时公布其所制定和实施的各项贸易政策和措施（包括法律、法规、行政规章、司法判决和行政裁决等）及其变化情况（如修改、增补和废除等），在其公布以前或没有公布的情况下，这些贸易政策和措施不得生效和实施。第二，应将这些贸易政策措施及其变化情况及时通知世贸组织。而且，成员方所参加的有关影响国际贸易政策的国际协议，也在公布和通知之列。第三，各成员方还应保证所公布与通知的贸易政策和措施在其境内得到统一、公正及合理的实施。第四，所有成员方的贸易政策都要定期接受审议。

透明度原则是世贸组织的重要原则，它体现在世贸组织的主要协定和协议中。贸易政策和措施的公布、通知、实施及审议等四个方面是该原则的主要内容。

1. 贸易政策和措施的公布

为了提供一种稳定的、可预见的贸易环境，有效监督成员方履行世贸组织义务的情况，世贸组织要求，每个成员方应承担公布和公开有关贸易政策措施及其变化情况的义务。这就使得成员方能够在透明和公开的规则下开展贸易活动，大家就可以知道什么该做，什么不该做，以及应该如何做。只有这样，才能实现世贸组织所追求的国际贸易的自由、公平和公正这一总体目标。如果一个成员方的权益受到其他成员方的侵害，该成员方可以根据已公开的贸易规则，维护自己的正当权益。

根据透明度原则，世贸组织成员需公布的有关贸易措施和规则包括以下十二个方面。

（1）海关法规。海关对产品的分类、估价方法的规则；海关对进出口货物征收的关税税率和其他费用。

（2）有关进出口管理的法规和行政规章制度。

（3）有关进出口商品征收国内税的法规和规章。

（4）有关进出口商品检验和检疫的法规和规章。

（5）有关进出口货物及其支付方面的外汇管理和对外汇管理的一般法规和规章。

（6）利用外资的立法及规章制度。

（7）有关知识产权保护的法规和规章。

（8）有关出口加工区、自由贸易区、边境贸易区、经济特区的法规和规章。

（9）有关服务贸易的法规和规章。

（10）有关仲裁的裁决规定。

（11）各成员政府及其机构所签订的有关影响贸易政策的现行双边与多边协定和协议。

（12）其他有关影响贸易行为的国内立法及行政规章。

在有关贸易政策和法规公布的时间方面，世贸组织规定各成员方应该迅速公布和公开有关贸易的法律、法规、政策、措施、司法判决和行政裁定，在公布之前不得生效。

个别协议还有特殊规定，如《实施卫生与植物卫生措施协定》与《技术性贸易壁垒协议》还要求，在起草有关技术法规与合格评定程序过程中，如果该有关法规及程序与现行国际标准不一致，或没有现行的国际标准，并将对国际贸易产生重大影响，该成员方应该留出一段合理的时间（一般为 45—60 天），以便其他成员能就有关法规和程序草案发表自己的意见。

除了公布有关贸易政策和措施之外，各成员方还应承担向其他成员方提供有关信息和咨询的义务。

在执行公布有关贸易措施的义务时也有例外情况。世贸组织并不要求成员方公开那些会妨碍法令的贯彻执行、会违背公共利益或者会损害某些企业正当商业利益的机密资料。

2. 贸易政策和措施的通知

世贸组织的通知要求比较复杂，成员方履行这些通知义务的工作量也相当大。为了指导成员方履行通知义务，保证成员方能够及时地获得有关成员方在贸易措施方面的信息，世贸组织相继规定了 100 多项有关通知的具体程序和规则，包括通知的项目、内容、期限和规格等。

在通知的期限方面，各项协议的规定不同。有的要求不定期通知，有的要求定期通知。不定期通知主要适用于法律、法规、政策、措施的更新等。例如，《技术性贸易壁垒协议》规定，只要成员方国内通过了新的技术法规和合格的评定程序，就应立即通知。定期通知又包括一次性通知和多次通知这两种情况。一种是一次性通知，在《建立世界贸易组织协定》对有关成员方生效时，该成员方应该一次性通知其国内有关装运前检验的法律和法规；《海关估价协议》规定，发展中成员方如果要推迟实施的协议，在加入时就应通知其意向。另一种是多次通知，有的协议要求半年通知一次，大部分协议则要求每年通知一次，如《农业协议》就规定，各成员方应每年通知其对国内生产者提供的补贴总量。

另外，为了监督有关成员方履行其义务的情况，其他成员方还可以进行“反向通知”。反向通知是指，其他成员方可将某成员方理应通知却没有通知的措施，向世贸组织予以通知。应该注意，世贸组织不要求成员方公布的信息，同样也不要求成员方向世贸组织予以通知。

3. 贸易政策和措施的实施

透明度原则规定各成员方应该公正、合理、统一地实施有关贸易的法规、条例、判决和决定。公正性和合理性要求，各成员方对贸易法规的实施应该遵守非歧视原则；统一性要求，在各成员方领土范围内，管理贸易的有关法规不应有差别待遇。

4. 贸易政策和措施的审议

为了提高成员方贸易政策的透明度，世贸组织专门设立了一个贸易政策审议机制。该机制要求，所有成员方的贸易政策都要定期接受审议。为了从一个特定侧面反映出被审议成员方履行世贸组织义务的情况，审议的内容一般为各成员最新的贸易政策。

总之，透明度原则是世贸组织的重要原则之一，它对公平贸易和竞争的实现起到了十分重要的作用。实施透明度原则的目的是保证贸易环境的稳定性和可预见性，使世贸组织成员方和贸易商及时获得其他成员方有关贸易政策和法规的信息，有效监督各成员方履行世贸组织义务的情况，保证公布与通知的贸易政策和措施在其境内得到统一、公正及合理的实施。

（五）公平竞争原则

公平竞争原则，又称为公平贸易原则，或者促进公平竞争与贸易原则。它是世贸组织主要针对出口贸易而规定的一项基本准则。

公平竞争原则的基本含义是，各成员方和出口贸易经营者都不得采取不公正的贸易手段进行国际贸易竞争或扭曲国际贸易竞争，尤其是不能采取倾销或补贴的方式向其他成员方销售产品。在理解公平竞争原则时，应该从两个方面加以把握：一是涉及对象，该原则涉及成员方在出口贸易中的政府行为，也涉及成员方在出口贸易中的企业行为；二是适用范围，其适用范围涵盖了货物贸易、服务贸易以及与贸易有关的知识产权等领域。

公平竞争原则包括：货物贸易领域的公平竞争原则、服务贸易领域的公平竞争原则、知识产权领域的公平竞争原则。

1. 货物贸易领域的公平竞争原则

在货物贸易领域，《1994 年关税与贸易总协定》《反倾销协议》《补贴与反补贴措施协议》《保障措施协议》《农业协议》等，都体现了公平竞争原则。

在《1994 年关税与贸易总协定》当中，公平竞争原则主要体现在以下三个方面。

（1）关税削减与关税约束。为了减少关税壁垒对其他成员方带来的不利竞争影响，要求成员方通过多边贸易谈判的方式，逐步降低进口关税并加以约束。

（2）取消数量限制，实施国民待遇。为了使其他成员方产品与本国产品处于平等的竞争地位，要求成员方逐步取消数量限制，实施国民待遇。

（3）实施最惠国待遇。为了确保来自不同成员方产品的公平竞争，要求成员方实施最惠国待遇。

为了抵销出口倾销和出口补贴对某一进口成员方相关产业造成的实质性损害，《反倾销协议》和《补贴与反补贴措施协议》允许进口成员方征收反倾销税和反补贴税。所谓倾销是指以低于正常价格和不合理的低廉价格向外出口本国商品；补贴是指出口商品在生产、制造、加工、买卖和输出过程中所接受的直接或间接的奖金和补贴，不管这种奖金和补贴是来自政府还是同业协会。

虽然倾销和补贴一直被认为是典型的不公平贸易行为，但是，世贸组织也反对成员方出于保护国内相关产业的目的，而滥用反倾销和反补贴措施。为此，《反倾销协议》和《补贴与反补贴措施协议》对成员方实施反倾销和反补贴措施，规定了严格的条件和程序，具体包括如何认定某一进口产品正在倾销和享有补贴，如何认定倾销和享有补贴的进口产品正在对进口国相关产业造成实质性损害，或构成实质性损害威胁，以及发起调查、收集信息、征收反倾销税或反补贴税等方面应遵循的程序。

为了避免进口激增对国内相关产业造成严重甚至不可挽回的损失，世贸组织允许进口成员方采用保障措施。保障措施指的是，当由于市场开放而使进口产品大量涌入，严重损害和冲击本国相关产业，造成失业增加、收入下降或国际支出出现困难时，成员方所采取的限制进口的保护性措施。

必须清楚，不恰当地实施保障措施很可能会对进口产品与本国产品之间的公平竞争形成过度限制。因此，为了防止某些成员方滥用保障措施，《保障措施协议》严格规定了成员方实施保障措施的条件和程序。

为了建立公平的、以市场为导向的农产品贸易体制，纠正和防止对世界农产品市场的限制和扭曲，《农业协议》要求各成员方，在一定的期限内逐步实质性地削减对农业的支持和保护，在市场准入、国内支持、出口竞争和实施动植物检验检疫措施等方面，遵守有关协议，鼓励公平竞争。

2. 服务贸易领域的公平竞争原则

在服务贸易领域，世贸组织鼓励各成员方通过相互开放服务贸易市场，逐步为外国的服务或服务提供者创造市场准入和公平竞争的机会。为了保证其他成员方的服务或服务提供者在本国市场上享有同等的待遇，进行公平竞争，不管有关服务部门是否列入服务贸易承诺表，《服务贸易总协定》都要求各成员方实施最惠国待遇。为了给其他成员方服务或服务提供者在本国市场上创造公平竞争的环境，《服务贸易总协定》要求成员方所提供的国民待遇和市场准入机会，不得低于服务贸易承诺表中所作出的承诺；为了确保服务提供者不滥用其垄断地位，《服务贸易总协定》要求成员方保证本国垄断和专营服务提供者的行为，必须符合最惠国待遇原则及该成员方在服务贸易承诺表中的具体承诺；为了防止服务提供者利用某些商业惯例抑制竞争，限制服务贸易，《服务贸易总协定》要求成员方在其他成员方的请求下进行磋商，交流信息，以最终取消这些商业惯例。

3. 知识产权领域的公平竞争原则

在知识产权领域，公平竞争原则主要体现为对知识产权的有效保护和反不正当竞争。在有效保护方面，《与贸易有关的知识产权协议》要求成员方应实施最惠国待遇和国民待遇，加强对本国国民与其他成员方国民知识产权的有效保护，防止含有知识产权的产品和品牌被仿造、假冒和盗版；在反不正当竞争方面，《与贸易有关的知识产权协议》专门对知识产权许可协议中限制竞争的行为作出了规定，以防止和减少某些限制竞争的知识产权许可活动、妨碍技术转让和传播的措施等对贸易产生负面的影响。

（六）给予发展中国家成员方优惠待遇原则

给予发展中国家成员方优惠待遇原则，又称为对发展中成员方优惠安排原则，或非互惠的原则。该原则是世贸组织关于发达成员方与发展中成员方之间国际贸易关系的一项基本原则。

给予发展中成员方优惠待遇原则的含义是，给予发展中成员方尤其是最不发达成员方履行义务的灵活性和特殊安排，努力确保发展中成员方尤其是最不发达成员方，在国际贸易增长中获得与其经济发展需要相当的份额。

发展中成员方有权享受的、来自发达成员方的特殊优惠待遇主要表现在以下六个方面。

（1）允许发展中成员方的关税总水平高于发达成员方。

（2）允许发展中成员方继续享受普遍优惠制，即享受发达成员方给予发展中成员方以“普遍性、非歧视性和非互惠性”为特点的关税优惠。

（3）发展中成员方的过渡期较长。在向世贸组织实施管理的贸易协定与协议的靠拢过程中，发展中成员方的过渡期可以长于发达成员方。

（4）允许发展中成员方在履行义务时有较强的灵活性。

（5）世贸组织为发展中成员方提供技术方面的援助。

（6）取消数量限制义务的例外。当发展中成员方在面临国际收支困难的情况下，可以实施数量限制的措施。

世贸组织高度重视对发展中国家的优惠安排问题，这一点在其协定和协议中都有所体现。

《1994 年关税与贸易总协定》中的授权条款是有利于发展中成员方的非互惠待遇的充分体现。它具体表现在：要求发达成员方按照普遍优惠制给予来自发展中成员方的产品以优惠关税待遇，并在多边贸易谈判所达成的非关税措施协议中，给予发展中成员方以差别和更优惠的待遇，而不能希望从发展中成员方谋取双边对等的互惠义务；给予最不发达国家特殊优惠待遇；鼓励工业化成员方在其贸易中把帮助发展中成员当作一种自觉的、有目的的行动；发展中成员如果出现国际收支严重不平衡或对外金融地位受到严重影响时，可以为了国际收支平衡的目的采取限制措施，并可采用简化的磋商程序。

《农业协议》规定：发达成员方应为发展中成员方有特殊利益的农产品提供更好的市场准入机会。发展中成员方可以用 10 年而不是 6 年的时间削减市场进入壁垒，削减比例是发达成员方的 2/3。

《与贸易有关的投资措施协议》规定：发展中成员方在一定条件下，可以暂时实施被禁止的与贸易有关的投资措施。自该协定生效之日起，发展中成员方有 5 年、最不发达成员方有 7 年的过渡期（发达成员方仅有 2 年过渡期），以取消当地成分要求、贸易平衡要求、外汇平衡要求、外汇管制、国内销售要求等 5 种与贸易有关的投资措施。

《反倾销协议》规定：在实施反倾销措施时，发达成员方应考虑发展中成员方的情况。如果反倾销措施会影响发展中成员方的根本利益，如该成员方主要依靠一种或几种出口产品时，那么在实施反倾销以前就应该考虑采用协议规定的建设性补救措施。

《补贴与反补贴措施协议》规定：各成员方应该认识到，补贴可以在发展中成员方的经济发展计划中发挥着重要作用。协议列出了最不发达成员方和部分其他发展中成员方无须取消的出口补贴，而且，发展中成员方有 8 年时间以取消没有列出的出口补贴。如果发展中成员方的补贴水平没有超过产品价值的 2%，那么针对其反补贴税的调查就应终止。协议列出的最不发达成员方和部分发展中成员方的这一标准为 3%。

《服务贸易总协定》规定：应允许发展中成员方根据国内服务业的实际发展情况决定是否开放和如何开发服务业，以及允许其对外开放后外国服务业大量进入造成损害时，采取保护措施。发达成员方应该努力促进发展中成员方更多地参与世界服务贸易，帮助他们扩大服务的出口，以提高服务贸易能力。

《与贸易有关的知识产权协议》规定：各成员方应该认识到，发展中成员方和最不发达成员方在国内实施法律和法规方面需要有较强的灵活性。各成员应在《建立世界贸易组织协定》生效 1 年内适用《与贸易有关的知识产权协议》的规定，其中，发展中成员方有 5 年、最不发达成员方有 10 年的过渡期。根据同意的条款和条件，发达成员方应提供有利于发展中成员方和最不发达成员方的技术和资金支持。

（七）公正、平等处理贸易争端原则

世贸组织争端解决机制，是从关贸总协定有关条款及其 40 多年争端解决的实践中发展而来的。与关贸总协定相比，世贸组织的争端解决机制更具强制性和约束力。

公正、平等处理贸易争端原则的含义是，在确保世贸组织规则有效实施为优先目标的前提下，按照世贸组织的争端解决方法与程序，公正、平等、迅速、有效地解决成员方之间的贸易争端。

该原则主要体现在世贸组织关于争端解决的基本法律文件——《关于争端解决规则与程序的谅解》之中。世贸组织的争端解决方法与程序包括：磋商；斡旋、调解与调停；专家小组审理；上诉机构程序；争端解决机构裁决的执行及其监督。

（八）针对国营贸易企业的原则

世贸组织对国营贸易企业的主要要求是，确保国营贸易企业的活动遵循透明度原则，在有关进口或出口的购买和销售的行为方面，应只以商业上的考虑（包括价格、质量、资源多少、推销难易、运输和其他购销条件）作为根据，并按照商业上的惯例为其他成员企业提供参与这种购买或销售的充分竞争机会；要求各成员方自愿进行谈判以限制或减少由国营贸易企业的活动而引起的任何贸易障碍。

该原则的主要目的在于：确保成员方在国营贸易企业与私营贸易企业所进行的贸易方面，享有相同水平的权利，承担相同水平的义务，也就是说要符合非歧视待遇的一般原则。

第五节　世贸组织的例外与免责规定

世贸组织要求成员方在享受权利的同时，还应切实履行其承担的各项义务。但在特殊情况下，世贸组织也允许成员方在承担义务方面有所变通，拥有一定的灵活度。世贸组织的例外与免责规定，就是这些变通与灵活度的具体体现。

一、例外规定

在一般的规定之外的规定，称为例外规定。世贸组织协定和协议中的例外规定，包括一般例外和安全例外。

《1994 年关税与贸易总协定》第 20 条、21 条专门为成员方实施总协定规定的一般例外情况作了规定。在所列举的一般例外情况下，成员方可采取与总协定其他条款所载明的义务相背离或不相符的措施，即成员方采取一般例外措施。只要这些措施不构成武断的或不合理的差别待遇，或不构成对国际贸易的变相限制，该成员方可不受世贸组织规则及该成员承诺的约束，即可免除成员方义务，但应遵守非歧视原则。一般例外具体体现在货物贸易领域与服务贸易领域。

（一）货物贸易领域的一般例外

《1994 年关税与贸易总协定》第 20 条具体规定了采取符合以下情况的一般例外措

施。一是为维护公共道德所必需的措施；二是为保护人类、动植物的生命或健康所必需的措施；三是有关输出或输入黄金或白银的措施；四是为了保证某些与本协定的规定并无抵触的法律或条例的贯彻执行所必需的措施；五是有关监狱劳动产品的措施；六是保护本国具有艺术、历史或考古价值的文物所采取的措施；七是与国内限制生产和消费的措施相配合，为有效保护可用竭的天然资源所采取的措施；八是为履行任何政府间商品协定项下所承担的义务而实施的措施，而且其他成员方对该商品协定不持异议；九是在国内原料的价格被压低到低于国际价格水平，作为在政府稳定计划的一部分的期间内，为了保证国内加工业获得基本的原料供给而采取的原料出口限制措施，但不得利用限制措施来增加这种国内工业的出口或者为其提供保护，也不得背离本协定的有关非歧视的规定；十是在供给短缺情况下，为了获取或分配产品所采取的措施，但其他成员方均有权在此类产品的供给中获得公平的份额，而且在实施条件不复存在时应停止这类措施。

（二）服务贸易领域的一般例外

《服务贸易总协定》第 14 条规定，在实施一般例外措施时，不应在情况相同的国家之间构成武断的或不公正的歧视，或对服务贸易进行隐含的、变相的限制。可以实施的一般例外措施具体包括以下内容。

（1）为保护公共道德或维护公共秩序所必需的措施。

（2）为保护人类、动植物的生命或健康所必需的措施。

（3）为服从与世贸组织规定不相抵触的法律和法规的需要所采取的措施。该措施包括防止欺诈和欺骗的习惯做法，处理服务合同的违约问题，保护个人隐私与有关的个人资料的处理与扩散，保护个人记录和账户的秘密，以及有关安全问题等方面的措施。

（三）安全例外

世贸组织除了沿用关贸总协定的安全例外，允许成员方在战争、外交关系恶化等紧急情况下，为保护国家安全而采取必要的行动，对其他相关成员方不履行世贸组织规定的义务。在保障国家安全方面，成员方可采取符合下列情况的行动。

（1）不向其他成员方提供那些公开后会使其基本安全利益遭受损害的任何资料。

（2）为保护国家基本安全利益所采取的行动。例如，有关直接或间接地为军事供应而提供的服务；提供有关裂变、聚变材料或者提供这些材料的原料；战时和国际关系处于其他紧急情况时所采取的行动；等等。

（3）根据联合国宪章为维持国际和平与安全而采取的行动。

二、免责规定

世贸组织协定和协议中的免责规定，包括紧急限制进口措施、保护幼稚产业措施、国际收支限制措施、有关承诺修改或撤回、义务豁免五个方面的内容。

（一）紧急限制进口措施

紧急限制进口措施又称保障措施。《1994 年关税与贸易总协定》第 19 条规定，世贸组织成员方在符合规定的紧急情况下，可暂停实施对有关进出口产品作出的关税减让和其他承诺。紧急情况是指，成员方实施关税减让和其他承诺的过程中，出现了作出减让和承诺时未能预见的情况，从而导致某产品进口大量增加，对本国相关产业造成严重损害或造成严重威胁。

保障措施一般要求在非歧视的基础上实施，即只针对产品而不论其来源。保障措施既可以采取提高关税的形式，也可以采取数量限制等非关税形式。保障措施的适用期一般是 4 年，经延长不得超过 8 年，发展中成员方不得超过 10 年。《保障措施协议》对保障措施实施的条件、程序等都作出了详细的规定。实施保障措施的成员方应与受影响的成员方谈判补偿问题，如谈判未达成协议，则受影响的成员方可以根据有关规定采取对等的报复性措施。

（二）保护幼稚产业措施

《1994 年关税与贸易总协定》第 18 条规定，允许成员方为促进建立某一特定产业而背离承诺，实施关税保护和数量限制措施，这就是所谓的“保护幼稚产业条款”。

建立某一特定产业的含义是指：建立一项新的产业；在现有产业中建立新的分支生产部门；现有产业的重大改建；只占国内供应相对较小份额的现有产业重大扩建；因战争或自然灾害而遭到破坏的产业重建。为促进建立某一产业，成员方可修改或撤回业已承诺的某些关税减让项目。成员方在通知世贸组织后，要立即与受影响的成员方谈判有关关税减让的项目。如果采取上述关税措施仍然无法达到促进建立某一产业的目的，世贸组织允许成员方采取非歧视性的数量限制措施，但应与受影响的成员方进行磋商。

（三）国际收支限制措施

国际收支限制措施指的是，世贸组织允许成员方因国际收支困难而终止关税减让和其他承诺。但成员方因国际收支困难而实施限制时，不得超出防止外汇储备严重下降所必需的程度。随着国际收支状况的改善，成员方应逐步放宽直至取消限制。国际收支限制措施，应在非歧视原则的基础上实施。对国际收支状况，世贸组织将依据国际货币基金组织的结论加以认定。

《服务贸易总协定》也允许成员方在国际收支恶化的情况下，对业已承诺开放的某些贸易部门采取限制措施，或对与该服务贸易有关的支付和转移实施限制。世贸组织专门成立了国际收支限制委员会，监督有关成员方实施国际收支限制措施的运作情况，并组织有关成员方进行磋商。

（四）有关承诺修改或撤回

《1994 年关税与贸易总协定》第 28 条规定，每隔 3 年，成员方可就修改或撤回已经作出的进口产品关税减让承诺进行谈判。在特殊情况下，可经世贸组织批准，随时进行此类谈判。拟修改或收回关税减让承诺的成员方，需与受影响的成员方进行协商以达成协议；如果不能达成协议，仍然可以修改或撤回关税减让承诺，但受影响的成员方有权在6个月内对等地撤回关税减让承诺。

（五）义务豁免

义务豁免，即成员方可根据豁免条款，申请免除某项或某些义务。申请豁免的程序如下。

第一，申请豁免，必须说明义务豁免要达到的目的，以及用尽了符合世贸组织规定的措施仍不能达到此目的之原因。

第二，豁免申请必须向世贸组织有关理事会提出，有关理事会在 90 天内进行讨论，并提交部长级会议作出决定。

第三，部长级会议如果不能一致同意豁免申请，则需经过投票，3/4 多数通过方可批准豁免申请；如果部长级会议同意申请并作出决定，要说明给予豁免的理由、所存在的特殊情况、给予豁免的条件以及终止豁免的日期等；对于期限 1 年以上豁免事项，部长级会议要进行年度审议。

综上所述，世贸组织的例外（安全例外除外）与免责的运行机制具有三个特点：一是批准程序严格；二是需要与有关成员方磋商；三是应遵守非歧视原则。

第六节　中国与世贸组织

一、中国的"复关"与"入世"

关贸总协定是世界上建立的第一个准国际贸易体系，它同国际货币基金组织和世界银行并称为调节世界经贸关系的三大支柱，对世界经济贸易的发展无疑起着极其重要的作用。

众所周知，中国本来是关贸总协定 23 个创始缔约国之一。1947 年，当时的中国政府签署了《临时议定书》。但在 1950 年 3 月，由于台湾当局擅自以"中华民国"的名义宣布退出关贸总协定，中国在关贸总协定中缔约国的地位也就失去了。在随后的 36 年间，由于受当时国内外政治、经济环境的制约，中国始终没能及时提出恢复在关贸总协定中的缔约国地位，占世界人口 1/5 的中国也就不得不"游离"于"关外"了。

随着中国 1978 年实行改革开放政策取得巨大经济成就，其经济与世界经济联系日益紧密。在进入 20 世纪 80 年代后，中国顺应对内改革、对外开放、发展社会生产力和建立完善完备的市场经济体制的需要，于 1986 年作出申请恢复我国在关贸总协定缔约方地位的决定。1986 年 7 月 10 日，中国正式向关贸总协定提交恢复缔约方地位的申请；1987 年 3 月，关贸总协定成立"中国工作组"。至此，中国"复关"谈判拉开了序幕，开始了为期 10 年的艰苦谈判。中国的"复关"之路可谓风云变幻，一波三折。虽然中国为此作出了不懈的努力，但由于主要发达国家的阻挠，"复关"目标未能实现。

世贸组织于 1995 年 1 月 1 日取代关贸总协定正式开始运作，总部设在日内瓦莱蒙湖畔的关贸总协定总部大楼内。1995 年 11 月，中国"复关"谈判便转为加入世贸组织谈判，简称“入世”谈判。中国的“入世”谈判是“复关”谈判的延续。1996 年 1 月 1 日，世贸组织正式取代关贸总协定，关贸总协定于世贸组织成立一年之后才彻底退出了历史舞台。

2001 年 11 月 10 日，在卡塔尔首都多哈举行的世贸组织第四届部长会议上，全体成员以协商一致的方式，审议通过了中国加入世贸组织的决定。2001 年 12 月 11 日，中国正式成为世贸组织的成员。

从“复关”到“入世”，经过 15 年的艰苦努力，中国终于成为世贸组织第 143 个成员。中国终于有了享受与其他世贸组织成员同等待遇的权利，有助于中国商品进入国际市场。这是我国改革开放进程中一个具有里程碑意义的事件。

二、中国加入世贸组织后的主要权利

世贸组织作为一个多边贸易组织，其各成员必须遵守世贸组织达成的规则，作出加入世贸组织的承诺，承担世贸组织相应的义务。但与此同时，世贸组织成员也会相应地取得世贸组织赋予的权利。但由于各个成员之间的经济发展水平、技术水平、资源状况存在着一定的差距，因此，要让每个成员取得相同的权利是不可能的。中国作为发展中国家应享有与其地位相适应的权利。

作为发展中国家的标准是什么呢？世贸组织给出了解释，将那些没有完成工业化而正处于发展阶段的国家称为发展中国家。从世贸组织的协定、协议分析，世贸组织中的发展中国家成员基本上可分为三大类。

第一大类是最不发达国家和地区，其判断依据是联合国认定的最不发达国家和地区。按 1995 年世界银行标准，指的是年人均国民生产总值为 765 美元及其以下的国家。

第二大类是年人均国民生产总值低于 1000 美元的国家，世贸组织曾列举过这类国家，主要指喀麦隆、埃及、加纳、印度、印度尼西亚、巴基斯坦、菲律宾和津巴布韦等。

第三大类是其他发展中国家成员，即不属于上述的第一、二类的发展中国家成员。

但是，世贸组织没对这类成员，也没对发达国家成员作出明确的判断标准。这对一些协定、协议的执行带来了不确定因素。例如，1993 年 5 月国际货币基金组织公布了其根据购买力评价法重新估算的结果，即 1990 年中国人均国民生产总值 1300 美元，GDP14 740 亿美元，在总量上仅次于美国和日本，排名世界第三。这个令人震惊的结论引起了国际社会的强烈反响，因此美国等多个国家就中国加入世贸组织的谈判中，一直不同意中国以发展中国家成员的身份加入，而是以发达国家成员的身份加入，但是实际上我国不具有发达国家成员的特征，同时以这样的身份加入也意味着失去很多权利，因此中国坚决不同意以发达国家成员的身份加入，使中国在一段时间内“入世”谈判进展缓慢。

中国的发展中国家地位一向为世人所公认。正如 1993 年世界银行在《全球经济展望》报告中指出：“按人均国民生产总值计算，中国仍处于经济发展的初级阶段。”中国在国际货币基金组织和世界银行中均享受低收入发展中国家的待遇，并且是多边和双边发展援助的受益国，同时是国际开发协会优惠资金的借款国。因此无论从哪个角度来讲，中国都完全具备发展中国家的特征，也应该享受与其地位相适应的权利。

（一）享受世贸组织属下的各项多边协定规定的权利及发展中国家的权利

世贸组织对发展中国家成员规定了很多“例外”或优惠安排，给予发展中国家一定的缓冲时间，来适应世贸组织的规则。我国作为发展中国家成员享有的优惠和“例外”，总体上包括以下内容：承担较低水平的义务；允许有较长的时间履行义务，或实行较长的过渡期安排；发达国家成员尽最大努力对发展中国家成员全面单方面开放其货物和服务市场；提供技术援助和培训人力资源。世贸组织对发展中国家成员的优惠体现在以下的协议中。

（1）《建立世界贸易组织协定》。该协定规定了优惠安排，并专门设立了“贸易与发展委员会”等专门机构为发展中国家提供服务。

（2）《关于为国际收支目的所采取的贸易措施宣言》。《关于为国际收支目的所采取的贸易措施宣言》作出了差别及更优惠对待发展中国家的规定。关贸总协定中的有关条款还规定，发展中成员为预防货币储备严重下降的威胁，或货币不足的成员方为使其储备合理增长，可以为国际收支平衡目的采取进口限制而实行简化的磋商程序，即规定当国际收支困难而实施进口限制时，可履行较低水平的义务。

（3）《保障措施协议》。规定实施保障措施时，发展中国家成员的实施期限最高可达10年，而发达国家一般为4年。

（4）《反倾销协议》。第15条规定：“根据本协议在考虑适用反倾销措施时，发达国家对发展中国家的特殊情况必须给予特别的考虑。反倾销税可能会对发展中国家的根本利益带来影响，因此，在适用反倾销税之前，应尽可能采取本协议规定的建设性补救措施。”规范了发达国家的反倾销义务，有利于发展中国家的出口贸易。

（5）《补贴与反补贴措施协议》。第 14 条规定：补贴是发展中国家经济发展规划的组成部分；发展中缔约方可以采取扶持本国工业（包括出口部门）的措施和政策；发展中国家政府对其经济的干预（如政府对企业的资助、财政鼓励，政府提供资助或提供营运性或支持性的劳务或便利条件）在本质上不应视为补贴，规定了发展中国家成员在补贴与反补贴方面的优惠。

（6）《与贸易有关的投资措施协议》。该协议规定发达国家过渡期为2年，发展中国家为5年，最不发达国家为7年。最不发达国家过渡期满后，经申请还可适当延长过渡期。

（7）《进口许可协议》。该协议表明，发展中国家可延期2年使用进口许可程序中有关自动许可证的规定。

（8）《海关估价协议》。专门对发展中国家规定执行《海关估价协议》的过渡期为5年，2000年后可酌情考虑延长过渡期。

（9）《技术性贸易壁垒协议》。该协议第12条规定：“发展中国家可按照它们的技术和社会经济的特殊情况采取某些技术条例和标准（包括检验方法）”，而“不必采用不适合它们发展、财政和贸易需要的国际标准作为它们自己的技术条例或标准的基础”。

（10）《实施卫生与植物卫生措施协定》。该协议规定，各成员在准备和实施动植物卫生检疫措施时，应考虑到发展中国家成员，特别是最不发达国家成员的特殊需要。

(11)《农业协议》。该协议规定在履行减让协议等方面，给予发展中国家一系列优惠安排。

(12)《服务贸易总协定》。该协定规定对发展中国家给予开放服务市场的优惠安排。

(13)《与贸易有关的知识产权协议》。该协议规定允许发展中国家有较长的过渡期。

(14)《装运前检验协议》、《关于争端解决规则与程序的谅解》、《贸易政策审议机制》等。上述文件等均规定了发展中国家和最不发达国家成员的低水平减让义务。

(15)《关于为发展目的所采取的保障措施》。该文件把发展中国家所能采取的行动的适用范围从最初限定于特定工业的建立，扩展至拓展新的生产体系或对现有生产体系进行改造或扩大，以根据其经济发展的优先事项实现对资源的更充分和更有效利用。另外，在经济发展计划和政策实施中的困难，也可能成为发展中国家采取与之在关贸总协定下所应承担的义务相抵触的行动的理由。

(16)《关于通知、协商、争议解决和监督的协议》。该协议规定在协议所涉及的事项方面，发达的缔约方应对欠发达缔约方的具体困难和利益予以特别的注意，并对欠发达国家提供技术援助。

（二）享有多边的、无条件的和稳定的最惠国待遇

最惠国待遇，是国际经济贸易关系中常用的一项制度，又可称为“无歧视待遇”。它通常是指缔约国双方在通商、航海、关税、公民法律地位等方面相互给予的不低于现时或将来给予任何第三国的优惠、特权或豁免待遇。《1994 年关税与贸易总协定》第 1 条第 1 款规定：“一个成员对来自或运往其他国家的产品所给予的利益、待遇、特权或豁免，应当立即无条件地给予来自或运往所有其他成员方的相同产品。”

最惠国待遇最早产生于自由贸易原则，即各国在世界市场上享有平等的、不受歧视的贸易机会。它是用来作为对付重商主义保护关税政策的一种手段。尤其是许多发展中国家要求发达国家对所有发展中国家的出口商品实行单方面的、普遍的关税减免，即实行关税普遍优惠制。

在“入世”前，中国只能通过双边贸易协定在某些国家获得最惠国待遇，而这种双边的最惠国待遇是非常不稳定的，容易受到双边政治关系、经济等其他方面的影响。比如，自 1980 年美国政府给予中国“最惠国待遇”之后，美国根据其国内的《1974 年贸易法》第 402 节规定，美国政府每年都要审查非市场经济国家的移民政策，根据该国移民政策的实施情况，决定是否对该国终止或延长最惠国待遇，其国会每年就根据这一条审议是否延长对中国的“特殊”待遇。尤其是 1989 年以后，美国国会每年将是否延长对华最惠国待遇问题同人权、宗教、留学生政策、贸易逆差、知识产权保护等问题挂钩，对中国进行政治要挟。尽管克林顿政府从 1994 年起宣布将对华最惠国待遇问题与人权问题脱钩，但仍未从根本上改变对中国最惠国待遇一年一审的制度。可见这种双边最惠国待遇是不稳定的，而且是带有歧视性的、是不平等的。

中国“入世”后，美国等国再在最惠国待遇问题上对中国发难就不仅仅是国与国之

间的双边问题，而是破坏多边贸易体制的问题。现在，中国可以在世贸组织规定的产品和服务及知识产权等方面同其他所有的成员一样享受多边的、无条件的、永久的、稳定的最惠国待遇以及国民待遇，这将使中国的产品在最大范围内享受有利的竞争条件，从而促进出口的发展。

（三）享有普惠制待遇及其他给予发展中国家的特殊照顾

普惠制，即**普遍优惠制**（Generalized System of Preferences，GSP），是一种关税制度，是发达国家（给惠国）对从发展中国家（受惠国）进口某些适合的产品时在最惠国税率基础上给予进一步减税或全部免税的优惠待遇，普惠制下的出口产品关税比最惠国税率还要低约 1/3，是根据关贸总协定的第四部分、东京回合的“授权条款”以及乌拉圭回合有关规则对发展中国家出口的制成品和半制成品所给予的单方面减免关税的特殊优惠待遇。

作为发展中国家，中国“入世”初期已得到英国、法国、德国等 40 个国家实行的普惠制待遇，使中国对大多数发达国家出口的工业品及半制成品享受普惠制待遇，而且“入世”使中国在更大范围内和更大程度上享受到此类优惠。然在“入世”前，一些给惠国给中国商品的受惠程度较低。例如，作为最大给惠国的美国，按其国内法的要求，一个非市场经济国家必须同时成为国际货币基金组织和关贸总协定缔约方，美国方能给予该国普惠制待遇。因此，在“入世”前，美国一直没有给予中国普惠制待遇。“入世”后，中国原本有望获得美国所给予的普惠制待遇，但直至 2021 年 5 月，美国也未给予中国普惠制待遇。给予中国出口的制成品、半制成品普惠制待遇，对中国扩大出口、提高出口效益都有一定好处。

“入世”后的事实表明，普惠制使我国受益匪浅。但是普惠制的利用在我国还很不平衡，我国普惠制项下的出口商品尚有 50%未利用普惠制。在当前国际贸易保护主义盛行、非关税壁垒愈演愈烈的形势下，企业应更好地利用普惠制。

除普惠制这种最重要的优惠外，在世贸组织所管理的多边协议中都规定了对发展中国家成员的某些特殊优惠，这些优惠都是单方面给予的，发展中国家成员不用作出对等的回报。在世贸组织的许多协议中都有“发展中国家成员”的提法，并且有的条款是专门为“发展中国家成员”制定的，特别规定了对发展中国家成员的特殊优惠，享受发展中国家成员的大多数优惠或过渡期安排。在关贸总协定体制中，东京回合为发展中国家的优惠待遇及发展中国家之间的优惠待遇提供了一个永久性的法律基础，此外还达成了约束有关非关税壁垒的守则。具体表现在，这些守则都包括了向发展中国家提供特殊的差别待遇的条款，发展中国家执行守则遇到困难时应向其提供技术援助，允许发展中国家在适用这些守则时有一个更为宽松的时间间隔，以及在程序上有更大的灵活性和对某些规则的例外。

（四）充分利用争端解决机制

随着国际社会经济贸易的不断发展，国际经贸领域的贸易战也日渐频繁。争端解决机制已经成为新的多边贸易体制的中心问题。如何解决经贸领域所出现的贸易纠纷，自世贸组织成立以来，争端解决机制发挥着越来越重要的作用。在世贸组织东京回合谈判中，制定了《关于争端解决规则与程序的谅解书》，就世贸组织争端解决机制作出了明确而具体的规定。

人们普遍认为，争端解决机制的一个主要作用，是能够确保经济弱国对经济强国的不公平贸易行为加以抗衡，这当然包括发展中国家可以利用这一机制解决与发达国家的贸易争端。

随着中国对外开放程度的日益深化，各种经济贸易上的纠纷也会逐渐增多。自1979 年第一次遭到欧共体指控到中国"入世"前，中国企业被外国提起反倾销指控就多达 400 余起，是世界上遭受反倾销指控最多的国家，给我国出口造成的直接损失超过100 亿美元。由于我国不是世贸组织成员，发达国家往往利用国内的、单边的，甚至过时的法律条款，而无须遵守对关贸总协定及世贸组织相关协议的承诺，也无须遵守世贸组织对发展中成员克制行事的相关规定，对中国实行歧视待遇，如美国、欧盟等均以中国为"非市场经济国家"为理由，在反倾销案的处理中专横地以它们主观选定的"替代国"价格或生产成本作为测算中国出口产品倾销率的依据，而完全无视中国向市场经济体制转轨的过程业已基本完成这一事实。这种歧视性待遇，使我国劳动密集型产品成本低廉的优势得不到应有的发挥，阻碍了出口的发展。

在中国"入世"前，这类问题无法通过世贸组织争端解决机制解决，只能通过双边谈判来解决而不能走比较公正的、多边的贸易争端解决程序。中国"入世"后，就可以通过世贸组织特设的贸易争端解决机制和程序，享受世贸组织成员利用各项规则、采取例外、保证措施等促进本国经贸发展的权利，充分运用有关世贸组织赋予我们的权利和手段，按照我国的相关法律、法规的规定，迫使当事国取消或修正不公正、不适当的保护措施，并通过艰苦、细致的工作，维护自己的正当权益。只有这样才能为我国对外贸易的发展创造有利、公平的国际贸易环境，也才能比较公平地解决贸易争端、维护我国的贸易利益。

但是我们也要看到在解决贸易争端时，在应对反倾销、反补贴投诉时，某些发达国家滥用世贸组织的反倾销条款，或干脆绕过世贸组织对发展中国家直接采取措施。例如，从欧盟出台的 CR 法规①、美国 201 钢铁保障措施案②之中，均可感受到重重壁垒和种种歧视的存在。对于这种违反世贸组织规则或虽未违反世贸组织规则，但由于该措施的实施在事实上损害或取消了我国根据世贸组织规则在贸易活动中可期待得到的利益，我国政府可以通过启动世贸组织争端解决机制，迫使该国取消或修正该措施，或者得到世贸组织争端解决机构的授权，实施取消对该国的减让等报复手段。例如，中国政府通过世贸组织争端解决机制解决中美钢铁贸易争端，就美国"201 钢铁保障措施"要求世贸组织设立专家组，这是中国加入世贸组织后第一次运用多边机制来解决贸易争端。

① CR 法规草案的核心内容是，规定进口价在两欧元以下的打火机必须设有防止儿童开启装置即带安全锁。

② 是对进口钢铁实施的保障措施，即美国国际贸易委员会根据 201 条款来实施调查，并将调查报告送交美国总统，由美国总统裁定采取保障措施。201 是指 1974 年美国贸易法第 201 条，是美国实施保障措施的国内法律。

（五）世贸组织的非歧视原则为我国获得公平的国际贸易环境提供了法律依据

世贸组织的非歧视原则作为世贸组织内成员之间解决贸易争端的基本依据已被广泛接受，非歧视原则是贯穿世贸组织诸协定的指导原则，它所包括的最惠国待遇原则和国民待遇原则是构成这个多边贸易体制的基础。对世贸组织非歧视原则的理解与适用，应当从它所要达到的保护公平竞争这一根本目的出发。

但是，长期以来，由于中国不是世贸组织成员，一些主要贸易大国都不同程度地对中国实行了一些歧视性的不公平贸易措施，因此影响了中国的外贸出口。比如，欧美一些国家根据国内贸易法等国内法律而不是世贸组织反倾销原则就可以对中国出口产品发动反倾销调查，而在反倾销诉讼中又往往歧视性地视中国为“非市场经济国家”。况且，所谓给予中国的“最惠国待遇”严格来说与“优惠”毫无关系，更确切的名称应当是“不歧视待遇”，即通过双边谈判终止对中国的贸易的歧视性政策。

一个国家的国会每年对某一特定国家的政治、经济、贸易、社会情况进行审核、辩论，这种行为本身就是最大的歧视，更何况歧视的对象是拥有全世界 1/5 的人口，同时又是个世界少有的文化、军事大国。该政策的必然结果是，阻碍了两国之间的正常交往。但是由于中国当时不是世贸组织成员，没有相关法律保护，因此在解决这类歧视性问题或解决贸易争端时处于不利的地位。中国成为世贸组织成员后，因非歧视原则的约束，上述问题就会极大地减少，解决贸易问题时也就有了法律依据。

（六）获得在多边贸易体制中“参政议政”的权利

世贸组织的各项协议和协定覆盖了世界经济贸易的众多领域，这些协议和协定对国际经济的发展产生了重要的影响，因此世贸组织也被称为“经济联合国”。世贸组织成员之间的贸易额占世界贸易总额的 90%，中国与世贸组织成员间的贸易额也占我国对外贸易的 90%。可以这样说，世贸组织的贸易规则就是全球的贸易规则。因此，这个贸易规则对中国的对外贸易产生着重要的影响。

世贸组织作为一个发展中国家维护自身利益的场所，在世贸组织内，发展中国家可以充分行使自己的否决权，阻止少数发达国家强行推行一些不符合发展中国家利益的协议或规则，使多边贸易体制公平、公正地保护包括发展中国家在内的所有成员的共同利益并使其发展不至于被少数成员操纵或控制。

在“入世”前中国在这一组织中以观察员身份参加，只有表态权，没有表决权，因此影响力很小。在“入世”后，中国作为世贸组织的成员，可参加多边贸易体制的活动，获得在多边贸易体制中“参政议政”的权利，直接参与国际经贸规则的制定，充分发挥中国在国际经济贸易活动中的重要作用，维护中国在世界贸易中的地位和合法权益，分享世界经济贸易发展带来的好处。

中国还可以利用世贸组织的讲台，宣传中国改革开放政策，积极发展和世界各国的经济合作、贸易和技术交流，还能得到世贸组织汇集的世界各国经济贸易的信息资料。此外，中国还可利用世贸组织的基本原则，享有采取例外与保障措施的权利。

中国正在实施“走出去”的宏伟战略，今后将会有越来越多的企业走出国门，走向世界大舞台，不管它们走到世界哪个角落，只要属于世贸组织的管辖范围，这些国家或地区的政府或相关组织就有义务以国际贸易规则对待我国的企业，不能对我国企业采取任何歧视性的做法。

中国将本着负责任的态度，履行世贸组织的各项协定规定的要求及中国的承诺，享有世贸组织赋予的权利，同时履行与本身相适应的义务，使中国在世界经济发展中作出更大的贡献。

三、中国加入世贸组织后的基本义务

中国作为世贸组织成员，“入世”给我国经济和社会带来了诸多好处，享受了世贸组织各项多边协定规定的权利。但是同时，也应依世贸组织规则承担作为发展中国家应承担的义务，这些义务就是中国作为世贸组织成员作出的承诺。

根据世贸组织的基本原则，中国作为发展中国家的一员承诺，中国将平等地对待每一个世贸组织成员。中国将完全按照世贸组织的相关协定以统一有效的方式修改或废止一批与世贸组织规则不符的法律、法规。同时，一批新的法律、法规，相关的配套措施也应相继出台，其中 2002 年起《反倾销条例》《反补贴条例》《保障措施条例》已开始施行，以满足世贸组织相关规则的要求。中国“入世”后 3 年，除极少数例外，所有企业将有进出口商品以及在关税领土内进行贸易的权利。中国不再对农产品保持或给予任何出口补贴。

中国作为发展中国家的一员，同时结合中国实际国情，作出庄严承诺，主要承担的义务表现在以下方面：开放服务业市场、扩大知识产权的保护范围、放宽和完善外资政策、增加贸易政策的透明度等。

（一）货物贸易领域的开放承诺

（1）关税、非关税措施和出口补贴。《1994 年关税与贸易总协定》第 28 条附加第 1 款规定：各成员方“在互惠互利基础上进行谈判，以大幅度降低关税和进出口其他费用的一般水平，特别是降低那些使少量进口都受阻碍的高关税”。

中国本来是实行贸易管制的国家，当然除关税外，也采取了种种非关税措施，因此在“复关”和“入世”谈判中主要议题之一就是要求中国削减如进口许可证、配额以及外汇管制、技术检验标准等非关税措施。这些非关税措施和关税一起被纳入市场准入的谈判，在市场准入的谈判中达成的任何协议都将按世贸组织的最惠国待遇原则，同等给予一切成员方。

根据中国加入世贸组织的承诺，我国将从 2002 年 1 月 1 日起开始履行“入世”关税减让义务，当年关税总水平将由现行的 15.3%降至 12%左右，工业品的平均税率由 14.7%降低到 11.3%，农产品（不包括水产品）的平均税率由 18.8%降低到 15.8%；到 2005 年，我国关税总水平将减至 10%以下。

在非关税措施方面，按照加入世贸组织的承诺，中国自 2002 年 1 月 1 日起取消了粮食、羊毛、棉花等产品的配额许可证管理。我国在诸如倾销与反倾销、进口配额、出口补贴、各种许可权等方面都作出了逐步减让的承诺，在 5 年内取消所有配额和数量限制，取消所有出口补贴。除了很少例外，大部分非关税措施将在 2—3 年内取消。到 2005 年，我国关税税率结构将发生显著变化，税率高峰将大幅度削减，税率高于 25% 的税目将比原来减少 50%，税率高于 25%的税目仅占不到总税目的 5%；税目之间的差别明显趋于平缓；98%的税目达到承诺的约束水平。

（2）农业。分阶段降低进口农产品平均关税，使之削减至 14.5%～15%。农业领域实行以市场为导向的改革，与这一改革进程相结合，中国在与成员的双边谈判中承诺，自加入时起，即取消一些产品的关税配额，实行单一关税，但对小麦、大米、玉米、棉花、植物油、天然橡胶等重要农产品执行关税配额制度，到 2006 年后取消配额。同时进口配额不能由国有企业垄断，而要逐步分给私营企业使用。部分开放大宗农产品进口经营权，取消对农产品的补贴，允许外资进入农业服务领域。

（3）汽车。进口汽车关税从 2002 年开始到 2006 年 7 月 1 日从原来的 80%～100% 减到25%，其中2003年关税降低的幅度最大；进口配额许可证到2005年取消。“入世”后国外非金融机构可以在中国开展汽车金融服务。

（4）纺织。中国加入世贸组织后，对投资领域将逐步放开，取消许可证等非关税措施，中国将成为《纺织品与服装协议》成员，根据规定，对发展中国家成员的纺织品配额保留至 2005 年，但美国对中国仍保留 4 年，即在 2009 年前保留中国输入美国的纺织品配额以及为了防止低价倾销而采取的反倾销手段。此时，中国可提请多边争端解决机制来解决其发生的争端。

（二）开放服务业市场

乌拉圭回合谈成的《服务贸易总协定》，要求各成员逐步开放服务市场，即在同样的无歧视和无条件的最惠国待遇、国民待遇、透明度和逐步地降低贸易壁垒基础上，通过分阶段谈判，逐步开放本国服务市场，以促进服务及服务提供者间的竞争，减少服务贸易及投资的扭曲，其承诺涉及金融、电信、分销、旅游、教育、运输、医疗与保健、建筑、环境、娱乐等。世贸组织统计的服务行业多达 150 多种，都属于开放范围。对于中国来说，应有选择地、逐步地、有范围地开放一些服务业，引进竞争机制，提高中国服务业的质量，并推动服务业的出口。

（1）银行。根据世贸组织有关协议，我国将逐步取消对外资银行的限制。正式加入后，取消外资银行办理外汇业务的地域和客户限制，外资银行可以对中资企业和中国居民开办外汇业务。逐步取消外资银行经营人民币业务的地域限制；加入后 5 年内，取消所有地域限制。逐步取消人民币业务客户对象限制；加入后 2 年内，允许外资银行对中国企业办理人民币业务；加入后 5 年内，允许外资银行对所有中国客户提供服务。允许外资银行设立同城营业网点，审批条件与中资银行相同；加入后 5 年内，取消所有的对外资银行所有权、经营和设立形式，包括对分支机构和许可证发放进行限制的非审慎性措施。允许外资金融租赁公司与中国公司在相同的时间提供金融租赁服务。

（2）保险。外国保险公司可以来华建立其非寿险子公司或者合资公司，“入世” 5 年后，将允许外商建立全资的外资子公司。

（3）证券。少数合资公司可以在中国国内从事证券发行业务和以外币计价的证券交易，包括债券和股票。少数合资证券公司可与中国公司一样从事基金管理业务；中国公司的新增业务，外国公司同样可以发展。合资基金管理公司最初成立时，外资可拥有33%的股权，3 年后可增长到 49%。从事承销业务的证券公司，股权限定在 33%。

（4）电信。外国电信公司可在合资公司拥有 49%的股份，经营一年后可增加到 50%。外国公司还可以参与移动通信和数据服务、国内及国际基础电信服务、快递服务及卫星通信等业务，同时还可以提供增值电信服务。

（5）分销权。外商具有全面的贸易权和分销权，即外商可以不通过中国的中间商直接从事进出口贸易，并且可提供分销、批发、售后服务、维修、保养、运输等与市场营销等全程服务。

中国加入世贸组织前后，中国政府根据所作出的承诺，在一些重要的服务贸易部门颁布了新的审批外资进入中国的法规和条例，包括《外国律师事务所驻华代表机构管理条例》《外商投资电信企业管理规定》《外资金融机构管理条例》《外资保险公司管理条例》《国际海运条例》《中外合作音像制品分销企业管理办法》《国务院关于修改〈旅行社管理条例〉的决定》等。

对于以上的法规，中国政府各部门还将根据需要制定具体的实施细则，以便使这些法规更具操作性。

（三）扩大知识产权的保护范围

世贸组织实施管理的《与贸易有关的知识产权协议》要求各成员方扩大对知识产权的保护范围。发达国家在先进科技工艺专利、名牌商标、科技文化著作及计算机软件等方面拥有较强优势，增强知识产权保护无疑是符合他们的愿望的。中国作为发展中国家在知识产权管理方面和法规的执行、行政管理方面与发达国家尚有一段距离。1991 年和 1995 年，中美有关“特殊 301 条款”的谈判，就专门讨论了对知识产权扩大保护范围的问题，最后以双方谈判协商收尾。中国“入世”对知识产权扩大保护范围以后（如扩大到对化工产品、药品、计算机软件等），将使中国有关企业必须通过支付专利许可证费用来合法地购买西方发达国家的专利，政府也将严惩任何有损国家和企业名誉的侵权行为，如假冒别国注册商标的行为将受到法律处理，如果情节严重，则根据刑法的有关规定，直接责任人将被追究刑事责任。

我国已于 2000 年左右完成了对《专利法》《专利法实施细则》《商标法》《著作权法》《计算机软件保护条例》等法规的修改，制定了《集成电路布图设计保护条例》，并完成了《商标法实施细则》《著作权法实施细则》《药品管理法实施办法》的修改工作。这些法规的修改完成，使得我国在知识产权保护的立法方面逐步符合《与贸易有关的知识产权协议》的要求。

（四）放宽和完善外资政策

世贸组织实施管理的《与贸易有关的投资措施协议》与我国引进外资工作有密切的关系。中国自改革开放以来已颁布了有关引进外资的各种条例和法律，对外资引进实行各种鼓励和优惠。这些鼓励和优惠不是特定给予某一国家或地区的，而是对一切外国投资者的无差别待遇，这是符合世贸组织非歧视待遇原则的。但中国引进外资法规还不够完善，特别是在给予外国投资者“国民待遇”方面：一方面，在税收等重要项目上给予外国投资者超国民待遇，使国内企业遭受不平等竞争；另一方面，在若干国内收费上实行双重作价，造成外商对此有抱怨情绪。入世后在这方面的政策应作出重大调整，允许外商投资的范围进一步扩大，“硬件”和“软件”环境也将进一步改善。特别是随着服务业市场的对外开放和人民币汇率体制改革后，修改外资“三大基本法”的工作就提上了议事日程。

中国立法机构已经对《中外合资经营企业法》《中外合作经营企业法》《外资企业法》这三个关于外商直接投资的基本法律及实施细则进行了修订，修订内容包括外汇平衡条款、“当地含量”条款、出口业绩要求和企业生产计划备案条款等。税制改革也已统一了内外资企业的流转税制，取消了对外商投资企业的高收费，废除了对外籍人员购买飞机票、车票、船票、门票、公共设施的双重收费标准。根据我国加入世贸组织的承诺，新的《外商投资产业指导目录》和汽车产业政策已经公布。

（五）增加贸易政策的透明度

世贸组织要求各成员的贸易制度和政策尽可能透明和公开，并将这些政策和做法通知世贸组织，以保障成员之间贸易活动的可预见性。此外，世贸组织还要求成员方经常提供国内经济贸易情况的报告，并定期接受审议。世贸组织建立了对各成员方贸易制度定期审查和通报的制度。

加入世贸组织之后，中央政府首先彻底清理了现行的各种政策法规，该废止的要废止，与世贸组织规则相悖的要修改，凡需要实施的都必须在指定的公开刊物上发布，并明确实施这些政策的机构和执行的程序。对政策的透明度的监督，世贸组织设有专门的机制——贸易政策审议机制进行监督。通过贸易政策审议机制对各国贸易政策进行定期监督，这是世贸组织敦促各国增加政策透明度的另一种重要方式。这一机制不仅要求成员的贸易政策是透明的，而且要求其经贸政策符合国际规范。中国以往除公开颁布一些重要法律、条例外，一般习惯于制定若干内部决定，因此被认为是缺乏透明度的国家。中国已分步公布或废除了以往众多的内部决定，以适应要求。

中国承诺只执行那些已公布的、其他世贸组织成员可容易获得的有关或影响货物贸易、服务贸易以及与贸易相关知识产权或外汇管制的法律、法规及其他措施。此外，在上述法律、法规及其他措施实施或执行前，中国应使世贸组织其他成员可获得此类措施的相关内容。在紧急情况下，应使法律、法规及其他措施最迟在公布实施或执行时可以获得。根据我国加入世贸组织有关透明度的承诺，对外贸易经济合作部中国政府世贸组织通报咨询局自 2001 年 12 月 11 日我国成为世贸组织成员之日起，即正式开展工作。2002 年 1 月 1 日，该局在对外贸易经济合作部政府网站公布了《中国政府世贸组织通报咨询局咨询办法》（暂行）和《中国政府世贸组织通报咨询局咨询办法登记表》，就提供有关贸易咨询的范围、方式和时限向公众作了明确说明，咨询方式为书面形式，咨询问题将在 30 个工作日内得到答复。

为了保证咨询工作的准确性和权威性，组织成立了中国政府世贸组织通报咨询局咨询专家组，专家组成员包括对外贸易经济合作部、其他部委以及相关研究机构的世贸组织专家和学者。2002 年 1 月 14 日，中国政府世贸组织咨询点正式开始向各界提供咨询服务，就我国所有有关或影响货物贸易、服务贸易和与贸易有关的知识产权或外汇管制的法律、法规和其他措施的信息向社会各界提供咨询。

此外，为了更好地履行中国政府咨询点的承诺，该局还筹建了中国政府世贸组织咨询网站。通过咨询网站，公众可获得简单、快捷、全面的信息咨询服务，世贸组织咨询的效率和质量得到较大幅度的提高。

遵守国际贸易规则及相近义务，可以提高中国的国际地位，可以在全世界树立一个负责任的大国形象，这对中国在 21 世纪的发展、营造良好的国际环境和法制环境具有重要的政治意义，可以使中国的经济沿着法治化的道路前进。中国加入世贸组织的实践证明，中国经济在法治化的道路上已经迈出了重大的、决定性的步伐。只有这样做，才有权利同样要求其他国家遵守相同承诺，在针对中国及中国企业时也遵守国际规则。

不言而喻，"入世"后的权利给中国经贸发展提供了机遇，"入世"后应尽的义务又对中国经贸发展提出了挑战。机遇与挑战并存，关键在于如何利用机遇和迎接挑战。

四、中国"入世"承诺已全部履行

2001 年 11 月 11 日，时任对外贸易经济合作部部长石广生代表中国政府在中国加入世贸组织议定书上签字，这是中国改革开放历史进程中具有里程碑意义的一天。同年 12 月 11 日，经过长达 15 年的艰辛谈判，中国正式成为世贸组织第 143 个成员。事实表明，自"入世"以来，中国切实履行承诺，认真行使权利，积极参与世贸组织各项活动，展示了一个负责任的大国形象。

2021 年 12 月 11 日是中国加入世贸组织 20 周年。加入世贸组织以来，中国全面加强同多边贸易规则的对接，切实履行货物和服务领域开放承诺，强化知识产权保护，对外开放政策的稳定性、透明度、可预见性显著提高。中国政府重信守诺，切实全面履行加入承诺，得到了世贸组织总干事和广大成员的充分肯定。

《中华人民共和国加入议定书》和《中国加入工作组报告书》两份文件规定了中国加入世贸组织之后需要履行的义务，并给出了明确的时间表。[①]对照这个时间表，截至 2010 年，中国加入世贸组织的所有承诺全部履行完毕。随后，中国不断加大自主开放力度，进一步降低市场壁垒，持续加大知识产权保护执法力度……入世 20 年，开放的中国交出卓越答卷——中国全面履行入世承诺，货物领域关税总水平降至 7.4%，服务领域开放了近 120 个部门，均超过加入时的承诺水平。[②]

（一）加快对外经济贸易法治化建设，积极对接世贸组织规则

入世后的 20 年来，中国对法律法规中不符合世贸组织规则和入世承诺的部分内

---

① 商务部：中国"入世"承诺全部履行完毕. https://www.chinadaily.com.cn/dfpd/2010-07/20/content_11026783.htm，2010-07-20.

② 王文涛. 坚持扩大开放 推动合作共赢. 人民日报，2021-11-18（理论版）.

容，坚决予以废止或修订。中央政府累计清理法律法规 2300 多件，地方政府清理了 19 万多件，已经建立起符合世贸组织规则的法律法规和政策体系。根据世贸组织《与贸易有关的知识产权协议》，中国对与知识产权相关的法律法规和司法解释进行了修改，基本形成了体系完整、符合中国国情、与国际惯例接轨的保护知识产权法律法规体系。同时，逐步健全了贸易促进、贸易救济法律体系等，推动了对外经济贸易法治化建设。

（二）进一步降低关税，削减非关税措施

根据入世承诺，中国自 2005 年 1 月起全部取消了对 424 个税号产品的进口配额、进口许可证和特定招标等非关税措施，仅仅保留了依据国际公约以及在世贸组织规则下为保证生命安全、保护环境实施进口管制产品的许可证管理。在关税减让方面，中国入世时承诺货物关税要降到 9.8%。2010 年有关降税承诺履行完毕，所有商品的平均进口关税水平从 2001 年的 15.3%降至 2010 年的 9.8%。经过进一步自主降税，2021 年中国进口关税总水平达到 7.4%，低于所有发展中成员的水平，接近发达成员的水平。根据世贸组织的统计，中国贸易加权的关税已经低到了 3.4%，非常接近美欧的水平。2021 年，中国农产品实施税率为 13.8%，比当年对世贸组织承诺的 15.8%降了 2 个百分点，而其他发展中国家成员的农产品关税是 56%，发达国家成员为 39%。①由此可见，中国认真履行承诺，成为世界上农产品市场最为开放的国家之一。另外，中国承诺对最不发达国家 97%的出口产品实行零关税待遇，这是连美国都没有作出的承诺。

（三）改革外贸经营制度，全面放开外贸经营权

根据 2004 年新修订的《对外贸易法》，自 2004 年 7 月起，中国政府对企业的外贸经营权由审批制改为备案登记制，所有对外贸易经营者均可以依法从事对外贸易。取消外贸经营权审批促进了国有企业、外商投资企业和民营企业多元化外贸经营格局的形成。在国有企业和外商投资企业进出口持续增长的同时，民营企业对外贸易发展迅速，进出口市场份额持续扩大，成为对外贸易的重要经营主体。商务部相关数据显示：2021 年前 10 个月，民营企业进出口 15.4 万亿元，同比增长 27.5%，高出整体增速 5.3 个百分点，占进出口总额的 48.7%。外商投资企业进出口 11.4 万亿元，增长 13.8%，占进出口总额的 36.0%；国有企业进出口 4.8 万亿元，增长 26.3%，占进出口总额的 15.3%。②

（四）广泛开放服务市场，持续减少限制措施

2001 年入世时，中国在服务业开放领域作出了大大高于发展中国家平均水平的承诺，开放 9 大类 100 个分部门，包括了金融、保险、证券和电信等较为敏感的领域。中国言必信，行必果，专门修改了银行、保险、证券、旅游、电信、教育、医疗和建筑等领域的法律法规，以确保严格履行中国在世贸组织中所承诺的市场开放义务。2007

① 郑青亭. 入世 20 周年中国从“融入”到“引领”？. http://www.21jingji.com/article/20211218/d354f3fc544f6f80e7ee980c3cd459aa.html，2021-12-28.

② 中华人民共和国商务部.中国对外贸易形势报告（2021 年秋季）. http://zhs.mofcom.gov.cn/article/cbw/202111/20211103221875.shtml，2021-11-29.

年，这些开放承诺已经完全履行。2021 年，中国实际开放接近 120 个分部门。相较于中国的开放水平，世贸组织原有成员迄今承诺开放的服务业分部门平均还不足 50 个。[①]在服务贸易开放方面，中国也在加入世贸组织的承诺基础上，在金融、保险、法律服务、分销等很多领域实施了重大开放举措，受到世贸组织成员的广泛欢迎。

（五）放宽外资市场准入限制，加快改善营商环境

中国通过出台《外商投资法》及其实施条例，取消外商投资企业设立及变更商务部门审批备案，改为实施信息报告制度，投资自由化便利化水平大幅提升。建立健全外商投资企业投诉工作机制，加大外商投资合法权益保护力度。健全外商投资服务体系，加强外资企业和重点项目服务保障。

在市场准入方面，中国在制造业领域基本全面取消了针对外资的限制，在种业等农业领域放宽外资准入限制，同时不断扩大金融、电信、建筑、分销、旅游、交通等服务业领域开放，在世贸组织服务贸易分类的 160 个分部门中，中国已开放近 120 个。

另外，还引入国际先进的负面清单管理制度，持续减少对外商来华投资的限制措施。负面清单从 2013 年上海自贸试验区的 190 项压减至 2020 年全国的 33 项和自贸试验区的 30 项，海南自由贸易港清单仅有 27 项。[②]

加入世贸组织以来，中国不断加大知识产权的保护力度，完善第三产业的外资法规政策体系，为外商来华投资创造了开放和公平竞争的营商环境。2021 年，中国已成为世界第一大外资吸引国，在中国的外资企业已经超过 100 万家。[③]显然，这与中国积极履行入世承诺、加快改善国内营商环境密不可分。根据世界银行发布的《全球营商环境报告 2020》，中国营商环境全球排名跃居第 31 位，比上年提升了 15 位，连续两年被评选为营商环境改善幅度最大的全球 10 个经济体之一。[④]

（六）加强知识产权保护执法力度，遵守世贸组织规则

在知识产权领域内，中国政府在很多地方设立了知识产权法院，有些省份还设立了专门的知识产权法庭，加大对知识产权的保护力度。不仅知识产权的相关法律法规必须符合世贸组织规定，而且在其执行、行政保护、司法保护等方面，也必须遵守世贸组织规则。

在透明度方面，中国政府及时向世贸组织通报国内法立法法规调整和实施情况，向世贸组织提交的通报已经超过 1000 份。同时，积极履行透明度义务，始终尊重并认真

① 佚名．“入世”20 年 中国利用外资取得显著成效．https://content-static.cctvnews.cctv.com/snow-book/index.html?item_id=1765240075240888414&t=1639115867066&toc_style_id=feeds_default&share_to=wechat&track_id=6b25f7d2-128e-462b-8046-402f3e89f9a8，2020-12-10.

② 王田．今年引资规模将破万亿元！中国入世 20 周年，还有这些亮眼成绩．https://www.360kuai.com/pc/960690fdfb8950eb1?cota=3&kuai_so=1&tj_url=so_vip&sign=360_57c3bbd1&refer_scene=so_1，2020-12-09.

③ 张日．入世 20 年，开放的中国交出卓越答卷．http://chinawto.mofcom.gov.cn/article/ap/p/202111/20211103216995.shtml，2020-11-12.

④ 佚名．WTO 原副总干事易小准：对外开放助推中国服务贸易快速发展．https://www.thepaper.cn/newsDetail_forward_14398813，2020-12-08.

执行争端解决机制裁决，未出现因不履行裁决而被起诉方申请报复的情况。[①]根据世贸组织的统计，中国、美国和欧盟在世贸组织争端解决机制上参与的案件次数（包括起诉和被起诉的）大体相当，这说明三方在遵守世贸组织规则方面的表现是不相上下的。[②]

总之，中国已完全履行了加入世贸组织时所作出的一切承诺，并以更大力度、更高水平的对外开放程度促进了全球经济的共同发展，中国的发展为世界提供了更多机遇，为全面推动世界经济发展注入持续强劲动力。

第七节 世贸组织改革与中国对策

作为关贸总协定的升级版，世贸组织是经济全球化和贸易自由化的制度变迁产物。自 1995 年正式运作以来，它在推进贸易领域的公平竞争、确保多边贸易机制的有效性，以使每位成员都能在平等竞争环境中相互提供便利化的贸易与服务等方面，作出了历史性贡献。世贸组织也因此与世界银行和国际货币基金组织一道，被公认为全球经济领域的三大主要公共产品，有着“经济联合国”之称。

然而，近年来，世贸组织的贸易谈判、规则制定和监督、争端解决等三大职能陷入困境，单边主义和保护主义不断冲击多边贸易体系，世贸组织地位和权威都受到削弱。以世贸组织争端解决机制为例，世贸组织上诉机构有国际贸易“最高法院”之称，是世贸组织争端解决机制的重要组成部分，而争端解决机制则是世贸组织的三大支柱之一。世贸组织上诉机构成立于 1995 年，通常由 7 名法官组成。从 2018 年 1 月起，该机构仅剩 3 名法官，由于美方滥用一票否决机制，阻挠纳新，肆意破坏全球基于规则的多边贸易体制，致使上诉机构一直无法及时补选。2019 年 12 月 10 日，其中两名法官任期届满。由于一直没有补选成功，该机构从 11 日起只剩 1 名法官，鉴于每起上诉案需由 3 名成员组庭审理，该机构被迫“停摆”。这是世贸组织成立以来多边贸易体制遭受到的最沉重的打击。对于世界贸易秩序来说，上诉机构的瘫痪可能带来不可弥补的损害和难以预料的后果。因此，世贸组织亟待改革，以适应日益发展的国际贸易新形势，顺应国际政治经济权力格局的转变。

目前，世贸组织主要成员对关键议题已提出多项改革方案，力图完善争端解决机制、适应国际贸易发展新形势、完善世贸组织管理职能。然而各方围绕争端解决机制、特殊与差别待遇、规则谈判、透明度等议题的分歧凸显，特别是美国同其他国家在争端解决机制改革问题上分歧突出，发达成员和发展中成员在特殊与差别待遇和规则制定等议题上意见不一，成为世贸组织改革的重要阻碍。世贸组织改革或将成为一场耗时良久的“拉锯战”。

---

① 佚名．“入世”20 年 中国利用外资取得显著成效．https://content-static.cctvnews.cctv.com/snow-book/index.html?item_id=1765240075240888414&t=1639115867066&toc_style_id=feeds_default&share_to=wechat&track_id=6b25f7d2-128e-462b-8046-402f3e89f9a8，2020-12-10.

② 郑青亭．WTO 改革前景如何？易小准倡议三把“尺子”衡量．https://m.21jingji.com/article/20210514/herald/4bd9776481ef963ea22354d23a9a0e48_ths.html，2020-05-14.

多边贸易体系受到保护主义、区域主义以及美国掣肘的影响，其发展前景具有复杂性。作为世界第二大经济体和第一大货物贸易国，中国坚定维护以世贸组织为核心的多边贸易体系，积极支持世贸组织进行必要的改革，先后发布《中国关于世贸组织改革的立场文件》《中国关于世贸组织改革的建议文件》等，并同欧盟、印度等经济体提出世贸组织改革联合提案，阐释中国对世贸组织改革的基本原则和具体建议。中国的立场和方案坚持了世贸组织非歧视和开放等核心原则，提倡优先解决事关世贸组织生存的关键问题，充分考虑发达国家和发展中国家主要关切，兼顾传统发展议题和部分未来议题，这为中国进一步参与世贸组织改革及全球贸易治理提供了基础。不过，中国参与世贸组织改革面临两大挑战，主要包括中国的发展中国家地位受到质疑以及美欧发达成员在规则制定方面与我国的争议较大。

在世贸组织改革不定、多边贸易体系不稳的情况下，中国以负责任大国推动世贸组织改革。面临挑战，中国还需在做好国内事情的基础上增强战略主动性，在坚持基本原则的基础上增加灵活性，团结发展中国家、稳定欧日等中间力量、争取与美国在世贸组织等国际组织改革问题上找到彼此能接受的均衡点，以确保多边贸易体制的健康运行。

本章要点

- 关贸总协定在其 48 年的历史生涯中，一共成功地发动和组织了八轮世界多边贸易谈判，每轮谈判都在促进贸易自由化方面取得了重大进展，对世界经济全球化和世界多边贸易体制的形成起到重大推动作用。
- 关贸总协定从其条款本身及国际法来看，并不是一个正式的国际组织，只是一个在各国政府间临时适用的行政协议，并未经过缔约国立法机构的审议和批准，其法律严肃性大打折扣。关贸总协定是各缔约方在经济贸易利益关系中妥协的产物，因而包括了大量的例外原则，对许多重要问题也缺乏严格的定义。这种先天不足，客观上助长了缔约方各国对关贸总协定基本原则的背弃。
- 鉴于关贸总协定的局限性，作为关贸总协定的继承和发展，世贸组织于 1995 年 1 月 1 日正式诞生。
- 世贸组织的宗旨是通过其所建立的法律原则和具体规则来实现的，其目的是促进各种要素的自由流动和有效利用、各种原则和规则在最惠国待遇基础上的普遍实施，最终实现效益的最大化。世贸组织的目标是建立一个完整的包括货物、服务、与贸易有关的投资及知识产权等更具活力、更持久的多边贸易体系，以包括关贸总协定贸易自由化的成果和乌拉圭回合多边贸易谈判的所有成果。
- 世贸组织是一个永久性的经济组织，包括了种类繁多的组织机构。世贸组织主要有六大职能。
- 世贸组织为其成员在处理有关世贸组织协定、协议而产生的贸易关系时，提供一个统一的制度框架。世贸组织的法律框架，由《建立世界贸易组织协定》及其 4 个附件组成。
- 世贸组织的基本原则贯穿于世贸组织的各个协定和协议中，构成了多边贸易体制的基础。它基本上以关贸总协定所确定的一系列法律基本原则为基础，如最惠国待遇、国民待遇、透明度原则等等。世贸组织协定在采用这些原则时，继承了关贸总协定“原则当中有例外，例外当中有原则”的灵活应用的特点，几乎在所有协议中涉及某项贸易规则时均列出一些例外规定。这些例外的实施将来可能严重影响多边贸易体制的有效运转。

- 世贸组织要求成员方在享受权利的同时，切实履行其承担的各项义务。但在特殊情况下，世贸组织也允许成员方在承担义务方面有所变通，拥有一定的灵活度。世贸组织的例外与免责规定，就是这些变通与灵活度的具体体现。
- 世贸组织作为一个多边贸易组织，其各成员必须遵守世贸组织达成的规则和加入世贸组织时所做出的承诺，承担相应世贸组织的义务。但与此同时，世贸组织成员也会相应地取得世贸组织给予的权利。但由于各个成员之间的经济发展水平、技术水平、资源状况存在着一定的差距，因此，要让每个成员取得相同的权利是不可能的。中国作为发展中国家享有与其地位相适应的权利。
- 中国作为世贸组织成员，“入世”给我国经济和社会带来了诸多好处，享受了世贸组织各项多边协定规定的权利。但是，同时也应依据世贸组织规则承担作为发展中国家应承担的义务，这些义务就是中国作为世贸组织成员做出的承诺。
- 自“入世”以来，中国切实履行承诺，认真行使权利，积极参与世贸组织各项活动，展示了一个负责任的大国形象。截至 2010 年，中国加入世贸组织的所有承诺全部履行完毕。
- 近年来，世贸组织的贸易谈判、规则制定和监督、争端解决等三大职能陷入困境，单边主义和保护主义不断冲击多边贸易体系，世贸组织地位和权威都受到削弱。因此，世贸组织改革亟待进行，以适应日益发展的国际贸易新形势，顺应国际政治经济权力格局的转变。

关键术语

关贸总协定　乌拉圭回合　世贸组织　世贸组织的组织机构　世贸组织的基本原则　非歧视原则　最惠国待遇原则　国民待遇原则　贸易自由化原则　互惠互利原则　透明度原则　公平竞争原则　给予发展中国家成员方优惠待遇原则　普惠制　公正、平等处理贸易争端原则　针对国营贸易企业的原则　例外规定　免责规定

思考习题

一、单选题

1. 世贸组织于 1995 年在瑞士日内瓦正式成立，世贸组织的建立是（　　）的重大成果之一。

A. 东京回合　　B. 肯尼迪回合

C. 狄龙回合　　D. 乌拉圭回合

2. 非歧视原则主要是通过（　　）和（　　）来体现的。

A. 贸易自由化原则；互惠互利原则

B. 透明度原则；公平竞争原则

C. 最惠国待遇原则；国民待遇原则

D. 给予发展中国家成员方优惠待遇原则；公正、平等处理贸易争端原则

二、多选题

1. 关贸总协定既是一套关于关税和贸易政策的国际公约，又是进行贸易谈判和解决贸易争端的国际机构，在国际上素有“经济联合国”之称。它与（　　）和（　　）共同构成了调节世界经济贸易和金融的三大支柱。

A. 世界银行　　B. 欧盟

C. 联合国　　D. 国际货币基金组织

2. 近年来，世贸组织在（　　）等三大职能陷入困境，单边主义和保护主义不断冲击多边贸易体系，世贸组织地位和权威都受到削弱。

A. 贸易谈判　　B. 规则制定和监督

C. 争端解决　　D. 为发展中国家提供技术援助和培训

3. 世贸组织肩负的巨大历史使命包括（　　）。

A. 为各成员构建了一个自由、公平与开放的国际贸易体系

B. 其争端解决机制保证世界经济的稳定发展

C. 为世界经济发展由“权力为本”转向“规则为本”奠定基础

D. 为发展中国家构筑一个宽松的贸易环境

4. 世贸组织的目标是建立一个完整的包括（　　）等更具活力、更持久的多边贸易体系。

A. 货物　　B. 服务　　C. 知识产权　　D. 与贸易有关的投资

5. 部长会议是世贸组织的最高权力机构，至少两年举行一次，可就任何多边贸易协议中的问题做出决议，具有极广泛的权力，其权力主要包括（　　）。

A. 立法权　　B. 准司法权　　C. 资格批准权　　D. 义务豁免权

6. 国民待遇原则适用的对象是指（　　）。

A. 产品　　B. 服务

C. 服务提供者　　D. 知识产权所有者和持有者

三、判断题

1. 世界多边贸易体制是指由世界上绝大多数国家参与制定和执行的一系列协调各国贸易关系的规范和行为准则的总称。（　　）

2. 从经济角度来看，各国如果一味热衷于采取单边主义的做法和贸易保护主义的政策，就容易加剧世界经济萧条、催化法西斯主义滋生、导致世界大战爆发。（　　）

3. 《关贸总协定》于1948年1月1日临时实施，中国是签署该协定的23个原始缔约国之一。（　　）

4. 关贸总协定不仅是一个政府间行政协议，而且是一个正式的国际组织。（　　）

5. 关贸总协定在其48年的历史生涯中，一共成功地发动和组织了八轮世界多边贸易谈判，每轮谈判都在促进贸易自由化方面取得了重大进展。（ ）

6. 1995年1月1日，作为关贸总协定的继承和发展者，世贸组织正式诞生和运作。（ ）

7. 世贸组织是一个临时性的经济组织，包括了种类繁多的组织机构。（ ）

8. 2001年12月11日，中国正式加入世贸组织。（ ）

9. 世贸组织的基本原则贯穿于世贸组织的各个协定和协议中，构成了多边贸易体制的基础。（ ）

10. 非歧视原则是多边贸易体制的核心和基石，是世贸组织及其法律制度的一项首要的基本原则，也是现代国际贸易关系中最基本的准则。（ ）

11. 贸易措施的公布、通知、实施及审议这四个方面，是世贸组织透明度原则主要内容的体现。（ ）

四、简答题

1. 简述关贸总协定的概念和产生背景。

2. 简述乌拉圭回合谈判的背景、议题及成果。

3. 关贸总协定通过八轮谈判成功地降低了各缔约方货物贸易中的关税和非关税壁垒，为什么还要成立“世贸组织”？

4. 简述世贸组织的概念及其历史使命。

5. 世贸组织有哪些主要职能？

6. 请简述上诉机构解决贸易纠纷的一般流程。

7. 简述世贸组织的协议框架。

8. 请对世贸组织给予发展中国家成员方优惠待遇原则加以简要介绍。

9. 如何才能正确理解世贸组织贸易自由化原则的含义？

10. 世贸组织有哪些例外与免责规定？

五、论述题

1. 请阐述关贸总协定发动的多边贸易谈判及成果。

2. 阐述世贸组织的宗旨、目标和职能。

3. 世贸组织是一个永久性的经济组织，请对世贸组织的组织机构加以介绍。

4. 非歧视原则是多边贸易体制的核心和基石，是世贸组织及其法律制度的一项首要的基本原则，也是现代国际贸易关系中最基本的准则。请阐述非歧视原则的基本内容。

5. 2001年12月11日，中国从“复关”到“入世”，经过15年的艰苦努力，终于成为世贸组织第143个成员。作为多边贸易组织的成员，中国作出“入世”承诺，需要承担世贸组织规定的相应的基本义务有哪些？世贸组织赋予的权利又有哪些？

6. 2006年、2008年和2010年，中国政府接受了世贸组织的三次贸易政策审议。截至2010年，中国加入世贸组织的所有承诺全部履行完毕，请对此加以说明。

7. 目前，世贸组织遇到了什么样的困境而亟待改革？

六、案例分析题

美国 29 次作梗，全球贸易“最高法院”凉了！国家间吵架该去找谁？

在美国两年 29 次动用一票否决权后，12 月 11 日，世贸组织上诉机构正式瘫痪。这也是世贸组织上诉机构成立近 25 年来首次遭遇停摆危机。

对任何一个国家或者社会来说，一旦没了法院，离乱套就不远了。目前，世贸组织就面临这个问题。作为争端解决机制的一部分，上诉机构常设 7 名法官，每人任期 4 年，每起案件至少需要 3 名法官进行审理。法官遴选程序遵循世贸组织成员协商一致的原则，也就是“一票否决”原则，即所有 164 个成员全部同意的情况下，遴选程序才能顺利进行。

2014 年以来，老成员陆续离任，新成员又因为美国阻拦一直选不出来，上诉机构只剩 3 位在勉强支撑。他们分别是来自中国的赵宏，来自美国的格莱汉姆和来自印度的巴提亚。但格莱汉姆和巴提亚的任期于 12 月 11 日结束，赵宏的任期将于 2020 年 11 月底截止。也就是说，12 月 11 日开始，世贸组织上诉机构因只剩赵宏一名法官，低于三名法官的基本要求，被迫停止运转……

资料来源：何小桃. 美国 29 次作梗，全球贸易“最高法院”凉了！国家间吵架该去找谁？. https://www. sohu.com/a/359857665_115362，2019-12-12.

问题：

1. 美国为何频频动用一票否决权，单方面反对启动对新法官的遴选程序？

2. 在解决成员贸易纠纷方面，世贸组织上诉机构是如何发挥作用的？

3. 请收集和了解中国、欧盟、加拿大和日本等成员向世贸组织提交的关于上诉机构改革联合提案和改革方案的主要内容，并对这些成员的改革联合提案和改革方案予以对比和评价。

参 考 文 献

保罗·克鲁格曼，茅瑞斯·奥伯斯法尔德. 1998. 国际经济学[M]. 海闻，等校译. 北京：中国人民大学出版社.

保罗·克鲁格曼. 2000. 战略性贸易政策与新国际经济学[M]. 海闻，等译. 北京：中国人民大学出版社，北京大学出版社.

保罗·克鲁格曼. 2001. 克鲁格曼国际贸易新理论[M]. 黄胜强译. 北京：中国社会科学出版社.

贝蒂儿·奥林. 2001. 地区间贸易和国际贸易[M]. 王继祖，等译. 北京：首都经济贸易大学出版社.

彼得·林德特. 1992. 国际经济学[M]. 范国鹰，陈生军，陈捷，等译. 北京：经济科学出版社.

陈岩. 2001. 国际一体化经济学[M]. 北京：商务印书馆.

大卫·李嘉图. 2005. 政治经济学及赋税原理 [M]. 周洁译. 北京：华夏出版社.

戴维·B. 约菲，本杰明·戈梅斯-卡斯. 2000. 国际贸易与竞争战略与管理案例及要点[M]. 宫桓刚，孙宁译. 大连：东北财经大学出版社.

丹尼斯·R. 阿普尔亚德，小艾尔佛雷德·J. 菲尔德. 2001. 国际经济学[M]. 龚敏，陈琛，高倩倩译. 北京：机械工业出版社.

董瑾. 2015. 国际贸易学（第 3 版）[M]. 北京：机械工业出版社.

窦建华，李金玲. 2006. 国际经济学[M]. 北京：人民邮电出版社.

多米尼克·萨尔瓦托. 1998. 国际经济学（第 5 版）[M]. 朱宝宪，吴洪，等译. 北京：清华大学出版社.

多米尼克·萨尔瓦托. 2013. 国际经济学（第 10 版）[M]. 杨冰，等译. 北京：清华大学出版社.

方福前. 2004. 当代西方经济学主要流派[M]. 北京：中国人民大学出版社.

冯跃，夏辉. 2012. 国际贸易理论、政策与案例分析[M]. 北京：北京大学出版社.

弗里德里希·李斯特. 1961. 政治经济学的国民体系[M]. 陈万煦译. 北京：商务印书馆.

海闻，P.林德特，王新奎. 2003. 国际贸易[M]. 上海：上海人民出版社.

黄晓玲. 2003. 中国对外贸易概论[M]. 北京：对外经济贸易大学出版社.

贾明德，董秘刚. 2004. 国际贸易学[M]. 西安：陕西人民出版社.

贾明德，梁军. 1996. 国际贸易理论与政策[M]. 西安：陕西人民出版社.

刘光溪，贾明德. 2002. 大学生 WTO 知识读本[M]. 西安：陕西人民出版社.

罗伯特·C. 芬斯特拉，艾伦·M. 泰勒. 2011. 国际经济[M]. 张仁友，侯锦慎，杨森林译. 北京：中国人民大学出版社.

迈克尔·波特. 2002. 国家竞争优势[M]. 李明轩，邱如美译. 北京：华夏出版社.

梅俊杰. 2020.从赶超发展角度重新认识弗里德里希·李斯特[J]. 政治经济学报，17（1）：70-85.

石广生. 2001. 中国加入世界贸易组织知识读本（一）[M]. 北京：人民出版社.

孙新雷，温太璞. 2001. 国际经济理论与政策[M]. 成都：西南财经大学出版社.

佟家栋，高乐咏. 2000. 国际经济学[M]. 天津：南开大学出版社.

王斑玖，李小北. 2002. 国际贸易学[M]. 北京：经济管理出版社.

夏秀瑞，孙玉琴. 2001. 中国对外贸易史（第一册）[M]. 北京：对外经济贸易大学.

小岛清. 1987. 对外贸易论[M]. 周宝廉译. 天津：南开大学出版社.

亚当·斯密. 1972. 国民财富的性质和原因的研究（上卷）[M]. 郭大力，王亚南译. 北京：商务印书馆.

亚当·斯密. 1974. 国民财富的性质和原因的研究（下卷）[M]. 郭大力，王亚南译. 北京：商务印书馆.

闫国庆，孙琪，陈丽静. 2012. 国际贸易理论与政策[M]. 北京：高等教育出版社.
杨春学. 2001. 当代西方经济学新词典[Z]. 长春：吉林人民出版社.
尹翔硕. 1996. 国际贸易教程[M]. 上海：复旦大学出版社.
喆儒，王蕊，李媛媛. 2011. 国际贸易理论与政策[M]. 北京：人民邮电出版社.
朱钟棣. 1999. 国际贸易教程新编[M]. 上海：上海财经大学出版社.